JN295728

縄文土器の儀礼利用と象徴操作

中 村 耕 作

本書は、國學院大学出版助成の交付を受け、2010年度に國學院大學大学院へ提出した学位請求論文「縄文土器の象徴性とカテゴリ認識」に加除修正を行い出版するものである。

住居床面の焼土中に正逆に置かれた浅鉢（岐阜県糠塚遺跡・高山市教育委員会）

墓坑に埋納された土器（群馬県中野谷松原遺跡B区南群・安中市教育委員会）

釣手土器（長野県札沢遺跡・長野県立歴史館）

顔面把手（神奈川県三ノ宮宮ノ上遺跡・三之宮比々多神社）

釣手土器（山梨県古林第4遺跡・北杜市教育委員会）

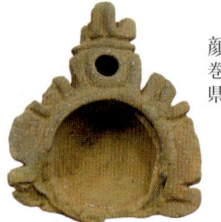

釣手土器（神奈川県御伊勢森遺跡・産業能率大学）

顔面把手（神奈川県鶴巻上の窪遺跡・神奈川県教育委員会）

釣手土器（東京都井草八幡宮）

顔面が打ち欠かれた釣手土器（山梨県金山遺跡・笛吹市教育委員会）

釣手土器（静岡県観音洞B遺跡・三島市教育委員会）

釣手土器・石棒・石皿の出土状況（長野県穴場遺跡・諏訪市博物館）

釣手土器の出土状況（山梨県南大浜遺跡・公益財団法人山梨文化財研究所）

釣手土器・壺の出土状況（岐阜県島遺跡・飛騨市教育委員会）

土器被覆葬（群馬県中島Ⅰ・Ⅱ遺跡・安中市教育委員会） 　　土器被覆葬（長野県下ノ原遺跡・茅野市教育委員会）

土器被覆葬（長野県御堂垣外遺跡・長野県立歴史館） 　　土器被覆葬（新潟県道尻手遺跡・津南町教育委員会）

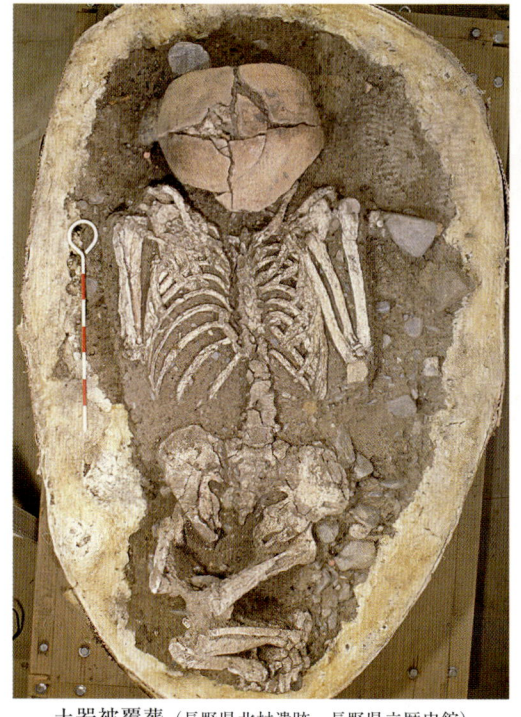

土器被覆葬（長野県北村遺跡・長野県立歴史館） 　　土器被覆葬（長野県中ッ原遺跡・茅野市尖石縄文考古館）

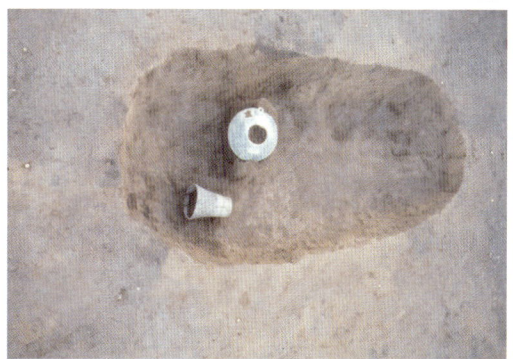

土器副葬（埼玉県神明遺跡・埼玉県教育委員会） 　　土器副葬（神奈川県山王塚遺跡・伊勢原市教育委員会）

土器副葬墓（神奈川県下北原遺跡第1配石墓群・神奈川県教育委員会）

顔面把手と蛇体装飾をもつ土器
（埼玉県西原大塚遺跡・志木市教育委員会）

両面をもつ壺
（岩手県下鳩岡遺跡・新潟県立歴史博物館）
側面

舟形口縁注口土器と大形石棒の共伴事例（栃木県御城田遺跡・栃木県教育委員会）
石棒　注口土器

２個体の副葬土器
（東京都釣鐘池北遺跡・世田谷区教育委員会）

２個体の床面出土土器
（東京都駒木野遺跡・青梅市教育委員会）

床面で共伴した注口土器と鉢
（北海道野田生１遺跡・北海道教育委員会）

床面で共伴した注口土器と下部単孔土器
（北海道八木Ｂ遺跡・函館市教育委員会）

床面で共伴した２個体の異形台付土器
（東京都鶴川遺跡群・町田市立博物館）

床面で共伴した２個体の異形台付土器
（千葉県加曽利貝塚・千葉市立加曽利貝塚博物館）

焼失住居床面の土器・大形石棒 （東京都忠生遺跡・町田市教育委員会）

パン状炭化物出土状況
（山梨県上小用遺跡・北杜市教育委員会）

柱穴覆土出土の釣手土器
（山梨県梅之木遺跡・北杜市教育委員会）

住居址内底部穿孔倒置埋設土器
（神奈川県川尻中村遺跡・神奈川県教育委員会）

住居址内の倒置深鉢
（東京都栖原遺跡・國學院大學所蔵杉山林継写真資料）

目　次

序章　本書の主題と構成 …………………………………………………………… 1

第Ⅰ部　方法論 ………………………………………………………………… 7

第1章　土器のカテゴリ認識と儀礼行為をめぐる方法論 ………………………… 9
 1．「モノと心」の考古学 ……………………………………………………… 9
 2．祭祀考古学における「第一の道具」……………………………………… 10
 3．「カテゴリ認識」という問題設定 ………………………………………… 14
 4．「カテゴリ」認識を示唆する儀礼的要素 ………………………………… 20
 5．カテゴリ認識研究の展望 ………………………………………………… 23
 6．本書の検討課題と具体的対象 …………………………………………… 24

第2章　縄文土器の形式と儀礼での利用 ………………………………………… 25
 第1節　縄文土器の形式分化 ………………………………………………… 25
 第2節　葬送儀礼における縄文土器 ………………………………………… 31
  1．葬送儀礼における土器の出土パターン ………………………………… 31
  2．土器副葬とその研究史 …………………………………………………… 31
  3．検討にあたっての留意点 ………………………………………………… 34
  4．各期の概要 ………………………………………………………………… 35
  5．墓坑埋納土器から提起される問題 ……………………………………… 41
 第3節　住居廃絶儀礼における縄文土器 …………………………………… 43
  1．住居廃絶儀礼における土器の選択とその意義 ………………………… 43
  2．各期の概要 ………………………………………………………………… 43
  3．住居廃絶儀礼に関わる縄文土器から提起される問題 ………………… 47
 補論　各種儀礼における縄文土器 …………………………………………… 49

第Ⅱ部　土器の儀礼利用に見るカテゴリ認識の形成・展開過程 ……… 55

第3章　浅鉢の出現と儀礼行為―カテゴリの定着過程― ……………………… 57
 1．本章の目的と対象 ………………………………………………………… 57
 2．前期後葉における「浅鉢類」の造形的特徴 …………………………… 58
 3．墓坑に埋納された土器 …………………………………………………… 61
 4．住居床面出土の「浅鉢類」……………………………………………… 71

5．異質な二者の共伴事例 ……………………………………………………………… 73
　　6．その他の「浅鉢類」の出土状況 …………………………………………………… 74
　　7．〈儀礼に用いる土器〉カテゴリの変遷 …………………………………………… 75
　　8．「浅鉢類」展開の背景 ……………………………………………………………… 76

第4章　釣手土器の発生と展開—カテゴリの継承と変容— …………………………… 79
第1節　本章の目的と検討対象 ……………………………………………………… 79
　　1．目的と対象 …………………………………………………………………………… 79
　　2．中期中葉〜後半の動向 ……………………………………………………………… 80
　　3．本章の課題 …………………………………………………………………………… 81
第2節　顔面把手と釣手土器 ………………………………………………………… 90
　　1．はじめに ……………………………………………………………………………… 90
　　2．三之宮比々多神社所蔵の蛇体装飾付顔面把手 …………………………………… 90
　　3．類似する装飾とその分布 …………………………………………………………… 97
　　4．顔面把手と釣手土器 ………………………………………………………………… 101
第3節　釣手土器の成立とカテゴリ認識 …………………………………………… 104
第4節　釣手土器の展開過程 ………………………………………………………… 111
　　1．二窓式・把手式の成立 ……………………………………………………………… 111
　　2．形態・装飾の継承と変容 …………………………………………………………… 112
　　3．打ち欠き行為の継承と変容 ………………………………………………………… 131
　　4．出土位置の継承と変容 ……………………………………………………………… 131
　　5．共伴する器物 ………………………………………………………………………… 136
第5節　釣手土器にみるカテゴリ認識の継承と変容 ……………………………… 138
　　1．釣手土器の展開過程 ………………………………………………………………… 138
　　2．提起される問題 ……………………………………………………………………… 139
補論　住居廃絶儀礼に供されたパン状炭化物
　　　　　—釣手土器出土住居跡の性格を考えるために— …………………………… 141
　　1．はじめに ……………………………………………………………………………… 141
　　2．加工食品炭化物研究のあゆみ ……………………………………………………… 142
　　3．加工食品炭化物の諸例 ……………………………………………………………… 144
　　4．成分を探る …………………………………………………………………………… 146
　　5．中期「パン状炭化物」は供献品か ………………………………………………… 148
　　6．住居廃絶儀礼の性格 ………………………………………………………………… 152
　　7．今後の課題 …………………………………………………………………………… 153

第5章　土器副葬と土器被覆葬―カテゴリの共有と対立― …………………… 154
第1節　本章の目的と検討対象 …………………………………………………… 154
1．目的と検討対象 ……………………………………………………………… 154
2．画期としての後期前半期 …………………………………………………… 154
3．後期前半期における土器形式組成の動態 ………………………………… 155
第2節　土器副葬の事例検討 ……………………………………………………… 160
1．後期・関東周辺を対象とした研究史と課題 ……………………………… 160
2．土器副葬の認定と主要事例 ………………………………………………… 161
3．土器副葬の分析 ……………………………………………………………… 167
4．土器副葬の展開過程 ………………………………………………………… 189
5．土器副葬の持つ意義 ………………………………………………………… 191
第3節　土器被覆葬の事例検討 …………………………………………………… 193
1．後期前半を対象とした研究の成果と課題 ………………………………… 193
2．土器被覆葬の集成 …………………………………………………………… 194
3．被覆に用いられた土器の様相 ……………………………………………… 194
4．土器被覆葬墓の様相 ………………………………………………………… 204
5．墓域における土器被覆葬墓の位置 ………………………………………… 206
6．土器被覆葬の展開 …………………………………………………………… 207
第4節　土器副葬と土器被覆葬 …………………………………………………… 210
1．土器形式の使い分けと社会的機能の共通性 ……………………………… 210
2．土器副葬と土器被覆葬の共通性と相違 …………………………………… 210
3．〈地域―儀礼―土器〉関係の形成 ………………………………………… 211
4．課題と展望 …………………………………………………………………… 220
補論　住居床面出土の注口土器にみるカテゴリ認識の共通性 …………………… 221

第Ⅲ部　縄文土器をめぐる象徴操作 ……………………………………………… 229
第6章　縄文土器にみる異質な二者の統合志向 ………………………………… 231
1．本章の目的と対象 …………………………………………………………… 231
2．土器造形にみられる対比的な二者 ………………………………………… 231
3．対照的な2個体のセット関係 ……………………………………………… 235
4．打ち欠き行為にみられる象徴性の無効化 ………………………………… 236
5．縄文土器に表現された異質な二者の統合志向 …………………………… 237
6．象徴操作の複合 ……………………………………………………………… 238

第7章　土器と石棒の対置 ………………………………………………… 239
　　1．本章の目的 ………………………………………………………………… 239
　　2．住居床面出土における大形石棒と縄文土器 ……………………………… 239
　　3．〈異質な二者の対置〉の諸表現 …………………………………………… 243
　　4．異質な二者の中性化志向・象徴操作と大形石棒 ………………………… 246
　　5．〈石棒と土器の対置〉の歴史性 …………………………………………… 249

終章　縄文土器の儀礼利用と象徴操作 …………………………………… 251
　第1節　縄文土器の儀礼利用と象徴操作の総合的検討 ……………………… 253
　　1．本書の総括 ………………………………………………………………… 253
　　2．カテゴリ認識・象徴認識の共通性と歴史的脈絡 ………………………… 256
　補論　縄文土器の儀礼利用・象徴性の普遍的と歴史性 ……………………… 260
　　1．縄文土器の普遍性と歴史性 ……………………………………………… 260
　　2．東アジアにおける土器の社会性・象徴性 ……………………………… 260
　　3．今後の課題と展望 ………………………………………………………… 264

引用・参考文献 ……………………………………………………………………… 265

謝辞 …………………………………………………………………………………… 303

初出一覧 ……………………………………………………………………………… 307

解　題　小林達雄 …………………………………………………………………… 308

基本用語

【縄文土器】本書では、縄文時代の土器を便宜的に総称して縄文土器と呼ぶ。縄文時代・縄文文化の範囲についての議論には立ち入らないが（終章補論参照）、土器出現から「弥生時代」「続縄文次代」「貝塚時代後期」までとする。無論、これらの時代名称も便宜的呼称である。

【様式・型式・形式】これらの用語は原則として、小林達雄（1977a・1989）の用法に従う。すなわち、「形式」とは機能上の分類概念であり、「器種」とほぼ等しい（詳細は第2章1を参照）。「型式」とは、技術上の分類概念であり、形式を実体化させたときに現れる違いを区別する際に用いる。これらは小林行雄の型式・形式ともほぼ等しい。「様式」とは型式を横断して認められる共通の気風を持つ一群をいう。組合せの概念（宇野1994）ではなく、同一人物が複数の「様式」の土器を用いる場合も想定される。但し、いずれも研究者側のエティックな視点であり、実体化仮説（小林達1989）は想定するものの、必ずしも特定エリアの集団表象は想定していない。

【装飾】小林達雄（1986・1988b）は、"装飾性文様"と"物語性文様"を区別する。しかし、本書では、文様・突起・器形などに見られる非実用的なデザイン上の特徴を総称して「装飾」と呼ぶ。

【住居・建物】従来「竪穴住居・大形住居」などと呼ばれてきた遺構について、性格を特定しない「竪穴建物・大形建物」と呼びかえることが提案されている。しかし、本書においては、その多くが住居と想定されることから、従来どおり住居と記載している。なお、個々の遺構名については、報告書の呼称に従った。

序　章

本書の主題と構成

序　章　本書の主題と構成

縄文人にとって土器はどのような存在であったのか

　世界の土器文化の中で、縄文土器を特徴付けるのは形態・装飾のバリエーションの豊富さである。基本形式は深鉢に限られるものの、浅鉢・鉢・壺・有孔鍔付土器・釣手土器・注口土器・台付鉢・異形台付土器・下部単孔土器・香炉形土器などの多様な土器形式を持ち、それぞれ形や装飾の異なる多数の型式を生み出してきた。当初は調理器具であった土器も、前期以降儀礼用に転用されたり（小林達雄 1981b・1982 のいう「発展の時代」）、中期以降、飲食に関わらない土器が登場する（「応用の時代」）など、その文化的展開も幅広い。

　日本考古学において土器は編年の指標として重視されてきた。土器の可塑性・日常性・脆弱性による変化・変異に着目したものである。また、道具としての土器研究も近年著しく発展してきている。ところが、土器を作り、使った人々が土器をいかなる存在として認識してきたのか、という問題は、第1章で検討するように先行研究がありながら、主題として議論されることは少なかった。日本考古学の中心的位置を占めてきた20世紀の土器編年研究の前提であり、成果であった「土器の差≒集団の差論」（杉原 1943、芹沢 1958、向坂 1958、岡本 1959、小林達 1966、山内 1969、都出 1974、佐々木 1981、谷口 1986 ほか）を、単に地域集団や婚姻・交換関係の「結果」としてのみ理解するだけでは、研究を推し進めることのできた主要因である「土器のバリエーションの豊富さ」の持つ意義を十分に理解できないのではなかろうか。

　今から数千年の昔に作られた縄文土器は、今なお人々を魅了してやまない。そして、我々だけでなく、縄文時代の人々もまた、そうした土器には実用機能以外の思いを抱いていたに違いないのである。本書では、こうした理解にもとづき、縄文土器の象徴性とカテゴリ認識に注目する。

土器の象徴性とそのコンテクスト

　象徴とは、言葉や事物がその本来的意味やそのものの内容とは別の何かを表す現象である。象徴するものとされるものとの関係は、形や使用方法その他何らかの関連性をはじめとして、各文化独自の様々な理由付けによってなされる。また、しばしばその意味内容は他の事物に変換され、連鎖していく。その変換には、別の象徴体系との間の二項対立的な思考が考慮されることも多く、構造人類学・象徴人類学の研究対象となってきたが、考古学においてもそうした分析が進められている（安斎 2001・2007、溝口 2000b ほか）

　本書で取り上げる土器ついては言えば、容器という実用性（本来的意味）のほかに、様々な意味内容がこめられている可能性がある。実際、土器の象徴的意味については、世界各地の神話や民族誌で触れられているところである。

　大場磐雄の神道考古学の出発点となった『神社と考古学』（宮地 1926-28）では、「原史時代」（古墳時代）の宗教的遺物の第一に土器を掲げ、『日本書紀』神武東征記事中の天香山の土で八十平瓫手抉

八十枚・厳瓮をつくって敵軍を呪詛したという記事、崇神紀中の忌瓮を鎮めて反乱軍を呪詛した記事、疫病流行時に天之八十毘羅訶をつくり奉斎した記事などを紹介し、古代の神祭りにおける土器の重要性を指摘している。特に、天香山の土を用いるとの記述は、単にその中身である神饌が重要なのではなく、土器そのものに注意が払われていたことを示している[1]。大場に続き、七田忠志（1936）は、土器の儀礼利用について古典籍や民俗事例を収集し、土器の象徴的意味を検討した。また、佐野大和（1959）も境に土器を埋めたという『播磨国風土記』の記事や、各種土器棺の例をあげて土器の象徴的境界性を論じており、土師器を中心に検討例がある（小出 1959、森 1977、桐原 1979、青山 2004など）。

　レヴィ=ストロースは、その神話研究の到達点とされる『やきもち焼きの土器つくり』（1990）において、土器作りに関わるさまざまな禁忌や神話を紹介した上で、神話の中で土器作りと嫉妬・ヨタカなどの要素が密接に関わることを指摘し、南北アメリカの神話に通底する神話要素間の関係性の中に位置づけた。また、土器作りの起源神話が、大冊『神話論理』の主題であった料理の火の起源神話の「変換」されたものであること、即ち、土器作りが、火の起源という創世神話と対照されるべき性質のものであることを指摘している[2]。石井匠（2007）はこうした見解を受けて、「水／火、生のもの／火を通したもの」という土器の境界性と両義性を指摘している。

　土器の象徴性について、具体的な民族誌を紹介しておこう。川名広文（1985）が柄鏡形住居の埋甕の考察の際に引用した、ナイル川上流部の事例である。長島信弘（1974）によると小屋の内部のビール壺－戸口－屋外炉の壺－儀礼時の焚火が直線状に配置され、それぞれは重層的な内外の象徴的境界として位置づけられる。また、その左右の空間には象徴的二元対立が見られるという。

　レヴィ=ストロースが挙げた事例や、長島の報告した事例では、土器は「女性」に関わることが多かった。世界的に土器作りが女性の仕事であることは都出比呂志（1989）が紹介したマードック（1978）による民族誌の集計作業で知られるとおりである。では、縄文土器もまたそうした一例にすぎないのであろうか。浜本満が、ケニアの水甕をめぐる事例をもとに研究上の課題を提起しているので以下に紹介したい。この社会では水甕や炉石を動かすことは「妻を引き抜く」と同じ意味を持っているという。しかし、ここで水甕や炉石を妻の象徴と解釈するだけでは、「妻を引き抜く」という点について、実際には何も語っていないことと同じである。このような「語り」が生じるのは、その社会において、女性と土器、水甕、炉、その他の要素が実際に関連性を持っているためである。仮に、水甕が水道栓に変わってしまえば、こうした言い方はできなくなるであろう。なぜなら、水甕と妻の関係性は、水利施設と妻との関係ではなく、甕と女性との日常的な使用・被使用の関係性から導かれたものだからである（浜本 1997）。象徴は要素間の一部の類似性に基づいて形成される。従って、その社会での個々の要素の関係性（コンテクスト）を踏まえて考察することが重要なのである。

　阿部友寿（1996）は民族誌をもとに、土器と社会（性別その他の集団、宗教・儀礼・タブー、交換）の関係の多様性を示し、そのモデル化を試みている。

---

[1] 古典を引用して祭器としての土器に触れたのは伊勢崎藩士であった関重嶷の『古器図説』が最も古く、大野延太郎（1900）による千葉県東長田遺跡出土の木葉痕のある土師器の報告や、大場の師であった柴田常恵（1915）の考察などもある（中村 2009a）。

[2] 日本神話における、火の神カグツチを産んで瀕死状態となったイザナミから生まれた粘土の神ハニヤスヒメ・ハニヤスヒコのように、南北アメリカの他にも、創造の神と土器が密接に関わる神話は少なくない。

特殊土器形式の儀礼利用をめぐるカテゴリ認識

　縄文土器の象徴性について論じる場合も具体的な要素間の関係を検討しなければ意味を持たない。しかし、神話のような手がかりはないので、モノ同士の関係性を検討する以外に道は残されていない。そこで、本書では象徴的意味の前に、モノとモノ・モノと行為との関係性－カテゴリ認識－を整理することにする。カテゴリ認識とは、モノ同士の関係性、象徴・価値など当時の社会における様々なレベルで想定されるエミック[3]な分類観念・価値認識である。例えば、〈儀礼に用いる土器〉、〈葬送に関わる土器〉、〈外来の土器〉といったカテゴリを想定している。前二者は階層的包括関係にあるが、常に両者が顕在化するとは限らない。後者は前二者とは異なった基準によるものであり、両者が複合する場合も有りうる。その全貌を復元することは不可能だが、文様や器形などの単一属性ではなく、使用・廃棄を含めた各段階の諸属性の組み合わせのパターンでその一端を判断し得るというのが筆者の立場である（本書第1章）。

　本書でまず具体的に検討するのは、儀礼に用いられた深鉢以外の諸形式である。儀礼行為は、当事者が意識的に行う部分が多く、カテゴリ認識がより鮮明に現れると期待されるからである。深鉢以外の諸形式は、数が少なく、より規格性が高いものが多いため、手始めの分析に適している。

　もちろん、深鉢にもそうしたカテゴリ認識が込められていることは容易に想定できるが、そのバリエーションの多さは安易な分析を許さない。そこで、本書では、上記の諸形式の分析から得られたパターンを深鉢にも延長する形で、深鉢を含めた縄文土器に対する象徴操作について検討することにしたい。

本書の構成

　以上を踏まえ、本書は、序章・本論（3部7章）・終章で構成する。

　第Ⅰ部は方法論の検討と分析対象の概要である。第1章では「モノと心の考古学」研究の一視点としてのカテゴリ認識研究の意義を示した上で、先行研究を紐解き、その方法論を検討し、本書の課題を提示する。続く第2章では、本書で具体的な分析の対象となる、土器の諸形式、土器副葬・土器被覆葬、土器を用いた住居廃絶儀礼について、研究史と事例の概要を示す。

　第Ⅱ部は、第1章で示した3つの課題にもとづく3つの具体的事例の検討である。第3章では、前期の浅鉢の副葬・被覆葬・住居床面供献への利用の分析をもとに、特定のカテゴリの形成・定着過程を検討する。第4章では、中期の釣手土器の製作・破壊行為・出土状況の分析をもとにカテゴリ認識の継承・変容を検討する。第5章では、後期の土器副葬・土器被覆葬の分析を通じて、カテゴリ認識の共有・対立を検討する。

　第Ⅲ部第6章では、第Ⅱ部で分析した個々の事例に加え、深鉢なども分析対象に含めて、東日本の縄文土器に共通する象徴操作について検討を行う。第7章では前章の補完として、大形石棒と土器との対置関係をもとに、歴史的脈絡を検討する。

　終章は、本書を総括し、縄文土器の儀礼利用にみるカテゴリ認識と象徴操作の特徴を論じる。

3）エミックとは内部者の主観的認識をさす。外部観察者からの客観的分析視点をさす。音素論的な：phonemic から造語された。対語としてエティック（音声学的な：phonetic から造語）がある。

なお、本書は、2010年度に國學院大學大学院に提出した学位論文「縄文土器の象徴性とカテゴリ認識」（主査：小林達雄客員教授、副査：高橋龍三郎早稲田大学教授、谷口康浩教授）を基礎としている。出版にあたり初出論文のデータに、新出資料や研究の進展による加筆を行ったが、大きく論旨を改める箇所には補注を付した。また、関連する資料をまとめた補論を加えた。

第Ⅰ部

方 法 論

第1章　土器のカテゴリ認識と儀礼行為をめぐる方法論

1.「モノと心」の考古学
モノ学としての考古学
　「考古学は過去人類の物質遺物（に拠り人類の過去）を研究するの学なり」（濱田1922）
　濱田耕作は、日本でもっとも著名な「考古学の定義」を示す中で、「物質遺物の研究」、すなわち「物質的資料を取り扱う科学的研究方法」を考古学の特徴とし、「過去の如何なる方面を研究するかに就きては之を限定せざりき」という立場を示している。他の考古学の定義においても、歴史学あるいは人類学などを目的として掲げつつも、基本的には物質文化（モノ）を資料とする点に考古学の独自性が示されている。
　その場合、モノはあくまで手段であり、それを資料として、何か明らかにすべき問題に挑むという方針が一般的である。しかし、そもそも「モノ」を作り出すのは人間自身であり、そこには様々な情報が詰め込まれている。そこには、社会関係や時代性・地域性を反映して無意識のうちに込められた情報もあるが、一方で、その素材・形・大きさ・重さ・色・文様記号・装飾などには作り手・使い手が意識して込めた思いも存在するはずである。人間はそうして作り出されたモノの中で、常にモノからのメッセージを受け取っているのである。モノを第一の資料として位置づけ、特に長期的視点、細部観察視点など独自の領域を持つ考古学は、こうした研究をリードしていく必要がある。

ポストプロセス考古学の視点
　こうしたモノとヒトとの双方向的な関係は、ギデンズ（1989）やブルデュ（1988・1990）の構造化に関わる議論が、ポストプロセス考古学に導入されて以来、考古学でも重要な課題として意識されることとなった。ホダーはアフリカでの民族考古学的調査によって各種の物質文化のあり方や分布が、部族間や部族内の年齢集団間など様々な社会的関係と密接な関係を有していること、また、女／男、豚／牛などの二項対立が、社会関係と物質文化との間で連環（相互規定）していることを主張した（Hodder1982）。こうした視点は日本でも墓制研究を中心に1990年代以降積極的に導入されるようになる。溝口孝司（1993・1995・1998・2000aほか）は、弥生時代の北部九州の墓制を論じる中で墓列の方向や甕棺の挿入方向と参列者の位置関係を論じている。時津裕子（1999）は近世墓標の型式差を格差の表示装置として捉え、単に社会関係の反映ではなく、その維持に寄与したことを示した。朽木量（2004）は物質文化研究としての民族学・考古学という視点で近世・近代墓標を取り上げ、モノの作り手と使い手の関係を検討した。

認知考古学におけるモノと儀礼
　心の考古学を標榜する認知考古学は様々な問題設定・視点・対象をもって展開しているが、レンフリューらは論文集『認知と物質文化－象徴的記憶装置の考古学－』を編集し、人とモノとの双方向的な関係を改めて整理した（Renfrew and Scarre 1999）。
　日本において認知考古学の先鞭をつけた上野佳也（1980・1983ほか）は土器情報の伝播の問題を

心の問題として位置づけた。松本直子（1996）も土器の製作に関わる問題から議論を始めており、1990年代においては日常的なモノに関わる認知活動が議論の素材として取り上げられることが多かった。しかし、2000年代になると、「世界観とシンボリズム」が認知考古学の論集に登場し（松本ほか編 2003）、松本（2006）も土偶を議論の対象として重視するようになるなど、儀礼行為に関わる認知活動への関心が増加している。小杉康（2006）も象徴的器物の発生を認知考古学的に論じることを試みている。

「モノと心」の考古学と儀礼研究

このように、モノ自体ではなく、モノとヒト（心）の双方向的な研究を行う場合、儀礼に関わる事象がその対象として選ばれることが多い。これは、心のあり方が他の場合と比較して説明しやすいという点にあると思われる。また、祭祀や儀礼というイデオロギーに関わる分野は文化の独自性がよく立ち現れる部分であり、モノと心の関わりを歴史的・具体的に検討しようとする方向性からも好対象と言えよう。

2．祭祀考古学における「第一の道具」
(1) カタチと機能の連関／非連関

本節では祭祀・儀礼に関わる考古学研究において、モノがいかに検討されてきたかを振り返るが、その前に、モノの基本的な区分を確認しておきたい。

小林達雄（1977・1997）は道具を「第一の道具」と「第二の道具」の2種類に区分している。第一の道具は、食糧獲得に関わる労働生産用具・厨房具・工具を基本内容とし、汎人類的な道具と位置づけられる一方、土偶・石棒などの第二の道具は儀礼・呪術にかかわる、各文化独自の道具とされる。こうした基本的な性格の差を説明するため、小林は前者が形態から機能用途を推定できるのに対し、後者はその関係が、事物と名前との関係同様、各文化の世界観にもとづく恣意的なものであると述べている。縄文文化に第二の道具が多いこと、特に中期以降に増加するという縄文文化の画期の指標となること、銅鐸などの集団参加型の弥生文化の第二の道具と異なり縄文文化のそれはほとんどが個人型であるという違いが認められること、といった種類・量の多寡、サイズ・材質の違いなどの「あり方」を比較する点に小林の視点の意義がある。

こうした2区分は、モノのもつ社会的性格を検討する上で非常に効果的なのだが、食糧獲得に直接関わらないものの、形態と機能が連関する道具（例えば楽器）をいずれに分類すべきか、といった問題を残している。そこで、本稿は、形態と機能の連関の有無によって、大きく2つに区分することとし、それぞれ「形態機能連関型」「形態機能非連関型」と仮称したい[補注]。

補注）第二の道具は、宗教的・象徴的な道具または儀礼具として理解されることも多いが、第一の道具もそうした性格を帯びているものが少なくないため、この点を分類基準としても考古学的な意味は薄い。小林の意図は、従来の実用品／非実用品という区分に対し、直接・間接の違いはあっても、第一の道具も第二の道具も等しく縄文人の日常に必要な実用的な道具であったことを主張することにあったものと思われる。筆者はむしろ、機能と形態の連関性という、モノ自体の属性に注目した分類とし、考古学的諸事象のあり方（パターン）の記述用として活用したい。こうした見方による研究例として、久保田健太郎（2012）による石器（第一の道具）の異形化（第二の道具化）の評価がある。

第1章　土器のカテゴリ認識と儀礼行為をめぐる方法論

（2）神道考古学の論理構造とその背景
神道考古学における形態機能非連関型

　縄文時代研究を含めて考古学において心＝精神文化を扱う分野として「祭祀考古学」がある。その検討対象は「祭祀行為」であるが、祭祀行為自体に人間の精神文化、特に意識的な部分が顕現することを考えると〈モノと心の考古学〉の重要な部分を占める。

　その祭祀考古学の基盤となったのが「神道考古学」である。ここではまず、神道考古学の方法論を検討しておきたい。筆者は、國學院大學伝統文化リサーチセンターにおいてこの問題を扱ってきたので（中村 2008a・f・2009a・2010b・2011b・2012a・b）、その検討結果を要約しておきたい。

　神道考古学は大場磐雄が提唱し（大場 1935a）、生涯をかけて体系化した学問領域である。その特徴は、1947年に提出した学位論文（大場 1970）によく現れている。まず、ページ数から大場の重視した点を抽出すると、①祭祀遺跡と祭祀遺物に分けたうちの前者、②祭祀遺跡の中でも山・石・海などの自然物を対象とする遺跡、③祭祀遺物の中では祭祀用小形土器（手捏土器）や石製・土製模造品および子持勾玉や土馬、という結果となり、形態機能非連関型の「場」・遺物が検討の中心であった。

初期の祭祀遺跡研究における形態機能非連関型

　大場は当初から形態機能連関型を軽視したわけではない。大場の神道考古学は数段階に分けることができるが（中村 2008f）、神道考古学提唱以前に宮地直一の代筆で執筆した『神社と考古学』（宮地 1926-28）においては、形態機能連関型の土器・剣・鏡・玉について模造品以上の説明を加えている。

　私見では、手捏土器や模造品が祭祀遺跡研究において重要な位置を占めるようになったのは、谷川姓時代の1927年に調査・刊行された静岡県洗田遺跡の考察を契機とする。洗田遺跡では手捏土器や土製模造品が多く出土したが、既に後藤守一や柴田常恵らによって石製模造品が祭祀遺物と考証されてきたことや、それらの一部が古社境内から出土することなどから、模造品出土地が祭祀遺跡と考えられることが意識された（谷川 1927）。「原始神道の考古学的考察」（大場 1930）では、列挙された祭祀遺跡の多くが模造品や手捏土器の出土を根拠とするものであった。

　これらの遺物は、遺跡それ自体には特徴が認められない遺跡を「祭祀遺跡」と認定する根拠として、当時の祭祀遺跡研究においては重要な意義を持っていたのである。また、当時多くの巨岩が「巨石遺跡」として喧伝されていた中で、考古学的な年代を示し得たことが大場や樋口清之の研究の価値を高めたが（中村 2009a）、その根拠となったのも、土器類とともに、古墳からも出土例のある石製模造品であった。

「祭祀遺跡の研究」における形態機能非連関型

　これに対し、「神道考古学」提唱（大場 1935a）以降の研究は、山・石・池・海などの自然物を対象とする遺跡に重点を置くこととなる（大場 1935b・1964 ほか）。学位論文「祭祀遺跡の研究」においても重視された「自然を対象とする祭祀遺跡」は現在でも特徴的なランドマークである一方、祭祀の目的や行為とは必ずしも直結しない。これらの研究では、祭祀遺跡の認定根拠、すなわちそれらの自然物が信仰の対象であることの根拠は記紀や風土記などの古典文献や現在の神社信仰の存在にあり、考古学的資料の役割は、それが古墳時代まで遡ることを示すことに置かれるようになるのである。また、遺物において重視された手捏土器や模造品、子持勾玉、土馬などは、形態機能非連関型の遺物である。これらの遺跡・遺物は考古学的な観察だけではその意味を検討することが困難な資料であっ

— 11 —

たことを確認しておきたい。

　学位論文では祭祀遺物が「祭祀遺跡から発見された遺物」と規定され、遺物そのものからの定義ではなくなる。土師器・須恵器や鏡についても触れられるものの、記述は少ない。祭祀遺物の特質として挙げられた「伝統の尊重・清浄性の強化・形状の形式化」の3点は、その意味を掘り下げるというよりも、「あり方」を示すものであった。戦後も土馬や子持勾玉の考察が発表されたが、性格については戦前の考察を越えるものではなく、新たな成果が得られたのは変遷や系統などの点であった（中村 2010b）。

神道考古学の研究戦略と形態機能非連関型

　このように、形態機能非連関型の祭祀専用品は大場以前より祭祀に関わることが指摘されていたものの、その研究上の意義は当初「祭祀遺跡」の認定根拠にあり、その後、祭祀遺跡の認定根拠が民俗事例に移った後は、祭祀遺跡出土の特徴的遺物として、そのあり方が検討されるのみであった。祭祀行為全体を視野に入れて一般遺跡から出土する器物を含めて論じられたものではなく、研究戦略上の問題から、神道考古学が独自に検討すべき分野として特に祭祀専用遺物が取り上げられたのである[4]。大場の神道考古学において、祭祀遺跡や祭祀遺物に意味を与えるのは、考古資料の観察ではなく、多くの場合文献・民俗資料（特に後者）であった。いうまでもなく大場は國學院大學在学時に折口信夫の片腕として活躍し、後年折口五博士に数えられた経歴を持つ[5]。大場が対象とした古墳時代はまだ現在の民俗と繋がる部分が多かったため、そうした研究法が可能だったのである[6]。

（3）國學院大學における近年の祭祀考古学の動向

　近年、神道考古学を発展させて「祭祀考古学」が提唱されたが（椙山 1994）、それは「神道」の連続性で説明し得ない、先史時代や国外まで視野を広げて「祭祀」行為全般を検討しようとする意図を含んでいる。引き続き研究の中心は古墳時代の祭祀遺跡ではあったものの、大場のような民俗事例に依拠しない、あるいは依拠できない研究においても、祭祀専用品を重視する傾向は継続することとなった。

　一方、國學院大學の21世紀COEプログラム「神道と日本文化の国学的研究発信の拠点形成（2002年度～2006年度：拠点リーダー小林達雄）」やオープンリサーチセンター選定事業「モノと心に学ぶ伝統の知恵と実践（2007年度～2011年度：センター長杉山林継）」の中からは、形態機能非連関型のみの限界を指摘し、広い視野から「祭祀」を捉える方向性が示されてきた。

　例えば、早くから縄文時代人の認識・観念について独自の考察を示してきた小林達雄[7]は「縄文革命」論の中で定住によるウチとソトといった抽象的観念、基礎的空間認識の成立を改めて論じ（2003）、縄

---

4) 「神道考古学の体系」（大場 1964）においては、「祭祀遺跡発見の遺物」の項目中に、沖ノ島や石上神宮などのように古墳出土品と同様・多種類の遺物を出土する場合もあるが、「それらの全部を祭祀遺物として説くことは、原史時代の遺物の全般にわたる結果となり、かえって煩雑を加えると考える」という記述がある。
5) 折口信夫の「古代」研究、あるいは「古代学」は、歴史的範囲としての日本の古代を示すものではなく、「合理化・近世化」された古代信仰の、元の姿を見る事」（折口 1930）であった。昭和初年には沖縄の民俗とともに台湾やアメリカ北西海岸の先住民の民族誌から着想を得ており（安藤 2004）、著作に「まなあ（マナ）」の語を用いるなど、折口の視点が単に日本の「古代」だけでなく広く人類一般に向かっていたことを示していることは確認しておく必要がある。
6) 戦後の縄文時代の精神文化に対する積極的な言及は配石遺構など、後世の自然物への信仰と関わりのある分野に限られる（中村 2008a）。
7) 例えば、堅穴住居覆土に多量の略完形土器が廃棄される事象を季節的な土器廃棄として縄文人の廃棄観念を論じた吹上パターン論（1974）、火災住居床面に日常的な道具がほとんど残されていないことから住居空間の神聖性を論じた屋内空間論（1987）、土器の突起数などから3や5に対する特定の観念を論じた聖数論（1988a）、集落・住居・土器その他多くの事象わたる二項対立論（1993）など。

第1章　土器のカテゴリ認識と儀礼行為をめぐる方法論

文人の思考の全体像を検討した（2008b）。藤本強（2007）は基層文化に関わる宗教や信仰を検討するにあたっては、ヨーロッパの概念をそのまま持ち込むのではなく、東アジア的視野において自然環境と基層文化の関係を理解した上で検討する視点を示した。これらは、「祭祀」という行為だけでなく広く思考・観念を当時の生活環境の中で理解する必要性を示したものである。

　吉田恵二（2007・2008・2009）は縄文時代から古代の土器を概観してヒトと神が同じ器を用いることが普遍的に存在すること、谷口康浩（2006・2009・2010）は竪穴住居の空間などの普遍的な資料における石棒・石皿や配石の空間配置などに見える象徴観念の表出パターンが変化することなどを論じた。加藤里美（2004）は、中国新石器時代の食品加工具の分析をもとに精神文化の異同を論じた。小林青樹（2007・2009a・b）は弥生土器に描かれた絵画をもとに、男／女、人間界／自然界などの象徴観念を復元を試みている。石井匠（2009・2011）も縄文土器の文様全般を分析し、二項対立や螺旋構造などの構造を読み取っており、普遍的な資料の中に観念を追求する視点を強調しているほか、モノの持つエージェンシーとしてのあり方に注意を喚起している。

　阿部昭典（2004・2006a・b・2009ほか）は祭祀儀礼に関わる有孔鍔付土器や浅鉢、壺、徳利形土器などの土器形式の多様化のプロセスを検討した。また、田中大輔（2009）は古墳時代前後の土器集積遺構を取り上げる中で壺・高杯などの土器形式の構成に注目している。新原佑典（2012）も、出雲地域の祭祀遺跡の検討の中で専用品の少なさを論じている。

　小林達雄や藤本強の視点はもはや祭祀考古学の枠を超えているが、その他の論考も小林のいう第一の道具にほぼ相当する形態機能連関型の場や道具に表出された観念・象徴性や、それらと祭祀儀礼との関係を検討する視点に基づくものである[8]。

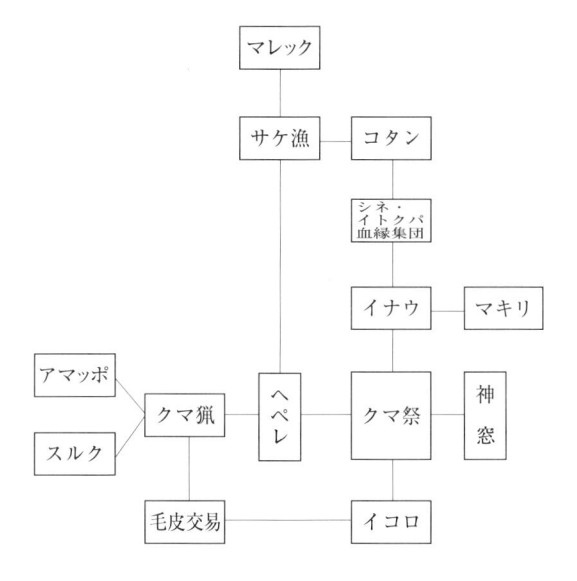

第1図　渡辺仁（1972）の「アイヌ文化のクマ祭文化複合体」

（4）祭祀・儀礼研究における形態機能連関型資料の意義と歴史的脈絡への注目

　形態機能非連結型の遺構・遺物は、その形だけではその用途を特定し難い。それらを対象とした従来の研究の多くが、民族学・民俗学の事例を援用して用途・意義を推定するに留まったのはそのためである。これに対し、形態機能連結型は、具体的な用途を推定できるため、その用途と祭祀儀礼や観念との関係という1段階踏み込んだ検討することが可能である。

　ところで、祭祀・儀礼やそれに関わるモノの社会的機能を突き詰めて帰納的に論じていくと、多く

---

[8] 國學院大學伝統文化リサーチセンターでは祭祀考古学を人類学的方向性と歴史学的方向性に区分して方法論の整備を行うことを提案した（内川ほか2010）。後者には、8世紀の神祇祭祀を定点とする方法（笹生2010・2011、深澤2010・2012）と、歴史学・民俗学・地理学などを統合して地域の信仰史を跡づける方法（吉田ほか2012など）がある。

の場合、「集団の結束⇔社会的秩序の再確認・再構築」というほぼ同様の結論に至る。また、例えば石井が論じた縄文土器の文様構造論などには既に二項対立という汎人類的な主題が存在する。

このように考えると、モノと人との具体的な関係を検討する考古学研究においては、むしろ、渡辺仁（1972）が、システム論的な「アイヌ文化複合体」の研究で示したように［第1図］、個々の歴史的脈絡において、そうした機能がいかに他の要素と関わりあいながら存在してきたかを検討するべきであろう。中村大（2009）も北陸の環状木柱列を例に、「一般的機能」を前提として諸コンテクストとの関係の具体的なあり方を論じている。

3．「カテゴリ認識」という問題設定
（1）「カテゴリ認識」の人類学的意義

モノにこめられた観念・象徴性や他の事象との関係性は、「当時の人々がモノをいかにみていたか」、すなわち「カテゴリ認識」の問題として捉えることができる。

人類学においては、トーテミズムへの関心に関わって、古くから現地社会における「分類」の意義が注目されてきた。デュルケームとモースは「分類の若干の未開形態」において、動植物・器物から方位・天体・色彩・季節・創造・破壊などの抽象観念に至るまでの様々な要素が「トーテム」に関わって分類配置されている体系の事例を紹介し、分類行為が文化的な所産であることを主張した（デュルケーム1980）。エルツ（1980）は『右手の優越』において、左右の認識を問題とした。その後、レヴィ＝ストロース（1970・1976ほか）は「トーテム」を「野生の思考」に基づく多数の二項対立の連環と捉えなおし、構造人類学の手法を提示した。こうした視点は儀礼行為おける象徴的二項対立の操作に注目したリーチ（1981）やターナー（1975）の象徴人類学へと受け継がれ、儀礼の維持・変容における象徴の果たす意義が示されている。

一方、人間と動植物との関係に注目し、その語彙の分析から「民俗分類」に迫る認識人類学の流れがある（松井1991）。そこでは、個々の文化における認識の差異を超えた、人類の認識の普遍性が明らかにされている。

このような人類学の研究成果は考古学にも大きな影響を与え、欧米における構造主義考古学、象徴考古学、あるいは認知考古学の潮流を形作ることとなる（Miller1982）。民族考古学的な成果としては、冒頭で紹介したホダーのアフリカにおける事例研究が典型であり、各種の物質文化の取り扱い（カテゴリ）やその動態から社会のあり方を検討する視点が提示されてきた。また、ミラーは現代インドにおける土器作りの民族誌的調査から、社会・技術・機能・装飾・象徴・イデオロギーなどの様々な認識の連関を検討している（Miller1985）。

一方、ケンプトン（Kempton1982）は連続的に変化する図形を用いた土器形式分類の境界をいかに捉えるかという課題を民族学的なアンケート調査によって検討した。

（2）土器の「カテゴリ認識」研究の意義

本稿では、これまで研究が蓄積されてきた土器を素材としてカテゴリの問題を取り上げる。ここでは、カテゴリとは当時の社会によって分類されたある一群に共通する要素としておく。言うまでもなく考古学研究と当時の社会との、分類の「体系」は異なった次元にあるものだが、一方で、土器形式

第1章　土器のカテゴリ認識と儀礼行為をめぐる方法論

や、器形と装飾が一定の規則性を持った型式のレベルを分類の基本単位とみなすことは許されよう。土器のカテゴリ認識研究とは、それらの単位がいかにグループ分けされていたかを問うものである。必ずしも、全ての土器を対象とする体系でなく、器形・装飾・用途・系統・経済的価値・宗教的意義など多様な分類基準によって1つの土器が複数のカテゴリに所属することも想定している。

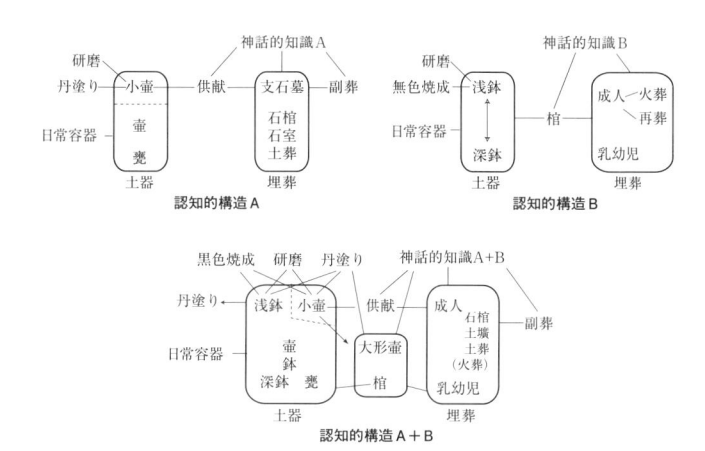

第2図　松本直子（1996）による「弥生時代開始期における土器と埋葬に関する異系統スキーマの融合」

編年研究においては、分析の単位となる土器群は、基本的に等価な存在として位置づけられてきた。また、土器の社会性を論じるもののうち、分布を婚姻圏（都出1974、佐々木$_{憲}$1981）、あるいはコミュニケーションシステムの範囲（田中$_{良}$1982）に関わるものとして理解する研究においてもやはり土器群を等価としてきた。これに対し、カテゴリ認識研究は、同時期に使用された各種の土器の、社会的な価値の差、意味の差を検討する視点である。

日本において「カテゴリ」の重要性を改めて喚起したのは桜井準也（1991）と松本直子（1997）であるが、両者が扱ったのはケンプトンの方向性に従ったものである。しかし、本書ではそうしたミクロな視点ではなく、むしろ、松本が前掲論文でイメージスキーマ（認知的ネットワーク）モデルの例として、縄文時代晩期の甕棺から弥生時代の甕棺への変化を、「葬送に関わる土器」という両者が同一カテゴリに属するというスキーマの融合として説明した研究［第2図］や、冒頭で紹介したホダーによる社会的脈絡と物質文化との関係（分布範囲の問題や、象徴的二項対立の連環など）といったマクロな問題を扱うこととしたい[9]。

こうした問題意識は、日本考古学、特に土器研究においても既に多くの蓄積がなされてきた。後述するように既に小杉康がこうした脈絡において「カテゴリ」の語を用いて検討を行っている。ここでは紙数の関係もあり、論のバラエティの豊富な縄文土器のカテゴリ認識の問題に関わる先行研究を整理したい[10]。

（3）縄文土器の「カテゴリ認識」の先行研究
山内清男の「亀ヶ岡式土器移入・模倣」論

山内清男（1930・1964ほか）は亀ヶ岡式の精製品が東北地方を超えて広範囲に分布する事象について、

---

[9] ケンプトンが対象としたような、形態の微妙な違いを検討したものとして、当事者による型式レベルの区分とその動態を扱った論考がある（髙木2003、黒木2005）。

[10] ほかに日本考古学においては、中園聡（1998）による弥生時代中期北部九州の須玖式における精製土器のあり方をめぐるカテゴリ認識の研究や、中世京都を中心とした祝宴用の「かわらけ」の象徴性や、地方におけるその受容をめぐる研究などがある（鈴木$_{康}$2002、小野ほか編2008など）。

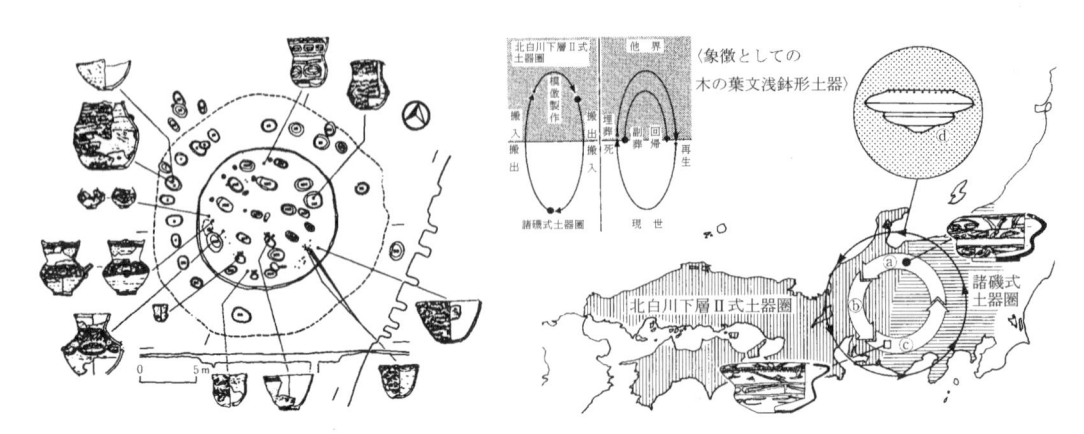

第3図　林謙作（1979）による周堤墓出土土器の分布図　　第4図　小杉康（2003）による木の葉文浅鉢の交換模式図

それが「輸入品・輸出品」あるいは模倣すべき対象としての価値を持っていたとの認識を示している。

この山内の認識を亀ヶ岡式土器移入・模倣論と呼んで検討した大塚達朗（2010）は、山内による亀ヶ岡式土器の「精製」・「半精製」・「粗製」の区別を、山内が土器製作単位・土器の格付けに関わる評価体系・それを必要とする社会体制・使用環境および地方社会の分立などの社会関係を読み解くために設定したものとの推測し、「土器型式[11]にはまた多少の器種があり、さらに、いくつかの類型（カテゴリー）に分けられる」（山内1969：86頁）という発言における「類型」についても、その3区分を指すものと再評価した。

小林達雄の「型式のありかたのタイポロジー」論

小林達雄（1965）は"吹上パターン"の提唱と同時に、住居床面から完形・略完形土器が出土する事例に注意し、"井戸尻パターン"と命名した。その後、前期後葉の台付鉢や浅鉢、後期中葉の異形台付土器など、こうした出土パターンが特殊な形態の土器に限られることを指摘し（1974）、さらに、こうした土器のあり方の研究を「型式のあり方のタイポロジー」と呼んでその重要性を喚起した（1979）。ここでは特定の土器形式が、特定の出土状況と密接なかかわりを持つことが指摘されたが、その意味については触れられていない。

安孫子昭二らの「アイデンティティ」論

土器の分布圏が社会集団と密接に関わるという議論は古くより提示されてきたが（杉原1943、小林達1966、山内1969）、土器の分布現象は社会システムに規定（従属）するものと捉える視点が多かった。これに対し、安孫子昭二（1978・2005ほか）は土器様式を馬印やユニフォームに相当するものとし、縄文時代中期後半の連弧文土器を、加曽利E式への均一化に対する「関東西南部集団のアイデンティティとして」擁立されたものと解釈した。

小林達雄も前期の岐阜県村山遺跡における北白川下層式と諸磯式の並存例を、「あえて相手方と異なる様式を固執しようとした」とみたり（1993）、中期中葉の各土器様式の隆盛を勝坂式土器様式と火炎土器様式のライバル関係と結び付けて論じている（2005）。同様の視点は、同一形式・文様が広

---

11) ここでいう「型式」は山内のいう時間・空間の単位としての「型式（けいしき）」であり、本書で用いる「型式（かたしき）」とは異なる。

第1章　土器のカテゴリ認識と儀礼行為をめぐる方法論

域に分布することを根拠とした後期西日本の縁帯文土器文様（千葉1989）をめぐる議論、あるいは逆に局所的な分布を根拠とした前期関東周辺の諸磯ｂ式獣面把手（関根2004）、後期後葉東北地方仙台湾周辺の入組三叉文高杯（小林圭2006）など分布の解釈に引き継がれている。

林謙作の「祭儀での役割の象徴」論

林謙作（1979）は北海道恵庭市柏木Ｂ遺跡の周堤墓へ供献される土器が形式別の分布から３グループに分けられることを指摘し、祭儀に参加した人々の果たした役割の差と想定した［第3図］。また、その後の論考（1993）では、石棒や弓など墓坑内の副葬品に男性原理に関わる遺物が多いのに対し、墓坑上の供献品には土器や漆器が多く、これらを女性原理関わるものとしている。林は一貫してこれらの遺物を祭儀における役割（仕事）の象徴と考えており、副葬品と供献品との間に差異は、葬送の次第における役割分担に関わるものと想定しているようである。

鈴木正博の「経済様式」論・「上位土器」論

鈴木正博（1980）は東京都大森貝塚出土土器を再整理する中で精巧な集合沈線文を持つ後期加曽利Ｂ１式期の注口土器に注目し、「特定の選ばれた製作者の存在」を予想、「経済様式として扱う必要性」を指摘した。これは、同時期の他の土器との技術差に注目したものであり、鈴木の「土器社会論」を構成する重要な要素となった。

近年、鈴木は亀ヶ岡式の「特殊壺」について、遠賀川式の彩文・高杯の成立に関わっていたことを指摘し、「上位土器」の概念を提示する（2000）。これも同様に土器製作の技術から、土器の階層的な理解を提示したものである。

小杉康の「威信財・交換財」論

「カテゴリ」の語を用いた研究については、小杉康（1984・1985a・1988b・2003）がいち早く取り組んできた。小林が注目した前期の浅鉢のあり方をさらに掘り下げて検討する中で、まず、民族誌の参照から最低限のカテゴリとして生存財と威信財の２大別を示した。次いで、土器の型式学的検討による関東の諸磯式と関西の北白川下層式との間での模倣関係と広域分布、住居床面や墓坑出土という儀礼行為を示す出土状況から、縄文時代前期の「木の葉文浅鉢形土器」の威信財・交換財としての性格を指摘したのである。小杉はさらに、循環的な交換と再生観念との類比を想定している［第4図］。

小杉の議論は、これまでの少数の根拠から土器の社会的価値を論じるものとは異なり、模倣関係・広域分布という山内の視点、出土状況という小林の視点の双方を継承した上で、浅鉢の出現経緯まで遡って特殊な土器形式のあり方を検討した重要な研究である。

渡辺仁の「威信財」論

渡辺仁（1990）は『縄文式階層化社会』の名で知られる著書の本論を「縄文式階層化社会と土器の社会的機能」と題して発表した。その中で縄文土器工芸の高度な発達を社会生態学的問題として捉える必要性を示し、「威信獲得（確保）用品」と位置づけ、さらに「それを公衆に展示する場（略）が集団儀礼であった」と論じた。その論拠となったのは刊行当時知られていた優品の大半が収録された『日本原始美術』第１巻所載土器の多くが儀礼に関わる出土状況であることである[12]。

12）これらの優品の存在について、日常／非日常のような差異の結果を検討せず、直ちに階層差に結びつける点については小杉康（1991）の批判がある。

谷口康浩の「土器情報」論

　谷口康浩（1994）は中期勝坂式の諸型式を広域型・漸移型・局地型に区分し、局地型を通婚圏の主要な範囲とした上で、広域型が「最も装飾的で、優品の多い型式である。交換財の一つとして、これらが地域間を移動したこともありうる」とした。ここまでは山内や小杉の視点に近いが、さらに、様式間で型式分布の3類型の現れ方が異なり、その背景に社会構造の差異を想定した点は重要である。

　その後、土器様式によって土器と土偶との間の文様の共有事象が異なること（1998）、中期後半期に曽利式土器が東日本で広く移入・模倣された一方、逆の影響関係は認められないことから、曽利式土器情報の価値が他に勝っていた可能性（2002b）など、土器群の社会的意味内容が決して等価ではないことを示している。

土肥孝らの土器廃絶論

　土肥孝・中束耕志・山口逸弘（1996）は、群馬県渋川市房谷戸遺跡の墓坑と想定される土坑内出土の中期中葉深鉢の口縁部文様の一部が左右対称に剥ぎ取られていることに注目し、周辺例を含めて土坑内からの土器の出土状況を、完形、突起の打ち欠き、突起のみ、文様を剥がす、底部のみ、底部打ち欠き、胴部以上のみ、文様で最も目立つ部分のみの8類に整理し、打ち欠き例を機能停止のための意図的な所産と位置づけた。さらに、土偶を参照し、当初から文様を剥がすことを意図して製作していた可能性も指摘している。山口（1999）は墓坑との断定は慎重に避けるものの、阿玉台式期の群馬県における土坑内での異系統土器2個体の共伴例を分析し、社会関係を反映した結果と解釈した。

　また、土肥（2007）は、新潟県十日町市笹山遺跡の土器捨て場において、最大級の火焰土器がまず逆位に据えられたことに注目し、「造形美・文様美の優劣」が認識されていたことを指摘している。

松本直子の「属性選択の嗜好性」論

　松本直子（1996）は晩期西日本の土器群について研磨や色調、器厚などを検討し、深鉢に関しては半島の土器への「選択的嗜好性」によって色調と器厚の地域差が異なること、在来の精製器種である浅鉢に関しては広域で共通することなどを明らかにした。その背景として各土器群と東日本の縄文的イデオロギーとの結びつきの強さとの関連性（結びつきは浅鉢の方が強い）や浅鉢・深鉢それぞれにアイデンティティ・イデオロギーとの結びつきの地域差が想定されている。

松本建速の土器製作者論

　松本建速（1998）は大洞A'式期から砂沢式期にかけて共伴する遠賀川系の技法で作られた土器の形式が生存に必要な壺と甕に限定され、飾られる土器である浅鉢や高杯が見られないこと、変形工字文が大洞系の浅鉢・高杯にのみ施されること、前者に変化が乏しいか他律的な一方、後者の変化は自律的であることに注目した。松本はその背景として、剥片石器の変化も自律的である点なども踏まえて、土器形式によって製作・使用に性差があったという仮説を提示した。

秋田かな子の「地域間交流を媒介する性質」と鈴木徳雄の「間類型性」

　秋田かな子（1999a・2002b・2008など）は深鉢の地域差を超えて関東〜北陸に分布する後期の注口土器について「地域間交流を媒介する性質」、「広域に共有される無帰属の器種としての自己同一性」を指摘した。また、同時期に鈴木徳雄（1999）は後期前葉の"小仙塚類型群"について「系統間を媒介する"間系統的媒介性"とも言いうるような性質を持った類型」と説明している[13]。鈴木は翌年、

---

13) 他に同様の性質に関して"間系統類型""間型式類型"の語を用いている。

第1章　土器のカテゴリ認識と儀礼行為をめぐる方法論

後期前葉〜中葉の浅鉢を素材として、「器種」を「行為」の指標として捉える〈器種−行為〉論を提示した（鈴木2000）。これは、土器のカテゴリ分化とその社会的・歴史的意義を評価する視点である。鈴木は、当該浅鉢が土器被覆葬[14]に供される点や、深鉢の分布圏を越えて広がるという点に着目している。

石川健の「様式構造と埋設土器」論

石川健（1999）は後期後半〜晩期初頭の九州地方北部と中部の形式・型式組成とその精粗の程度を「様式構造」として検討し、後期後半における精製浅鉢−精製深鉢−粗製深鉢という精粗の序列が北部では精製深鉢が抜ける形で精粗格差が増大するのに対し、中部では全体的に精製化すること、粗製深鉢の地域差に対し、精製浅鉢が九州地域を越えて共通性が認められることなどを明らかにした。中九州における上記の様相の背景としては、当該地域における打製石斧の増加や土偶・土器埋設からうかがえる祭祀行為の盛行による文化の安定性を指摘している。

続いて、両地域で埋設土器に用いる形式の選択性の変化を検討し、北部において埋設土器が粗製化していくのに対し、中部では粗製土器が選択されなくなる形で全体が精製化していくこと、すなわち土器群全体の動態と埋設土器の選択とが密接な関わりをもっていたことを論じた（石川2001）［第5図］。

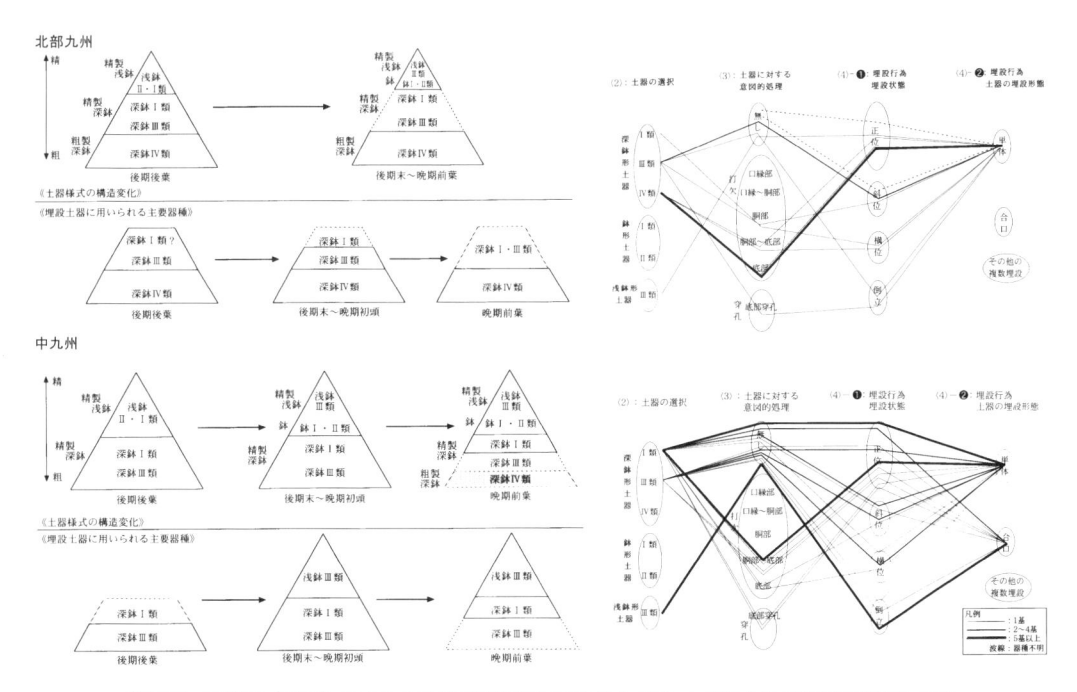

第5図　石川健（2001）による土器様式構造変化の模式図（左）と埋設土器の諸要素関係図（右）

---

14) 土器を遺体上に倒置ないし覆う葬法は"甕被葬""鉢被葬""被甕葬""土器片被り葬"などと呼ばれているが、筆者（2006）は総称として"土器被覆葬"の語を用いる。本書第2章参照。

(4) 先行研究の方法論の整理と課題

　小林達雄のパターン論や谷口康浩の分布論、松本直子や松本建速による形式ごとの作り分けの議論、石川健の埋設土器論は、いずれも一定の土器群全体を検討対象とした上で、土器形式・型式ごとに扱われ方に差異が認められることを、出土状況や分布などの現象面として指摘したものである。

　これに対し、製作属性と分布に注目して、特定の土器群のあり方を論じたのが秋田かな子や鈴木徳雄の「媒介性」の議論である。そこでは一定範囲に地域差をもって広がる個性的な諸土器群の中にあって、特定地域に帰属せずに広域に分布する特定の土器形式・型式の性格が論じられた。

　一方、対象とする土器群を限定し、それらを階層的な価値体系の上位に位置づける研究として、山内清男の移入・模倣論（亀ヶ岡式の精製土器）、鈴木正博の経済様式論（注口土器）、小杉康の威信財・交換財論（木の葉文浅鉢）、渡辺仁の威信財論（精製土器）、谷口康浩の土器情報論（曽利式土器）論などがある。これらの根拠としては、精製品であること、広域に分布すること、模倣品が存在すること、特殊な出土状況が見られることなどが挙げられている。

　土器群をアイデンティティの表象と見るのは小林達雄や安孫子昭二の様式論であり、千葉豊の縁帯文土器文様論、関根愼二の獣面把手論、小林圭一の入組三叉文高杯論である。これらは、個性的な土器群が共有されることの意義を説明したものである。

　本稿で取り上げたのは、さまざまな目的による研究を「カテゴリ認識」という側面から抽出したものであり、問題の設定や対象となる土器群の範囲、根拠などは多様である。対象の範囲に関して言えば、型式レベル（木の葉文浅鉢、多重沈線文注口土器、入組三叉文浅鉢など）、形式レベル（浅鉢や異形台付土器など）、精製・粗製レベル、様式レベル（諸磯式、北白川下層式など）という違いがある。根拠となる事象についても、2個セットで住居床面出土・伏せて墓坑内から出土といった特定の出土パターン、墓坑・住居床面などの特定遺構からの出土、特定遺跡からの出土、局地での出土、広域での出土という違いがある。その点では精製品が儀礼に関わる状況で出土することが多いとした渡辺仁の威信財論や、様式はアイデンティティに関わると言うだけの議論は漠然としすぎており、説得力には乏しいと言わざるを得ない。やはり、対象・出土パターンの限定された事象をもとにした議論が不可欠であろう。

4．「カテゴリ」認識を示唆する儀礼的要素
（1）「カテゴリ」認識と儀礼の反復性

　「カテゴリ」認識は前述したように、生活のあらゆる場面に存在していたものと想定されるが、我々が認識できるのは限られている。考古資料から具体的に復元しうるカテゴリ認識は、異なった次元の複数の属性との間の結びつきがパターンとして認められることが必要だからである。例えば技術・技法や装飾など製作にかかわる属性、使用痕や破壊行為などの使用にかかわる属性、住居や墓坑など出土状況に関わる属性などの諸属性間の結びつきのパターンである。

　その中で、もっとも説得力をもって検討できる限定されたパターンは儀礼行為におけるものである。谷口康浩（2008）は文化記号論の見解を踏まえて、儀礼における行為の再現・反復の重要性を指摘し、考古学においても祭儀空間の意義や象徴的コードの読み取りを行うため、詳細なパターン認識の必要性を提示している。本書で扱う「カテゴリ」認識を検討するにあたっても、器物が扱われる場である

第1章　土器のカテゴリ認識と儀礼行為をめぐる方法論

儀礼自体が定式化され、反復される性質をもっていることが重要である。上記の先行研究の多くが、儀礼行為に関わる事象を扱ってきたのもそうした理由によるものであろう。

以下では、前節で紹介した諸研究を含めた先行研究や筆者の検討事例を用いて、儀礼行為における特定のカテゴリ認識の存在を示唆する要素を検討しておく。藤本強（1985）が指摘するように製作・使用・廃棄（出土状況）という各段階に留意することが必要である。

（2）製作時に付与される要素
製作技法

土器製作時に付与される属性には土器の用途と密接に関わる形態のほか、成形技法、胎土・調整の精粗、文様・装飾などがある。松本建速による大洞系浅鉢・高杯と遠賀川系甕の関係についての議論は、製作工程全般に関わる問題である。

装飾の共有関係

文様・装飾は、その共有関係が重要である[15]。例えば、谷口が提起した土偶文様の共有の問題は、土偶と土器との関係をめぐるカテゴリ認識に関わる重要な視点である。筆者も勝坂式期の顔面把手と釣手土器との間での共通の装飾の組み合わせを複数組確認している（中村2009d：本書第4章第2節）。

鈴木正博や秋田かな子が注目した加曽利B1式の注口土器に施される多重沈線文は、秋田（1998a）が指摘するとおり横帯文を基調とする加曽利B1式の諸形式の中で異色の存在である。その原形は堀之内2式新段階に秋田が"石神類型"と呼ぶ特徴的な文様として出現するが、それを施すのは関東地方においては注口土器のほか双口土器や小形壺などの稀少な形式や下部に単孔を持つ筒型土偶に限定される（中村2008b）。東京都あきる野市中高瀬遺跡では"中高瀬タイプ"と呼ばれる加曽利B2式期の特徴的な土偶の一群が出土したが、それらは同時期の深鉢の突起と形態・装飾技法を共有している（林克2007・2009、中村2007a）。

（3）使用〜廃棄時に土器自体に付与される要素

土器の使用痕跡には、ススゴケの有無・付着範囲や摩滅などの指標があるが、ここでは、より特殊な破壊行為を挙げておきたい。破壊行為には、器体穿孔・加撃、文様剥ぎ取り、特定部位のもぎ取り・顔面部破壊などがある。

底部穿孔・加撃

住居入口部の埋甕や屋内外の埋設土器への底部穿孔は古くから研究の蓄積がある。桐原健（1973）は底部穿孔埋甕が顕在化する中期後半には中葉のような器形のバラエティが乏しくなることを指摘した。この時期に限らず、底部穿孔埋甕・埋設土器に用いられる土器自体は一般的な深鉢が用いられることが多く、形式や装飾などの特徴はほとんど認められない。底部穿孔は、前期の浅鉢に既に認められる。前掲の土肥らが論じた仮器化された深鉢の葬送儀礼への使用の問題と同じく、埋甕や埋設土器への転用行為との間のカテゴリ関係として検討すべきであろう。

---

[15] 小林正史（1998・2006）は、晩期後半において浅鉢が壺に先行して区画文系工字文から三叉文系工字文へ変化することを挙げ、その理由として、装飾部位の外部からの見え方の違いを想定している。こうした例においては、装飾の違いを形式のカテゴリ差のみに起因するとみるのは危険である。

部分の剥ぎ取り・打ち欠き

　口縁部突起のもぎ取りは古く顔面把手に対して藤森栄一（1968）が注目し、土器器体から独立して取り扱われていることが指摘された。顔面把手には、顔面への穿孔・打ち欠き・くり抜きなどの行為も存在する（吉本・渡辺 2004）。勝坂式期の釣手土器の形態が、顔面把手の顔面部を打ち欠いた形態と類似することは古くから指摘されているほか（鳥居 1924）、曽利Ⅰ式期以降に出現する顔面付釣手土器の顔面部もしばしば打ち欠かれており、顔面把手と釣手土器とが共通の性格を有することを示している（中村 2009b）。

　口縁部突起の打ち欠きは土肥らが論じたもののほか、水沢教子（2003）が長野県千曲市屋代遺跡群出土の突起が打ちかかれた大木9式深鉢のX線観察を実施し、不自然な形で切り落とされていることを示している。阿部友寿（2005）は晩期の配石遺構に後期の土器突起や注口土器の注口部が集積されていることを取り上げ、縄文人が突起や注口部に特殊な意識を持ち、収集して供献していたことを指摘した。戸田哲也（2006）は突起のほか土器破片についても、単独で収集されていた可能性を指摘している。これらの研究は土器突起や注口部に対する特殊な認識という、部位に対するカテゴリ認識の問題へ発展する可能性をもっている。

（4）出土状況から付与される要素
葬送に関わる儀礼空間

　出土する場は、各種の遺構が想定できるが、ここでは儀礼行為に関わる場の属性に限定しておきたい。まず、儀礼の目的の明瞭な葬送儀礼に関わる墓域が挙げられる。墓域は墓坑内、墓坑群上に区分できるが、これらからの土器の出土事例については多くの研究の蓄積がある（中村 2008e：本書第2章第2節）。小杉、石川、秋田、鈴木徳雄らの木の葉文浅鉢、様式構造、注口土器、浅鉢に関する議論には墓坑出土例が大きな鍵となっている。

　筆者もこれらの研究に導かれて後期前半期の土器副葬・土器被覆葬を検討し、同じタイプの土器群が分布する関東南西部と中部高地の両地域において、加曽利B1式には関東西南部／中部高地、土器副葬／土器被覆葬、深鉢・注口土器、鉢・舟形土器／浅鉢という3重の対比関係が認められ、葬送に関わる土器のカテゴリ認識に差異が存在することを明らかにした（中村 2006・2008b・c：本書第4章）。当該期の舟形土器は関東西南部に集中しその半数が墓域出土という特徴を持つ（中村 2005）。あるいはその背景にはアイデンティティ意識が存在するのかもしれない。また、縄文時代全般を見た場合には、使用される土器形式に各地域・時期の独自性が認められるものの、いずれも飲食に関わる形式に限定されるという特徴が認められる（中村 2008e：本書第2章第2節）。

住居廃絶に伴う儀礼空間

　住居廃絶に伴う儀礼も、その目的が比較的理解しやすい。その認定基準は焼失住居であること、床面に完形土器や石棒などが遺存していることなどである。小林の井戸尻パターン論、小杉の木の葉文深鉢論以来、中期の釣手土器（藤森 1965b）、後期の注口土器（須原 2003）、中期東北の壺や浅鉢（阿部昭 2006b）などの床面出土例が注目されている。釣手土器や異形台付土器など非飲食系の形式が含まれていることは墓坑出土例との大きな違いである（中村 2009e：本書第2章第3節）。

第1章　土器のカテゴリ認識と儀礼行為をめぐる方法論

埋設土器・埋甕

　埋設土器や埋甕にいかなる土器が用いられるかという点も地域・時期の独自性が認められる。

　土器棺専用の壺を発展させた後期前半期の東北北部（葛西 2002）や、弥生の甕棺に匹敵する大形土器を用いた中期井戸尻Ⅲ式〜曽利Ⅰ式の中部高地（長沢 1994）などは最も特徴的であるが、前述した石川が論じたように、晩期の九州北部と中部の間でも使用する土器の精粗に違いがある。

　埋甕については、前述した底部穿孔例のほか、その地域で主要でない様式の土器が一定数用いられることの背景に、母親の出身地の象徴としての性格をみる佐々木藤雄（1981）の研究がある。

セット関係

　出土する空間のほか、共伴遺物とのセット関係も、カテゴリ認識の指標となる。山口逸弘（1999）は、中期阿玉台式期の群馬県において、様式を異にする2個体の深鉢が土坑に埋納されている例を挙げ、意識的選択の産物と論じた。こうした例は異なったカテゴリの土器をあえて一緒に埋納したことを示している。

（5）「カテゴリ認識」に関わる諸属性の結びつき

　考古学的に「カテゴリ認識」を検討するために、これまで挙げてきた諸属性の結びつきを以下のように整理する。属性は大きく製作・使用・出土状況の3つに分類され、それぞれ技法・形式・装飾、穿孔・打ち欠き・剥ぎ取り、葬送（副葬・被覆葬・墓上供献）・住居廃絶・埋甕・伏甕・埋設などに細分される。

　本節の最初に挙げた大洞系の浅鉢・高杯と遠賀川系の甕の問題は、技法と形式すなわち、製作属性内の諸要素の結びつきとして説明される。後期の浅鉢と土器被覆葬との関係は、製作属性内の形式属性と、出土状況属性内の葬法属性との関係として整理できよう。また、葬送儀礼に関わる土器文様の剥ぎ取り行為は使用属性内の剥ぎ取り属性と出土状況属性内の葬送儀礼との結びつきであるが、土肥らが想定したように文様剥ぎ取りを前提として製作されていたとすれば、製作・使用・出土状況の3つの属性が総合的に結びついていたと理解することが可能である。

5．カテゴリ認識研究の展望

　「カテゴリ認識」研究の意義と、その方法論について検討を加えてきた。モノを作り・使った人々が、そのモノが他のモノといかに結びつけてきたのか、いかなる「カテゴリ」に属するものとして認識していたのかを問うこの研究は、モノとヒトの心との双方向的な関係を検討するための最も基礎的な作業である。

　本稿では、先行研究をもとに、縄文土器のカテゴリ認識に関わる若干の事例を紹介してきた。縄文土器の「カテゴリ認識」は、こうした諸属性の結びつきをコンテクストに即して、丁寧に解き明かしていくことが出発点となる。考古学的に解明するのは困難であるが、本来その結びつきは、レヴィ＝ストロース（1976）の紹介した「野生の思考」によって、形・機能・色・使用場面その他の属性に基づいて、説明されていたのであろう。

　カテゴリ認識は一定の伝統性を持つ、いわば静的な構造として捉えられる部分がある。本稿でも、静的な関係性を抽出した研究を多く紹介した。しかし、嗜好性や地域間関係の地域差にもとづいて構

造の地域差・時期差が生じたとする松本直子（1996）や石川健（2001）の研究や、対比関係にもとづいて結びつきに差が生じたとする筆者の見解（中村2008b：本書第5章第4節）があるように、時期や地域によってカテゴリ認識が変化することも重要である。

本章冒頭で述べたように、広い視野から動態を明らかにすることが考古学における重要な課題となる。今後は、特定の時期・地域におけるカテゴリパターンの抽出を積み重ね、そうしたカテゴリ認識がいかに形成されたかを、歴史的脈絡の中で検討していくことが必要になっていくだろう。

最後に、今後の課題について、筆者の注目する土器形式（器種）の問題に焦点を絞っていくつかの点を指摘しておきたい。

まず、特定のカテゴリ認識の形成・定着過程の検討がある。祭祀・儀礼に密接に関わる土器群は、現在のところ縄文時代前期の浅鉢まで遡る。前期前半に浅鉢が出現し、後半には分布範囲・数量・型式を増加させ、多くの墓坑埋納例・住居床面出土例が知られるようになるが、こうしたプロセスについて、他の土器群・文化要素との関係性を時期をおって検討していくことが必要である。

次いで、形式間のカテゴリの共有・対立の問題がある。特に、中期中葉、中期末葉、後期中葉など土器形式が増加する時期において、それらの間のカテゴリ認識に関わる関係性がいかなるものであったのかという検討は、機能分化にとどまらない形式分化の意味を探る上で重要であろう。

同一形式・型式においても、必ずしもカテゴリ認識が共有されているとは限らない。深鉢に比べて数が少なく、日常の実用製品とは考えられない土器形式の性格を考える上では、形式間関係の問題と共に認識の継承・変容の問題は、欠くことはできない。

こうした個々の脈絡におけるカテゴリ認識の検討の後、それらのモデルの比較検討が第二のステップとなる。特殊な土器形式をめぐっては、製作・打ち欠き・儀礼への使用の意識・志向性に、しばしば時空を超えて類似したが窺われるが（小林達1993、中村2012c：本書第6章）、改めてカテゴリの共有・変異の問題として整理する必要があろう。

6．本書の検討課題と具体的対象

以上の議論をふまえ、本書では、限定された対象として土器形式・型式を、限定された場として葬送儀礼・住居廃絶儀礼を選択する。形式に注目したのは、バリエーション豊富な深鉢と比べて変異・数量が少なく、分析に適しているためである。また、儀礼行為に伴う土器は意図的に置かれたものであり、特に葬送儀礼・住居廃絶儀礼はその実際的な目的がはっきりとしているものであるため、彼らの認識を問う素材として適している。

具体的な対象として、前期の浅鉢類（第3章）、中期の釣手土器（第4章）、後期の浅鉢・注口土器等（第5章）を選択した。それぞれ、上述の、カテゴリ認識の形成過程、カテゴリ認識の継承・展開、カテゴリ認識の共有・対立を主として検討することになる。

その上で、その分析を基礎として、対象の限定の範囲外にある深鉢のあり方や、造形そのものにみられる共通観念を検討し（第6章）、また他種の道具との関係を検討したい（第7章）。

第2章　縄文土器の形式と儀礼での利用

第1節　縄文土器の形式分化

（1）土器形式の概念
器形・形式・器種

　「土器形式（Form）」とは、主としてカタチの区分にもとづく考古学上の土器の分類単位である。類似した概念として「器形」・「器種」などがあり、同義とされることも少なくないが、以下の3つの立場がある。

　まず、現象としての形を示す概念。「器形」と称されることが多く、日本では長谷部言人考案の正方形九等分法（甲野 1953）が代表的である。「浅鉢形土器」・「注口付土器」などと「形・付」を付す用法などは、この立場によるものであろう。区分は汎用的な九等分法のほか、個々の土器群の計測にもとづく区分もある（藤村 1983）。

　次いで、器形差の背後に、機能・用途差を想定する概念がある。中谷治宇二郎（1929）、小林行雄（1939・1959a）、小林達雄（1967・1977a・1989）など、「形式」に関する代表的発言がこの立場である。これによって、土器形式は「習俗上の差異」（小林_行1939）、あるいは「土器の文化的・社会的役割分担」（小林_達1989）に関わるものとされ、「形式の消長に示されたものは、実に文化の動態そのもの」（谷口 1983）という議論が成立してきたのである。形式組成論（藤森 1966、藤村 1983、小林_正1992、阿部_芳2008 など）もこうした理解の下にある。なお、小林達雄（1967）の「機能の意識→形式→かたち」という見解は、「形式」を当時の概念として定義するものではなく、器形と機能・用途をつなぐ理論的説明と理解すべきと考える。

　第3の立場は、器形差に加え、装飾・系統性を加味した概念である。佐原眞（1979）の「特定の用途をもち、形・容量・装飾をそなえた器」、鈴木徳雄（2000）の「土器の相互比較によって系統的に編成し得る形態上のまとまり」など、「器種」概念に関する代表的発言に顕著である。但し、機能・用途あるいは「行為のまとまり」（鈴木前掲）を想定する点では第二の立場をより厳密にしたものとも受け取れる。「器種」と「形式」はしばしば同義とされるが、その場合、「型式（Type）」概念との関係が問われることとなる。サイズ・装飾その他で区別されるところの各「型式」は、厳密には異なった機能・用途、社会的役割を果たす可能性があり、究極まで細分した場合には「形式」と「型式」の概念がかなり近接する。従って、本書では、深鉢・浅鉢・注口土器といったレベルでの器形差をもって、「形式」とみなすが、同一地域に系統や器形・装飾を異にする複数の同一「形式」が存在する場合、その差を示す点を重視してより細かい分類名を用いる場合がある。

エティック／エミック問題とカテゴリ認識研究

　ここで注意しなければならないのは、これら3つの立場は多少の差はあるもののいずれも、本来、分析者側のエティックな視点にもとづく便宜的な分類概念であるにもかかわらず、そこに当時の主体

者側の行動規範をも想定するという二重の分類概念となっている点である。

　既に、この点に関しては、民族考古学的手法によって大まかなレベルでの器形と機能との間に相関性が見られるという分析をする一方で、具体的な用途については言及しがたいとする小林正史（1989）の見解や、徐々に変化する器形差のどこで「形式（器種）」の差を区分するかは文化的な異同が少なくないという認識人類学や実験結果から、考古学的な形式分類の妥当性を問う西田泰民（2002）の意見も提示されている。但し、これらは、器形のみにもとづく形式分類結果を、そのまま用途論に応用させ、さらに形式組成論へと展開させるような方向性に対しての警鐘であったと理解している。これに対して、第3の立場は、これに型式学的な系統性という器形とは異なった属性を組み合わせることで、分類の妥当性を高めようとしている。必ずしも当時の分類体系に近づくことが期待されているわけではないが、装飾や器面調整に意識的な作り分けが見られる場合は、当時の分類に接近したものと考えてよいだろう。当時の分類に迫るには、こうした製作属性の変異のほか、使用属性の検討も有効である。これが、本書で試行する土器のカテゴリ研究である。

　カテゴリとは、器形・装飾・用途・系統・性格・価値などの任意の基準による当時の社会における分類である。言うまでもなく考古学研究と当時の社会との、分類の「体系」は異なった次元にあるものだが、一方で、形式や、器形と装飾が一定の規則性を持った型式のレベルを分類の基本単位とみなすことは許されよう。土器のカテゴリ研究とは、それらの単位がいかにグループ分けされていたかを問うものである。

　必ずしも、全ての土器を対象とする体系でなく、特定の土器群のみを包括するような分類もありうるし、複数のカテゴリ体系の重複も想定している。儀礼に用いる道具の分布・地域差とその伝播については古墳時代の石製模造品をめぐる椙山林繼（1965・1972）の先駆的研究があるが、同一の道具の異なった儀礼での使用や同一儀礼での異なった道具の選択の事例もある。

（2）縄文土器の形式分化とその集中現象
縄文土器形式のバリエーション

　縄文時代には深鉢を中心としながらも多くの土器形式が生み出されてきた。試みに挙げてみれば、浅鉢（本書第3章・第5章関係のほか、佐藤2001、末木1979・1999、鈴木徳2008など）・鉢・丸底鉢・算盤玉形土器（須賀2005）・角底鉢（阿部芳2004）・大形壺（江原2001）・無頸壺・広口壺・長頸壺・ジョッキ形壺（綿田1997）・徳利形壺（阿部昭2009）・切断蓋付壺（阿部芳1985、成田1986・1999）・両耳壺（稲村1994）・双耳壺（穂積1992・2001）・片口壺（成田1996）・皿・片口土器（渡辺誠1993、奥野1996）・有孔鍔付土器（阿部昭2008b参照）・釣手土器（本書第4章参照）・釣手付深鉢（新谷1993）・台形土器（櫛原2004、室伏2008）・双口土器（赤星1974、西山1995、渡辺誠1998a）・双子土器・注口土器（中谷1927ほか文献多数：鈴木克2007、安孫子2008参照）・高杯（台付鉢）・異形台付土器（内田1978～1986、堀越1997、小倉2008）・下部単孔土器（熊谷1987、鈴木克1998、渡辺誠1999、武藤2008）・香炉形土器（蜂屋2004、平原2011）・多孔底土器（八木2003、滝沢2008）・鳥形土器（西田2000a、成田2005、西本2005）・巻貝形土器（長田2008）・環状土器・クルミ形土器・皮袋形土器・脚付土器（大倉1994、大竹2008）などがある（このほか杉山寿1928a・b参照）。但し、このうち一定の時空間の多くの遺跡で確認できるだけの普遍性を持った形式は、浅鉢・鉢・有孔鍔付土器・各種壺・

第 2 章　縄文土器の形式と儀礼での利用

注口土器・高杯・関山式の片口土器などに限られ、浅鉢や有孔鍔付土器・両耳壺などを除けば、そのほとんどが後期以降に一般化する。一定範囲の地域内において１遺跡で数点存在する土器形式としては釣手土器・異形台付土器・下部単孔土器などがある。そして、一定の時空間に数点のみ存在する形式として双口土器・双子土器・鳥形土器・巻貝形土器などがある。いずれにしろ、浅鉢を含めてこれらの諸形式の数量は深鉢に比べれば少なく、生活上の必要性は低いものと見てよい。

形式分化の歴史的意義

　縄文時代における形式分化の意義については、既に小林達雄や林謙作が示唆に富む指摘を行っている。小林は、土器形式を「土器の文化的・社会的役割分担」に関わるものと捉え（小林達1989）、縄文土器の歴史を４つに区分する上でも形式のあり方を重視している。すなわち草創期における円形丸底と方形平底という２形式を先行する容器の形をモデルにしたものとし（"イメージの時代"）、早期において円形丸底に一本化されることをもって"主体性確立の時代"と評価する。さらに、煮炊き以外の台付鉢・壺・浅鉢などの登場する前期を"発展の時代"、埋甕や副葬品への転用が行われる中期以降を"応用の時代"とするのである（小林達1981b・1982）。主体性確立の時代には南九州や中部高地で壺が認められるが、埋設される点や完形率の高さの点で異なった扱いを受けていた可能性がある。また、"応用の時代"には打ち欠きなどの点で土器の「転身・転生」が指摘される（小林達2008a）。

　林（1990）はかたちの作りわけを"一次的器形分化"、かざりも使い分けたものを"二次的器形分化"、実用よりも飾りの要素が強いものを"派生器種"と呼称し、列島規模での変化を概述した。前期諸磯式期の浅鉢の分布範囲と、中期勝坂式期の釣手土器・有孔鍔付土器・台付鉢などの一次的分布範囲の一致、それらの器形の規格性の高さ、後期の各種異形土器が前期・中期の派生器種と異なり、搬入品でも模倣品でもなく各地の地域色を持つ点、などを指摘している。深鉢内・浅鉢内の器形分化や、単なる器種の有無だけでなく成形・装飾まで視野に入れた分析として示唆に富む。

　このほか、形式分化の概要とその意義については谷口康浩（1988）、小杉康（2003）、阿部昭典（2012）などの解説がある。形式内の器形分化についてだが、中野幸大（2008）は、大木8a・8b式期における浅鉢や壺の形態の多様化やその移動を社会の安定・文化の高まりの指標と捉えている。

形式分化の集中現象

　内容的には両氏の解説を超えるものではないが、ここでは最新の概説書である『総覧縄文土器』（小林編2008）に依拠しながら、各様式の形式構成を把握する［第１表］。なお、ここでは複数の形態をもつ形式を◎で表現したが、中園聡（2010）が指摘するように当時のカテゴリにおいては「無頸壺も長頸壺も壺のうち」とは限らないため便宜的な表記である。

　この表で注目されるのが"派生器種"出現の集中現象である。前期後半の諸磯式には浅鉢の増加、壺等の出現があり、特殊例としては長野県箕輪町荒城遺跡の双口土器がある。浅鉢は円筒下層式・前期大木式・浮島式・北白川下層式などでも見られる。中期中葉の勝坂式後半には有孔鍔付土器、釣手土器、台形土器が登場する。中期後半から中期末葉にかけては、ジョッキ形壺（片耳壺）、広口壺、両耳壺など各種の壺が顕在化する。長野県茅野市一本木遺跡や埼玉県本庄市古井戸遺跡では両耳壺の変形した双子土器が出土している。後期初頭には関東・東北で注口付浅鉢、西日本では双耳壺がある。この時期には、浅鉢とは別に鉢が分化する地域も多い。後期前葉の堀之内式～加曽利Ｂ式の前半では関東西部を中心に、注口土器・浅鉢が一般化し、平底舟形鉢や無頸・有頸の小形の壺、双口土器など

第1表　縄文の形式組成と儀礼への利用状況（1）

		深鉢	浅鉢	鉢	台付鉢	注口	壷	器台	有孔鍔付	釣手	双口双子	片口	蓋	異形台付	下部台付	環状	香炉	多孔底	巻貝形	手燭形	脚付
草創期	出現期	○																			
	隆起線文系	○																			
	南九州隆帯文・爪形文系	○	+																		
	爪形文系	○																			
	円孔文系	○																			
	多縄文系	○	○		深																
早期	貝殻沈線文系平底	○																			
	早期無文	○								+											
	押型文系	○																			
	貝殻沈線文系	○																			
	撚糸文系	○																			
	尖底回転縄文系	○																			
	南西日本の無文	○																			
	早期南九州貝殻文系	○					○														
	条痕文系平底	○																			
	縄文系平底	○	○	○		深															
	縄文条痕系	○																			
	条痕文系	○																			
	東海条痕文系	○																			
	縄文条痕系	○																			
	平栫式・塞ノ神式	○	○				○														
	宗仁式	○																			
	琉球縄文　爪形文系・条痕文系	○																			
前期	北海道押型文系	○		○																	
	表館式・早稲田貝塚第6類	○																			
	羽状縄文系	○	○		○						○										
	塚田式・中道式	○																			
	神ノ木式・有尾式	○	○		○																
	布目式・新谷式	○	○																			
	極楽寺式・佐波式	○																			
	塩屋式・木島式・中越式	○	○				○														
	清水ノ上Ⅱ式・上の坊式	○																			
	円筒下層式	○	○	○			○			+											
	前期大木式	○	○	○																	
	諸磯式	◎	◎	◎			○			+											
	浮島式・興津式	◎	◎	◎																	
	蜆ヶ森式	○																			
	十三菩提式	○	○	○			○														
	北白川下層式	◎	◎	◎																	
	特殊凸帯文系	○																			
	轟式	○	○																		
	曽畑式	○	○																		
中期	円筒上層式	○	○	○	○																
	大木7a式〜8b式	○	◎			深															
	五領ヶ台式	○	◎	○		○	○														
	阿玉台式	○	○					○													
	勝坂式	◎	◎	◎	○	+	○		◎	◎		+									
	火炎	○		○	○																
	新巻・焼町系	○			○																
	新保式・新崎式	○	○																			
	上山田式・天神山式	○	○	○	○				○												
	鷹島式・船元式・里木Ⅱ式	○	借																		
	深浦式	○	▽																		
	北裏C式〜北屋敷Ⅱ式	○																			
	北筒式	◎	◎																		
	大木9式・10式	◎	◎	○		浅	◎	○		+			○								
	陸奥大木系	◎	○	○		深	◎	○													
	加曽利E式	◎	◎	○	○	※	◎	○													
	連弧文	○					○														
	曽利式	○	○	○			○	○	○												
	唐草文系	◎	◎	○			◎	○	○	◎深											
	郷土式・圧痕隆帯文	○	○	○	○		○			○深											
	沖ノ原式	○	借				借														
	串田新式・大杉谷式	○	○	○	○	○	○			○											
	中富式・神明式	○	○				○														
中期	北白川C式	○	◎																		
	並木式・阿高式	○	◎																		
中期〜後期	琉球縄文：隆帯文系	○					○														
後期	称名寺式	◎	○	○		浅○			深				○								
	三十稲場式	○	○																		
	気屋式	○	○	○																	
	中津式・福田KⅡ式	○	○	○			◎														
	門前式	○	○			○	○														
	十腰内Ⅰ式	○	○	○		○	◎												注		
	南境式・網取式	○		○		○	◎					○									

第2章 縄文土器の形式と儀礼での利用

第1表 縄文の形式組成と儀礼への利用状況（2）

		深鉢	浅鉢	鉢	台付鉢	注口	壺	器台	有孔鍔付	釣手	双口双子	片口	蓋	異形台付	下部単孔	環状	香炉	多孔底	巻貝形	手燭形	脚付
後期	堀之内式	○	○	○		○	○			深											
	縁帯文	○	○	◎																	
	宝ヶ峯式・手稲式	○	○	○	○	○	○								○						
	加曽利B式	○	○	○	○	○	○		○		+			○			○		+		
	九州磨消縄文系	○	○	○																	
	市来式	○		○		○				○											
	堂林式・御殿山式	○	○	○	◎	○	○				+					○	+				
	瘤付	○	○	○	○	○	○				+				○	○	○	○	+		
	曽谷式・後期安行式	○	○	○	○	○	○														
	高井東式	○	○	○		借	○														+
	凹線文系	○	○	○			○														
	琉球縄文：沈線文系	○					○														
	琉球縄文：籠目文系	○																			
後期～晩期	琉球縄文：点刻線文系	○					○														
晩期	亀ヶ岡式	○	○	○	○	○	○				○										
	東三川Ⅰ式・上ノ国式	○	○	○		○	○														
	晩期安行式	○	○	○	○	○	○											○			+
	天神原式	○																			
	清水天王山式	○	○	○			○									○					
	御経塚式	○		○			○							○							
	晩期半截竹管文	○	○	借		借															
	西日本磨研	○	○																		
	黒色磨研	○	○										+								
	佐野式	○	○																		
	中屋式	○	○				○														
	前浦式	○	○	○		+	○														
	浮線網状文系	○	○				○														
	下野式	○	○																		
	幣舞式	○	○	○			○				+										
	凸帯文系	○	○				○														
	琉球縄文：肥厚口縁系	○	○				◎														

○：一定量あり　◎：複数の形態あり　＋稀にあり　借：他様式のものを利用　※：深鉢に付属　太字は葬送儀礼への利用例あり　網掛けは住居床面出土例あり

第2表 縄文土器様式編年表（小林編 2008）

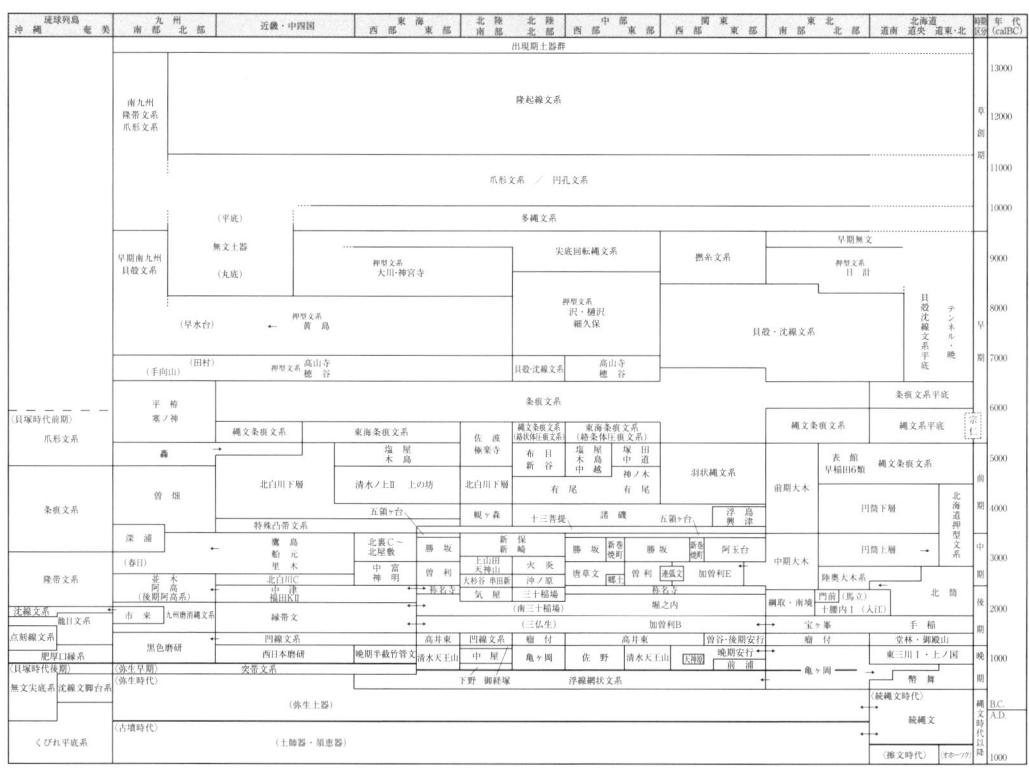

も登場する。続く後期中葉（加曽利B式後半）には関東東部で、釣手土器・異形台付土器が出現し、僅かながら鳥形土器などの異形土器も存在する。同時期の東北では片口壺が登場する。後期後葉の東北では巻貝形土器をはじめ各種異形土器がある。ここで登場した土器形式は、一部はその後も継承されるものの、多くは短命で終わる。

　ここに後述する住居床面出土例（前期～後期）、墓坑埋納例の有無を表示すると、興味深い一致が見られる。各時期の様相は深鉢を含めて詳細に検討しなければならないが、こうした大局的な共通性は派生器種登場の契機と、その性格を検討する鍵の1つとなるものと思われる。

第2章　縄文土器の形式と儀礼での利用

第2節　葬送儀礼における縄文土器

1．葬送儀礼における土器の出土パターン

葬送儀礼に関わる土器の出土パターンは大きく土器被覆葬、土器副葬、墓上供献、土器棺の4つに分類できる［第6図］。なお、これらはあくまで現象面での呼称であり、そこに込められた意図などについては後述するように地域・時期ごとに検討していく必要がある。

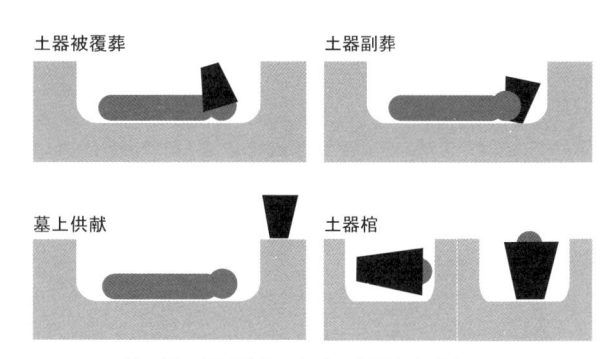

第6図　葬送儀礼における土器出土パターン

2．土器副葬とその研究史

土器副葬とは土器を遺体に副える葬送行為である。筆者は、破片の混入や土器被覆葬との区別のため、完形ないし略完形に復元される個体の出土をもって土器副葬と認定している。カテゴリ認識に関する研究は第1章で取り上げたので、ここでは墓制論としての土器副葬に関わる研究史を概観しておきたい。

副葬の認識

縄文時代の土器副葬が最初に認識されたのは、大阪府藤井寺市国府遺跡である。1917年の本山彦一・大串菊太郎らの調査（大串1920）で、玦飾2点を伴う人骨胸部から北白川下層式の小形鉢が出土した[16]。この土器は最近、底部穿孔が行われていたことが明らかになっている（山口卓2008）。これに前後する浜田耕作、小金井良精・松村瞭らの調査を含めて土器片被覆葬は16体が確認され、以後の葬制論でしばしば言及されてきたのに対し、土器副葬が議論の対象になることは殆どなかった。土器（片）被覆葬がその後もしばしば人骨に伴って確認されたのと比べると、人骨と共に土器が副葬された事例は極めて少なかったためであろう。

1935年には八幡一郎・矢島栄一（1935）によって神奈川県秦野市寺山遺跡の調査が行われ、「敷石遺構」の下から舟形土器が検出された。この「敷石遺構」は炉を伴わないことが当時から注意されていたが、現在は配石墓とされている（杉山博1990）。本稿で対象とする事例の初の報告例であるが、当時は、出土した土器の性格については特段の見解は示されていない。

戦後、北海道で配石遺構の調査が進められる。1953年から調査が行われた北海道新ひだか町御殿山遺跡では積石状の配石墓からの土器の副葬が報告された（藤本英1961）。その後、関東では神奈川県大井町金子台遺跡、東京都町田市田端遺跡、神奈川県南足柄市馬場遺跡など骨片を伴う配石墓の概

16）大串18号人骨と呼ばれる。国府遺跡の調査歴を整理した天野末喜（2000・2007）は36号人骨としている。なお、当時の新聞によると、出土時には破損していたものを復元して写真撮影したという（山口卓2008）。このほか鳥居龍蔵の調査で、「頭部の傍らにはもと土器が置かれてあった」という記述（鳥居1917：26頁）があるが、出土状況など詳細は不明である。なお、山口卓也（2012）は、この穿孔深鉢について、逆位で顔面に置いたものが滑り落ちた可能性を指摘している。

報・報告において、伴出土器が「副葬品」であると認識されるようになる。但し、御殿山の事例は積石上部や壙口部からの出土であり、厳密には副葬品というよりも「墓上供献」に属するものであった。当時、配石遺構の性格をめぐる議論の中で、墳墓説の根拠として北海道の諸例が注意されていたこと、関東でもそれらの配石墓から玉類・石器を含めた豊富な副葬品が知られていたことが、配石墓出土品を副葬品と認識する契機となったと考えられる。その後、主に加曽利B1式期前後の墓坑から出土した小形土器が副葬品として扱われてきた。

その後、一定のパターンが認識できる地域・時期として、前期の関東・中部（古内1986、谷口2004b、坪田2004）、晩期北海道の舟形土器副葬（鷹野1983）、晩期の東北（中村大1998、金子2005）、北日本（中村大2000a）などで主として墓制論（一部は土器論、集落論）の一環として土器副葬の集成的研究が行われているほか、全国的視野に立った岡村道雄（1993）、中村大（2000b）、山田康弘（2001a）らの研究がある。

埋納土器の性格

ところで、こうした土器に対する呼称には「副葬」「供献」「埋納」などがあり、一定していない。また、弥生時代以降の墳墓出土土器研究を瞥見すると、そうした土器の性格として少なくとも、①土器自体を死者に副えることに意義があった、②土器は単なる容器であり中身に意義があった、③葬送儀礼の過程において使用されたものが一緒に埋められた、など複数の可能性を考慮する必要がある（小林行1949・1959b、亀田1977、田代1986、大庭1992、古屋2007ほか）。縄文時代研究においても、墓坑認定条件の検討を進める中村大（2000b）が墓坑内での位置・層位によって墓坑出土土器を区別している。しかし、弥生時代以降と比べて出土状況や使用痕跡の面でのバリエーションに乏しく、一部の資料を除いてこの点を深く追求することは難しい。この点は今回扱う事例についても同様で、いずれも埋葬直後の副葬と想定され、儀礼の過程における明確な区別は読み取りがたいものである。

この点に関して、西田泰民（1996）が土坑内の出土位置ではなく、土器が入れ子状で出土する事例がしばしば存在することを挙げて、容器というよりも土器自体に意味があったことを指摘したことは注目されよう。後述のように、複数個体が出土した事例においてしばしば逆位の土器がみられることも、西田の想定の蓋然性を高めるものと考える（本書第5章第2節参照）。

（2）土器被覆葬とその研究史

土器被覆葬の定義と呼称

土器被覆葬とは「遺体に土器を被せる習俗」と定義しておきたい。従来、"甕被葬"と呼ばれてきたものであるが、これには深鉢・鉢・浅鉢・両耳壺など多様な形式が使われている。このため、"鉢被葬"・"鉢被せ"の語を用や、特定の形式に限定しない"頭部土器被覆葬"（山田康2001b）の用例もある。また、完形の土器のみならず破片も同様な葬法と見なされており、"破片被り葬"の語も使用されている。縄文時代以降に目を向けると、オホーツク文化研究においては深鉢を用いる事例に対して"被甕葬"（藤本強1966、高畠2003ほか）、近世考古学においては鉄鍋を用いる例に対し"鍋被り葬"（桜井1996、関根2003ほか）。が使用されている。また、葬法としてではなく、土器の出土状況を示す語として、"伏せ鉢"（鈴木徳2000）といった呼称もある。このように多様な用語が使用されているが、本書では山田康弘に倣って、"土器被覆"の語を用いる[17]。

第2章　縄文土器の形式と儀礼での利用

性格と被葬者

　土器被覆葬が初めて調査されたのは、土器副葬と同じく1917年の大阪府国府遺跡であり「土器を以て頭部を被へるもの」と認識されている（濱田1918）。

　1923年には小金井良精（1923）によって"甕被葬"と命名され、概念化された。「極めて特殊なる葬り方」として「最も大切なる部分として特に鄭重に扱われた」とする理解が示されている。その後の概説書・事典類でも特殊な葬法として取り上げられたが、小金井の理解を超えるものではない（三宅1940、清野1946、岡本1956、中山1962、西村1965）。

　その後、その性格について触れたのは坂詰秀一（1961）である。土坑墓の特殊葬法として前期から晩期の11例を挙げ、事例の希少さから、小金井の頭部保護説を退けた。さらに、死亡原因の悪霊逃散を防ぐという民族誌事例[18]を引いて、死亡原因不明の死者に対する葬法という解釈を示し、使用土器の破損も超現実的意味合いを持つものと述べた。この見解はその後長く踏襲されることになる。

　また、後藤和民は事例が15歳から40歳前後の女性に限られることから、妊産婦の埋葬例と推定したが（後藤1986）、男性例もあるという山田康弘（1994）の反論がある。山田はこのほか、子供の事例はみられないことも指摘している（山田2001b）。

時期・地域的特徴

　明確な形でこれに言及したのは1971年の堀越正行（1971）の論考である。人骨出土例15遺跡17例を挙げ、遺体上部を土器片で覆う葬法を"抱甕葬"と名づけた上で、"甕被葬"と合わせて東京湾沿岸下総台地の加曽利E式期に集中していることを指摘した。また、山田康弘（2001b）は人骨出土例をもとに、関東地方では加曽利E1式期に集中する傾向を指摘し、頭蓋を意図的に除去された例とともに、この時期に頭部への特別な観念が存在したことを想定している。一方、山本暉久（2003）は神奈川県・東京都の中期の非人骨出土例の分析を行い、欠損品が多いこと、それも中期後半（特にその終末段階）に多いことを明らかにした。また、関東地方の人骨出土例についても、前期から断続的に認められること、子供の例は少なく、特に壮年から熟年に多いこと、ほぼ男女同数であることなどを確認している。そして、死霊封じ込め説や、近世の鍋被り葬が特定の病気と関わるとする説を引きつつ、中期後葉に異常死・特殊死が増加した可能性を指摘した。

土器棺葬・再葬・廃屋葬との関係

　小金井（1923）が、「石器時代に於ては小児を容れる位の甕はあったが、大人を容れる様な大きなものをつくることは出来なかったからして、大人には之を頭に被せるだけで満足せねばならなかったであろう」と述べているように、土器棺との関わりは研究当初からの課題である。大塚和義（1968）は土器棺葬の起源について「成人の頭部を対象にしていた甕被葬が幼児にも適用された結果」、「死霊を封じ込める甕被葬あるいは甕棺葬という行為」という解釈を示した。これらは、土器棺と土器被覆

17）山田が対象としたのは人骨頭部の扱い方であったため"頭部土器被覆葬"という語を用いている。しかし、人骨出土例でも必ずしも頭部に限定されるものではないためここでは、「頭部」は外すこととした。また、中村大による出土状況分類において、パターンB"土器片被覆葬"（頭部または上半身を土器片で覆うもの）とされたものについては、概念的には土器被覆葬に含むものと考える。つまり、両氏の用いる概念よりも高次の概念としておき、必要に応じて細分することとしたい。

18）民族名や民族誌などの具体的根拠は示されていない。現在、筆者は日本国外の事例については把握していないが、鉢・鍋などを頭部に被せる葬法は各文化で独自に発達したものであり、その性格についても、それぞれ独自のものと考えている。

を同一視する見解であるが、堀越（1971）は「逆位の底部穿孔・欠損をみる甕棺葬は、外界との交流・往来ができるように意識されているのに対し、甕被葬は、外界との交流・往来ができないよう封じ込めるように意識されていた」という異なる見解を提示している。

山本（1976）は関東地方の中期末から後期初頭の屋外埋設土器研究の中で、埼玉県入間市坂東山遺跡の再葬墓などにも触れ、屋外埋設土器の一部は土器被覆葬の可能性があることを指摘した。また、屋内倒立土器についても村田文夫（1975）の見解を踏まえて土器被覆葬の可能性を指摘している（山本1977）。

研究史の成果と課題

これまでの研究によって、土器被覆葬は縄文時代前期に出現し、以後断続的に認められるものの、中期後半の南関東など特に盛行する時期が存在することが明らかになっている。男女差は認められないが、年齢層については諸説がある。分布については関東地方以外ほとんど検討が行われていない。性格については頭部保護説と悪霊封じ込め説があるが、いずれも根拠に乏しい。

（3）墓上供献

墓上供献は、墓坑上から完形土器が出土するパターンである。土器と墓坑との位置関係に留意して調査・検討を進める必要があり、これまで殆ど議論されてこなかった。

墓域が明確に認識される北海道恵庭市柏木B遺跡の周堤墓の調査以来、北海道の複数遺跡で認識されているほか、近年では山本典幸（2005）による石川県津幡町北中条遺跡での検討例がある。墓坑密集区域において帰属墓坑不明とされた土器などは墓上供献品であった可能性がある。やや異なった観点では阿部友寿（2005）が墓坑上の配石遺構に土器の把手類や注口部が集積される例を指摘している。

3．検討にあたっての留意点

墓坑認定の方法

こうした問題の前提となるのが墓坑認定の方法である。近年、中村大（1998）は具体的な認定基準を示す中で完形土器の出土をその1つに挙げ、その後、北日本地域の確実性の高い墓坑における土器の出土例を6つのパターンに整理した（2000b）。墓上供献を含まないこと、筆者が副葬として一括したものを層位によって副葬・土器載せ葬・供献の3つに分けたこと、"土器片被覆葬"と"甕被葬"を区別することが本稿の4分類と異なる点であるが、筆者は、そうした細分は層位や墓坑内の位置だけでなく他の要素を加えて検討すべきと考える。

古屋紀之（2007）は弥生〜古墳時代の葬送祭祀を通史的に検討するにあたり「土器配置」の「型」を設定しているが、その抽出は「①配置位置、②器種構成、③使用土器の系譜、④出土時の状態あるいは土器自身に残る使用痕跡、⑤墓の階層性との関係」の諸要素の総合的検討に基づいている。⑤を墓に残された土器以外の属性との関係と読み替えれば、目下の課題にも関係する。つまり、こうした問題を扱う場合には、諸条件を満たす墓の可能性の高い土坑における土器出土例を含み、かつ上記①〜⑤のうち一定程度を共有する一群を優先すべきだろう。

第2章 縄文土器の形式と儀礼での利用

埋納土器の意味

　なお、後述のように土器副葬、土器被覆葬ともに、時空間を越えて散見されるが、それらを直ちに一系統のものとみることは出来ない。例えば土器被覆葬に類似する近代の「鍋被り葬」について、特定の病死者に対する葬法や盆期間中の死者に対する葬法など、民俗誌の説明は多様であり（桐原1974）、土器の配置に込められた宗教的意味については縄文時代においても時期・地域によって異なったものであった可能性が高いからである。

　土器副葬については、前述のとおり、①土器そのものを副えることに意味があった、②土器は容器でありその中身に意義があった、③儀礼的飲食に用いたものが墓に納められた、といった解釈が想定しうる。また、土器被覆葬一般についても、④悪霊発散防止説（榊原1922）、⑤頭部保護説（小金井1923）、⑥特殊死の処理法（坂詰1961）といった説が提示されている。このうち、入れ子状態や逆位・横位での出土例から②を、最盛期の被覆葬墓の数量から⑥を退けることも可能かもしれないが、時期によって性格が異なる可能性もある。

　また、こうした葬法は当時にあっては、一部の限られた者にのみ関係し、その文化的・社会的意味を考える場合は被葬者の出自・世帯、性別、年齢、職掌、階層、病歴などを考慮する必要がある。しかしながら、人骨出土例の分析ではそうした差異を認めることは困難である（平林1993、山田康2001a）。さらに、葬墓制の全体像の中に位置づけるため、土器を伴わない墓坑との関係の検討も求められよう。しかし、葬墓制研究の中で土器の出土が記載されても、その種類や状態に注目されることが少ない現状においては、まずは土器自体の扱い方を重視して具体的に整理していくことを優先したい[19]。

4．各期の概要

（1）草創期・早期

　草創期の葬墓制については、田中英司（1992）の整理があり、爪形文期の長野県信濃町仲町遺跡などで土器片の「撒布」が指摘された［第7図1］。また、多縄文期の青森県八戸市櫛引遺跡で土器片を敷き詰めた土坑が検出されている。

　早期前葉になると北海道函館市中野B遺跡において土器が倒立していた墓坑が2基検出されている。また、中茶路式期には千歳市美々7遺跡で鉢と足形付土製品および石器類の共伴例、苫小牧市静川5遺跡で注口付深鉢・浅鉢・石器類が一括出土しているほか［同2］、後者では他の土坑からも深鉢の出土があり、土器副葬例としては最古の事例となる可能性が高い。北海道では既に石器のほか、手形・足形付土製品の副葬が一定のパターンを形成しており、土器副葬もそうした中で採用されたものと考えられる。

（2）前　期

　北海道では美幌町三橋遺跡で綱文式期の小形鉢、函館市八木A遺跡や苫小牧市静川22遺跡で円筒下層式期の深鉢や鉢の副葬例があり、函館市ハマナス野遺跡で円筒土器を敷き詰めた事例がある。東北

---

19) 本節では以下に引用する各論考のほか、各種の資料集成を参照した（岡村1993、日本考古学協会茨城大会実行委員会編1995、南北海道考古学情報交換会編1999、関西縄文研究会編2000、山田2001a・2002、日本考古学協会2001年度盛岡大会実行委員会編2001、九州縄文研究会編2002、雄山閣編集部編2010）。

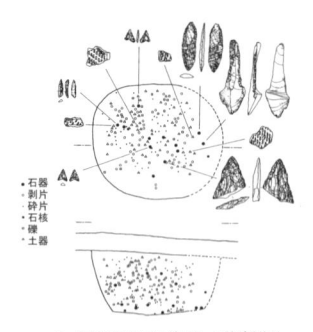

1. 長野県仲町遺跡（草創期） 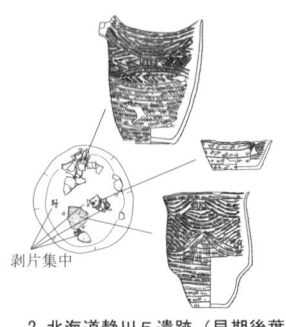　　　　2. 北海道静川5遺跡（早期後葉） 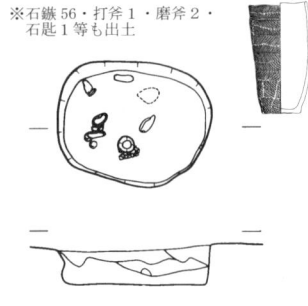　　　3. 秋田県池内遺跡（前期後半）

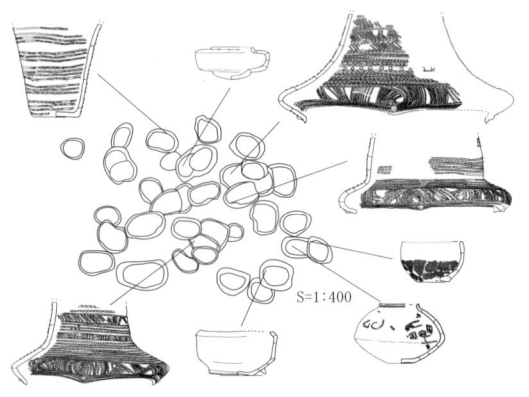

※石鏃56・打斧1・磨斧2・石匙1等も出土

剥片集中

土器片被覆
玦飾
※土器は復元して撮影（底部穿孔）

4. 群馬県中野谷松原遺跡B区南群（前期後葉） 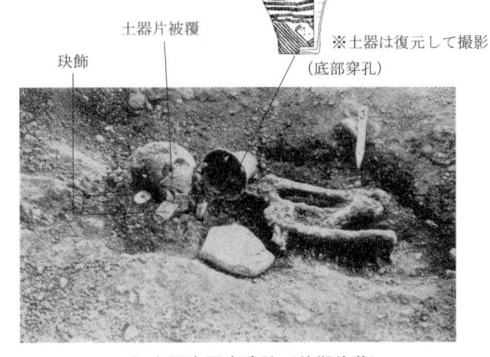　　　5. 大阪府国府遺跡（前期後葉）

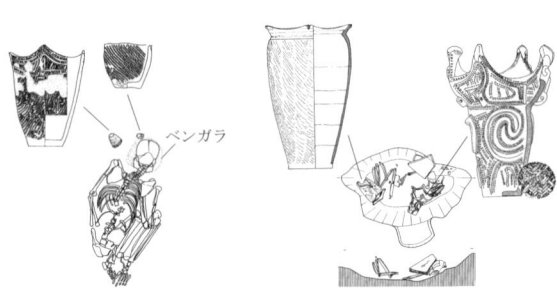

ベンガラ

破片で出土

6. 北海道コタン温泉遺跡（中期前半）　7. 福島県大畑貝塚（中期中葉） 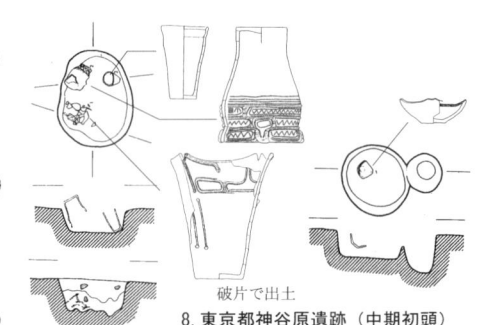　8. 東京都神谷原遺跡（中期初頭）

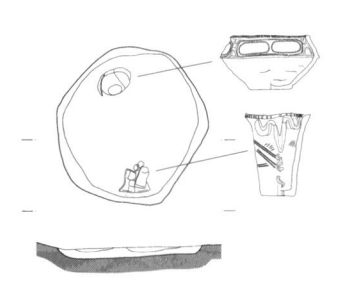

9. 群馬県十二原Ⅱ遺跡（中期前葉） 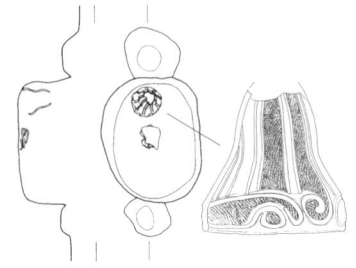　10. 東京都向郷遺跡（中期後葉） 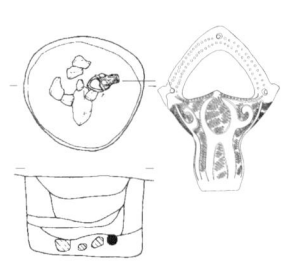　11. 長野県三夜塚遺跡（中期後葉）

第7図　葬送儀礼に用いられた土器（草創期～中期）

土器　S=1:16
墓壙　S=1:80
人骨　S=1:60

第2章　縄文土器の形式と儀礼での利用

北部でも青森県東北町古屋敷遺跡や秋田県大館市池内遺跡［同3］で円筒下層式の深鉢副葬例がある。

　関東・中部の事例については古内茂（1986）、坪田弘子（2004）、谷口康浩（2004b）など土器論・墓制論・集落論など各方面からの研究の蓄積がある。土器被覆葬は黒浜式期にはじまり、諸磯b式期に盛行し、以後減少していく。このうち神奈川県横浜市北川貝塚は人骨を伴う例である。用いられる土器は深鉢が一般的であるが、諸磯b式期の東京都域では浅鉢が用いられることもある。一部を意図的に破損させている可能性が指摘されており、東京都八王子市宇津木台遺跡の底部穿孔浅鉢が好例である。破片を用いる例はやや古く花積下層式期から認められ、新潟県阿賀町室谷洞窟に人骨伴出例がある。

　これに対し、土器副葬は群馬県渋川市三原田城遺跡などで花積下層式期に深鉢を用いたものがあり、関山式期・黒浜式期を経て、諸磯a～b式期には浅鉢・鉢が大多数を占めるようになる。諸磯c式・十三菩提式期には一転して事例が減少し、深鉢を中心に浅鉢・鉢・壺などが少数用いられるのみとなる。千葉県四街道市木戸先遺跡、船橋市飯山満東遺跡、東京都北区七社神社前遺跡、大田区雪ヶ谷貝塚、埼玉県上福岡市鷺森遺跡など東京湾岸に多数の事例を持った墓域がみられるが、群馬県安中市中野谷松原遺跡［巻頭口絵1・第7図4］・山梨県北杜市天神遺跡・長野県原村阿久遺跡をはじめ内陸部でも一定数が認められる。

　土器副葬と土器被覆葬の関係については、中野谷松原遺跡でD中央群南北での副葬と被覆葬の区分を集落内の2グループを反映するものとの解釈があるが（大工原1998）、こうした検討は他に例が無く今後の課題である。また、一口に浅鉢といっても、小杉康（1985a）の注目した"木の葉文浅鉢形土器"をはじめ、型式・系統のバラエティがあり、その内容を解きほぐす必要がある。例えば、有段内屈縁孔土器の墓坑出土例は山梨県・長野県に多いという地域的特徴があるが、類似品は千葉県や東京都でも少数出土しており、両地域の関係を検討することが求められよう。

　大阪府国府遺跡では北白川下層Ⅱc～d式期の人骨に伴った土器被覆葬・土器副葬が認められる。前者は14例で深鉢破片が多いが、"木の葉文浅鉢形土器"類似の有段浅鉢も存在する。後者はわずか1例で底部穿孔の完形小形深鉢を使用する［同5］。岐阜市御望遺跡でも北白川下層Ⅱ～Ⅲ式期の土器片被覆葬があり、同阿曽田遺跡では諸磯b式深鉢が逆位で出土している。

（3）中　期

　北海道函館市臼尻B遺跡で深鉢2個体を副葬する墓坑が2基あり、前半期の八雲町コタン温泉遺跡［同6］や後半期の同栄浜1遺跡では人骨の頭部付近に深鉢や鉢を副葬し、遺体に土器片を被覆する例がある。東北では青森県青森市三内丸山遺跡、十和田市明戸遺跡などで深鉢の副葬とみられる事例が知られる。福島県いわき市大畑貝塚では大木7b式と阿玉台Ⅱ式の深鉢が人骨に伴う［同7］。

　関東では土器副葬［巻頭口絵7］、土器被覆葬共に中期を通じて認められるものの、地域によって顕在化する時期が異なる。山本暉久（2004）や西澤明（1992・2002）によると土器被覆葬は東京都や神奈川県では五領ヶ台式期に認められるものの［第7図8］、勝坂式期にはやや衰退し、東京都立川市向郷遺跡［同10］など多くの遺跡で加曽利E3～4式期に盛行する。群馬県では五領ヶ台式期以降継続して認められるようである（石坂・大工原2001）また、屋内の事例を含めて東京湾岸の人骨出土例をみると土器被覆葬は加曽利E1式期に集中する（堀越1971、山田2001b）。いずれも深鉢を

用いるものが主体であるが、後葉には浅鉢、鉢、両耳壺も用いられる。他方、小形深鉢を埋納する例が時期・地域を通じて散見され土器副葬と推定されている。さらに一般的な深鉢や浅鉢が横位や正位で出土する例も少なくないが、第1章で紹介した山口逸弘（1999）の研究［同9］を除けば詳細な検討はなされていない。ほかに阿玉台Ⅱ式期〜加曽利E2式期の群馬県で下部を打ち欠いた深鉢を供献する例が指摘されている。

　笛吹市・甲州市釈迦堂遺跡群や笛吹市一ノ沢西遺跡など山梨県では中期を通じて副葬品と思われる深鉢の出土があり、なかでも井戸尻式期の"多喜窪タイプ"や曽利Ⅰ式期の把手付土器など特徴的なタイプが目立っている（小林広 1987、長沢 1994）。

　また、中期末に登場する釣手付深鉢は土坑からの出土例が多く副葬品との指摘がある（新谷 1993）［同11］。

　新潟県では津南町堂平遺跡で浅鉢を用いた土器被覆葬が焼人骨に伴って出土しており、周辺の事例とともに阿部昭典（2011）の整理がある。

（4）後　期

　北海道では後期中葉に余市町西崎山ストーンサークル［第8図1］、ニセコ町北栄環状列石、八雲町浜松2遺跡などの配石墓で鉢の副葬、礼文町船泊遺跡の配石墓で深鉢の供献、恵庭市ユカンボシE8遺跡の土坑墓で鉢や深鉢の副葬が認められる。後葉の周堤墓でも土器副葬は殆ど知られておらず、副葬品の主体は石棒・石器・玉類である。他方、墓坑上面を含む周堤内竪穴床面には注口土器、鉢、壺、浅鉢の供献が顕著にみられる。注口土器のみの例も多いが、他形式1点や複数組み合う場合もある。恵庭市柏木B遺跡第1号周堤墓［同2］では報告書で注口土器の供献と墓標状の石柱との相関が指摘されたほか、林謙作（1979）が形式ごとの分布の差を死者を送る側の立場の反映とみる仮説を提示している。周堤墓盛行期以降も同市カリンバ3遺跡などでもこうした供献が続く。なお、道東の足寄町上利別遺跡や道南の乙部町小茂内遺跡でも墓坑上面の配石から注口土器の出土があり、墓制の違いを超えた供献の広がりを窺わせる。後期末には新ひだか町御殿山遺跡で多数の注口土器や浅鉢の副葬があり、周堤墓廃絶後の周堤上に構築された墓坑にも土器副葬が認められる。これら副葬・供献品には孔を穿つものもあり、晩期まで続く（鈴木克 1998）。

　東北では明瞭な事例が少ないものの、宮城県仙台市下ノ内浦遺跡で配石墓中に深鉢の副葬が認められる［同3］。また、秋田県鹿角市大湯環状列石、北秋田市伊勢堂岱遺跡をはじめとする環状列石の周辺からは鉢や壺、台付鉢、片口壺などが出土しており、墓上供献品の可能性がある。また、土器棺とともに、小形土器を副葬する墓坑も検出されている。

　関東・中部の事例については鈴木保彦（1986）、林克彦・細野千穂子（1997）、加藤元康（2003）、綿田弘実（2002b）、筆者（中村 2006・2008b・c：本書第4章）らの検討がある。称名寺式期には神奈川県横浜市山田大塚遺跡や群馬県渋川市三原田遺跡などで深鉢の副葬が散見される。堀之内式期になると深鉢・注口土器各1点あるいは両者の副葬が関東西部で増加し、埼玉県さいたま市神明遺跡、東京都大田区久原小学校内遺跡などには複数の事例が存在する。堀之内2式新段階〜加曽利B1式期には関東西南部で事例が増加し、鉢・椀類や舟形土器を中心に深鉢、注口土器、壺、浅鉢などが副葬される。複数個体が入れ子状や並列して出土する場合もある。この時期の舟形土器は関東西南部に分布が集中

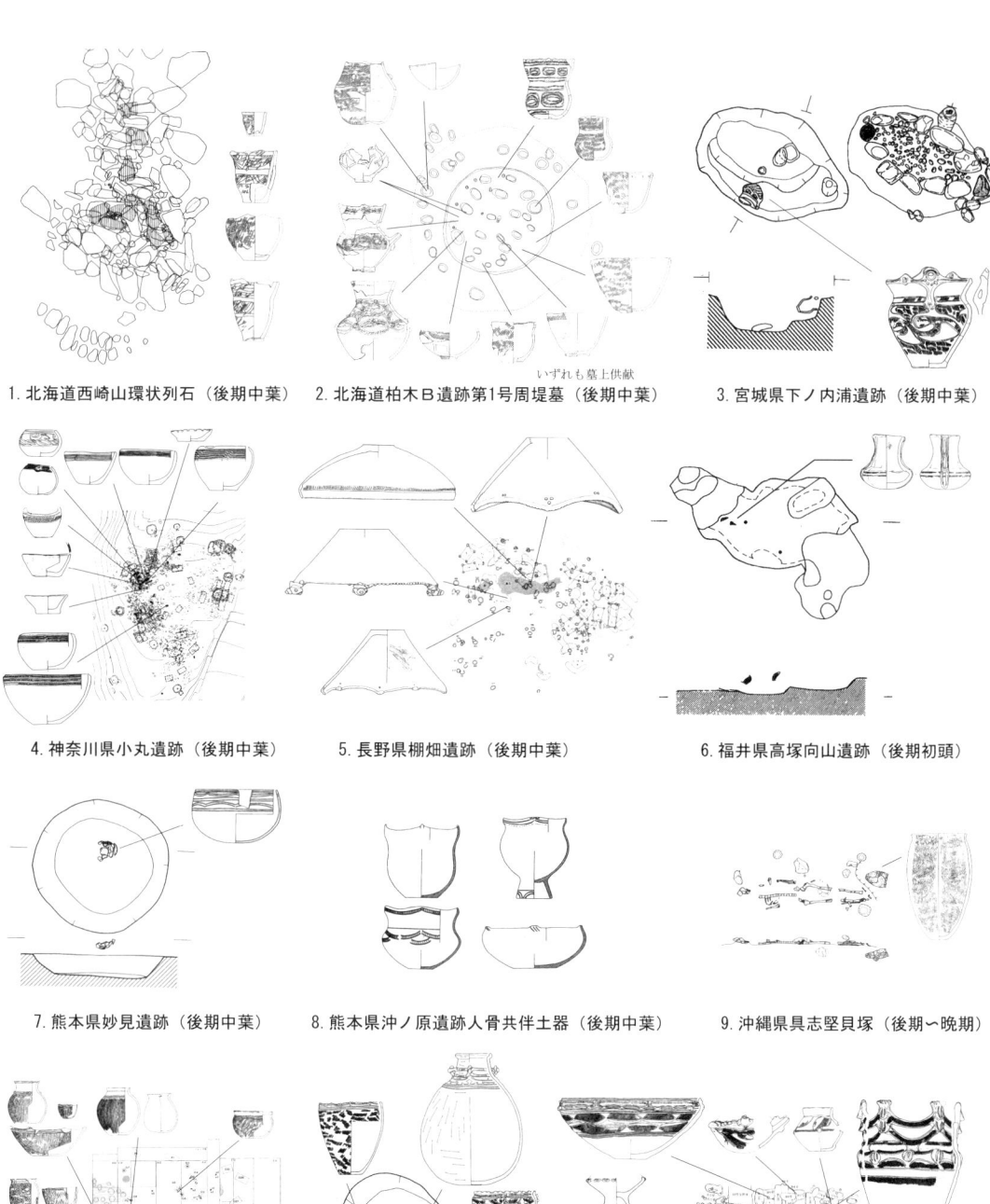

第2章　縄文土器の形式と儀礼での利用

1. 北海道西崎山環状列石（後期中葉）
2. 北海道柏木B遺跡第1号周堤墓（後期中葉）
いずれも墓上供献
3. 宮城県下ノ内浦遺跡（後期中葉）
4. 神奈川県小丸遺跡（後期中葉）
5. 長野県棚畑遺跡（後期中葉）
6. 福井県高塚向山遺跡（後期初頭）
7. 熊本県妙見遺跡（後期中葉）
8. 熊本県沖ノ原遺跡人骨共伴土器（後期中葉）
9. 沖縄県具志堅貝塚（後期〜晩期）
10. 北海道高砂貝塚（晩期中葉） 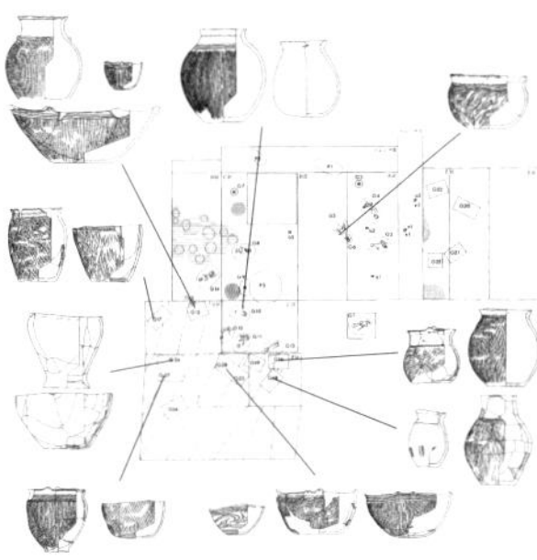
11. 岩手県水神遺跡（晩期中葉）
12. 東京都なすな原遺跡（晩期）

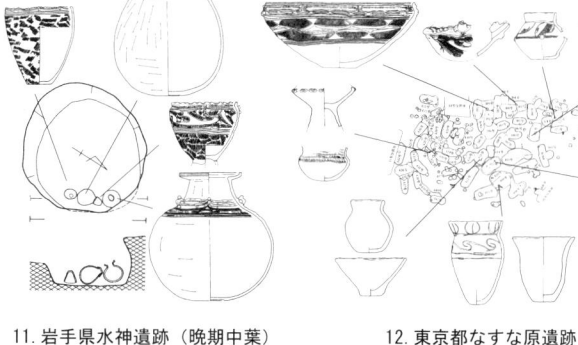

第8図　葬送儀礼に用いられた土器（後期〜晩期）

土器　S=1:16
墓壙　S=1:80

するとともに、全事例の約半数が墓域出土という特異なあり方を示しており、土器副葬との密接な関係を示す（中村2005）。東京都町田市野津田上の原遺跡は21基が集中し、神奈川県横浜市の小丸遺跡［同4］や三の丸遺跡、伊勢原市下北原遺跡［巻頭口絵5］などでは土器副葬墓が墓域内の特定区域に集中する（石井寛1994）。加曽利B2式期以降は事例が減少するが、東京都町田市なすな原遺跡や目黒区東山遺跡などで台付鉢、丸底鉢、深鉢、注口土器などの副葬例がある。

土器被覆葬［巻頭口絵4］は称名寺Ⅱ式期の群馬県周辺で波状口縁を持った浅鉢を用いる例があり、群馬県や神奈川県では堀之内1式期まで継続する。他方、長野県を中心に、堀之内1式～2式中段階に頸部屈曲深鉢（"小仙塚類型群"）を用いる事例が増加する。さらに、新段階～加曽利B1式期には、その系統を一部受け継ぐ浅鉢に切り替え、関東西南部の土器副葬と対峙する形で盛行する。長野県安曇野市北村遺跡や小諸市石神遺跡で人骨出土例があるほか、岡谷市梨久保遺跡、茅野市棚畑遺跡［第9図5］、同中ッ原遺跡など諏訪湖周辺に事例が多い。このほか、深鉢の大形破片を用いた土器片被覆葬は関東・中部を通じて認められる。

石川県津幡町北中条遺跡では、山本典幸（2005）の分析によって酒見式期から元住吉山Ⅰ式期にかけて墓坑の傍らから土器が集中していることが明らかにされ、供献品と位置づけられた。鉢や注口土器が目立つことや、新たな墓坑の構築にあたって土器が移動された可能性などが指摘されている。

西日本では事例数は少ないものの中津式の段階では、大阪府和泉市池田寺遺跡で深鉢、三重県津市雲林院青木遺跡や愛知県豊田市クダリヤマ遺跡、岐阜県揖斐川町櫨原村平遺跡で双耳壺が出土している。福井県あわら市高塚向山遺跡では気屋式期の土坑から壺の出土例［同6］、越前町下糸生脇遺跡では埋設土器の中から深鉢の出土がある。また、宮崎県宮崎市竹ノ内遺跡では後期中葉の深鉢5個が入れ子状に出土しており、熊本県熊本市妙見遺跡では鉢の出土例がある［同7］。これらは土器副葬例の可能性を持つが、事例のまとまりがなく、積極的な評価は難しい。確実性の高いものとして長崎県雲仙市筏遺跡で後葉の土器棺内に浅鉢の副葬例、長崎市脇岬遺跡で人骨に伴う土器被覆葬熊本県天草市沖ノ原遺跡で人骨に伴う副葬例［同8］がある。

沖縄では室川式期の伊是名村具志川島遺跡群、本部町具志堅貝塚［同9］、読谷村大久保原遺跡などで副葬例がある（新里2011）。

（5）晩　期

北海道では後期末から引き続き、土器副葬が墓域内の複数の墓坑で行われる。前葉には余市町沢町遺跡や同大川遺跡、乙部町小茂内遺跡などで浅鉢が顕著であるが、寿都町朱太川右岸6遺跡では浅鉢のほか壺や深鉢、沢町遺跡では長細壺の例がある。中葉には白老町社台1遺跡、石狩市志美4遺跡、木古内町札苅遺跡、洞爺湖町高砂貝塚［同10］などで注口土器や台付鉢、壺などを用いた土器副葬が最盛期を迎える。幣舞式の舟形土器の副葬が注目されており（鷹野1983）、釧路市幣舞遺跡、北見市常呂川河口遺跡などでの出土がある。後葉～終末期にはやや減少するが、千歳市ママチ遺跡で浅鉢、釧路市内園4遺跡で鉢、石狩市紅葉山33号遺跡で鉢や双口土器の出土がある。深鉢（甕）や壺の副葬は続縄文時代へ継続する。

東北の事例については中村大（1998）、金子昭彦（2004・2005）による検討がある。秋田県大館市家ノ後遺跡では後期末に鉢・浅鉢・台付鉢・注口土器の副葬例があり、晩期前葉には岩手県軽米町大

第2章　縄文土器の形式と儀礼での利用

日向Ⅱ遺跡、秋田県鹿角市柏木森遺跡などで精製深鉢・(台付)鉢・(台付)浅鉢をセットで副葬する例が見られるほか注口土器単独の副葬例も認められる。中葉には先のセット関係が減少し、かわって岩手県水神遺跡など壺を中心に台付鉢などを加えた副葬例が増加する［同11］。他方、青森市螢沢遺跡では粗製深鉢・鉢の副葬例が多く特徴的である。人骨出土例としては、岩手県宮古市大付貝塚での鉢の副葬例がある。土器被覆葬はパターン化できる程の事例数はないが、宮城県大和町摺萩遺跡の中葉〜後葉期に浅鉢、岩手県陸前高田市川内遺跡や秋田県家ノ後遺跡で深鉢破片を用いた例がある。

関東では前葉から中葉にかけて栃木県小山市乙女不動原北浦遺跡、東京都町田市なすな原遺跡［同12］、神奈川県南足柄市五反畑遺跡などで土器副葬が認められる。深鉢、壺、鉢が用いられることが多く、この3者をセットで用いる例も少なくない。安行式のほか亀ヶ岡式に属するものも若干数含まれる。茨城県取手市中妻貝塚では丸底舟形土器が人骨に伴って出土している。土器被覆葬は、千葉県市原市西広貝塚で鉢、茨城県土浦市上高津貝塚で浅鉢を用いた例が人骨共伴例として知られるほか破片を用いた例は引き続き各地で散見される。

山梨県北杜市金生遺跡では、墓坑上部の配石に土偶や石剣とともに、壺や浅鉢、鉢などが供献されている。同時期の長野県では壺を棺に用いた再葬が行われており、その系譜は弥生時代の壺棺再葬墓へと継承される。東日本全体で葬送儀礼と壺との強い関わりを指摘できよう。

東海では岐阜県羽沢市羽沢貝塚で小形皿、愛知県名古屋市玉ノ井遺跡で鉢の副葬例、豊川市稲荷山貝塚で壺および甕の土器被覆葬例など人骨を伴う確実例があるが、事例は少ない。

西日本でも岡山県笠岡市津雲貝塚で人骨に伴う土器被覆葬が知られる程度であり、このほか奈良県橿原市橿原遺跡や大淀町越部ハサマ遺跡の事例が土器被覆葬の可能性がある。夜臼式期には九州北部で壺や浅鉢の供献や副葬がみられ、続く板付式期には小壺の副葬へ収斂していく（中村_{大介}2006）。

5．墓坑埋納土器から提起される問題

葬送儀礼に伴って用いられた土器形式を改めて列挙すると、深鉢、浅鉢、鉢、縁孔土器、両耳壺、釣手付深鉢、注口土器、壺、下部有孔土器、舟形土器、双口土器、双耳壺、台付鉢となる。これに対して、墓坑出土例が認められない土器形式として、有孔鍔付土器、釣手土器、器台（台形土器）、異形台付土器、香炉形土器、動植物模倣土器などが挙げられる。両者を対比すると、有孔鍔付土器の系統と用途に問題を残すものの、前者が飲食に関わる容器であるのに対し、後者は非飲食系の土器として大別される。先に見たように、地域・時期によって土器選択が大きく異なるのであるが、その本質的な部分は、飲食具として共通していたものとみることができる。そして、こうした分類が縄文時代を通じて継続していたことも、土器の認識という上で重要な問題である。

次に、「墓に入れる土器」というカテゴリにおいて何を選ぶのか、という問題がある。既に述べてきたように、例えば土器被覆葬に用いる土器については完形品、一部欠損品、破片などの状態差があり、精粗の差があり、深鉢・浅鉢・両耳壺などの形式差があった。こうした差は近接する事例間にも認められる。土器被覆葬における土器選択は合理的理由ではなく、別の理由によって行われていたものと考えることができるのである。土器副葬を含めて、深鉢を用いることが多いことは既に確認した。縄文土器の基本形式が深鉢であることを考えれば当然のことかもしれない。しかし、それ以外の形式はどうであろうか。前期関東・中部における浅鉢副葬、後期中部の浅鉢を用いた土器被覆葬、後期関

東西南部における注口土器・鉢・舟形土器の副葬、晩期東日本における壺の副葬など特徴的な土器選択も見受けられた。形式の選択にとどまらず、その中でも特定型式に拘ったものもある。これらは、やはり文化的・社会的な選択であり、地域的・時期的な文脈の中で位置づけられるべき問題である。

　最後に、通文化的比較について述べたい。本節で示したように、縄文時代の墓坑への土器埋納は、一定のパターンを有している場合もあるが、断片的であり、現状では相互の具体的な関係を明らかにすることは困難である。しかしながら、これまでの議論によって、土器と儀礼との関係は、土器群全体と儀礼行為の構造的な関係の中にあり、それぞれの文化で独自の特徴をもっていると推定された。従って、今後はそうした構造性を単位として、通文化的比較を行い得る可能性がある。例えば、広範囲に分布する土器を用いる縄文時代前期関東の土器副葬、後期中部の土器被覆葬、そして初期須恵器を用いる古墳祭祀などの比較、あるいは局所分布の舟形土器を用いる縄文時代後期関東西南部の土器副葬と特殊器台を用いる弥生時代後期の吉備地方の比較などである。社会背景の差異を踏まえた共通性・差異性を論じることで、それぞれの文化の特性を浮かび上がらせることが可能となろう。なお、住居廃絶儀礼の契機として成員の死があった可能性もあり、その意味では葬送に関わる儀礼となるが、住居内という場の意味を考慮して区別しておく。

第2章　縄文土器の形式と儀礼での利用

第3節　住居廃絶儀礼における縄文土器

1．住居廃絶儀礼における土器の選択とその意義

　葬送儀礼と並んで重要なのが住居廃絶儀礼である[20]。竪穴住居は多くの労力を投じて構築され、一家の拠り所として肉体的にも精神的にも重要な存在であった。その住居を廃絶するに際しては、炉石の抜き取り、放火、そして床面・覆土・炉内への土器・石器・食物の供献・投棄などの儀礼が執行されたようである（大場$_磐$1955、小林$_達$1965・1974、桐原1976、山本$_暉$1993・2007a、金井$_左$1997ほか）。その場でいかなる土器が用いられたのかを検討することは、その土器のカテゴリ認識を検討する上で不可欠な作業である。

　ここでは住居廃絶儀礼のうち意図的放火の結果としての焼失住居を中心に、適宜火を受けていない住居の床面出土例を参照して検討する。焼失の原因は必ずしも儀礼行為に限られないが、焼失住居における完形土器の出土例に限定した場合では、儀礼に関わる意図的な所産とみられることが主張されてきた（大島1994、神村1998、小暮2004ほか）。

2．各期の概要
（1）前　期

　岐阜県高山市糠塚遺跡［巻頭口絵1・第9図1］では炉を挟んで後葉諸磯b式に属する円盤形の浅鉢が1点は正位で、1点は逆位で出土した。両者はサイズ・文様の有無・色彩の面でも対照的である。その周囲には焼土が堆積しており、火を使った何らか行為が行われたことを示している。浅鉢の1点は重要文化財に指定されているほどの優品で、これらの類例は小杉康（1985a）が「木の葉文浅鉢形土器」と名づけ、諸磯式と北白川下層式との間で模倣・交換された交換財・威信財として位置づけており、副葬品としても多くの事例がある。住居床面出土例としては、群馬県みなかみ町小仁田遺跡でやはり2点が正位と逆位で出土している例がある。長野県王滝村野々尻3遺跡や神奈川県中井町矢頭遺跡でも大小2つの浅鉢が出土している。この諸磯式期には高台付の鉢も出現し、副葬例や住居床面出土例（横浜市西ノ谷貝塚［同2］など）が認められる。

（2）中　期

　北海道南部の函館市陣川町遺跡、江差町茂尻C遺跡［同3］、恵庭市中島松A遺跡などで中期後半の焼失住居から深鉢や浅鉢が出土している。東北地方北部では、岩手県を中心に大木8式に二単位波状口縁深鉢の床面出土例が目立っている［同4］（中村2011a）。続く中期末葉の事例としては、岩手県一戸町御所野遺跡の焼失住居が代表例として挙げられる。DF22竪穴住居の奥壁部から徳利形壺2点、鉢1点［同5］、GD66－02竪穴住居では徳利形壺6点と無文鉢が出土している。これらの類例については、阿部昭典（2009）が集成しており、床面出土例として東北北部を中心に6軒の事例が挙げられている。また、秋田県能代市烏野上岱遺跡では徳利形土器2点の出土例がある。

　東北南部では福島県楢葉町馬場前遺跡の焼失住居から側面に二段の横位把手を持つ中期末の注口付

---

20) ここで取り上げる住居床面出土土器の集成・分析は平成21年度高梨学術奨励基金による研究助成の成果である。

1. 岐阜県糠塚遺跡（前期後葉）　　2. 神奈川県西ノ谷貝塚（前期後葉）　　3. 北海道茂尻C遺跡（中期）

4. 岩手県大館町遺跡（中期中葉）　　5. 岩手県御所野遺跡（中期後葉）　　6. 福島県法正尻遺跡（中期末葉）

7. 東京都滑坂遺跡（中期中葉）　　8. 東京都扇山遺跡（中期後葉）

9. 岐阜県島遺跡（中期後葉）　　10. 長野県東小倉遺跡（中期後葉）　　11. 長野県伊久間原遺跡（中期後葉）

土器　S=1:12
住居　S=1:150

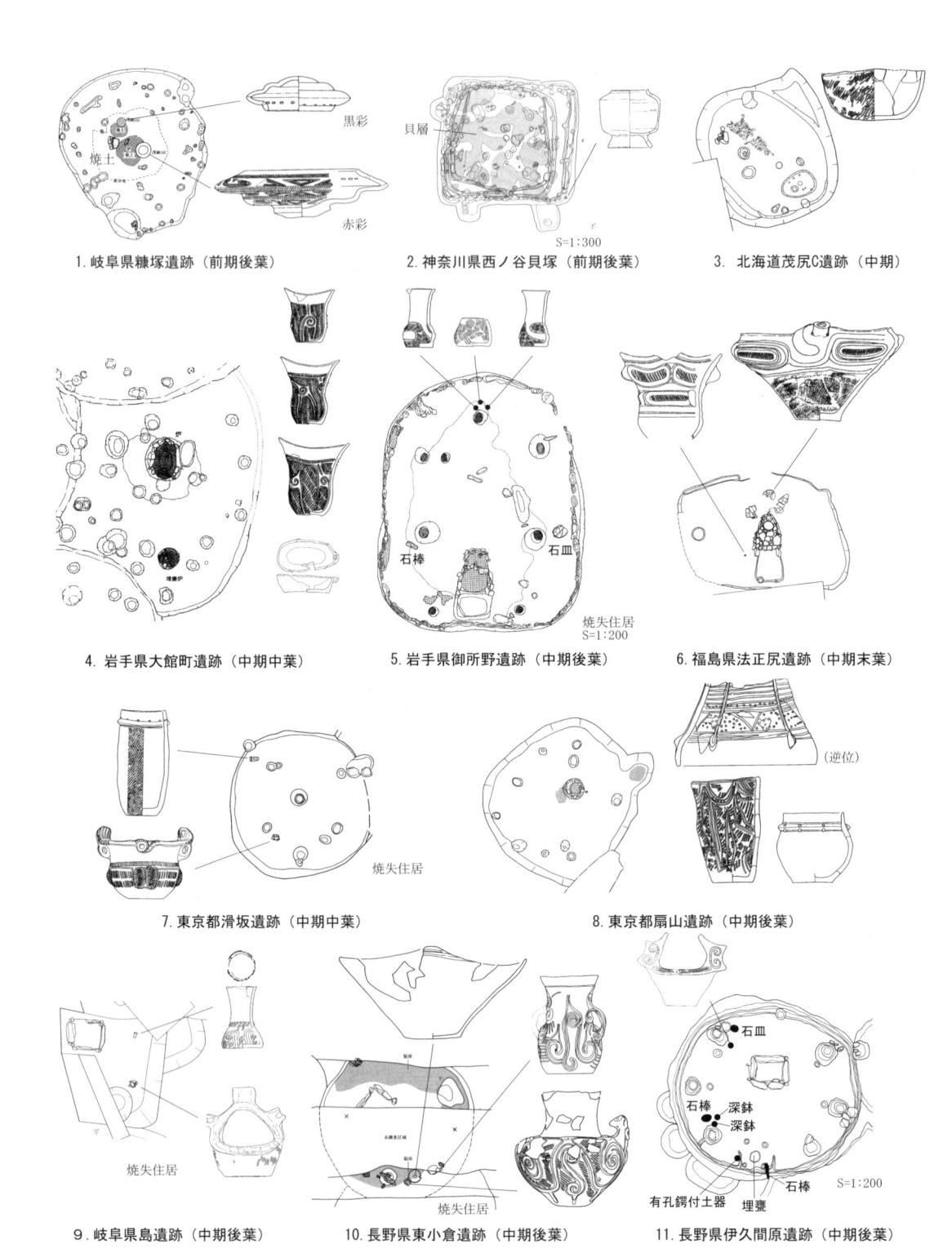

第9図　前期・中期の住居床面出土土器の事例

第2章 縄文土器の形式と儀礼での利用

壷と、口縁部上に橋を掛け渡す壺の2点が出土している。これらと同様に側面に二段の把手を持つ壺については南相馬市宮後遺跡（上栃窪遺跡）や福島市宇輪台遺跡にも床面出土例がある（阿部昭2006b）。また、焼失住居の事例は知られていないが、注口付浅鉢の床面出土例も福島県郡山市法正尻遺跡、山形県高畠町宮下遺跡、宮城県川崎町中ノ内C遺跡、栃木県那須塩原市槻沢遺跡など東北南部から関東北部一帯で事例が知られる（阿部昭2006a）。

関東地方では、中葉勝坂式期の焼失住居を集成した嶋崎弘之（2007）が、横浜市清来寺墓地裏遺跡や東京都八王子市宇津木台遺跡D地区、同滑坂遺跡、町田市忠生遺跡などから小形の深鉢の出土例を報じている。このうち滑坂では有孔鍔付土器と深鉢の二点が出土している［同7］。また、忠生では壁際の深鉢に接して浅鉢も出土しており、炉の反対側の壁際には細かく砕かれた彫刻石棒が位置している。東京都青梅市駒木野遺跡からは屈曲底の深鉢2点の出土例がある［巻頭口絵7］。後葉加曽利E式期にも焼失住居床面からの深鉢の出土は継続し、焼失住居でも深鉢のほか、浅鉢や器台などの床面出土が知られている［第9図8］（桐生1989）。

中部高地を中心とした勝坂式期に登場する形式として、有孔鍔付土器と釣手土器がある。有孔鍔付土器は上述した滑坂例をはじめ、床面出土例は多く、長野県南箕輪村久保上ノ平遺跡からは人体装飾付の事例が出土している。釣手土器は焼失住居からの出土例が顕著であり［巻頭口絵3］、当該期の事例としては、石棒に接して釣手土器が出土した長野県諏訪市穴場遺跡例［第4章第47図7］、同じく石棒を伴う富士見町藤内遺跡例などがある。続く曽利式期・唐草文期にも焼失住居や床面出土例が多い。豊丘村伴野原遺跡33号住居址は同遺跡最大級の住居であるが、炉内にパン状炭化物が供献され、入口部埋甕の両脇から石棒と釣手土器が出土している［第4章第47図9］。ほかにも東京都、岐阜県［39図9］、富山県［第4章第47図17］など広範囲で焼失住居からの釣手土器の出土が知られている。このほか焼失住居の事例としては、長野県高森町増野新切遺跡で浅鉢と壺、駒ヶ根市丸山南遺跡や伊那市北丘B遺跡で浅鉢1点、安曇野市東小倉遺跡で壺2点と浅鉢の出土例がある［第9図10］。また、焼失住居ではないが長野県喬木村伊久間原遺跡では被熱した石棒・石皿と深鉢・釣手土器・鍔付土器の床面出土例がある［同11］。

（3）後　期

北海道千歳市末広遺跡、函館市日吉遺跡、木古内町新道4遺跡、八雲町野田生1遺跡［巻頭口絵7・第10図1］、青森県八戸市風張遺跡［同2］、岩手県軽米町大日向Ⅱ遺跡［同3］など東北北部から北海道南部にかけて焼失住居を含む多数の住居床面から深鉢・浅鉢・注口土器・壺・高杯・釣手土器・下部単孔土器などが複数個ずつ出土している。土器形式のセット関係や焼失住居との関係などは未分析であり、また事例数の多さから全てを廃絶儀礼に伴うものと見るかは議論の余地を残すが、風張遺跡の国宝合掌土偶や重文蹲踞土偶もそうした土器とともに床面から出土しており、この地域の特色として注目しておきたい。

東京都町田市なすな原遺跡では焼土の分布する住居床面から堀之内1式期の注口土器3点が並んで出土した［同4］。また、横浜市原出口遺跡では同じく焼失住居から深鉢四点・土偶1点とともに注口土器1点が出土している。このような、関東地方の前葉から中葉の注口土器の床面出土例については須原拓（2003）の研究があり、堀之内2式期の東京・神奈川を中心とした関東地方一帯で38軒（う

— 45 —

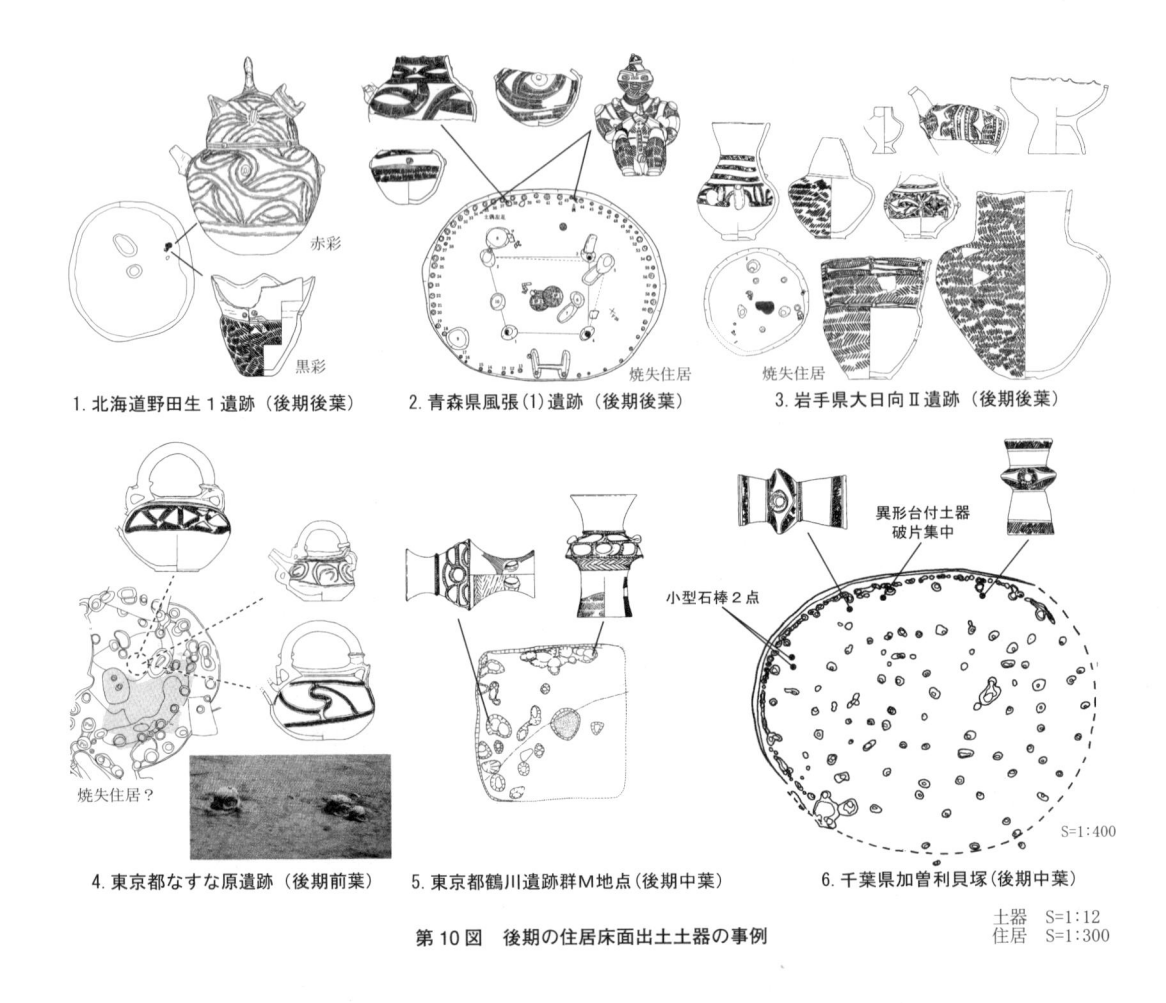

1. 北海道野田生1遺跡（後期後葉）　2. 青森県風張(1)遺跡（後期後葉）　3. 岩手県大日向Ⅱ遺跡（後期後葉）

4. 東京都なすな原遺跡（後期前葉）　5. 東京都鶴川遺跡群M地点（後期中葉）　6. 千葉県加曽利貝塚（後期中葉）

第10図　後期の住居床面出土土器の事例

土器　S=1:12
住居　S=1:300

ち焼失住居11軒）が集成されている（本書第5章補論参照）。このうち、3軒で大形石棒が共伴しているが、栃木県宇都宮市御城田遺跡では舟形口縁の注口土器と石棒が対峙している［巻頭口絵6・第6章第85図4］。また、深鉢の共伴例12軒、浅鉢の共伴例が3例（一部重複）ある。なお、注口土器の床面出土例は岐阜県高山市垣内遺跡でも見られる。

　加曽利B2式以降は東関東を中心に、釣手土器、手燭形土器、異形台付土器などの特殊な土器形式が増加するが、その多くは住居覆土からの出土である。その中で、異形台付土器は住居床面出土例が目立っている。焼失住居例としては千葉県市川市曽谷貝塚例があり、その他の床面出土例としては、佐倉市井野長割遺跡、千葉市加曽利貝塚［第10図6］、東京都稲城市平尾遺跡、町田市鶴川遺跡群M地点［同5］などの事例がある［巻頭口絵7］。このうち井野長割例と鶴川例は2個一対の事例としてよく知られている（後者は他に台付鉢・鉢を共伴する）。また、加曽利貝塚例は小形石棒を、東京都武蔵村山市吉祥山遺跡では逆位の注口土器を共伴している。

第 2 章　縄文土器の形式と儀礼での利用

3．住居廃絶儀礼に関わる縄文土器から提起される問題

土器形式構成

　本稿でとりあげた土器形式は、深鉢・浅鉢・釣手土器・壺・注口土器・台付鉢・異形台付土器などバラエティに富んでいる。同じく土器を用いる住居廃絶儀礼といっても、その性格や行為自体が様々であったことは明らかである。問題は、一定地域・時期内で使用する土器形式が統一されているか否かであろう。東京都の床面出土例をみると、勝坂式期では 30 軒中、深鉢 18 軒、浅鉢 5 軒、有孔鍔付土器 1 軒、器台 3 軒、ミニチュア 4 軒、加曽利 E 式期では 28 軒中、深鉢 23 軒、浅鉢 3 軒、有孔鍔付土器・壺・片口注口・器台各 1 軒である（桐生 1989）。また、中期後半の長野県松本・伊那・木曽地域の焼失住居では、土器が出土した 22 軒中釣手土器が 8 軒から出土し、他に壺 5 軒、浅鉢・器台各 3 軒、深鉢 2 軒（神村 1998）となっている。このように、地域・時期によって数の多い土器形式は存在するものの、同一地域・時期においても土器形式のバラエティが存在する。この違いの原因を検討するのは困難であるが、少なくとも「住居廃絶儀礼に用いる土器の土器形式」という強いカテゴリは存在していなかったようである。

墓坑埋納土器との比較

　墓坑出土土器にもバリエーションがあるが、時期を通じて釣手土器や有孔鍔付土器、異形台付土器などの非飲食系土器は用いられなかったし、例えば後期中葉の中部高地の土器被覆葬に用いられる浅鉢など、使用土器形式が強く限定される場合も存在した（中村 2006・2008e：本書第 5 章）。では、同一時期における墓坑出土土器と住居床面出土土器との関係はどうであろうか。前期後葉の浅鉢や後期前葉～中葉の注口土器[補注]は副葬例、床面出土例ともに存在する。一方、中期末の東北地方の浅鉢や壺の墓坑出土例は認められないようである。

分　布

　本節では住居床面からの完形土器の出土例が同一時期・地域に複数例存在するものを取り上げてきたが、単独例を含めると、前期以降の北海道から岐阜県周辺まで断続的に事例が認められた。一方、標題に掲げた住居廃絶儀礼の方法には様々なバリエーションがある可能性があり、また住居の構造や事例検索が不十分という問題も考慮しても、晩期や西日本にこうした事例を見出すことができなかったことは注目すべきであろう。墓坑への土器埋納は少数ながら散見されることと比べてもこの違いは際立っている。

住居廃絶儀礼における土器の象徴性

　前期の浅鉢、中期の釣手土器や徳利形土器、後期の異形台付土器などが、しばしば 2 個一対で出土していることに触れておきたい。浅鉢と異形台付土器については既に小林達雄（1993）が注意しているが、本節で挙げたようにそうした例は時期・地域を通じて広範囲に認められるのである。これらの事例は器形・装飾・サイズ・色彩・姿勢の点で対照性を見せており、土器の選択・配置に実用を超えた象徴的意味が込められていたことが想起される（この問題については本書第Ⅲ部で改めて検討する）。

石棒との共伴関係

　中期以降の住居廃絶儀礼に伴う土器にはしばしば石棒が共伴していた。長野県の中期の事例を検討

補注）本稿初出論文（中村 2010d）では、後期の注口土器の副葬例と床面出土例に地域差を想定したが、その後の集成で同様の分布をもつものと理解している（本書第 5 章補論参照）。

した神村透（1998）や三上徹也（2007）は火入れ行為が石柱・埋甕などの住居使用時から用いられた施設との関係が薄いことを指摘しており、臨機的な原因—特別な成員の死に関わる行為の可能性は高い。石棒もまた石皿と対置される形で、死・再生といった観念とのつながりが指摘されている（谷口2006）。従って、ここで取り上げた土器と石棒が共伴することは必然性がある。先に見た特定土器形式と住居との関係が密接な場合があること、土器の選択・配置に象徴的意味が込められていたこと、後期の御城田例で石棒と釣手土器や注口土器が対峙していたこと、などを整合的に理解するには意味の共通性を想定するのが妥当であろう。中期の穴場例など石棒・石皿と土器の三者が共伴する例も少なくないが、こうした事例は、石棒と石皿の対比関係に、さらに住居と密接な繋がりを持つ土器を加え、複数の組み合わせを複合して同一の象徴的意味を表現していたものと理解しておきたい。

第2章　縄文土器の形式と儀礼での利用

補論　各種儀礼における縄文土器

　本章では、比較的儀礼行為の認定や性格がわかりやすく、この後、本書第Ⅱ部で詳しく扱う予定の墓坑埋納例と床面出土例について概要を示した。これ以外にも縄文土器の儀礼利用の可能性がある特徴的な事例が知られていることから、以下に簡単に紹介しておく。これらは儀礼行為の所産でない場合でも、カテゴリ認識を検討する上では、一定の意味を持った資料となる。

住居入口部埋甕

　中期～後期の関東・中部に顕著に認められるもので多数の研究の蓄積を持つ（佐々木2008を参照）。正位・逆位・斜位・横位などの姿勢の区別、底部や口縁部などの打ち欠き、石蓋の有無、形式の差、様式・型式の差などによって様々なパターンに区別できる。貯蔵施設、胎盤収納施設、幼児埋葬施設、建築儀礼、境界儀礼などの各説があるが確証は無い。

住居址内底部穿孔倒置埋設土器

　中期後半の西関東～中部高地に分布するもので、山本暉久（2007b）が概念化した。底部が床面上に突出している場合もある［巻頭口絵8］。

　また、岩手県の中期中葉を中心とした地域にも底部穿孔の倒置埋設土器が分布しており、阿部勝則（1997）による検討がある。

住居柱穴内出土の土器

　住居の柱穴内から石器や完形土器が出土する例が少なからず認められ、住居廃絶時または建替え時の柱の抜き取り後の儀礼行為の所産の可能性がある。村田文夫（1992）は長野県茅野市棚畑遺跡の6軒の住居内の柱穴から小形深鉢、有孔鍔付土器、石皿状土製品・男根状土製品、礫などが出土し、これ以外にも土器片などの出土例のあることに注意している。佐野隆（2008）は山梨県北杜市梅之木遺跡55号住居跡では柱の抜き取りが確認されており、DK386とされた柱穴からは釣手土器が出土［巻頭口絵8］、炉をはさんだ柱穴（PT1451）では磨石・打製石斧・多孔石・礫が出土していることを紹介している。後期の注口土器の床面出土例を論じた須原拓（2003）も注口土器の柱穴出土例に注目している。

炉上供献土器

　住居の炉の象徴性は多くの指摘があり、中期～後期の中部高地を中心に、構築時に石棒や石皿を用いたり、隅に立てるなどの行為が知られるほか、廃絶時にも炉石の抜き取りや、礫の投入などの行為が存在する（神村1995、金井1997、閏間2008、嶋崎2008、成田・中村2011）。土器を用いる例としては、金井安子（1997）が、深鉢・浅鉢などが直上から出土する例、土器片の敷き詰め、上部・内部からの土器片の出土の例をまとめている。いずれも中期後葉の関東西部～中部高地が中心である。金井の紹介していない事例として、東京都国立市南養寺遺跡2号住居において加曽利E式の大形浅鉢が炉をすっぽり覆う事例がある［同5］。また、長野県岡谷市花上寺遺跡14号住居では炉上より大形の有孔鍔付土器が出土している。この土器は、洋梨形の特徴的な器形であるが、同県駒ヶ根市辻沢南遺跡第31号住居址でも炉上から類似した有孔鍔付土器上半部が出土している［同2・3］。

1. 山梨県梅ノ木遺跡 55 号住居

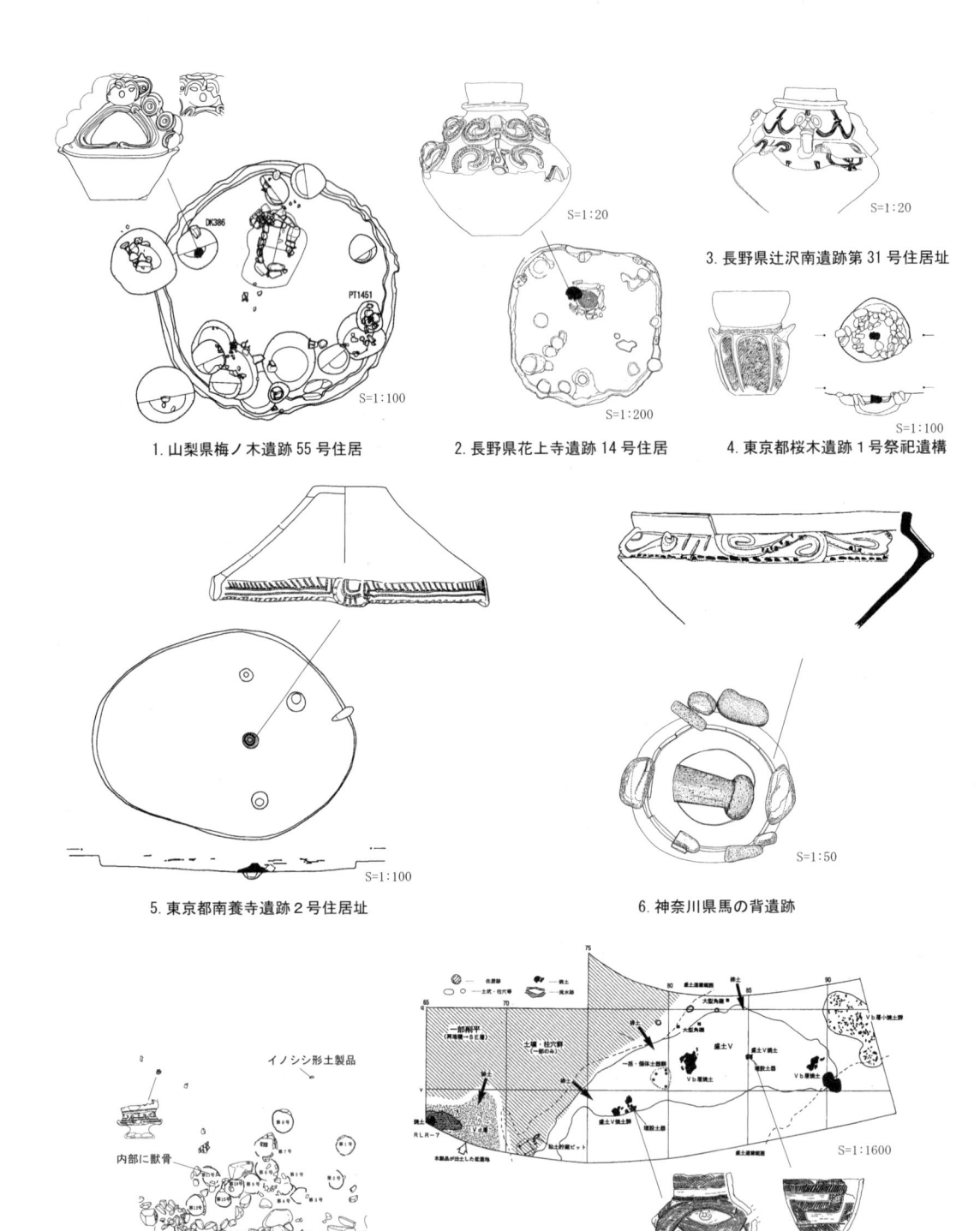

2. 長野県花上寺遺跡 14 号住居

3. 長野県辻沢南遺跡第 31 号住居址

4. 東京都桜木遺跡 1 号祭祀遺構

5. 東京都南養寺遺跡 2 号住居址

6. 神奈川県馬の背遺跡

7. 福島県道平遺跡埋設土器群
イノシシ形土製品
内部に獣骨

8. 北海道キウス 4 遺跡南盛土形成初期における焼土と埋設土器

第 11 図　縄文土器の特徴的な出土例　　　　　土器：S=1:10

第2章　縄文土器の形式と儀礼での利用

吹上パターン（住居跡内一括遺存土器）

　小林達雄（1965）は、住居覆土中から多数のほぼ完形に復元できる土器が出土する現象を「吹上パターン」と呼称し、季節的な土器の一斉廃棄の所産と論じた。その後、覆土（第一次埋没土）の形成過程や破片の接合などの検証が試みられ、人為的埋め戻し説と自然堆積説の議論が続き現在に至るが、前者の立場をとる山本暉久（1978）は、埋め戻し後に儀礼行為の一環で多量の土器を遺棄したと主張している。

配石遺構中の土器

　各種の配石遺構に伴って、完形土器が出土している。例えば、東京都世田谷区桜木遺跡では環状配石の中央に、完形の両耳深鉢が埋納されていた［同4］。晩期の埼玉県鴻巣市赤城遺跡では、18本の大形・小形石棒を含む配石遺構中から、顔面付注口土器を含む多数の土器が出土している。破片を含め791点中注口土器が113点を占めるほか、中期のものを含む突起破片も多数出土している。山梨県北杜市金生遺跡でも大規模な配石遺構が知られ、その一部には墓が含まれており墓上供献と位置づけることも可能であるが、1号配石E01～E02グリッドの前面には黒曜石や土器の集中廃棄ブロックがあり、2号配石では中空土偶や独鈷石などとともに大洞C2式期～氷I式期の壺・皿・浅鉢・深鉢が出土している。

廃棄の中心となる土器

　新潟県十日町市笹山遺跡では、最大級の火焰型土器が屋外から逆位で出土している。土肥孝（2007）はこの土器が最初に据えられた後に、他の土器が廃棄されたものとみており、山形県西ノ前遺跡の国宝土偶"東北のビーナス"の出土状況との類似を指摘する。廃棄の中心に優品が置かれるという現象は、長野県富士見町藤内遺跡32号住居でも指摘されている。同所では"神像筒形土器"をはじめとする土器群が「柱穴2」の周囲を中心に廃棄され、最後に大形浅鉢がやはり柱穴2付近に置かれる。この柱穴には磨製石斧が埋納されていた（小林[公]2011）。

屋外埋設土器

　配置状況や規格性などから土器棺と想定されているもののほかに、性格不明の屋外埋設土器がある。このうち、早期後半の九州南部では壺の埋納例が知られている。鹿児島県霧島市上野原遺跡第10地点では複数時期にわたる13個の壺の埋設が確認されている［第12図］。1号土器埋設遺構では2個（頚部が円形にものと四角形のもの）が寄り添うように出土している。これらの位置は遺物廃棄帯と中央広場の狭間に位置しており、磨製石斧の埋納遺構も存在する。このほか、同市福山城ヶ尾遺跡で深鉢1個・壺3個、あさぎり町灰塚遺跡の土坑群で4個の壺の埋設例がある（新東2003、八木澤2003）。

　中期の例では、群馬県前橋市大屋敷遺跡U-1で中期後半の曽利系深鉢を用いた埋設土器内に有頭石棒が突き刺さる形で検出されているものがある。また、屋外かどうかの詳細は不明だが、神奈川県横浜市馬の背では、勝坂式浅鉢内部からの有頭石棒の出土例があり、儀礼行為に関わる可能性が高い。

　後期後葉の北海道千歳市キウス4遺跡は周堤墓と盛土遺構を伴う大規模な遺跡であるが、盛土中に焼土の集中地点が確認されており、その周囲から埋設土器や赤彩された微隆線文土器の出土がある（阿部[明]2009）。

　九州では晩期前葉以降に土器棺と想定される埋設土器が増加するが、それ以前に"破砕土器埋納"の存在が指摘されている（立岡2000）。

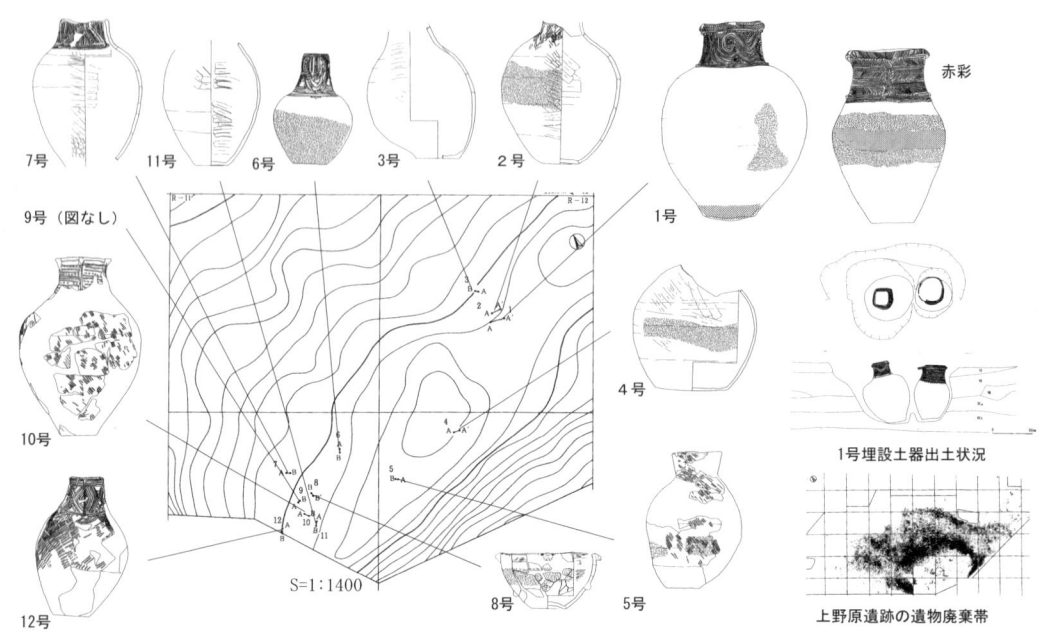

第12図　鹿児島県上野原遺跡土器埋設遺構（早期後葉）

獣骨・器物格納土器

　群集する埋設土器の多くは土器棺と想定されているが、山田康弘（2007）は、人骨以外の内部出土品として、宮城県登米市青島貝塚（中期大木9式、逆位、獣骨）、同県石巻市南境貝塚（後期宮戸Ⅰb式、大形破片、イヌ）、福島県大熊町道平遺跡（後〜晩期、2基からイノシシ・シカ）、福島県喜多方市博毛遺跡（中期大木8b式、小形磨製石斧4・剥片1）、長野市宮崎遺跡（中期末、黒曜石石核10・剥片類）、岡山市朝寝鼻貝塚（後期、ニホンザル頭骨）、同市津島岡大遺跡（後期彦崎K式、堅果類）、鳥取県三朝町福呂遺跡（前期、石匙）の例、また埋設土器ではないが、岩手県野田村根井貝塚（瘤付、下部単孔壷）、青森県階上町寺下遺跡（後期、壷）の内部からヘビ骨の出土例を挙げ、埋設土器を直ちに土器棺と解釈することを批判した上で、より高次の思想としての再生への祈りという共通の性格を想定している。このうち、道平遺跡では、獣骨を伴う埋設土器群に近接して香炉形土器（大洞C2式）や動物形土製品が出土している。なお、ヘビ骨は階上町の滝端遺跡の注口土器（瘤付）の中からも見つかっている。

　石器を内蔵する土器には、山梨県富士吉田市中丸遺跡（加曽利E4式、注口土器、黒曜石原石・磨製石斧8）、埼玉県小鹿野町塚越向山遺跡（加曽利E4式、敷石住居内埋設、注口土器、黒曜石・チャート・磨製石斧）、神奈川県綾瀬市上土棚南遺跡（堀之内1式、深鉢、磨製石斧7点）などがあり、他に中期末の長野県・山梨県を中心に黒曜石の格納例5例がある（奈良・保坂1993、山科2009）。そのほか、土器内容物については岡本孝之（1981）のまとめがあり、長野県茅野市与助尾根遺跡8号住居址床面出土の壷から土偶頭部、千葉県船橋市古作貝塚での堀之内式の2個の蓋付壷から貝輪、同県銚子市余山貝塚の注口土器からの貝輪、東京都八王子市桜塚遺跡で注口土器からの小形磨製石斧、青森

第2章　縄文土器の形式と儀礼での利用

県つがる市亀ヶ岡遺跡での晩期の粗製壺からの丸玉の出土例などが紹介されている。これらは、デポの可能性も高く、単純に儀礼に伴うものと位置づけることはできない（田中英 2001）。

獣骨に伴う土器

　獣骨と第二の道具が共伴する事例は、いわゆる狩猟儀礼の所産として位置づけられている（西本 1983、大竹 1983）。このうち、福島県いわき市大畑貝塚ではアワビ 72 個などの貝類、イノシシ頭骨 3 個、シカ骨、クジラ骨などとともに完形土器 15 個、石棒 1 点がまとまって出土している。また、埼玉県吉見町三ノ耕地遺跡では湧水点に水さらし場が設けられ、それが埋まった段階で粗製土器やイノシシ形土製品 2 点を含む多量の遺物が廃棄されていた。近接する土坑からは獣骨、土器、石器、石剣、手燭形土器、耳飾などがまとまって出土しており、儀礼に伴うものと考えられている。

第Ⅱ部

土器の儀礼利用に見るカテゴリ認識の形成・展開過程

第3章　浅鉢の出現と儀礼行為
―カテゴリの定着過程―

1．本章の目的と対象
（1）目的と対象
　本章では、縄文時代前期後半に盛行する浅鉢類の副葬行為・遺体被覆行為・床面供献行為をとりあげる。土器の副葬や遺体被覆はそれ以前より認められるものの、類例がまとまった形で認められるようになる最初の事例だからである。また、ほぼ同時期に同じ土器がやはりパターン化できる形で床面に供献されるようになる。さらに、この浅鉢類は通常の深鉢分布範囲を大きく超えて分布する。小杉康（1985a・1988a・b・1997・2003）は、上記の出土状況や東海・関西の北白川下層式での模倣のあり方から、「威信財・交換財」として位置づけた。
　こうしたあり方、つまり特定の土器群が儀礼行為に用いられ、広域に分布するようになること、すなわち特定のカテゴリ認識の形成は、その後の中期・後期の東日本で何度か認められ、本書でもその一部について次章・次々章で詳しく検討するが、本章では、その最初の段階について、特にカテゴリ認識の形成・定着のプロセスという観点から整理していく。小杉は、浅鉢類の器形のバリエーションは具体的な用途の差と想定しているものの具体的には触れられておらず、むしろ、それらを一括した形で社会的機能を想定している。しかし、後述するように、カテゴリ認識の時間的・地域的展開という観点からは、検討すべき課題は少なくない。
　本章では、まずこの「浅鉢類」の展開過程について、深鉢との関係を軸に整理する。次いで、前期初頭以降の墓坑出土する土器を集成し、「葬送に用いる土器」の時間的変化を確認し、墓域での出土状況から他の葬送属性との関係を検討する。さらに、住居廃絶儀礼の所産と想定される床面出土土器のあり方、および2個体共伴例を整理し、広く「儀礼や象徴に関わる土器」に関する諸要素の関連性を分析する。最後に、他の時期・地域の事例と比較し、カテゴリ認識の形成過程のモデル化を図る。

（2）画期としての縄文時代前期後半
　縄文時代前期、特にその後半が集落・墓制・土器・石器・装身具などの多方面におよぶ画期であることは既に多くの指摘がある。まず、本章で扱う諸問題の背景として、代表的な研究を概観しておきたい。
　集落では、既に前期初頭から初期環状集落と呼ばれる一群が出現するが、黒浜式期以降には多数の住居を持つ環状集落が出現する（鈴木保1986・1988、谷口2004b）。
　この環状集落には中央広場に大規模な墓域を持つ例が知られる。また、集落外にそうした密集した墓域が設けられることもある（坪田2004、谷口2004b）。そして、今回の検討対象である墓坑出土土器も多くはその墓域内で検出されるのである。

土器自体の変化としては、早期以来の条痕文系土器にかわり、縄文に趣向を凝らした関東の羽状縄文系土器をはじめ、東北南部の前期大木式土器、長野県北部の塚田・中道式土器、長野県南部から東海の塩谷・木島式、新潟の布目・新谷式、富山の佐波・極楽寺式など様々な土器様式が地域ごとに認められるようになる段階を経た後、関東西部から中部までの広い範囲に分布する諸磯式が成立する。こうした土器様式の盛衰のほか、前期前半の羽状縄文から竹管文への変化、すわなち"施文具形態文様（稲田1972）"から"方位形態文様"への文様主体の変化、繊維土器の廃用（小杉2003）などの技術的な変化もある。さらに大きな特色である形式分化については、小林達雄（1981）によって"発展の時代"のメルクマールとして位置づけられている。

　石器では、まず黒曜石流通の変化がある（金山1993）。あるいは、原産地から小規模集落を順に移動していく段階、小規模な集積を伴う交易集団が出現する段階を経て、原産地周辺で大規模な集積が行われ、各地域の拠点集落間を行き来する交易集団が出現する段階へ至るという分析結果があり、これに伴い、山梨の"天神型石匙"や山形の"押出型石槍・石匙"などの威信財が広域に移動する（大工原2002）。

　装身具としては、大陸との深い関わりの中で早期末の日本海沿岸に出現した玦飾が、前期後半には多様な素材・形態を持つようになる（西口1983）。そこに着装品から贈答品への変化を想定する研究もある（稲畑2008）。

２．前期後葉における「浅鉢類」の造形的特徴
（１）「浅鉢類」の登場
　本稿の中核となる地域における主体的な土器様式は諸磯式である。関東地方においては直前の黒浜式から変化するが、諸磯a式新段階以降の関東東部は、浮島・興津式土器様式が独立する。中部高地は中葉においては有尾式の分布圏であったが、後葉になると関東と同じ諸磯式となり、飛騨近辺において西の北白川下層式と接する。

　鉢は、関東では前期前葉の二ツ木式に初めて認められ、続く関東の関山Ⅰ式以降に浅鉢が出現する（村田1996）。但し、関山式期の浅鉢は大宮台地に限定され、同時期の神奈川県小田原市羽根尾貝塚では木製の浅鉢がある。関山Ⅱ式期には片口土器が見られるが、やはり大宮台地に集中する。同時期東北南部の大木1式、新潟の新谷式、中部高地の神ノ木式、東海の清水ノ上Ⅱ式でも浅鉢の出土が知られる。

　中葉の黒浜式期には大宮台地を中心としながらも、群馬や千葉にも浅鉢・鉢が広がる。内湾する浅鉢が多いようだが、一部には頸部屈曲を伴う鉢も散見される。長野の有尾式・北陸の朝日Ｃ式・関西の北白川下層Ⅱa式では、深鉢同様の頸部屈曲と波状口縁を特徴とする一群がある。

　後葉の諸磯式期になると、鉢・浅鉢は量・種類ともに格段に増加する（金井1979、古内1986、谷口1989、長沢1993、松田1994・1998・2010、大平1998、関根2010a・b、寺崎2010、贄田2010、稲畑2010）。壺形に近いものもあり、器形を超えて口縁部に孔を穿つものが多いことから、長沢宏昌は「有孔土器」の名を付している。谷口康浩も、孔をもち、内屈するものを「縁孔土器」として浅鉢から分離している。しかし、屈曲を持ちながらも孔を持たない一群が存在すること、それらの一部と木の葉文という文様を共有していることなどを考慮すると、有孔土器ないし縁孔土器のみを独立させて

第3章　浅鉢の出現と儀礼行為

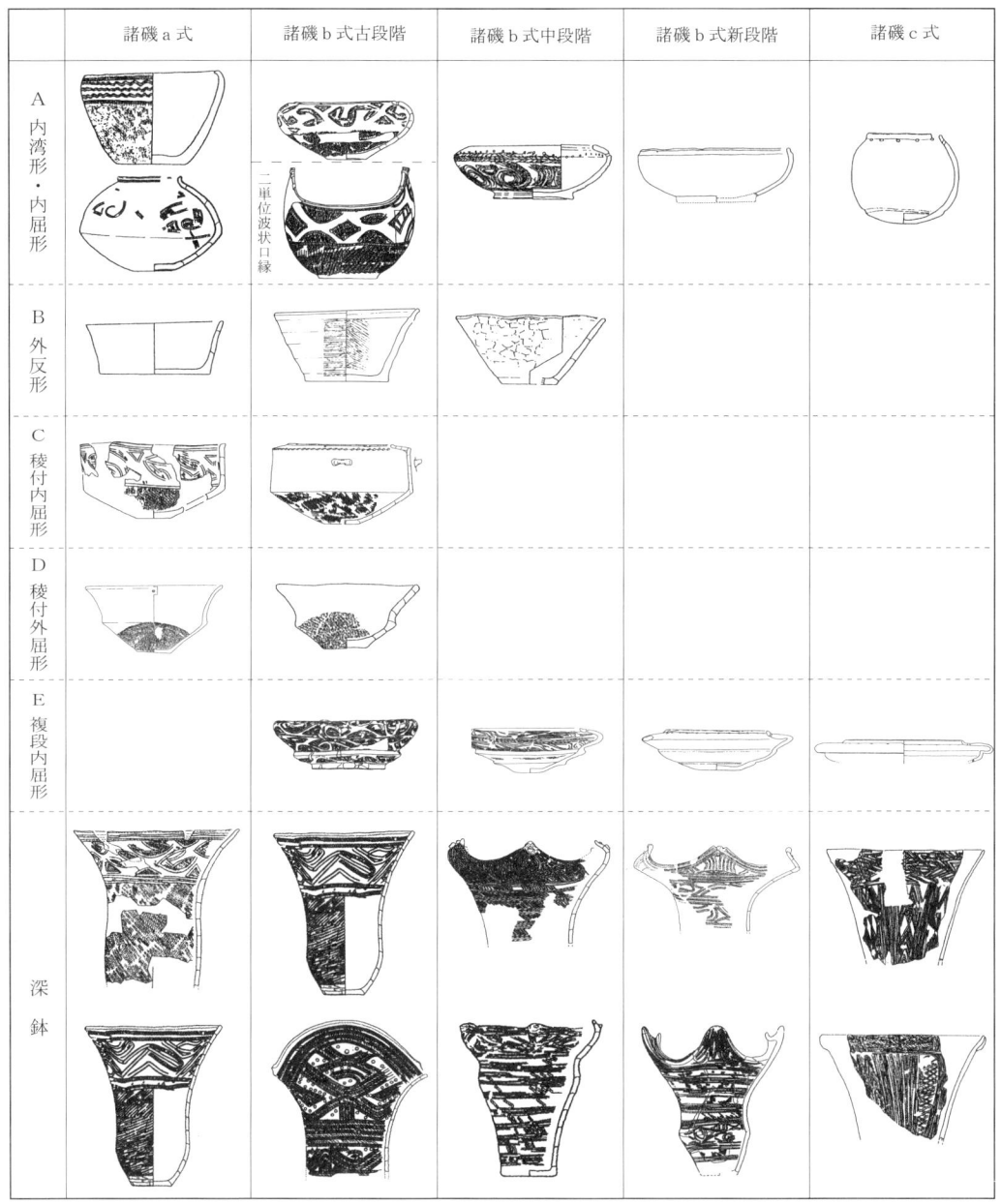

	諸磯a式	諸磯b式古段階	諸磯b式中段階	諸磯b式新段階	諸磯c式
A 内湾形・内屈形		二単位波状口縁			
B 外反形					
C 稜付内屈形					
D 稜付外屈形					
E 複段内屈形					
深鉢					

第13図　分類変遷図　　　　　　　　　　　　（縮尺不同）

呼称するのは不都合といわざるを得ない。形態を考慮するならば、上述のように壺・鉢・浅鉢と分けることも可能であるが、研究者側の区別にすぎない。そこで、本稿では第23回縄文セミナーでの合意事項に沿う形で、一括して呼称することにし、「浅鉢類」と呼称することにした。器形のバリエーションについては関根愼二（2010a）・松田光太郎（2010）の区分を参考に、便宜的にA：内湾形・内屈形、B：外反形、C：稜付内屈形、D：稜付外屈形、E：複段内屈形、X：その他に分類しておく［第13図］。このほか、諸磯a式には双口土器と有頸の壺も確認されている。北白川下層Ⅱb～c式、浮島・興津

式でもそれぞれ独自の浅鉢を発達させる。

なお、続く前期末の十三菩提式はさらに広域に分布を広げる様式であるが、浅鉢はほとんど存在しない。

（2）諸磯式「浅鉢類」の器形・文様

　諸磯式「浅鉢類」の特徴について、先行研究（埼玉考古学会編1990、田中和2008、関根2008・2010a、松田1998・2010）をもとに深鉢との関係性を踏まえて概述しておく。

　まず、直前の黒浜式期から見ていこう。黒浜式は羽状縄文で胎土に繊維を含むことを特徴とした土器群の最後の段階であり4～5段階の細別案がある。深鉢には頸部がくびれるものと、まっすぐなものがあり、縄文（羽状縄文・付加条縄文を含む）、沈線による縦位区画・肋骨文などが施される。浅鉢は内湾・外反・外屈の3者があり、高台付の事例も見られる。文様は深鉢と同様であるが、縄文のみのものが多い。

　諸磯a式の深鉢は波状口縁・平縁を問わず上半が外反するものが目立つ。文様は黒浜式から米字文や肋骨文を引き継ぎ、新段階にはこれらから木の葉文が生まれる。「浅鉢類」は古段階には内湾形で全面に縄文施文か無文のものが多いが、米字文を持つものも数例存在する。新段階にはA～D類が出揃い、深鉢と連動して施文域が上下2段に分化して木の葉文や爪形文が主として上段に施文される。

　諸磯b式古段階の深鉢はa式の文様を引き継ぐが、木の葉文は爪形文に変化する。「浅鉢類」は引き続き形態のバリエーションが多く、E：複段内屈形が加わるほか、深鉢とともに、二単位波状口縁形態が現れる。縄文・無文のものも少なくないが、深鉢では用いられなくなった木の葉文を持つものが目立っている。

　諸磯b式中段階は、深鉢・「浅鉢類」ともに上下に区分されていた施文域が1つとなり全面に施文するものが増加する。深鉢にはキャリパー形の器形が登場し、新たな施文手法である浮線文が用いられる。このうち4単位波状口縁を持つものには波頂部に猪面突起が付されることがある。この猪面突起は群馬県で出現し、岐阜・山形の遠隔地でも出土例がある（関根2004、松田2007、大工原2008）。一方、「浅鉢類」の器形は有孔の内湾形または複段内屈形に収斂され、文様も木の葉文か無文のものに限定されてくる。また、口縁部に浮線で単位文様を描くものがあるが、全面的に浮線文深鉢の文様を施すものはない。なお、複段内屈形の形態についてはキャリパー形深鉢を圧縮したものとする見解がある（谷口1989）。

　諸磯b式中段階の後半以降、深鉢では集合沈線文が増加していき、c式には集合沈線の上に、新たに結節浮線文と貼付文が付される。一方、「浅鉢類」は、諸磯b式新段階から諸磯c式期まで形態は前段階の延長線上にあるものの、ほぼ全てが無文となる。

（3）器形バリエーションの変遷

　次に、器形のバリエーションを検討する。既に見たように、「浅鉢類」は諸磯a式～b式古段階にバリエーションが増加し、以降内湾形と複段内屈形の2種に収斂していく。

　深鉢については、関根愼二（2011）によって群馬県内のバリエーションの地域差が検討されるとともに、東京都の事例が比較資料として提示されている。関根は、深鉢の形態を16種類に分類し、諸

第3章 浅鉢の出現と儀礼行為

磯式を9細分した各段階における出現率を求めた。関根の集計をもとに、全体数の半数を何種の類型で占めるかを示すと、群馬県全体で諸磯a式古段階～b式古段階（関根編年1～3段階）はそれぞれ2種類であるのに対し、b式中段階（4・5段階）は各5種類、b式新段階～c式期（6・8・9段階）は各3種類（7段階のみ5種類）と、大きく3期に区分することができ、中段階に最も種類が豊富になることがわかる。これに対し、東京都の事例は事例数の関係で1～4段階のみの集計となるが、諸磯a式古段階～b式古段階（1～3段階）は各1種類、b式中段階（4段階）でも3種類に限られる。

群馬・東京ともにb式中段階に器形種類の増加が認められるが、これは「浅鉢類」とは逆の動向である。また、諸磯a式～b式古段階の「浅鉢類」が多種類・多数出土している東京都において深鉢の器形種類が少なく、逆にb式中段階の「浅鉢類」が少種類・多数出土している群馬県において深鉢の器形種類が多いという、深鉢と「浅鉢類」の器形種数には負の相関関係が認められる。

3．墓坑に埋納された土器
（1）事例の集成

関東・中部の墓坑については既に坪田弘子（2004）の集成がある。本稿ではこれを手がかりにしながら墓坑から完形土器が出土した事例を集成した［第3表～第5表、以下集成表掲載遺跡は市町村名を省略する］。

前期初頭、花積下層式期の事例にはバクチ穴遺跡で1基、三原田城遺跡で3基確認されている。全て深鉢である［第14図1・2］。

続く関山式期には群馬県の三原田仲井遺跡・勝保沢中ノ山遺跡［同3］で関山Ⅱ式の深鉢が1基ずつ確認されているのみである。

中葉の黒浜式期には千葉県・埼玉県・群馬県で事例が増加し、12遺跡21基25個となる。木戸先遺跡で4基4個、七社神社前遺跡で4基7個と複数の墓坑での事例が出現する。また、東京都上池上遺跡でも1つの土坑から2個体の出土がある。

後葉の諸磯a式期には20遺跡75基87個と事例数が大幅に増加し、分布も長野県・岐阜県まで拡大するが、この2例は北白川下層式の浅鉢を用いている。木戸先遺跡17基、飯山満東遺跡19基、七社神社前遺跡17基21個と黒浜式期から続く墓域で多数の事例がみられる。

諸磯b式期には34遺跡113基133個と多数の事例が知られる。但し、放射性炭素年代測定結果によると諸磯a式期は約100年間、諸磯b式期は約200年間、諸磯c式期は約150年間と時間幅の変異は大きい（小林謙2008）。事例数の上では諸磯b式期が最も多いが、年代幅を考慮すると最盛期は諸磯a式期と判断される。木戸先遺跡や七社神社前遺跡などでは引き続き事例が見られるが、古段階のものが多い。この2遺跡のほかに、加定地遺跡、大戸本村3号遺跡、鷺森遺跡［同6］、中野谷松原遺跡、牟礼丸山遺跡［同7］、中原遺跡、天神遺跡など各地の集団墓で「浅鉢類」を用いた事例が中段階を中心にまとまっているものの、いずれも10個体以下の事例数にとどまる。このうち古段階～中段階の千葉県の諸遺跡では、諸磯式の「浅鉢類」に加えて、浮島式の浅鉢を用いる場合がある。

諸磯c式期には8遺跡14基15個の事例が激減する。浅鉢を用いた例は行田大道北遺跡で1基確認されるのみで、他の14例はいずれも深鉢である。北川貝塚を除き、分布は群馬県・長野県・山梨県に限定される。

第3表　墓坑出土土器一覧表（1）

	遺跡名	遺構名	形式	時期	備考		遺跡名	遺構名	形式	時期	備考
			千　葉　県			6	寺ノ内 (芝山町)	16号土壙	浅鉢E	諸磯b中	
1	木戸先 (四街道市)	163号土壙	浅鉢D	諸磯a				34号土壙	浅鉢A'	諸磯a	
		247号土壙	深鉢	諸磯a				37号土壙	浅鉢A	諸磯b中	浮島
		253号土壙	浅鉢B	諸磯a				38号土壙	深鉢	諸磯a	
		268号土壙	浅鉢A'	黒浜				41号土壙	浅鉢A	諸磯a	
		269号土壙	浅鉢D	諸磯a					埼　玉　県		
		278号土壙	浅鉢B	諸磯b中	浮島・石匙	7	大谷場貝塚 (さいたま市)	ピット	浅鉢D	諸磯a	
		279号土壙	浅鉢D	諸磯a				ピット	浅鉢A	諸磯a	逆
		291号土壙	浅鉢A	諸磯b	浮島	8	大戸本村3号 (さいたま市)	第1号土坑	浅鉢A	諸磯a	
		301号土壙	浅鉢A	諸磯b				第4号土坑	浅鉢E	諸磯a	
		315号土壙	浅鉢A'	諸磯a	浮島・逆			第10号土坑a	浅鉢E	諸磯b中	
		317号土壙	浅鉢D	諸磯a				第10号土坑b	浅鉢E	諸磯b中	土製玦
		319号土壙	浅鉢A	諸磯a	石匙			第31号土坑	浅鉢E	諸磯a	
		323号土壙	浅鉢A	諸磯b				第34号土坑	浅鉢E	諸磯b中	
		331号土壙	浅鉢D	諸磯a				第44号土坑	浅鉢C	諸磯b古	
		372号土壙	浅鉢A	諸磯a				第46号土坑	浅鉢A	諸磯b古	逆
		377号土壙	浅鉢A	黒浜		9	塚屋 (寄居町)	3号土壙	深鉢	黒浜	
		381号土壙	浅鉢A	諸磯b中				4号土壙	深鉢	諸磯b中	
		383号土壙	浅鉢A	諸磯a				7号土壙	深鉢	─	
		384号土壙	浅鉢A	黒浜				42号土壙	深鉢	─	
		385号土壙	浅鉢A	諸磯a				54号土壙	浅鉢A	─	
		386号土壙	浅鉢A	諸磯b古				70号土壙	深鉢	諸磯b古	
		390号土壙	浅鉢C	諸磯b古				147号土壙	深鉢	諸磯b中	
		408号土壙	浅鉢A	諸磯a			北塚屋 (寄居町)	5号土壙	深鉢	諸磯a	
		410号土壙	浅鉢A	諸磯b中	浮島・石匙	10	鷺森 (上福岡市)	土抗51	深鉢	黒浜	
		411号土壙	浅鉢D	諸磯a				土抗53	浅鉢C	諸磯b古	
		415号土壙	浅鉢A'	諸磯b古	浮島			土抗54	浅鉢A	諸磯a	
		417号土壙	浅鉢A'	諸磯a	浮島			土抗228	深鉢	黒浜	
			浅鉢A	諸磯a				土抗302	深鉢	諸磯b中	
		418号土壙	浅鉢A	諸磯a				土抗301	深鉢	諸磯b中	
		423号土壙	浅鉢A'	諸磯a				土抗375	浅鉢B	諸磯b古	逆
		449号土壙	浅鉢C	諸磯b古	垂飾			土抗376	深鉢	諸磯a	
		490号土壙	浅鉢D	諸磯a				土抗452	浅鉢A	諸磯a	
		541号土壙	浅鉢A	黒浜				土抗527	浅鉢X	諸磯b古	
		546号土壙	浅鉢B	諸磯a		11	金堀沢 (入間市)	8号土壙	浅鉢A	諸磯a	
2	飯山満東 (船橋市)	P-116	浅鉢A	諸磯a		12	東光寺裏 (岡部町)	19号土壙	深鉢	諸磯b中	
		P-13	浅鉢A	諸磯a		13	平松台 (小川町)	土壙10	深鉢	黒浜	逆
		P-132	浅鉢A	諸磯a					東　京　都		
		P-153	浅鉢A	諸磯a		14	七社神社前 第10地点 (北区)	第1号土坑	浅鉢D	諸磯b古	
		P-154	浅鉢D	諸磯a				第2号土坑	浅鉢A	諸磯a	
		P-155	浅鉢A'	諸磯a				第3号土坑	浅鉢D	─	逆
		P-163	浅鉢A	諸磯a				第4号土坑	浅鉢C	諸磯a	
		P-164	浅鉢D	諸磯a				第5号土坑	浅鉢B	黒浜	逆
		P-167	浅鉢A	諸磯a				第7号土坑	浅鉢A'	黒浜	
		P-169	深鉢	諸磯a				第9号土坑	浅鉢A	諸磯a	逆
			浅鉢C	諸磯a				第10号土坑	浅鉢D	諸磯b	
		P-17	浅鉢A	諸磯a				第11号土坑	浅鉢B	黒浜	逆
		P-170	浅鉢A	諸磯b中				第12号土坑	浅鉢C	諸磯b	
		P-18	浅鉢A	黒浜			第19地点	第1号土坑	浅鉢A	諸磯b	
		P-186	浅鉢A	諸磯a				第3号土坑	浅鉢C	諸磯a	
		P-187	浅鉢A	─				第8号土坑	浅鉢C	諸磯b古	
			浅鉢A	─				第9号土坑	浅鉢D	諸磯b古	逆
		P-189	浅鉢A	諸磯a				第10号土坑	浅鉢A	諸磯a	
		P-19	浅鉢A	諸磯a				第11号土坑	浅鉢D	諸磯b古	逆
		P-2	浅鉢A	諸磯b中				第12号土坑	浅鉢E	諸磯b古	逆
		P-20	浅鉢A	諸磯a				第13号土坑	浅鉢A	諸磯b古	逆
		P-21	浅鉢A	諸磯a				第24号土坑	浅鉢C	諸磯b古	
		P-22	浅鉢A	諸磯a				第28号土坑	浅鉢A	諸磯a	
		P-28 (29)	浅鉢A	諸磯a				第26号土坑	浅鉢C	諸磯b古	
		P-69	浅鉢A	─				第29号土坑	浅鉢A	諸磯b古	逆
		P-72	浅鉢B	─				第30号土坑	浅鉢A	諸磯b古	
		P-90	浅鉢A	─				第33号土坑	深鉢	黒浜	
3	バクチ穴 (千葉市)	28号址	深鉢	花積下層				第34号土坑	浅鉢A	黒浜	
4	南羽鳥中岫 第1E地点 (成田市)	70号土坑	浅鉢A	諸磯b中	浮島			第34号土坑	浅鉢A	諸磯a	逆
		143号土坑	浅鉢A	諸磯b中	浮島						
		149号土坑	深鉢	諸磯b	浮島						
		155号土坑	浅鉢A	諸磯a							
5	加定地 (成田市)	第58号土壙	浅鉢A	諸磯b中	浮島・逆						
		第65号土壙	浅鉢A	諸磯b中	浮島						
		第67号土壙	浅鉢A	諸磯b中	浮島						
		第92・93号土壙	浅鉢B'	諸磯a	浮島						
		第107号土壙	浅鉢A	諸磯b中	浮島						
		第418号土壙	浅鉢A	諸磯b中	浮島・逆						
		第921号土壙	浅鉢A	諸磯b中	浮島・逆						

第3章　浅鉢の出現と儀礼行為

第3表　墓坑出土土器一覧表（2）

	遺跡名	遺構名	形式	時期	備考
14	第19地点	第35号土坑	浅鉢A	諸磯b古	
		第36号土坑	浅鉢X	諸磯b古	
		第37号土坑a	浅鉢C	黒浜	
			浅鉢A	黒浜	
		第37号土坑b	浅鉢X	諸磯b古	逆
		第38号土坑	浅鉢A	諸磯a	
		第39号土坑	浅鉢D	諸磯b古	
		第40号土坑	浅鉢A	黒浜	逆
		第42号土坑	深鉢	諸磯a	
		第43号土坑	浅鉢A	諸磯a	逆
		第47号土坑	浅鉢X	諸磯a	
		第49号土坑	浅鉢A	諸磯a	逆
		第50号土坑	浅鉢A	諸磯b	
15	雪ヶ谷貝塚(大田区)	3号土壙	浅鉢E	諸磯b	逆
		10号土壙	深鉢	諸磯a	
			浅鉢A	諸磯a	
		13号土壙	浅鉢A	諸磯b古	
		19号土壙	深鉢	諸磯b	
		27号土壙	浅鉢A	諸磯b	
16	上池上(大田区)	11号土坑c	浅鉢D	諸磯b古	
		11号土坑b	浅鉢B	諸磯a	
		24号土坑	深鉢	黒浜	
			深鉢	黒浜	
		28号土坑b	浅鉢B	諸磯b	
		35号土坑	浅鉢A	諸磯b	
		44号土坑	浅鉢A	諸磯b	
17	宇津木台K地区(八王子市)	SK01	浅鉢D	諸磯a	逆
18	多摩ニュータウンNo.753(八王子市)	1号墓壙	浅鉢A	諸磯b	
		8号墓壙	浅鉢A	諸磯b	逆
	神奈川県				
19	桜並(横浜市)	53号土壙	深鉢	十三菩提	
20	新羽4・5(横浜市)	—	深鉢	十三菩提	逆
21	北川貝塚(横浜市)	P55	深鉢	諸磯a	逆・管玉
		P73	深鉢	諸磯c	逆・玦
		P80	深鉢	十三菩提	逆
		P80	深鉢	十三菩提	
22	北窪(藤沢市)	1号埋納遺構	浅鉢E	諸磯b	逆・玦4
			浅鉢D	諸磯b	
			浅鉢—	諸磯b	
		2号埋納遺構	浅鉢A	諸磯b	玦1
	新潟県				
23	吉峰(南魚沼市)	B3区5号土壙	浅鉢E	諸磯b	
	群馬県				
24	糸井宮前(昭和村)	6号土坑	深鉢	諸磯c	
25	中棚(昭和村)	NJP-122	深鉢	諸磯a	
		NTJP-13	深鉢	諸磯b中	
26	三原田仲井(渋川市)	66号土抗	浅鉢A	関山	
27	三原田城(渋川市)	67号土壙	深鉢	花積下層	
		101号土壙	深鉢	花積下層	
		136号土壙	深鉢	花積下層	
28	勝保沢中ノ山(渋川市)	54号土壙	深鉢	関山	
		121号土壙	深鉢	黒浜	
29	白井十二(渋川市)	247号土坑	深鉢	諸磯c	石器類26
30	藤田荻久保(渋川市)	93号土壙	深鉢	黒浜	
31	今井三騎堂(伊勢崎市)	22号土抗	深鉢	黒浜	
		43号土抗	深鉢	諸磯b	
		69号土抗	深鉢	諸磯c	
		82号土抗	深鉢	諸磯c	
32	今井見切塚(伊勢崎市)	40号土抗	深鉢	諸磯a	
		56号土抗	浅鉢E	諸磯b	逆
			浅鉢E	諸磯b	
			浅鉢A	諸磯b	逆
			浅鉢E	諸磯b	
33	川白田(前橋市)	78号土抗	浅鉢E	諸磯b中	逆
34	熊の穴(前橋市)		浅鉢E	諸磯b新	
35	愛宕山(前橋市)	38号土坑	深鉢	諸磯b中	

	遺跡名	遺構名	形式	時期	備考
35	愛宕山(前橋市)	39号土坑	深鉢	諸磯b中	
		57号土坑	深鉢	諸磯b	
		67号土坑	深鉢	諸磯b	
			深鉢	諸磯b	
		68号土坑	深鉢	諸磯b	
		74号土坑	浅鉢D	諸磯b中	逆
		108号土坑	深鉢	諸磯b	
		121号土坑	深鉢	—	
		32号土坑	浅鉢D	—	
36	清水山(前橋市)	Ⅰ区1号土壙	浅鉢E	諸磯b	
		Ⅱ区3号土壙	浅鉢E	諸磯b古	
37	鞘ヶ原Ⅱ(富岡市)	51号土坑	浅鉢X	諸磯b	
38	下高瀬寺山(富岡市)	13号土坑	浅鉢A	諸磯b新	
39	行田大道北(安中市)	14号土坑	深鉢	黒浜	
		93号土坑	深鉢	諸磯c	玦1
		108号土坑	深鉢	諸磯c	
		126号土坑	深鉢	諸磯c	棒状礫
			深鉢	諸磯c	
		142号土坑	浅鉢A	諸磯c	
		302号土坑	深鉢	黒浜	磨石
		395号土坑	深鉢	黒浜	黒曜石剥片
40	中野谷松原(安中市)	D区南東群D1040	深鉢	黒浜	
		D区南東群D1062	深鉢	黒浜	
		D区中央群D941	浅鉢C	諸磯b古	
		D区中央群D936	浅鉢C	諸磯b古	
		B区北群D362	浅鉢A	諸磯a	逆
		B区南群D351	浅鉢E	諸磯b古	
		B区南群D372	浅鉢E	諸磯b古	
		B区南群D377A	浅鉢A	諸磯a	
		B区南群D377B1	浅鉢A	諸磯b古	
		B区南西群D277B	浅鉢E	諸磯b古	逆
		単独土壙墓D240	浅鉢D	諸磯b古	
		単独土壙墓D1126	深鉢	十三菩提	
41	大下原(安中市)	T-8B	深鉢	諸磯b	
		T-8C	浅鉢E	諸磯b	
	長野県				
42	牟礼丸山(飯綱町)	5号土拡	浅鉢D	諸磯a	
		17号土拡	浅鉢E	諸磯b中	逆
		2B号土拡	浅鉢E	諸磯b中	
		覆土内	深鉢	—	
43	有明山社(松川村)	ピット42	深鉢	諸磯c	逆
44	万場(大桑村)	233号土壙	浅鉢E	諸磯b	
		277号土壙	浅鉢E	諸磯b	
45	阿久(原村)	土壙796	浅鉢A	諸磯a	北白川
		土壙972	浅鉢X	諸磯b古	
46	中原(小海町)	D56号土壙	浅鉢A	諸磯b中	
		D69号土壙	浅鉢A	諸磯b中	
		D141号土壙	浅鉢E	諸磯b中	
	山梨県				
47	天神C地区(北杜市)	第41号土壙	浅鉢E	諸磯b	
		第45号土壙	浅鉢E	諸磯b中	
		第49号土壙	浅鉢A	諸磯b中	逆
		第149号土壙	浅鉢E	諸磯b	
		第136号土壙	深鉢	諸磯c	
		第160号土壙	浅鉢E	諸磯b中	
		第355号土壙	深鉢	諸磯b中	
		第338号土壙	深鉢	諸磯c	逆
		第421号土壙	深鉢	諸磯c	逆・大珠
48	酒呑場J区(北杜市)	2号土壙	浅鉢A	諸磯b	
49	獅子之前(甲州市)	40号土抗	浅鉢	諸磯b	
			浅鉢	諸磯b	
50	花鳥山(笛吹市)	1号土壙	浅鉢	諸磯b	
		32号土壙	浅鉢	諸磯c	
	岐阜県				
51	御望(岐阜市)	土坑SK004	浅鉢D	諸磯a	北白川・逆・石匙
			深鉢	諸磯a	北白川・逆
			深鉢	諸磯a	北白川・逆

1. 群馬県三原田城遺跡第67号土壙
2. 群馬県三原田城遺跡第101号土壙
3. 群馬県勝保沢中ノ山第54号土壙
4. 東京都宇津木台遺跡K地区SK01
5. 岐阜県御望遺跡土坑SK004
6. 埼玉県鷲森遺跡土坑527
7. 長野県牟礼丸山遺跡17号土壙
8. 埼玉県大戸本村3号遺跡第44号土壙
9. 長野県中原遺跡D69号土壙

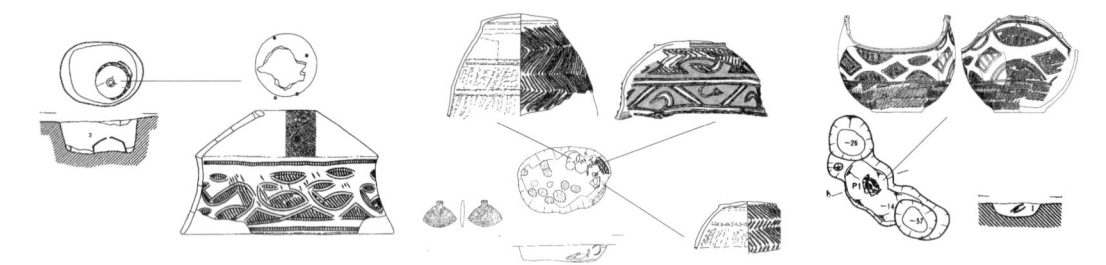

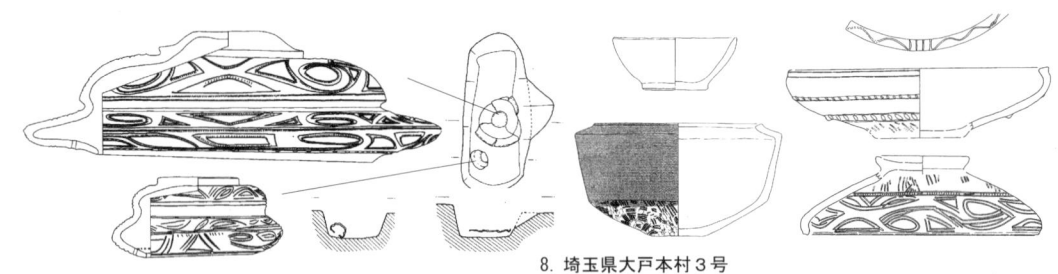

第14図　墓坑埋納土器（1）

土器 S=1:10
土坑 S=1:90

第4表　事例集計表（左：墓坑数、右：土器個数）

	岐阜		群馬		埼玉		山梨		新潟		神奈川		千葉		長野		東京		総計	
花積下層			3	3											1	1			4	4
関山			2	2															2	2
黒浜			7	7	4	4					5	5					5	9	21	25
諸磯a	1	3	5	5	8	9					40	43	2	2	21	25			77	87
諸磯b			25	31	15	16	9	11	1	1	3	5	27	28	8	10	25	31	113	133
諸磯c			8	9			4	4			1	1			1	1			14	15
十三菩提			1	1							3	4							4	5
時期不明			2	2	3	3							3	4	1	1	1	1	10	11
総計	1	3	53	60	30	32	13	15	1	1	52	58	32	34	31	38	31	41	245	282

第5表　形式別集計表

	深鉢	浅鉢A	浅鉢A'	浅鉢B	浅鉢C	浅鉢D	浅鉢E	浅鉢X	総計
花積下層	4								4
関山	1			1					2
黒浜	14（2）	5（1）	2	2（1）	1				25（4）
諸磯a	12（2）	48（7）	4	4	4	14（2）	1	1	87（11）
諸磯b	25（2）	45（12）	4（1）	4（1）	11	10（3）	28（9）	5（1）	133（30）
諸磯c	14（4）	1							15（4）
十三菩提	5（3）					2（1）			5（3）
時期不明	4	3		1					11（1）
総計	79（13）	104（20）	10（1）	11（2）	16	26（6）	29（9）	6（1）	282（53）

※計には諸磯b期の形態不明の浅鉢類1を含む
（　）は逆位出土例の内訳

第3章 浅鉢の出現と儀礼行為

前期末の十三菩提式期にはさらに減少し、神奈川県で3遺跡4例、群馬県で1例出土するのみとなる。

（2）深鉢と「浅鉢類」、正位・横位と逆位

以上の事例を、まず深鉢と「浅鉢類」の関係、また正位・横位と逆位の関係として整理しておきたい。埋没過程や調査方法の問題を考慮し、正位と横位を一括し、被覆葬の可能性もある逆位と区別する。なお、筆者は別稿（本書第2章・第5章など）において、墓坑から逆位で出土したものを土器被覆葬（甕被葬）、正位や横位出土のものを副葬品と解釈している。しかし、正位と逆位の対置例などもあるので、本稿では単に埋納、正位・横位、逆位と呼んでおく。但し、深鉢の逆位出土例など土器被覆葬の可能性が高いものについては、そのように呼称する場合もある。

花積下層式期から関山式期までの事例はいずれも正位・横位の深鉢である。

黒浜式期には全体数では深鉢と「浅鉢類」が拮抗するが、千葉県の飯山満東遺跡・木戸先遺跡、東京都の七社神社前遺跡・上池上遺跡では、七社神社前の1個を除いて「浅鉢類」で限られるのに対し、埼玉県・群馬県の諸例はいずれも深鉢であるという地域差が認められる。なお、この2県では2個ずつ逆位の深鉢が認められる。

諸磯a式期において多数の事例が認められた木戸先遺跡・飯山満東遺跡・七社神社前遺跡では後2者で1例ずつ深鉢が埋納されているほかは全て「浅鉢類」である。一方、他の遺跡では「浅鉢類」のみの遺跡、深鉢のみの遺跡の双方が認められ、両者が認められる場合には大きな数量差は存在しない。また、逆位出土例は12個体あるが、岐阜県の御望遺跡の2個を除いて「浅鉢類」に限られる。多くは逆位の浅鉢類のみが埋納されているが、七社神社前遺跡第19地点第9号土坑で逆位1個、正位・横位1個、大谷場貝塚のピットで正位・横位と・逆位1個ずつの例がある。御望遺跡では土坑SK04から北白川下層Ⅱa式の浅鉢1個・深鉢2個がいずれも逆位で出土している［同5］。なお、宇津木台遺跡群K地区からは、底部中央に大きめの穿孔とその周りに4箇所の小孔が穿孔を持つD類が逆位で出土している［同4］。

諸磯b式期は全体個数では「浅鉢類」が深鉢の4倍になる。深鉢は群馬県・埼玉県・山梨県で複数例見られるが、神奈川県・東京都・千葉県では各1個のみである。逆位の例は東京都・神奈川県で1例ずつ深鉢を用いた例があるが、他は「浅鉢類」である。

諸磯c式期では神奈川県・長野県で深鉢を用いた逆位出土例があるほか、山梨県・群馬県の正位・横位出土例も群馬県の1例を除き深鉢が用いられている。

十三菩提式期では神奈川県で深鉢の逆位出土例3例、群馬県と神奈川県で正位・横位出土例がある。

なお、正位・逆位の複合例は、大谷場貝塚（諸磯a式期）、七社神社前遺跡第10地点5号土坑（黒浜式期）、同9号土坑（諸磯a式期）、19地点12号土坑（諸磯b式期）、29号土坑（同）、中原遺跡D69号土壙（同）の6基のみである［同9］。

（3）墓域の中の土器埋納墓

以上の事例の中から、形のバリエーションや正逆などの属性がいかなる意味を持っていたのか、ここでは多数の事例を持つ遺跡を中心に時期的・空間的な分布状況を確認しておきたい。

飯山満東遺跡［第15図上］：総数25基29個で、時期の判明するものの内訳は黒浜式期1個、諸磯a

式期19基22個、諸磯b式期2基2個である。深鉢と浅鉢の共伴が1基あるほかは全て「浅鉢類」である。黒浜式期25軒、諸磯a式期2軒、浮島式2軒の住居が検出されているが、時期の判明する墓坑は諸磯a式を中心とした時期に集中している。土坑は西側に密集して重複が著しい一方、東側では比較的散漫に分布している。黒浜式期の18号土坑や、諸磯a式期のシンプルなA類の土器を埋納する土坑は東側に多い。同じA類でも口縁部に文様を持つ一群は中央部に、屈曲を持つD・E類、体部に木の葉文を持つ一群、二単位波状口縁鉢などは概ね西側に分布する。このように形態と分布に相関関係が認められ、概ねこれらは時期差として判断して良いものと思われるが、シンプルなA類も西側から出土していることを踏まえれば、時間とともに西側に集中するようになったと理解するべきであろう。なお、土器片被覆葬に関わると考えられる大形破片は中央から西側、玉類を出土した3基は西側に分布している。

木戸先遺跡［第15図下］：総数33基35個で、時期の判明するものの内訳は黒浜式期4個、諸磯a式期15期16個、諸磯b式期13基14個（うち7個が浮島式）である。土器を埋納する墓は墓坑群の中央に集中し、いずれも「浅鉢類」を用いている。黒浜式期の3基は散在しており、諸磯a式期・同b式期の諸例も時期ごとのまとまりは認められない。ブロック1側に浮島式の浅鉢、ブロック2側に諸磯式「浅鉢類」がやや多く分布しているものの、明確な傾向とは言えない。

七社神社前遺跡［第16図］：十数箇所の地点の調査が行われているが、墓坑群が検出されているのは第10地点と第19地点で両者は比較的近接した位置にある。総数37基50個で、黒浜式期4基7個、諸磯a式期17基21個、同b式期16基21個（古段階中心）である。第10地点では10基が比較的近接して分布している。正位・横位と逆位の複合例が黒浜式期と諸磯a式期に1例ずつあり、黒浜式期と諸磯a式期に1基ずつ、ほかに諸磯b式期と時期不明の2基が逆位、他の6例が正位・横位である。第19次調査区では25基から「浅鉢類」が出土しているが、時期的な違いや類型の違いは認められない。

中野谷松原遺跡［巻頭口絵1・第17図上］：墓坑群は大きくB区とD区の2箇所から検出されており、土器埋納墓の総数は12基13個である。黒浜式期の事例はD区南東群で黒浜式期の深鉢2基が隣接している。諸磯a式期はD区北群でA類の逆位出土例、同南群でF類の出土例がある。諸磯b式期古段階になるとD区中央群でF類の2基が隣接しているほか、B区南群および単独で各1基がある。中段階には、B区南群で前述のa式・b式古段階の2基に並んで1基が認められるほか、やや離れてE類の出土例がある。また、やや離れたB区南西群ではE類の正位・横位と逆位複合例がある。なお、単独で、十三菩提式期の深鉢正位例がある。第3表には加えていないが、被覆葬例と推定される深鉢胴部破片や胴部下半のない深鉢逆位出土例黒浜式期から認められるが、報告者の大工原豊（1998）は諸磯b式期のD区中央群の南北での副葬と被覆葬の区分を集落内の2グループを反映するものとの解釈している。なお、近在の大下原遺跡では、諸磯b式期と考えられる土壙群のうち、最も密集した地点で浅鉢E類と小形深鉢を埋納した2基が隣接している。近接して「石棒」や立石を持つなどもあるが、新潟系を含む深鉢大形破片を伴うものはやや離れて位置している。

雪ヶ谷貝塚［第18図上］　黒浜式期〜諸磯b式期の住居・墓坑が検出されている。墓域と住居域は大まかに区分されているが、一部に重複がある。報告書は時期を通じて、墓域・住居覆土・外縁の3エリアに区分されることを指摘しているが、第27号土坑が住居覆土に構築されていることを除けば、

第3章 浅鉢の出現と儀礼行為

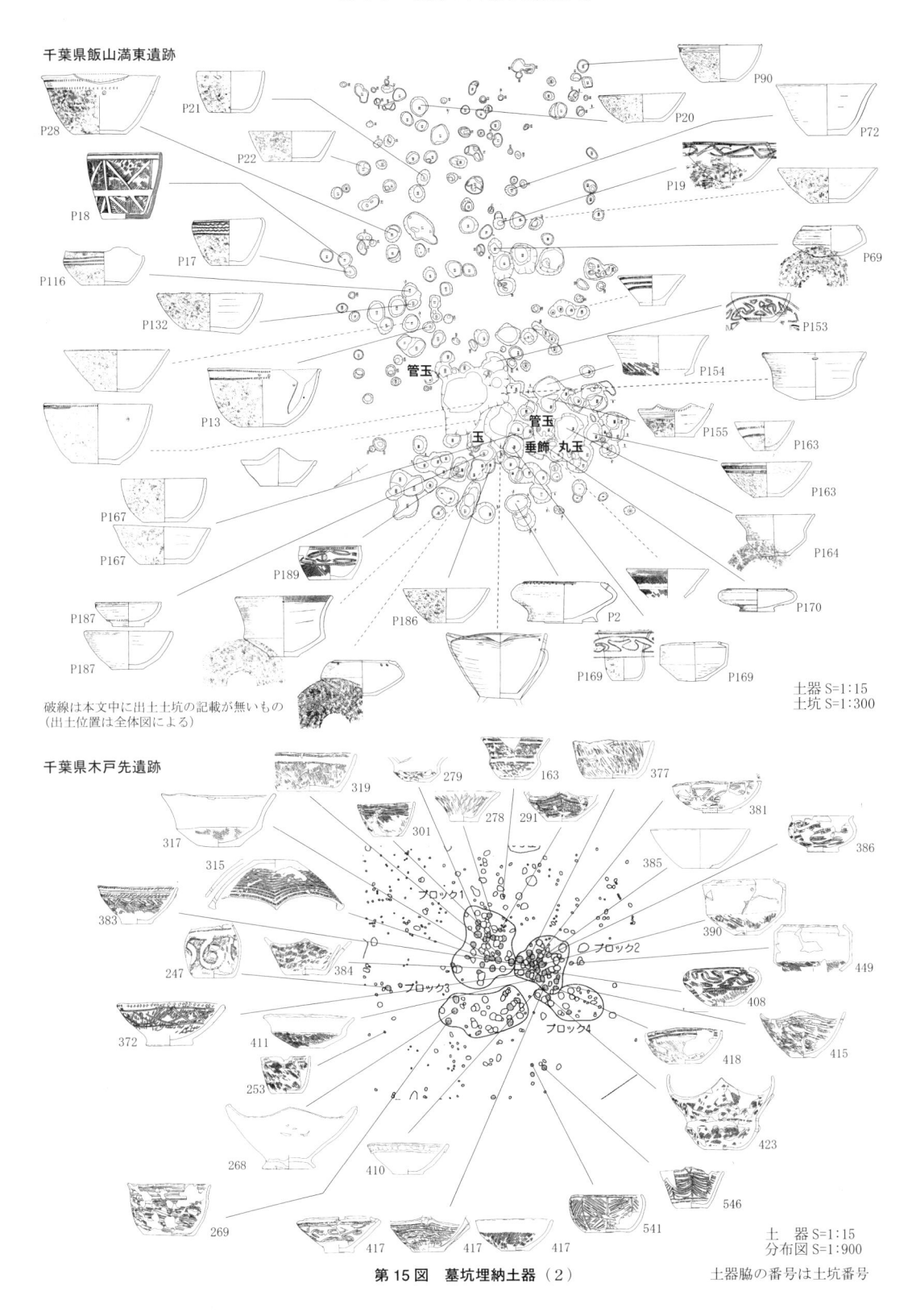

千葉県飯山満東遺跡

破線は本文中に出土土坑の記載が無いもの
（出土位置は全体図による）

土器 S=1:15
土坑 S=1:300

千葉県木戸先遺跡

土　器 S=1:15
分布図 S=1:900

第15図　墓坑埋納土器（2）　　土器脇の番号は土坑番号

東京都七社神社前遺跡
第19地点

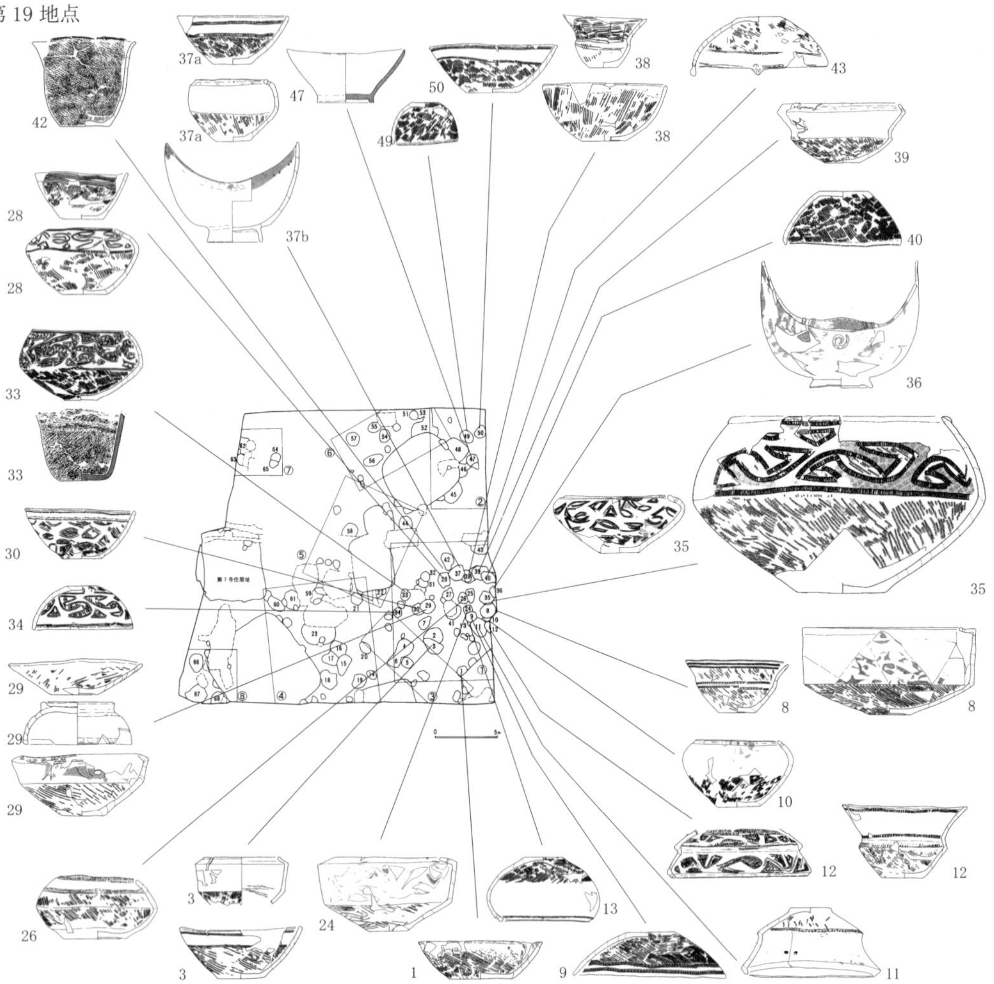

第10地点

第19地点　第10地点
S=1:5000

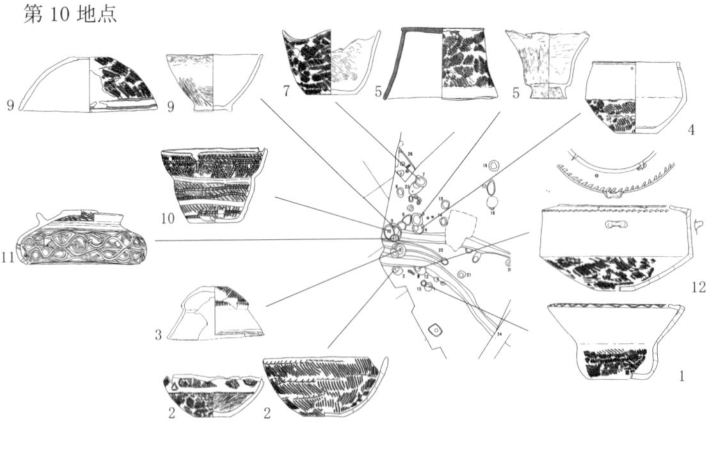

土器 S=1:15
遺構 S=1:600
土器脇の番号は土坑番号

第16図　墓坑埋納土器（3）

第 3 章　浅鉢の出現と儀礼行為

第 17 図　墓坑埋納土器（4）

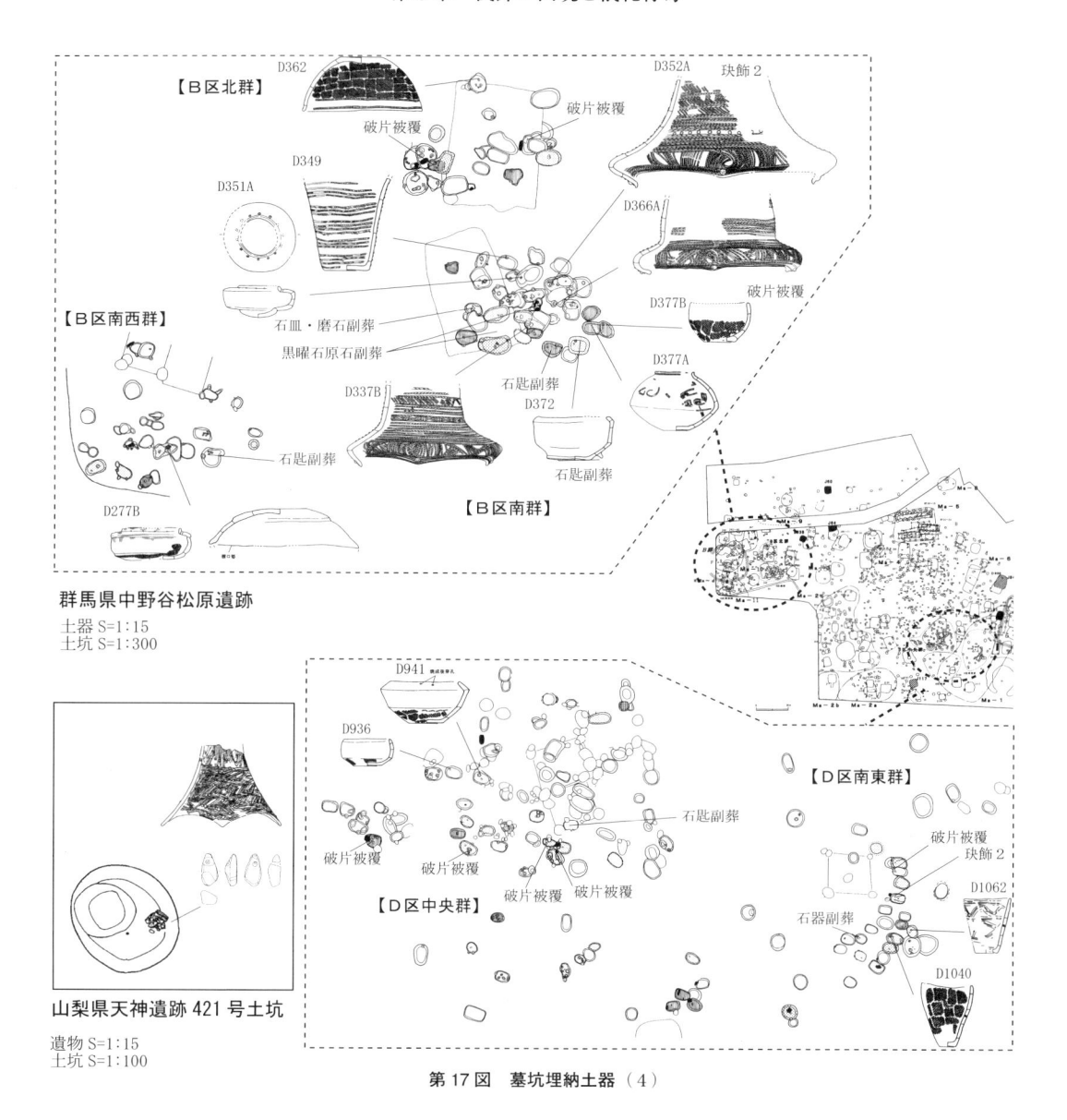

いずれも中央の墓域内に点在している。

大戸本村 3 号遺跡［第 18 図下］　墓坑が集中して確認されている。周囲の状況は未調査のため不明であるが、土器埋納墓はやはり墓域に点在し、特定の集中エリアは認められない。

（4）他の葬制との関係

土器片被覆葬との関係　土器片被覆葬は、土器被覆葬の一種で、大形の土器片で遺体を被覆する葬法である。今回は土器片被覆葬に用いられた大形破片の集成は行っていないが、坪田（2004）の集成を参照するならば花積下層式期の三原田城遺跡以来かなり普遍的に認められる。土器副葬例との複合は飯山満東遺跡 P18（黒浜式期）、同 P116（諸磯 a 式期）、木戸先遺跡 449 号土壙（諸磯 b 式期）をは

— 69 —

東京都雪ヶ谷貝塚

第13号土坑

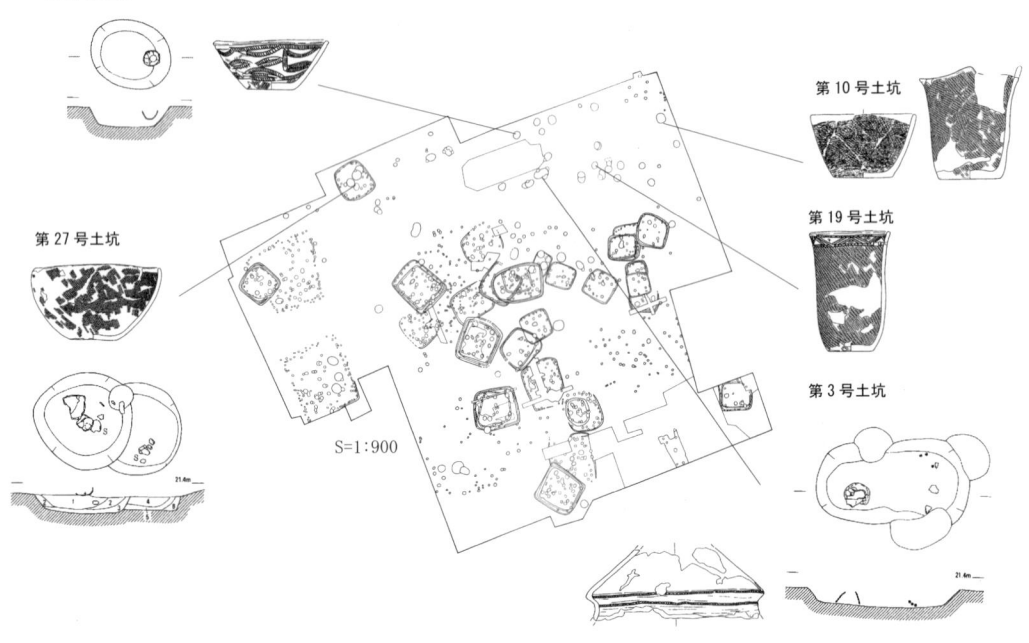

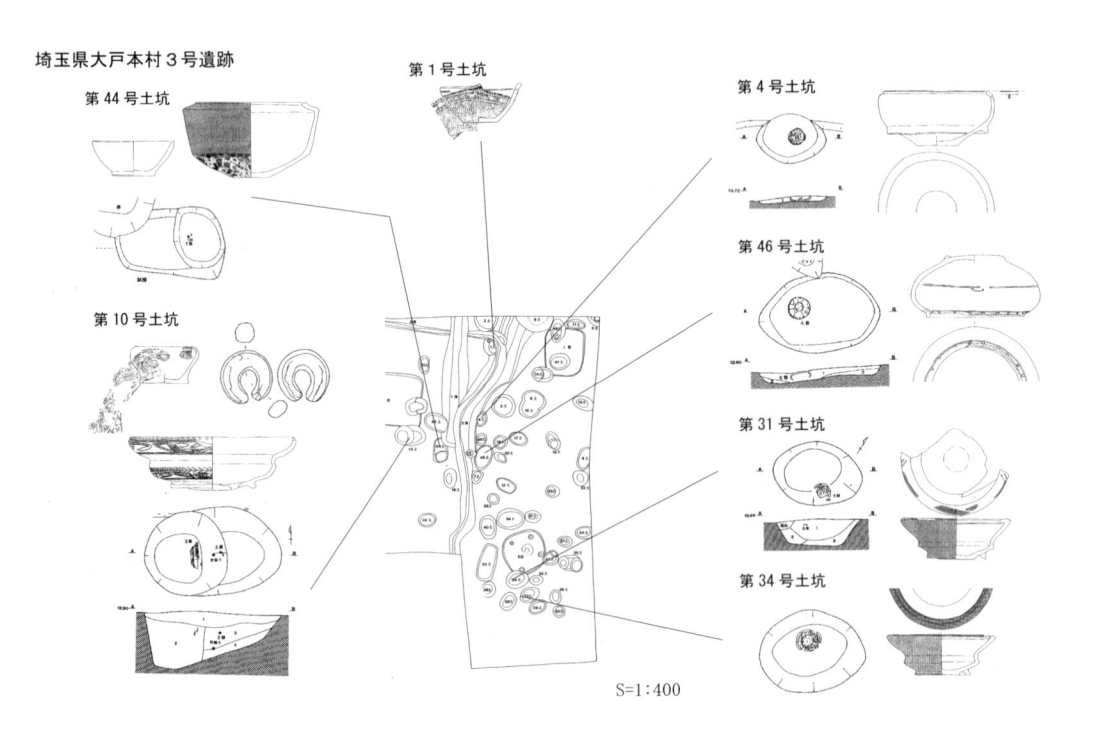

第27号土坑

第10号土坑

第19号土坑

第3号土坑

S=1:900

埼玉県大戸本村3号遺跡

第44号土坑

第1号土坑

第4号土坑

第10号土坑

第46号土坑

第31号土坑

第34号土坑

S=1:400

土器　S=1:10
土坑　S=1:60

第18図　墓坑埋納土器（5）

第3章　浅鉢の出現と儀礼行為

第6表　床面出土土器一覧表

	遺跡名	遺構名	形式	時期	備考
1	小仁田（群馬県みなかみ町）	A区3号住居址	浅鉢A	諸磯b古	
		D区4号住居址	浅鉢E	諸磯b中	
			ミニチュア	諸磯b中	
			ミニチュア	諸磯b中	
			ミニチュア	諸磯b中	
		D区5号住居址	浅鉢E	諸磯b古	
		D区7号住居址	浅鉢E	諸磯b古	逆位
			浅鉢E	諸磯b古	
			浅鉢E	諸磯b古	
2	道木原（群馬県みなかみ町）	2号住居	浅鉢E	諸磯b中	
3	善上（群馬県昭和村）	J7	浅鉢B	諸磯b古	
4	糸井宮前（群馬県昭和村）	77号住居址	深鉢	諸磯c	
		78号b住居址	浅鉢F	諸磯b新	逆位
5	三原田仲井（群馬県渋川市）	2号住居跡	浅鉢E	諸磯b新	逆位
6	下遠原（群馬県渋川市）	C区J-2号住居跡	浅鉢E	諸磯b中	逆位
7	今井三騎堂（群馬県伊勢崎市）	56号住居	深鉢		
8	川白田（群馬県前橋市）	1号住居跡	浅鉢A	諸磯a	
9	清水山（群馬県前橋市）	I区4号住居	浅鉢A	諸磯a	
10	舞台（群馬県吉岡町）	D-210号住居跡	浅鉢E	諸磯b古	逆位
11	鞘戸原Ⅰ（群馬県富岡市）	10号住居跡	ミニチュア	諸磯b	
		11号住居跡	浅鉢D	諸磯b古	
			深鉢	諸磯b古	
			浅鉢E	諸磯b古	
		33号住居跡	浅鉢A	諸磯b	
12	中野谷松原（群馬県安中市）	J-33住	浅鉢A	諸磯b	
13	野々尻3（長野県王滝村）	（遺構名なし）	浅鉢A	諸磯b	
			浅鉢E	諸磯b	
14	荒城（長野県箕輪村）	4号住居址	双口	諸磯a	逆位
15	糠塚（岐阜県高山市）	第1号住居址	浅鉢E	諸磯b中	逆位
			浅鉢E	諸磯b中	
16	天神（山梨県北杜市）	C区第4号住居址	浅鉢E	諸磯b新	
		C区第18号住居址	深鉢	諸磯b新	
17	西ノ谷貝塚（神奈川県横浜市）	J6号住居址	浅鉢C	諸磯a	
18	坪ノ内・宮ノ前（神奈川県伊勢原市）	J5号住居址	浅鉢A	諸磯a	
19	矢頭（神奈川県中井町）	第1号住居跡	浅鉢A	諸磯b古	逆位・入れ子
			浅鉢A	諸磯b古	逆位・入れ子
20	七社神社前（東京都北区）	第6地点第3号住居址	深鉢	諸磯a	
		第7地点第2号住居址	浅鉢A	諸磯a	
21	東光寺裏（埼玉県深谷市）	7号住居跡	深鉢	諸磯b中	逆位
			浅鉢E	諸磯b中	逆位

第7表　事例集計表（左：住居軒数、右：土器個数）

	岐阜		群馬		埼玉		山梨		神奈川		長野		東京		総計	
諸磯a			2	2					2	2	1	1	2	2	7	7
諸磯b	1	2	12	19	1	2	2	2	1	2	1	2			20	29
古段階			5	8					1	2					6	10
中段階	1	2	5	8	1	2	1	1							8	13
新段階			2	2			1	1							3	3
諸磯c			2	3											2	3
総計	1	2	18	25	1	2	2	2	3	4	2	3	2	2	29	40

第8表　形式別集計表

	深鉢	浅鉢A	浅鉢B	浅鉢C	浅鉢D	浅鉢E	双口	ミニ	総計
諸磯a	1	4		1			1		7 (1)
諸磯b	3 (1)	6 (2)	1 (1)		1 (1)	14 (7)		4	29 (12)
古段階	1	4 (1)	1 (1)		1 (1)	3 (2)			10 (6)
中段階	2 (1)					8 (3)		3	13 (4)
新段階						3 (2)			3 (2)
諸磯c	3								3
総計	7 (1)	10 (2)	1 (1)	1	1 (1)	15 (7)	1	7	40 (24)

（　）は逆位出土例の内訳

じめ、七社神社前遺跡、中野谷松原遺跡など比較的多くの事例が認められる。

石製装飾品との関係　神奈川県海老名市上浜田遺跡の早期の事例以降、墓坑からは玦飾をはじめとする石製装飾品が出土することが知られている。しかし、今回対象とした完形土器との共伴例はわずか4例のみである。このうち、北窪遺跡では2号住居覆土中から2箇所の土坑が検出されており、1号埋納遺構から3個の逆位の「浅鉢類」と玦飾4点・その他玉類2点、2号埋納遺構から正位の「浅鉢類」と玦飾1点が出土している。装飾品単独出土例も多く時期の不明なものも少なくないが、黒浜式期に多く、完形土器が多く用いられる諸磯b式期には全体数自体が減少している。木戸先遺跡では黒浜式期～諸磯b式期にかけての土器出土土坑が32基あるものの、石製装飾品出土例のうち時期が判明する4例は完形土器を伴わない。こうした排他的関係は飯山満東遺跡（1例のみ共伴あり）や南羽鳥中岨遺跡、居木橋遺跡D地区、茅ヶ崎貝塚、鷺森貝塚、行田大道北遺跡、天神遺跡など黒浜式期～諸磯式期の多くの墓域で認められる。むしろ、玦飾の出土した中野谷松原遺跡D-352A［第17図上］や硬玉製大珠の出土した天神遺跡421号土壙［同下］にみられるように、深鉢の被覆葬との関係に注目したい。

4．住居床面出土の「浅鉢類」

　一般に縄文時代において住居の床面に完形の土器が遺存していることは少なく、儀礼的供献の可能性が指摘されている（小林達1987、本書第2章第2節参照）。前述のように、諸磯b式期には注目す

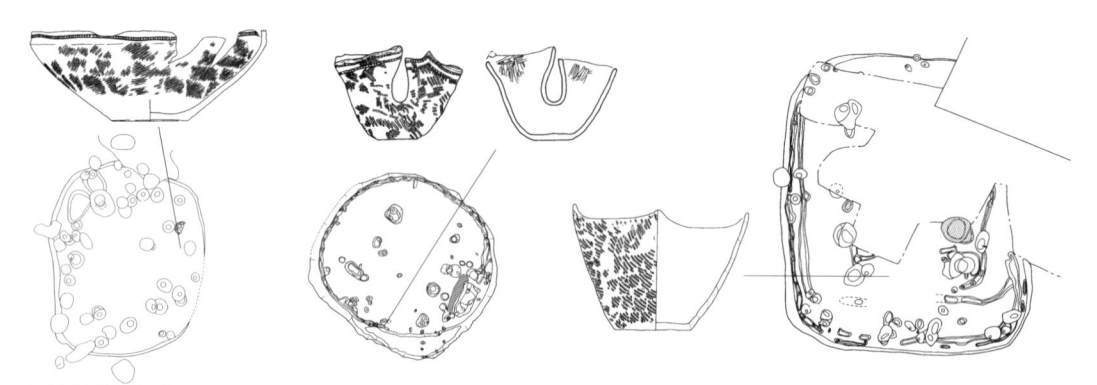

1. 神奈川県坪ノ内・
   宮ノ前遺跡J5号住居址
2. 長野県荒城遺跡第4号住居址
3. 東京都七社神社前第7地点第2号住居址

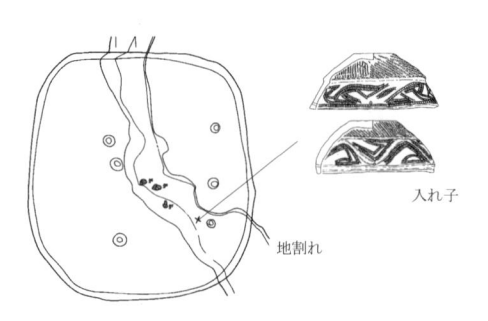

入れ子
地割れ

4. 神奈川県矢頭遺跡第1号住居跡 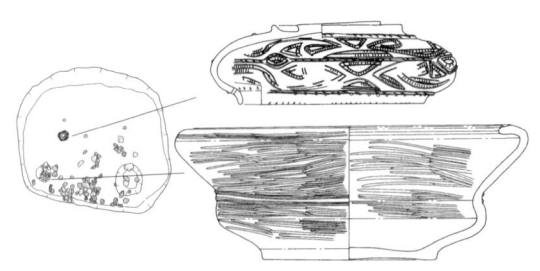
5. 群馬県小仁田遺跡D区7号住居址

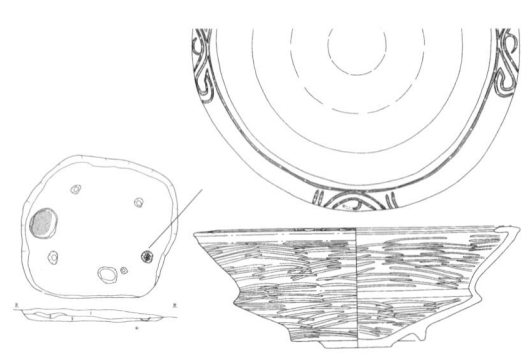

6. 群馬県小仁田遺跡D区5号住居址 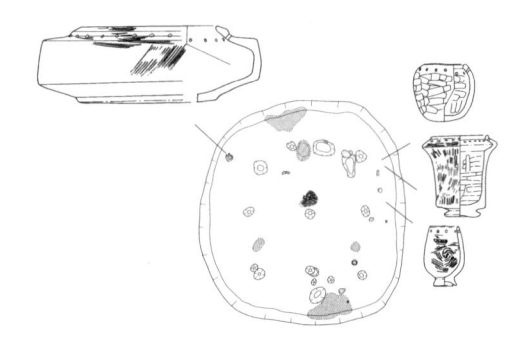
7. 群馬県小仁田遺跡D区4号住居址

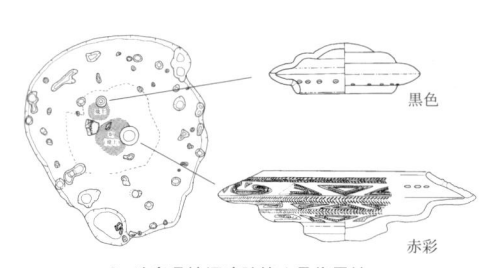

黒色
赤彩

8. 岐阜県糠塚遺跡第1号住居址
9. 群馬県三原田仲井遺跡2号住居跡 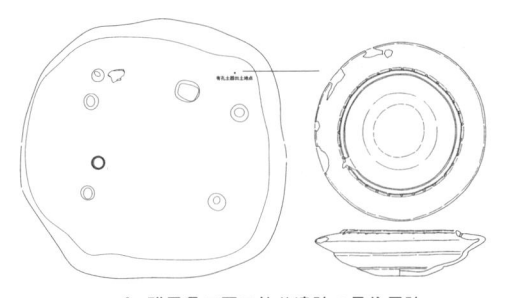

第19図　住居床面供献土器の主要事例

土器 S=1:10
住居 S=1:150

第3章　浅鉢の出現と儀礼行為

べき出土状況を呈するものがあることから、諸磯a式期～同c式期における床面出土土器の出土状況と、使用された土器を確認していく［第6表～第8表］。なお、諸磯式以前や以後にも完形土器の床面出土例は散見されるものの、出土状況の不明なものが多いため検討は行わない。

諸磯a式期　群馬県で2遺跡2軒2個、東京都で1遺跡2軒2個、神奈川県で2遺跡2軒2個、長野県で1遺跡1個の事例がある。群馬県と東京都では深鉢と「浅鉢類」が半数、神奈川県では2例とも浅鉢、長野県では荒城遺跡から双口土器が逆位で出土している［第19図1～3］。この双口土器の事例以外は際立った出土状況は認められないが、出土位置が判明する5例は壁面寄りから出土している。「浅鉢類」の内訳はA類4例、台付のC類1例である。

諸磯b式期古段階　群馬県で4遺跡5軒8個、神奈川県で1遺跡1軒2個、小仁田遺跡D区7号住居址で正位・横位（壁際）と逆位（中央）の2個のE類が出土しているほか［同5］、矢頭遺跡でA類2個が入れ子状で出土しているなど、特徴的な出土例が見られる［同4］。鞘戸原Ⅰ遺跡では壁寄りからD・E類・深鉢各1個が出土している。深鉢が用いられているのは鞘戸原Ⅰ例と飯山満東遺跡の2例のみである。これらを含めて、「浅鉢類」の内訳はE類4個、A類3個、D類1個、B類1個である。

諸磯b式期中段階　群馬県で4遺跡5軒7個、埼玉県・岐阜県・長野県で各1遺跡1軒2個、山梨県で17個の事例がある。小仁田遺跡D区4号住居址では浅鉢E類および小形土器3個の出土がある［同7］。4個の内訳は台付有孔深鉢2個、E類・F類各1個である。下遠原遺跡C区J-2号住居跡では中央部から逆位のE類が出土している。また、東光寺裏遺跡7号住居跡からは深鉢とE類が逆位で、野々尻3遺跡では大小のA類・E類が入れ子状で、糠塚遺跡1号住居址では正位と逆位のE類が炉を挟んで、それぞれ出土している［同8］。焼失住居ではないが、炉の周囲には焼土が広がっている。

諸磯b式期新段階　群馬県で2遺跡2軒2個と山梨県で1個が知られる程度で、いずれも1軒から1個のみの出土である。三原田仲井遺跡例［同9］など3個はいずれもE類である。逆位出土例や焼失住居例などの特徴的な要素は認められなくなる。

諸磯c式期　群馬県で2遺跡2軒3個があり、糸井宮前遺跡77号住居址で深鉢とF類の2個が出土しているほかは深鉢である。

5．異質な二者の共伴事例

糠塚遺跡の事例について述べたように、この時期には2つの土器の共伴例があり、しばしば大きさ、色彩、施文、出土姿勢などの点に差異が認められた。そこで、改めてこの問題を整理しておく。

まず、墓坑出土例から見ていこう。七社神社前遺跡19地点第12号土坑では木の葉文を施したE類と刺突列を持つD類が出土しており、前者は底部を欠き、逆位で出土している。大戸本村3号遺跡第44号土坑からはA類とC類が出土しているが、後者は赤彩されている［第14図8］。牟礼丸山17号土壙では逆位のE類2点が出土したが、大／小の差と褐色／黒色の差異がある[21]［同7］。中原遺跡D69号土壙はほぼ同様の器形・サイズを持つが、1点は刻みを持った浮線文を、もう1点は入組木の葉文が描かれる。後者は逆位での出土である［同9］。北窪遺跡1号埋納遺構からは3点の「浅鉢類」が逆位で出土しているが、このうち2点（D類・E類）はもう1点（遺存状況が悪く形態不明）とや

21）色調については、いいづな歴史ふれあい館の常設展示にて確認。

や離れ、一部重なった状態で出土している。このほか、飯山満東遺跡 P163・P167・P169・P187、七社神社前遺跡 10 地点 5 号土坑・9 号土坑、同 19 地点 3 号土坑・8 号土坑・28 号土坑・35 号土坑・37a 土坑・38 号土坑、雪ヶ谷貝塚 10 号土壙などで形態差・サイズ差・文様差のある 2 個体の出土がある。

次に床面出土例を見ていく。糠塚遺跡例は、小形・無文・黒色・逆位と大形・有文・赤彩・正位という 4 つの点で差異が認められる[22][巻頭口絵 1・第 19 図 8]。群馬県小仁田遺跡 D 区 7 号住居址例もまた、木の葉文を施した小形の E 類が逆位で、文様を持たない大形の E 類が正位で出土している[同 5]。両者は同じ E 類だが、口縁部が立ち上がる前者と内屈した後者という差異があり、現状は前者は黄褐色、後者は赤褐色という同じく 4 重の対比関係を持つ[23]。野々尻 3 遺跡例は形態差と色調差のある 2 個が入れ子状で出土した事例である。矢頭遺跡ではほぼ同サイズ・同文様の浅鉢 2 個が逆位の入れ子状で出土しているが、1 例は内湾、もう 1 例は外反という器形差を持つ[同 4]。また、床面出土例ではないが、長野県王滝村崩越遺跡 8 号住居覆土から大形・有文・黄褐色と小形・無文・黒褐色～灰黄褐色の浅鉢が出土している[24]。このほか、新潟県籠峰遺跡では遺構外から有文・無文のE 類が重なって出土している。

墓坑内からの 2 個体出土例は黒浜式期から認められるが、意図的な差異の表現を看取できるものは諸磯 b 式期に多い。床面出土例もまた同様である。ここからは、墓坑埋納・床面遺棄という行為の違いを超えた共通の思考の存在が浮かび上がる。筆者は小林達雄の指摘をうけて、こうした異質な二者の対置行為が広く縄文時代前期以降の東日本に認められることを明らかにしたが（中村 2010d・2012c）、重要なのは、こうしたそうした行為が特定の時期・地域に特定の表現法をもって出現する点である。仮にこうした思考が二項対立という人類に普遍的な思考であったとしても、諸磯 b 式文化圏という特定の時空間において、「浅鉢類」という特定のモノの対置という形でこれを表現したところに文化の個性があり、またこの時期における「浅鉢類」の意義があるのである[25]。

6．その他の「浅鉢類」の出土状況

長野県長野市上浅野遺跡では、阿久遺跡同様の環状集石土壙群が知られている。ここでは、土坑からの出土例は認められないが、多数の「浅鉢類」が出土しており、その分布は環状集石土壙群の分布とほぼ重なる[第 20 図]。

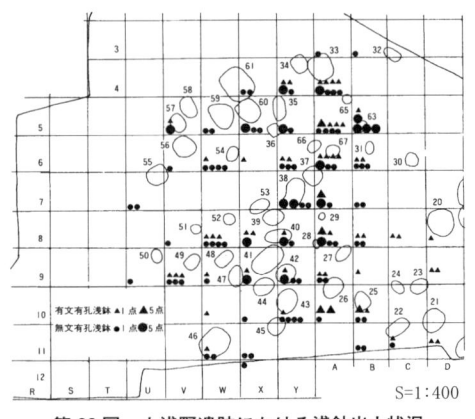

第 20 図　上浅野遺跡における浅鉢出土状況

---

22) 高山市教育委員会のご配慮により実見したところ、上半部には顕著な赤彩痕跡は認められない。下半部でも、屈曲部分や文様内部は認められない。使用や埋没後の理由によるのかもしれないが、当初から全面的な赤彩ではなかった可能性もある。なお、部分的なカラー写真は梅原猛・渡辺誠（1989）に掲載。
23) 色調については、みなかみ町水上歴史民俗資料館の常設展示にて確認。
24) 神村透氏のご配慮による筆者実見。なお、覆土中の出土例は北窪例のように、住居覆土中の遺物は凹みを利用した墓坑出土例であった可能性もある。
25) 糸井宮前遺跡 78 号 b 住居では浅鉢と、機能面に穴が開いた石皿が共に逆位で出土しており、必ずしも「異なる二者」対置表現の媒体は浅鉢類だけではない。

第3章 浅鉢の出現と儀礼行為

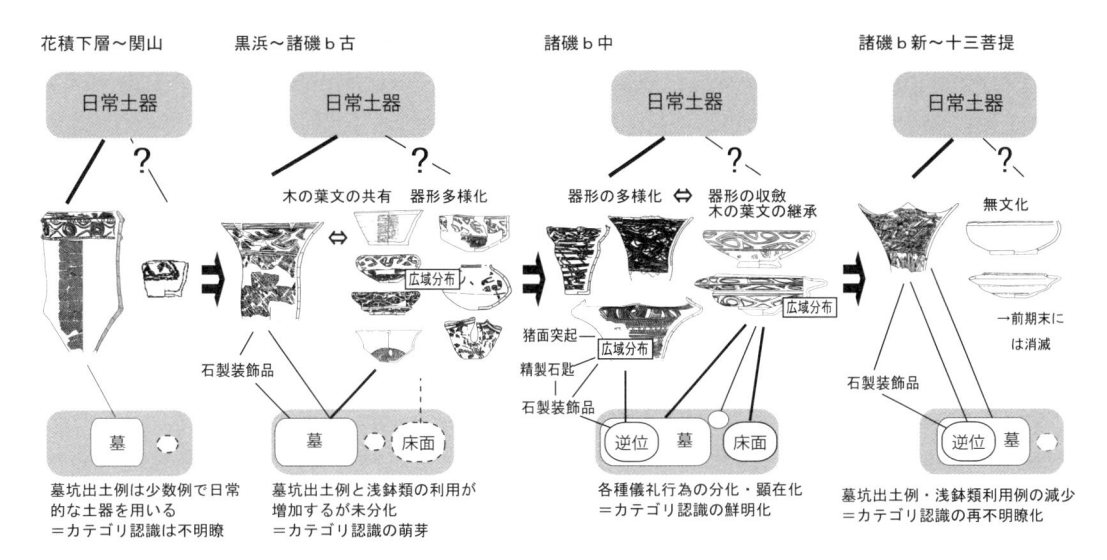

第21図 「儀礼用土器」カテゴリの強弱と諸要素の関係性およびその動態

※今回は便宜的に儀礼側からの視点に立ち、便宜的に想定される日常土器のカテゴリを置くが、儀礼用カテゴリと日常用カテゴリの関係や、浅鉢類の日常性については不問。

　周辺地域においても特徴的な出土状況を呈するものがある。例えば、山形県高畠町押出遺跡では、E類浅鉢がST26（住居）覆土から逆位で出土している。福島県石川町背戸B遺跡2号土坑では、扁平壺形の有孔F類浅鉢が逆位で出土し、新潟県上越市籠峰遺跡の遺構外からは2点の「浅鉢類」が入れ子状体で出土している。西方では滋賀県草津市津田江湖底遺跡では土坑上の凹みSF43から頸部にくびれのある深鉢内から変形E類浅鉢が出土している例がある。このような取り扱い方は類例が少なく具体的な検討はできないが、分布の周辺地域においても特殊な取り扱い方が見られることは注目しておくべきであろう。

7.〈儀礼に用いる土器〉カテゴリの変遷

　本稿では、諸磯b式期における「浅鉢類」とその儀礼利用を検討してきた。最後に、〈儀礼に用いる土器〉カテゴリの変化という視点から、関連する事象を整理しておきたい［第21図］。

花積下層式期〜関山式期　土器片被覆葬や石製装飾品着装などが既に葬法として確立している。しかし、完形土器の墓坑への埋納例は僅かであり、そこでは一般的な深鉢を用いている。〈葬送に用いる土器〉の意識は希薄なものと想定される。なお、関山式期には片口土器などの特徴的な形式も出現するが、目立った出土状況は認められない。

黒浜式期〜諸磯b式期古段階　東京湾岸を中心に環状集落が出現し、大規模な墓域が作られる。墓坑への土器埋納事例も東京都・千葉県を中心に一挙に増大し、その多くで「浅鉢類」を用いる。但し、地域や遺跡によって深鉢を優先的に用いる場合もあった。岐阜や長野のほか東京などでも北白川下層式の浅鉢が墓坑に埋納される。一方、床面への供献も僅かながら明瞭に認められるようになる。「浅鉢類」の器形・装飾のバリエーションは多く、他に双口土器や有頸壺なども現れるなど、深鉢以外の形式に大きな変化が生じる。なお、諸磯b式古段階には東関東で浮島式が独立し、用いる土器も浮島

式の深鉢や浅鉢が多い。〈葬送に用いる土器〉カテゴリの範囲は不明瞭であるが、その中心には「浅鉢類」が位置しているものと思われる。つまり、当時、墓に何を納めるのかとなった場合に、まず「浅鉢類」が候補に挙がったものと想定できる[26]。一方、石製装飾品や深鉢（破片）の被覆葬が継続して認められるが、浅鉢埋納とは排他的関係が認められることから、それぞれ別のカテゴリが意識されていた可能性が高い[27]。

諸磯ｂ式期中段階　浮線文を用いたキャリパー形など深鉢のバリエーションが増加する一方、「浅鉢類」は内湾形と複段内屈形に収斂していく。墓坑埋納例は引き続き「浅鉢類」が多く、カテゴリ認識が継承されている。前段階同様、正位と逆位の違いは不明だが、石製装飾品とキャリパー形浮線文深鉢の被覆葬は密接な関わりを持っている可能性がある。一方、群馬地域において目立つのが床面供献という新たな儀礼行為であるが、その多くは「浅鉢類」を用いる。他にも儀礼行為の所産とみられる「浅鉢類」の出土例があり、「浅鉢類」が〈儀礼に用いる土器〉というより広いカテゴリに属していたと見られる。一方、深鉢被覆葬の例からは、〈儀礼〉や〈葬送〉よりも細かいレベルでのカテゴリの存在を読み取ることができる[28]。

諸磯ｂ式新段階〜十三菩提式期　諸磯ｂ式新段階以降、「浅鉢類」はほぼ完全に無文化し、継続して深鉢との差異を強調するものの、墓坑や床面からの出土例は減少し、続く十三菩提式期には浅鉢そのものとともに、ほぼ消滅する。〈葬送に用いる土器〉カテゴリに属するのは再び深鉢のみとなり、十三菩提式期にはほぼ〈土器被覆葬に用いる土器＝深鉢〉に限定されるようになる。

8．「浅鉢類」展開の背景

（1）住居数の変化

このように、「浅鉢類」を中心とした土器副葬・被覆葬・床面供献の展開過程は、諸磯ａ式期の東京・千葉における事例増加、諸磯ｂ式期の分布拡大と群馬県における床面供献の盛行、諸磯ｂ式新段階以降の衰退という大きく3つの画期として要約される［第22図］。

第9表　集落・住居数の地域的変化

	千葉（東京湾東岸）			東京都			群馬県			山梨県	
	遺跡数	住居数	指数	集落数	住居数	指数	集落数	住居数	住居指数	住居数	指数
関山式期	25	284	56.8	26	53	10.6					
黒浜式期	160	133.5	22.3	38	74	12	30	250	42.0	13	2.2
諸磯ａ式期	56	27.5	13.8	34	121	60.5	30	65	32.5	15	7.5
諸磯ｂ式期	163	53	13.3	67	196	49	51	256	64.0	84	21.0
諸磯ｃ式期	60	11	3.7	5	5	1.6	27	62	20.1	27	9.0

東京湾東岸（船橋・市川・松戸・鎌ヶ谷・千葉・市原の各市）：設楽2004、東京都：谷口2004ｂ、群馬県：木村1992に中野谷松原遺跡の値を追加、山梨県：櫛原2001による。
指数は推定年代をもとに50年間の住居軒数を算出したもの

この背景の1つとして、各氏の集計にもとづき集落数（千葉は遺跡数）と住居数を確認しておく［第9表］。前述の推定年代幅をもとに50年あたりの軒数を算出した値も加えたが、千葉では関山式期以来住居数は減少している一方、東京では諸磯ａ式期、群馬県では黒浜式期と諸磯ｂ式期、山梨県では諸磯ｂ式期に住居数が増大する。

また、諸磯ａ式期には東京都と群馬県では集落数はほぼ同数だが、住居数は東京都が2倍近い。諸磯ｂ式期から同ｃ式期への住居数減少率は群馬県31％、山梨県43％で、山梨県の方に継続性が認め

[26) 墓坑以外の出土例もあり、それらが儀礼に関わるのかは不明であるため、「浅鉢類」全てを儀礼専用具と決め付けることはできない。
27) 地位・性別・死因など何らかの被葬者の違いに起因するもので、それぞれの葬送スキーマに対応するカテゴリが存在していたものと推定されるが、具体的な内容は不明である。
28) これらの複数のカテゴリの顕在が、この時期の特徴なのか、たまたま資料上で窺うことができたのかは不明である。

第3章 浅鉢の出現と儀礼行為

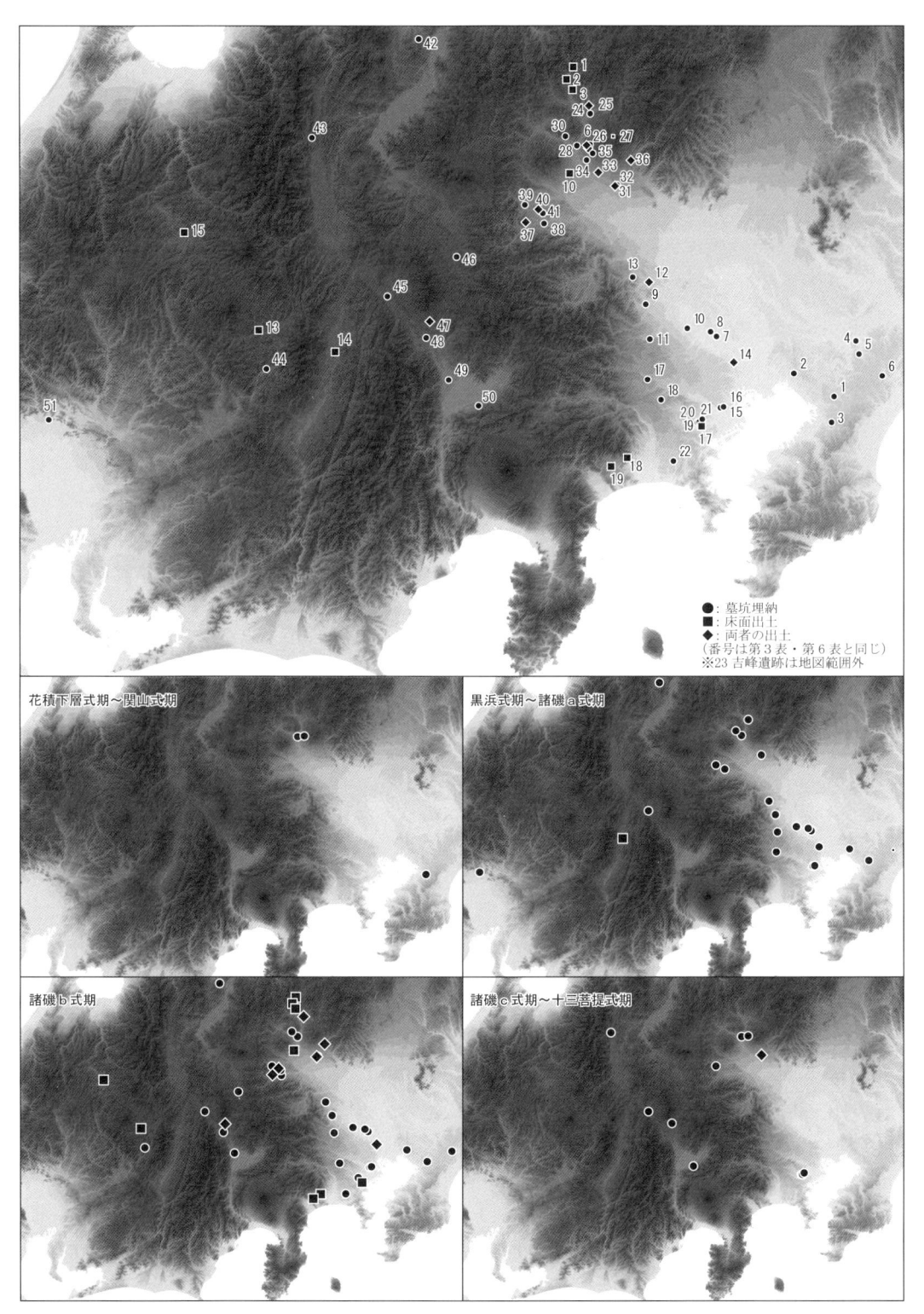

第22図 墓坑埋納土器・住居床面出土土器出土遺跡の分布

られる。黒浜式期における副葬例の増加は十分説明できないが、それ以外の部分では、儀礼での「浅鉢類」の利用状況と遺跡数・住居数の推移はかなりの部分で連動している可能性が高い。千葉県・東京都における多数の土器埋納墓が集中する遺跡が、「浅鉢類」のバリエーションが最も豊富な時期に営まれていることも、こうした動向に密接に関わるのであろう。

(2) 威信財とその交替劇

　もう1つの背景として考えなければならないのは、「浅鉢類」の性格に関わる問題である。冒頭で紹介したように、「浅鉢類」は〈威信財・交換財〉としての性格が指摘されている。小杉康（1985a・1988b）による〈威信財〉とは〈生存財〉に対置される財の2大別であり、交換はこの大別境界を越えないとされる。「浅鉢類」の周辺には、こうした〈威信財〉として、早期以来の石製装飾品、諸磯b式中段階の猪面突起、新段階以降の精製石匙（"天神型石匙"、"長野松原型石匙"など）の存在が指摘されている 。本稿の主要な関心は土器にあるため、これらの詳細は示せないが、装飾品を除けば墓坑・床面からの出土例は顕著ではなく、特別な出土状況の指摘もなされていない。従って、〈儀礼に用いる道具〉カテゴリ認識の問題としては論じ得ない。しかし、これらが「浅鉢類」の墓坑・床面出土例と排他的な関係にあることは、逆に何らかの関係性を持っていることを示唆している。

　これらの動向は、〈威信財〉の交替劇として整理できよう。即ち、早期以来の石製装飾品に対し、黒浜式期～諸磯a式期に多様な形態をもって出現した「浅鉢類」は、続く諸磯b式期には新たに出現した浮線文深鉢に対し、形態・文様を収斂させて伝統的存在として特殊な地位におさまる。群馬周辺では人口増加を背景に、旧来の石製装飾品＋新規の浮線文深鉢のセット関係に対応して新たに創出された床面供献儀礼の主役となる。しかし、その後は数量自体のインフレーション傾向もあって、儀礼行為の場から離れる。そして、この時期には新たに各種の石製品が登場する。

　秋田かな子（1999a）は深鉢の地域差を超えて関東～北陸に分布する後期の注口土器に注目し「地域間交流を媒介する性質」を見出した。上記の諸磯式期の〈威信財〉もまた広域に分布を広げており、他地域との関係の媒体となっていたものとみられる。なお、こうした他地域へ進出していく性質は、「外来性」を権力源として重視する弥生時代以降の研究における「威信財システム論」（石村2008など）とはやや異なっているが、外部社会との関係性を重視する点は類似している。

　一方、秋田は、後期中葉における注口土器から異形台付土器などへの媒介性の交替も指摘している。諸磯式期の〈威信財〉を含め、こうした媒介性を持った器種・型式は存続期間が短いという特徴を共有しており、交替が必然である。中園聡は北九州の弥生社会の考察において「威信財の導入による下位層による上昇志向と、それに対する上位層による威信財の交替」という社会現象を紹介している（中園2004、Miller1985）。この点においても類似した性質の存在が指摘できるのである。

　諸磯式の「浅鉢類」と墓坑・床面での儀礼利用は、こうした大きな社会的脈絡の中での表現形態の1つであったものとみられる。諸磯式期を含め、新形式の創出やその儀礼利用は、例えば谷口康浩（2004a）が人口増加期の社会的秩序の調整装置として位置づけた環状集落の発達期とも重なるが、そうした事態においては次々とモノや場を変えながら、社会的秩序の維持が図られたのであろう。

第4章 釣手土器の発生と展開
―カテゴリの継承と変容―

第1節 本章の目的と検討対象

1．目的と対象
釣手土器の概要

　有孔鍔付土器・釣手土器・器台。これらは、縄文時代中期の勝坂式土器様式の中で定着した新しい土器形式である。小林達雄（1981b・1982）は釣手土器など非飲食用の形式の出現や土器の炉・埋甕・副葬品への転用をもって、「応用の時代」に入る「縄文土器の第二革命」と評価している。

　釣手土器はスス付着事例によってランプと想定されているが、竪穴から出土する例が多く、しばしば焼失住居に石棒などを伴って検出され、事例数の少なさもあって、象徴的な儀礼具として位置づけられている（藤森1965b）。また、その分布も限定されており土器形式の中でも特異な位置にある。すなわち、前半期の藤内式期～曽利Ⅰ式期においては、甲信地方から関東西南部に約60点が知られているのみであり、曽利Ⅱ式期以降には数を増し形態の上でも地域的なバリエーションを増やしていくものの、分布は関東西部から東海・北陸までに限られる（宮城1982、綿田2002、中村2008b）。総個体数は約470例に留まり［第10表］[29)]、長野県・山梨県を除けば多くの場合1遺跡1個体以下という典型的な稀少形式で、大半は住居から出土する。その器体は、二窓式・三窓式・把手式の3形態に大別され、装飾のバリエーションも豊富である。加えて、人面・蛇体・イノシシ装飾、顔面打ち欠き、住居廃絶儀礼への使用などの特徴的な取り扱いが顕著である。

　しかし、こうした共通性の中にも、分布範囲の拡大、複数の基本形態の並立、個体数の増加、バリエーションの固定（類型化）、出土状況の多様化などの動きがある。本章では、この釣手土器をもとにカテゴリの共有・継承・変容の問題を扱う。

釣手土器の研究史

　中期の釣手土器については、鳥居龍蔵（1924）が「釣手ある土器」として取り上げ、甲信地域や外国の類例をあげてその機能を推定したのが研究の端緒である。その後、八幡一郎（1937）は後期例を含めて事例を整理した。藤森栄一（1965b）は分布・器形分類・用途推定・出土状況分析・祭祀具としての性格づけなど今日的理解の大枠を示した。これを受け、長崎元広（1973）は八ヶ岳西南麓における屋内共同祭式の構成要素と位置づけた。

　1982年には宮城孝之による132例の集成研究が発表される。新規図化資料を多数含む労作で各形態の時間的展開が明らかにされたほか、釣手付深鉢との分離や集落内での位置づけなど新たな視点が

---
29) 本章で扱う釣手土器の集成は平成20年度加藤建設研究助成金による成果を基礎としている。

示された。その後は上川名昭（1983）や和田哲（1991）の概観を除き、主として人面や蛇・猪とされる動物装飾に関する観念的側面の研究が蓄積された。田中基（1982）や吉田敦彦（1986）は比較神話学的立場から人面付釣手土器を女神像と解釈し、小林公明（1991）、渡辺誠（1995b・2005）らに引き継がれた。このほか、小野正文（1989）は抽象的文様の系譜を、形態に注目した浅川利一（1991）は外部から光を当てた際のシルエット効果を論じている。

　1999年、綿田弘実、新津健によって長野県、山梨県の集成研究が発表されるとともに、諏訪市博物館が釣手土器の企画展を開催し、中心地域での詳細が明らかにされた。その後も、綿田（2002a）や新津（2002）の続報、澁谷昌彦（2003a・b）による文様や出土状況の検討、櫛原功一（2009）による住居内の出土位置の検討がある。事例集成は蜂屋孝之（2006・2008a）による関東、筆者（中村2009c）の東海・北陸の集成によってほぼ全体像が明らかになったほか、飯田市上郷考古博物館（1998）における伊那地域、釈迦堂遺跡博物館（小野・釈迦堂遺跡博物館 2009）における山梨県内の未発表資料を含めた特別展示が実施されている。なお、「吊手」「香炉形」などの呼称があるが、本書では学史に倣い「釣手土器」を用いる。

２．中期中葉〜後半の動向

　はじめに、対象となる時空間の動向を簡単に整理しておきたい。中期中葉は関東西部・長野県中央部・山梨県一帯・静岡県に広がる勝坂式、関東東部の阿玉台式、群馬県西部〜長野県北東部の新巻・焼町類型、長野県北部の深沢式などが分布する。続く中期後半には、勝坂式分布圏が、その系統を直接受け継ぐ山梨県を中心とした曽利式と長野県松本平・伊那地域の唐草文系および東北地方の影響を受けた関東の加曽利Ｅ式に分裂する[30]。

　曽利式は独自色が明瞭な"曽利古式"と加曽利Ｅ式の影響を強く受けた"曽利新式"に区分さる（山形1996・1997）。この画期は、東京都・神奈川県を中心とした連弧文土器、長野県東北部〜群馬県西部の郷土式、北陸の串田新式などが成立する時期にも重なる。この間、土偶型式にも連動した動きがあるが、それについては後述する。

　さらに、曽利式は曽利Ｖ式を最後にその系統が途絶え、加曽利Ｅ４式が広範囲に分布するようになる。中期末から後期初頭への移行期の土器の様相は複雑だが、加曽利Ｅ４式系統の土器（"加曽利ＥＶ式"）と、関西の中津式およびその影響を受けて新たに登場した土器様式（称名寺式など）が並存するようである。北陸では串田新式の系統下にある前田式の位置づけが釣手土器の終焉とも絡んで問題となる。

　この間、有孔鍔付土器、台形土器が出現する。また、深鉢の一部であるが狢沢式期〜藤内式期に"土偶装飾付土器"（櫛原2000）、藤内式期〜井戸尻式期に顔面把手付土器が作られる。このほか、数は少ないが双子土器など特殊な形式も散見される。曽利式期には"ジョッキ形壺"、両耳壺、があり、有孔小把手付土器を経て、中期末には瓢箪形注口土器へと変化していく。曽利Ⅲ式期には釣手付深鉢が登場し、後期前葉まで継続する。

---

30) 谷口康浩（1994）は勝坂式後半の井戸尻式期には既にそうした地域差が顕在化していることを指摘している。なお、勝坂式は狢沢式・新道式・藤内式・井戸尻式を包括する様式名である。

第4章　釣手土器の発生と展開

3．本章の課題

カテゴリ認識の共有と対立

　筆者は別稿において、縄文時代後期初頭～中葉において同じ土器形式組成を持つ2地域における墓坑への土器埋納行為を分析し、遺体への被覆／傍らへの副葬、中部高地／関東西南部、浅鉢／深鉢・注口土器・鉢という使用方法・地域・使用形式の3重にわたる対比関係が存在することを明らかにした（中村2008a：本書第5章）。これは、地域と出土状況をより絞りこんだ結果浮かび上がってきた点である。但し、この関係は不変的なものではなく、後期前半の中でも、両者の対立が緩和する時期と先鋭化する時期が認められる。これらは、複数の形式間でのカテゴリ認識の一致／不一致あるいは、地域間でのカテゴリ認識の共有／対立の問題として捉えることが可能である。

もう一つの論点：カテゴリ認識の継承と変容からみた志向性

　一方、土器の各属性の時間的推移を見た場合に、地域差が認められる場合がある。既に、松本直子（1996）は縄文時代晩期における西日本の深鉢の色調・器厚の差を半島の土器に対する「選択的嗜好性」への差として説明し、谷口康浩（1998）は、関東と中部における中期中葉から後葉への土偶変遷のあり方の違いを両地域の主体性の多寡の差であることを示唆している。対象をより厳密に特定した上で、こうした観点を持ち込むことによって、カテゴリ認識のうち「取り扱い方」の差異とその動態、すなわち地域・時期の嗜好性・指向性を明らかにしうる可能性がある。本稿では、こうした問題について、ある土器形式の成立・拡散過程の各地域でのあり方を、製作時から最終的な廃棄・遺棄に至るまでの各段階の取り扱い方（藤本1985）の共通性・差異性を総合しての検討を試みる。

筆者の研究成果と本稿の方針

　筆者は釣手土器に注目して以来、事例の集成と観察に基づいていくつかの所見を提示してきた。1つは成立に関わる問題であり、具体的には中期中葉の顔面把手と同時期の釣手土器（Ⅰ期）との間に形態・装飾の類似性があることを指摘した（中村2009：本章第2節）。もう1点は、Ⅱ期以降の形態・装飾などの製作属性を分析した結果、系統性が辿れるものの分布域が限られた独自の型式を多く生み出した松本平～伊那谷の地域と、広域に分布する型式を用いた山梨を中心とした地域という、志向性の地域差である（中村2010b：本章第4節）。

　本章では、釣手土器に関する筆者のこれまでの検討成果をもとに、まず第2節で釣手土器と顔面把手の造型的関連性を指摘し、次いで第3節で釣手土器の形態の形成過程を論じる。また、第4節で、展開過程を扱い、それぞれ形態・装飾、打ち欠き行為、出土状況の3点を分析対象とし、各属性の継承・変容を確認する[31]。総体としてのカテゴリ認識については、第5節においてこれらの分析を総合し、時間的・空間的な継承・変容のあり方を整理する。

　検討にあたり、293遺跡468個を集成した［第10表］。耳・桁・鍔などの部位名称は原則として宮城（1982）に従うが、基本形態については藤森（1965）に準拠し、二窓式・三窓式・四窓式・把手式と呼称する（第10表では宮城によるⅡ・Ⅲ・Ⅳ・Ⅰで表記）。時期区分はⅠ期＝藤内式期～曽利Ⅰ式期、Ⅱ期＝曽利Ⅱ式期（唐草文系2期、加曽利E 1c期～2b期：黒尾1995・2004、中富・神明式2期：縋・髙橋2008、古串田新式）、Ⅲ期＝曽利Ⅲ式期以降とし、Ⅲ期はⅢa期＝曽利Ⅲ式期（加曽利E

[31) 炭化物（スス・コゲ）の付着状況や器面損傷などの使用痕跡については、本稿脱稿後に検討をはじめており、部位別付着率の地域差・時期差・型式差を確認している（中村・吉田2011）。

2c期〜3b1期、中富・神明式3期)とⅢb期＝曽利Ⅳ式期以降に細分する[32]。時期認定は、原則として伴出した深鉢を基準としたが、釣手土器の型式が深鉢の型式よりも古いことはしばしば認められており、製作時期の継続を示すのか伝世によるものかは判断し難いため、個体としての集計では古い方の時期に一括し、遺構内でのあり方については新しい時期で集計した。単独出土例についても同様に型式学的類似から判断した。

---

[32] 曽利式は今福・閏間(2004)・櫛原(2008)、唐草文系は米田(1980)・三上(1986・2002)・小口(1998)・吉川(2008)を参照した。唐草文系2期と咲畑ⅠA類・古串田新式の併行関係については髙橋(2009)による。

第4章　釣手土器の発生と展開

第10表　釣手土器一覧表（1）

	遺跡名	市町村	遺構名	遺構種類	共伴遺物	種	時期	型式
			長野県（松本）					
1	下畑遺跡（青木遺跡）	大町市		不明		Ⅱ	（Ⅱ）	上木戸型
2	草深遺跡	安曇野市（穂高町）		不明		Ⅱ	（Ⅱ）	上木戸型
3	ほうろく屋敷遺跡	安曇野市（明科町）	土器集中区	遺構外		Ⅲ	（Ⅰ）	井戸尻
			A-8・9グリッド土器集中区	遺構外		Ⅱ	（Ⅱ）	上木戸型
4	東小倉遺跡	安曇野市（三郷村）	1号住居址	住居覆土		Ⅰ	（Ⅲa）	下原型
5	東畑遺跡	筑北村	SB017	住居		Ⅰ	Ⅲa	箱川原型
			SB020	住居床面ほか		Ⅰ	（Ⅲa）	他
6	柳田遺跡	松本市	第1号住居址	焼失住居焼土内		Ⅱ	（Ⅱ）	柳田型
7	山影遺跡	松本市	第2号住居址	住居覆土	有孔鍔付	Ⅲ	Ⅰ	井戸尻
8	大村塚田遺跡	松本市	第8号住居址	住居覆土	磨斧	Ⅰ	Ⅲa	下原型
			第38号住居址	焼失住居床面?	壺	Ⅰ	Ⅲa	下原型
				焼失住居床面?	壺	Ⅰ	（Ⅲa）	伊久間原型
9	小池遺跡	松本市	187住	住居内ピット		Ⅱ	Ⅱ	上木戸型
10	内田雨堀遺跡	松本市	A15号住居址	住居床面		Ⅱ	（Ⅱ）	北高根型
			A17号住居址	住居床面		Ⅱ	（Ⅱ）	柳田型
11	弥生前遺跡	松本市	6号住居址	住居		Ⅱ	?	他
			11号住居址	住居		Ⅱ	?	他
12	前田遺跡	松本市		不明		Ⅱ	（Ⅱ）	上木戸型
13	草原遺跡	松本市（波田町）		不明		Ⅱ	（Ⅱ）	上木戸型
14	麻神遺跡	松本市（波田町）		不明		Ⅱ	（Ⅱ）	海戸型
15	三夜塚遺跡	山形村		不明		Ⅱ	（Ⅱ）	柳田型
16		山形村	SB-08	住居床面		Ⅰ	Ⅲa	下原型
17	下原遺跡	山形村	SB-19	焼失住居床面	有孔鍔付	Ⅰ	Ⅱ	北高根型
18	（下竹田）	山形村		不明		Ⅰ		北高根型
19	殿村遺跡	山形村	22号住居址	焼失住居床面	壺	Ⅰ	Ⅲa	箱川原型
			24号住居址	焼失住居床面	入口部立石、磨斧	Ⅰ	Ⅲa	坂井型
20	（野際）	山形村		採集		Ⅱ	（Ⅱ）	北高根型
21			第5次第17号住居址	住居		Ⅲ	Ⅰ	井戸尻
22	熊久保遺跡	朝日村		住居		Ⅲ	Ⅰ	井戸尻
			第6次調査	遺構外		不明	?	他
23			第10次第20号住居址	住居覆土	倒置土器	Ⅰ	Ⅲa	下原型
			第10次第21号住居址	住居床面	倒置土器	Ⅰ	Ⅲa	下原型
24	俎原遺跡	塩尻市	23号住居址	住居		Ⅲ	Ⅲa	他
			47号住居址	住居床面	倒置土器	Ⅱ	Ⅱ	真原A型
			52号住居址	住居床面		Ⅱ	（Ⅱ）	上木戸型
			70号住居址	住居床面	有孔鍔付	Ⅱ	（Ⅱ）	他
25	小丸山遺跡	塩尻市	第6号住居址	住居		Ⅲ	（Ⅰ）	井戸尻
26	上木戸遺跡	塩尻市	104号住居址	住居床面		Ⅱ	（Ⅱ）	上木戸型
27	（片丘）	塩尻市		不明		Ⅱ	（Ⅰ）	他
28	中島遺跡	塩尻市	遺構外	遺構外		Ⅲ	（Ⅱ）	中島型
29	柿沢東遺跡	塩尻市	第2号住居址	焼失住居床面		Ⅱ	（Ⅱ）	上木戸型
30	平出遺跡	塩尻市	遺構外	遺構外		Ⅱ	（Ⅱ）	他
31			遺構外	遺構外		不明	?	他
32	床尾中央遺跡	塩尻市	（未報告）	未報告		Ⅲ	（Ⅰ）	井戸尻
33	剣ノ宮遺跡	塩尻市	13号住居址	住居覆土		Ⅲ	（Ⅰ）	井戸尻
			27号住居址	住居覆土		Ⅲ	（Ⅰ）	井戸尻
			長野県（木曽）					
34	お玉の森遺跡（第9次）	木曽町（日義村）	12号住居址	焼失住居床面	奥壁石柱、丸石	Ⅰ	（Ⅱ）	北高根型
35	マツバリ遺跡	木曽町（日義村）	5号住居址	住居	奥壁石柱、壺、磨斧	Ⅰ	Ⅱ	北高根型
			8号住居址	住居	石棒	不明	Ⅲa	他
				住居		不明	Ⅲa	他
36	若宮遺跡	木曽町（三岳村）	第2号住居址	焼失住居床面		Ⅱ	（Ⅱ）	海戸型
37	最中上遺跡	上松町	土坑62	土坑		不明	（Ⅱ）	他
38	吉野遺跡群	上松町	SB25	住居覆土		Ⅰ	Ⅲa	下原型
			SB143	住居覆土		不明	（Ⅰ）	曽利Ⅰ
39	田光松原遺跡	大桑村	B地区3号住居址	住居		Ⅲ	Ⅰ	井戸尻
40	薬師遺跡	大桑村	第2号住居址	住居覆土		Ⅱ	（Ⅱ）	薬師型
			第3号住居址	住居覆土		Ⅰ	（Ⅱ）	堂之上型
			遺構外	遺構外		Ⅱ	?	他
			長野県（諏訪）					
41	井戸尻遺跡	富士見町	3号住居址	住居床面	石棒、有孔鍔付、磨斧	Ⅲ	Ⅰ	藤内
42			5号住居址	焼失住居床面		Ⅲ		曽利Ⅰ
43	曽利遺跡	富士見町	第29号址	住居床面	立石、磨斧	Ⅲ		曽利Ⅰ
				住居床面		Ⅲ		曽利Ⅰ
44	藤内遺跡	富士見町	7号住居址	焼失住居覆土	石棒、磨斧	Ⅲ		井戸尻
45			32号住居址	住居床面		Ⅲ		藤内
				住居床面		Ⅲ		藤内
46	狢沢遺跡	富士見町	4号住居址	住居床面	有孔鍔付	Ⅲ		井戸尻
47	札沢遺跡	富士見町		住居?	有孔鍔付	Ⅲ		藤内
48	九兵衛尾根遺跡	富士見町	30号	住居		Ⅲ		井戸尻
49	居平遺跡	富士見町	13号住居址	住居床面	磨斧	Ⅰ	Ⅲb	坂井型
50	坂上遺跡	富士見町	4号住居址	住居	倒置土器	Ⅱ	Ⅱ	真原A型
51	向原遺跡	富士見町	6号住居址	住居		Ⅱ	（Ⅱ）	他
			3号住居址	住居		Ⅱ	（Ⅱ）	他
52	居沢尾根遺跡	原村	9号住居址	住居		Ⅱ	（Ⅱ）	他
			遺構外	遺構外		Ⅱ	（Ⅱ）	他

第10表　釣手土器一覧表（2）

	遺跡名	市町村	遺構名	遺構種類	共伴遺物	種	時期	型式
53	前尾根遺跡	原村	第27号住居址	住居炉内		Ⅱ	(Ⅱ)	桑久保型
			第35号住居址	住居		Ⅱ	(Ⅱ)	桑久保型
			第43号住居址	住居		不明	(Ⅲa)	他
			第47号住居址	住居		Ⅰ	(Ⅲa)	箱川原型
53	前尾根遺跡	原村	第93号住居址	住居		不明	?	他
54	清水遺跡	原村	第14号住居跡	住居		Ⅱ	Ⅱ	中島型
55			住居（大正11年調査・264地番）	住居		Ⅲ	(Ⅰ)	井戸尻
56	尖石遺跡	茅野市	（昭和8年調査・林道17・18号炉址（76・77号住）間）	住居		Ⅲ	(Ⅰ)	井戸尻
57	与助尾根遺跡	茅野市	第8号住居址	住居床面		Ⅱ	Ⅲa	他
			第12号住居址	住居		Ⅱ	Ⅱ	柳田型
58	中ッ原遺跡	茅野市	遺構外	遺構外		Ⅲ		
59	稗田頭A遺跡	茅野市	第38号住居址	住居覆土		Ⅱ	Ⅲb	他
60	藤塚遺跡	茅野市	住居	住居		Ⅱ	(Ⅱ)	柳田型
61	一本楊遺跡	茅野市	遺構外	遺構外		Ⅱ	Ⅲb	他
62	棚畑遺跡	茅野市	第20号住居址	住居覆土		Ⅱ	(Ⅱ)	海戸型
			第31号住居址	住居覆土		Ⅱ	Ⅱ	真原A型
63	聖石遺跡	茅野市	SB25	住居床面		Ⅱ	(Ⅱ)	真原A型
			SB32	住居覆土		Ⅱ	(Ⅱ)	桑久保型
			SB39	住居覆土		Ⅱ	Ⅲb	他
			SB07	住居床面	有孔鍔付	Ⅲ	Ⅰ	曽利Ⅰ
64	長峯遺跡	茅野市	SB162	住居		Ⅲ	Ⅰ	井戸尻
			SB197	焼失住居床面	磨斧	Ⅲ	Ⅰ	井戸尻
65	梨ノ木遺跡	茅野市	遺構外	遺構外		Ⅱ	?	他
66	上の平遺跡	茅野市	(29住)	住居		Ⅱ	(Ⅱ)	他
67	一ノ瀬・芝の木遺跡	茅野市	(42住)	住居		Ⅲ	?	他
68	上の段遺跡	茅野市		不明		Ⅱ	?	他
69	(糸萱)	茅野市		不明		Ⅲ	(Ⅰ)	井戸尻
70	穴場遺跡	諏訪市	18号住居跡	焼失住居床面	石棒	Ⅲ	(Ⅰ)	井戸尻
			30号住居址	住居		Ⅱ	Ⅰ	曽利Ⅰ
71	荒神山遺跡	諏訪市	95号住居址	住居		Ⅱ	(Ⅱ)	上木戸型
			97号住居址	住居		不明	?	他
72	花上寺遺跡	岡谷市	9号住居址	住居炉上		Ⅰ	Ⅱ	北高根型
73			第46号址	住居床面		Ⅲ	Ⅰ	井戸尻
74			第7区B地点	住居?		Ⅱ	(Ⅱ)	海戸型
75	海戸遺跡	岡谷市	第7区B地点	住居?		Ⅱ	(Ⅱ)	柳田型
76				不明		Ⅰ	(Ⅲa)	坂井型
77				不明		Ⅱ	?	他
78	堂山遺跡	岡谷市	住居	住居		Ⅲ	(Ⅰ)	曽利Ⅰ
79	目切遺跡	岡谷市	53号住居址	住居覆土		Ⅱ	(Ⅱ)	海戸型
			92号住居址	住居覆土		Ⅰ	(Ⅱ)	北高根型
			560P	土坑		Ⅲ	(Ⅰ)	井戸尻
80	志平遺跡	岡谷市	43号住居址	住居覆土		Ⅱ	Ⅱ	上木戸型
長野県（上伊那郡）								
81	上の林遺跡	箕輪町		不明		Ⅱ	?	他
82		箕輪町	7次7号竪穴住居址	住居床面		Ⅰ	Ⅰ	井戸尻
83	(箕輪町)	箕輪町		不明		不明	?	他
84	(箕輪町)	箕輪町		不明		Ⅲ	(Ⅱ)	山根坂上型
85	北高根遺跡	南箕輪村	住居	住居		Ⅰ	(Ⅱ)	北高根型
86	北高根A遺跡	南箕輪村	6号住居址	住居床面	倒置埋設土器	Ⅰ	(Ⅱ)	薬師型
87	久保上ノ平遺跡	南箕輪村	27号住居址	住居覆土		Ⅲ	Ⅰ	井戸尻
			35号住居址	住居覆土		Ⅲ	Ⅰ	井戸尻
88	手良蟹沢	伊那市		不明		Ⅱ	?	他
89	(小出、城)	伊那市		不明		不明	?	他
90	御殿場遺跡	伊那市	2号住居跡	住居		Ⅰ	(Ⅲa)	下原型
91			12号住居址?	焼失住居床面		Ⅰ	(Ⅰ)	曽利Ⅰ
92	久保田遺跡	伊那市		不明		Ⅱ	(Ⅲa)	辻沢南型
93	坊垣外遺跡	伊那市（高遠市）		不明		Ⅰ	(Ⅲa)	箱川原型
94	原遺跡	伊那市（高遠市）	第6号住居址	住居		不明	Ⅱ	他
			第11号住居址	住居		Ⅰ	Ⅱ	南原型
95	石仏遺跡	伊那市（長谷村）	第4号住居址	住居覆土		Ⅱ	Ⅱ	薬師型
96	泉原遺跡	伊那市（長谷村）	試掘調査	遺構外		Ⅲ	Ⅱ	柳田型
			第3号住居址	住居覆土		Ⅲ	Ⅱ	柳田型
			第20号住居址	住居覆土		不明	Ⅲ	他
97	中越遺跡	宮田村	遺構外	遺構外		Ⅰ	(Ⅲa)	坂井型
98	松戸遺跡	宮田村	第4号住居址	住居床面	立石	Ⅰ	(Ⅲa)	辻沢南型
99	山田遺跡	駒ヶ根市	第4号住居址	住居		Ⅰ	(Ⅲa)	辻沢南型
100	飯坂遺跡	駒ヶ根市		不明		Ⅰ	(Ⅲa)	伊久間原型
101	的場遺跡	駒ヶ根市	第11号住居址	焼失住居床面		Ⅰ	(Ⅲa)	辻沢南型
			第15号住居址	住居床面		Ⅰ	(Ⅱ)	南原型
102	門前遺跡	駒ヶ根市	第17号住居址	住居床面		Ⅰ	Ⅱ	他
103	高見原遺跡	駒ヶ根市	第19号住居址	住居床面	石棒	Ⅰ	(Ⅲa)	辻沢南型
				住居床面	石棒	Ⅰ	(Ⅲa)	辻沢南型
104	北方Ⅰ遺跡	駒ヶ根市	第3号住居址	住居		Ⅰ	Ⅱ	南原型
105	辻沢南遺跡	駒ヶ根市	第15号住居址	住居床面		Ⅰ	(Ⅱ)	北高根型
			第40号住居址	焼失住居床面	有孔鍔付、磨斧	Ⅰ	Ⅲb	辻沢南型
			第80号住居址	住居床面	磨斧	Ⅱ	Ⅲa	辻沢南型
106	高尾第1遺跡	飯島町	12	住居		Ⅱ	?	他

第4章 釣手土器の発生と展開

第10表 釣手土器一覧表（3）

	遺跡名	市町村	遺構名	遺構種類	共伴遺物	種	時期	型式
107	（岩間上山）	飯島町		不明		I	（Ⅲa）	坂井型
108	尾越遺跡	飯島町	4号住居址	住居覆土		I	?	他
				住居床面		I	?	他
109	（大井沢）	中川村		不明		I	（Ⅲa）	下原型
109	（大井沢）	中川村		不明		I	（Ⅱ）	南原型
110	上ノ原遺跡	中川村	第5号住居址	住居覆土		Ⅱ	Ⅲa	辻沢南型
			第6号住居址	住居覆土		Ⅱ	Ⅲa	他
			長野県（下伊那）					
111	家の前遺跡	松川町	7号址	住居		Ⅱ		曽利Ⅰ
112	鴨池遺跡	松川町				I	（Ⅱ）	南原型
113	北垣外遺跡	松川町				I	（Ⅲ）	辻沢南型
114	（横枕）	松川町				I	（Ⅱ）	南原型
115	（宗源原）	松川町				I	（Ⅱ）	南原型
116	増野新切遺跡	高森町	B2号住居址・B28号住居址	住居床面ほか	磨斧	Ⅲ	（Ⅰ）	曽利Ⅰ
			D37号住居址	住居床面		I		南原型
117	増野渡瀬遺跡	高森町		不明		I	（Ⅲa）	伴野原型
118	正木原Ⅰ遺跡	高森町	3号住居址	住居床面		Ⅲ	（Ⅱ）	薬師型
119	追分遺跡	高森町	A1号土坑	土坑		Ⅱ		海戸型
120	伴野原遺跡	豊丘村	6号住居址	住居		I	（Ⅲa）	伴野原型
			21号住居址	住居		I	（Ⅲa）	伴野原型
			33号住居址	焼失住居床面	入口部立石	I	（Ⅲa）	伴野原型
			46号住居址	住居		I	（Ⅱ）	薬師型
			51号住居址	住居		I	（Ⅲa）	南原型
			62号住居址	住居		Ⅱ	（Ⅱ）	薬師型
121			75号住居址	住居		Ⅱ	（Ⅲa）	他
				不明		不明	?	他
122				不明		不明	?	他
				不明		不明	?	他
				不明		不明	?	他
				不明		不明	?	他
123	伊久間原遺跡	喬木村	24号住居址	住居		I	Ⅲa	伊久間原型
				住居		I	Ⅲa	他
124			45号住居址	住居		Ⅱ	Ⅲa	辻沢南型
				住居		I	Ⅲa	伴野原型
			89号住居址	住居床面	石棒、有孔鍔付	I	Ⅲa	伊久間原型
125	城本屋遺跡	喬木村	1号住居址	住居覆土?		Ⅱ	?	他
			7号住居址	住居覆土?		Ⅱ	Ⅲa	他
				住居覆土?		Ⅱ	Ⅲa	他
126	大門原遺跡	飯田市	SB24	住居床面		Ⅱ	（Ⅱ）	薬師型
127	南原遺跡	飯田市	（1住）	住居		I		南原型
128	栗屋元遺跡	飯田市		不明		I	（Ⅲa）	下原型
129	下原遺跡	飯田市	5号住居址	住居		I	（Ⅲa）	伊久間原型
			5号住居址	住居		I		下原型
130	前の原遺跡	飯田市	17号住居址	住居		不明	Ⅱ	他
			17号住居址	住居		I	（Ⅱ）	南原型
131	北田遺跡	飯田市	23号住居址	住居		I	（Ⅱ）	他
132	箱川原遺跡	飯田市	第2号住居址	住居	有孔鍔付	I	（Ⅲa）	箱川原型
133	三尋石遺跡	飯田市	SB10	住居		I	（Ⅲa）	下原型
134	妙前遺跡	飯田市	（SB99時期外）	遺構外		I	（Ⅲa）	伴野原型
135	垣外遺跡	飯田市	30号住居址	住居覆土	有孔鍔付	Ⅲ	Ⅰ	井戸尻
136	根吹遺跡	阿南町	17号住居址	住居		Ⅱ	Ⅲb	他
			長野県（東北信）					
137	千田遺跡	中野市		未報告（5点）		不明	?	他
138	檀田遺跡	長野市	SK9	土坑		Ⅱ	（Ⅱ）	真原A型
139	輻田遺跡	千曲市		未報告		Ⅱ	（Ⅱ）	曲田型
140	八千原遺跡	上田市	A地区第18号住居址	住居		Ⅱ	Ⅲa	郷土型
			C地区第2号住居址	住居覆土		Ⅱ	?	他
			C地区第14号住居址	住居	有孔鍔付	Ⅲ	Ⅱ	大平台型
141	渕ノ上遺跡	上田市（丸子町）	遺構外	遺構外		Ⅱ	（Ⅱ）	真原A型
			遺構外	遺構外		Ⅱ	（Ⅲa）	郷土型
			遺構外	遺構外		Ⅱ	（Ⅲa）	郷土型
			遺構外	遺構外		不明	（Ⅲa）	他
			遺構外	遺構外		Ⅱ	（Ⅲa）	他
142	真行寺遺跡	東御市				Ⅱ	Ⅲ	郷土型
143	芦田遺跡	立科町		不明		Ⅱ	?	他
144	町東側遺跡	長和町（和田村）	第5号住居址	住居床面		Ⅱ	Ⅱ	柳田型
145	中道遺跡	長和町（長門町）	4住	住居		Ⅲ	Ⅰ	井戸尻
146	郷土遺跡	小諸市	351号土坑	土坑		Ⅲ	（Ⅰ）	井戸尻
			126号竪穴住居跡	住居		Ⅱ	Ⅲa	郷土型
147	宮平遺跡	御代田町	J-33号住居何	住居床面		Ⅱ	（Ⅲa）	郷土型
148	寄山遺跡	佐久市	H3号住居址	住居		Ⅱ	Ⅲa	郷土型
149	勝負沢遺跡	佐久市	H37号住居址	住居床面		Ⅲ	Ⅰ	曽利Ⅰ
150	平石遺跡	佐久市（望月町）	遺構外	遺構外		不明	?	他
			遺構外	遺構外		不明	?	他
151	大深山遺跡	川上村	第4号竪穴	焼失住居	磨斧	Ⅲ	Ⅰ	井戸尻
			第15号竪穴外	住居外		Ⅲ	Ⅰ	井戸尻
			第25号竪穴	住居内ピット		Ⅱ	（Ⅱ）	真原A型
			第29号竪穴	住居床面		I	Ⅲa	坂井型

第10表　釣手土器一覧表（4）

	遺跡名	市町村	遺構名	遺構種類	共伴遺物	種	時期	型式
			山梨県（峡北）					
152	姥神遺跡	北杜市（大泉村）	16号住居址	住居床面		Ⅰ	Ⅱ	北高根型
			遺構外	遺構外		不明	?	他
153	古林第4遺跡	北杜市（大泉村）	第14号住居跡	焼失住居床面		Ⅲ	Ⅰ	藤内
154	原町農業高校前遺跡(2次)	北杜市（大泉村）	77号住居跡	住居炉上		Ⅲ	Ⅰ	井戸尻
155	酒呑場遺跡	北杜市（大泉村）	ⅠⅩ33号住居跡	住居		Ⅲ	Ⅰ	井戸尻
156	下平遺跡	北杜市（須玉町）		住居床面	石棒、磨斧	Ⅲ	Ⅰ	藤内
157	肥道遺跡	北杜市（須玉町）				Ⅲ	(Ⅰ)	井戸尻
158	柳坪遺跡	北杜市（長坂町）	11号住居址	住居覆土		Ⅱ	Ⅱ	真原A型
159			B区10住	住居覆土	倒置土器	Ⅰ	Ⅲa	坂井型
160	柳坪北遺跡	北杜市（長坂町）	遺構外	遺構外		Ⅰ	(Ⅲa)	他
161	鳥久保遺跡	北杜市（長坂町）		不明		Ⅱ	(Ⅱ)	真原A型
162	蔵原東久保遺跡	北杜市（長坂町）		不明		不明		井戸尻
163	根古屋遺跡	北杜市（白州町）	第1号住居址	住居床面	立石、倒置土器、丸石	Ⅱ	Ⅱ	真原A型
164	上小用遺跡TH77地点	北杜市（白州町）	1号住居址	住居		Ⅱ	Ⅱ	真原A型
165	駒城	北杜市（白州町）		不明		Ⅱ	(Ⅱ)	真原A型
166	梅之木遺跡	北杜市（明野村）	第55号住居	住居床面	入口部立石	Ⅱ	Ⅱ	桑久保型
167	諏訪原遺跡	北杜市（明野村）	PJ23	住居		Ⅱ	(Ⅱ)	桑久保型
168				未報告		Ⅱ	(Ⅱ)	桑久保型
169	平林遺跡	北杜市（明野村）		未報告		不明	(Ⅰ)	井戸尻
170	向原遺跡	北杜市（明野村）		未報告		Ⅱ	(Ⅱ)	真原A型
171	小笠原	北杜市（明野村）		不明		Ⅱ	(Ⅱ)	桑久保型
172	真原A遺跡	北杜市（武川村）	12号住居跡	焼失住居床面	入口部立石	Ⅱ	Ⅱ	真原A型
173			6次4住・254土坑	未報告		Ⅲ	Ⅰ	曽利Ⅰ
174	社口遺跡	北杜市（高根町）		未報告		Ⅱ	Ⅱ	桑久保型
175	石之坪遺跡（西地区）	韮崎市	87号住居跡	住居覆土		Ⅱ	Ⅱ	他
			112号住居	住居		Ⅰ	Ⅲb	他
			185号住居跡	住居床面		Ⅲ	(Ⅰ)	井戸尻
			209号住居跡	住居		Ⅱ	(Ⅱ)	真原A型
176	石之坪遺跡（東地区）	韮崎市	24号住居跡	住居覆土		Ⅰ	(Ⅲa)	坂井型
177	宿尻遺跡	韮崎市	4号住居址	住居覆土		Ⅱ	Ⅱ	他
178	坂井遺跡	韮崎市	ハ住近く	住居		Ⅰ	(Ⅲa)	坂井型
179						Ⅰ	(Ⅲa)	坂井型
180	飯米場遺跡	韮崎市		不明		Ⅱ	(Ⅱ)	桑久保型
181				不明		Ⅰ	(Ⅲa)	箱川原型
			山梨県（峡東）					
182	（甲府市）	甲府市		不明		不明	?	他
183	供養寺遺跡	甲府市（中道町）	第1号住居址	住居		不明	Ⅲa	他
184	一の沢遺跡	笛吹市（境川村）	J-11号住居址	住居覆土		Ⅲ	Ⅰ	井戸尻
185	金山遺跡（3次調査）	笛吹市（一宮町）	1住	住居		Ⅲ	Ⅰ	曽利Ⅰ
186	塚越北B遺跡	笛吹市（一宮町）	SB-05	住居床面？		Ⅲ	(Ⅲa)	他
187	三口神平遺跡	笛吹市（一宮町）	SB-05	住居床面？		Ⅰ	(Ⅲa)	箱川原型
			SB-103	住居		Ⅲ	?	他
			遺構外	遺構外		Ⅱ	?	他
188	野呂原遺跡	甲州市（勝沼町）	6号住居址	住居覆土		Ⅱ	Ⅱ	真原A型
189	（日下部）	山梨市		不明		Ⅱ	(Ⅱ)	桑久保型
190	真智遺跡	山梨市（牧丘町）	不明	不明		Ⅰ	(Ⅲa)	坂井型
191	北原遺跡	塩山市	A土器群	住居	有孔鍔付	Ⅲ	Ⅰ	井戸尻
			山梨県（都留）					
192	池之元遺跡	富士吉田市	遺構外	遺構外		Ⅱ	(Ⅲ)	他
193	宮の前遺跡	西桂町	第5号住居址	住居床面	石棒、倒置埋設土器	Ⅲ	Ⅱ	他
194	住吉遺跡	都留市	1住	住居		Ⅰ	(Ⅲa)	箱川原型
195	（宝）	都留市		不明		Ⅱ	(Ⅱ)	桑久保型
196	大月遺跡	大月市	9住	住居覆土		Ⅱ	Ⅱ	真原A型
197	塩瀬下原遺跡	大月市	遺構外	遺構外		Ⅱ	(Ⅱ)	桑久保型
198	畑倉遺跡	大月市		不明		Ⅱ	(Ⅱ)	桑久保型
199	桑久保遺跡	上野原市		不明		Ⅱ	Ⅱ	桑久保型
200	南大浜遺跡	上野原市	20住	住居床面		Ⅱ	Ⅱ	桑久保型
				住居床面		Ⅱ	(Ⅱ)	桑久保型
201	関山遺跡	上野原市	1住	住居覆土		Ⅲ	(Ⅱ)	山根坂上型
202	狐原遺跡	上野原市	17号住居	住居		Ⅱ	(Ⅱ)	他
203	神野中段遺跡	上野原市（秋山村）	4・5号住居	住居		不明	(Ⅱ)	他
			東京都					
204	（井草八幡宮所蔵）	杉並区		不明		Ⅲ	Ⅱ	井戸尻
205	恋ヶ窪遺跡	国分寺市	A住居址（23号住居跡）	住居		Ⅱ	Ⅱ	他
206	武蔵台東遺跡	府中市	J4号B住居址	住居床面		Ⅱ	Ⅲa	武蔵台東型
			J26号住居址	住居床面		Ⅲ	Ⅲa	他
207			第2号住居址	住居床面	有孔鍔付	Ⅱ	(Ⅱ)	他
208	小比企向原遺跡	八王子市	J-2号住居址	住居床面		Ⅱ	Ⅱ	桑久保型
			J-48b号住居址	住居床面		Ⅱ	Ⅲa	市ノ沢団地型
209	多摩ニュータウンNo.72遺跡	八王子市	遺構外	遺構外		Ⅱ	(Ⅲa)	他
			遺構外	遺構外		Ⅱ	(Ⅲa)	市ノ沢団地型
			94住・96住	住居覆土		Ⅱ	Ⅱ	他
			遺構外	遺構外		Ⅱ	(Ⅲa)	武蔵台東型
			遺構外	遺構外		Ⅲ	(Ⅲa)	他
210	木曽森野南遺跡	町田市	11号住居址	住居覆土？		Ⅱ	Ⅲa	他

第4章 釣手土器の発生と展開

第10表 釣手土器一覧表（5）

	遺跡名	市町村	遺構名	遺構種類	共伴遺物	種	時期	型式
211	山根坂上遺跡	羽村市	住居址13	焼失住居焼土直上		Ⅲ	Ⅱ	山根坂上型
212			住居址10	住居	有孔鍔付	Ⅲ	（Ⅱ）	他
213			第7号住居址	住居床面	有孔鍔付、磨斧	Ⅲ	Ⅲa	他
214	（小庄）	あきる野市（五日市町）		不明		Ⅱ	（Ⅰ）	井戸尻
215	下野原遺跡	奥多摩町		不明		Ⅱ	Ⅱ	桑久保型
			神奈川県					
216	見立谷戸遺跡	横浜市		不明	石棒	Ⅱ	（Ⅲa）	武蔵台東型
217	市ノ沢団地遺跡（C区）	横浜市	第1号竪穴住居址	住居床面		Ⅱ	Ⅲa	市ノ沢団地型
218	市ノ沢団地遺跡(市立市沢小学校地区)	横浜市	遺構外	遺構外		Ⅱ	（Ⅲa）	他
219	大熊仲町遺跡	横浜市	遺構外	遺構外		Ⅱ	?	他
220	上白根おもて遺跡	横浜市	40a号住居址	住居覆土		Ⅱ	（Ⅲa）	武蔵台東型
221	細山向原遺跡	川崎市	6号住居址	住居覆土		Ⅱ	Ⅱ	武蔵台東型
222	西部221地点遺跡	藤沢市	第5号址	住居覆土		Ⅱ	（Ⅱ）	桑久保型
223	岡田遺跡	寒川町	116住	住居		Ⅲ	（Ⅰ）	井戸尻
			212号住居址	住居		Ⅱ	Ⅱ	他
224			6号住居址	住居床面		Ⅱ	（Ⅲa）	武蔵台東型
225	橋本遺跡	相模原市	6号住居址	住居炉上		Ⅰ	（Ⅲa）	他
			38号住居址	住居覆土		Ⅱ	Ⅲa	武蔵台東型
226	（磯部山谷（勝坂））	相模原市		不明		Ⅱ	?	他
227	淵野辺嶽之内上遺跡	相模原市				?	（Ⅲa）	市ノ沢型
228	川尻中村遺跡	相模原市（城山町）	第4号住居跡	住居床面		Ⅱ	Ⅲa	他
			遺構外	遺構外		Ⅰ	（Ⅲa）	坂井型
229	原東遺跡	相模原市（城山町）	第2号住居跡	住居		Ⅱ	Ⅱ	桑久保型
230	寺原遺跡	相模原市（城山町）	8号住居址	住居覆土		Ⅰ	（Ⅲa）	箱川型
231	三ケ木遺跡	相模原市（津久井町）		不明		Ⅱ	（Ⅱ）	中島型
232	下岩遺跡	相模原市（藤野町）		不明		Ⅱ	（Ⅱ）	桑久保型
233	馬本遺跡	相模原市（藤野町）		不明		Ⅱ	（Ⅱ）	他
234	杉久保遺跡	海老名市	7-B区JT22	住居床面		Ⅱ	（Ⅱ）	桑久保型
235	大久根遺跡	厚木市	第12号竪穴住居址	住居		Ⅱ	（Ⅱ）	桑久保型
236	林王子遺跡	厚木市		不明		Ⅱ	（Ⅲa）	武蔵台東型
237	（飯山上根岸・田野崎）	厚木市		不明		Ⅱ	（Ⅲa）	武蔵台東型
238	御伊勢森遺跡	伊勢原市	第6号住居址	住居内ピット		Ⅲ	（Ⅰ）	井戸尻
239	万田貝殻塚貝塚	平塚市		遺構外		Ⅱ	（Ⅲa）	武蔵台東型
240	久野一本松遺跡	小田原市	J-42号住居址	住居		Ⅲ	Ⅰ	井戸尻
			埼玉県					
241	原遺跡	伊奈町	第16号住居跡	住居覆土		不明	Ⅰ	曽利Ⅰ
242	永窪遺跡	岡部町	第16号住居址	住居		Ⅱ	Ⅱ	他
243	神ノ木2遺跡	菖蒲町	第34号住居跡	住居覆土	壷	Ⅱ	Ⅲb	他
244	西上遺跡	所沢市	第33号住居跡	住居床面		不明	Ⅲa	他
			群馬県					
245	城山遺跡	渋川市		不明		Ⅲ	（Ⅱ）	大平台型
246	小室高田遺跡	渋川市（北橘村）	Ⅰ区J-10号住居跡	住居覆土		Ⅱ	?	他
			Ⅳ区J-1号住居跡	住居覆土		Ⅱ	?	他
247			Ⅴ区	遺構外		Ⅱ	?	他
248	中西原遺跡	渋川市（北橘村）		住居		不明	?	他
249	大平台遺跡	高崎市	A区10号住居跡	住居床面		Ⅲ	Ⅱ	大平台型
250	東吹上遺跡	高崎市（吉井町）	遺構外	遺構外		Ⅲ	（Ⅰ）	井戸尻
251	白川傘松遺跡	箕郷町	Ⅰ地区26号住居跡	住居床面		Ⅲ	Ⅱ	大平台型
			町道拡幅区6号住居跡	住居覆土		Ⅱ	（Ⅲa）	横壁中村型
252	下鎌田遺跡	下仁田町	56号住居跡	住居	有孔鍔付	Ⅱ	（Ⅲ）	他
			72号住居跡	住居		Ⅱ	Ⅱ	真原A型
			76号住居跡	住居		Ⅱ	?	他
253	南蛇井増光寺遺跡	富岡市	707号土坑	土坑		Ⅱ	?	他
254	八木連西久保遺跡	妙義町	37号住居跡	住居床面		Ⅲ	（Ⅱ）	大平台型
			37号住居跡	住居床面		Ⅱ	Ⅱ	真原A型
255	新堀東源ヶ原遺跡	安中市（松井田町）	6号住居跡	住居床面？		Ⅳ	Ⅲb	他
256			19区7号住居	住居覆土	石棒磨斧	不明	?	他
257	横壁中村遺跡	長野原町	20区12号住居	住居		Ⅱ	Ⅱ	他
			20区25号住居	住居床面		Ⅱ	Ⅲa	横壁中村型
			20区43号住居	住居覆土？		Ⅱ	Ⅲa	横壁中村型
258			20区101号土坑	土坑		Ⅱ	（Ⅲa）	横壁中村型
259	林中原Ⅱ遺跡	長野原町	1号住居	住居床面	立石、倒置土器	不明	?	他
			静岡県					
260	宇佐美遺跡	伊東市	2004年度L区1号住居	焼失住居		Ⅱ	Ⅱ	他
261	仲道A遺跡	伊豆の国市（大仁町）	第2号住居跡	住居床面	倒置埋設土器	Ⅱ	Ⅱ	他
262	細山遺跡	裾野市		不明		Ⅱ	Ⅱ	他
263	塚松遺跡	裾野市	遺構外	不明		不明	（Ⅱ）	他
264	広合遺跡	沼津市	e区3号住居跡			Ⅱ	Ⅱ	他
265	観音洞B遺跡	三島市	2号住居跡	住居床面	倒置土器	Ⅲ	（Ⅰ）	井戸尻
266	押出シ遺跡	三島市	（包含層）	遺構外		Ⅱ	（Ⅲa）	武蔵台東型
267	不動棚遺跡	富士市		採集		Ⅱ	（Ⅱ）	他
268	破魔射場遺跡	富士川町	SB-3	住居床面		Ⅱ	Ⅱ	桑久保型
269	竹林寺遺跡	島田市	1号住居跡	住居床面・ピット		Ⅱ	Ⅱ	桑久保型
						?	（Ⅱ）	他
			岐阜県（飛騨）					
270	町上野遺跡	高山市		不明		Ⅱ	（Ⅲa）	他
271	山口町坂本	高山市		不明		Ⅱ	（Ⅱ）	堂之上型

第10表 釣手土器一覧表（6）

	遺跡名	市町村	遺構名	遺構種類	共伴遺物	種	時期	型式
272	赤保木遺跡	高山市	SB8	住居覆土		II	II	堂之上型
				遺物包含層	遺構外			堂之上型
273	垣内遺跡	高山市	P86	土坑		I	(IIIb)	他
274	泉水遺跡	高山市		不明		不明	?	他
275	広殿遺跡	高山市（丹生川村）		不明		II	(IIIb)	広殿型
276	ゴードノ遺跡	高山市（丹生川村）		不明		II	(II)	堂之上型
				不明		II	(II)	堂之上型
277	岩垣内遺跡	高山市（丹生川村）		遺構外		II	(III)	桜町型
278	堂之上遺跡(旧荘川村)	高山市（久々野町）	6号住居址	焼失住居焼土下	石棒、倒置土器	II	II	堂之上型
279		高山市（荘川村）		不明		II	?	他
280	門端遺跡	高山市（清見村）	8号住居址	住居床面		II	II	堂之上型
				住居外		II	II	堂之上型
281	上岩野遺跡	高山市（清見村）	SB19	住居覆土	石棒	II	(II)	堂之上型
			SB19・SB5（接合）	住居覆土		II	(II)	堂之上型
			SB20	住居覆土		II	(II)	堂之上型
			SB48	住居覆土		II	(II)	堂之上型
			SB62	住居		II	II	堂之上型
282	本郷内野遺跡	高山市（上宝村）		不明		II	(II)	堂之上型
283	岩井戸遺跡			不明		II	(IIIb)	広殿型
284	荒城神社遺跡	高山市（国府町）		不明		II	II	堂之上型
285	森ノ木遺跡		第12号住居址	住居		II	(IIIb)	広殿型
286	御番屋敷遺跡	飛騨市（古川町）		不明		II	(II)	堂之上型
287	中野山越遺跡	飛騨市（古川町）	14号住居址	住居床面		II	(II)	堂之上型
288	堂ノ前遺跡	飛騨市（宮川村）	6号住居址	住居床面		II	III	桜町型
289	島遺跡	飛騨市（宮川村）	SB1002	住居床面		II	II	堂之上型
			SB1033	住居覆土		II	II	堂之上型
			遺物集積遺構SX47	遺構外		II	II	堂之上型
290	下田遺跡	飛騨市（河合村）	2号住居址	住居覆土		III	II	他
291	少ヶ野遺跡	下呂市		不明		II	(II)	堂之上型
	岐阜県（美濃）							
292	（大仙寺所蔵）	八百津町		不明		II	(IIIa)	他
293	大杉西遺跡	関市	SB4	住居覆土		II	(IIIa)	他
294	宮之脇遺跡B地点	可児市	SB5	住居床面		I	II	他
			SB16	住居覆土		II	IIIa	他
295	炉畑遺跡	各務原市	第1住居址	住居覆土		III	II	他
				不明		不明	?	他
296	谷端遺跡	中津川市（付知町）		住居？		不明	?	他
				不明		II	(II)	堂之上型
297	古道陰地遺跡	郡上市（大和町）	（採集）	不明		II	(II)	他
298	塚奥山遺跡	揖斐川町	SB6	住居		不明	?	他
			SB24	住居		II	?	他
			遺物包含層	遺構外		不明	?	他
			遺物包含層	遺構外		不明	?	他
299	樫原村平遺跡	揖斐川町	遺構外	遺構外		I	(IIIa)	他
	富山県							
300	下山新遺跡	朝日町	第4地点1号住居跡	住居内ピット		II	III	桜町型
			遺構外	遺構外		II	III	境A型
301	境A遺跡	朝日町	遺構外	遺構外		II	III	境A型
			遺構外	遺構外		I	III	北塚型
302	浦山寺蔵遺跡	黒部市（宇奈月町）	遺構外	遺構外		II	III	桜町型
			遺構外	遺構外		II	III	桜町型
			遺構外	遺構外		II	III	桜町型
			遺構外	遺構外		II	III	桜町型
			遺構外	遺構外		II	III	桜町型
			遺構外	遺構外		II	III	桜町型
303	二ツ塚遺跡	立山町	遺構外	遺構外		II	III	北塚
			遺構外	遺構外		II	III	桜町型
			遺構外	遺構外		II	III	桜町型
304	開ヶ丘狐谷III遺跡G区	富山市	SI01	住居		II	II	他
			遺構外	遺構外		I	III	北塚型
305	布尻遺跡	富山市（大沢野町）	遺構外	遺構外		II	(III)	桜町型
306	花切遺跡	富山市（大山町）	第1・3号住居跡	住居		II	III	桜町型
			穴-02	土坑		II	III	桜町型
			第2号住居跡	住居		II	III	桜町型
			遺構外	遺構外		II	III	桜町型
307	東黒牧上野遺跡	富山市（大山町）	8号住居	住居床面		II	III	桜町型
308			第2号住居跡	焼失住居床面	有孔鍔付、磨斧	II	III	桜町型
309	西原A遺跡	南砺市（城端町）	第1号住居跡	住居床面		IV	II	他
310	臼谷岡村遺跡	小矢部市	遺構外	遺構外		II	III	桜町型

第4章 釣手土器の発生と展開

第10表 釣手土器一覧表（7）

	遺跡名	市町村	遺構名	遺構種類	共伴遺物	種	時期	型式
311	桜町遺跡（舟岡地区）	小矢部市	SG01	遺構外		Ⅱ	Ⅲ	桜町型
			SG04	遺構外		Ⅱ	Ⅲ	桜町型
			SD06	遺構外		Ⅱ	Ⅲ	桜町型
			SG01	遺構外		Ⅱ	Ⅲ	桜町型
			遺構外	遺構外		Ⅱ	Ⅲ	桜町型
			SD06	遺構外		Ⅱ	Ⅲ	桜町型
			SD06	遺構外		Ⅱ	Ⅲ	桜町型
312			遺構外	遺構外		Ⅱ	Ⅲ	桜町型
			遺構外	遺構外		Ⅱ	Ⅲ	桜町型
			遺構外	遺構外		Ⅱ	Ⅲ	桜町型
			遺構外	遺構外		Ⅱ	Ⅲ	桜町型
313	上久津呂中屋遺跡	氷見市		遺構外		Ⅱ	Ⅲ	他
				遺構外		Ⅱ	Ⅲ	他
石川県								
314	潜岩洞窟遺跡	能登町（柳田村）	洞窟	洞窟		Ⅱ	Ⅲ	桜町型
315	真脇遺跡	能登町（能都町）	遺構外	遺構外		Ⅱ	Ⅲ	桜町型
316	曽福遺跡	穴水町		採集		Ⅱ	Ⅲ	境A型
317	赤浦遺跡	七尾市		採集		Ⅱ	Ⅲ	境A型
318	大津くろだの森遺跡	七尾市：田鶴浜町	谷	採集		Ⅰ	Ⅲ	北塚型
319	笠舞遺跡	金沢市	第1号住居址	不明		Ⅰ	Ⅲ	北塚型
			（15住炉内の注記）	住居		Ⅱ	Ⅲ	桜町型
			（27住炉の注記）	住居		Ⅰ	Ⅲ	北塚型
				不明		Ⅰ	Ⅲ	北塚型
320	北塚遺跡	金沢市	SK-33	土坑		Ⅰ	Ⅲ	北塚型
福井県								
321	右近次郎遺跡	大野市	遺構外	遺構外		Ⅰ	Ⅲ	北塚型
			遺構外	遺構外		Ⅰ	Ⅲ	北塚型
322	下浄法寺遺跡	永平寺町		不明		Ⅰ	Ⅲ	他
愛知県								
323	大砂遺跡	豊田市（旭町）		不明		Ⅱ	(Ⅲa)	他

※供伴遺物は、有孔鍔付土器、壷、倒置土器、倒置埋設土器、石棒、磨製石斧、石柱、立石、丸石のみ掲載

第2節　顔面把手と釣手土器

1．はじめに

　釣手土器の出現過程は未だ明らかではないものの、研究の当初より顔面把手[33]との形態の類似が指摘されている（鳥居1924）。また、釣手土器の頂部にしばしば見られる顔面装飾は、顔面把手を受け継ぐものとする見解がある（蜂屋2008）。

　顔面把手もまた勝坂式土器様式を特徴付ける要素であり、釣手土器の出現期である藤内式の後半～井戸尻式末期に最盛期を迎える。この間、数の上では顔面把手が圧倒的に多いものの両者は並存し、分布範囲もほぼ重なる。顔面把手の大多数は把手部のみで検出され、器体と異なった取り扱いがなされた可能性が高い（藤森1968）。また器体を伴う事例は、その多くに底部欠損が認められ、土坑中からの出土が目立つ（渡辺1995a）。

　筆者は、こうした象徴性の高い土器形式が地域社会の儀礼の上でいかなる位置づけにあったかについて関心を抱いてきたが（中村2008a・c）、釣手土器の問題を検討するにあたり、まず器形・装飾の起源と目される顔面把手との具体的な関係性を検討すべきと考えた。しかしながら、バリエーション豊富な顔面把手自体、系統・地域性などはほとんど検討されておらず、体系的な比較検討にはなお時間を要する。そこで本稿では、神奈川県伊勢原市三之宮比々多神社所蔵の顔面把手の再紹介を兼ねて、ごく一部の類型について装飾・分布の2点から接近を試み、顔面把手と釣手土器の関係の一端を検討していくこととしたい。

2．三之宮比々多神社所蔵の蛇体装飾付顔面把手

（1）周辺の遺跡と出土地点

　はじめに、三之宮比々多神社所蔵の蛇体装飾付顔面把手（以下、本例）を検討する。「昭和七年二月比々多村三宮宮上発見品永井健之輔所蔵」と注記されているとおり、本例は比々多神社社司であった永井健之輔によって1927年に採集されたものであり、跡を継いだ永井参治によって付近の古墳出土品などとともに1953年に開設された宝物殿・三宮郷土博物館（現三之宮郷土博物館）に納められた。これまでに、帝室博物館発行の『石器時代土偶土版絵葉書集』（帝室博物館編1930、神林1943[34]）、江坂輝彌の『土偶』（1960）、サントリー美術館の特別展図録『土偶と土面』（1969）、上川名昭の『中期縄文文化論』（1983）、吉本洋子・渡辺誠の「人面・土偶装飾付土器の基礎的研究」（1994）など顔面把手を収めた代表的な論考・図集や、『伊勢原町勢誌』（伊勢原町勢誌編纂委員会編1963）、『神奈川県史』（神奈川県企画調査部県史編集室編1979）などにも写真が掲載されている。しかし、『土偶』を除きいずれも表面の紹介に留まっており、背面の蛇体装飾については他に『中期縄文文化論』で表面と

33）顔面把手は研究当初からの呼称であるが（江見1909、鳥居1922、江坂1960、藤森1968ほか）、近年顔面（人面）装飾付土器（上川名1983、吉本・渡辺1994、山梨県立考古博物館2004ほか）と呼称されることが多い。しかしながら、本稿では人面装飾一般ではなく、従来概念化されてきた勝坂式後半期の一群に限定して検討するため「顔面把手」を用いる。また、土器の一部分に過ぎないものの、その部分のみ特別扱われた可能性があること、釣手土器との形態比較においては当面把手部分のみが対象となることなどから土器体から独立して検討することは妥当と考える。但し、顔面把手を持つ土器の性格を明らかにするためには器体の装飾・使用状況などを検討する必要があることは藤森栄一（1968）・渡辺誠（1992・1995a）の研究が示すとおりである。

第4章 釣手土器の発生と展開

は別ページにスケッチが示された程度で殆ど知られていない[35]。しかしながら、本例に限らず、顔面把手の理解には表裏両面をあわせて観察することが重要であると考えるのでここに改めて実測図・写真を示して紹介を行う。

（2）周辺の遺跡

　三之宮比々多神社は大山から続く山地の裾部、鈴川と栗原川に挟まれた河岸段丘の先端標高60～65mの地点に鎮座する。その名のとおり相模国三の宮としての格式を誇る延喜式内社であり、神体とされる「うずらみか」と呼ばれる須恵器（県重文）、関東最古といわれる木造狛犬（市重文）などを伝えている。かつては一段上の段丘の埒面（らちめん）と呼ばれる地点に鎮座していたものが、天正年間に現在地に遷座したという。現境内およびその背後に広がる緩斜面からは現在も縄文土器（中期・後期）が採集できる。境内からは敷石住居が検出されているほか打製石斧・磨製石斧・石棒などの石器・石製品も採集され、弥生土器や須恵器、天保年間に出土した経筒などとともに比々多神社境内遺跡として知られている（伊勢原町勢誌編纂委員会編1963、神奈川県企画調査部県史編集室編1979）。

　近年、境内南側の道路に沿った5箇所が三ノ宮・宮ノ前遺跡として発掘調査された[36]。第Ⅰ・Ⅳ地点では草創期の微隆起線文土器、中期後半の竪穴住居・後期初頭の敷石住居各1軒、第Ⅱ地点では配石・配石土坑各1基、第Ⅲ地点では敷石住居跡1軒・配石1基、第Ⅴ地点では後期の配石1基が検出されている。

　また、宮ノ前遺跡第Ⅴ地点の西側約120mの地点では恵泉女学園園芸短期大学の実験研究棟・実習棟の建設に先立ち、三ノ宮・前畑遺跡として調査が行われ、槍先形尖頭器1点、縄文時代後期前葉～中葉の住居5軒（うち敷石2軒）、加曽利B2式期の土器副葬墓を含む石棺墓9基および勝坂式～加曽利B2式の土器、ならびに弥生時代後期～古墳時代中期の住居、後期古墳の周溝などが検出された。

　さらに、比々多神社旧境内地として知られる標高80m前後の高台には恵泉女学園短期大学建設時に銀装太刀・金銅製馬具・乳文鏡などを出土した埒面古墳が存在し、その豊富な副葬品から相武国造墓と推定されている。同所の近接地は近年、三ノ宮・宮ノ上遺跡として発掘調査が行われ、墳径40mという規模が判明したほか、縄文時代中期中葉～末葉の住居跡12軒（うち敷石2軒）、幅4～8mの配石遺構、集石・屋外炉跡、弥生時代後期～古墳時代前期の住居42軒、古代以降の溝中から土坑墓1基・獣骨埋納坑1基などが検出された（林原2002・2003）。詳細は未報告であるが、同遺跡調査団の林原利明氏の教示によると、この中には井戸尻式期の住居跡4軒が含まれている。また、正確な位置は不明だが、この埒面では先代宮司永井参治が75cmの立石（現在郷土博物館前に移設されている）を伴う敷石住居群を発掘している（西田1976）。

34）顔面把手12例を含むこの絵葉書集は後藤守一の企画した帝室博物館における土偶の展覧会陳列品を中心に編纂されたもので、その目録は別に神林淳雄（1943）が府県別に整理している。なお、國學院大學で所蔵する神林淳雄旧蔵資料（神林淳雄資料研究委員会2005）には本例の記録類は見られないが、長野県四つ塚、東京都草花例、西山野例など複数の顔面把手の実測図が残されている。神林の名は従来の顔面把手研究史上には殆ど登場しないが、研究の一端は遺著『土の文化』（神林1959）に「土器の把手と土偶」として掲載されており、その中で、上記絵葉書をもとに土偶・土版の特徴を抽出した上で、顔面把手と中期の土偶の関係を課題の一つとして掲げ、顔面把手5例（中越・湯川・草花・穂坂）と土偶（広見・黒駒）を挙げて類似を指摘していることを書き添えておきたい。同様の指摘は既に上記目録にも認められる。

35）この背面スケッチは後述する横位の隆帯上の綾杉状短沈線や頭髪部裏側の短沈線が表現されていない。

36）複数時期の遺跡が連続して展開するため「本来の遺跡の範囲」による区分は困難であり、近年伊勢原市では原則として、「大字」・「小字」を遺跡名とし、その小字範囲での調査順に地点名を付している。

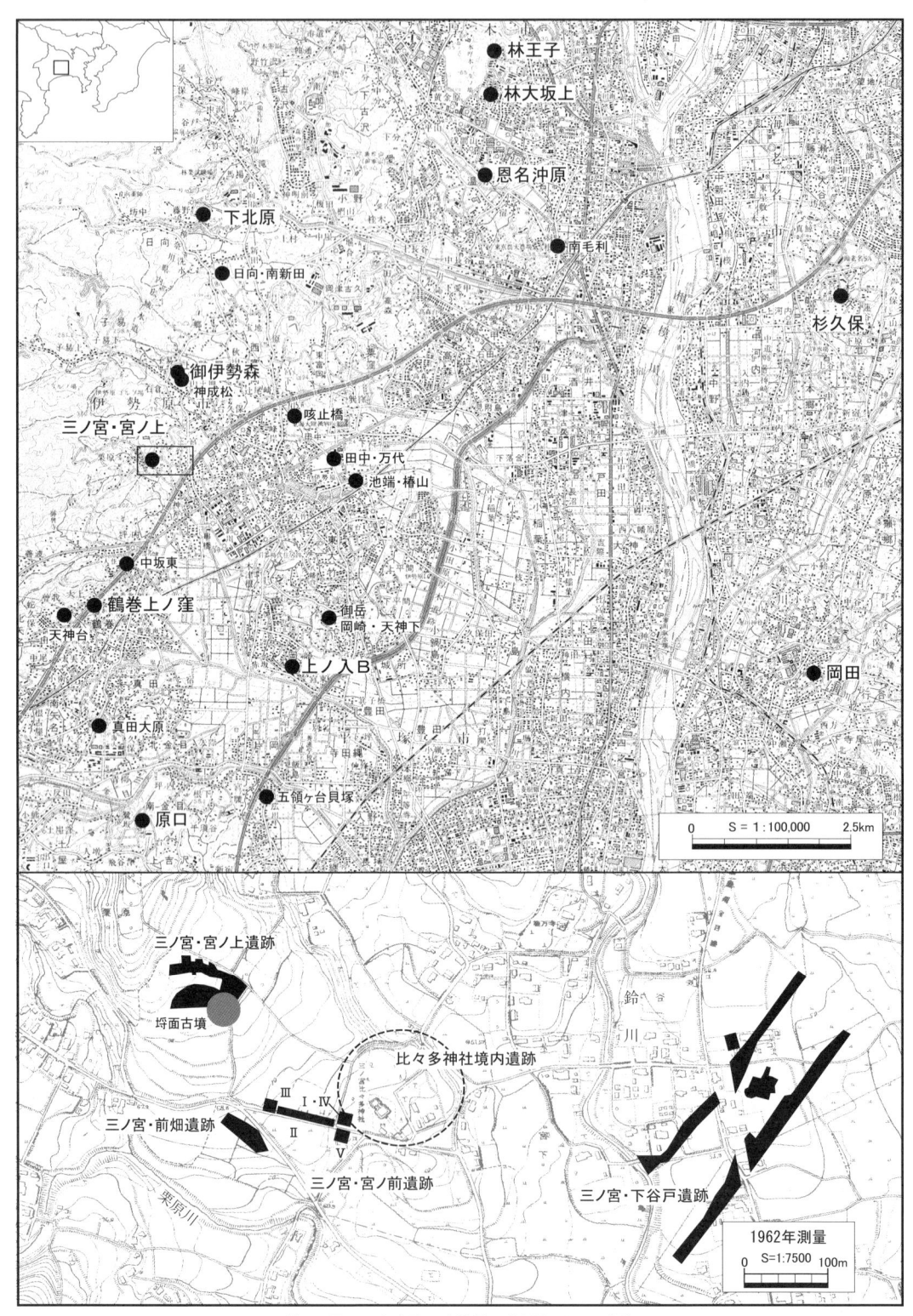

第23図　三之宮比々多神社の位置と周辺の遺跡

第4章　釣手土器の発生と展開

　なお、神社の西方約 400 m に位置する三ノ宮・下谷戸遺跡では東名高速道路建設時に後期中葉の敷石住居・環礫方形配石遺構が検出され、神社本殿裏に移築されている（市史跡）。同遺跡では東名拡幅やコンビニエンスストア建設に先立つ立会い調査[37]でも同時期の環礫方形配石遺構を含む敷石住居群、配石墓群などが検出されているほか、草創期の有舌尖頭器なども多数出土している。

　第 23 図上には井戸尻式期の遺構が検出されている近隣の遺跡を示した。このうち厚木市林王子遺跡、同林大坂上遺跡、同恩名沖原遺跡、伊勢原市下北原遺跡、秦野市鶴巻上ノ窪遺跡、平塚市原口遺跡、海老名市杉久保遺跡、寒川町岡田遺跡からは顔面把手が出土している。また、伊勢原市御伊勢森遺跡、岡田遺跡からは釣手土器（後述）、林王子遺跡と平塚市上ノ入 B 遺跡からは人体装飾付有孔鍔付土器が出土している。

（3）出土地点の検討

　本例は、県史などで「比々多神社境内遺跡」出土品として知られてきたが具体的にはどの地点を指すのであろうか。手掛かりは過去の調査記録にある。

　大場磐雄は研究日誌『楽石雑筆』の 1936 年 11 月 29 日条に比々多神社を訪れた際の記録として「(1) 石器時代遺品　(イ) 顔面把手二個、比々多村三の宮小字宮の上発見、一個は厚手式の普通のもの、二は小形なれど上に凹部ありて型式を異にするものなり、珍物というべし」と記しており（大場 1976）、当時撮影したガラス乾板 2 枚が残されている（國學院大學日本文化研究所学術フロンティア推進事業「劣化画像の再生活用と資料化に関する基礎的研究」プロジェクト編 2005：ob0925・0926、第 24 図 2）。

　また、神奈川県立埋蔵文化財センター所蔵の赤星直忠の研究資料（通称：赤星ノート）にもいくつかの資料に本例の記載が認められる（神奈川県立埋蔵文化財センター編 1997：整理番号 15029・15047・15065・15073）。神奈川県による大山総合調査[38]に伴う伊勢原町内の遺跡・遺物調査の一環として当時の宮司である永井参治から聞き取って記録されたものと考えられる。いずれも顔面把手の出土地を神社現境内と区別し、「旧境内」「宮上」と記している。

　注記や大場・赤星の記録にある「宮上」「宮の上」の小字は現境内を含む緩斜面から、一段上がった埒面古墳近辺までを範囲とし、どちらも勝坂式土器の出土が知られている。さらに細かい地点を特定する必要があるが、赤星ノート 15029 に「旧境内　本殿あと　手づくね　模造形　冠塚　ラチメン　顔面把手など」と埒面古墳周辺であることが示唆されているほか、遺跡分布図（15050）でも「宮上」は神社北西の埒面の位置に点が打たれている［第 25 図 3］。このことから、本例は埒面古墳に近接する縄文時代中期集落の一角から出土していたと判断することができよう。同所は背後に大山を、正面に相模平野を見晴らす景勝の地である。

---

37) 伊勢原市教育委員会の諏訪間伸氏のご教示による。
38) 赤星ノートによると考古部門では、大山山頂遺跡、尾根山古墳の発掘調査と伊勢原町内出土遺物の所蔵調査が行われ、各発掘報告と地名表からなる報告書が予定されていた。

(4) 顔面把手・蛇体装飾の観察 ［第24図・第25図］

器　体

　本例は高さ16cm・幅15cmで、土器器体の口縁部以下約6cmが遺存しており、土器本体の形状を推定することが可能である。口縁部は内湾し、外面は口縁部直下から縄文（直前段多条のRL）が施されている。これらの特徴から中山真治（2000）の分類によるA1類に属するものと判断できる。器体の全容が判明する類例としては八王子市犬目中原遺跡例［第25図4］が挙げられよう。

　胎土は緻密で0.2～0.5mm程度の黒色粒子、長石、石英が混在する。まず口縁部をつくり、その上に球胴の顔面・後頭部を置く。次いで、頂部および左右の頭髪部（以下、部分名称は中村 H 1973による）・耳部を接合していく。頂部および左の頭髪部（本稿での左右は観察者側からの視点による）が顔面との間で破損していることからも明らかである。なお、頂部背面は眼鏡状突起を形成する。さらに背面に横位の隆帯を添付し、それに直交するように蛇体装飾を添付し、下部の眼鏡状突起に接続。さらにその下に隆帯を垂下させる。器面には内外面ともに丁寧なミガキ（細い工具痕を残す）が施される。焼成は良好で、顔面・背面は極赤褐色（2.5YR2/3）、器体内面は赤褐色～にぶい赤褐色（2.5YR3/3～3/4）と、全体的に赤褐色を呈し、一部にぶい褐色（7.5YR6/4）の部分がある。

表　面

　顔面部の高さは6.5cm、幅7.3cmで、頭髪部を含めると高さ10.0cm、幅13.6cmである。顔面は半球状に突出しており、器体および頭髪部との接合部には工具でなぞった痕が確認される。眉はその上部を削りだすことによって成形されており、両眉の中央に粘土の貼付による鼻が位置する。鼻孔は刺突による。その下部には沈線によって人中が描かれる。目は典型的なアーモンド形に、口は四角く粘土板を切り込んで形づくられている。但し、目の角度が水平に近いのは本例の特徴であろう。なお、側面図で窺えるように顔面はやや上方を向いている。顔面の表情については写真を参照されたい。

　頭頂部には径約1cmの孔が貫通しており、背面の眼鏡状突起に接続している。円孔の周囲には1条の沈線がめぐる。頭髪部右側では波状の外形に従って、3つの三叉文が連続して施される。頭頂部円孔・顔面・耳部円孔と一体となって3つの玉抱き三叉文を形づくっているのであろう。これに対し左側上半は欠損しているが、頭頂部脇の三叉文は僅かに確認できる。下部には耳部円孔の上部に沈線による円文とそれを囲む区画文が見える。右側では耳部円孔の上がすぐに波状を呈するのに対し、右側にはそれが認められないことから、頭髪部は左右非対称であった可能性が高い。

背　面

　半球状の盛り上がりが形づくられ、その上に頂部の眼鏡状突起が形成される。粘土板と2本の隆帯を組み合わせることで、上面から見ると三角形のくぼみが生じるが、これを丁寧に三叉文として加工している。

　中段には、左右の耳部円孔を結ぶ形で隆帯が貼られ、綾杉状の刻みが施される。蛇体装飾はこれらに乗っかる形で造形される。頂部眼鏡状突起の中ほどに、短沈線を充填させた「＜」字状の頭部が配置され、その下に粘土紐による目を添付する。体部の隆帯は半球状の盛り上がりから横方向の隆帯を越えて、下部の眼鏡状突起に接続する。体部には交互刺突文が施されている。なお、下部の眼鏡状突起からさらに下方に交互刺突を伴う隆帯が伸びていく。

　一方、左側の頭髪部裏面も、隆帯で縁取られており、蛇の頭同様の短沈線が充填され、円孔との接合部付近では交互刺突文に変わる。あるいは、江坂（1960）のいうようにこちらも蛇を表しているの

第4章　釣手土器の発生と展開

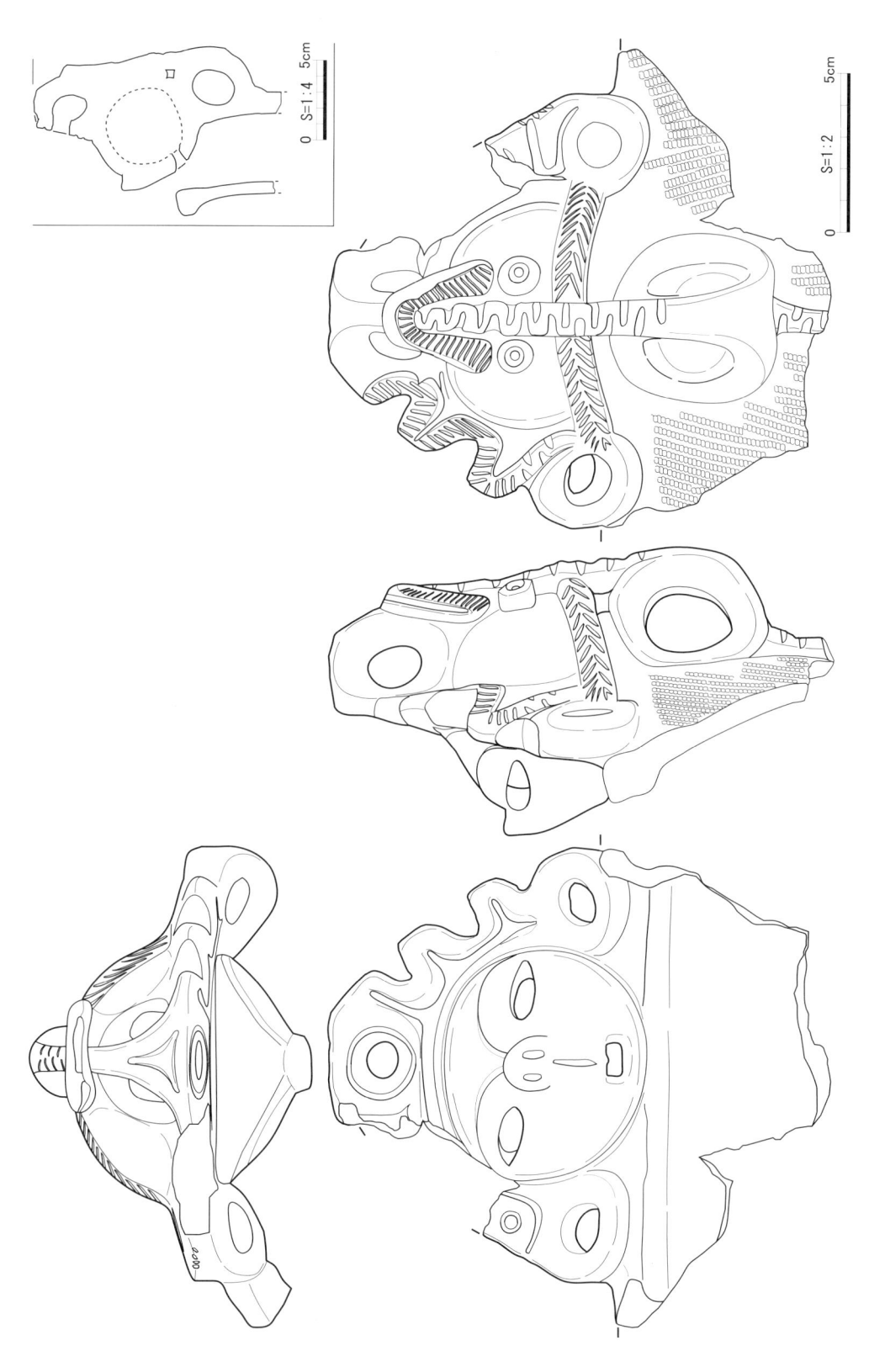

第24図　三之宮比々多神社所蔵の蛇体装飾付顔面把手（1）

— 95 —

1. 三之宮比々多神社所蔵蛇体装飾付顔面把手（縮尺不同）

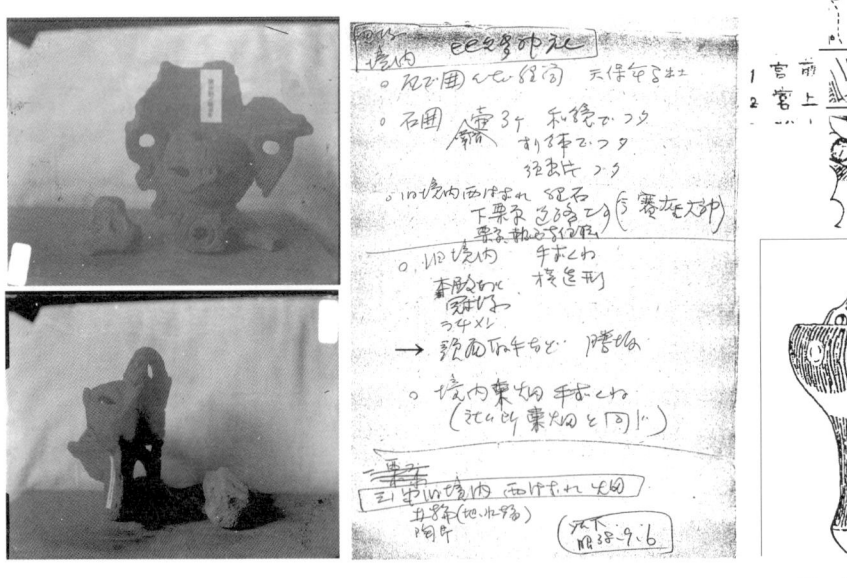

2. 大場磐雄撮影写真
（上：ob0925 下：ob0926）

3. 赤星ノートの記載
（左：15029 右：15050）

4. 器形参考事例
（八王子市犬目中原遺跡）

S=1:8

第25図　三之宮比々多神社所蔵の蛇体装飾付顔面把手（2）

第4章　釣手土器の発生と展開

かもしれない。右側は、表面同様の区画文らしい沈線が認められるもののモチーフは不明である。

(5) 帰属時期

　中山真治（2000）は器形・胴部文様の判明する顔面把手35例について器形と顔面装飾を細別し、時期・地域の特徴を検討して、本例の属するA1類が関東西部に多いこと、井戸尻Ⅰ・Ⅱ式期（新地平編年9a・9b期：黒尾ほか1995）に属することを示した。また、顔面装飾の輪郭が丸みを帯びるものを2類、輪郭が蛇行し立体化したものを3類とした上で、2類を藤内Ⅱ式期古・新（8a・8b期）、3類を井戸尻Ⅲ式期（9c期）に位置づけている。本例は、その中間形態として位置づけられよう。

　次に蛇体装飾をみてみたい。本例のような頭部が「＜」字を呈し、目が独立して形づくられる例は単体の蛇体把手として比較的多くの事例が知られているが（上川名1983）、時期判断可能な器体を伴うものは少なく、岡谷市榎垣外遺跡出土の顔面把手と反対側の胴部に付された例がある程度である。また、頭部に短沈線が施される例は他に例を見ないようである。中山真治は榎垣外例を藤内Ⅱ式新（8b期）としているが、体部装飾に交互刺突文と綾杉状文を併用しており、交互刺突文のみの本例より先行する可能性がある。以上の点を踏まえ、本例は井戸尻式の前半段階に属するものとしておきたい。

3．類似する装飾とその分布
(1) 顔面把手の主要モチーフ

　冒頭で述べたように、顔面把手は一括して検討されることが多く、形態・装飾の分類やそれをもとにした議論は少なかった。中山真治の研究は上述したとおりであるが、時期差・地域差を指摘する数少ない論考である。こうした中、吉本洋子・渡辺誠（吉本2003、吉本・渡辺2004）は"目口鼻を欠く人面装飾"を検討し、それらが目口鼻を欠くという特徴のほか、形態や背面装飾を含めて類似性の強い複数のグループに分けられること、それらが地域でまとまることなどを指摘し、そうした一見特異な表情であっても、サイズ・分布の点で他の顔面把手との差異は認められず、むしろ普遍的な存在であったことを論じた。

　こうした研究を踏まえて、改めて表・背面の装飾を眺めてみると、いくつかの特徴的モチーフを抽出することが可能である。すなわち、表面に関しては、頭頂部の円文・三叉文・渦巻文、背面では、眼鏡状突起・蛇体装飾・円文・渦巻文・十字状文・三（二）本指文・三叉文などである。なお、蛇体装飾については本例のような明瞭なもののほか、抽象化されたものも多く、識別に困難が伴うが、ここでは刻みの入った隆帯が眼鏡状突起と組み合うものは蛇体装飾として判断した。

(2) 本例の類例と空間分布

　本例は、表面頭頂部は円文、背面は眼鏡状突起・垂直の蛇体装飾というモチーフの組み合わせと理解できる。では、こうした組み合わせをもつ事例は他にどの程度存在するのだろうか。報告・図録などで表裏両面を確認できる資料を検討した結果、平塚市原口遺跡、厚木市林大坂上遺跡、海老名市杉久保遺跡、横浜市上白根おもて遺跡、あきる野市二宮森腰遺跡、武蔵村山市屋敷山遺跡[39]、甲州市

---

39) 二宮森腰遺跡は旧称二宮神社（境内）遺跡、屋敷山遺跡は旧称村山第三小学校遺跡。本稿では吉本・渡辺（1994）の呼称に従った。

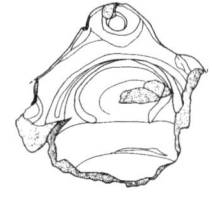

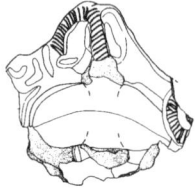

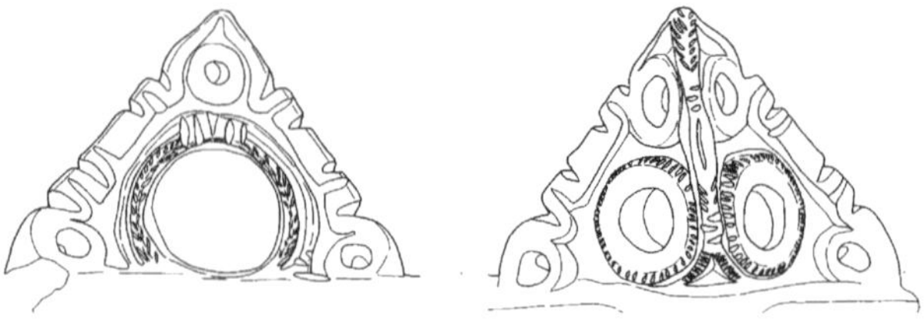

1. 平塚市原口
2. 厚木市林大坂上 
3. 海老名市杉久保
4. 横浜市上白根おもて 
5. あきる野市二宮森腰
6. 武蔵村山市屋敷山 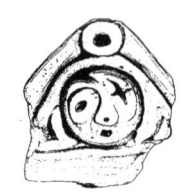
7. 甲州市野呂原 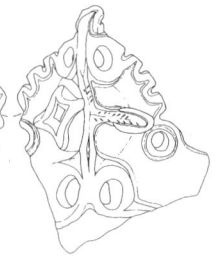
8. 北杜市津金御所前
9. 富士見町藤内 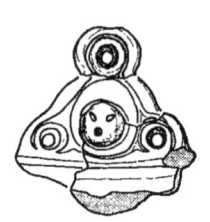
10. 岡谷市海戸
11. 北杜市原町農業高校

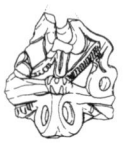

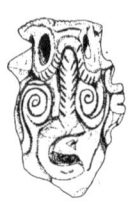

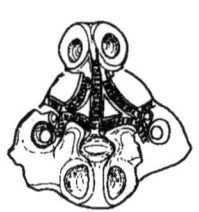

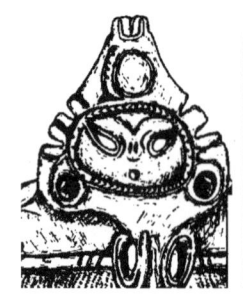

S=1:4

S=1:6

第26図　三之宮比々多神社所蔵顔面把手の類例

第 4 章　釣手土器の発生と展開

釈迦堂遺跡群野呂原地区、北杜市津金御所前遺跡、富士見町藤内遺跡、岡谷市海戸遺跡の 10 例の類例を見出すことができた［第 26 図］。顔面把手全体の中では僅かな一群であるが、顔面把手を製作する際の流儀の一端は抽出し得たのではないかと考える[40]。なお、類似した装飾をもつ土偶として、北杜市原町農業高校前遺跡 95 住の事例を挙げておきたい［第 26 図 11］。

　二宮森腰例、屋敷山例は"片目に傷の付いた顔面把手"（江坂 1970）であり、原口例、杉久保例は"目口鼻を欠く顔面装飾"（吉本・渡辺 2004）に該当するが、ここで抽出した装飾パターンを持つ事例以外にも認められるものなので本群の特徴とは言えない。野呂原例は、頭頂部まで蛇体装飾が上がってきている点、背面左側に十字状文が施される点で本例と異なっているが、上に伸びる蛇体に直交するもう 1 体の蛇体の存在は、本例背面の横走する隆帯も蛇を示している可能性を示唆する。なお、林大坂上例・二宮森腰例は上面の三叉文も本例と共通する[41]。

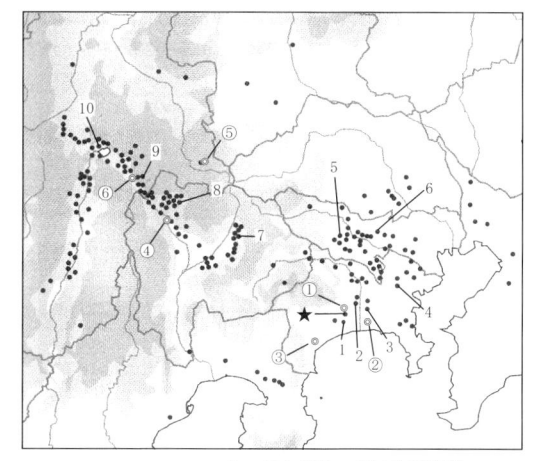

・★：三之宮比々多神社所蔵例
・1～10 は第 25 図の番号と共通
・①～⑥は第 27 図の番号と共通
・背景は小松学（2008）による顔面把手出土遺跡分布図

第 27 図　三之宮比々多神社所蔵顔面把手と類似する装飾を持つ顔面把手・釣手土器の分布

　これらの分布は本例を含めて、東京都・神奈川県の西部に 7 例、山梨県東部に 1 例、山梨県西部～長野県諏訪周辺に 3 例となる。顔面把手全体を見ると伊那谷や松本平にも多数分布するのに対し、これらの一群の分布範囲は限定的であり、分布の密度を考慮すると関東南西部に特徴的な様相を示している［第 27 図］[42]。特に、本例・原口・林大坂上の 3 例は、分布の上でも隣接している［第 23 図］。

（3）釣手土器における類似の装飾
　ここで目を釣手土器に転じてみたい。藤内式・井戸尻式期の釣手土器の装飾について同様の検討を行った結果、抽出されたのは伊勢原市御伊勢森遺跡例、寒川町岡田遺跡例、川上村大深山遺跡例、富士見町曽利遺跡例である［第 28 図］。

　御伊勢森遺跡は、三ノ宮・宮ノ上遺跡の北方 1.5km に位置し、本例と最も近い釣手土器となる。裏面が一部欠損しているものの、一見して、表面頭頂部が円文、背面は眼鏡状突起・蛇体装飾というモチーフの組み合わせを持つことを知ることができよう。隆帯は交互刺突文ではなく、刻みで装飾されているが、上下にうねる形態は蛇を示している。頭髪部は波打っていないが、背面の蛇行隆帯はその名残と考えられる。岡田遺跡も宮ノ上遺跡から相模川を隔てた南西 11km の近距離に位置する。顔

---

40) このほか、頭頂部文様が渦巻文の川崎市子母口富士見台遺跡（村田 1993）や狭山市宮地遺跡例（山梨県立考古博物館 2004：No.115）、横位（V字形）に蛇体装飾が施される富士見町下原遺跡例（同書：No.170）なども近似した文様構成といえる。これらの存在は、特定の装飾の組合せのみが特化していたわけではないことを物語っており、本稿で抽出した一群は、そうしたバリエーションの 1 種類と捉えておきたい。
41) 実測図・写真・実見等で確認できたものに限られる。
42) 小松学（2008）の集計による顔面把手数は長野県・山梨県計 219 例、東京都・神奈川県計 92 例で、本群の割合は前者で 1.8%、後者で 7.6% である。

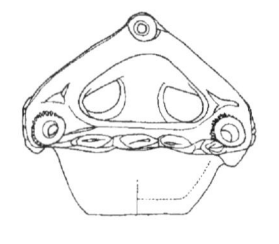

1. 伊勢原市御伊勢森

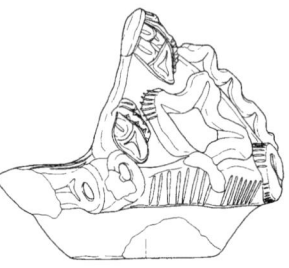

2. 小田原市久野一本松

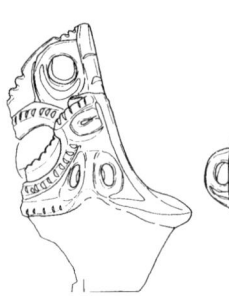

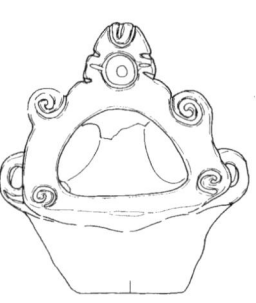

3. 寒川町岡田

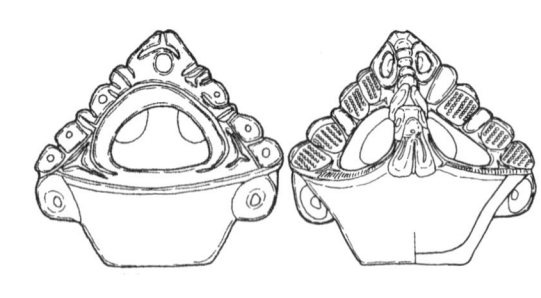

4. 韮崎市石之坪西地区

5. 川上村大深山

6. 富士見町曽利

※網掛け部分は復元

図　：S=1:6
写真：縮尺不同

第28図　三之宮比々多神社所蔵顔面把手と類似する装飾を持つ釣手土器

— 100 —

第4章　釣手土器の発生と展開

面把手の頭髪部にあたる部分に、円文が加えられていること、頭頂部円文の上に三叉文が施されているのが特徴である。後者は顔面把手の上面に見られた三叉文と関連するものであろうか。大深山遺跡例は円文が増加し、その背面に縄文が施されている。頭髪部分の円文とともに頭頂部円文上の三叉文の点でも岡田例と共通する。曽利遺跡例は既に頭髪部の波打ちが見られないが、沈線による連続三叉文は残されている。背面中央には上下の眼鏡状突起を結ぶ形で斜めに刻みを施した2本1組の隆帯があり、これまでの諸例から蛇体装飾が変化したものと推定される。同様の装飾は背面釣手部に4箇所認められ、大深山例の釣手部円文背面の装飾の性格をも示唆している。このほか、頭頂部が欠損している小田原市久野一本松遺跡例［第27図］、背面下部が欠損している韮崎市石之坪遺跡西地区例［同4］も同様の文様構成をとっていると推測される。これらの釣手土器は型式学的特徴と共伴資料から井戸尻式期～曽利Ⅰ式期と判断されるものである。

さて、6例の分布は神奈川県西部3例と八ヶ岳山麓3例（諏訪・南佐久・北巨摩）であり、この分布は前述の本例類似の顔面把手の分布範囲に近いあり方を示している［第27図］。神奈川県においては当該期の釣手土器の全てがこの文様構成ということになる。

顔面把手・釣手土器の一部類型の分布が類似したあり方を示すことは当該地域を考える上で重要な意味を持つと思われる。このことはまた、土器の一部とそれに関わる儀礼のあり方が、地域と密接に関わって展開していたことを窺わせるのである。

4．顔面把手と釣手土器

本節では、三之宮比々多神社所蔵の顔面把手の再紹介とともに、その出土地の検討を行い、類似する装飾を持つ一群を抽出できること、その装飾の組み合わせは同じ伊勢原市内の御伊勢森遺跡出土例をはじめとする釣手土器においても認められることを確認し、両者の分布が同様のあり方を示すことを指摘した。そもそも顔面把手と釣手土器の形態上の類似については冒頭で紹介したように鳥居龍蔵（1924）によっていち早く指摘され、八幡一郎（1937）、小林公明（1991）が続いた。これに対し、具体的に装飾上の類似に言及したのは諏訪市博物館で釣手土器展を開催した田中総である。田中は同展図録（諏訪市博物館1999）において、諏訪市荒神山遺跡第93号住居出土の顔面把手と、富士見町井戸尻遺跡3号住居跡出土の釣手土器を並べ、読者にその共通点を探すよう求めた。第29図1・3にそれを再掲し、筆者なりの回答を示した。即ち、頭頂部・主窓頂部の三叉文（a）、頭髪部・主窓の交互刺突文と類似する文様構成（b）、裏面頂部の眼鏡状突起（c）、中央部の十字状文とそれを分割した形態の窓部（d）、その左側の三（二）本指文[43]（e）などである。類例として厚木市恩名沖原遺跡J-2住居出土の顔面把手と南箕輪村久保上ノ平遺跡35号住居址出土の釣手土器を加えておきたい［同2・4］。前者では、上記a・c・d・e、後者においてもd・eの特徴が看取される。

顔面把手と釣手土器で装飾の組み合わせが類似する例をいくつか挙げておこう。1つは背面の玉抱き三叉文である。もともと後頭部の玉抱き三叉文は藤内式期から続く土偶の代表的な装飾であり（今福1998）、顔面把手では数は少ないものの野呂原遺跡に目口鼻を省略したものが見られる［同5］。富士見町札沢遺跡例（藤内Ⅱ式　同6）や岡谷市目切遺跡例［同7］、茅野市中ッ原遺跡例［同10］、杉並区井草八幡宮所蔵例、三島市観音洞遺跡例（以上、井戸尻式期）など一定数の事例が粘土紐を掛

43）荒神山例は二本指文の付根に2本の沈線があり、背面図では三本指のように見えている。

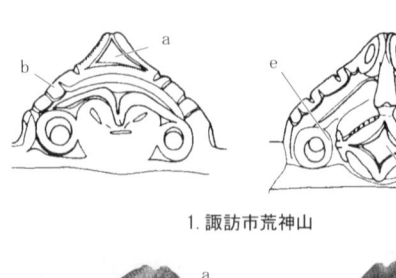

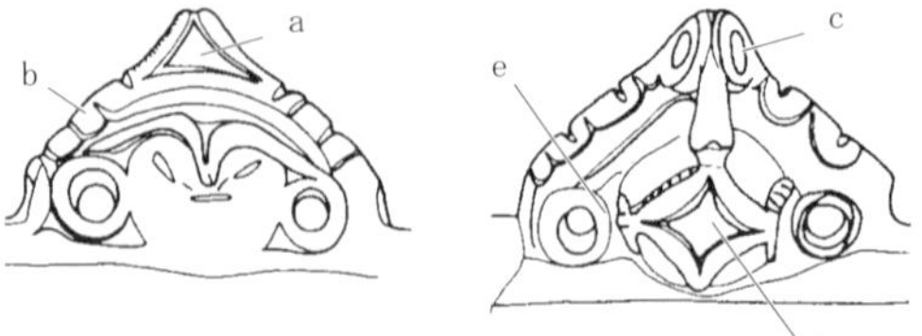

1. 諏訪市荒神山 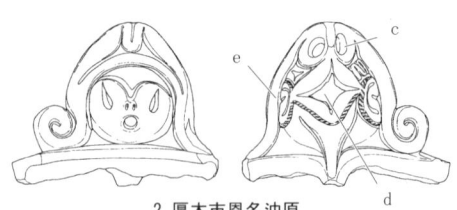　　　　　　　　　　　　　　2. 厚木市恩名沖原

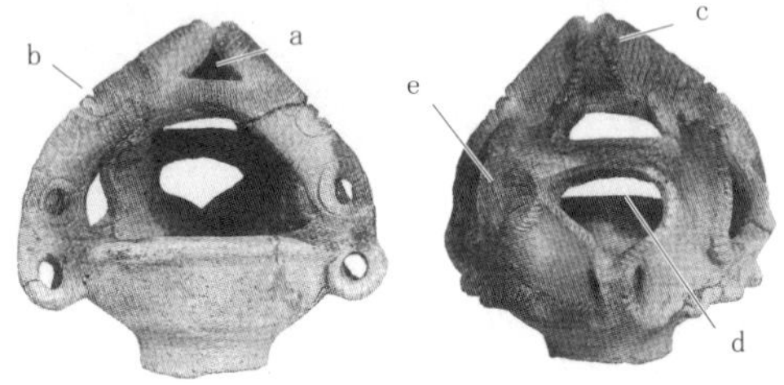

3. 富士見町井戸尻 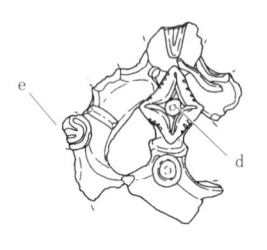　　　　　　　　　　　　　4. 南箕輪村久保上ノ平

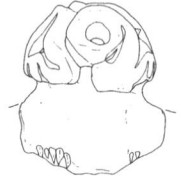

5. 甲州市野呂原 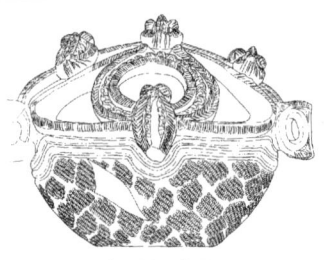　　　　　6. 富士見町札沢 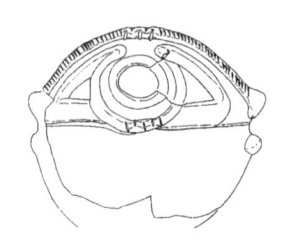　　　　7. 岡谷市目切

8. 富士見町九兵衛尾根 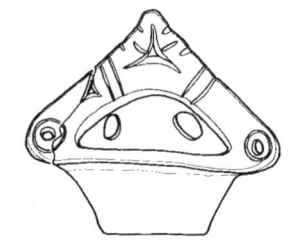　　9. 富士見町藤内 　　　　10. 茅野市中ッ原

縮尺不同

第29図　顔面把手と釣手土器の装飾パターンの類似

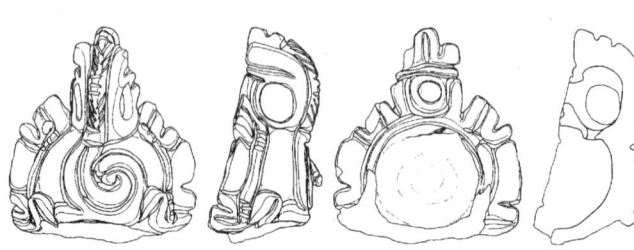

第30図　顔面を打ち欠かれた顔面把手（秦野市鶴巻上の窪）

S=1:6

— 102 —

第4章　釣手土器の発生と展開

け渡すことによって玉抱き三叉文を形づくっている。もう1つは、頭頂部の三叉文とその両脇の縦位の沈線文である。顔面把手では富士見町九兵衛尾根遺跡［同8］、釣手土器では同町藤内遺跡［同9］、上記中ッ原遺跡［同10］に例をみる。

　縄文土器の文様・装飾が土偶と共通することは古くから指摘されてきたが、谷口康浩（1998）は土偶文様と土器文様の関係性の強弱が勝坂式・曽利式と加曽利E式とで異なっていることを指摘し、こうした関係性が土器に対する社会の指向性・認識の差異と関わるという解釈を示した。本稿で扱った釣手土器の装飾も同様の問題として位置づけることが可能である。その起源が顔面把手にあり、さらに土偶とも関係することが、装飾の組み合わせというレベルにおいて認められたのである。重要なのは、土偶・顔面把手と釣手土器の関係が一対一の関係ではなく、複数の組み合わせが存在したことである。本稿ではその一端を示したに過ぎないが、三者間での具体的な関係が明らかになったことは、その性格や、釣手土器出現の経緯などを検討する上で重要な手がかりを得たものと考えられる。少なくとも今回扱った三之宮比々多神社所蔵例の類例については顔面把手・釣手土器ともに、神奈川県西部〜長野県諏訪地域という範囲で重なっており、筆者の目標とする土器・地域・儀礼の関係性の把握のうち、土器と地域との関連については一定の見通しをたてることが可能となった。

　冒頭で述べたように顔面把手は器体から離れた後も単独で取り扱われた（藤森1968）。また、顔面把手に対する具体的行為として顔面の打ち欠きがある（吉本2003、吉本・渡辺2004）。その好例は本例に近接する秦野市鶴巻上ノ窪遺跡例であり顔面全面が失われている［第30図］。同じく近接する原口例や杉久保例は目口鼻を省略している［第26図1・3］。こうした顔面把手の取り扱いを踏まえると、勝坂期の釣手土器の形態が顔面把手の顔面を打ち欠いた形態であるという鳥居龍蔵（1924）の指摘は、単に形態的な類似としてのみならず、実際の儀礼行為を踏まえた関連性として改めて評価されるべきであろう。すなわち器体から離れ顔面を打ち欠かれた球胴の顔面把手の存在が、釣手土器という新しい土器形式のモデルとなり、その装飾が受け継がれた、という推定を可能にするのである[44]。本節では、比々多神社所蔵例の再紹介を第一とし、近隣例をもとに論を進めた。他の顔面把手や釣手土器の関係性については次節で改めて論じる[45]。

---

44) 既に小林公明（1991）は形態を根拠として、「女神の首」としての顔面把手・釣手土器の共通の性格を主張しているが、筆者は、両者の媒介としての顔面把手の打ち欠きという行為の存在を重視したい。
45) 2008年2月15日〜17日の3日間、伊勢原市中央公民館を会場に市内の縄文時代の精神文化に関わる資料を集めた「第21回考古資料展　縄文時代の祈り－池端・金山遺跡を考える－」が開催され筆者もそれに関わることができた（伊勢原市教育委員会2008）。そこで三之宮比々多神社所蔵の顔面把手と御伊勢森遺跡出土の釣手土器を並べて展示する機会を得た際、両者の装飾の類似に気づいたことが本稿執筆の契機である。

第3節　釣手土器の成立とカテゴリ認識

(1) 顔面把手と釣手土器における装飾パターンの類似

　　釣手土器は藤内式期に八ヶ岳南麓の山梨県北杜市から長野県富士見町にかけての一帯で発生する。祖形から順に型式変化をたどって成立したものではなく、完成形での出現である[46]。続く井戸尻式期には長野・山梨・東京・神奈川・群馬西部という顔面把手分布域（小松2008）とほぼ重なる範囲に広がる。蜂屋孝之（2006）は、曽利I式期の顔面付釣手土器を釣手土器と顔面把手の合体した姿と想定しているが、顔面把手と釣手土器の形態の類似は既に鳥居龍蔵（1924）が、「顔面把手の顔を打ち欠いたような形」と表現したように古くから注意され、両者とも地母神像としての性格が想定されたこともあって密接な関係が指摘されてきた（小林1991など）。なお、鳥居は「器体の形態そのものは最も簡単で、ただ装飾において複雑であるに過ぎない」とも指摘している。現在の編年を踏まえてみると特に藤内式期から曽利I式までは装飾が顕著であり、一見するとバリエーションの豊富さに戸惑うことになる。

　　釣手土器の装飾と同様に、顔面把手の装飾も複雑である。蛇体文・渦巻文・S字文・三角文（三叉文）・四角文（四叉文）その他の文様要素が複雑に、漸移的に組み合わされていて、網羅的・体系的分類は困難であるため、細分研究は殆ど行われてこなかった。しかし、吉本洋子・渡辺誠の研究（2004）や山梨県立考古博物館編（2004）の展示図録などで類似するパターンの存在が指摘されるなど、複数の個体に共通する一定の組み合わせを抽出することは可能である。

　　こうした研究を受けて、筆者は顔面把手・釣手土器それぞれの装飾に一定のパターンが存在すること、そのいくつかは顔面把手・釣手土器の間でも共通することを明らかにした。まず、旧稿（中村2009b：本章第2節）の内容を簡単に示す。三ノ宮・宮ノ上遺跡例の資料紹介の中で、類似する装飾パターン（正面に円文、背面に蛇体文）を持つ顔面把手を集成し、11例中7例が東京都・神奈川県に集中することを明らかにした。さらに同例の最も近くから出土した同時期の釣手土器である御伊勢森遺跡例もまた同様の装飾パターンを持つこと、その類例6例中3例が神奈川県西部に集中することなどを示した。この結果は、顔面把手と釣手土器との間に装飾要素の組み合わせパターンの共通性が認められること、両者は地域的にも近接していることを示している。さらに、正面に三角文・背面に四叉文を持つ一群、背面に玉抱き三叉文を持つ一群、正面に三叉文と二重区切文を持つ一群などの、顔面把手と釣手土器との装飾パターンの類似を複数抽出した（以上、中村2009a）。

　　このうち、背面に四叉文を持つ顔面把手として示した荒神山遺跡例は胴部の装飾から藤内II式期のものとされ［第32図Bも参照］、恩名沖原遺跡例も荒神山例同様に頭髪部は波状を呈さない古い段階の所産である。井戸尻遺跡の釣手土器もまた古い形態を示している。札沢遺跡の釣手土器および野呂原遺跡の顔面把手は藤内式期のものと考えられる。また、上述した蛇体文を持つ諸例は井戸尻式期のものである。これらの諸パターンは図示した以外にも類例はある程度存在し、蛇体文を持つ一群は曽利II式期まで系統を追うことができる。四叉文も井戸尻式期の床尾中央遺跡例［第34図20］など

---

[46] 綿田弘実（1999）は最古例の1つである長野県富士見町札沢遺跡例にみられる半隆起施文や、古い段階の釣手土器にみられる縦位の双環突起に注目し、これらを持つ小形鉢を関連資料として挙げている。

第4章 釣手土器の発生と展開

に継承される。なお、背面に玉抱き三叉文を持つ事例と背面に蛇体文をもつ事例の分布は、数の多い諏訪地域を境に東西の地域差が認められる。

しかし、藤内式期～井戸尻式期の釣手土器には、背面に蛇体文と玉抱き三叉文の2つの装飾を持つ聖石遺跡 SB07 例［同10］などがあり、釣手部装飾は異なるものの、類似した獣体装飾を頂部に持つ札沢遺跡例・熊久保遺跡例・穴場遺跡18住例・北原遺跡例などの一群、藤内遺跡7住例や酒呑場遺跡例のように表現方法は異なるものの三角形文と円文の組み合わせを共有する一群もある。これらは、単独で彫りこまれる場合のほか、背面窓の形（あるいはその縁取りの隆帯）として表現されることも多い。また、背面装飾は様々な装飾が考案され、多窓型（綿田1999）とされる床尾中央遺跡例・堂山遺跡例などが生み出された。

両者の形態・装飾の共通性から釣手土器は顔面把手をモデルとし、同一カテゴリに属するものとして成立してきたものと理解される。具体的な表現については、藤内Ⅱ式期から井戸尻式期に至るまでに、複数種類の顔面把手や先行する釣手土器をモデルとして装飾の置換なども行われつつ、複数のプロセスで生み出されたものと思われる。

（2）土偶装飾付土器から釣手土器への顔面破壊の連鎖

顔面把手から釣手土器への変化を考える上で欠かせないのが、顔面もぎ取り行為・顔面打ち欠き行為である。顔面把手は圧倒的多数が顔面把手部のみで出土している。それが器体からもぎ取られ独立して取り扱われたことは、九兵衛尾根例［第31図1］の破断面の摩滅を根拠に藤森栄一（1968）が指摘している。このほか、顔面把手に対しては顔面部の掻き取りや額への穿孔（吉本・渡辺2004）、額へ

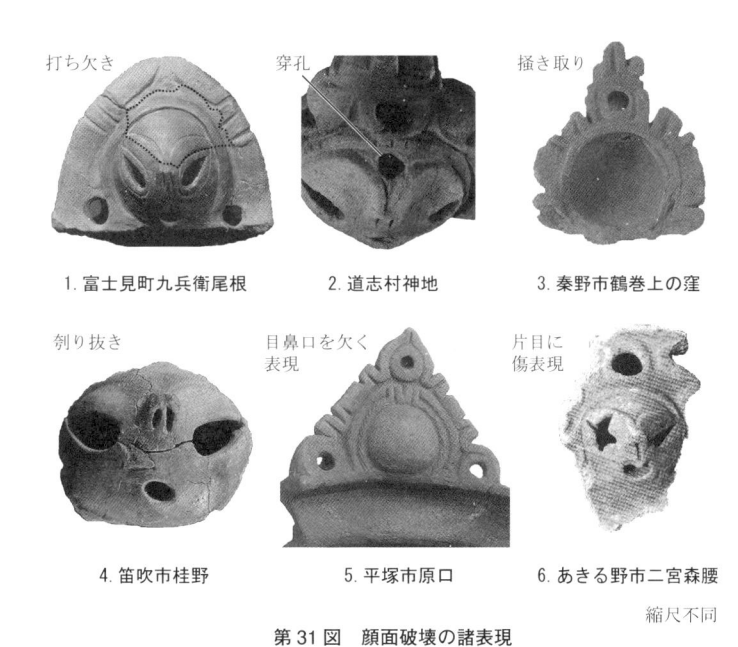

第31図 顔面破壊の諸表現

の打撃、剔り抜きなどの破壊行為が知られているほか、当初より"片目に傷の付いた"例（江坂1970）・"目鼻口を欠く"例（吉本・渡辺2004）として製作されたものもある。顔面把手はもぎ取られ、顔面を打ち欠かれる存在であったのである[47]。

一方、釣手土器も曽利Ⅰ式期に顔面装飾が付されるようになるが、曽利遺跡例［第35図4］や山梨県笛吹市金山遺跡例［第32図3］に見られるように、しばしば剔り抜き・打ち欠きの対象となる。

---

[47] 櫛原功一（2000）が集成した土偶装飾付土器13例中器体と頭部が共に遺存するのは7例、頭部周辺のみ遺存が1例、頭部を欠くのが5例と半数は打ち欠きの可能性がある。

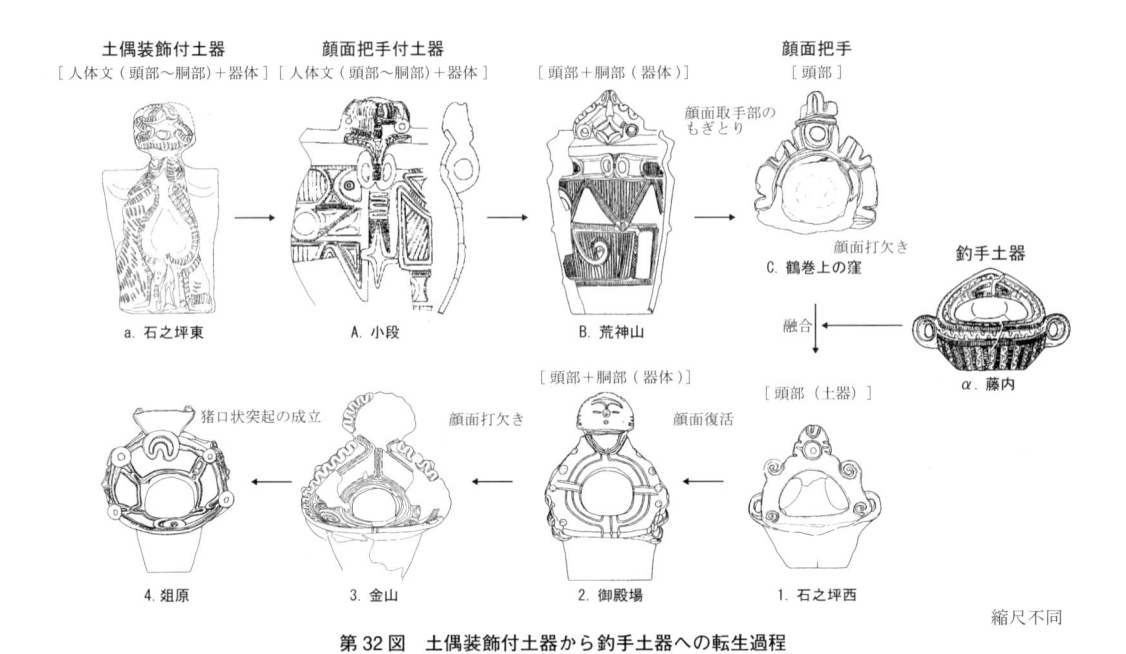

第32図　土偶装飾付土器から釣手土器への転生過程

　この両者に見られる破壊行為は偶然の一致とは思われない。むしろ、筆者は釣手土器の形態自体が、破壊行為の産物であると考えている。

　顔面把手の祖形については小杉康（2008）による土偶装飾付土器[48]からの変化とする説がある。小杉の説は狢沢式期の土偶装飾付土器から様々な「人獣土器」が、いわばテキストの異本として派生し、要素を置換しながら推移していくことを説いたものである。土偶装飾付土器から頭部と体部が連続する塩尻市小段遺跡例［同A］を経て、顔面部が分離する荒神山遺跡例［同B］、さらに体部が器体を挟んだ反対側にも置かれる北杜市津金御所前遺跡例という分析視点は肯定できる。これを踏まえてこの間の変化を表現すると、a：土偶装飾付土器：［人体文＋器体］→A：小段例：［人体文（頭部〜胴部）＋器体］→B：荒神山例：［頭部＋胴部（器体）］となり、人体文が分離し、頭部が突出し、胴部が器体と融合する過程が整理できる。

　こうして成立した顔面把手付土器に対し、顔面把手部に対する打ち欠き行為、つまり把手部のもぎ取り、あるいは顔面部の破壊がはじまる。すなわち頭部の独立、顔面部の失損である。これとほぼ同時期に、顔面把手をモデルとして釣手土器が製作されるようになる。その際モデルとされたのは、鳥居（1924）が古くから指摘するように器体から独立し、顔面部を失った把手部である。そして、続く曽利I式期に顔面装飾の出現とその打ち欠きが行われるのである。つまり、B：顔面把手付土器［頭部＋胴部（器体）］→顔面把手の独立［頭部］→C：顔面部の破壊［頭部－顔面部］→1：釣手土器［頭部－顔面部］→2：顔面付釣手土器［頭部＋胴部（器体）］→3：顔面部の破壊［（頭部－顔面部）＋胴部（器体）］となる。このような視点によれば、藤内II式期から曽利I式期にかけての顔面把手か

---

[48] 小杉は顔面把手付土器、蛇体装飾付土器などを含めて広く「人獣土器」と呼ぶが、ここでは櫛原に従い土偶装飾付土器と呼称しておく。但し、対象とするのは狢沢式期から藤内式期のものであり、井戸尻式期の土偶上半身が土器口縁部に付着するものは対象外である。

第 4 章　釣手土器の発生と展開

ら釣手土器への変化は共通のカテゴリ認識に基づく、頭部の顕在化・独立と顔面部の破壊という要素の繰り返しとして理解することができる[補注]。

（3）顔面把手と釣手土器の出土状況

　櫛原の集成した狢沢式期～藤内式期の土偶装飾付土器 13 例の内訳は住居覆土 5 例、住居床面 2 例、土坑 2 例、未報告・不明 4 例である。国立市南養寺遺跡 6 住（狢沢式期）では吹上パターンを呈する 10 個体の土器からやや離れて頭部を失った土偶装飾付土器が出土している。藤内遺跡 32 住（藤内 I 式期）では土偶装飾付土器（「神像筒形土器」）が床面に、覆土最上層からは大形浅鉢や双窩文土器が出土している。全体数が少ないこともあるが、出土状況は多様である。

　顔面把手は渡辺誠らの集成をもとに筆者が確認した藤内式期～井戸尻式期の 339 例中、発掘調査による報告例に限定すると住居内 88 例、土坑 7 例、遺構外 23 例となる。但し、出土状況不明のものが 221 例と圧倒的に多いので、この遺構内・外の数量比が本来のものであるかは疑問の余地もある。住居出土例の多くは土器や石器、土偶など多数の遺物と混じって出土するが、特徴的な出土状況を示すものとしては以下のものがある。特定遺物とのセット関係としては、伏せられた石皿の上（北杜市原ノ前遺跡例）、磨石の上（甲府市上石田遺跡例）などの事例がある。また同じ住居内から石棒（駒ヶ根市高見原遺跡例）・有孔鍔付土器（甲州市安道寺遺跡 8 住例）・蛇体把手付土器（八王子市犬目中原遺跡 2 住例）などの出土例がある。住居内での出土位置が明確な例は少ないが、長野県伊那市月見松遺跡 28 住例は器体を伴うもので奥壁部から出土している。釣手土器との共伴例は 4 例で、多くの遺物とともに出土した富士見町井戸尻 3 住例・藤内 7 住例（焼失住居）・岡谷市海戸 46 住例、釣手土器の上に顔面把手付土器と器体を離れた顔面把手、さらに有孔鍔付土器が重なって検出され、周囲からは磨製石斧も出土した甲州市北原遺跡 A トレンチ例がある。また、土坑出土例では石棒を伴い、器体を持つ事例が出土した北杜市海道前 C 遺跡例や同じく器体を持つ松川町北垣外遺跡例がある。

　釣手土器の出土例についての詳細は後述するが、I 期においても出土状況不明を除く 53 例中 48 例住居内出土であり、顔面把手の状況と類似している。屋内出土例の中には、石棒・有孔鍔付土器・石皿・磨製石斧を共伴するものもある。これらの遺物は顔面把手・釣手土器の両者が共伴した井戸尻 3 住、藤内 7 住例でも確認されており、顔面把手の最終的な遺棄方法の点からカテゴリ認識が継承されたものと解釈しておく。

補注）本節初出論文の提出時における最古例は、長野県富士見町の札沢遺跡例と山梨県北杜市の古林第 4 遺跡例で、藤内 II 式とされてきた。初出論文では、これに従い、藤内 II 式に人体装飾が顔面把手化した後に、これをモデルとして釣手土器が発生したと考えた。しかし、その後、長野県富士見町藤内遺跡の発掘調査報告書が刊行され、32 号住居址より、藤内 I 式の釣手土器 2 点が報告された。いずれも破片であり全体像は不明であるが、綿田弘実（2012）は釣手土器の当初の姿は札沢例のような動物装飾を掲げるものであった可能性を指摘している。こうした研究の進展に伴い、釣手土器の出現は藤内 I 式期であり、藤内 II 式期～井戸尻式期に顔面把手の形態・装飾と融合したものと考えを修正しておきたい（永瀬・中村 2012）。なお、現時点では詳細な検討は行っていないが、I 期の主要事例を図示しておく［第 33 図～第 35 図］。

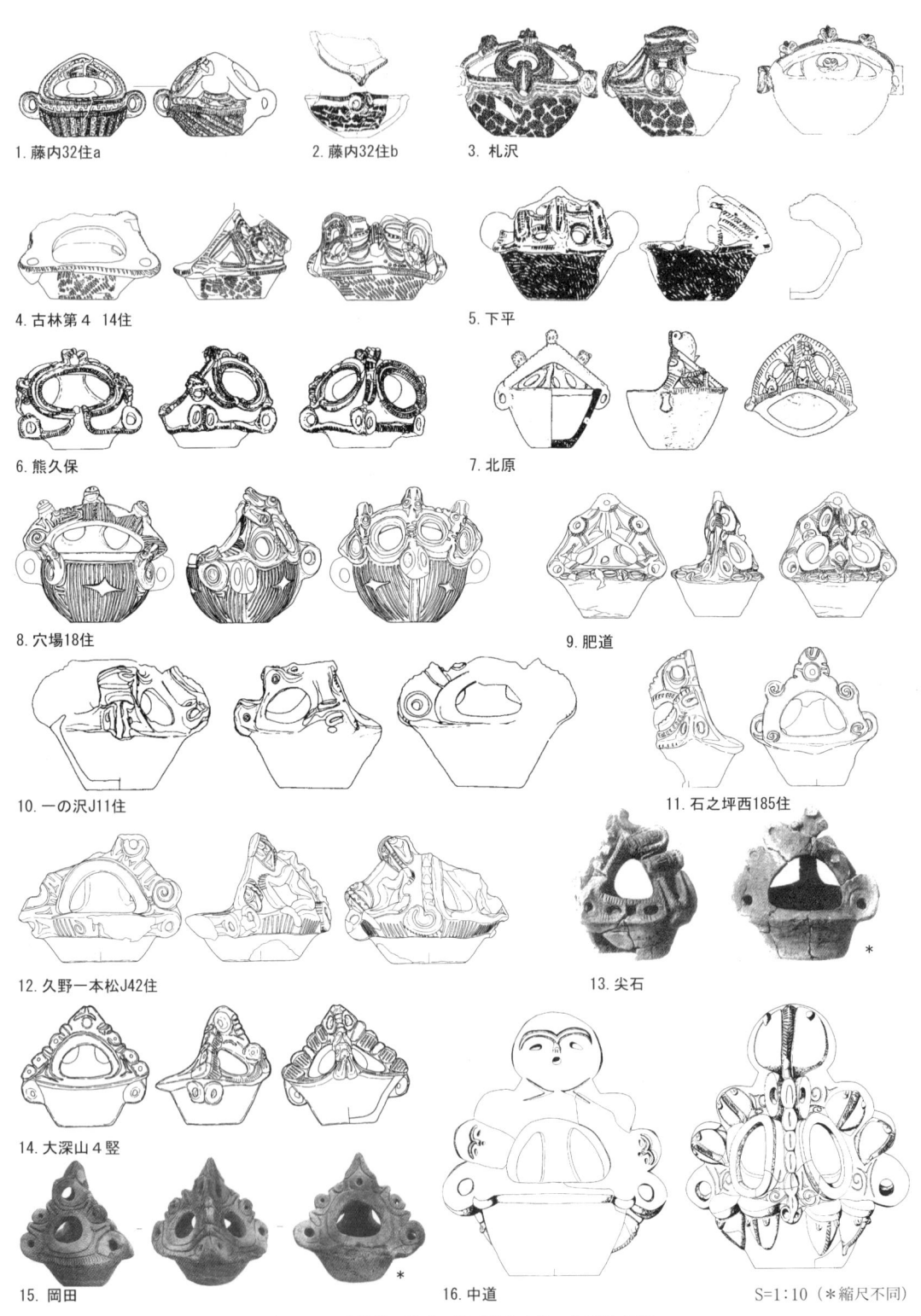

1. 藤内32住a　　2. 藤内32住b　　3. 札沢

4. 古林第4 14住　　5. 下平

6. 熊久保　　7. 北原

8. 穴場18住　　9. 肥道

10. 一の沢J11住　　11. 石之坪西185住

12. 久野一本松J42住　　13. 尖石

14. 大深山4竪

15. 岡田　　16. 中道　　S=1:10（＊縮尺不同）

第33図　前半期の釣手土器（藤内式期〜井戸尻式期）

— 108 —

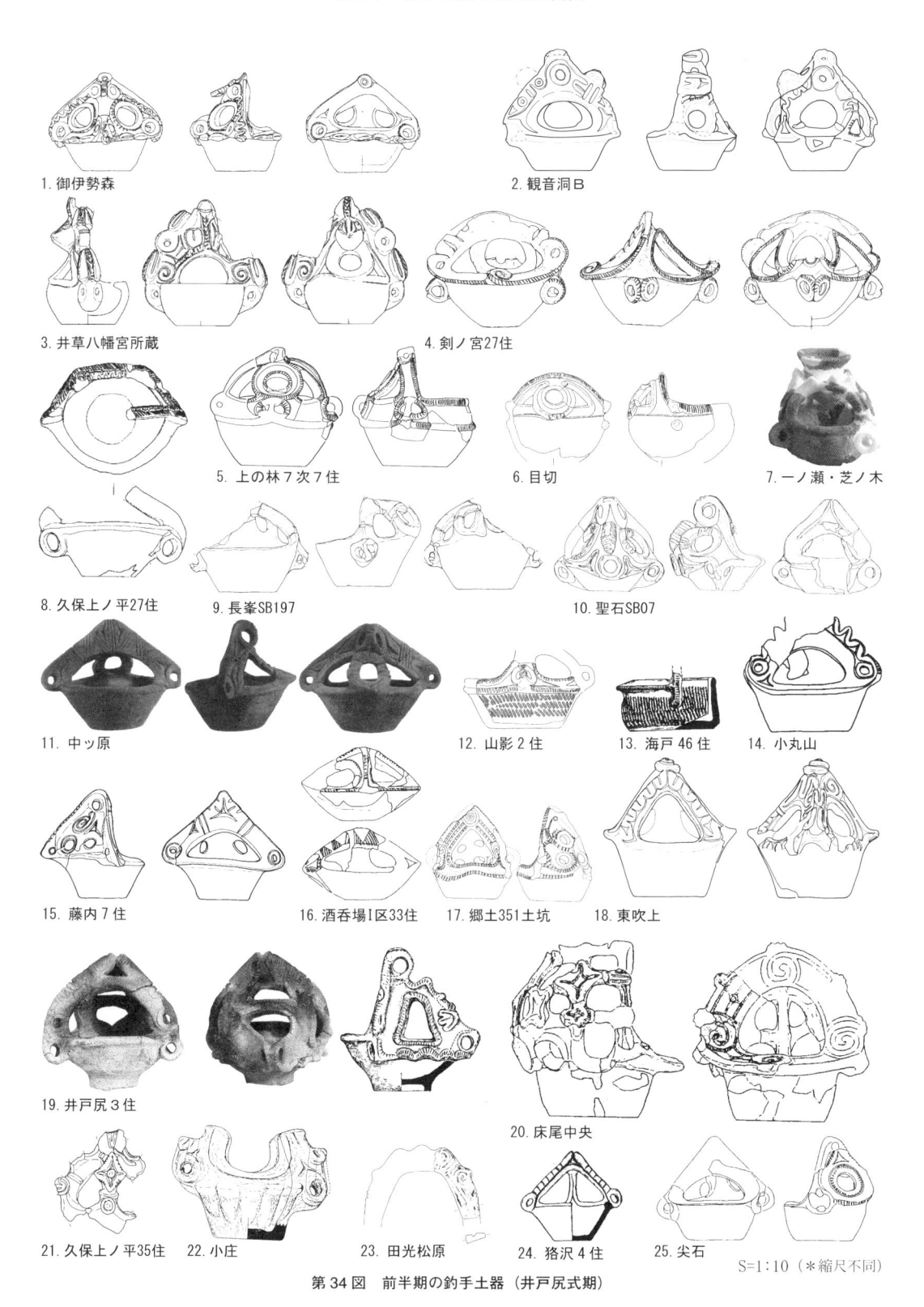

第4章 釣手土器の発生と展開

1. 御伊勢森　　　　　　　　　　　　　　　2. 観音洞B

3. 井草八幡宮所蔵　　　　　　4. 剣ノ宮27住

5. 上の林7次7住　　6. 目切　　　　7. 一ノ瀬・芝ノ木

8. 久保上ノ平27住　9. 長峯SB197　10. 聖石SB07

11. 中ッ原　　　　　　　　　12. 山影2住　13. 海戸46住　14. 小丸山

15. 藤内7住　　16. 酒呑場Ⅰ区33住　17. 郷土351土坑　18. 東吹上

19. 井戸尻3住　　　　　　　20. 床尾中央

21. 久保上ノ平35住　22. 小庄　23. 田光松原　24. 猪沢4住　25. 尖石

S=1:10（＊縮尺不同）

第34図　前半期の釣手土器（井戸尻式期）

— 109 —

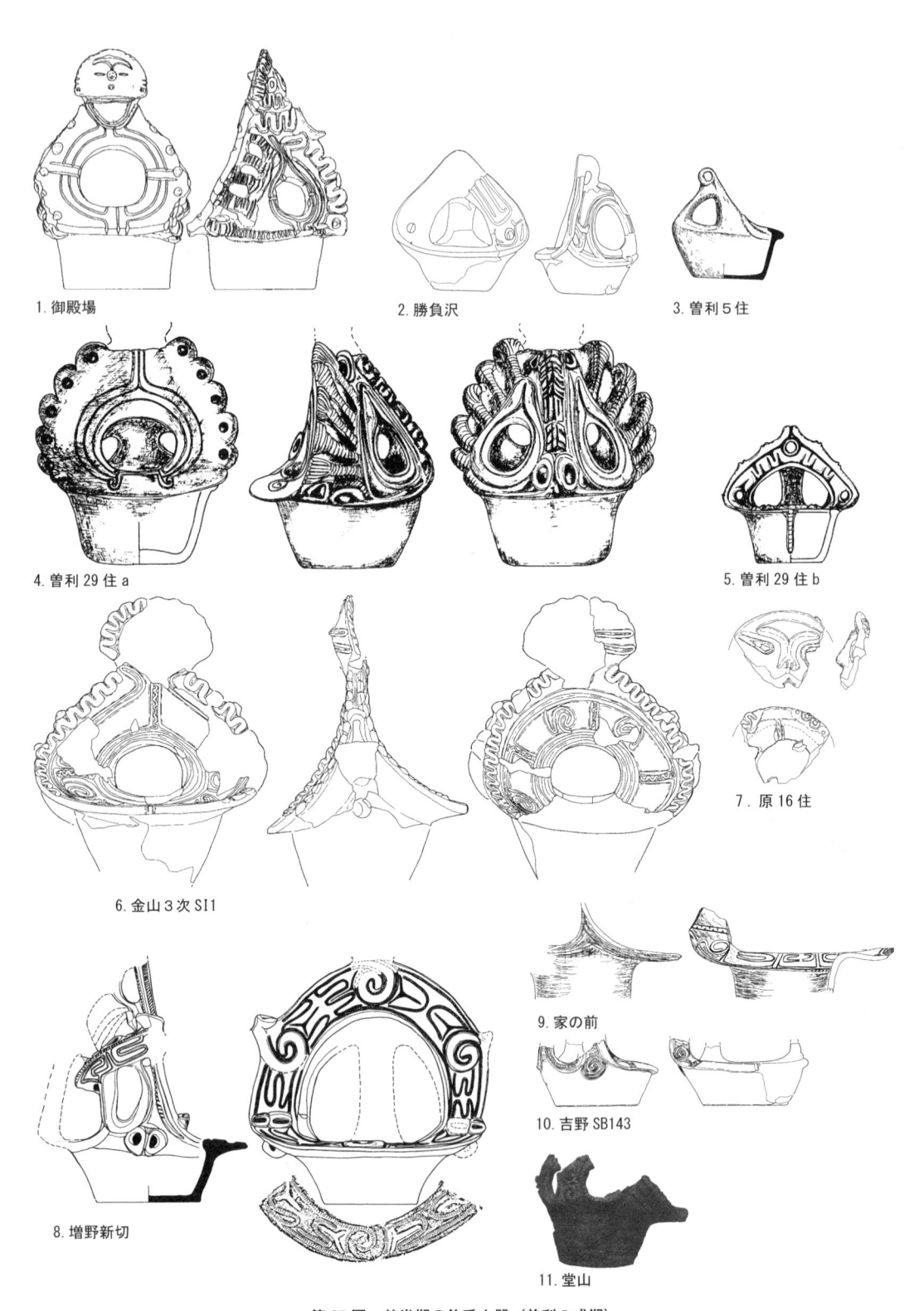

1. 御殿場　　　　　　　　　　　2. 勝負沢　　　　　　3. 曽利5住

4. 曽利29住a　　　　　　　　　　　　　　　　　　　　5. 曽利29住b

6. 金山3次SI1　　　　　　　　　　　　　　　　　7. 原16住

9. 家の前

10. 吉野SB143

8. 増野新切

11. 堂山

第35図　前半期の釣手土器（曽利Ⅰ式期）

第4章　釣手土器の発生と展開

第4節　釣手土器の展開過程

1．二窓式・把手式の成立
（1）二窓式・把手式の成立

　Ⅰ期には様々な形態がみられたが、正面に主窓、背面に2つの副窓を持つ「三窓式」に落ち着く。そして、続くⅡ期における最大の変化が「二窓式」・「把手式」という形態の分化とその定着である。二窓式は背面の窓が1つのもので、把手式はそこから頂部が失われた左右の突起のみの形態である。

　二窓式は既にⅠ期（曽利Ⅰ式期）の金山例や穴場30住例に事例がある。Ⅱ期の諸型式はこれらの系統下に位置づけられると考えられるが、その成立過程については十分な説明はなされていない。単純に考えれば、三窓式の基本構造である「左右に粘土紐を掛け渡し、さらに背面に一本の粘土紐を渡すもの」から、「背面の粘土紐」を除去すれば二窓式の基本構造となるが、Ⅰ期の諸例は顔面把手から受け継いだ背面装飾を重要視していたのだから背面の装飾を簡略化するという発想はなかったと思われる。そこで、むしろ背面装飾拡大の延長線上に二窓式の成立を推察する。例えば、観音洞B遺跡例や井草八幡宮所蔵例［第36図1・2］は背面に玉抱き三叉文を持つ一群の類例であるが、背面のリングその周囲の装飾が拡大し、結果としてリングの孔が二窓式の後窓に近い状態になっている（永瀬ほか2012、永瀬・中村2012）。一方、蛇体文を持つ一群の二窓式化は現在のところ説明できないが、上面の装飾にⅠ期の様相を残す聖石SB32例［同3］や剣の宮13住例などは過渡的資料として位置づけられる。また、三窓式と二窓式の最大の違いは、表裏の対称性の有無、あるいは正面性の強弱であるが、二窓式における窓枠の張り出し方が表裏で異なるもの、表裏で装飾手法が異なるものなどは過渡的な資料とみられる。真原A12住例［第41図1］などは両面に人面装飾を持つものの、窓枠の張り出し方で前後が区別されている[49]。

　把手式については、上述の打ち欠き行為を踏まえた形態変化の延長線上に、二窓式頂部の打ち欠き後の姿をモデルとしたものと考えられる［第36図4］。後述するように頂部打ち欠きはⅡ・Ⅲ期通じて認められるものであり、Ⅱ期には好例がないものの、Ⅲ期の箱川原2住例などは把手式の両把手部を結ぶ形で製作されており、そこには顔面が表現されている［同5］。これは顔面が備わった例であるが、同様の顔面を持った釣手部のみの出土例もⅡ・Ⅲ期通じて散見される［同6・7］[50]。二窓式と把手式で類似した装飾を持つものも少なくないことは、両者が少なくとも装飾の上では区別されていなかったことを示している。目切92住例と姥神16住例［同8・11］、伴野原46住例と頂部を欠損した同62住例［同9・12］、大門原SB24例と薬師3住例［同10・13］などはその好例である。

　二窓式・把手式は三窓式からの形態変化として説明できるものの、カテゴリ認識の継承・変容については他属性の分析を待つ必要がある。但し、その分布をみると、興味深い地域的な偏在がある。Ⅱ期には二窓式が最多数を占め、三窓式は松本・諏訪といった中心地域ではなく、群馬・東京・美濃などの周辺地域に少数見られるのみとなる。また、把手式はⅡ期には伊那地域を中心とした長野県にほ

---

[49] 両面人面装飾の存在は、そもそも三窓式においても背面を顔面として意識していた可能性（田中1982）を傍証するものかもしれない。遡れば、長野県高森町吉田本城遺跡等の両面顔面把手の例もある。
[50] この仮説には未解決の問題が多い。例えば瘤を持った鉢に小突起がつく南原型をうまく説明できない。

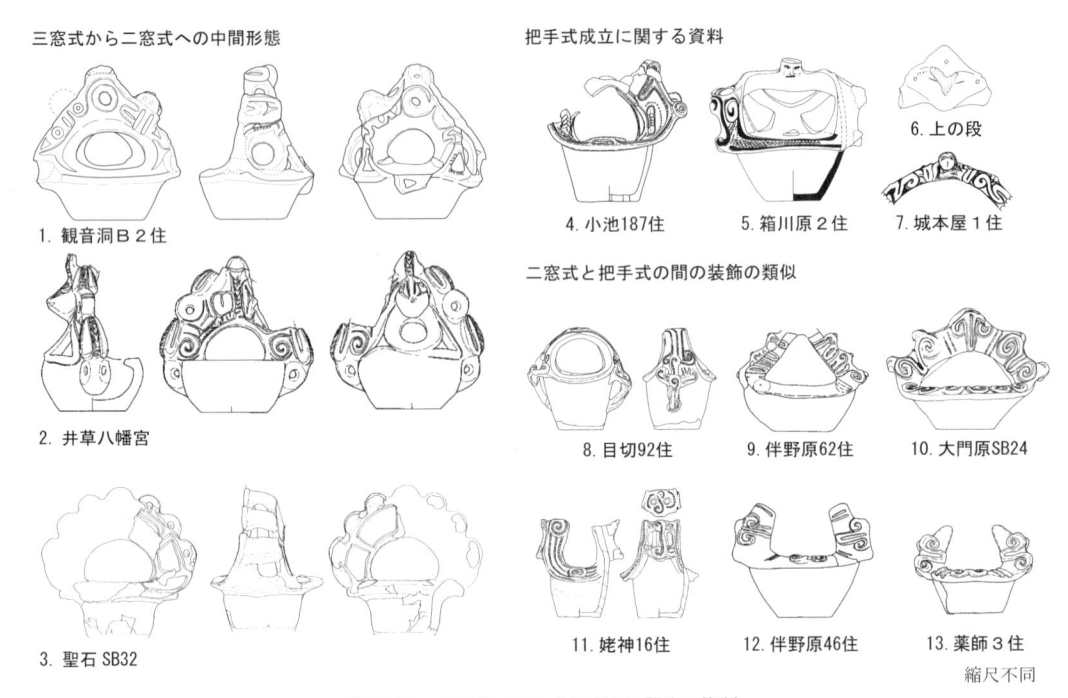

三窓式から二窓式への中間形態　　　　把手式成立に関する資料

1. 観音洞B2住
2. 井草八幡宮
3. 聖石SB32
4. 小池187住
5. 箱川原2住
6. 上の段
7. 城本屋1住

二窓式と把手式の間の装飾の類似

8. 目切92住
9. 伴野原62住
10. 大門原SB24
11. 姥神16住
12. 伴野原46住
13. 薬師3住

縮尺不同

第36図　二窓式・把手式の成立に関する資料

ぼ限定して出現している。Ⅲ期には松本・木曽・上伊那・下伊那および福井・石川では把手式に主体が移るが、それ以外の地域では引き続き二窓式が多い。ほかに三窓式はわずかに5例である。

２．形態・装飾の継承と変容

　既に綿田弘実（1999）、新津健（1999）、蜂屋孝之（2006）らが部分的に指摘してきたように、Ⅱ・Ⅲ期には成形法・器形・装飾でまとまりのある一群が抽出できる。ここでは主要なグループについて型式を設定しておく。

曽利Ⅱ式期

〈上木戸型〉［第37図１～14］

　単位文と隆帯または沈線による縁取りが特徴的な二窓式の一群。掛け渡した橋板の前後に粘土板を接着して成形し、多くは6箇所に単位文を配置する。こうした文様構成は既に綿田によって、Ⅰ期の床尾中央例、増野新切例等の「多窓型」と類似することが指摘されている。単位文はさまざまで、荒神山例は左右に動物装飾が付されるが、この装飾はⅠ期の札沢例・熊久保例などと類似する。他に眉状文、粘土紐を編み込んだような装飾（編込文）・半月状文・円文・渦巻文・Ｓ字文などがある。穴場30住で唐草文系1期、上木戸104住・小池187住で同2期を伴出。

〈海戸型〉［第38図１～５］

　綿田が「海戸型」と呼んだ、渦巻文と桁を立体的に一体化させた一群である。上木戸型の小池例と海戸型の目切例は桁と一体化した円形突起への刺突、編込文、猪口状突起を共有しているが、棚畑例では猪口状突起が失われ、円文と編込文が一体化して対向渦巻文となり、海戸例や若宮例には渦巻文

第4章 釣手土器の発生と展開

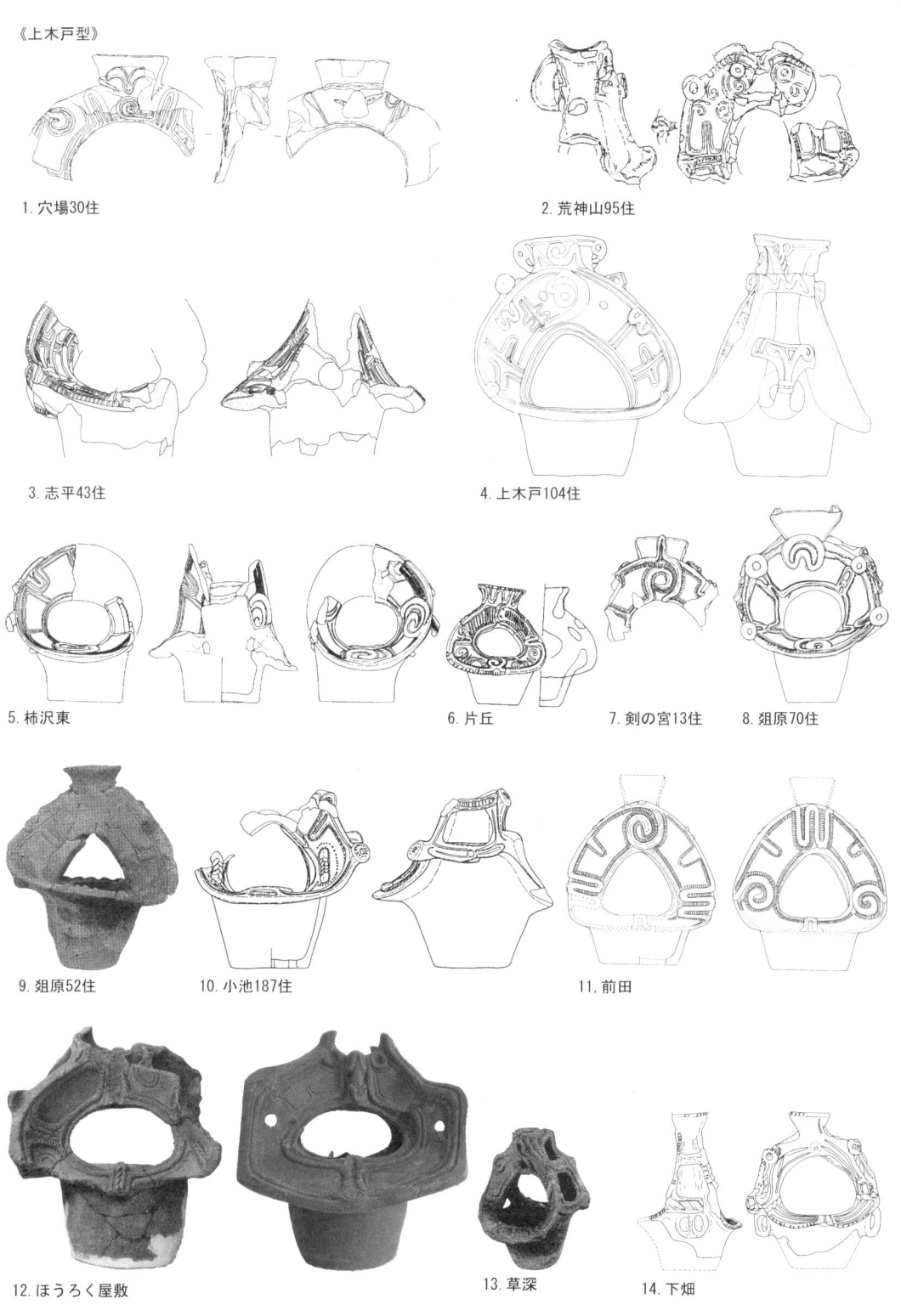

《上木戸型》

1. 穴場30住
2. 荒神山95住
3. 志平43住
4. 上木戸104住
5. 柿沢東
6. 片丘
7. 剣の宮13住
8. 姐原70住
9. 姐原52住
10. 小池187住
11. 前田
12. ほうろく屋敷
13. 草深
14. 下畑

第37図 釣手土器（Ⅱ期1）

S=1:10

《海戸型》

1. 海戸a
2. 麻神
3. 目切53住
4. 棚畑20住
5. 若宮2住

《柳田型》

6. 柳田1住
7. 三夜塚
8. 内田雨堀A17住
9. 藤塚
10. 追分A1号土坑

《北高根型》

11. 与助尾根12住
12. 町東側5住
13. 北高根
14. お玉の森12住
15. マツバリ5住
16. 下竹田
17. 野際 ＊
18. 目切92住
19. 下原SB19
20. 花上寺9住
21. 姥神16住
22. 辻沢南15住
23. 内田雨堀A15住

第38図　釣手土器（Ⅲ期2）

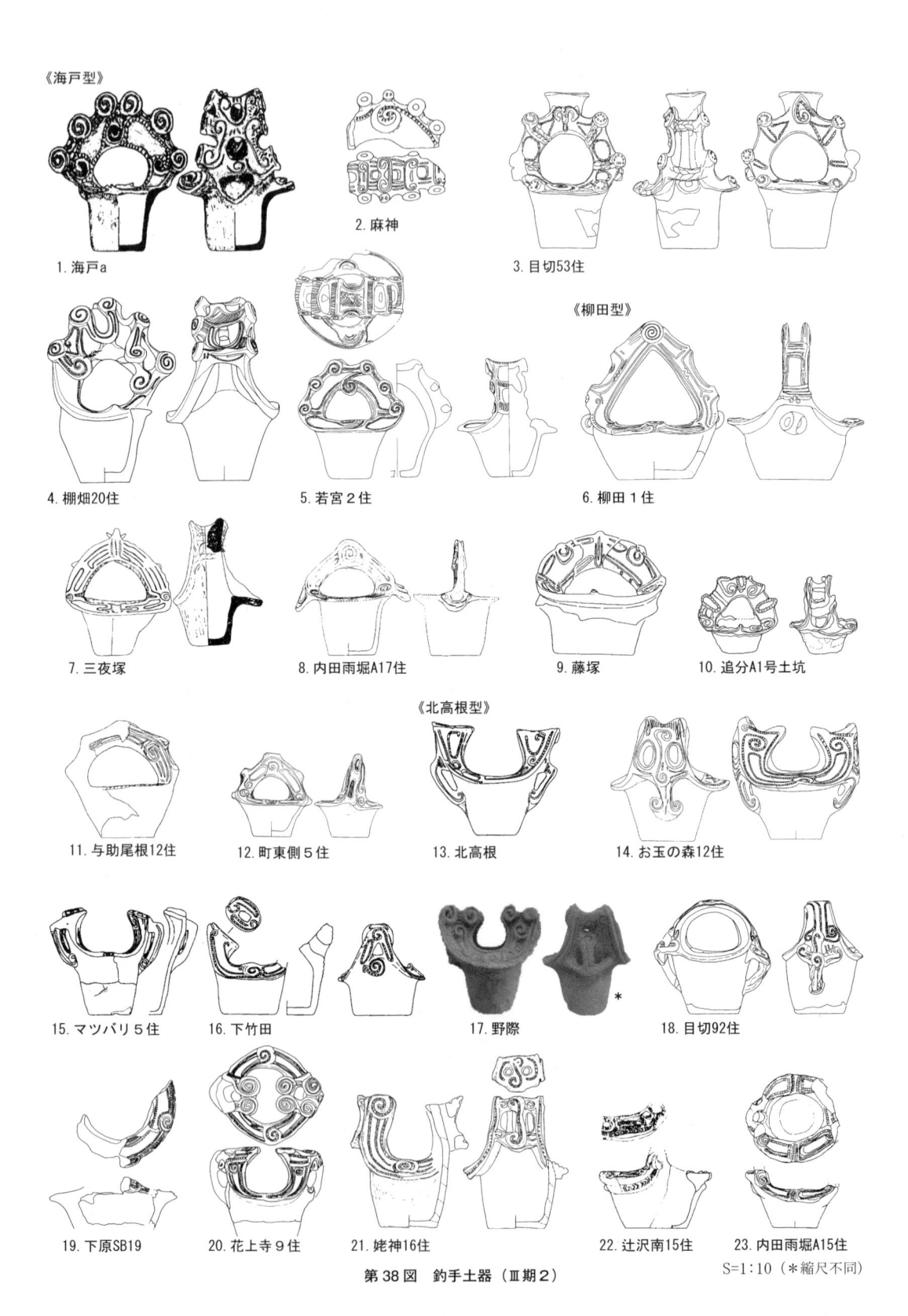

S=1:10（＊縮尺不同）

第4章　釣手土器の発生と展開

のみとなる。なお、麻神例は桁にも対向渦巻文を持つが、注目すべきは最頂部にイノシシ鼻のような装飾を持つ点である。若宮2住・目切53住で唐草文系Ⅱ期、棚畑20住で曽利Ⅲ式を伴出。

〈柳田型〉［第38図6～12］

猪口状突起を持たず、渦巻文を単位文とし、沈線で区画文を施す一群。内田雨堀例を除き、前後の粘土板を張り合わせ、耳を造作する。与助尾根12住で曽利Ⅱ式と共伴。

〈北高根型〉［第38図13～23］

連続刺突文による単位文と区画文という装飾要素を持ち、正面のみならず上面・側面にも粘土板で平面を確保して装飾を施す把手式の一群。正面の単位文は渦巻文が多用されるが、上面や側面にはS字文や対向渦巻文を施すことも少なくない。目切92住例は二窓式、下原SB19例・辻沢南15住例・内田雨堀A15住例は上部が欠損しているが、装飾の類似から本類型に含めた。この4例のほかお玉の森12住・マツバリ5住・花上寺9住で唐草文系2期の深鉢が伴出している。

〈南原型〉［第39図1～9］

鉢部全面に瘤を持つ把手式の一群。明瞭な把手部を持つ南原例・伴野原例・大井沢例は伴出土器が不明のため時期判定は困難だが、鉢部に類似する装飾を持つ前の原17住b例が咲畑ⅠA類を伴っていることから一括してⅡ期に属するものと推定した。また、増野新切例は瘤ではなく隆帯を施すが類例としてここで挙げる。

〈堂之上型〉［第39図10～32］

正面4箇所の円文・渦巻文を単位文とし、沈線または隆帯でそれらを結ぶ装飾パターンを持つ二窓式の一群。堂之上例・荒城神社例など側面装飾が顕著なものと、堂ノ前例や本郷内野例・門端例など耳を持つのみのものがある。但し、中野山越例は正面（5箇所）や側面にも対向渦巻文を持ち、連続刺突文で区画する点で北高根型に近い要素を持つ。採集資料も多く一部はⅢa期に下る可能性もあるが、堂之上6住・赤保木SB8で唐草文系2期・咲畑ⅠA類、門端8住bで古串田新式、上岩野SB19で古串田新式・咲畑ⅠA類と伴出しているため概ねⅡ期に位置づけられる。旧稿（中村2009c）で飛騨型と呼称したもの。

〈薬師型〉［第39図33～39］

双渦文と二重区切文に特徴付けられる一群で、二窓式・把手式・三窓式の各種形態がある。薬師例・大門原例・石仏例はいずれも粘土紐を捻ったような装飾を用いている。正木原例は三窓式、大門原例・伴野原例は二窓式だが、双渦文と二重区切文の組み合わせが共通する。石仏例は連続刺突文による描出であるが頂部に双渦文を持つ。石仏4住で曽利Ⅱ式、薬師3住で唐草文系2～3期、北高根A6住で同3期を伴出。

〈東海・北陸地域の諸例〉［第40図1～6］

炉畑例は幅広のブリッジを掛け渡して三窓式とし、大きな猪口状突起を付す。古道陰地例も三窓式であるが、リング状の粘土紐を接着して窓を成形している。沈線による胴部文様の存在が共通した特徴となっている。一方、宮之脇例は、二枚の粘土板を前後に接着する中部高地の把手式と同様の成形法でつくられたもので、隆帯による渦巻文や側面装飾が特徴である。大仙寺所蔵例は北高根型に類似した形態・装飾を持つが、把手間が粘土紐で結ばれている。炉畑1住・宮之脇BSB5で咲畑ⅠA類を伴出。

北陸では、開ヶ丘狐谷ⅢSI01例がある。リング状の粘土紐を前後に接合し、側面を桁で結ぶ。窓

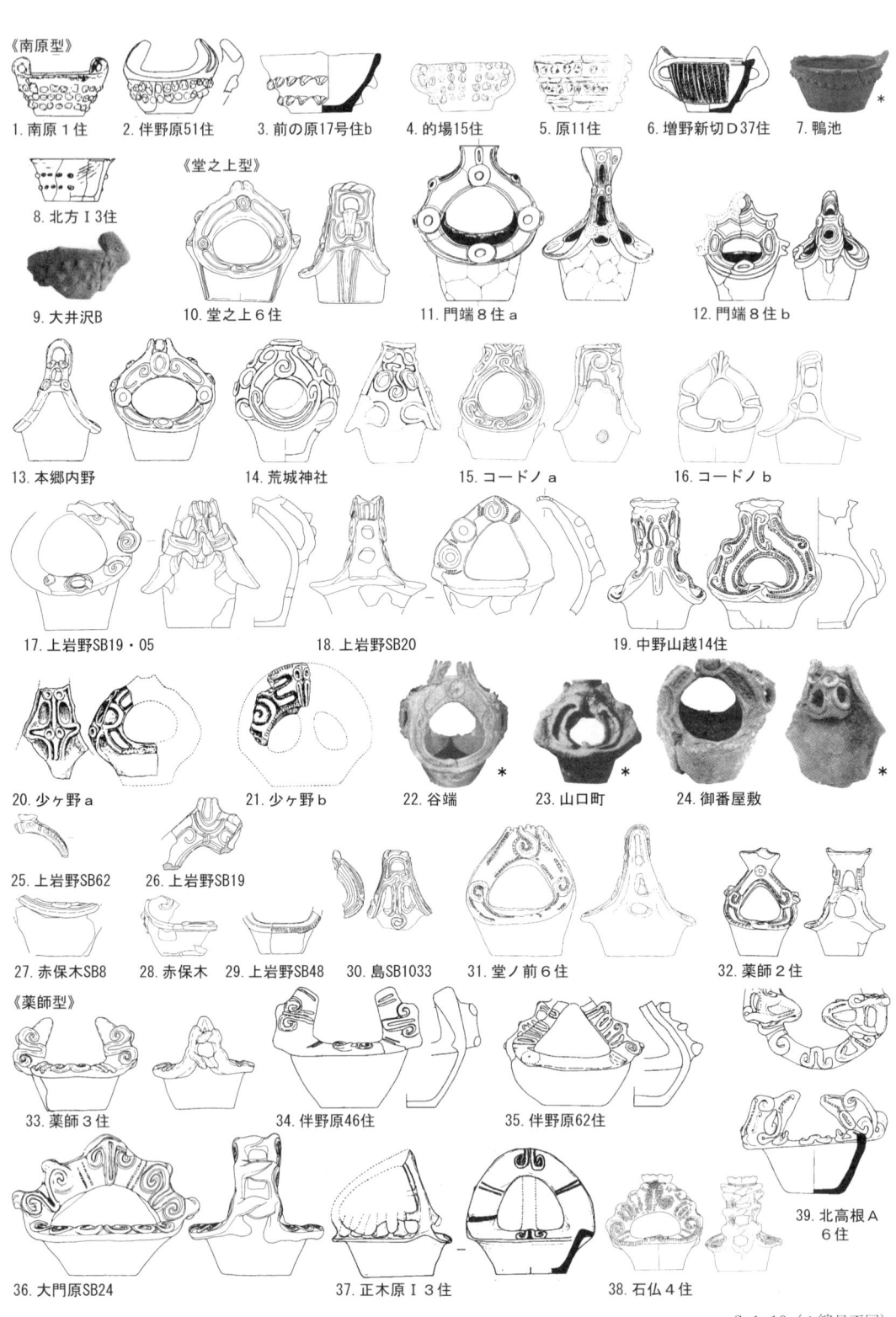

《南原型》
1. 南原1住　2. 伴野原51住　3. 前の原17号住b　4. 的場15住　5. 原11住　6. 増野新切D37住　7. 鴨池

8. 北方Ⅰ3住　《堂之上型》
9. 大井沢B　10. 堂之上6住　11. 門端8住a　12. 門端8住b

13. 本郷内野　14. 荒城神社　15. コードノa　16. コードノb

17. 上岩野SB19・05　18. 上岩野SB20　19. 中野山越14住

20. 少ヶ野a　21. 少ヶ野b　22. 谷端　23. 山口町　24. 御番屋敷

25. 上岩野SB62　26. 上岩野SB19　27. 赤保木SB8　28. 赤保木　29. 上岩野SB48　30. 島SB1033　31. 堂ノ前6住　32. 薬師2住

《薬師型》
33. 薬師3住　34. 伴野原46住　35. 伴野原62住

36. 大門原SB24　37. 正木原Ⅰ3住　38. 石仏4住　39. 北高根A6住

第39図　釣手土器（Ⅱ期3）

S=1:10（＊縮尺不同）

— 116 —

第4章　釣手土器の発生と展開

枠の縁は刻みを持ち、正面は縦位および三叉状に、背面装飾は蛇行状に抉りこんで装飾されている。古串田新式期の西原A1住例は、Ⅲ期の二窓式に通有の2枚の粘土板を合わせ耳を持つ釣手部の中央部に、それぞれ1本の粘土板を掛け渡すことによって四窓式とした珍しい例である。

〈桑久保型〉［第40図7～29］

　前尾根27住例はⅠ期の曽利例から連続する円形の稜線と人面装飾・円孔文、主窓を囲う沈線を引き継いでおり、それに双渦文が加わる。一方、聖石例も同様の円形の輪郭を持つが、これらは背面の粘土板から伸びている二窓式の事例である。この主窓を囲む沈線と中央に貫通孔を持つ円形の稜線を持つ一群を桑久保型とする。2枚の粘土板を張り合わせて成形する二窓式で、いずれも頂部に人面装飾ないし特徴的な装飾を持つ。ミニチュアの小笠原例もこのタイプである。採集資料や未報告資料が多いが、梅ノ木55住・大久根12住で曽利Ⅱ式、小比企向原J2で加曽利E2b期、原東2住で同2c～3a期を伴出する。

〈真原A型〉［第41図1～25］

　桑久保型の2つの特徴のうち後者の二重沈線文が重視された一群で、新津が「柳坪タイプ」と呼んだもの。耳と一体化した縦位突起にはしばしば二重区切文が描出されている。真原A例および聖石例は人面装飾、大深山例は各所にW字文を持つ。この類型の山梨県の諸例は外に鍔が突き出ないものが多い。台付で猪口状突起をもち、輪郭が波状を呈する塩瀬下原例もこれらの類例として捉えられよう。棚畑例は円文を持ち、爼原例・上小用例は二重沈線文を持たないが、突出する縦位突起を持つことからここに含めておく。棚畑31住・坂上4住・真原A12住・野呂原6住・大月9住で曽利Ⅱ式、下鎌田72住で加曽利E2a期、八木連西久保37住で加曽利E2b～c期を伴出。

〈大平台型〉［第41図21～28］

　粘土板を平行に掛け渡しており正面よりも側面・背面の装飾（縦位の沈線文）が目立つ一群。粘土板側縁には刻み文を施している。これに対し八木連西久保例は同様に刻み文を持つが、釣手部は平たい粘土板ではなく、粘土紐側面に沈線で区画文を施す。八千原C14住で曽利Ⅱ式、白川傘松26住で加曽利E2a期、大平台10住で同2b期・八木連西久保37住で同2b～c期を伴出。

〈中島型〉［第41図26～28］

　三窓式の中島例、二窓式の清水例・三ケ木例は、外側にU字形に開く隆帯を持つ。中島例と清水例は肩の部分にも細かいU字文が連続している点も類似している。中島例の隆帯は蛇行隆帯と表現できるものでⅠ期の金山例の系譜を引くものと考えられる。また、清水例の稜線と沈線で表現された肩の円文は桑久保型と関連する。清水14住で曽利Ⅱ式を伴出。

〈山根坂上型〉［第41図29～31］

　粘土板の縁に刻みを施す三窓式。いずれも頂部を欠損している。山根坂上例・関山例は主窓を囲って2重の沈線を描く。小比企向原2住例［第41図1］は釣手部に対し窓が小さいⅠ期の様相を残している。実見していないので詳細は不明であるが側面図をみると上部に貫通孔があり、副窓とともに上下二段の双環突起を表現し、それを結ぶ形で蛇体装飾の系譜を引く波状隆帯を持つもの思われる。この背面の波状隆帯は山根坂上型のブリッジの刻みとの関係を想起させる。山根坂上13住で曽利Ⅱ式・加曽利E1c期、関山1住で曽利Ⅱ式を伴出。

〈その他の諸例〉［第41図32～38・第42図1～12］

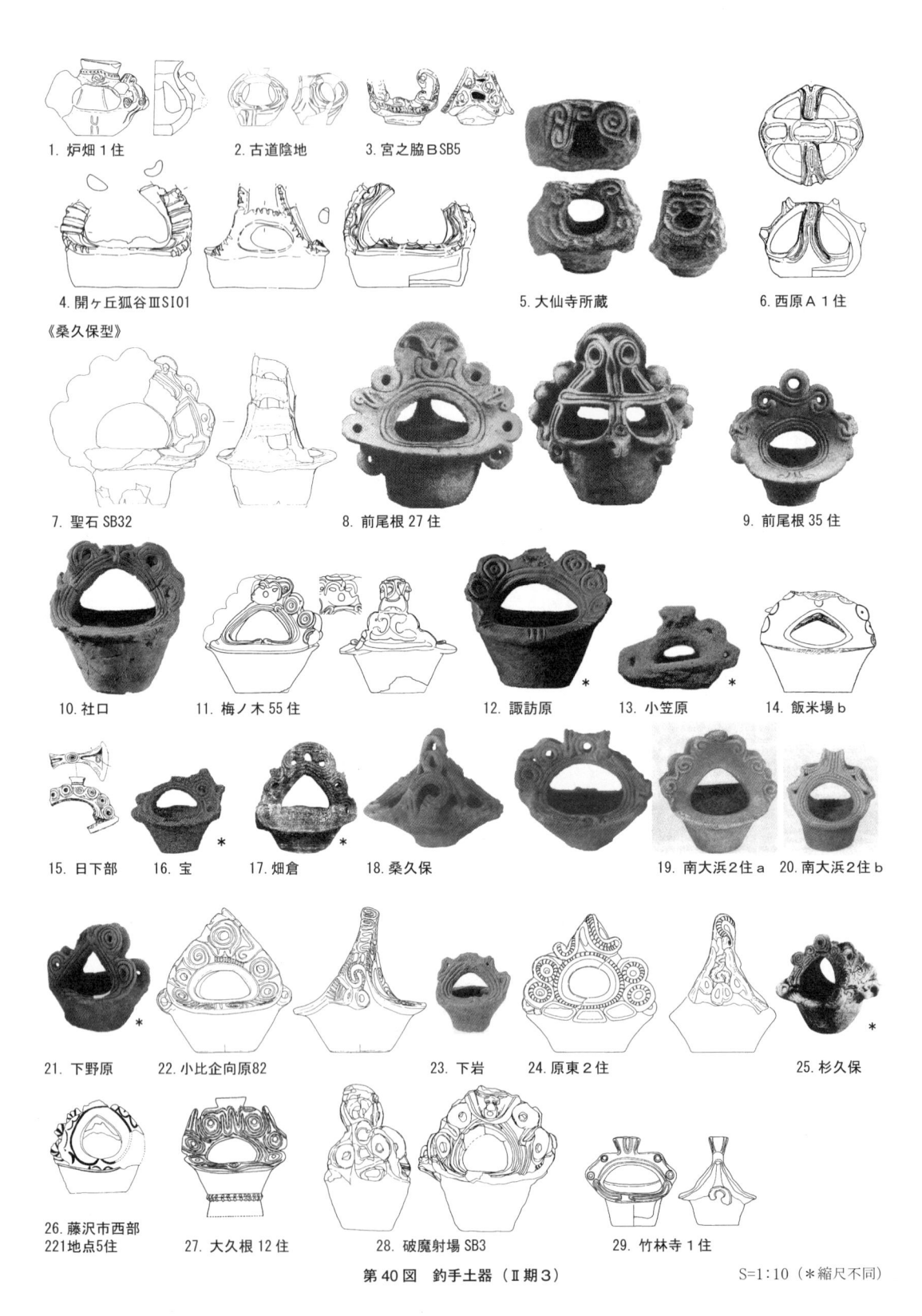

1. 炉畑1住　　2. 古道陰地　　3. 宮之脇BSB5　　4. 開ヶ丘狐谷ⅢSI01　　5. 大仙寺所蔵　　6. 西原A1住

《桑久保型》

7. 聖石SB32　　8. 前尾根27住　　9. 前尾根35住

10. 社口　　11. 梅ノ木55住　　12. 諏訪原　　13. 小笠原　　14. 飯米場b

15. 日下部　　16. 宝　　17. 畑倉　　18. 桑久保　　19. 南大浜2住a　　20. 南大浜2住b

21. 下野原　　22. 小比企向原82　　23. 下岩　　24. 原東2住　　25. 杉久保

26. 藤沢市西部221地点5住　　27. 大久根12住　　28. 破魔射場SB3　　29. 竹林寺1住

第40図　釣手土器（Ⅱ期3）　　S=1:10（＊縮尺不同）

第4章 釣手土器の発生と展開

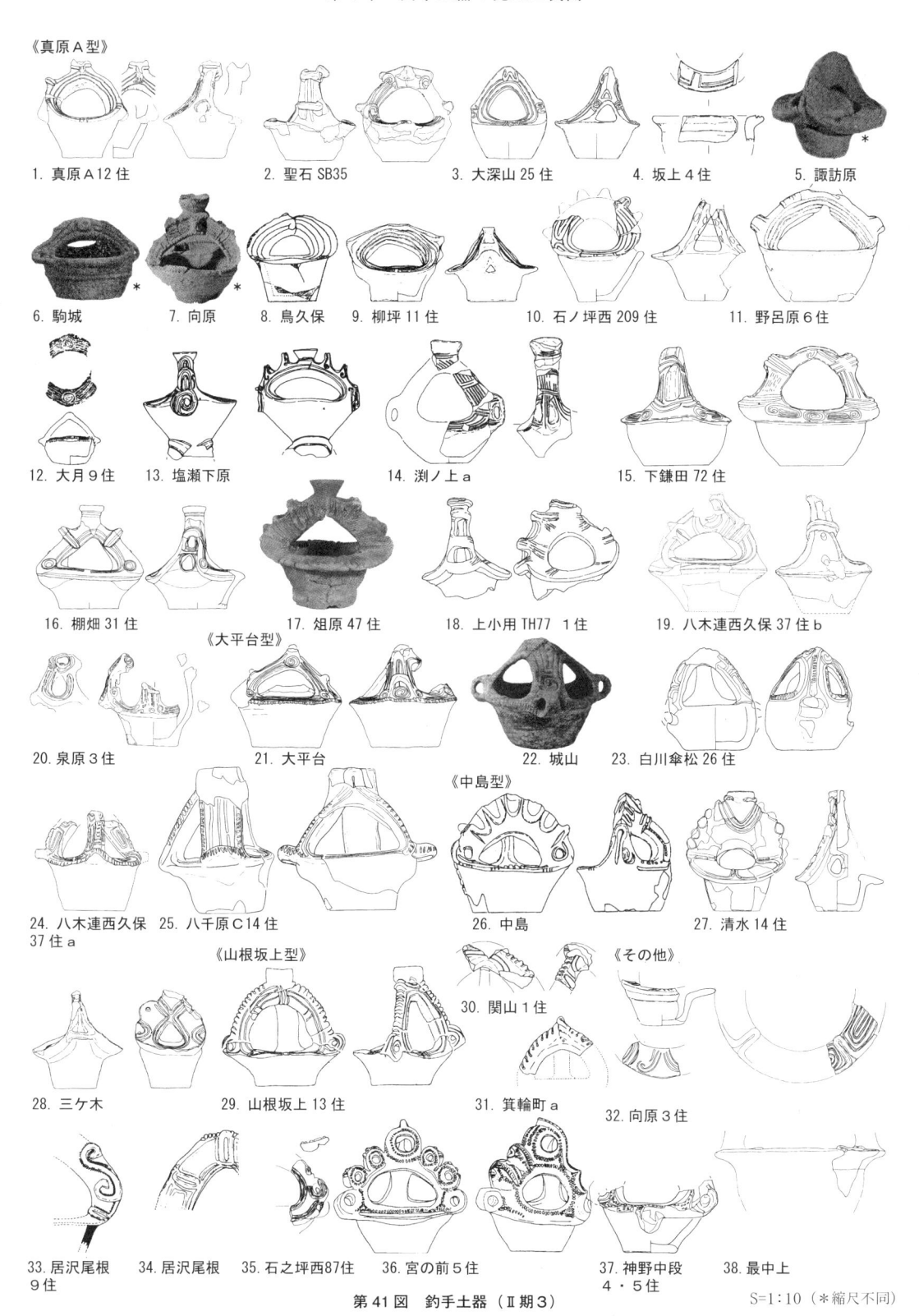

《真原A型》

1. 真原A12住
2. 聖石SB35
3. 大深山25住
4. 坂上4住
5. 諏訪原
6. 駒城
7. 向原
8. 鳥久保
9. 柳坪11住
10. 石ノ坪西209住
11. 野呂原6住
12. 大月9住
13. 塩瀬下原
14. 渕ノ上a
15. 下鎌田72住
16. 棚畑31住
17. 俎原47住
18. 上小用TH77 1住
19. 八木連西久保37住b

《大平台型》

20. 泉原3住
21. 大平台
22. 城山
23. 白川傘松26住
24. 八木連西久保37住a
25. 八千原C14住

《中島型》

26. 中島
27. 清水14住

《山根坂上型》

28. 三ケ木
29. 山根坂上13住
30. 関山1住
31. 箕輪町a

《その他》

32. 向原3住
33. 居沢尾根9住
34. 居沢尾根
35. 石之坪西87住
36. 宮の前5住
37. 神野中段4・5住
38. 最中上

第41図　釣手土器（Ⅱ期3）

S=1:10（＊縮尺不同）

その他の諸例を一括して紹介しておく。仲道2住・宇佐美1住で曽利Ⅱ式を伴出する。
曽利Ⅲ式併行期以降（Ⅲ期）の様相
〈箱川原型〉［第42図15～24］
　筒形に造形された把手間の背面側に粘土紐を掛け渡すⅢ期に特徴的な形態の一群。箱川原例は頂部に人面装飾を持つ。人面装飾は持たないが、同様の連結部を持つものが広範囲に散見される。但し、三口神平例は頂部に突起を持つ。また、東畑例の右側の連結部がもともと欠損していたのかは実見していないので定かではないが、こうした形態は前尾根47住例・飯米場a例にも存在する。全体の形状は不明だが、住吉例もこの類型であろう。いずれも沈線による渦巻文を基調とする。東畑SB17・殿村22住で唐草文系3古期、三口神平SB05・寺原8住で曽利Ⅳ式を伴出。
〈坂井型〉［第42図25～32・第43図1～3］
　連結部を持たず、角筒形の把手部のみが直立するタイプで、峡北地域を中心に広域に分布する。装飾は箱川原型同様、沈線による渦巻文とそれらを結ぶ区画文が基本となる。大深山例は鉢部全面に文様を施す。なお、居平例は現在二窓式に復元されているが、頂部は欠損している。装飾などを考慮すると本類型に属する可能性が高い。柳坪B10住で曽利Ⅲ式、居平13住で曽利Ⅳ式を伴出。
〈下原型〉［第43図4～13］
　把手部が直立せず、Ⅱ期の北高根型を引き継いで箱形の把手部を形成し、上面・側面にも装飾を行う一群。引き続き連続刺突文による渦巻文とそれを結ぶ区画文を基本とするが、これに交互刺突文が加わるのは本類型の特徴である。下原例や三夜塚例は上面に渦巻文を、図示できないが大村塚田例・伴野原例は上面に対向渦巻文を描出する。三夜塚SB08・大村塚田8住・同38住・吉野SB25で唐草文系3古期、東小倉1住で曽利Ⅳ式を伴出。
〈伴野原型〉［第43図16～21］
　釣手部が角筒状ではなく、円筒状を呈している把手式の一群。沈線のみで施文するものが多い。伴野原の2例には把手を半周する形で対向渦巻文が描かれている。時期を確認できる事例は無いが、下原型・伊久間原型との関係性からⅢ期に位置づける。
〈伊久間原型〉［第43図22～26］
　把手部が筒状ではなく角状に先端が細くなる把手式の一群。伊久間原24住例には双渦文、飯坂の両側面には対向渦巻文が描かれている。伊久間原24住・大村塚田38住で唐草文系3古期を伴出。
〈辻沢南型〉［第43図27～33・第44図1～3］
　連続刺突による渦巻文と区画文という下原型と同様の装飾技法を持った二窓式の一群。的場例はY字文を頂部に置くが、他は渦巻文を単位文とする。両肩に突起を持つ輪郭が特徴的である。辻沢南例・的場例・松戸例は頂部の突起は猪口状には凹んでおらず、渦巻文や円文が描かれている。辻沢南80住・的場11住・高見原19住・上ノ原5住・伊久間原45住で唐草文系3古期を伴出。
〈郷土型〉［第44図4～11］
　上田・佐久地域では2枚の粘土板を桁でつなぎ、頂部に人面装飾、左右に渦巻文を施す例が目立つ（綿田1999・2002b）。特に前後両面に人面を持つ郷土例、寄山例は大きさを含めて酷似している。宮平例は釣手部の縁を隆帯で縁取り、渦巻文の間に主窓に直交する沈線を充填するが、全体の大きさや人面装飾のあり方はよく似ている。渕ノ上b例・c例も同様の人面を持つ。郷土式3～4期（綿田2008）を伴出。

第 4 章　釣手土器の発生と展開

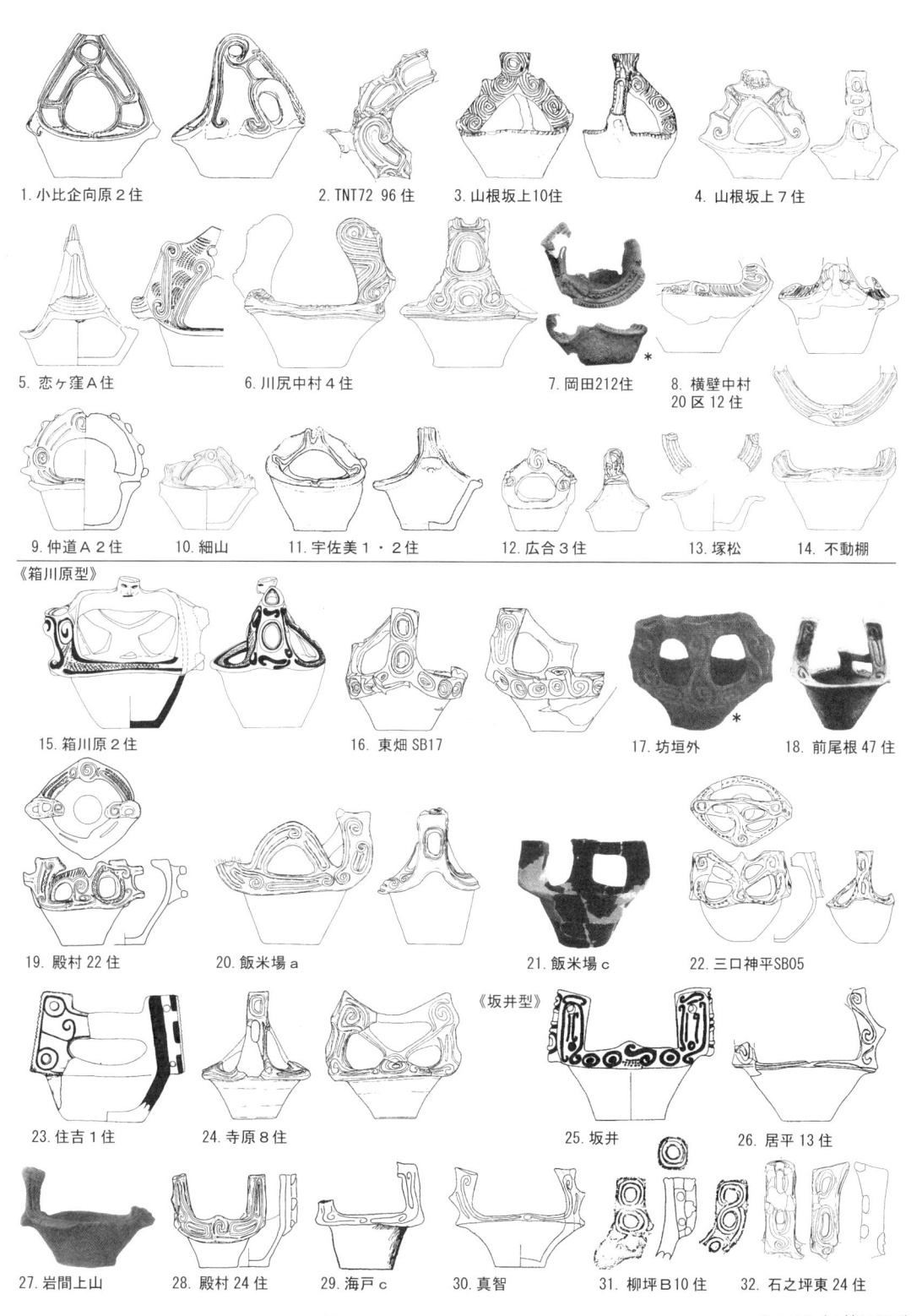

1. 小比企向原 2 住
2. TNT72 96 住
3. 山根坂上 10 住
4. 山根坂上 7 住
5. 恋ヶ窪 A 住
6. 川尻中村 4 住
7. 岡田 212 住
8. 横壁中村 20 区 12 住
9. 仲道 A 2 住
10. 細山
11. 宇佐美 1・2 住
12. 広合 3 住
13. 塚松
14. 不動棚

《箱川原型》

15. 箱川原 2 住
16. 東畑 SB17
17. 坊垣外
18. 前尾根 47 住
19. 殿村 22 住
20. 飯米場 a
21. 飯米場 c
22. 三口神平 SB05

《坂井型》

23. 住吉 1 住
24. 寺原 8 住
25. 坂井
26. 居平 13 住
27. 岩間上山
28. 殿村 24 住
29. 海戸 c
30. 真智
31. 柳坪 B 10 住
32. 石之坪東 24 住

第 42 図　釣手土器（Ⅱ期・Ⅲ期 1）　　　　S=1:10（＊縮尺不同）

1. 川尻中村　2. 中越　3. 大深山29住　4. 栗屋元　5. 大井沢 a

《下原型》

6. 御殿場2住

7. 下原5住b　8. 三尋石SB10　9. 三夜塚SB08　10. 吉野SB25

11. 熊久保20住　12. 熊久保21住　13. 大村塚田8住　14. 大村塚田38住b　15. 東小倉1住

《伴野原型》

16. 伴野原33住　17. 伴野原21住　18. 伴野原6住　19. 伊久間原45住b　20. 妙前

21. 増野渡瀬

《伊久間原型》

22. 伊久間原89住　23. 伊久間原24住a　24. 飯坂

《辻沢南型》

25. 下原5住b　26. 大村塚田38住a　27. 辻沢南80住　28. 的場11住

29. 久保田　30. 高見原19a　31. 門前17住　32. 高見原19住b　33. 北垣外

第43図　釣手土器（Ⅲ期2）　　S=1:10（＊縮尺不同）

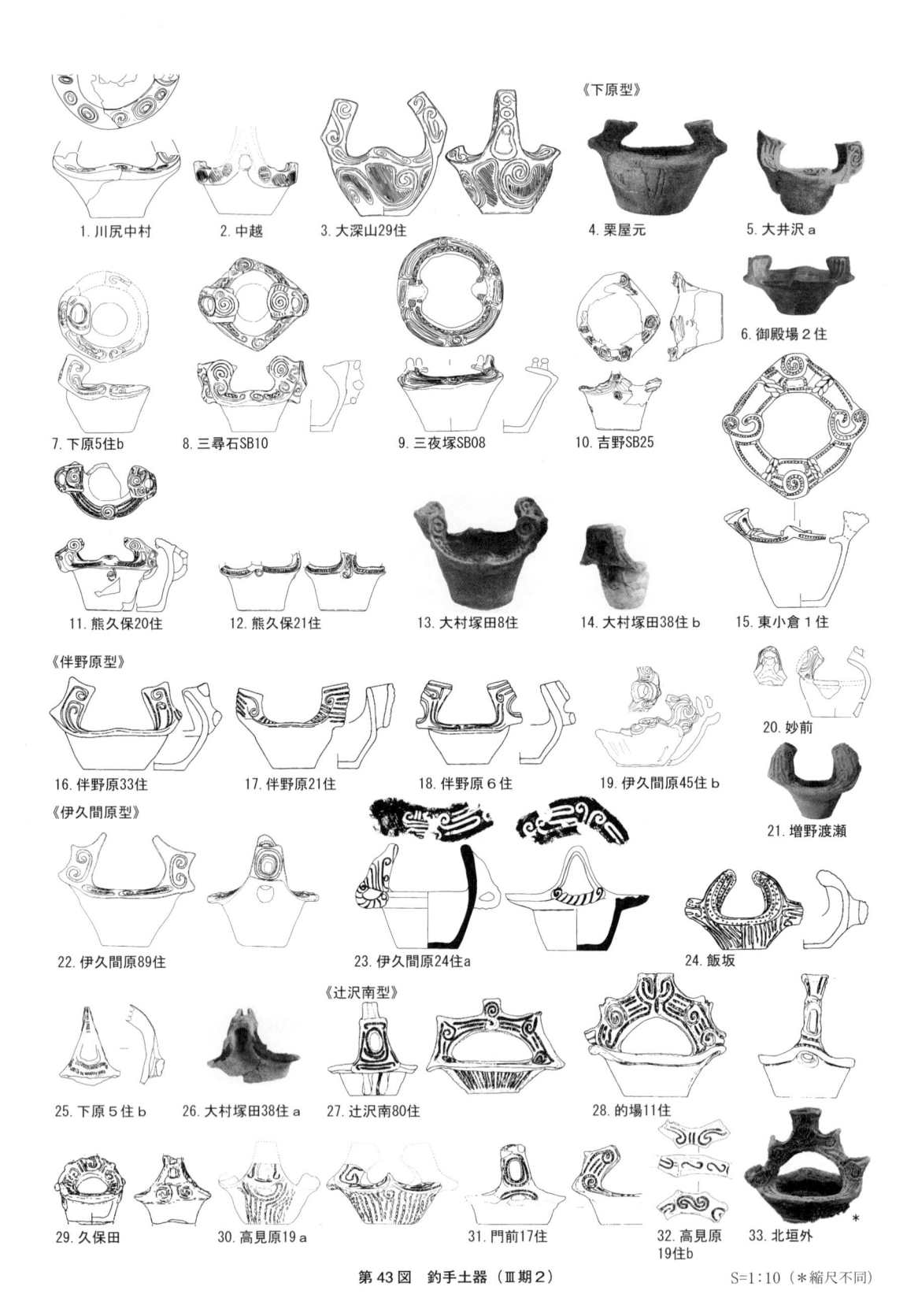

— 122 —

第4章　釣手土器の発生と展開

〈横壁中村型〉［第44図12～15］

　横壁中村遺跡の3例は頂部付近を除き、沈線による区画のみで明瞭な形で単位文を施さない。いずれも頂部が欠損しているため詳細は不明であるが、43住例には渦巻文が施されており、頂部にはなんらかの単位文が配されていたものと推察される。白川傘松例は前後の粘土板を貼り付け耳を設ける他例と異なり、太い粘土紐を掛け渡し、側面に溝を引き、頂部上面にS字文を描いている。正面には沈線で区画文を描いている。いずれも沈線を用いたシンプルな文様構成となっている。横壁中村43住で加曽利E 3a～b期を伴出。

〈市ノ沢団地型〉［第44図16～19］

　市ノ沢団地例・多摩ニュータウンNo.72b例・小比企向原J48例の3例は釣手部に蛇行隆線をめぐらす。前2者は単位文として渦巻文を配するが、後者の正面は蛇行沈線文のみである。多摩ニュータウン例は側面にも蛇行沈線、小比企向原例は側面には沈線によるS字文を付す。いずれも頂部には肩部と同様の耳が配される。市ノ沢団地1住で加曽利E2c期を伴出。

〈武蔵台東型〉［第44図20～第45図6］

　見立谷戸例・上白根おもて例は半截竹管状工具の連続刺突による施文が特徴的である。但し、前者は桁、後者は耳で前後の粘土板を接続する。武蔵台東例は頂部に円文を、主窓を囲んで放射状文を描くが、ブリッジを刺突文で充填する。この特徴は神奈川の5例や静岡の押出シ例にも共有される。多くが円文または渦巻文を主文様とし、耳を持つ形状である。細山向原6住で加曽利E3c期を伴出。

〈関東・中部の三窓式の諸例〉［第45図7～9］

　塚越北SB05例は渦巻文を主文様とし、その間は押引文で埋められている。頂部の突起は凹んでおらず、上面に二重の円文が施されている。武蔵台東J26住例は頂部に獣面装飾を持ち、左右の肩部には翼を思わせる縦位の突起を持つ。側面および背面に沈線によるS字文を施す。多摩ニュータウンNo.72e例は頂部に人面を持つ三窓式で、各ブリッジは直線・蛇行沈線・渦巻・刺突で埋め尽くされている。桁・耳はない。

〈美濃・三河の諸例〉［第45図10～12］

　宮ノ脇B SB16例は鉢にリング状の粘土紐を巻きつけ低いブリッジにしたもので、側面の鉢部に刻みをもった隆帯とその脇の押引沈線によって渦巻文が施される。中富・神明式3期。大砂例は唯一の愛知県の資料であり、芯となる粘土紐に3箇所にわたって前後に粘土板を接着することでブリッジを成形している。宮之脇例同様の押し引き装飾からⅢ期と想定した。大杉西例は三角柱状の把手部に刻みを持った隆帯・押引沈線で区画し、その内部に隆帯による渦巻文を施し、斜沈線を充填する。

〈広殿型〉［第45図13～15］

　粘土板を前後に貼り付ける従来の二窓式の成形法を継承するものの単位文様を施さない一群。広殿例は刺突と弱い沈線を持つ。森ノ木例は耳を付すが沈線文などは施されていない。岩井戸例はブリッジが平板でその側面と鉢部に装飾を持つ。いずれも伴出土器は不明。

　以上の諸類型は一部Ⅲb期（曽利Ⅳ式期）に下る可能性があるものの、概ねⅢa期（曽利Ⅲ式期）を中心に製作されたものと考えられる。

〈桜町型〉［第45図16～第46図15］

　北陸地方の串田新式については現状では深鉢の細分が不明瞭なため（寺崎2005、久々2006）、Ⅲ期

《郷土型》

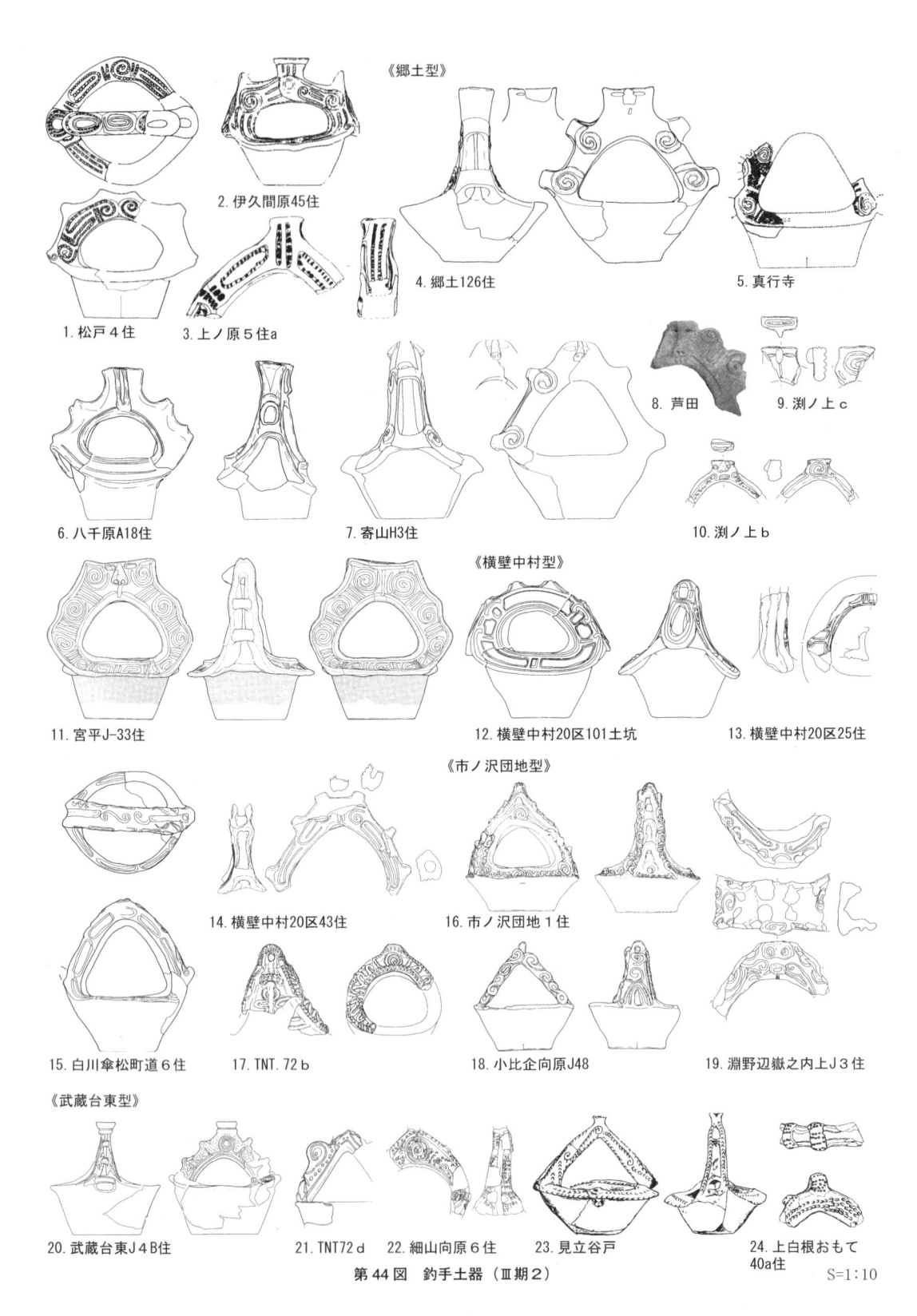

1. 松戸4住
2. 伊久間原45住
3. 上ノ原5住a
4. 郷土126住
5. 真行寺
6. 八千原A18住
7. 寄山H3住
8. 芦田
9. 渕ノ上c
10. 渕ノ上b

《横壁中村型》

11. 宮平J-33住
12. 横壁中村20区101土坑
13. 横壁中村20区25住

《市ノ沢団地型》

14. 横壁中村20区43住
15. 白川傘松町道6住
16. 市ノ沢団地1住
17. TNT.72b
18. 小比企向原J48
19. 淵野辺嶽之内上J3住

《武蔵台東型》

20. 武蔵台東J4B住
21. TNT72d
22. 細山向原6住
23. 見立谷戸
24. 上白根おもて40a住

第44図　釣手土器（Ⅲ期2）

S=1:10

第4章 釣手土器の発生と展開

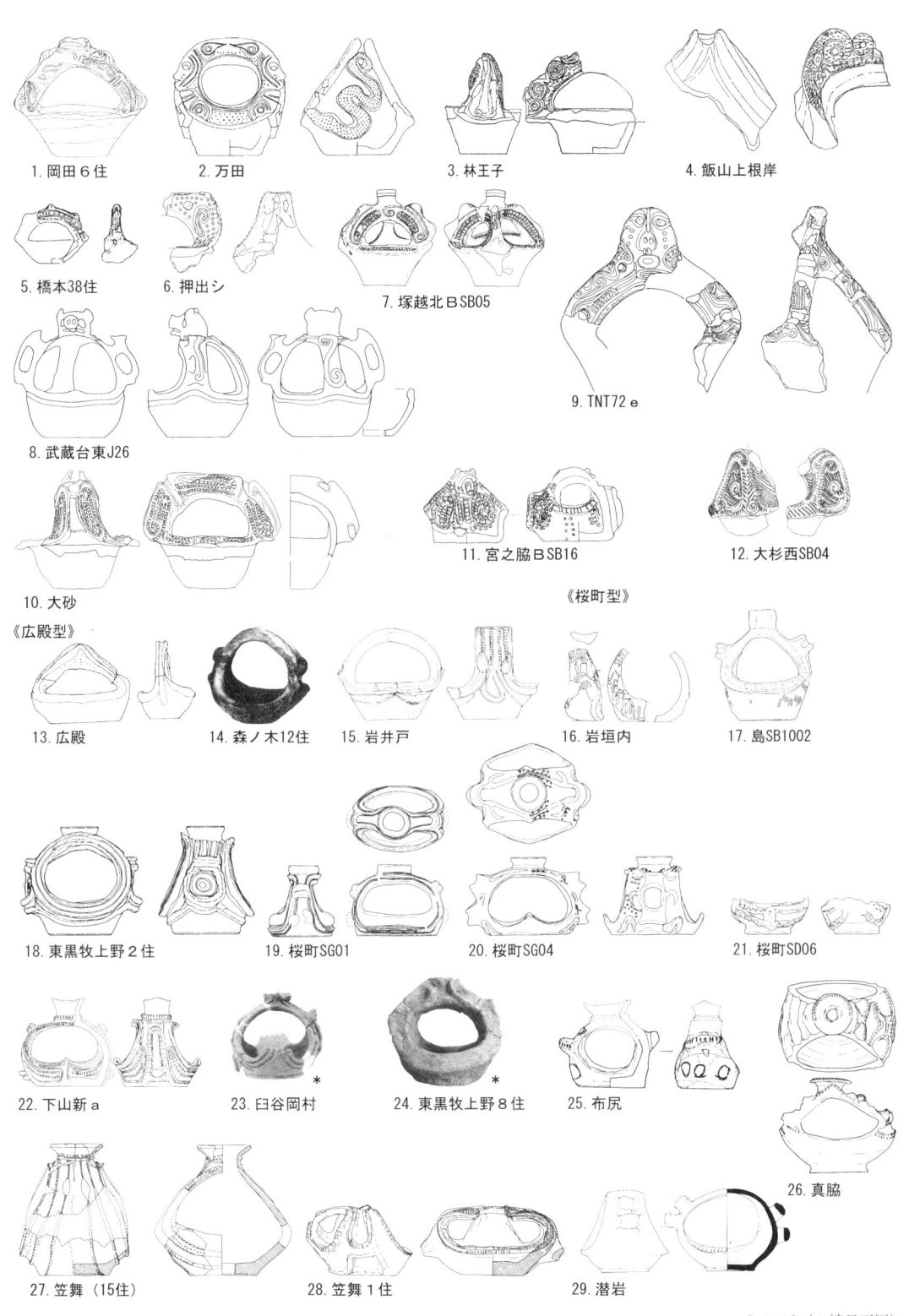

1. 岡田6住
2. 万田
3. 林王子
4. 飯山上根岸
5. 橋本38住
6. 押出シ
7. 塚越北BSB05
8. 武蔵台東J26
9. TNT72e
10. 大砂
11. 宮之脇BSB16
12. 大杉西SB04

《広殿型》
《桜町型》

13. 広殿
14. 森ノ木12住
15. 岩井戸
16. 岩垣内
17. 島SB1002
18. 東黒牧上野2住
19. 桜町SG01
20. 桜町SG04
21. 桜町SD06
22. 下山新a
23. 臼谷岡村
24. 東黒牧上野8住
25. 布尻
26. 真脇
27. 笠舞（15住）
28. 笠舞1住
29. 潜岩

第45図　釣手土器（Ⅲ期2）

S=1:10（＊縮尺不同）

の中での詳細な時間的位置づけは検討できないので一括して扱うこととする。

桜町型は宮城（1982）が「浅鉢と橋が分離しがたい例が多い。また、橋はうすい板状の粘土を架け渡した形態で、それに耳を一対から二対つけた例がほとんどである」と指摘している一群。北陸A系列と呼んだもので（中村2009c）、数段階の変遷過程を追うことができる。桜町遺跡の土器溜りを単位とするSG01→SG04→SD06の編年案（久々2006）には異論（小島2007）もあるが、釣手土器の型式学的変化に限定すれば概ね妥当なものと思われる。SG01例は鉢部から橋部にかけて半截竹管状工具の腹面を用いた沈線をめぐらす。SG04例は円形刺突を面的に施すもので浦山寺蔵a～c例がこれに類似する。臼谷岡村例や下山新a例、花切諸例はこれらの中間に位置づけられるであろう。桜町SD06例は上部が失われているが隆帯上に刺突を施すという特徴が看取できる。こうした例は笠舞a・b例、真脇例などに受け継がれていく。側面に沈線による円文を描く布尻例も、刺突を有する隆帯から概ねこの辺りに位置づけられるであろう。この他、全形は不明であるが、鉢部に縦位の隆帯を充填した浦山寺蔵d例、正面に眉状の粘土紐を貼付した浦山寺蔵e例なども概ね同様の器形を呈するものと考えられる。なお、この系列の最古例はおそらく東黒牧上野2住例であり、西原例に類似した隆帯装飾を持つもので桜町SG01例に先行するであろう。また、飛騨地域の岩垣内例はおそらく本型式に属するものである。最近報告された島遺跡SB1002例は、壺・深鉢を伴うもので、本型式の時期の定点の1つとなる。

〈境A型〉［第46図16～19］

境Aa例、赤浦a例、曽福例などは通常の鉢部の上に橋部が載るという釣手土器の構造とは異なり、長胴の鉢部の前後に粘土板を接着させた構造を持つ一群である。中央に大きな窓があり、すぼんでいる口縁部が天窓付の橋部と類似することから、一見すると二窓式かと思われるが、製作工程に大きな違いを持っている。これらと桜町型とを結ぶと思われるのが鉢部に橋部をわたし、天窓を穿つ本体の前後に粘土板を貼り付けた下山新b例である。時期については赤浦a例が笠舞a・b例同様の刺突をもった隆帯を持ち、曽福例は気屋式の特徴である三角形連続刺突文を施すことから、これらの一群は後期初頭から前葉に位置づけられる。以前北陸B型と仮称した一群である。

〈北塚型その他〉［第46図20～32］

舟形の鉢の両端に小突起を持った一群である。突起部に孔を穿つか、耳を付している。文様や器形で細分できる可能性が高いが、ここでは北塚型と総称しておく（旧称北陸C型）。

このほか、鉢部に渦巻隆帯を持った二窓式の浄法寺例、高台付の上久津呂中屋遺跡例など独特な形態を持ったもったものが知られるが、これらについては類例の増加を待ちたい。

〈関東・中部高地のⅢb期の諸例〉［第46図33～41］

長野・山梨においてはⅢb期の事例は激減する。一本椹例・根吹例・神ノ木2例は鉢に粘土紐を掛け渡し、簡単な文様を描くのみである。新堀東源ケ原例は窓を囲う形で沈線をめぐらせる四窓式である。石之坪西122住例は粘土紐を垂直に立てた把手に3つの耳を添付したものである。稗田頭A 38住例は隆帯で連続弧線文を描くが、整形は雑である。石之坪例・稗田頭A例は曽利Ⅳ式、神ノ木例・新堀東源ケ原例は加曽利E 3b2期を伴出。垣内例と櫨原村平例は中空の把手を突き出すもの。なお、Ⅲb期以降、釣手付深鉢が増加するが、その殆どが粘土紐1本を掛け渡してそこに装飾を施すタイプである。従来、そうした釣手部の破片は釣手付き深鉢の可能性が高いことが指摘されてきた（宮城

第4章　釣手土器の発生と展開

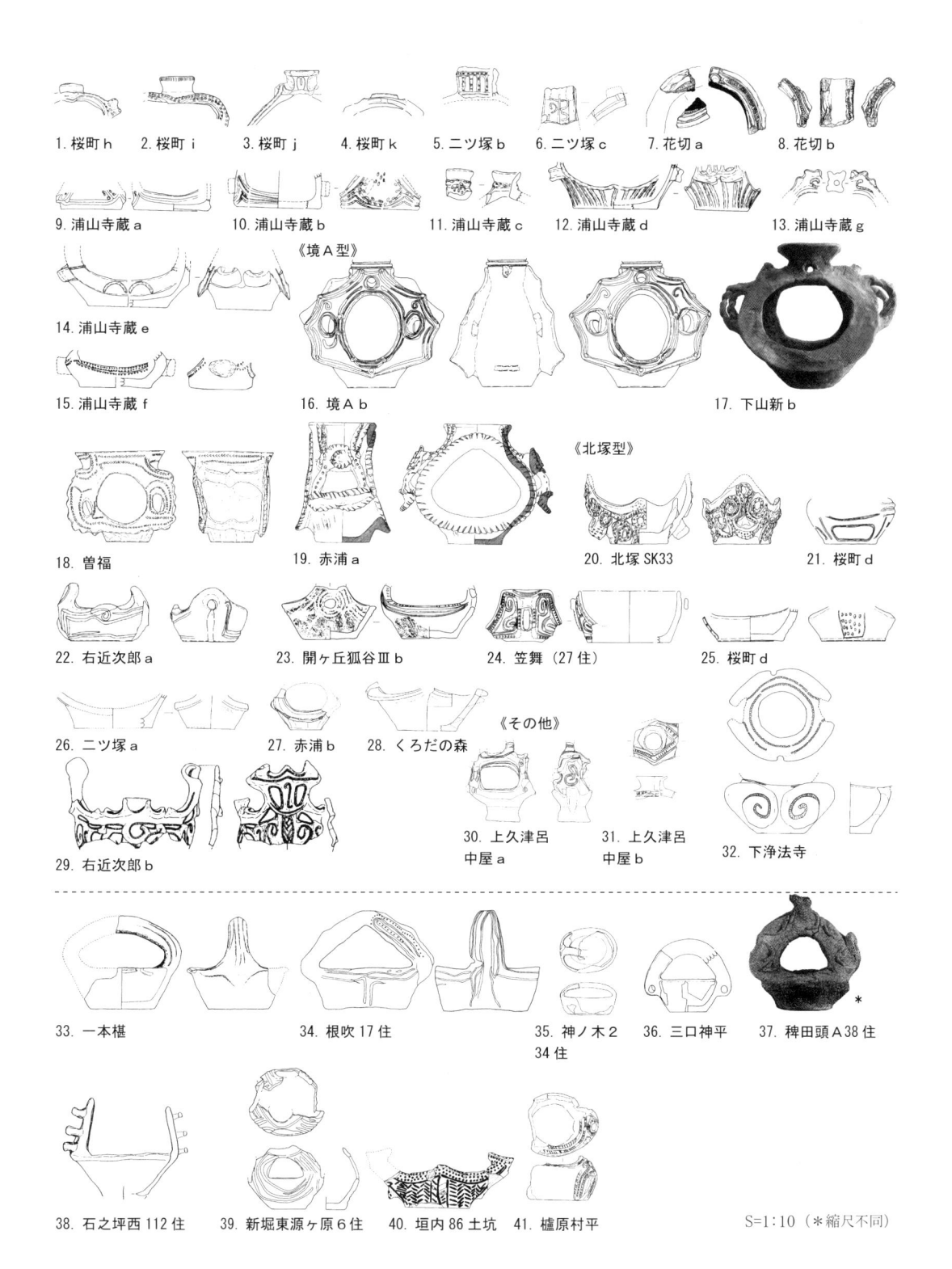

1. 桜町 h　2. 桜町 i　3. 桜町 j　4. 桜町 k　5. 二ツ塚 b　6. 二ツ塚 c　7. 花切 a　8. 花切 b

9. 浦山寺蔵 a　10. 浦山寺蔵 b　11. 浦山寺蔵 c　12. 浦山寺蔵 d　13. 浦山寺蔵 g

14. 浦山寺蔵 e

《境A型》

15. 浦山寺蔵 f　16. 境Ab　17. 下山新 b

18. 曽福　19. 赤浦 a

《北塚型》

20. 北塚 SK33　21. 桜町 d

22. 右近次郎 a　23. 開ヶ丘狐谷Ⅲ b　24. 笠舞（27住）　25. 桜町 d

26. 二ツ塚 a　27. 赤浦 b　28. くろだの森

《その他》

29. 右近次郎 b　30. 上久津呂中屋 a　31. 上久津呂中屋 b　32. 下浄法寺

33. 一本椹　34. 根吹17住　35. 神ノ木2 34住　36. 三口神平　37. 稗田頭A38住

38. 石之坪西112住　39. 新堀東源ヶ原6住　40. 垣内86土坑　41. 櫨原村平

S=1:10（＊縮尺不同）

第46図　釣手土器（Ⅲ期2）

1982)。本稿でも判断材料を持たずに除外したが、あるいはそうした釣手部の中にも釣手土器の一部が混ざっている可能性は棄てきれない。

類型の分布

各類型の分布を整理したのが第11表と第48図である。Ⅱ期の諸類型は松本平・諏訪以西に分布するものと、諏訪・峡北以東に分布するものとに大別される。諏訪はより細かく見ると茅野市付近を境としている。松本平・諏訪は各22例とⅡ期の3割を両地域で占めているが、海戸型を除けば松本平に中心がある。薬師型・南原型は木曽・伊那を中心に、堂之上型は飛騨を中心に分布する。桑久保型は諏訪から神奈川まで広く分布するが、後続する真原A型は峡北に事例数が集中し群馬・東信に分布を広げるものの、東京・神奈川は範囲外となる。なお、群馬・東信は大平台型の分布域でもある。

Ⅲa期では、上伊那・下伊那に事例が集中し、松本平と神奈川が続く。分布の中心は明らかに西へ移動している。また、飛騨・諏訪・山梨（峡北・峡東・都留）では事例数が激減する一方、東端の東京・神奈川の事例は増加している。広域に分布するのは箱川原型と坂井型であるが、共に分布の中心といえる地域は見出せない。松本・伊那の下原型、上伊那の辻沢南型、下伊那の伴野原型・伊久間原型、東信の郷土型、群馬の横壁中村型、東京・神奈川の武蔵台東型・市ノ沢団地型、北陸の桜町型など地域色の強い、少数で構成される類型が多くなる。

Ⅲb期は関東・中部では事例が激減しこの地域では類型設定できない。事例のほとんどは北陸に集中する。桜町型が富山湾沿岸に広く分布した後、北塚型が能登半島を外して福井へと分布を伸ばしていく。この間、境A型は富山湾を挟んだ一部地域にのみ分布している。

Ⅱ期・Ⅲ期を通じて、両伊那地域、さらに松本平・木曽を加えた地域は類型の分布域の重複という点で強い結びつきを窺わせる。山梨の3地域と神奈川県の旧津久井郡は概ね分布を共有する。分布範囲の広狭を比較した場合、Ⅱ期には比較的広域に分布していたのに対し、Ⅲ期では局所的な分布となる。類型の重複度を見るとⅡ期には諸類型の分布が入り組んでいたのに対し、Ⅲ期では伊那周辺以外には大きな重複はない。

成形法の継承と変容

釣手土器の成形法は、①粘土紐を掛け渡す、②前後に粘土板を接合する、③耳・桁などを配するという3つの要素がある。Ⅰ期の初期には①のみで成形されるものが多かったが、その後①の粘土紐を芯として②の粘土板を張り合わせて成形するものが増加した。Ⅱ期には、①の芯を中心に掛け渡さず、②の粘土板の張りあわせのみで成形するものも多い。Ⅲ期には殆どの事例が芯に粘土板を張り合わせる手法を用いる。一方、鍔の形態についても、内外に張り出すもの、外のみ、内のみ、張り出しなしという4パターンが認められる。しかし、観察できた事例の成形法と類型との関係性を検討したが、真原A型に鍔が内側のみに形作られる事例が多いという点以外には明瞭な差異を抽出することはできなかった。この点についてはより詳細な検討が必要である。ところが、Ⅲ期の桜町型には平板な粘土板を掛け渡すという手法が多用され、鉢とブリッジが一体化するようになる。この点は他との大きな違いである。また、こうした変化によって、装飾面が正面・背面から側面に移動していくという点も重要である。

装飾面についてはⅡ期の上木戸型・海戸型・北高根型は正背面・上面・側面、堂之上型・薬師型・桑久保型は正背面・側面、真原A型は正背面、Ⅲ期の箱川原型・坂井型・下原型は正背面・上面・側

第4章　釣手土器の発生と展開

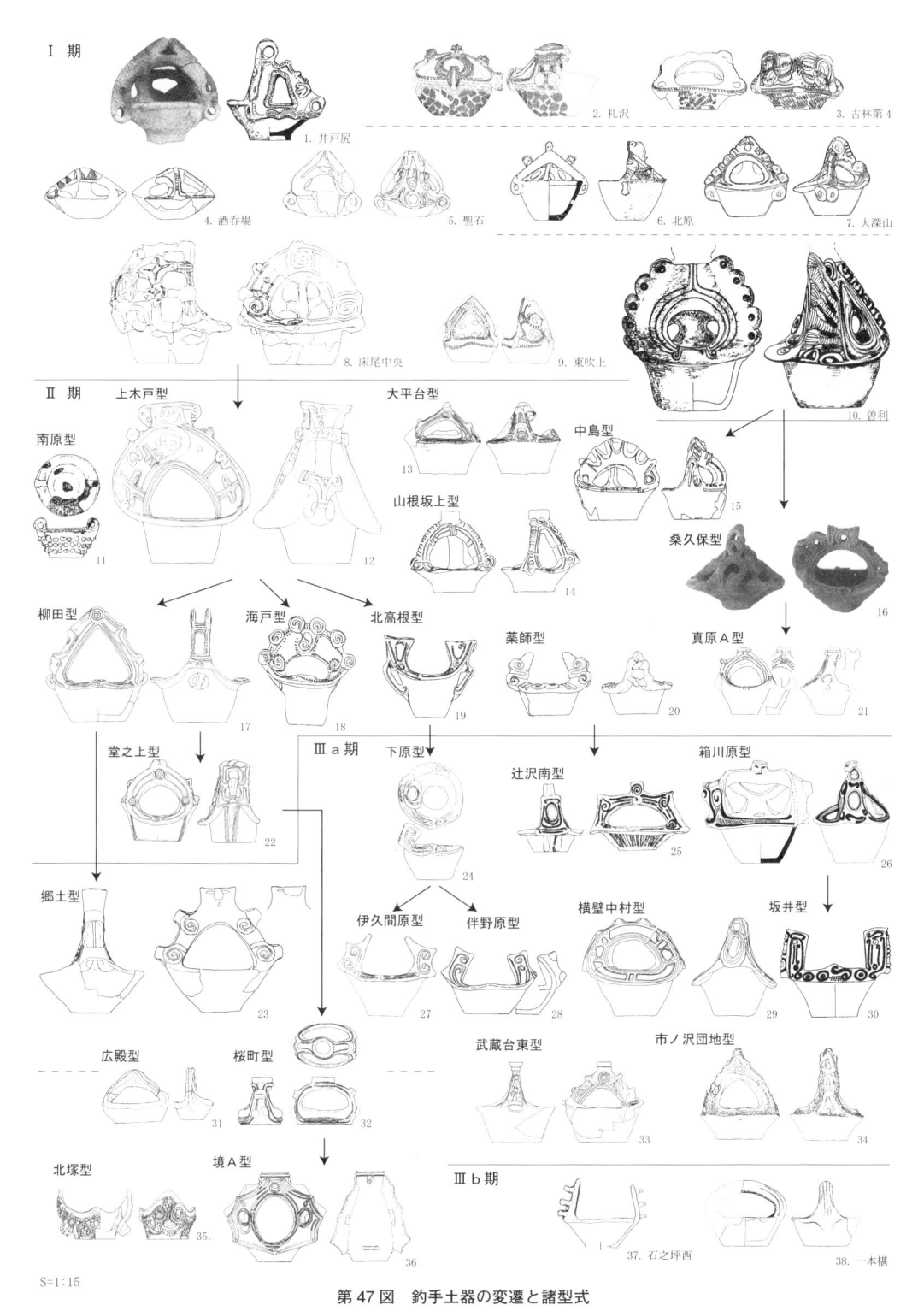

I期

1. 井戸尻
2. 札沢
3. 古林第4
4. 酒呑場
5. 聖石
6. 北原
7. 大深山
8. 床尾中央
9. 東吹上
10. 曽利

II期
- 南原型 11
- 上木戸型 12
- 大平台型 13
- 山根坂上型 14
- 中島型 15
- 桑久保型 16
- 柳田型 17
- 海戸型 18
- 北高根型 19
- 薬師型 20
- 真原A型 21

IIIa期
- 堂之上型 22
- 郷土型 23
- 下原型 24
- 辻沢南型 25
- 箱川原型 26
- 伊久間原型 27
- 伴野原型 28
- 横壁中村型 29
- 坂井型 30
- 広殿型 31
- 桜町型 32
- 武蔵台東型 33
- 市ノ沢団地型 34
- 北塚型 35
- 境A型 36

IIIb期
37. 石之坪西
38. 一本楳

S=1:15

第47図　釣手土器の変遷と諸型式

→は系統関係が想定されるもの。それ以外の時期区分線内の上下は時間差を考慮して配置したものではない。
各型式の出土地は型式名と同じ。

第11表 型式の分布と装飾の関係

期	型式	美濃・愛知	飛騨	下伊那	上伊那	木曽	松本	諏訪	峡北	峡東	都留	神奈川	東京・埼玉	静岡	群馬	東北信	富山	石川・福井	総計	蛇体・獣面・人面	三角文・三叉文	四角文・四叉文	円文	渦巻文	双渦文	対向渦巻文	W字文	編込文	S字文	U字文・V字文	二重区切り文
I期	藤内							4	2										6	3	3	1	3							1	
	井戸尻			1	3	1	7	13	6	2		3	2	1	1	4			44	10	21	4	27	7				1		3	7
	曽利 I			2	1	1		5	1	1				1		1			13	5	5		4	5	1		1			3	3
	計			3	4	2	7	22	9	3		3	3	1	1	5			63	18	29	5	34	12	1		1	1		7	10
II期	上木戸型						12	2											14	1		2	8		2		4	1	5	1	
	海戸型			1		1	1	3											6		1		5		2	1		2			
	柳田型				1		3	3								2			9				7					1	1	1	
	北高根型					2	2	4	2	1									11				6	1		2		1			
	堂之上型	1	22				1												24				10	7		1		1		2	
	薬師型			4	2	1													7							2					
	南原型			7	4														11												
	中島型						1	1		1									3												
	桑久保型				3		5	1	5	5	2	2							23	3		15	2	1							1
	真原A型					1	3	9	1	2				2	3				21	3		2	4	1						9	
	山根坂上型			1					1	1									3				2							1	
	大平台型										4	1							5				2							1	
	他	3	1	2	2	1	1	5	2		3	2	5	7	1		2		37			4	8	1			1	3	1	
	計	4	23	14	12	6	23	22	17	2	11	8	8	9	7	6	2		174	8		35	49	4	4	6	6	4	16	14
III期	箱川原型			1	1		2	1	2	1	1	1							10			2	4				1	1	3	
	坂井型				2		1	2	3	1						1			11			1	2	6			1		3	
	下原型			3	2	1	6												12				6		3					
	辻沢南型			2	8														10				1							
	伊久間原型			3	1	1													5				1							
	伴野原型			6															6											
	郷土型														7				7	5			6						1		
	横壁中村型														4				4			1	1						1		
	武蔵台東型								7	3	1								11	1		2	4						2		
	市ノ沢団地型									2	2								4				3						1		
	広殿型		3																3												
	桜町型		2															29	4	35				1								
	境A型																2	2	4				1	1							
	北塚型																3	7	10				3	2							
	他	5	2	5	4	2	2	5	2	2	1	3	6		1	2	2	2	1	43	1		2	12			2		1	1	1
	計	5	7	20	18	3	12	8	7	4	2	14	11	1	6	10	36	14	178	7		14	47			7		9	2	1
	時期不詳	6	2	6	7	1	4	6	2	2			2	1		8	9		56	1			2								
	総計	15	32	43	41	12	46	58	35	11	13	27	23	11	22	30	38	14	471	34	29	5	83	110	5	4	14	6	13	25	25

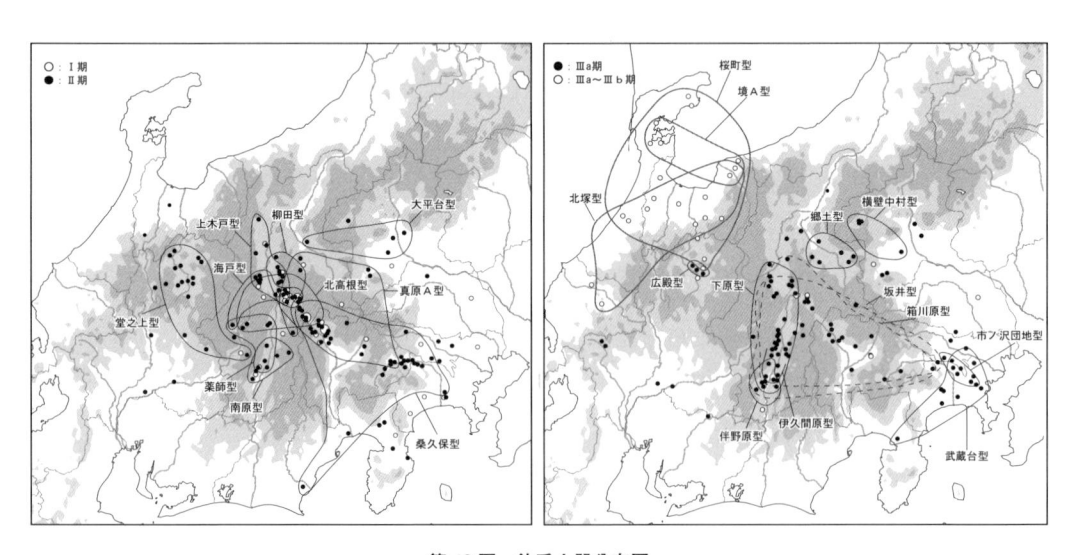

第48図 釣手土器分布図

第4章　釣手土器の発生と展開

面、伊久間原型・辻沢南型・市ノ沢団地型は正背面・側面、郷土型・横壁中村型・武蔵台東型は正背面、桜町型は正背面→側面、境A型は正背面、北塚型は鉢部全面となる。

　最後に猪口状突起について概観しておく。Ⅱ期では上木戸型・堂之上型・真原A型の一部に見ることができるが、上木戸型を除くと少ない（上木戸型では貫通するものも少なくない）。Ⅲ期でも関東・中部では武蔵台東型の一部に見られる程度である。辻沢南型の諸例や渕ノ上c・d例・塚越北SB05例などは一見猪口状突起に見えるが頂部は皿状に凹まず渦巻文などが施されるのみである。しかし、北陸では桜町型・境A型の殆どに猪口状突起を有しており、貫通するものも少なくないことは注目すべきである。

単位文様の継承

　釣手部頂部や左右に施される単位文様は既に一部が小野正文（1989）によって人面装飾起源のものと推定されているが、それらを含めた分布状況を確認する。まず人面装飾はⅡ期では上木戸型と桑久保型・真原A型に限定されていた。Ⅲ期では箱川原例を除けば郷土型にほぼ限定される。人面装飾同様Ⅰ期以来の渦巻文・円文は時期を通じ、型式に関わりなく広く用いられる。Ⅱ期には双渦文・W字文・U字文・二重区切文・S字文・対向渦巻文などが増加する。前4者はⅠ期以来の文様であるがⅡ期で廃れる。一方、後2者はⅢ期へと継承される。

　なお、Ⅰ期の特徴的装飾要素として、具象的な蛇体文、三角形文・三叉文、四角形文・四叉文がある。玉抱き三叉文などを含めて、様々な手法で造形されているが、これらはⅡ期以降全くといっていいほど継承されない。

3．打ち欠き行為の継承と変容

　顔面装飾の打ち欠き行為は釣手土器の成立の上で重要な役割を果した行為であった。そして把手式成立の仮説でも触れたように、その重要性はⅡ期以降にも継承される。第12表には、略完形の釣手土器における頂部欠損例と、釣手頂部のみの出土例の頻度を示した。Ⅱ期以降では頂部に顔面装飾が施される例は稀になるが、頂部への打ち欠きの意思は時期を越えて継承されている。なお、Ⅱ期にはこれらの事例には顕著な地域差を認めることはできない。Ⅲ期では頂部欠損事例数は北陸に多くなるが、これは長野・山梨での把手式の増加による見た目の集中である。一方、把手式で注目されるのは、Ⅱ・Ⅲ期を通じて20〜25％の頻度で認められる片側把手の欠損例である。これは頂部を打ち欠いた形態のものにさらに、打ち欠きを加えるということを意味している可能性がある。その場合、打ち欠きの連鎖という点でカテゴリ認識の継承を読み取ることができよう。なお、地域的な継承・変容の問題に関して、Ⅱ期には松本・伊那・木曽、Ⅲ期には伊那に集中している点に注意しておく。

4．出土位置の継承と変容

出土遺構

　住居・土坑・遺構外などに大別し、住居はさらに床面・覆土という垂直位置と、奥壁部・炉辺・入口部など平面位置の2つの軸で検討する。

　釣手土器の多くが住居内からの出土であることは古くから知られた事実であるが、今回の集成でも、出土状況不明・未報告例を除く358例中274例が住居出土という結果を得ている。そこで、まず住居

第12表 形態・残存部位・出土状況の時期別・地域別集計

	地域	形態				残存部位				遺構種類				住居内垂直位置				多少		住居内平面位置				
		二窓式	三窓式	四窓式	把手式	頂部欠	頂部のみ	把手片側欠	底部欠	住居	土坑	洞窟	遺構外	不明・未報告	床面	土坑・ピット	炉内・炉上	覆土	少量型	多量型	奥壁部	中央部	入口部	左	右
I期	下伊那	1	2			2	1			3					1			1				1			
	上伊那		3		1	1				4					2			2		1	1	1	1	1	1
	木曽		1			2				2								1		1					
	松本		7			4				5		1	1		2			1							
	諏訪	1	21			8	1		1	18		1	1		10			1	7	2	3	5	1	5	1
	峡北		7			5				5			4		3			2		2	1	3			2
	峡東	1	2			1				3					1										
	神奈川		3			1				3				1					1		1				
	東京	1	1										2												
	埼玉							1		1								1							
	静岡		1																						
	群馬		1									1													
	東北信		5			2				3	1				1										
	計	4	54		1	27	3		2	47	2	4	8		17	1	1	10	10	6	5	11	2	7	5
II期	美濃	1	2		1	1		1		3					1			1		2	2				1
	飛騨	21	1			7	3		1	13		2	8					4	7	4	4		2	2	1
	下伊那	3	1		8	3		1		10	1		3		3					3			1	1	
	上伊那	2	2		7	3	1	1		9		1	2		3			1	3	2					2
	木曽	2			3	1				5	1				3			1	1	3	2	2			2
	松本	18	1		4	8	2	1	2	11		3	9		8	1		2	4	1	4	3	1	4	1
	諏訪	20			2	9	1		6	21			1		2		2	6	3	6	2	4	2	2	2
	峡北	16			1	10	1			11			6		4			3	2	2	3	1		2	
	峡東	2				1				1			1		1										
	都留	8	2			3	1		1	7		1	3		3			2	1		3				
	神奈川	8				4				5		3	2		5						3			1	
	東京・埼玉	4			3	3			1	7		1	4		1			2	2		1	1			1
	静岡	6				2				6		3			5			2	3		2	1	1		3
	群馬	3	4			4				6			1		5				2	3		5	1	3	
	東北信	5	1			1				3	1	1	1									1		1	
	富山	1		1		1				2					1					1					
	計	120	17	1	26	61	9	5	13	120	3		9	42	49	2	2	27	25	29	22	23	8	18	13
III期	美濃	4				1	1			2			2		1			2							
	飛騨	6			1		1			1	1		1	4	1										
	下伊那	6			14	4	3	3	1	16		1	3		2			2	1	7	1	3		3	3
	上伊那	8		9	1	5	2	3	2	12		1	5		6			2	3	3	1	1	2	7	3
	木曽			1	3	1	3			3								1	2						
	松本		1		11	2				12					7			3	1	2	7	2		4	1
	諏訪	4		3	3					6		1	1	2	2			1	2	1	2	1		1	
	峡北	1		6	3		1	1	4		1	2		2			2	1		1	1				
	峡東		1	2	1				3			1		2						1					
	都留	1		1	2				1	1															
	神奈川	9	1	4	3	2	1		9			3	2	3		1	5	2	2	2	2			1	
	東京・埼玉	8	2			4				7			3	1	5			1	4	2	2			2	
	静岡	1				2				2					1			1							
	群馬	5	1			5				5	1				2				2	4					1
	東北信	8			1	2	2		1	5		4	2		2			1	1			1			2
	富山	34			2	18	10		5	1	30			2	1				1	1	1		1		
	石川・福井	5			9	6	1		3	1	1	3	6												
	計	100	5	1	65	66	20	11	6	94	4	1	51	28	35	1		23	16	26	16	17	3	11	13
	時期不詳	22	3		2	44	5			19	1		13	23	2			6		2		2	1		3
	総計	246	79	2	94	198	37	16	21	282	10		77	101	103	4	4	66	51	63	43	53	14	36	34

※不明例については掲載していない

以外の出土例を確認すると、Ⅰ期は土坑2例、遺構外3例、Ⅱ期では土坑2例・遺構外8例、Ⅲ期では土坑4例・遺構外50例・洞窟1例となる。ここではⅢ期における遺構外出土例の増加に注目しておく。Ⅲ期の遺構外出土例のうち26例が桜町型、2例が境A型、4例が北塚型と北陸地方の型式が目立っている。洞窟出土例も桜町型に属する。土坑出土例はⅠ期の岡谷市目切遺跡560P例を除くと、Ⅰ期の小諸市郷土遺跡351号土坑例[51]、Ⅱ期の長野市檀田遺跡SK9例、上松町最中上遺跡土坑62例、高森町追分遺跡A1号土坑例、Ⅲ期の長野原町横壁中村20区101号土坑例、富山市花切遺跡穴02例、

---

51) 桜井秀雄（2002）は郷土遺跡の井戸尻式期の完形土器埋設土坑3基（うち1例が釣手土器）を取り上げ集落外縁に意図的に配されたものとの見方を示している。

第4章 釣手土器の発生と展開

高山市垣内遺跡P86例・金沢市北塚遺跡SK33例のみであり、釣手土器分布域の中でも周縁地域に目立つ（綿田2011）。

住居内での特徴的な出土状況

　出土状況は出土位置や共伴遺物、出土する遺構など多くの属性に関わる。本来はこれら全体の中で個々の事例の位置づけを捉えるべきであるが、本稿では資料的制約から一定の指標にもとづいて行為を分類しその傾向の強弱をもとに地域間・時期間・型式間の関係を検討する。

　はじめに特徴的な出土状況を確認しておきたい。それらは、①もともと当該住居に備わっていた施設からの出土、②釣手土器と他の遺物がセット関係を意識して配置されたもの、③釣手土器との直接的関係性の不明瞭なものとの複合の3つに性格が分かれる。①に関わる事例として、まず奥壁部の祭壇状施設からの出土がある、富士見町曽利遺跡29住（Ⅰ期）は奥壁部に土壇と石柱を持ち、炉の奥から大小の釣手土器2点が出土している［第49図1］。出土遺物は多いがヒスイ製玉斧が注目される。日義村お玉の森12住は焼失住居で奥壁部石柱と炉の間から釣手土器が出土し［同2］、同村マツバリ遺跡5住でも奥壁部から出土している。また、Ⅰ期の古林第4遺跡14住（焼失住居）では奥壁部の平石上から［同3］、Ⅱ期の横浜市市ノ沢団地遺跡1住では奥壁のやや凹んだ部分から［同4］、Ⅲ期の大村塚田遺跡38住（焼失住居）ではやや高まりのある壇状の部分からの出土である。大村塚田では壺・浅鉢などとともに2個の釣手土器が出土している。真原A遺跡12住では、炉奥の石組から円筒形の深鉢とともに出土している［同5］。炉辺樹立石棒を持つ住居からの出土例としてマツバリ8住、堂之上遺跡6住がある、後者は焼失住居で覆土下層から釣手土器が出土しているほか台を失った台付鉢が逆位で出土している［同6］。

　次に、②の事例は、隣接して出土するものと、炉や主軸を挟んだ対称的位置から出土するものがある。Ⅰ期には著名な諏訪市穴場遺跡18住例がある。すなわち、焼失住居壁面部の柱を挟んで（高見2007）石棒と石皿が置かれ、石棒に密着して釣手土器が出土した。周囲から石椀・磨石類が出土し、炉辺には小形土器2点が口縁部を違える形で横転している［同7］。石棒・石皿とのセット関係はⅡ期の仲道A遺跡2住にも見られる。炉奥に釣手土器・石棒・石皿、入口部に磨石・石棒・石皿を配し、炉脇に底部穿孔倒置埋設土器（山本2007）と床面倒置土器が置かれた事例である［同8］。Ⅲ期の伴野原遺跡33住は石壇を持つ住居だが埋甕を挟んだ入口部の左右から釣手土器と立石が出土している。この住居も焼失住居で、炉内から供献されたと思われる大形のパン状炭化物（中村2007）が出土している［同9］。

　倒置深鉢と近接して釣手土器が出土した例は、Ⅱ期の根古屋遺跡1住の奥壁部からの出土例がある。ここでは入口部左側に丸石と立石もみられた［同10］。Ⅲ期の熊久保遺跡21住でも奥壁部の倒置深鉢に近接して釣手土器が出土している。

　殿村遺跡22住では奥壁部から釣手土器と小形壺、入口部から黒曜石製有茎尖頭器と剥片5点を収めた小形深鉢が出土し、入口部付近には骨片が認められた［同12］。隣接する24住では奥壁部から釣手土器と小形深鉢、入口部から立石・磨製石斧・黒曜石剥片・石皿が出土した。いずれもⅢ期の焼失住居である。このほかⅡ期の下原遺跡SB19で有孔鍔付土器が隣接して、小比企向原遺跡J-2住で磨石が直上から、Ⅲb期の居平遺跡13号では磨製石斧2点と丸石が近接して出土している。竹林寺遺跡では奥壁側のピット内・ピット上から、ほぼ完形に復元される釣手土器、入口側から伏せた石皿・

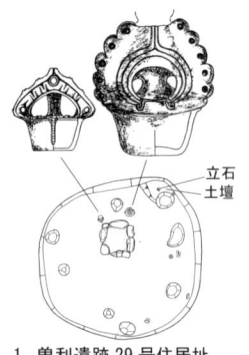

1. 曽利遺跡29号住居址
立石
土壇

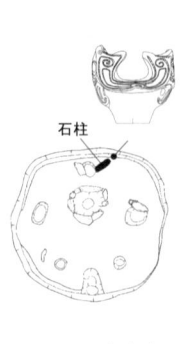

2. お玉の森遺跡
12号住居址
石柱

3. 古林第4遺跡
14号住居跡

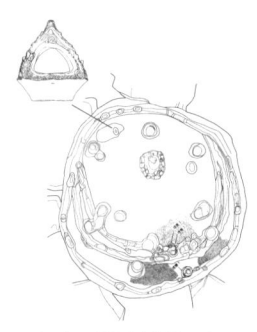

4. 市ノ沢団地遺跡C区
第1号竪穴住居址

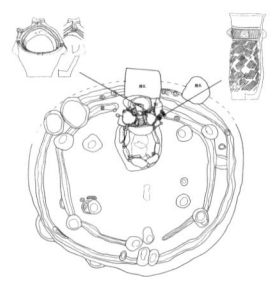

5. 真原A遺跡第12号住居址

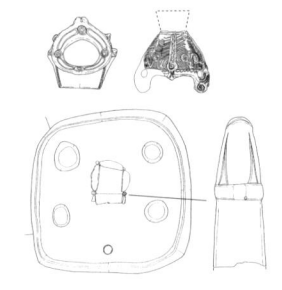

6. 堂之上遺跡6号住居址

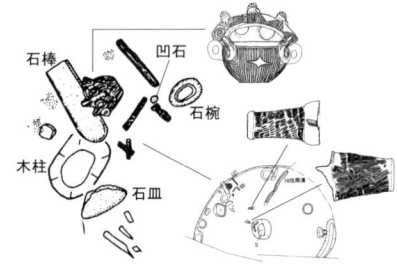

7. 穴場遺跡第18号住居
石棒　凹石
石椀
木柱　石皿

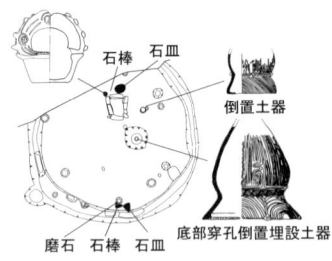

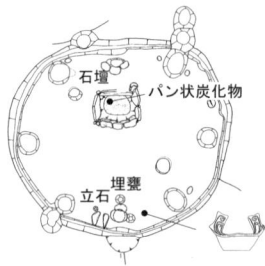

8. 仲道A遺跡第2号住居跡
石棒　石皿
倒置土器
磨石　石棒
底部穿孔倒置埋設土器

9. 伴野原遺跡第33号住居址
石壇　パン状炭化物
立石　埋甕

10. 根古屋遺跡第1号住居址
倒置土器
立石　丸石

11. 竹林寺遺跡1号住居址
伏せた石皿・磨石

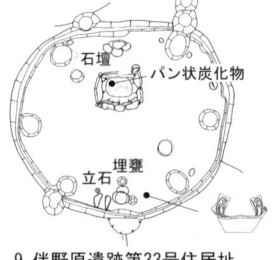

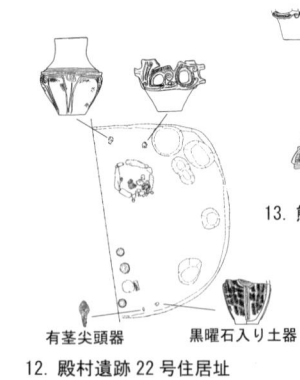

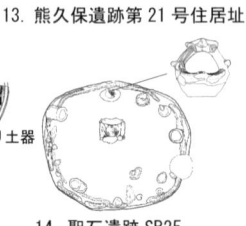

12. 殿村遺跡22号住居址
有茎尖頭器　黒曜石入り土器

13. 熊久保遺跡第21号住居址
倒置土器

14. 聖石遺跡 SB25

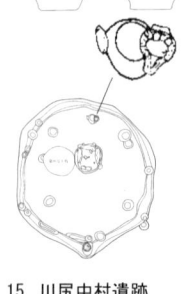

15. 川尻中村遺跡
4号住居跡

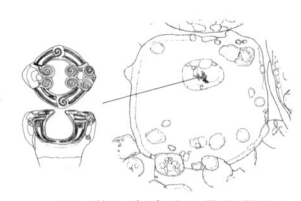

16. 花上寺遺跡9号住居址

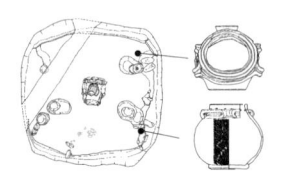

17. 東黒牧上野遺跡第2号住居址

遺物　　S=1:20
遺構　　S=1:250
拡大図　S=1:40

第49図　釣手土器の出土位置と共伴遺物

第 4 章　釣手土器の発生と展開

磨石のセットと釣手土器鉢部破片が出土している［同 11］。

③の事例としては、西桂町宮の前遺跡 5 住（Ⅱ期）で炉内から石棒・磨石、床面から倒置埋設土器・石匙・石皿などが出土している例、柳田遺跡 1 住（Ⅱ期）で焼失住居床面から石皿が伏せられて出土した例などがある。

このほか、屋内のピット上およびピット・土坑内からの出土例がある。Ⅱ期の聖石遺跡 SB25 では奥壁部のピット上から出土している［同 14］。住居の柱用か、石柱・木柱用かは判断できないが、それらの使用が終わった後に安置されたものと考えられる。Ⅲ期でも川尻中村遺跡 4 住奥壁部ピット上からの出土例がある［同 15］。また、Ⅱ期の北田遺跡 23 住では深鉢 1 個体分が出土した入口部付近のピットの上面から顔面装飾付の釣手土器が出土している。ピット内出土例は御伊勢森遺跡 6 住（Ⅰ期）、小池遺跡 187 住・大深山遺跡 25 住・八木連西久保遺跡 37 住（以上Ⅱ期）、下山新遺跡 1 住（Ⅲ期）があり、Ⅱ期を中心に同様の行為が広範囲で散見される。炉内からの出土例としてはⅡ期の岡谷市花上寺遺跡 9 住例がある［同 16］。

以上の出土事例からは、各パターンが時期・地域を越えて散見されるものの、釣手土器が特定の要素とだけ関係するものではないことは明らかである。セット関係と認識したものの中にも、例えば土器被覆葬用と考えられる倒置深鉢（山本 1976）との関係については、奥壁部などの空間に対する強い意識によって異なる性格の遺物が偶然近接して出土している場合も想定しておかねばならない。

長野県では奥壁部や入口部に壺や浅鉢を配置する例もあり（中村 2010c）、①・②の事例の多くも住居内の特定空間への強い意識に基づき、釣手土器と他の要素を同位置に配置させたものと考えるほうが自然である。後述の全体的な数量もこうした考えに合致する。

但し、釣手土器が 2 例出土しているⅠ期の曽利 29 住、Ⅱ期の八木連西久保 37 住、南大浜 20 住、Ⅲ期の大村塚田 38 住、伊久間原 24 住・45 住、下原 5 住など器形が判明する釣手土器 2 個が出土したものはサイズや装飾・器形の点で差異のあるものを用いている。床面から壺など他形式と一対で出土する例もある［同 17 など］。②のセット関係については、釣手土器に限らず、「異質な二者」を対にして設置する思考が広く存在し、その一例として位置づけられる可能性が高い（中村 2010d）[52]。

住居内垂直位置

住居内出土例の垂直位置であるが、全体数をみると 280 例で、位置の判明するものの内訳は床面 103 例、土坑・ピット内 10 例、炉内 4 例、覆土 65 例となる。この他、竪穴壁面のすぐ上から出土したものが 3 例あり、上屋内部には含まれていた可能性がある。Ⅰ～Ⅲ期の変動をみると、Ⅱ期に床面出土例が増加するものの、概ね床面 5～6 割、覆土が 3～4 割である。型式別に見ると、Ⅱ期の桑久保型は床面 8 例・覆土 1 例・炉内 1 例、北高根型は床面 5 例・覆土 1 例・炉内 1 例などであるが、一方で床面 5 例・覆土 4 例という真原 A 型のような型式も存在する。一方、地域別に見ると明瞭な地域差が現れる。Ⅱ期では松本・木曽・伊那や群馬・静岡などでは床面出土例が卓越するのに対し、諏訪・

---

[52] ②の事例として挙げた仲道 A 例の入口部・奥壁部での石棒・石皿を含む 3 点セットの配置は、釣手土器と磨石が「変換」関係にあった可能性を示しており、［〈釣手土器／石棒〉／石皿］という関係性を持つ穴場例同様、異質な二者の対置表現であり、かつ入口部／奥壁部における差異を含めた階層的複合例として評価できる。穴場例も、壁際における前述の関係のほか、住居中央部に 1 対の小形深鉢が認められる。（中村 2010d）。レヴィ＝ストロース（1972）は、神話を分析する中で、同様の筋書き（構造）を有する神話において、個々の構成要素が他のものに入れ替わることを「変換」と呼んだ。変換は、何らかの点で類似したものが採用されるか、あるいはしばしば真逆ものが採用される。

峡北・都留および飛騨などでは覆土出土例の比率が高い。Ⅲ期では出土位置が判明する事例が少ないものの、松本・伊那地域における床面出土率の高さは継続している。

住居内平面位置

　平面を入口部・中央部・奥壁部および左右に分割して位置を確認した。Ⅰ期には中央部が多いが、Ⅱ・Ⅲ期には奥壁部と中央部が拮抗する。地域的な特徴を見ると、Ⅰ期では事例数の最も多い諏訪においては各位置に分散している。Ⅱ期では群馬・諏訪・松本・木曽・飛騨で奥壁部以外からの出土例が目立つ。Ⅲ期では下伊那・上伊那で入口部での出土が残る。

　なお、住居を入口から奥を見て左右に大別した場合、総数では左36例、右34例とほぼ同数である。Ⅰ期では諏訪と峡北で左右が逆転しているため本来的な位置は不明である。Ⅱ期・Ⅲ期では左側出土例は峡北から下伊那にかけての地域に偏るものの、これらの地域では右側出土例も少なくないため、取り扱いの規範を読み取ることはできない。

5．共伴する器物

少量型と多量型

　釣手土器は少数の遺物のみが共伴する場合と（少量型）、多数の遺物とともに出土する場合（多量型）がある。後者は他の多くの遺物に共通したあり方であり、その内容を詳しく吟味することはしないが、両者の比率がいかなるものであるかは検討の余地がある。出土遺物数が明記されている資料は限られるが、10点を基準として少量型と多量型に区分すると、Ⅰ期には10例：6例、Ⅱ期25例：29例、Ⅲ期16例：26例と時期が下るに従って多量型が増加する。Ⅱ期では松本を除き、多量型と少量型がほぼ同数か多量型が多い。さらに、Ⅲ期では群馬を除き全ての地域で多量型が多くなる。最終的な取り扱い方法の認識が広範囲にわたって変容していることが窺える。ここには、空間的・時間的に連続した地域差は窺えない。

　なお、出土状況の明瞭な資料をみると、少量型と住居床面出土例、多量型と覆土出土例が相関関係にある。前者は新津健（2002）のいう"宮の前タイプ"、後者は"酒呑場タイプ[53]"に相当しよう。新津は前者を住居に関わる物送り、後者を遺物に関わる物送りと想定している。

特徴的共伴要素の頻度

　石棒はⅠ期4例（諏訪3・峡北1）、Ⅱ期4例（飛騨3・都留1）、Ⅲ期6例（木曽2・上伊那2・下伊那1・東京1）で、ほかに、入口部・炉脇の立石がⅠ期の諏訪に2例、Ⅱ期の峡北に3例、Ⅲ期の松本・上伊那・下伊那に各1例、時期不明が群馬で1例ある。有孔鍔付土器・鍔付土器はⅠ期6例（諏訪3・下伊那1・峡東1・松本1）、Ⅱ期6例（松本2・東京2・諏訪1・東信1）、Ⅲ期6例（下伊那2・群馬1・上伊那1・東京1・富山1）である。壺はⅡ期の木曽で1例のほかはⅢa期の松本で2住居、Ⅲb期の埼玉で1例のみとなっている。また、焼失住居からの出土はⅠ期7例（諏訪4・峡北1・上伊那1・東信1）、Ⅱ期9例（松本3・木曽2・峡北1・静岡1・東京1・飛騨1）、Ⅲ期8例（松本4・上伊那2・下伊那1・富山1）である。これらの石棒・立石と焼失住居の重複はⅠ期の諏訪で1例、Ⅱ期の峡北・飛騨・木曽で各1例・Ⅲ期の松本・下伊那で各1例、時期不明群馬1例

53）筆者は一般的な胴部文様と装飾のない釣手部を持つ酒呑場41住例は釣手土器の範疇には入らないものと考えているため、酒呑場タイプの名称は使用できない。

第4章　釣手土器の発生と展開

がある。床面倒置土器は他にⅡ期の静岡で2例、峡北・松本・諏訪・飛騨、Ⅲ期の峡北・松本で1例ずつ認められる。

　ここで挙げたデータは釣手土器の総数から見ればわずかであり、空間的・時間的な地域差は認められない。このことは釣手土器の出土状況が本来多様であることを示している。

第5節　釣手土器にみるカテゴリ認識の継承と変容

1．釣手土器の展開過程

　本章では装飾・器形・打ち欠き行為・出土状況をもとに釣手土器の取り扱いの継承・変容を検討してきた。この中で、頂部の打ち欠き意識、渦巻文・円文の使用、特殊遺物との共伴などについては、必ずしも多数の事例ではないものの、時期・地域を通じて一定の共通性が認められた。一方で、変容した部分も少なくない。以下では、時期を追って改めてその展開を確認しておきたい。

Ⅰ期：多様性をもった成立期

　藤内式期の八ヶ岳山麓で、顔面が打ちかかれた顔面把手をモデルとして、頭部像としての釣手土器が成立する。顔面把手と釣手土器の間には、装飾パターン、顔面打ち欠きの意図が共有されていた。続く井戸尻式期には分布範囲を顔面把手のそれと同範囲まで拡大する。

　両者の間での類似する装飾パターンは背面玉抱き三叉文や背面蛇体文、正面頂部の円文・三叉文など複数組存在するものの、その組み合わせは排他的なものではない。また、釣手土器同士でも円文・三角文などの装飾の共有が認められることから、顔面把手の装飾同様厳格な規範や系統性はなく、周囲の顔面把手・釣手土器の要素を取り込んで製作されていったようである。背面装飾が複雑化した結果の1つとして多窓型なども現れた。曽利Ⅰ式期には、釣手土器に顔面装飾が施され、頭部像から人体像への認識の変化が窺われる。一方、顔面装飾は新たに登場した要素だが、その打ち欠き行為は、顔面把手以来継承されてきたものである。

　出土状況については現状の資料数からは共に住居出土例が多いことが確認できたほか、顔面把手と釣手土器の共伴例も見られることから最終的な取り扱い方法の継承として捉えておきたい。但し、Ⅰ期から床面出土例と覆土出土例の両者が存在し、事例の多い諏訪や峡北では床面出土例が多いのに対し、その周辺の地域では覆土出土例が多いという地域差がある。こうした点からは釣手土器が成立時点から統一された取り扱い方を受けていたわけではないことを示している。装飾のバリエーションを含めて考えるならば、先行する顔面把手の持つ多様性に起因すると思われる。井戸尻式期から曽利Ⅰ式期は、勝坂式土器様式の地域性が顕在化し、曽利・唐草文などの諸様式として独立していく時期である。こうした背景のもと、釣手土器に限定した場合においても多様な形態が出現したⅠ期をここでは多様性の時代と位置づけておきたい。

Ⅱ期：各地域への定着期

　曽利Ⅱ式期並行期は釣手土器の数が最も増加する時期であり[54]、二窓式・把手式の定着、諸型式の形成、飛騨・美濃・富山への分布の拡大などが大きな変化である。本稿での検討によれば二窓式はⅠ期の諸例からの型式変化であり、装飾も継承している。一方、把手式は頂部が打ち欠かれた二窓式をモデルにしていると推察された。少なくとも頂部への打ち欠き自体はⅡ期を経てⅢ期まで継承される行為である。

54）目安として、「新地平編年」への放射性炭素年代測定結果による推定年代（小林謙 2004、黒尾 2004）を引用すれば、8b期（藤内Ⅱ式）70年間、9a～9c期（井戸尻式）180年間、10a～10b期（曽利Ⅰ式）60年間、10c～11b期（曽利Ⅱ式）90年間、11c～12b前半（曽利Ⅲ式）約120年間と、曽利Ⅱ式期が長期間という訳ではない。但し、12b期は前半・後半合わせて80年間とされているため、ここでは40年分を曽利Ⅲ式期に組み入れた。

第4章　釣手土器の発生と展開

　Ⅰ期は個々の多様性が目に付いたが、Ⅱ期になると事例数の増加もあり、形態・装飾による型式の設定が可能になる。それらは広域に、重複して分布するもので、松本・伊那地域を中心とするものと、諏訪・山梨地域を中心とするものに大別される。前者はⅠ期の多窓型の、後者は背面に蛇体文を持つ事例の系統下にあるもので、Ⅰ期以来の地域差に起因するものと思われる。数が増加する一方で、関東を除いて、山梨から岐阜までの諸例が大きく2系統、細分しても数型式に整理できるだけの形態・装飾の統一が行われたことに注目したい。地域ごとの釣手土器のカテゴリ認識の定着が始まったことを窺わせるからである。奥壁部と中央部という出土位置の違いもこうした地域差と対応している。

Ⅲ期：地域色の展開期

　曽利Ⅲ式期以降で、型式の増加と局所化、北陸地方での事例の増加、山梨での事例の減少などが認められる。型式は広域に分布するものが減少し、局所的な型式が林立するようになる。北陸地方では二窓式の桜町型が多数出土しているが、それらの多くが遺構外出土であることも重大な変化である。他地域ではⅠ期以来の住居からの出土が多数を占めるものの床面出土例は松本・上伊那で多いほかは、地域によって様々となる。また群馬を除き、殆どの地域で共伴遺物多量型が少量型を上回る。このような、事例数・型式・出土状況の各要素において地域差が増大することから、総体的カテゴリ認識の地域的変容がさらに増大したことを窺わせる。

　中部高地や関東では曽利Ⅲ式期でほぼ終焉し、曽利Ⅳ式期の所産と思われるのは数例に留まる。一方、北陸では住居出土例が少なく深鉢との共伴関係が不明なものが多いほか、深鉢の編年にも諸説あるため時期的分布は不明なものの、気屋式の特徴である三角形連続刺突文を施す石川県穴水町曽福例の存在は後期初頭ないし前葉まで釣手土器が残ることを示している。

２．提起される問題

地域的変容と志向性

　以上の諸現象の変容は地域差の問題も関わっている。既に前稿の装飾・形態の系統性と分布域の検討において松本を中心とした西側の地域と諏訪・山梨を中心とした東側の地域との間に地域差が認められたが、本稿での打ち欠き行為・出土状況の検討でも再確認された。

　打ち欠きについては、Ⅱ期の松本・伊那・木曽地域およびⅢ期の伊那において顕著に認められた。住居内の垂直位置でもⅡ期の松本・伊那・木曽地域は床面出土例が多く、諏訪・峡北地域と対照的で、Ⅲ期まで継続する。前稿（中村2010b）では、地域に根ざした型式を次々と生み出していく松本・伊那地域を革新的、広域に分布する型式を用いる諏訪・山梨地域を保守的と表現した。しかし、Ⅱ期の松本・伊那地域の特徴としてあげた打ち欠き行為や床面出土はⅠ期以来の特徴であり、単純に革新と評価することはできない。本稿では、製作・使用・遺棄の各段階における志向性の地域差を認めるに留めておきたい。

　また、この二大地域の周辺部のあり方についても注目しておきたい。Ⅰ期においては諏訪・峡北以外の地域では床面出土例は少なく覆土出土例が多数を占めていた。Ⅱ期以降では長野県を除くと、明瞭な傾向は認められなくなる。独自の型式が増加したⅢ期における人面装飾を持った郷土型、多量出土・遺構外出土の桜町型などの存在も含め、これらの現象は中心と周辺においてカテゴリ認識の違いがあったことを示唆している。

カテゴリ認識の地域性と地域社会

　本章で示した釣手土器の地域性は、勝坂式分布圏と、それに後続して林立した唐草文・曽利式・連弧文・郷土式などの各土器分布圏という、土器様式全体で知られている階層的な地域圏に概ね対応する。山梨を中心に分布する曽利式は勝坂式の直系と評価されており、一方、唐草文・連弧文・郷土式などは加曽利E式や大木式などの他系統の様式の影響を強く受けている。これらの諸地域は、勝坂式期に顔面把手を共有していた範囲にも相当するため、その後も同様に「釣手土器」というカテゴリの土器形式は使い続けたものの、土器様式に代表されるような差異の増大に連動して、その製作に関する意識や取り扱い方法は個別の展開を遂げたものと理解できる。深鉢や土偶などのあり方を見ても、地域社会ごとに志向性が異なる状況となったようである（谷口 1998）。

　一方、串田新式・大杉谷式分布圏である北陸や神明式分布圏である美濃などは、もともと勝坂式も顔面把手も分布していなかった。II期では造形の上でも出土状況の上でも長野の諸例と類似した資料が僅かに認められていたが、III期には造形・出土状況の点で（北陸では数量の面でも）大きく変容している。なぜ本来の姿から変容しながらも釣手土器を取り入れたのであろうか。これ以上は釣手土器以外の分析を要するため今後の課題となるが、東海・北陸同様に分布圏外だった東関東や新潟には波及しなかった点、III期後半には中部高地で釣手土器自体が終焉を迎える中での現象である点は注意しておく必要があろう。

成立・展開・終焉過程における造形・行為の連関

　本章では釣手土器および把手式の成立にあたって、顔面部・頂部への打ち欠き行為後の姿がその造形のモデルとなったという仮説を提起し、土偶装飾付土器から把手式の成立までの転生・変容プロセスを論じた。その是非は今後の課題であるが、従来の造形のみに視点をおいた分析では、打ち欠きという焼成後の行為が成形行為にフィードバックされ新たな造形を生み出すというプロセスを把握することはできない。同様の問題は、今回扱わなかった釣手土器の終焉に関して存在する。造形上の特徴としては曽利IV式期に出現する釣手付深鉢があるが、しばしば墓坑から出土する点は釣手土器と大きく異なる。むしろ、住居床面から出土する土器形式として例えば壺があり、その出土状況の特徴は中期末から後期中葉にかけて両耳壺、瓢箪形土器、注口土器と変化していく各段階でも継承される。壺は釣手土器との共伴例もあり、釣手土器成立時の顔面把手との共伴関係を想起させる。この仮説も是非は別として、造形面だけでなく、こうした観点からも検討を要する問題であることに注意を喚起したい。

第4章 釣手土器の発生と展開

補論　住居廃絶儀礼に供されたパン状炭化物
－釣手土器出土住居跡の性格を考えるために－

１．はじめに

　八ヶ岳山麓の縄文時代中期文化を考える上で欠かすことのできないのが藤森栄一の縄文農耕論である。既に多くの指摘があるようにそれは単に農耕の有無やその技術を問題としたものではなく、この地の豪放華麗な土器や、土偶・石棒などの各種儀礼具をはじめとする文化の特質を指摘し、その背景に農耕の存在を想定したものである。その諸論文を集めた『縄文農耕』（藤森1970a）に収録された13編の内訳は土器4編、土製品、立石・石棒、土偶各1編に対し石器は2編のみで、ほかに総合的に論じた4編がある。

　そうした文化論的色彩が濃い藤森の農耕論の中で、植物栽培の証拠の具体的資料ではないかと目されたのが曽利遺跡出土の「パン状炭化物」である。日本考古学協会総会の特別発表として通常よりも多い時間を割り当てられた中で、意気揚々と発表された（藤森1970b）。しかしながら、会場の反応は悪く、その後の分析でも由来が不明だったこともあって「今後、発掘によって栽培植物の遺体事態が出土するにしても、これはとうぜん植物学の仕事であり、われわれは、考古学を通じ、中部高地の中期縄文文化の構造を究明すべき」（藤森1970a）との姿勢を表明する。

　藤森の没後、生業論は渡辺誠（1975）による採集植物の高度利用の考え方や、鈴木公雄（1979）による植物食のカロリーの高さの指摘、あるいは多種多様な食料利用を重視した小林達雄（1977a）の"縄文カレンダー"論などによって、多様な食料の基盤として植物の利用が一般的見解として定着した。「栽培」については、藤森没後に出土した諏訪市荒神山遺跡の「アワ状炭化物」が1981年にエゴマと同定され、ほかにもアサ、ヒョウタン、などの栽培植物の存在が確認されており、多様な食品の1つとして位置づけられている。近年では、圧痕レプリカ法やＣＴスキャンを用いてのダイズの検出が相次ぐほか、花粉分析によるクリ栽培の可能性が議論されており、その生業に占める率がどの程度のものかが注目されている。

　ところで、食料の問題は単に生業・技術の問題ではなく、労働に関わる社会関係に加えて、藤森が重視したように、思想・儀礼およびそれに関わる社会的関係にまで関わる重大事である。例えば、圧痕レプリカ法によって中部高地で最初にダイズと同定された資料は、北杜市酒呑場遺跡の蛇体装飾把手の顔の部分で見つかったものである（保坂ほか2008）。この例に関しては蛇とダイズを意識していることは確実である。この時期の中部高地に特徴的に存在する土鈴の鳴子にアズキが用いられた例が同じく北杜市の飯米遺跡にある。ダイズ・アズキの全てをそのように解釈できるかは別として、こうした確実な例を偶然と片付けずその意義を検討していくことが必要である。

　曽利遺跡で発見された「パン状炭化物」はその後、団子状、クッキー状のものなどの類例や、炭化種子の塊などが相次いで出土し、一般には「縄文クッキー」などの名称で知られている。「縄文クッキーづくり」は博物館などでも人気メニューとなっている。

　一般的な「縄文クッキー」のイメージは、「a：ドングリなどの木の実を磨り潰し、b：野鳥の肉や卵などを加え、c：よくこねて、炉内または台石の上で加熱したものが、d：運悪く火災に遭い、焼

け残った」というようなものではないだろうか。しかし、実は、これらの説明は大いに疑問があるのである。本稿では、このパン状炭化物とその類例（以下、「加工食品炭化物」と総称）について、最新の内容分析を紹介した上で、改めて考古学的な検討を行い、中期の精神文化の中に位置づけてみたい。

2．加工食品炭化物研究のあゆみ

縄文農耕論におけるパン状炭化物

1960年3月、藤森栄一らによる曽利遺跡5号住居の調査中に炉と炉に近接する石皿の間から発見されたのが最初であり、翌年5月に國學院大學で開催された日本考古学協会総会において発表された（藤森1961）。その後、長野県考古学会誌に報告された段階で、直良信夫による観察の結果として「カタバミとササの核らしいものが検出」されたこと、渡辺直経の顕微鏡観察では何も検出できなかったことが報告されている。一方、破片で見つかった資料については2年間をかけて武藤雄六によって3個に復元された。また、諏訪二葉高校地歴部によって、この食品を復元するため数種の栽培・野生植物の調理実験が行われた（桐原1965）。しかし、その正体は不明であり、栽培種の植物遺体の実態も不明であることからそれ以上の具体的言及はなされなかったが、一方で曽利期における炉の拡大や屋内祭祀に関わる資料の増大と関連付けて、社会関係の変化を論じている（藤森1965a）。

植物利用法としての加工食品

1972・73年に調査が行われた津南町沖ノ原遺跡では、大形建物から多数の加工食品炭化物が出土し注目された。渡辺誠（1975）は、この建物の性格を雪国における冬季の共同作業場と推定したが、加工食品炭化物の出土がその根拠の一つとなっている。この報告書が刊行された1977年には、『季刊どるめん』誌で「縄文の栽培・採集植物」の特集が組まれ、他の炭化種子・炭化球根などともに豊丘村伴野原遺跡、原村大石遺跡、北上市坊主峠遺跡の事例が紹介された。伴野原遺跡例は、石囲炉の中から発見されたもので、その調理法を考える上で貴重な事例として注目された。江坂輝彌（1977）はイモ澱粉の可能性を指摘し、神村透（1977）はワラビ粉利用の民俗事例や、「ソバ焼き」という粉を練って餅状にして炉灰の中で焼き上げる調理法を紹介した。渡辺はこの時点での植物利用事例とその民俗誌事例を集成しており（渡辺1975）、これらの成果をうけ、植物澱粉製法の確立とその利用法という観点から加工食品炭化物を説明している（渡辺1973・1983ほか）。

種子塊の発見とエゴマの検出

藤森の没後一年も経たない1974年8月、諏訪市荒神山遺跡での中央自動車道の建設に先立つ発掘調査において直径1.5mm程の粒が密集した炭化物が発見され、各種イネ科植物の形態・サイズの検討の結果、アワまたはエノコログサと報告された（松本1975）。続いて1975年には近隣の原村大石遺跡でも同様の炭化物が出土し、焼畑のアワに最も近いとされた（松本1981）[55]。五味一郎（1980）は原村前尾根遺跡例の計測と実験を行った。

一方、1978年には町田市なすな原遺跡で後期前葉の種子塊が出土したが、荒神山遺跡例について走査型電子顕微鏡での観察を行っていた笠原安夫、松谷暁子らは、なすな原遺跡の資料と比較しながら、これらがシソ科のエゴマであることを明らかにした（松谷・笠原1981・1982）。これが発表され

55）正式報告では「アワ状のものが炭化」とされたが、これに先立って1977年の『どるめん』誌上にほぼ同文が掲載され「アワが炭化」と表記された。これが、アワと同定されたものと理解され、一般に示されるにいたる（戸沢1979など）。

第4章 釣手土器の発生と展開

たシンポジウム「縄文農耕の実証性」では、戸沢充則（1982）が考古学側からの現状整理を行い、種子そのものでなく加工されたものであることの重要性を指摘している。その後、大石遺跡、曽利遺跡、伴野原遺跡、前尾根遺跡、押出遺跡の例が同定されていく（松谷・笠原1982、松谷1983a・b・1988ほか）。このうち伴野原例については釣手土器の伴出に関連して灯明の燃料としてのエゴマ利用の可能性にも言及されている。

こうした成果をうけ、長沢宏昌はエゴマ出土例を集成し、その利用法を多角的に検討した[56]（長沢1989・1999a）。この中で炭化種実塊・パン状炭化物等も集成し、エゴマなどの種子を持つものと、表面に粒が見えないものの二者が存在することを指摘した。その後、北杜市寺所第2遺跡出土例の出土をきっかけに、エゴマを含んだ食品の復元、その炭化実験を行い、炭化種実塊も加工食品炭化物の一種であると指摘した（長沢1999b）。

脂肪酸分析の衝撃

1985年からはじまった高畠町押出遺跡の発掘調査では、渦巻き状の文様などを持ったクッキー状炭化物が多数出土した。この資料について、中野益男らは残留脂肪酸分析を行い、その材料組成により、クッキー型とハンバーグ型の2類型を提示した（中野1989、福島ほか1988）。クリ・クルミ・ニホンジカ・イノシシ・野鳥・野鳥卵などの具体的な組成比が示されたもので、画期的な成果と思われた。その後、東北地方を中心に、8遺跡の分析が行われている。その後、学校や博物館・埋蔵文化財センター等における体験学習ではこの分析結果をもとにした「縄文クッキーづくり」は人気メニューの1つとなり、そのレシピは現在まで各地の博物館等で紹介されている。

しかし、脂肪酸分析の原材料特定の方法に対する批判的見解は相次いで提示されてきた。特に、旧石器捏造問題の発覚後、他分野の研究者によって馬場壇遺跡のナウマンゾウの脂肪酸分析に注目が集まり、脂肪酸が残存するという点についての対照実験その他科学的手法の不備や、分析値の統計解析手法の誤用が指摘された（難波ほか2001、山口2002）。

新たな検討へ

このように、加工食品炭化物の研究は様々な視点で進められてきたが、その中心的関心はその内容・成分にあった。特に、1990年代以降は、フローテーション手法の導入や、文化財科学の定着によって、植物利用研究全体が自然科学分野出身の研究者による同定・解析に委ねられてきた部分がある。しかし、考古学の立場からすれば、これらは遺跡出土の考古資料であり、集成と観察にもとづく形態・出土状況の分類・検討が不可欠である[57]。

筆者が大学に入学した2000年に、國學院大學考古学会では学園祭で「縄文の食」をテーマに展示を行い、加工食品についても取り上げた。当時は、脂肪酸分析の成果も利用したが、集成にもとづく形態・加工・出土状況の分類も行った。この後も中村は集成を続け、個人サイト上でリストを公開してきた結果、前述の脂肪酸分析の批判的検討にも資料提供などの面で関わることとなった（中村2001～・2004）。その後、改めて実物の観察と、出土状況の検討を踏まえて現状をまとめ、一部が供献品である可能性を指摘してきた（中村2007、中村・國木田2012）。

---

[56] 上原遺跡例、沖ノ原遺跡例、坊主峠遺跡例についても観察されたが、エゴマは確認されていない（松谷1983a）。

[57] 武藤雄六(1976)は分析のたびに原形を失っていくことへの憂慮を表明した。筆者は破壊分析を否定するものではないが、当時は、資料全体の記録・写真の提示がなされず、形状・量などの考古学的検討の途を閉ざすことになった。

こうした中、國木田大は、炭素・窒素同位体分析を押出遺跡例に応用し、以後各地の分析を進めている（國木田ほか2010、國木田2011・2012a・b）。その結果、現状では全てが植物由来と推定されることや、「クッキーのためのオーブン」と推定されていた台石とは異なった分析値であることなどが示されている。また、ＣＴスキャンによる押出例の成形法の検討や、放射性炭素年代測定・元素分析によって山形県天童市渡戸遺跡例や村山市川口遺跡例がアスファルト塊であることなどの新知見が得られている。

３．加工食品炭化物の諸例
分　布
　本書で扱う加工食品炭化物とは、何らかの加工を施した食品が炭化した遺物であり、形状によって、様々な名称が与えられてきた。長沢宏昌によって同類とされた炭化種子塊も類例に加える。時期別に出土遺跡を挙げると以下の通りである（第13表[58]）。
・早期：1遺跡1個（山梨県原平遺跡）
・前期：8遺跡129個以上（青森県熊ヶ平遺跡、秋田県上ノ山Ⅱ遺跡、山形県押出遺跡、群馬県行田大道北遺跡、長野県大崎遺跡・荒神山遺跡、山梨県花鳥山遺跡、富山県小竹貝塚）
・中期前半：6遺跡22個以上（長野県荒神山遺跡、水尻遺跡、大石遺跡、藤内遺跡、山梨県寺所第2遺跡、宮之上遺跡）
・中期後半：10遺跡95個以上（岩手県御所野遺跡・馬場平2遺跡・坊主峠遺跡、茨城県下広岡遺跡、新潟県沖ノ原遺跡、長野県高風呂遺跡、前尾根遺跡、曽利遺跡、伴野原遺跡、山梨県上小用遺跡）
　※ほかに詳細時期不明な中期の例：東京都駒木野遺跡、山梨県釈迦堂遺跡群、長野県広畑遺跡、月見松遺跡、岐阜県ツルネ遺跡など
・後期：4遺跡4個（北海道忍路土場遺跡、東京都なすな原遺跡、下宅部遺跡、新潟県岩野原遺跡）
　このように、早期段階や、前期初頭ものも存在するが、一定数が現れてくるのは前期後葉の諸磯式文化である。数量の上では最も多いが、行田大道北遺跡の約70個と、押出遺跡の61件[59]以上が大半を占める。山形県押出遺跡は、東北の大木式文化圏であるが、諸磯式土器が多く搬入されているこの時期には、かつて加工食品炭化物の類例とされた岐阜県下呂市峰一合遺跡例をはじめ山梨県花鳥山遺跡、福井県鳥浜貝塚などのユリ科ネギ属の鱗茎類の炭化物なども見つかっており、粉化する調理法発達を示す現象として注目されている（中沢2008）。
　遺跡数の上では、中期後半が最も多く、中期全体を含めるとその多くを山梨県・長野県の中部高地とそれに接する地域が占める[60]。その中心は、本特別展の対象でもある八ヶ岳山麓にある。
　後期にも類例があるが、時期・地域に差がある。まとまった習俗としての検討はできないが、後述のように中期の例を検討する参考資料となる。

58）前稿（中村2007）で緻密なもの、大形のものの代表例として図示した川口遺跡例・渡戸遺跡例は、國木田の分析でアスファルト塊と判明している。このほか、福島県二本松市上原遺跡例は、年代測定の結果中世のものと判明した（目黒2004）。長野県富士見町机原遺跡から出土し「カリントウ状炭化物」とされた資料（武藤1980）は、植物の根の可能性がある（井戸尻考古館教示）。岐阜県下呂市の峰一合遺跡例はユリ科の球根である（長沢1989、大江2000）。
59）個体ならびに取り上げ単位等でそれぞれ1件として登録されている。
60）岩手県の3遺跡例は、別途検討が必要である。

第4章 釣手土器の発生と展開

第13表 加工食品炭化物一覧表

	遺跡名	所在地	時期	名称	数量	所見	分析
1	忍路土場遺跡	北海道小樽市	後期後葉 鯡間式期	パン状炭化物	1	6号作業場跡より出土。二枚貝（ウバトリガイ）の型作り？	脂
2	熊ヶ平遺跡	青森県川内町	前期後葉 円筒下層d1～2期	食品炭化物 （クッキー状炭化物）		1号住居床面 ピット1（火焚跡？）近くより出土（4.7×3.1×2.3） 遺構外出土（5.0×3.9×2.8）	脂 同
3	上ノ山Ⅱ遺跡	秋田県協和町	前期後葉 大木4～5式期	炭化遺物	2	SI190号大形住居跡より出土。表面には小さな凹凸が認められ、材料を細かく切ったことがうかがえる。表裏に指の痕あり。	脂
4	押出遺跡	山形県高畠町	前期後葉 大木4式期	クッキー状炭化物	61件	ST11：10件・ST13：18件、ST5：2件、ST8：2件、ST9：1件、ST10：1件、ST14：1件、ST16：1件。ST11・13では床面・転ばし根太直上で出土、径～5cm 渦巻文・曲線文・沈線文・刺突文	脂 顕 同
5	馬場平2遺跡	岩手県一戸町	中期後葉 円筒上層d～e式期	パン状炭化物	1	C9住居（大形住居）の覆土最下層出土。5.0×5.0。全面に縞状の線が付き、その線に沿って一部割れている。脂肪酸分析結果は未公表。	(脂)
6	御所野遺跡	岩手県一戸町	中期後葉	クッキー状炭化物	5	大形住居密集域より2点、ほか3点。復元径3cm程度。	脂
7	坊主峠遺跡	岩手県北上市	中期後葉 大木8b式期	だんご状炭化物	3	2号－C住居（焼失住居）。6.0×4.0×3.5、5.3×3.5×3.0、4.0×3.5×3.5 クルミ炭化物1。	顕
8	行田大道北遺跡	群馬県安中市	前期後葉 諸磯c式期	クッキー状炭化物	約70	《住居》：6号（覆土中3点）・7号（西壁際13点・付近に焼土あり）・8号（覆土中）・10号（覆土中3点）《土坑》：12号（覆土中1点・下部より炭化種子）・243号（覆土中12点）・342号（覆土中32点）点数は形状の把握できるもののみ 最大長4.5cm、直径最小長3.0cm。	脂 同
9	下広岡遺跡	茨城県つくば市	中期後葉 加曽利E1式期	パン状炭化物	2	第59号土坑内より、半完形深鉢、砥石とともに出土 1点は径7cmほどの円形状。	
10	駒木野遺跡	東京都青梅市	中期後葉	炭化物	約25	11号住居覆土より21片以上、31号住居覆土より3片以上。	
11	下宅部遺跡	東京都東村山市	後期	アサ炭化種子塊	1	調査区Ⅳ（主要調査地点B）河道1流路3内。3350±25BP。	年
12	なすな原遺跡	東京都町田市	後期前葉 堀之内1式期	タール状種子塊	1	No.2地区第113号住居址（焼失住居？）奥壁部より注口土器と並んで出土	顕
13	岩野原遺跡	新潟県長岡市	後期	パン状炭化物	1	石皿と共に土坑（9N-L20）内より出土 長さ11.5cm。	(脂) 同
14	沖ノ原遺跡	新潟県津南町	中期後半 栃倉式期 沖ノ原Ⅰ式期	クッキー状炭化物	約50	第1号長方形大型家屋址（沖ノ原Ⅰ式）出入口付近より約50点出土。炭化クリ1kgとともに。第3号長方形大形家屋址覆土（栃倉式：未発掘）から炭化クリ少量・クルミ2点、クッキー状炭化物1点。第118号住居址（未完掘）からも1点出土。報告書では直径2～4cm・厚さ1cm前後の扁平なクッキー状、直径2cm前後のダンゴ状、ソロバン状の3種に分類している。	同 顕
15	大崎遺跡	長野県大町市	前期初頭	（縄文クッキー）	1	住居床面出土（3×3×1.3）	
16	広畑遺跡	長野県岡谷市	中期	パン状炭化物	1	詳細不明	
17	荒神山遺跡	長野県諏訪市	前期末葉 中期中葉 藤内式期	固形炭化物 炭化種子塊 固形炭化物	2 1	111号住居址より炭化材・炭化クルミ・木器状炭化物とともに出土。113号住居床下より炭化種子塊。 70号住居（焼失住居）石囲炉そばの床面上。径5cm・厚2cm。	顕
18	高風呂遺跡	長野県茅野市	中期後葉 曽利Ⅰ式期	炭化物		21号住居内出土。成形面一面遺存。この面に整痕あるいは圧痕と思われる痕跡がみられる。2.8×2.5×1.5（03.1.16功刀氏計測）	同
19	水尻遺跡	長野県茅野市	中期中葉 狢沢式期	クッキー状炭化物	1	1号住居炉周辺土層より出土。泡状の粒子とこねた状況が観察できる。報告時は一つの炭化物塊であったが、現在は五つに破損。3.4×3.0×2.3（現在残っている塊のうち最大のもの（03.1.16功刀氏計測）	同
20	大石遺跡	長野県原村	中期初頭～中葉 九兵衛尾根Ⅱ式期～藤内式期	炭化種子塊	14	第18号住居址（九兵衛尾根Ⅱ式期：1点）、第19号住居址（新道式期：2点）、第24号住居址（新道式期：4点）、1241号土壙（中葉：1点？）、1257号土壙（中期：1点？）	顕
21	前尾根遺跡	長野県原村	中期後葉 曽利Ⅰ式期 曽利Ⅱ式期 曽利Ⅲ式期	炭化種子塊 パン状炭化物	3	47号住居址（曽利Ⅲ式期・焼失住居）の2箇所より炭化種子塊がクリ・クルミ炭化物とともに出土。48号住居址（曽利Ⅱ式期・焼失住居）の炭化物層よりパン状炭化物。68号住居址（曽利Ⅰ式期・焼失住居）の床下ピット内より小形土器片とともに炭化種子塊。	顕
22	曽利遺跡	長野県富士見町	中期後葉 曽利Ⅰ式期	パン状炭化物	3	5号住居趾出土 推定5個コッペパン状2点（16.5×10×4.0、15.6×10×3.7）、捻り餅状1点（13×5×3）。	顕
23	藤内遺跡	長野県富士見町	中期中葉 井戸尻式期	炭化食品	1	9号住居址（焼失住居）F2炉の隅より出土。クリ20ℓ。	
24	月見松遺跡	長野県伊那市	中期	（炭化種子塊）		第54号住居址？ピット内より出土。	顕
25	伴野原遺跡	長野県豊丘村	中期後葉 唐草文Ⅱ～Ⅲ期	パン状炭化物	1	33号住居址石囲炉覆土中より出土。17×17×3の円盤状。	顕
26	上小用遺跡TH84区	山梨県北杜市	中期中葉 新道式期	パン状炭化物	1	1号住居（焼失住居？）奥壁部より出土。復元径12cm・厚さ6cm程度の半分保存が残存。	同
27	寺所第2遺跡	山梨県北杜市	中期中葉 新道式期 藤内式期	パン状炭化物 クッキー状炭化物	2	T6号住居（新道式期）より5cmほどのパン状炭化物、T56号住居（藤内式期）炉直上より3×4×0.5のクッキー状炭化物。	同
28	原平遺跡	山梨県大月市	早期末	パン状炭化物		48号住居内より出土。直径6cmほど 年代測定（7150±130BP）	顕年
29	花鳥山遺跡	山梨県笛吹市	前期後葉 諸磯c式期	炭化種子塊		4号住居址壁際貯蔵穴脇の床面直上。	顕
30	釈迦堂遺跡群	山梨県甲州市・笛吹市	中期？	パン状炭化物	1	報告書刊行後の整理作業で発見。復元径15cm以上、厚さ5cm程度。	同
31	宮之上遺跡	山梨県甲州市	中期 藤内式期	パン状炭化物	2	27号住居の覆土炭化物層よりドングリと共に出土。復元径6～8cm・厚さ5mm程度。	同
32	ツルネ遺跡	岐阜県高山市	中期中葉～後葉	「タール状の塊」	1	第3ピット群P2内より、クリ・マメ科種子とともに出土。	
33	小竹貝塚	富山県富山市	前期後葉	クッキー状炭化物	1	3.9×3.8×3.2cmの不整塊状。	

— 145 —

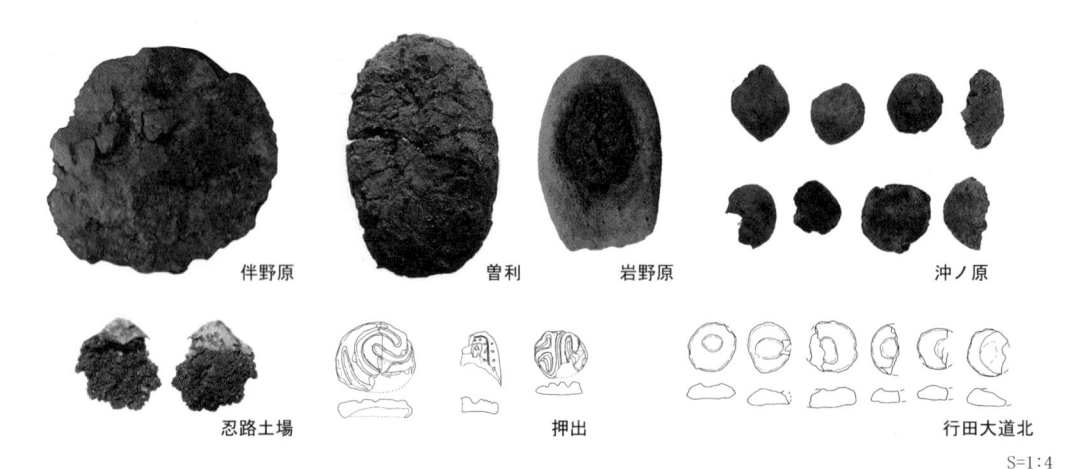

第50図　加工食品炭化物のバリエーション

形と大きさ・成形法 ［第50図］

　これまでに報告された名称を挙げると、「パン状」、「捻り餅状」、「算盤玉状」、「団子状」「クッキー状」などがある。そのサイズは、様々であるが、パン状炭化物とされるものは、概ね10～15cm程度の扁平なもの、クッキー状とされるのは、直径5cm程度の扁平なものである。多くは手で捏ねて成形したものと思われるが、押出遺跡例の一部は、断面観察や國木田のＣＴスキャンによって、紐状にしたものを巻いて成形していることが明らかになっている。ほかに、沖ノ原遺跡の算盤玉状、忍路土場遺跡のウバドリガイの型押成形とされる二枚貝形などの例もある。

　曽利例に葉脈、押出遺跡例には渦巻その他の曲線文様や刺突文様[61]、行田大道北遺跡例の表には指頭圧痕、裏には工具の調整痕が見られる。

　このような、時期・地域・形態に様々なバリエーションを持つこれらの資料を、同一の性質の資料と解釈することは難しいかもしれないが、成分分析ならびに、出土状況などを検討することによって、その性格を検討していきたい。

4．成分を探る

　炭素・窒素同位体分析は、骨コラーゲンや土器付着炭化物の分析で成果をあげてきた分析法であり、自然界の光合成回路や食物連鎖の段階によって食物の炭素と窒素の同位体（$\delta^{13}C$、$\delta^{15}N$）が異なる数値を示すことを利用する。予め現生食品を計測し、炭化物の数値と比較するのである。これまでに、國木田大によって11遺跡26個体の分析が行われた（國木田ほか2010、國木田2011・2012a・b、中村・國木田2012）。

　詳細は國木田の原報告を参照していただくとして、成果を簡単に確認しておきたい［第51図・第52図］まず、いずれもＣ３植物と草食動物のエリアに集中していることがわかる。しかも第3図を参照すれば、その多くは「堅果類など」のエリアである。押出遺跡（前期）や行田大道北遺跡（前期）などの多数出土遺跡においてもその数値は集中している。中期の中部高地の例は、釈迦堂遺跡群、水

61）押出遺跡例については報告書刊行後、森谷幸（2008）が詳しいデータを提示している。

第4章 釣手土器の発生と展開

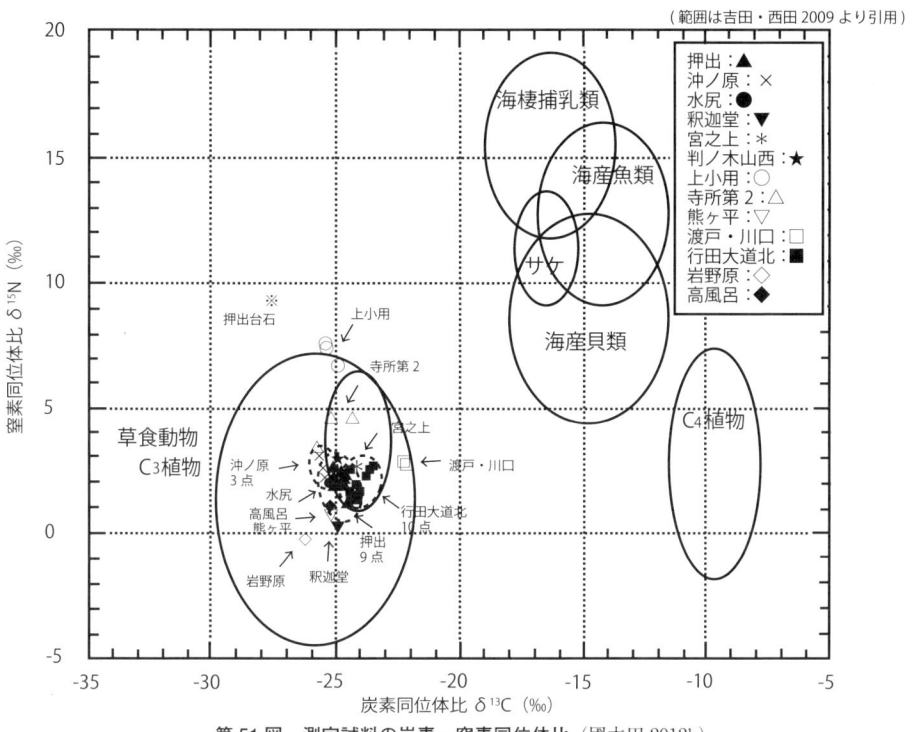

第51図 測定試料の炭素・窒素同位体比（國木田 2012b）

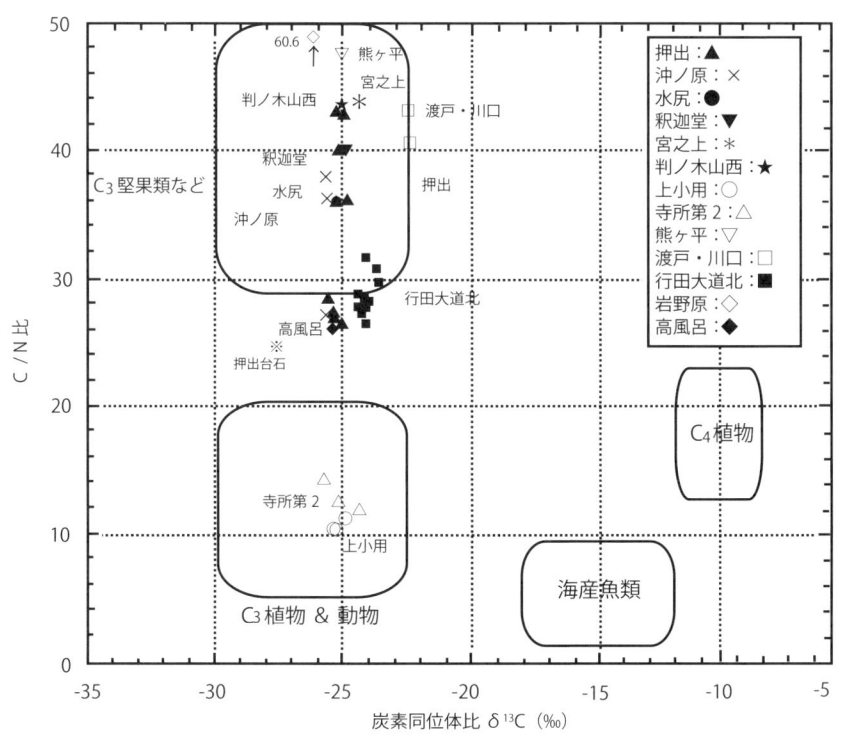

第52図 測定試料の炭素同位体比とC／N比（國木田 2012b）

尻遺跡、宮之上遺跡、高風呂遺跡の4遺跡がC／N比の高い側に寄っている。但し、注意しなければならないのは、今回同時に行われた茅野市判ノ木山西遺跡出土の深鉢に付着したユリ科植物の鱗茎の炭化物の分析値もまたこのエリアに納まるということであり、堅果類に限定されるとは言い切れない[62]。

一方、上小用遺跡、寺所第2遺跡の3個体6資料が「C3植物・動物」のエリアに収まる。動物質素材の混入の有無は不明であるが、いずれも種子塊であり、エゴマの成分が示されているものと思われる。脂肪酸分析では押出遺跡や熊ヶ平遺跡で動物質素材の混入が指摘されたが、今回の結果ではそうした可能性は得られておらず、冒頭に示した「b：野鳥の肉や卵などを加える」ことはなかったものと思われる。

では、そのデンプンの由来は何であろうか。現状では、これ以上の細かい分析はできない。「a：ドングリなどの木の実を磨り潰す」という通説を挙げたが、中沢道彦（2012）による長野県の中期の集成をみると、クルミが26遺跡、クリが23遺跡で、コナラは10遺跡にすぎない。ほかにトチが3遺跡、シソ・エゴマ等は8遺跡、マメ類10遺跡と、堅果類の中でのドングリ（コナラ）の利用率は少なかった可能性がある。

5．中期「パン状炭化物」は供献品か
(1) 焼失住居出土例の再検討

通説では、「c：よくこねて、炉内または台石の上で加熱」したものが、「d：運悪く火災に遭い、焼け残った」とされている。ここで考えておくべきことは、加工食品が日常用のものであったのかという点である。というのも、前期の押出遺跡と行田大道北遺跡を除くと、ほとんどの遺構で一点ないし数点しか発見されていないのである。日常食品が焼け残ったとしても、数点のみ作ったりすることは考え難い。まずは、通説の根拠にもなった焼失住居出土例を検討していこう。

伴野原遺跡33号住居址

焼失住居の炉内から径17cmのパン状炭化物が出土している。従来炉内で加熱したまま焼失したものと理解されてきたが、住居全体を検討すると異なった解釈が可能である。入口部の右側には釣手土器、左側には立石の可能性のある棒状礫が位置し、奥壁部には石壇を持つ。神村透（1998）が指摘するように当遺跡最大級の住居である。釣手土器・立石が、構築時ないし使用時から置かれていたものか、廃絶に際して置かれたものかは不明だが、石壇や住居サイズの点では当初より重要な住居であった可能性がある。下伊那地域ではしばしば焼失住居が確認されているが、神村のいうように床面出土土器や石棒などのあり方から儀礼的放火の可能性が高い。

一般的に縄文時代においては焼失の有無に関わらず完形の土器が床面に残される場合、有孔浅鉢や異形台付土器など特殊な土器形式であることが多いことが指摘されてきた（小林1987）。釣手土器も床面出土例が多い土器形式であり、静岡県伊豆の国市仲道A遺跡で石棒・石皿および倒置深鉢などを、山梨県北杜市根小屋遺跡でも立石・丸石と倒置深鉢を伴っている（石棒・倒置深鉢については後述）。

また、同市梅之木遺跡では住居廃絶時に主柱を抜き取り、埋め戻した上に釣手土器を置き、炉を挟んだ反対側の柱穴には打製石斧・磨石・多孔石・礫を埋めている（佐野2008）。こうした状況を踏ま

---

[62] ユリ科鱗茎は、デンプンの由来の候補の1つであり、岐阜県峰一合遺跡例（前期、中村雄2012）、東京都下宅部遺跡（後・晩期、工藤・佐々木2010）、愛知県寺部遺跡（後期・土器付着例、藤根・山形2011）などの分析例がある。

第4章 釣手土器の発生と展開

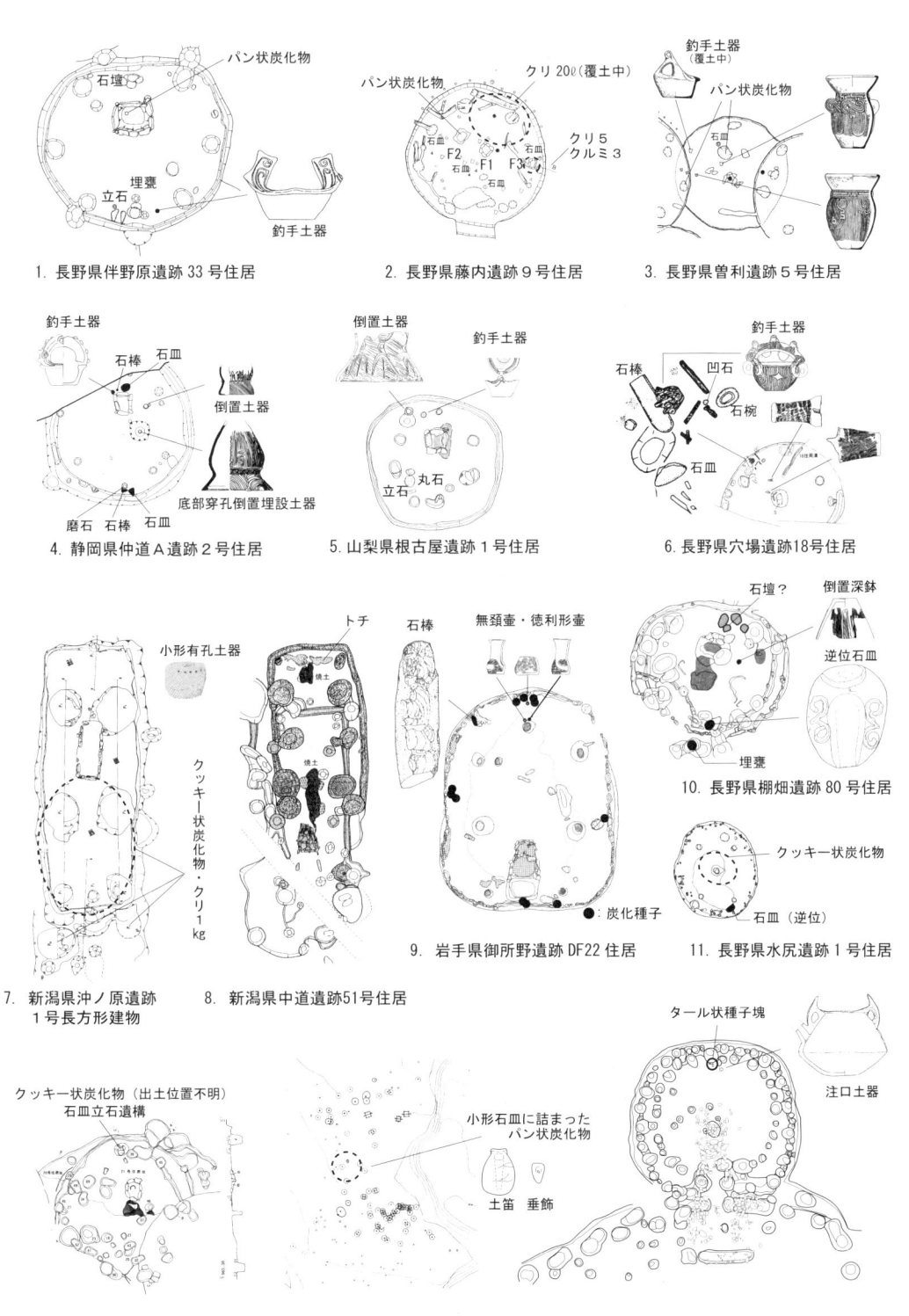

1. 長野県伴野原遺跡33号住居
2. 長野県藤内遺跡9号住居
3. 長野県曽利遺跡5号住居
4. 静岡県仲道A遺跡2号住居
5. 山梨県根古屋遺跡1号住居
6. 長野県穴場遺跡18号住居
7. 新潟県沖ノ原遺跡1号長方形建物
8. 新潟県中道遺跡51号住居
9. 岩手県御所野遺跡DF22住居
10. 長野県棚畑遺跡80号住居
11. 長野県水尻遺跡1号住居
12. 長野県高風呂遺跡21号住居
13. 新潟県岩野原遺跡9N-L20土坑
14. 東京都なすな原遺跡No.2地区112号住居

第53図 加工食品炭化物の出土状況・住居廃絶儀礼の類例

遺構 S=1:250
(14は S=1:300)

えると、伴野原例は、住居廃絶の際の儀礼的放火に先立って炉内に供献されたものと推定できる。

曽利遺跡５号住居阯

　炉から1.4m離れた位置に石皿があり、それと炉の間の掘り凹められた部分の真赤に焼けたローム土中より「パン状炭化物」が出土したもので、報告書では、その石皿でこねて、炉の赤土を掘って温灰で覆ったまま、何らかの事情で不完全燃焼したと想定している。また、『長野県考古学会誌』には「普通の炭化物も非常に多」いと報告されている。凹み部分の周囲を覆って火が焚かれた可能性がある。このほかに３・４号住居との境界付近の壁際の浅い凹みからもパン状炭化物の破片が出土している。この住居からは、床面から２点の完形深鉢、覆土中より釣手土器が出土している。

藤内遺跡９号住居阯

　焼失住居床上に15cmほど堆積した炭化物層上から土器、その上から格子目状に炭化物が検出され、さらにその上から炭化したクリ約20リットル分が固まって出土している。覆土中の土器には釣手土器が含まれる。パン状炭化物は炉（F2）内からの出土であるが、本住居には中央部の石囲炉（F1）、それに近接した炉石が抜かれた炉（F2）、壁際の炉（F3）の３箇所に炉が確認されている。このF3の周囲にもクリ５点・クルミ３点が検出されている。多くの分析がなされてきた学史上でも著名な住居である。最近、再報告が行われたが、上述の点に関しては大きな変更はない。筆者が注目したいのは、パン状炭化物がクリとは別に炉内から出土していることである。クリは通説では棚の上に保管されていたということであるが、少なくともパン状炭化物はそこには一緒に保管されていなかったわけである[63]。このクリの出土位置は炉の真上ではなく、平面上では奥壁部に相当する位置である。また、長崎元広（1973）や、小林達雄（1987）の指摘に従えば、住居の埋土上でクリの焼却と土器の遺棄が行われたとみてもよい[64]。

沖ノ原遺跡第１号長方形大形家屋址

　藤内例とともに棚上貯蔵の例として引かれるのが沖ノ原遺跡の焼失住居の事例である。覆土よりクッキー状炭化物約50点、炭化クリ1kg分が出土した。出土範囲は、炉よりも東側に偏っている。また、竪穴前面のピットからも出土している。この位置は環状集落中央部側であり、入口部にあたる。床面からは土器の大形破片のほか、口縁部に孔列を持つ特殊な小形土器が出土している。

　この住居の類例が、長岡市中道遺跡第51号住居跡である。加工食品炭化物は出土していないが、籠に入った状態だったと推定されている多量の炭化トチが長方形住居端部から出土した。住居外の側が直線状に揃って出土しているためここに板壁が存在していたことが推定されていることから、この位置は沖ノ原例とは異なり、奥壁部に該当するものと思われる。

　これらの住居で意図的放火や棚上でなく床面への遺棄であった可能性を示唆する他の要素は無いが、炭化堅果類・食品の出土が住居の一端に偏っていることを確認しておく。

その他の事例

　このほか、詳細は未報告だが、北杜市上小用遺跡ＴＨ84区１号住居でも焼失住居奥壁部側よりパ

---

63) 炉が３つ同時使用されているとしたら特異である。F1に伴うクリ、F2のパン状炭化物、F3の炭化種子はそれぞれ別に考えるべきであり、その場合は後２者の炭化原因は別途検討する必要がある。
64) いわゆる「吹上パターン」現象であるが、床上の堆積土の成因については、自然堆積とする見解と、住居周提・土葺屋根の人為的埋立土とする見解があり、後者の場合はその後の土器廃棄を含めて儀礼の所産と解釈される（山本1978ほか）。

第4章 釣手土器の発生と展開

ン状炭化物の出土例がある［巻頭口絵8］。また、茅野市新井下遺跡では、奥壁部土壇周辺の覆土より団子状の土塊が収められた軽石製容器と小形土器が出土しており、擬似的な食品供献と推定されている（功刀2008）。中部地方における住居奥壁部や入口部の象徴性については、石壇・石柱、埋甕などの存在から、改めて指摘するまでもないが、東北地方でも岩手県一戸町御所野遺跡や福島県楢葉町馬場前遺跡などで焼失した大形住居奥壁部より石棒や小形壺などが出土する例があり、御所野遺跡DF22住居では、クルミ・クリ・トチなどの炭化種子が、前後左右の四箇所より出土している。少量の炭化種子の存在は、藤内9号住居趾でも見られたものである。

なお、後期の例だが、なすな原遺跡No.2地区第113号住居址は、焼土が散った柄鏡形住居で、奥壁部から注口土器に近接して「タール状種子塊」（エゴマを含む）が出土している。後期前葉から中葉の関東・中部では床面から注口土器が出土する例が多く、儀礼的供献の産物とみられている（須原2003、本書第5章補論）。

(2)「台石の上で加熱」説の再検討

この通説の根拠となったのは、押出遺跡例と岩野原遺跡例である。押出遺跡例は、平石に炭化物が付着していたことから「オーブン」と想定されてきたが、前述の同位体分析によって、クッキー状炭化物とは異なる数値が出ている。

岩野原例は、小形の石皿に乗った状態で出土しているものである。実はこの資料は、土笛や石製垂飾とともに、集落中央部の土坑から出土している。失敗品を捨てたものとは考えがたく、むしろ墓坑などへの供献品と想定される[65]。

(3) 石皿を伴う事例の検討

炉内から加工食品炭化物が出土した水尻遺跡では入口部から伏せた石皿が出土している。また、高風呂遺跡では奥壁部に「石皿と石2個を立てるように埋設した立石遺構」を持つ。両遺跡とも「クッキー状炭化物」とされているが、破片であり、本来的にはパン状炭化物のような大きさであった可能性も残っている。

石皿が儀礼的・象徴的に配される近隣の例をあげてみると、諏訪市穴場遺跡18号住居おける壁際での立位の石皿と石棒・釣手土器の共伴例、伊那市月見松遺跡3号住居址における奥壁部石壇の中の石皿、茅野市棚畑遺跡80号住居址における入口部に伏せた石皿、炉脇に伏せた深鉢底部の共伴例、棚畑遺跡9号住居址・11号住居址における奥壁部柱穴脇に石皿と礫が配される例などがある。前者は逆位での出土、後者では土器被覆葬用と思われる伏せた深鉢も出土している。住居内に残された石皿の出土状況の特殊性については岡本孝之（1978）の指摘があり[66]、石皿全体の象徴性についても中島将太（2008）の概観がある。水尻例・高風呂例ともに住居内での出土位置は不明であるが、何らかの儀礼的・象徴的措置のとられた住居に伴う可能性を示唆する。

---

65) 調査を担当した駒形敏朗（2007）は、本土坑を含むLピットを貯蔵穴もしくは、土偶などの出土例を含めて、貯蔵穴を再利用した廃棄坑と解釈している。
66) 岡本は、前述の藤内遺跡9号住居についても言及し、床面出土例は通常1点のところ、4点も出土していることに注意している。

6．住居廃絶儀礼の性格

　以上、中期・中部高地のパン状炭化物が住居廃絶の際の供献品であった可能性を指摘してきた。縄文時代における住居廃絶の際の儀礼行為としては、炉石の抜き取り、炉への土器の被覆、柱の抜去・各種道具の埋納、床面での各種土器等の供献、ならびに第一次埋没土上の凹みへの各種道具の供献、火入れなどが指摘されている（金井1997、山本2007aなど）。中でも、典型的な事例として知られるのは、中期末〜後期初頭の関東を中心にみられる破砕した石棒を伴う焼失住居である（山本2012）。住居の焼失は、失火か意図的放火かが問題となるが、この場合は後者とみてよい。同じく焼失住居が発見された御所野遺跡では、前述したDF22住居で詳細な検討が行われ、周到な準備の下に行われた意図的放火であることが明らかになっている。そこでは、前述の通り石棒や徳利形壺、炭化種子が床面に置かれていた。筆者はこうした焼失住居床面での土器や石棒の出土状況を検討し、前期後半以降断続的に認められることを明らかにした（中村2010d：本書第2章第3節）。中期中葉〜後葉の中部高地では顕著な事例は少ないものの、先に取り上げた伴野原遺跡、藤内遺跡、沖ノ原遺跡、穴場遺跡などは焼失住居である点、床面に特殊遺物が残されている点で、廃絶時の儀礼行為の可能性が高い事例である。

　では、そうした儀礼はどのような性格をもったものであったのだろうか。先に典型例とした破砕石棒を伴う焼失住居に関連させて資料を検討すると、石棒と床面倒置土器の共伴例が目に付く。これまでも類例の中でしばしば登場した倒置土器［巻頭口絵8参照］は、千葉県の人骨を伴う廃屋墓で、頭骨上に被せた事例が知られており、墓坑での倒立出土例もふまえて、土器被覆葬（甕被葬）に用いられたと解釈されてきた（山本1976）[67]。谷口康浩（2006）は石棒と石皿のセット関係を性交の隠喩とみて事例を集成した上で、茅野市与助尾根遺跡、小諸市郷土遺跡、韮崎市石之坪遺跡、北杜市郷蔵地遺跡などでの石棒と石皿・丸石等と倒立土器との共伴例、および墓坑その他の葬送に関わる事例から死の儀礼に関わる象徴的行為の産物と推定した。筆者の分析でも、床面出土土器は、石棒との対峙例のほか、前期後葉以来、赤と黒、有文と無文、正位と逆位など意識的な対比が行われており、両極の融和による新しい力を得るための儀礼行為と位置づけられる（中村2012c：本書第6章）。こうした解釈をふまえれば、住居廃絶儀礼の契機は、重要な人物の死であり、出土遺物・遺構は、各種葬送儀礼に伴う供献品・副葬品（パン状加工食品、各種土器など）ならびに葬具（倒置土器）であった可能性が高い。

　八ヶ岳山麓での具体的な集成はないが、伴野原遺跡の例などからみると（神村1998）、石壇・石柱、炉辺石棒樹立あるいは大規模家屋など構築時の特殊な属性との相関性も指摘できるかもしれない。その場合は、生前から特別な家に住んだ人物の死に際しての儀礼とみることができよう。

　一般論として民族誌によれば、リーダーの死は集団に危機をもたらすので、周到な儀礼行為が必要である。この住居廃絶儀礼もまたそうした危機に対する再生への文化的対抗策であったものと推測される[68]。

　一方で、中期中葉〜後葉は住居数が増加する時期にあたる。すなわち人口増加期であり、文化の活

67）山本は、その後明瞭な墓域が形成される地域での倒置深鉢の存在をもとに、用途を土器被覆葬に限定しない立場に変更しているが（山本2008）、筆者は葬法の併存とみている。
68）このリーダーを擁する集団を集落規模とするか、竪穴規模とするかはここでは不問とする。

性化がみられたのだろう。この時期には東北の大木式、新潟の火炎土器、関東・中部の勝坂式・曽利式で競うようにそれぞれ独自に豪華な土器を作り出す。小林達雄（2005）はこの背景にアイデンティティの発露を読み取る。一方で、そうした状況は社会的秩序の強化を要請する。谷口康浩（2005a）は環状集落や石棒を社会的血筋を表示するそのための装置と推測している。住居廃絶儀礼は前述の文化的意味のほかに、そうした社会的な背景をも背負っている。

7．今後の課題

　本稿では、中部高地のパン状炭化物を取り上げ、特に焼失住居や、特徴的な遺物との共伴例を検討して供献品ではないかとの仮説を提示してきた。一方、これ以外にも、住居床下ピット、床面、覆土、屋外ピットなどから少数の加工食品炭化物の出土例がある。焼失住居でない遺構から少量が出土した場合については、少量を供献したという解釈、多く作っていたものの一部が焼けすぎたため廃棄されたという解釈の両方が成り立つ。こうした問題を考える上で重要なのが、藤内遺跡や御所野遺跡などの例で注意しておいた堅果類の炭化物である。

　廃棄まで視野に入れた検討を行った小澤清男（1983）の千葉県における植物種子の検討は稀有な例であった。一方で近年、同定や分析を行う研究者によってその意味付けに関しての発言がある。吉川純子（2002）は、「残存状況の良い炭化種実が発見される場合は、多くが住居内であっても炉とは関係ない地点や住居以外の土坑などである。このことは、その産出傾向から数種類の限られた炭化種実が日常の生業の過程ではなく、祭祀などに関連して生成された可能性を示唆していると考えられる」とし、辻圭子（辻ほか2006）も、御所野遺跡の掘建柱建物の柱穴内からのトチ炭化種子の意図的投入を指摘している。國木田（國木田ほか2008）も吉川・辻らの視点を評価し、出土状況の検討の必要性を指摘している。

　そもそも、これらの食材・食品はなぜ炭化しているのだろうか。吉川（2011）は、「遺跡から出土した計測可能な炭化クリは、内部にはほとんど空隙が無く硬く緻密な状態であり、通常の酸素供給が豊富な燃焼施設ではこのような炭化クリは生成しないと考えられ、食用とする調理方法の過程でも多量の炭化クリは生成されない」とした上で、これらの出土遺構を祭祀遺構と理解している。現状では、これらの事例を直ちに祭祀・儀礼の所産と見ることは難しいが、炭化しているものと、していないものの二者があることを考慮した上で、どのようなプロセスで炭化し、廃棄（遺棄）されるのか、植物質食料資源の出土状況と遺構ライフサイクルを総合的に検討する必要がある[69]。

---

69) 神村が報告したような炉内での調理の民俗誌事例もあるが、他方で加熱しない調理法も報告されている。民俗事例の報告では澱粉採取法までで終わっているものも多いが、そもそも加工食品炭化物が加熱食品であったかどうかも検討しなければならない。

第5章　土器副葬と土器被覆葬
―カテゴリの共有と対立―

第1節　本章の目的と検討対象

1．目的と検討対象

　本章では、同時期の近接する2地域における土器カテゴリ認識の共有・対立の問題を検討する。同じ土器を持ち、同じように儀礼に用いること（カテゴリ認識の共有）は容易に想定されるが、一方で、同じ土器を持ちながら儀礼での用い方が異なる場合（カテゴリ認識の相違）も認められる。本章では、縄文時代後期前半期の関東から中部の一帯における完形・略完形土器の墓坑出土例を検討対象とする。結論を先取りするならば、中部高地と関東西南部では、カテゴリの共有が認められる時期と、相違する時期とがあり、時代背景を含めて考察すると、後者は単なる違いというよりも意図的な対比・対立の結果と判断される。

2．画期としての後期前半期

　当該時期・地域では様々な文化事象において画期としての様相が認められるが、特に土器については精製・粗製の分化、浅鉢・注口土器・鉢・壺・舟形土器・釣手土器・異形台付土器といった多様な土器形式の出現・定着といった点が注目される。これは土器の種類の増加、すなわち機能分化を示すものとしての重要性のみならず、その稀少性や地域間関係を媒介する性質といった社会性の面でも重要な意味を持つ（秋田1999a・2002b、鈴木徳2000）。

　他方、集落研究においては石井寛（1989・1994）による"核家屋"の提唱を受け、谷口康浩（2002b）によって前期以来の環状集落の持つ等質性が後期に変化していくことが指摘されている。これは、集落を見下ろす要の位置に営まれる多重複住居（＝"核家屋"）と、その前面に土器を副葬する墓坑が集中していることなどを根拠とするものである。

　この土器形式の多様化と集落構造の変容は共に後期における重要な変化であるが、これまで別々に議論されており、両者の関係についての具体的な検討は行われていなかった。これに対し、筆者はこうした課題への接近にむけて、考古学的にパターンとして認識できる葬送儀礼として、墓坑での土器の出土状況に注目している。いうまでもなく葬送儀礼は社会秩序の再生産において重要な役割を担うものであり、そこでの土器選択は社会性の高い行為である。その土器が稀少性を持つものであったり、それが行われた墓が墓域中で限定された存在であったりする場合、その相互作用によって、社会的価値は更に重要なものとなるはずである。

第5章　土器副葬と土器被覆葬

3．後期前半期における土器形式組成の動態

　葬送儀礼における土器選択の問題を扱うにあたり、選択肢としての当該期の土器の全体的な動向を整理しておく必要がある。以下、時期を追って、深鉢の地域差、形式・型式の消長、そしてそれらの分布範囲の伸縮などを概観していく[70]。特に後の分析で重要となる関東西南部と中部高地については、形式組成を図示している。第54図には、堀之内1式期から加曽利B1式期までの、神奈川県（一部東京都）と長野県の形式組成を良好に示す出土例を遺構単位で示した。但し、理想的なセット関係を示す事例は存在しないため、他遺構・遺跡の例を補ったものや、一部時期の異なるものを含む場合がある。また、各資料は必ずしも編年論における一括資料としての標準を示したものではないことも留意されたい。

称名寺式期

　深鉢は、中津式の系統を引く称名寺式と共に、旧来の加曽利E式の系統を引くいわゆる"加曽利EV式"、さらに両者の影響を受けた"関沢類型"などが共存して変遷する（石井寛1992、鈴木徳1999・2007）。浅鉢は、称名寺I式期には称名寺式深鉢同様の磨消縄文による胴部文様を描く内湾平縁の型式があり、I式後半以降、内屈した口縁部に文様を描く波状口縁の型式と、やはり胴部無文（あるいは縄文施文）で平縁の型式が出現し、しばしば注口部を伴う。前者の波状口縁という器形は東北地方で先行して発達した器形であり（阿部昭2006a・b）、関東東部ではしばしば東北と同型式の浅鉢が出土する。このほか、加曽利E4式からの系統を引く瓢箪形注口土器（上野2002）、両耳壺、釣手付深鉢なども若干残っていくが、深鉢以外の形式が一括して出土する遺構は見られない。こうした様相は、関東・中部高地の広域で認められるが、中部高地では称名寺式深鉢は少なく、瓢箪形注口土器はみられない一方、両耳壺・釣手付深鉢の事例数は勝っているようである。

堀之内1式期

　横浜市川和向原遺跡9号住居址、中野市栗林遺跡第62号貯蔵穴の中段階を中心とした事例に一部他遺構・他遺跡から補って図示した。

　深鉢は古く山内清男（1940）が、関東西部の沈線文と東部の縄文との地域差を指摘しており、現在、文様や器形によって数種の「類型」に区分されている（鈴木徳1999・2002）。すなわち、曲線による沈線文で特徴付けられる"下北原類型"［第54図a1、以下第54図を略す］、直線による沈線文を施文する"荏田類型"、頸部が屈曲し、胴の長い"矢太神沼類型"［a2・b1］、同じく頸部屈曲で胴の短い"小仙塚類型群"［a3・b2］、朝顔形で渦巻文や幾何学文を描く"堀之内類型"［a4・b3］などである。他に、関東東部では地紋に縄文を施す一群がある。

　このうち、"下北原類型"は称名寺式の伝統を継承するものであり、同じく沈施文を施す"荏田類型"と共に、関東西南部に主体的に分布する。また、"堀之内類型"は、中段階以降に出現するもので、広域に分布が確認されるが、いずれの地域においても量的には少なく、小形品が多いのも特徴である。

---

70) 時期細別は、称名寺式期は今村啓爾（1977）によるI式・II式の2細別、堀之内式期は石井寛（1984・1993）の細別を踏まえた加納実（2002）の1式・2式各3細別、加曽利B1式は秋田かな子（1996a・b）の3細別を用いる。なお、以下の記述の基本的な枠組みについては全体にわたって、鈴木正博（1980・1981）、安孫子昭二（1988・1989・1997）、大塚達朗（1983・1984・1986・1989・2004）、阿部芳郎（1987・1988・1998・1999a）、菅谷通保（1996）、石井寛（1992・1995）、秋田かな子（2002a・2006）、蓼沼香未由（2003a・b）、君島論樹（2006・2007a・b）などの先行研究に多くを負っている。また、土器の分布についての記述は、引用文献を明示したものを除いては、主要報告書ならびに縄文セミナー各回の資料集（縄文セミナーの会1990・1996・2002・2007）を活用した。

堀之内1式後半
　a. 川和向原遺跡9号住居址　　　　　　b. 栗林遺跡第62号貯蔵穴ほか

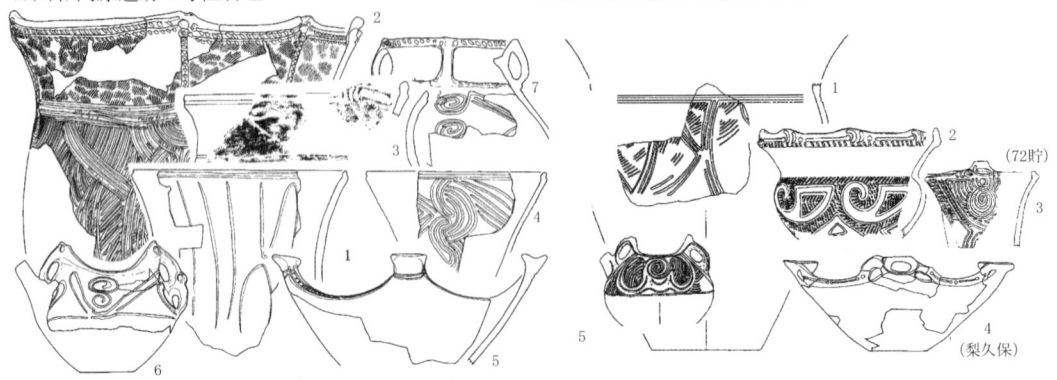

（72貯）
（梨久保）

堀之内2式中段階
　c. 小丸遺跡48号住居址ほか　　　　　　d. 村東山手遺跡SB08

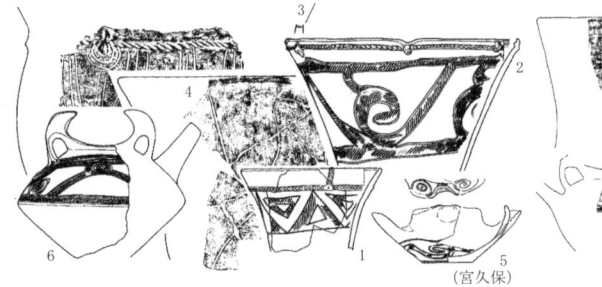

（宮久保）

堀之内2式新段階
　e. 下北原遺跡第14号敷石住居址ほか　　f. 石神遺跡J26号住居址ほか

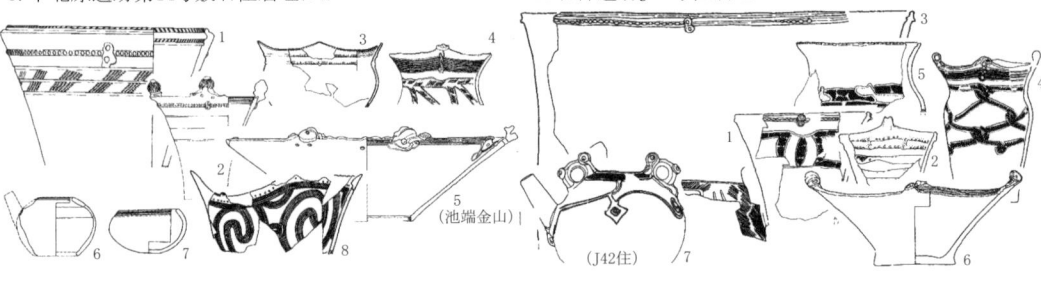

（池端金山）
（J42住）

加曽利B1式中段階
　g. 向遺跡2号住居址　　　　　　　　　h. 北村遺跡SQ01ほか

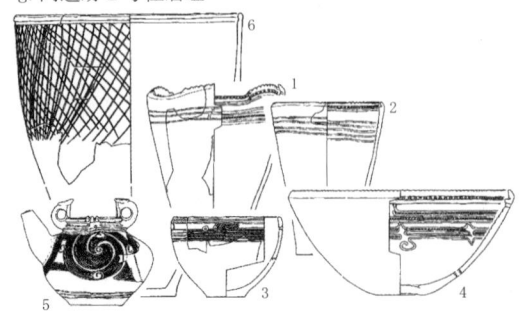

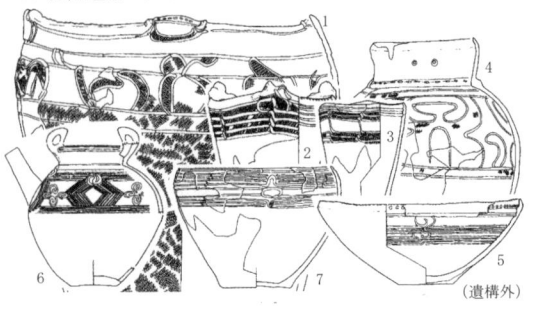

（遺構外）

第54図　中部高地・関東西南部の土器様相

S=1:10

第5章　土器副葬と土器被覆葬

　"小仙塚類型群"は、頸部屈曲鉢あるいは単に鉢と分類されることもあるが、中部高地では組成の主体を占め、他の深鉢が殆ど見られないことと、煮沸痕跡を有することから近年では深鉢として扱われることが多い。胴部文様で細分される可能性があるものの、器形と文様帯構成が共通する土器は中部高地のほか、関東全域で在地の沈線文あるいは縄文施文の土器に次いだ量が保有されている。さらに、南三十稲場式を構成するものとして、新潟県域にも高い割合で存在する（品田2002）。同様の形態は、西日本の縁帯文系土器においては精製土器の基本形態である。
　このような器形や分布地域の差は土器の性格と密接に関わると想定されることから、本稿においては、深鉢と一括せず、これらを区別して扱っていくこととしたい。
　浅鉢は、前時期の系統を引いた波状口縁浅鉢が関東西南部で一般的に見られるようになるが[a5]、長野県や群馬県では極めて少なくなるため、図では岡谷市梨久保遺跡の例で補った[b4]。この時期、新潟県では南三十稲場式に特有の波状口縁浅鉢や内湾平縁浅鉢がある。
　注口土器には瓢箪形の系統を引いた頸部に注口部を持つ型式（"千鳥窪類型"：鈴木徳1992）と注口付浅鉢を継承した鉢形で胴部に付された注口部が把手と連結する型式（"蕃神台類型"）があるが、事例数の上でも副葬に供されるという点でも後者が一般的である[a6・b5]。ほかに、瓢箪形注口土器と関連を持つと思われる大形の壺（江原2001）も関東地方を中心にしばしば出土する[a7]。

堀之内2式古段階～中段階

　関東西南部は横浜市小丸遺跡48号住居址出土例、中部高地は当地域の中段階の標準資料（阿部芳1999a）とされる長野県千曲市村東山手遺跡SB08の土器群を掲げた。
　深鉢は、"堀之内類型"の系統を引く朝顔形深鉢が精製土器として一般化し[c1・2、d1・2]、"小仙塚類型群"[c3、d3・4]、"下北原類型"[c4]は「粗製土器」化して継続する（石井1984、阿部芳1993）。中部高地では、これに無文の粗製土器[d5]が加わる（阿部芳1993）。朝顔形深鉢は、関東・中部の広範囲で一般的に存在し、北陸・近畿などでもしばしば出土例がある。
　浅鉢は、4箇所の抉り部を持ち内面に装飾を施す型式があり[c5]、その特徴から波状口縁浅鉢と次期の内面装飾平縁浅鉢とをつなぐものと考えられている（鈴木徳2000）。但し、その分布は関東南部でわずかに認められる程度であり、中部高地では浅鉢は殆ど認められない。注口土器は、前時期の系統を引き継いだ体部が算盤玉状で靴箆状の把手部が特徴的な型式が一般的にみられる。その分布は、東北から近畿まで幅広い（鈴木克2007）。宮久保遺跡の浅鉢を含めて、精製の形式には帯状の充填縄文が共通して施されている。

堀之内2式新段階

　関東西南部は、当該期の指標とされる伊勢原市下北原遺跡第14号敷石住居址、長野県では小諸市石神遺跡J26号住居址出土例を中心に取り上げた。
　引き続き朝顔形深鉢が主体となるが[e1・2、f1・2]、"小仙塚類型群"系統下の土器[e3・f3]や、多重沈線や鎖状文で特徴付けられる"石神類型"の深鉢が伴う場合がある[e4・f4]。石神遺跡では大形の壺も組成している[f5]。
　"石神類型"（秋田1997a）は、この石神遺跡を名祖とするもので、多重沈線や2条1単位の沈線による鎖状文、渦巻文、連続S字文、充填縄文による曲線文などを特徴とする。深鉢や鉢の場合、頸部がくびれるか、口縁部が外反するという器形の特徴もある。

浅鉢は、平縁で内面に横方向の装飾を持った型式が一般化する［e5・f6］。特に、突起部直下の内面装飾は著しい。また、一部の深鉢と同様の球胴状の突起が付されたり、内面装飾が共通する場合があるなど深鉢との関係性が強い。関東・中部の全域で一般的に出土し、遠く東北北部や北陸などでも、しばしば出土例がある。

　注口土器は、従来の型式からスムースに移行した算盤玉形・有頸の型式（"福田類型"；秋田1999）と、やはり従来からの系譜の延長線上にあるとされながらも変化の過程が不明瞭な球胴形・無頸の型式（"椎塚類型"）の2種類が並立する（秋田1994）。"福田類型"は、底部の張出し、点列を伴う枠状文・同心円文などに、浅鉢との親和性が指摘されており（西田1992、秋田1999）、堀之内2式の伝統に連なる部分が大きい。他方、"椎塚類型"は"石神類型"文様（多重沈線文、並行沈線文による鎖状文、充填縄文による曲線文）を施すものが一般的であり、外来要素としての"石神類型"の影響を強く受けたものと評価できる（その点では、図示した下北原例・石神例［e6・f7］は胴部文様が典型的ではない）。この"椎塚類型"はその後加曽利B1式期に引き継がれるが、"福田類型"は本時期で途絶える。

　このほか、この時期に登場する形式として鉢［e7］、舟形土器、小形壺、双口土器などがある。鉢は加曽利B1式期には主要形式として、深鉢・鉢などと共通する文様を持つが、この時期の鉢は、無文のものが多い。この時期の舟形土器は平底で、上面観が長方形であり、口縁部や内面の装飾が深鉢や浅鉢と類似する。下北原例は、やや特殊な例で多条沈線による渦巻文を施す[71]［e8］。小形壺は、有頸と無頸があり、装飾などは注口土器同様、多重沈線文、並行沈線文による鎖状文、充填縄文による曲線文など"石神類型"文様を施す。土器副葬に供されたもののほか、平塚市王子ノ台遺跡、大磯町石神台遺跡、横浜市稲荷山貝塚など神奈川県内に好例が多い。さらに、大井町金子台遺跡や鎌倉市手広遺跡では多条沈線文、伊勢原市久門寺遺跡では充填縄文による曲線文を施した双口土器の出土があり、類例が岡山市津島岡大遺跡にある（秋田1997b）。堀之内2式新段階から加曽利B1式期において舟形土器の分布は関東西南部にほぼ限られ（中村2005）[72]、小形壺や双口土器も、分布の中心は関東西南部と考えられる。なお、新潟県村上市アチヤ平遺跡では多条沈線文を施した環状土器が出土しており、"石神類型"文様の広域・多形式への採用を示している。

　このように、本時期は多形式に及ぶ"石神類型"文様の席巻、それに関連する注口土器の交代劇、舟形土器、小形壺、双口土器の出現など、土器形式組成の上で重要な画期である。

加曽利B1式期

　中段階の指標とされる東京都町田市向遺跡2号住居址、良好な一括資料ではないが長野県安曇野市北村遺跡SQ01出土例を中心に取り上げた。

　深鉢、浅鉢、注口土器、鉢など精製土器は前時期の系統を引き継いだものが広域で一般的に存在する。このほか、関東西南部を中心に舟形土器が出土するが、出土場所が墓域であることが多いため、ここでは図示していない。これらは、秋田かな子が「共揃え」と呼ぶように、共通した文様が描かれ

---

71) 本例は深鉢に復原して報告されたもので、筆者の舟形土器の集成（中村2005）には加えていない。舟形土器と指摘したのは秋田かな子（2006）である。舟形土器としては斜め方向からの測図となっている。
72) 前稿（中村2005）以降、ここで取り上げた下北原遺跡例のほか、秦野市太岳院遺跡、伊勢原市池端・金山遺跡、横浜市華蔵台遺跡、群馬県藤岡市谷地C遺跡で類例の出土があった。谷地C遺跡では、加曽利B1式期の事例4個も出土している。

第5章　土器副葬と土器被覆葬

るが［g1～4・h1～4］、注口土器のみ"石神類型"文様に由来する多条沈線文を施し、特殊性を確保している［g5・h6］（秋田 1996b・1999）。他方、「粗製土器」の地域差が指摘されており、格子目文を施すものが関東西南部の特徴となっている［g6］（安孫子 1971、阿部芳 1998）。このほか、北村遺跡では大形壺［h4］、帯縄文が特徴的な粗製土器［h1］が出土しているが、これらの土器については不明な部分も多い。

加曽利B2式期

図には挙げていないが、前半期[73]の指標とされる神奈川県大磯町石神台遺跡SX01、平塚市王子ノ台遺跡20号配石、長野県塩尻市八窪遺跡1号ブロックでは3単位突起付深鉢、平縁で内屈した浅鉢、口縁部が直線的に伸びる鉢、各種粗製土器など、前時期の系統を引いた形式に加え、新たに丸底鉢、算盤玉形土器、"羽状沈線文"を施す深鉢などが加わる[74]。注口土器は前時期までの盛行ぶりから一転して若干数が認められるのみとなり、上述の指標資料には組成していない。平底の舟形土器は本時期のはじめまでは僅かに存続するものの、以後断絶する。

後半期では、一括資料に乏しいが、関東東部では"遠部第二類"（池上 1937）の斜線文が一般化し、深鉢・浅鉢・鉢などに施されるが、これらは深鉢を中心に関東西南部にも一定数が認められる。当該期は、関東東部の斜線文に対して、関東西部の磨消弧線文という精製深鉢の地域差が指摘されてきた時期である（鈴木正 1980、安孫子 1997）。関東東部では上記の形式に加え、頸部が大きく外反する注口土器、台付鉢、異形台付土器（堀越 1997）、釣手土器（蜂屋 2004・2005）、丸底舟形土器（中村 2005）なども一般に認められ、後期後葉まで引き継がれる。これらの形式は関東東部を中心に、大宮台地と武蔵野台地東部および周辺地域に若干分布するのみで、中部高地にはこうした形式は殆どみられない。このほか、茨城県稲敷市椎塚貝塚や大洗町大貫落神貝塚の鳥形土器など関東東部独自の形式が出現する（西田 2000）。

このように加曽利B2式期、特に後半期は斜線文土器、台付鉢、異形台付土器、釣手土器、丸底舟形土器などが関東東部を中心に出現するという、堀之内2式新段階に次ぐ画期となる。

小結：土器形式組成の共通性

このように、関東西南部と中部高地における土器形式組成を概観すると、堀之内1式期～2式中段階の中部高地における典型的な浅鉢の欠如を除けば、概ね型式レベルまで類似した構成を持つことがわかる。精製深鉢の動向からみた関東地方の東西差が、堀之内1式期、加曽利B2式期に顕著にみられることは久しく指摘されてきた点であるが、関東西南部と中部高地の両地域での差は、堀之内1式期とそれ以降における"小仙塚類型群"と"下北原類型・荏田類型"の比率の違いとして認められる程度である。むしろ、ここで指摘したいのは、葬送儀礼における土器の利用の前提として、両地域ともその選択肢としての精製土器の組成はほぼ同様であったという点である。

---

[73] 加曽利B2式の3段階区分（安孫子 1988、秋田 1996a・b）の前2者をまとめて前半期、以降を後半期とする。概ね後者は遠部第二類の出現時期である。

[74] 本稿の視点からは、概ね両地域の土器形式は型式レベルで類似していると評価できるが、算盤玉形土器を論じた須賀博子（2005）も「関東東部」と「関東西南部」での装飾方法の違いを指摘している。

第2節　土器副葬の事例検討

1．後期・関東周辺を対象とした研究史と課題

　土器副葬全体の研究史については第2章第2節で概述したが、ここでは、本章で対象とする土器副葬についての研究史とその課題を確認しておく。

　1966年の金子台遺跡の概報や1969年の馬場遺跡の報告書、田端遺跡の概報では単に土器を「副葬品」と紹介しているのみだが、金子台遺跡の本報告では、赤星直忠（1974）が「出土状況から考えてこれを副葬品と考えてよかろう。小形であることはそれが日用品としての土器でなく、広義の祭祀用品としてのものであり、副葬用として特に選ばれ屍に副えられたものと解される」と述べ、浅川利一（1974）による田端遺跡に関する論考では土器副葬を呪術とし、他界観の表れと解釈した。1960年代後半～70年代前半の配石墓での土器副葬が知られて以降、その類例は増加していく。石神台遺跡の報告書で高山純（1975）は「伏せた土器と入れ子の土器」という項目を設け、金子台遺跡、馬場遺跡、田端遺跡、王子ノ台遺跡の類例や、北海道サイベ沢遺跡、秋田県小坂遺跡、長野県茂沢南石堂遺跡などの土器が逆位で出土した事例、さらには逆位底部穿孔の土器棺などの事例を挙げて、その宗教的解釈を検討した。鈴木保彦（1980・1986）は配石墓の集成的研究を行い、その中で出土土器についても整理し、時期的には加曽利B1式、形式としては小形鉢の事例が多いことを明らかにしている[75]。

　また、1970年代以降、なすな原遺跡や港北ニュータウン遺跡群などで配石を伴わないものの、墓坑と推定される長方形の密集する土坑群からの土器出土例が土器副葬として知られるようになっていく。こうした中で、加曽利B式土器の解説を行った安孫子昭二（1986）や西田泰民（1989）も加曽利B1式の鉢や舟形土器に墓坑出土例が多いことを指摘しているが、具体例を示してのものではなかった。

　林克彦・細野千穂子（1997）は土器の様相においては共通する後・晩期の関東西部の地域性について墓制から接近することを試み、土坑内部の配石が発達する群馬地域、土器副葬が特徴的に見られる東京・神奈川地域、明確な墓制が考古学的に捉えられていない埼玉地域の3地域を抽出した。同時期に山本暉久（1997）も加曽利B式期の関東山間地寄りの地域での土器副葬を指摘し、副葬土器が専用品であると述べている。具体的根拠には触れられていないが重要な問題である。しかし、先に筆者の結論を述べれば、底部が磨り減ったものが一定数存在すること[76]、また副葬土器と同型式の土器が墓域以外からも多数出土していることから、基本的には転用品と考えている。最近では、加藤元康（2003）が土器被覆葬との時期的・地域的な比較を行い、内陸部における完形土器を用いた土器被覆葬と対照的に土器副葬が東京・神奈川地域の地域的な特徴として捉えられることを指摘した。林らも含めて加曽利B式期以前の事例が考慮されておらず、同一時期の比較でなかったことなどの問題があるものの、土器被覆葬と土器副葬とが地域的に対比できる可能性を示した点で評価されよう。

　鈴木や林らによって、「加曽利B1式期」[77]の西南関東に事例が多いことが具体的に明らかにされたが、そもそも土器副葬事例の分布は配石墓の分布域や、土器様式の分布域を超えて広がる可能性が

---

75) 小形鉢18例、小形深鉢3例、小形壺3例、深鉢（全て大形破片）、浅鉢3例、鉢1例、注口土器2例、注口付双口土器1例で、小形品以外の深鉢・浅鉢・鉢は土器被覆葬、それ以外は非日常的な特殊性を指摘した（鈴木保1986）
76) 他方で、底部網代痕が明瞭に観察できるものも存在するが、同様な事象は墓坑以外で出土するものにも認められるため、それらを含めた検討が必要である。

第5章　土器副葬と土器被覆葬

あり、これらの分析だけでは葬墓制の広がりを議論できない。西南関東の加曽利B1式期の事例については大枠での理解はなされているが、その前後の時期や、他地域の様相は殆ど検討されてきていない。まずは分布地域や時間的な変化という基礎的事実の整理・把握を行うことが必要である。

こうした葬墓制論における言及のほか、集落論での言及もなされている。冒頭で紹介したように石井寛（1989・1994）は小丸遺跡を分析する過程で、集落を見渡す要所に位置し、同一地点で何度も立て直された竪穴住居に注目し、これを"核家屋"と呼称した。そして、この核家屋の前面に小形土器を副葬した墓坑群が展開する事実から、このエリアが集落内での特別な区域である可能性を想定している。また、この分析を受け継いだ谷口康浩（2002a・2005b）は小丸遺跡・三の丸遺跡・野津田上の原遺跡の土器副葬墓のあり方から、分節単位の統合という前期以来の環状集落の基本原理が、分節間の差が認められるものへと変質したことを指摘している。これらの指摘は、土器副葬墓被葬者の社会的地位を考える上で重要な問題である。2009年には田中英世（2009）が注口土器の土坑出土例をまとめている。

２．土器副葬の認定と主要事例

（１）副葬の認定要件

はじめに本稿で対象とする土器副葬の認定要件について述べておきたい。本稿では墓坑内に完形ないし略完形土器が埋納された事例のうち、土器被覆葬に該当するものを除いたものを土器副葬として検討対象とする。

墓坑認定は一般に人骨出土を第一とするが、それ以外にも人骨に伴って出土することのある特定の遺構・遺物や、人為堆積と想定される層序の存在が墓の認定基準となり（岡村1993、中村大1998）、さらにそれらと共通する形態を持った土坑が墓と認識されることとなる[78]。本稿では、まず形態（長方形・長円形）、覆土（均質、非自然堆積）、密集性、配石の存在などを墓坑認定条件とした。しかし、時期的・地域的な消長を検討する場合などでは、墓坑認定の諸条件を充たし調査範囲や出土状況の記録が十分な事例（典型例）とともに、墓坑認定条件の確実性の低い事例や、調査範囲が狭い事例や出土状況の詳細が提示されていない事例についても積極的に資料として扱っていく必要がある。本稿では、以下にあげる確実性の高い事例を中心とし、墓坑認定条件や出土状況が不明瞭の事例についても、これらの土坑からの土器の出土例と類似した土器が出土している場合には対象に含めた。

（２）堀之内１式期～２式期の主要事例

堀之内２式以前の事例については、これまであまり注目されてこなかったが、近年、久原小学校内遺跡［第56図２］（堀之内１式期）や西ノ谷貝塚［第57図３］、原出口遺跡［同４］（共に堀之内２式期）など長方形の土坑が群として集中する中で注口土器や深鉢が出土する例が報告され、墓坑への

77）ここで加曽利B１式とされた土器には、現在、堀之内２式新段階とされる"石神類型"文様を持つ注口土器（秋田 1994）などを含んでいる。
78）山田康弘（2007）は屋外埋設土器から獣骨など人骨以外の事物が検出された例を挙げて、埋設土器をそのまま土器棺とは認定できないことを指摘し、その上で、土器に対する特別な観念を前提に、より高次な概念として「土器埋設祭祀」を提示する。本稿で取り上げる事例もそうした概念で捉えることも可能であるが、配石行為など他の葬送に関わるであろう要素を含めた検討には適さないため、当面、墓坑との認識で議論を進める。

土器副葬事例として確実な例が蓄積されている。小丸遺跡では96号土壙から堀之内1式期の深鉢と注口土器が横位で［第55図6］、105号土壙からは同時期の注口土器が正位で［同7］、いずれも底面から出土している。なお、詳細は未報告であるが、2009年には潤井戸鎌之助遺跡37号遺構で2体の人骨とともに堀之内Ⅰ式の注口土器が出土しており、注目される。

　これらの類例としては、遺跡内で1例のみであるが長方形土坑から注口土器や深鉢が出土している高井東遺跡［第56図3］、元島名遺跡［第57図2］、圦入遺跡［同5］などの事例がある。また、円形土坑であるが、深鉢や注口土器が出土している土坑は、神明遺跡で4基［第56図7］、中島Ⅰ・Ⅱ遺跡で2基［第57図10］を確認している。

　ほかに、土器被覆葬に伴う例（東畑遺跡［第55図5］、岡上丸山遺跡［第56図1］、花上寺遺跡［第74図1］）、土器被覆葬に近接する例（小段遺跡［同2］）、装身具を伴う例（滝沢遺跡［第55図8］）などがある。

（3）堀之内2式新段階〜加曽利B1式期の主要事例

　まず、典型例として堀之内2式期〜加曽利B1式期の三ノ宮・下谷戸遺跡と小丸遺跡を挙げる。密集する長方形・長円形土坑から小形土器が出土する事例であり、前者には配石を伴う。三ノ宮・下谷戸遺跡［第59図］では上部に配石を伴う墓坑群のうち5基の墓坑内から、堀之内2式新段階〜加曽利B1式期の浅鉢、壺、注口土器、鉢、深鉢がそれぞれ1点ずつ正位または横位で底面より出土している。また、小丸遺跡［第62図］では集落北西部に密集する墓坑群のうち8基の墓坑の端部底面付近から堀之内2式新段階〜加曽利B1式期の鉢、椀、舟形土器などが出土した。このうち26号土壙、164号土壙では鉢が正位の入れ子状で出土し、7号土壙からは椀が並列（逆位・横位）で出土している。

　次に、これらの類例を挙げよう。三ノ宮・下谷戸遺跡のような配石を伴う土坑から小形土器が出土した遺跡としては、研究史の冒頭にあげた馬場遺跡［第58図1］、金子台遺跡［同2］、石神台遺跡［同3］、寺山遺跡［同4］などがあり、他に太岳院遺跡［同5］下北原遺跡［第76図3］や、石神遺跡［第75図3］、池ノ上遺跡、尾咲原遺跡がある。

　長方形・長円形の墓坑群の複数基から小形土器が出土した遺跡は、王子ノ台遺跡［第58図6］、池端・金山遺跡［第60図1］、三の丸遺跡［第61図上］、野津田上の原遺跡［同下］、下石原遺跡［第64図5］など多数にのぼる。また、そうした墓坑群の一角で、1基のみから小形土器が出土したのが東大竹・山王塚遺跡（注口土器［第60図2］）、相ノ原遺跡第Ⅴ地点（鉢［同3］）、多摩ニュータウンNo.194遺跡（浅鉢と鉢の並列［第64図2］）、寺改戸遺跡（深鉢と注口土器の並列［同4］）、四谷一丁目遺跡（注口土器［第65図1］）などである。このほか、明瞭な墓域が形成されていないものの、長楕円形の土坑端部から小形土器が出土した事例がなすな原遺跡で2基あり、181号土坑では舟形土器1個・鉢2個が入れ子状態で出土している［第66図］。

　こうした加曽利B1式期前後の事例については、前述のように鈴木保彦、林克彦・細野千穂子によって多数の事例が集成されており、小形土器の副葬例として知られているところである。

（4）加曽利B2式期以降の主要事例

　以上の典型例に後続する事例のうち配石墓・石棺墓中から土器が出土した例は石神台遺跡［第67

第5章　土器副葬と土器被覆葬

図1］や三ノ宮・前畑遺跡［同2］から丸底鉢、太岳院遺跡から深鉢［同4］、田端遺跡から注口土器［第64図3］（以上、加曽利B2式期）、五反畑遺跡から注口土器（安行式期：詳細未報告［第67図5］）などがある。

(5) 土器副葬墓の集成

　本稿では、以上の事例を確実性の高い土器副葬墓と認定し、これらに類似した土器を伴う土坑を含めて対象とすることとした。称名寺式期の確実な事例は乏しく、形態（長方形・長円形）、密集性、配石の存在などの墓坑認定条件に適う事例は存在しないが、可能性の高い4例を対象に加えた。山田大塚遺跡例［第55図1］は形態上貯蔵穴に分類されたものの、深鉢が横位で出土したもので、報告書では覆土が自然堆積でないとの判断から墓坑へ転用されたものとされた。中高瀬遺跡例［同2］は典型的な配石墓とは認められないが、配石上より小形の深鉢が出土したものである。中島Ⅰ・Ⅱ遺跡［同3］、三原田遺跡「同4」の事例は完形土器の出土から判断した。堀之内1式期では小菅法華塚Ⅱ遺跡［第56図5］、陣場遺跡、堀之内2式期では坂詰遺跡［第57図7］、東山遺跡［同6］、諏訪山遺跡、入波沢西遺跡［第65図3］、阿左美遺跡［同5］、加曽利B1式期では修善寺大塚遺跡、東山遺跡［第65図2］、南方遺跡［同4］、加曽利B2式期では井戸川遺跡［第67図6］、東山遺跡［同8］などで土坑から完形土器が出土しているが、土坑形態が不整形または未報告の上、遺跡内で1基のみという点で墓坑としての確実性はやや低い。

　なお、今回対象外としたのは以下のとおりである。まず、墓坑密集エリアの出土例で帰属墓坑不明とされた事例については、報告書などで指摘されている通り本来副葬品であった可能性もあるが、他方で、墓上供献品の可能性も考慮する必要があるため除外した[79]。深い円形土坑出土例なども土坑の性格が不明なため除外しておく[80]。長野県北村遺跡では人骨に伴ってミニチュア土器が出土する例が時期不明のものを含めて十数例存在するが、他の土器と性格が異なっているため含めていない。ほかに、出土状況の点で判断を保留したものがある[81]。

　以上を踏まえ、関東甲信越静地域の縄文時代後期の遺跡を対象とし、68遺跡202墓坑253個の事

---

79)「墓上供献」は墓坑脇や上面に土器を置く行為であり、埋置のタイミングの点で土器副葬と区別されるものと定義しておく。今回対象外としたのは、金子台遺跡（B1組石間出土の台付鉢）、石神台遺跡（配石周辺出土の壺・鉢・舟形土器2点）、なすな原遺跡（M6区出土の鉢・舟形土器）、野津田上の原遺跡（J群出土の注口土器）、池ノ上遺跡（4号墓直上環状列石跡・及び集石跡出土の鉢）、石神遺跡（SX20付近の舟形土器）等。但し、これら土器は、本稿で対象とする土器と形式やサイズの点で大きく異なるものではない。従って、やはり副葬品であったものの帰属が不明となったものと考えることもできるが、副葬と供献という2つの行為の背景に共通する思考があった可能性も考えられる。なお、旧稿（中村2005）にてこれらの舟形土器を副葬品と評価したが、墓域出土品と改める。

80) 鈴木克彦（1999）は注口土器の墓坑内出土例として、千葉県市原市能満上子貝塚第113号土坑例（安行2式期）を挙げる。これは深い円形土坑の覆土下層～中層に複数の略完形土器・大形破片が一部入れ子状になって出土しているもので、上層には炭化物層が存在する。類例として同報告書が同市西広貝塚SS1地区204号土坑（安行1式期）を示すほか、東京都北区西ヶ原貝塚第ⅩⅠ地点第4号土坑でも浅鉢の入れ子状での出土例（曽谷式期）がある。これらの遺跡では別に埋葬人骨が存在すること、その埋葬姿勢と当該土坑の形態が一致しないことから副葬土器としては扱わなかったが、後期後半期の東京湾東岸域における土坑への土器埋納の1パターンとして捉えることは可能かもしれない。また、東京都多摩市和田・百草遺跡群では柄鏡形住居柄部の前面の土坑から注口土器（半存）の出土例がある。

81) 栃木県鹿沼市明神前遺跡では土坑内から堀之内2式期の注口土器が出土しているが、水さらし場との関係を考慮する必要があるため対象外とした。千葉市加曽利貝塚c地点では住居床面上の人骨腰部付近から堀之内2式新段階の注口土器が横位で出土しているが、菅谷通保氏より、もともと住居に伴うものであった可能性のある旨を教示されたため対象外とした。北村遺跡SH693と、長野県千曲市村東山手遺跡SK47で径15cm程度の無文の鉢（岡上丸山遺跡1号土壙墓例に類似）が出土しており、後者は斜逆位で出土しているが、判断を保留した。

第14表　土器副葬事例一覧表（1）

番号	遺跡名	所在地	遺構名	墓坑長軸	墓坑短軸	時期	形式	最大径	器高	姿勢	位置	層位	備考・共伴遺物
1	修善寺大塚遺跡	静岡県伊豆市	第2特殊ピット	—	—	加B1中	舟形	18.7	11.5				
2	井戸川遺跡	静岡県伊東市	J-3集石土壙墓			加B2?	鉢			正位			
3	尾咲原遺跡	山梨県都留市	（石棺状配石遺構）	—	—	加B1中	鉢	16.7	8.0	正位	端部	底面	
4	高部宇山平遺跡	山梨県中央市	2号土坑	—	120	堀2新	深鉢	16.9	12.6	横位	中央	上層	並列、深鉢も石神類型
						堀2新	注口	14.4	14.2	横位	中央	上層	
5	馬場遺跡	神奈川県南足柄市	1号配石遺構	168	60	堀B1古	深鉢	8.6	10.3	正位	端部	底面	
6	五反畑遺跡	神奈川県南足柄市	第10号石棺墓	—	—	安行	注口			正位	端部	底面	詳細未報告
7	金子台遺跡	神奈川県大井町	1号組石下土壙(A)	—	—	堀2新	鉢	13.5	10.2	正位			
			1号組石下土壙(B)	(150)	(93)	堀2新	壺	7.2	—	横位	端部	底面	並列／磨石・板石
						堀2新	浅鉢	17.1	9.9	横位	端部	底面	
			16号組石	(120)	(80)	堀2新	鉢	11.5	7.3			底面	
			17号組石下土壙(A)	—	—	堀2新	深鉢	10.4	10.2	逆位	—	やや上	
			17号組石下土壙(B)	—	(54)	堀2新	浅鉢	10.8	7.2	逆位	端部	やや上	
8	寺山遺跡（1925年調査区）	神奈川県秦野市	—	—	—	加B1古	舟形	15.0	6.2	—	—	—	
9	(1989-90年調査区)		—	—	—								詳細未報告：堀之内2式新段階〜加曽利B1式期の浅鉢・鉢・壺約10点。
10	(1995年調査区)		—	—	—								詳細未報告：堀之内2式新段階〜加曽利B1式期の舟形土器・鉢・壺・注口土器約10点。
11	太岳院遺跡（2006-02地点）	神奈川県秦野市	29号配石墓	184	58	加B2	深鉢	(18.5)	16.7	正位	端部	底面	人骨・上面に石棒
			41号配石墓	252	81	加B1新	浅鉢	14.4	8.6	正位	端部	底面	
			49号配石墓	172	43	加B1中	鉢	13.2	8.0	正位	端部	底面	
							舟形	13.4	7.1	正位	端部	底面	両端
12	石神台遺跡（1971年調査区）	神奈川県大磯町	Pit1	(250)	(100)	加B1中	深鉢	12.6	16.8	横位	中央	やや上	上に小礫　人骨3体分
			Pit3	(210)	(90)	加B1	壺	9.5	9.5	逆位	端部		
						加B1中	舟形	11.4	8.0	正位	端部	底面	
			W2	—	—	加B1中	舟形	18.1	9.9	正位	端部	底面	入れ子
13	(1985・87年調査区)		SKD09	210	70	加B1新	鉢	11.9	9.5	横位	端部	やや上	
			SKD06	38	28	加B2前	丸底鉢	13.0	6.3	—	散在		
14	王子ノ台遺跡	神奈川県平塚市	西区1号墓坑	—	—	加B1	鉢	—	—	—	—	—	詳細未報告のため公表されている部分のみ掲載。4号墓坑の土器は並列。
			西区2号墓坑	—	—	加B1	鉢	—	—	—	—	—	
			西区3号墓坑	—	—	加B1	壺	—	—	—	—	—	
			西区4号墓坑			加B1	鉢	8.4	10.8	横位	中央		
						加B1	壺	10.4	13.2	横位	中央		
			東区6号墓坑			加B1新	深鉢	14.6	17.6	横位			
						加B1	鉢	14.8		横位			
15	下北原遺跡	神奈川県伊勢原市	第1配石墓群土壙B	138	72	堀2新	鉢	17.2	—		中央	上層	
			第1配石墓群土壙G	114	60	堀2新	鉢	14.0	7.2	正位	端部	底面	
			第1配石墓群土壙H	150	78	加B1古	鉢	12.4	8.4	—	中央	覆土	墓坑両端に配石
			第1配石墓群土壙I	180	90	加B1	深鉢	14.4	13.8	逆位	端部	底面	
			第2配石墓群土壙H	108	72	堀2新	鉢	12.0	7.0	—	—	覆土	
16	下谷戸遺跡（1965-67年調査区）	神奈川県伊勢原市	—	—	—	加B1中	鉢	—	—	正位	—	—	入れ子
						加B1中	鉢	—	—	正位	—	—	詳細未発表
17	三ノ宮・下谷戸遺跡（1992-95年調査区）		7号土坑墓	180	60	堀2新	浅鉢	15.8	6.8	正位	中央	底面	
			13号土坑墓	192	78	加B1中	注口	8.0	6.4	正位	中央	やや上	墓坑両端に配石
			19号土坑墓	—	72	加B1中	鉢	14.4	13.6	横位	端部	底面	
			20号土坑墓	126	66	堀2新	無頸壺	11.6	9.4	横位	端部	底面	
			28号土坑墓	(180)	72	加B1前	鉢	13.6	18.0	倒立	—	—	
18	三ノ宮・前畑遺跡	神奈川県伊勢原市	第4号配石土坑墓	108	42	加B2前	丸底鉢	16.3	8.6	正位	端部	底面	端部・側面に配石
19	池端・金山遺跡	神奈川県伊勢原市	第3号土坑	228	92	堀2新	舟形	14.6	5.6	正位	中央	底面	近接
						堀2新	注口	12.4	11.2	正位	端部	底面	石皿片・磨石
			第9号土坑	—	64	堀2新	鉢	16.0	9.2	正位	端部	底面	
			第16号土坑	160	72	加B1中	椀	13.2	7.2	—	—	上層	
			第18号土坑	68	60	加B1中	鉢	13.2	8.2	横位	中央	上層	
20	東大竹・山王塚遺跡	神奈川県伊勢原市	1号土坑墓	—	—	堀2新	注口	8.7	8.7	逆位		底面	
21	杉久保遺跡	神奈川県海老名市											詳細未報告：鉢、舟形土器、壺、深鉢等。
22	上土棚南遺跡（第2次）	神奈川県綾瀬市											詳細未報告：綾瀬市史に堀之内2式新段階〜加曽利B1式期の深鉢、浅鉢、鉢、壺10点が掲載されている。
23	(第6次)		2号土壙			加B1中	鉢	—	9.1	正位	端部	底面	入れ子
						加B1中	浅鉢	18.4	8.2	正位	端部	底面	
			5号土壙			加B1新	舟形	13.3	7.8	正位	端部	底面	
24	相ノ原遺跡（第V地点）	神奈川県大和市	3号土坑	270	96	加B1中	鉢	11.2	8.4	横位	端部	底面	
25	杉山神社遺跡	神奈川県横浜市									端部		詳細未報告
26	三の丸遺跡	神奈川県横浜市	B3号土壙	148	(60)	堀2	深鉢				端部		
			B29号土壙	(55)	38	堀1	深鉢			横位	中央	覆土	
			B153号土壙	199	84	加B1新	舟形			正位	端部	底面	並列／磨石
						加B1新	鉢			正位	端部	底面	

第5章 土器副葬と土器被覆葬

第14表 土器副葬事例一覧表（2）

番号	遺跡名	所在地	遺構名	墓坑長軸	墓坑短軸	時期	形式	最大径	器高	姿勢	位置	層位	備考・共伴遺物
			B162号土壙	—	63	加B1新	舟形	—	—	正位	端部	覆土	
			B172号土壙	176	56	加B1中	舟形	—	—	横位	端部	覆土	
			B175号土壙	204	84	加B1	椀	—	—	正位	端部	底面	
			B180号土壙	(145)	70	加B1	深鉢	—	—	正位	側壁	—	
			B182号土壙	189	78	加B1	深鉢	—	—	横位			
			B183号土壙	—	73	加B1新	浅鉢	—	—	正位	—	—	
			B184号土壙	164	68	加B1	舟形	—	—	正位	端部	やや上	
			B189号土壙	(170)	55	加B1	舟形	—	—	正位	側壁	—	
			B189号土壙	(170)	55	加B1	椀	—	—	横位	側壁	—	
			B246号土壙	192	61	加B1新	舟形	—	—	正位	端部	底面	
			B351号土壙	113	92	加B1新	椀	—	—	正位	端部	—	
			B362号土壙	217	98	加B1	舟形	—	—	正位	中央	底面	
			B369号土壙	180	(94)	加B1古	鉢	—	—	横位	側壁	底面	磨製石斧
			B516号土壙	135	67	堀2	深鉢	—	—	横位	側壁	底面	離れ
						堀2	鉢	—	—	逆位	中央	底面	
			B550号土壙	(185)	84	堀2	椀	—	—	—	端部	—	
			B568号土壙	148	(65)	堀	椀	—	—		端部	—	
			B622号土壙	185	84	堀2	鉢	—	—	—	—	—	
			B623号土壙	173	56	加B1	椀	—	—	正位	端部	—	
			B647号土壙	168	64	堀1	深鉢	—	—	正位	端部	底面	
			H35号土壙	222	132	堀2古	深鉢	—	—	正位		覆土	
27	小丸遺跡	神奈川県横浜市	7号土壙	216	120	堀2新	無頸壺	9.6	6.0	逆位	中央	底面	並列
						堀2新	無頸壺	8.8	6.9	横位	中央	底面	
			13・14号土壙	—	—	堀2新	鉢	11.2	5.1				大形破片2
			26号土壙	132	90	加B1古	鉢	13.2	8.0	正位	端部	底面	入れ子／石皿
						加B1古	鉢	12.4	7.4	正位	端部b	底面	
			27号土壙	—	—	堀2新	鉢	9.6	2.8	逆位		やや上	
			28号土壙	—	72	加B1新	鉢	13.6	10.0	正位		やや上	大形破片2
			29号土壙	186	96	加B1中	舟形	8.8	7.0	横位		やや上	
			45号土壙	132	24	堀2新	鉢	10.0	4.2	正位		やや上	石皿
			96号土壙	156	120	堀1新	深鉢	16.4	22.0	横位	側壁	底面	離れ
						堀1新	注口	16.0	12.0	横位	側壁	底面	
			105号土壙	192	84	堀1	注口	12.8	8.8	正位			
			164号土壙	168	78	加B1中	鉢	20.4	11.0	正位	端部	底面	入れ子
						加B1中	鉢	13.6	13.6	正位	端部	底面	
28	華蔵台遺跡	神奈川県横浜市	6号土壙	150	72	加B2-3	丸底鉢	14.8	9.6	正位	端部	底面	大形破片
			21号土壙	210	90	加B1中	鉢	15.2	8.4	正位	端部	底面	
			22号土壙	240	72	加B1中	鉢	13.2	8.8	正位	端部	底面	
			24号土壙	180	54	加B1新	鉢	19.2	12.0	正位	端部	覆土	
			30号土壙	330	(72)	加B1	舟形	17.6	6.8	正位	中央	底面	
			34号土壙	168	120	加B1中	舟形	12.4	7.6	正位	端部	やや上	入れ子
								20.8	12.4	正位	端部	やや上	
			35号土壙	186	90	加B1中	鉢	12.8	6.8	正位	端部	底面	
			38号土壙	180	108	堀2	鉢	8.8	8.0	正位	端部	底面	
			44号土壙	138	78	安行2	深鉢	15.2	12.9	正位	中央	やや上	
			50号土壙	228	84	加B2-3	高杯	(20.0)	(14.0)	正位	端部	底面	大形破片
			80号土壙	—	—	堀2中	深鉢	22.4	20.0				
29	神隠丸山遺跡	神奈川県横浜市	—	—	—								詳細未報告
30	西ノ谷貝塚	神奈川県横浜市	P38	186	120	堀2中	深鉢	12.3	11.9	横位	側壁	やや上	
			P40	180	66	堀2古	注口	16.7	13.5	横位	端部	やや上	
31	原出口遺跡	神奈川県横浜市	42号土壙	—	78	堀2中	深鉢	(16.8)	15.0	横位	側壁	底面	
			60号土壙	—	84	堀2	鉢	19.0	16.5	横位	中央	底面	離れ
						堀2古	注口	14.0	12.5	横位	側壁	底面	
32	山田大塚遺跡	神奈川県横浜市	33号土壙	96	78	称I	深鉢	14.4	16.8	横位	中央	床面	
33	篠原大原北遺跡	神奈川県横浜市	4号土坑	36	30	堀B2	丸底鉢	12.8	6.4	正位	中央		
			5号土坑	165	45	堀2中	深鉢	15.2	17.6	正位	端部	底面	
						堀2中	浅鉢	16.8	8.0	正位	端部	覆土	
						堀2中	注口	16.5	(15.0)	正位	端部		
34	岡上丸山遺跡	神奈川県川崎市	J5号竪穴住居址床下土壙	111	95	堀1新	注口	13.2	8.0	正位	中央	底面	土器被覆葬
			1号土壙墓	165	54	堀2新	椀	21.2	9.2	正位	側壁	底面	
35	なすな原遺跡	東京都町田市	167号土壙	—	—	加B1中	鉢	9.0	5.7	正位	中央	やや上	
			181号土壙	200	75	加B1中	舟形	12.3	4.8	正位	端部	やや上	入れ子
						加B1中	鉢	11.7	6.3	正位	端部	やや上	
						加B1中	鉢	14.7	8.7	正位	端部	やや上	
			282号土壙	185	62	加B2前	鉢	9.6	8.4	正位	端部	やや上	
			285号土壙	230	100	加B2	浅鉢	—	—	逆位	中央	やや上	本文記述のみ
			299号土壙	—	—	?	注口	—	—				本文記述のみ
			310号土壙	220	91	加B3-曽	注口	13.5	10.8	正位		やや上	
			351号土壙	183	58	加B2前	鉢	10.5	6.3	正位	側壁	やや上	
			367号土壙	195	105	加B2後	台付鉢	15.6		正位	端部	底面	入れ子
						加B2後	深鉢	20.6	18.0	正位	端部	底面	
			377号土壙	144	78	加B3-曽	注口	11.4	9.6	正位	端部	上層	
			408号土壙	228	100	加B3-曽	台付鉢	13.2	10.8		側壁	やや上	
			413号土壙	240	120	加B3-曽	注口	18.0	18.0	正位	側壁	やや上	上部に配石あり

第14表　土器副葬事例一覧表（3）

番号	遺跡名	所在地	遺構名	墓坑長軸	墓坑短軸	時期	形式	最大径	器高	姿勢	位置	層位	備考・共伴遺物
36	野津田上の原遺跡	東京都町田市	4号土壙	174	60	加B1中	鉢	12.4	9.6	正位	端部	やや上	入れ子
						加B1中	注口	12.0	14.4	横位	端部	やや上	
						加B1中	鉢	16.0	9.6	正位	端部	やや上	
			13号土壙	240	90	加B1-2	鉢	6.4	10.4	―	端部	やや上	
			20号土壙	192	78	加B1-2	鉢	14.8	10.0	―	端部	―	
			25号土壙	174	52	加B1-2	鉢	12.4	7.6	―	端部	―	
			33号土壙	186	84	加B1-2	鉢	12.8	8.8	―	端部	―	
			38号土壙	204	96	加B1中	鉢	14.0	7.6	―	―	―	
			40号土壙	―	72	加B1新	鉢	12.0	7.6	―	―	―	
			44号土壙	174	132	加B1中	鉢	12.4	7.2	―	―	―	石皿
						加B1中	鉢	18.4	9.6	―	―	―	横方向に複数の墓坑の重複の可能性
						加B1新	鉢	17.2	10.8	―	―	―	
						加B1新	深鉢	15.6	16.8	―	―	―	
						加B1新	鉢	14.8	11.6	―	―	―	
			48号土壙	150	60	加B1-2	浅鉢	16.0	7.2	―	―	―	大形破片
			52号土壙	198	78	加B1新	舟形	23.6	18.8	―	端部	―	大形破片
			53号土壙	186	96	加B1-2	鉢	10.0	6.0	―	端部	―	
			63号土壙	204	108	加B1新	鉢	31.2	23.6	―	―	―	
			64号土壙	210	42	加B2前	丸底鉢	15.2	8.0	―	端部	―	大形破片
			66号土壙	252	108	加B1中	注口	14.0	0.0	―	―	―	
						加B1中	鉢	13.2	6.6	―	―	―	
			69号土壙	―	60	加B1	鉢	9.6	5.2	―	―	―	
						加B1	注口	15.6	26.0	―	―	―	
			70号土壙	―	216	加B1中	鉢	11.2		―	―	―	
			72号土壙	204	120	加B1新	鉢	10.8	9.0	―	端部	―	並列／大形破片
36	野津田上の原遺跡	東京都町田市	72号土壙	204	120	加B1新	舟形	15.6	9.6	―	端部	―	
			73号土壙	―	108	加B1新	浅鉢	18.0	6.0	―	―	―	
			75号土壙	168	72	加B1-2	鉢	11.6	9.2	―	端部	―	大形破片
			77号土壙	216	138	加B1新	舟形	18.8	10.0	―	端部	―	石皿
			88号土壙	150	50	加B1-2	鉢	14.0	8.4	―	―	―	
			90号土壙	220	130	加B1新	鉢	12.8	11.6	―	―	―	
37	多摩ニュータウンNo.194遺跡	東京都町田市	11号土坑	186	63	堀2新	浅鉢	16.8	8.4	正位	端部	底面	並列／大形破片
						堀2新	鉢	10.2	6.0	正位	端部	底面	
38	田端遺跡（第1次）	東京都町田市	D11土壙墓	(90)	(72)	加B1中	椀	14.0	6.7	正位	端部		入れ子
						加B1中	舟形	14.0	9.0	正位	端部		
			D13土壙墓	―	―	加B1?	椀	13.0	7.5				
			D22土壙墓	―	(84)	加B1古	鉢	20.0	8.0				入れ子
						加B1古	舟形	10.5	5.0				
			D23土壙墓	―	―	加B2	有孔壺	6.5	11.0				
			SI周石墓	(168)	(66)	加B2後	鉢	10.0	10.0	正位	端部	底面	
39	（確認調査）		C区1号土壙墓	180	90	加B1古	椀	10.4	6.0	正位	端部	やや上	並列／刻線文石
						加B1古	壺	8.0	5.4	正位	端部	やや上	
			C区2号土壙墓	―	(70)	加B1?	鉢	―	―	正位	端部		入れ子／遺構確認のみ
						加B1?	鉢	―	―	正位	端部		
40	池ノ上遺跡	東京都八王子市	4号墓			加B1中	鉢	14.0	9.6	横位	―	底面	
41	中高瀬遺跡	東京都あきる野市	SH8	111	78	称I	鉢	15.1	15.1	横位	中央	底面	内部に自然礫
42	寺改戸遺跡	東京都青梅市	9号土壙	(160)	76	堀2新	深鉢	9.2	7.5	横位	端部	底面	並列
						堀2新	注口	11.1	12.0	正位	端部	底面	
43	下石原遺跡（2次）	東京都調布市	SK13	230	―	加B1古	鉢	13.5	5.9	横位	端部	やや上	大形破片
			SK23	200	63	堀2	深鉢	18.1	―	横位	端部	やや上	並列
						堀2	深鉢	14.6	9.0	横位	端部	やや上	
			SK46	―	124	堀2新	深鉢	12.2	12.9	横位	端部	やや上	入れ子
						堀2新	深鉢	9.3	7.4	横位	端部	やや上	
			SK49	180	110	堀2新	鉢	14.8	8.4	正位	中央	底面	
			SK60	214	78	堀2新	舟形	11.0	7.5	横位	端部	底面	両端／大形破片
						堀2新	浅鉢	19.5	8.8	逆位	端部	底面	
			SK66	276	90	堀2新	浅鉢	19.8	10.2	逆位	端部	覆土	大形破片
44	（13次）		SK01	198	108	堀2新	深鉢	11.6	12.3	横位	端部	底面	入れ子
						堀2新	深鉢	15.3	7.9	横位	端部	底面	
45	丸山A遺跡	東京都三鷹市	SK5	―	―	加B1新?	壺	10.8	10.3	―	―	―	詳細未報告
			SK6	―	―	加B1新	舟形	12.2	11.9	―	―	―	他に入れ子状の浅鉢2点の中に土製耳飾1対を入れた土坑がある
			SK12	―	―	加B1	鉢	12.5	9.0	―	―	―	
			SK13	―	―	加B1	椀	8.8	5.8	―	―	―	
			SK18	―	―	加B1	椀	10.0	6.8	―	―	―	
			SK19	―	―	加B1	浅鉢	(19.0)	8.1	―	―	―	
46	坏上遺跡	東京都狛江市	土壙	156	68	堀2古	深鉢	16.5	15.3	横位	端部	底面	
47	久原小学校内遺跡	東京都大田区	J13号土坑	150	63	堀1新	注口	14.0	9.6	横位	端部	やや上	
			J14号土坑	135	57	堀1新	鉢	10.1	7.5	横位	端部	やや上	
48	東山遺跡（J地点）	東京都目黒区	3号土坑	―	―	加B2後	注口	12.3	10.5	正位	中央	底面	算盤玉土器片
49	（K地点）		1号土坑	90	60	堀2古	鉢	16.0	14.4	正位	端部	やや上	石鏃
50	（L地点）		1号土坑	(150)	(90)	加B1新	舟形	11.5	10.0	正位	端部	やや上	
51	諏訪山遺跡（第9次）	東京都世田谷区		90	54	堀2	注口	18.0	21.0	横位	端部	底面	
52	（第20次）		90号住居址覆土	―	―	堀2中	深鉢	13.5	14.1	―	―	覆土	上部削平
53	四谷一丁目遺跡	東京都新宿区	008-53	(200)	―	堀2新	注口	20.4	13.2	正位	中央	覆土	大形破片
54	神明遺跡	埼玉県さいたま市	61号土壙	120	114	堀2中	注口	12.4	17.6	横位	端部	覆土	並列
			172号土壙	138	60	堀2古	深鉢	20.4	13.6	正位	端部	覆土	

第5章 土器副葬と土器被覆葬

第14表 土器副葬事例一覧表（4）

番号	遺跡名	所在地	遺構名	墓坑長軸	墓坑短軸	時期	形式	最大径	器高	姿勢	位置	層位	備考・共伴遺物
			178号土壙	—	90	堀2古	深鉢	15.6	20.4	横位	側壁	底面	並列
						堀2古	浅鉢	19.2	10.2	横位	側壁	底面	
						堀2古	壺？	12.0	(9.6)	正位	側壁	底面	
			250号土壙	90	72	堀2中	深鉢	14.4	18.0	横位	端部	底面	
55	南方遺跡(第7次)	埼玉県さいたま市	第11号土坑	208	152	加B1中	鉢	24.0	9.4	横位	中央	覆土	
56	大谷口向原南遺跡(第1次)	埼玉県さいたま市	第4区24号土壙	160	—	堀2古	注口	18.0	17.1				
							深鉢	15.6	15.3	横位	端部	底面	
57	高井東遺跡(第3次)	埼玉県桶川市	第77号土壙	192	87	堀1	注口	16.2	10.5	正位	側壁	底面	
58	入波沢西遺跡	埼玉県秩父市	1号土壙	84	63	堀2新	深鉢	16.0	18.4	横位	側壁	底面	
59	姥山貝塚(M地点)	千葉県市川市	—	—	—	堀2新	舟形	21.8	10.5	—	—	—	墓域出土とされるが、位置関係等詳細不明
			—	—	—	加B1	注口	11.2	18.1	—	—	—	
			—	—	—	加B2前	椀	15.0	9.9	—	—	—	
			—	—	—	加B1新	鉢	13.6	10.1	—	—	—	
			—	—	—	安行？	浅鉢	19.0	7.0	—	—	—	
60	潤井戸鎌之助遺跡	千葉県市原市	37号遺構	—	—	堀1新	注口	—	—	横位	壁側	やや上	人骨2体、詳細未報告
61	井野長割遺跡(第8次)	千葉県佐倉市	23号土坑	86	74	曽谷	丸底鉢	21.6	8.8	正位	側壁	底面	
62	小菅法華塚Ⅱ遺跡B地点	千葉県成田市	4号土坑	116	72	堀1	注口	15.0	13.5	—	—	覆土	遺存状況不良
63	元島名遺跡	群馬県高崎市	A号土坑	207	96	堀2古	深鉢	12.2	14.6	横位	端部	底面	
64	三原田遺跡	群馬県渋川市	3-P22-Dpit	104	90	堀2	注口	15.6	15.0	正位	壁際	底面	
			3-V21-Apit	90	85	称Ⅰ	深鉢	21.3	—	正位	中央	覆土	打製石斧
						称Ⅰ	深鉢	15.6	19.8	横位	中央	覆土	
						三十稲場	深鉢	17.4	—	横位	中央	覆土	
			3-V22-Apit	148	136	堀1	深鉢	18.6	(22.2)	—	壁際	覆土	
65	浅田遺跡	群馬県渋川市	—	—	—	堀2新	注口	—	—	—	—	—	詳細未報告
66	陣場遺跡	群馬県富士見村	11号土坑	—	—	堀1	注口	—	21.1	散在	中央	覆土	
67	三和工業団地Ⅱ遺跡	群馬県伊勢崎市	J850号土坑	88	88	堀2新	注口	22.0	14.0	—	中央	—	
68	多名遺跡	群馬県伊勢崎市	29号土坑	—	(180)	堀2中	深鉢	9.8	9.6	—	壁際	—	
69	阿左美遺跡(6次)	群馬県みどり市	327号土坑	—	—	堀2新	深鉢	—	—	横位	中央	底面	並列
						堀2新	注口	—	13.6	横位	中央	底面	
70	阿左美遺跡(8次)		7号土坑	—	—	堀2新	注口	—	13.0	横位	端部	底面	
71	坂詰遺跡	群馬県富岡市	35号土坑	(120)	(80)	堀2中	注口	19.6	17.6	横位	中央	やや上	深鉢片の上、有脚石皿・磨石・石錐・焼礫
72	中島Ⅰ・Ⅱ遺跡	群馬県安中市	D-185号土坑	96	72	堀2古	注口	11.6	(10.4)	—	—	—	
			D-187号土坑	120	104	堀2中	深鉢	19.6	16.6	—	—	—	凹石・磨石
			D-270号土坑	192	160	称Ⅱ	深鉢*	15.6	18.0	横位	端部付近	—	深鉢は茂沢類型／スクレイパー
73	横壁中村遺跡	群馬県長野原町	18区212号土坑	132	48	堀1	深鉢	24.8	19.2	正位	端部	やや上	小仙塚類型
			18区213号土坑	160	40	堀1	深鉢	16.0	17.2	横位	端部	やや上	小仙塚類型、土器被覆葬を伴う
74	深沢遺跡	群馬県みなかみ町	C区中央土坑	71	56	加B1中	鉢	11.1	6.1	逆位	端部	底面	並列／土器被覆葬
						加B1中	壺	9.5	9.0	正位	端部	底面	
			D区16号土坑	90	150	加B2	双口注口	21.3	12.0	逆位	中央	上層	打製石斧・算盤玉形土器片
75	滝沢遺跡	長野県御代田町	D-58号土坑	—	—	堀1中	深鉢	12.4	13.6	横位	—	—	ヒスイ製垂飾
76	石神遺跡	長野県小諸市	SX15	152	(90)	堀1新	舟形	15.6	7.2	—	中央	覆土	
77	東畑遺跡	長野県筑北村	SK176	126	69	堀1古	—	—	11.9	逆位	中央	底面	土器被覆葬
78	小段遺跡	長野県塩尻市	15号小竪穴	150	108	堀2	注口	(22.0)	—	横位	端部	底面	
79	梨久保遺跡	長野県岡谷市	H地点809P	—	—	加B1新	鉢	14.6	18.0	盤全	—	—	
80	花上寺遺跡	長野県岡谷市	K183	48	42	堀2古	注口	11.8	16.0	正位	中央	やや上	土器被覆葬
81	北村遺跡	長野県安曇野市	SH1048	66	40	堀2中	深鉢	14.8	12.4	—	—	底面	

例を集成した［第14表］。以下、項目ごとに分析結果を示す。なお、時期については適宜まとめた。

3．土器副葬の分析

（1）分布と時期的変化

　まず、墓坑数について時期別・地域別の傾向をみていきたい［第15表］。分布については神奈川県・東京都を中心とし、埼玉県、千葉県、群馬県、長野県、静岡県に広がる。また、時期的には称名寺式期から安行式期まで継続的に認められるが、堀之内2式期新段階〜加曽利B1式期の事例が際立って多い。なお、正式報告が未刊であったり、細別時期の判別が困難なものもあるため、第15表では大まかな時期を示すに留めた[82]。おおむね第15表と同じ動向を示すが土器の個体数も集計しておく［第

---

82) 正式報告の刊行されていないものについては、公表されている遺跡数・土坑数の上限を集計した。

第15表　土器副葬の事例数（土坑数）

	神奈川県	東京都	埼玉県	群馬県	長野県	山梨県	千葉県	静岡県	総計
称名寺式期	1	1		2					4
堀之内1式期	5	2	1	5	2		2		17
堀之内2式古・中段階	11	4	5	5	3				28
堀之内2式新段階	17	7	1	4		1	1		31
加曽利B1式期	49	38	1	1	2	1	2	1	95
加曽利B2式期	6	8		1			1	1	17
加曽利B3式〜曽谷式期		4					1		5
安行式期	2						1		3
総計	92	65	8	18	7	2	8	2	202

※総計には堀之内式期の神奈川県の1例、時期不明の東京都の1例を含む。

第16表　土器副葬の事例数（土器個数）

	神奈川県	東京都	埼玉県	群馬県	山梨県	長野県	千葉県	静岡県	総計
称名寺式期	1	1		4					6
堀之内1式期	6	2	1	5		2	2		18
堀之内2式古・中段階	15	6	9	5		3			38
堀之内2式新段階	20	11	1	5	2		1		40
加曽利B1式期	60	54	1	2	1	2	2	1	123
加曽利B2式期	6	9		1			1	1	18
加曽利B3式〜曽谷式期		4					1		5
安行式期	2						1		3
総計	111	88	12	22	3	7	8	2	253

※総計には堀之内式期の神奈川県の1例、時期不明の東京都の1例を含む。

第17表　副葬に用いられる土器形式（土器個数）

	深鉢	浅鉢	注口	鉢・椀	舟形	丸底鉢	台付鉢	壺	総計
称名寺式期	5			1					6
堀之内1式期	8		10						18
堀之内2式古・中段階	18	2	13	4				1	38
堀之内2式新段階	7	6	10	10	2			5	40
加曽利B1式期	10		5	68	26			7	123
加曽利B2式期	2	1	3	4		5	2		18
加曽利B3式〜曽谷式期			3			1	1		5
安行式期	1	1	1						3
総計	51	17	46	88	28	6	3	14	253

※総計には堀之内式期の鉢1例、時期不明の注口土器1例を含む。

16表］。

　時期毎に分布の変化を追うと、まず称名寺式期では事例数自体が少ないものの、東京都・神奈川県と群馬県に分布が認められる。称名寺Ⅰ式の事例4基はいずれも、その後半段階（鈴木徳雄の「称名寺式中位の部分」に相当；鈴木1990）に属する。称名寺Ⅱ式期とした中島Ⅰ・Ⅱ遺跡の"茂沢類型"は堀之内1式期直前に位置づけられている（鈴木徳1999）。

　堀之内1式期では古段階に属するのは長野県の東畑遺跡のみであり、多くは中段階〜新段階の所産である。それらの内訳をみると、神奈川県・群馬県各5基、東京都・長野県・千葉県各2基、埼玉県1基であり、関東西部や中部高地に幅広く分布するようになるが、1遺跡あたりの事例は少ない。

　堀之内2式古段階には神奈川県・埼玉県3基、東京都・群馬県各2基、長野県1基で、中段階では神奈川県3基、埼玉県・群馬県各2基、東京都・長野県各1基と、堀之内1式期の広範囲での分布を引き継いでいる。このほか、詳細時期が判断できなかった事例が神奈川県5基、東京都・群馬県・長野県各1基あり、神奈川県・東京都の例はいずれもその東部に集中していて、この辺りに分布の中心があることを示している。

　堀之内2式新段階には、神奈川県17基、東京都7基、群馬県4基、山梨県・埼玉県・千葉県各1基と、関東西南部での増加と、その他の地域での減少が対照的である。加曽利B1式期には神奈川県49基、東京都38基、千葉県・長野県各2基、埼玉県・群馬県・静岡県・山梨県各1基と、前時期の傾向を引き継ぐ。細別時期の判明するものをあげると、古段階は神奈川県7基、東京都3基、中段階

第5章　土器副葬と土器被覆葬

は神奈川県17基、東京都11基、埼玉県・静岡県・群馬県・山梨県・長野県各1基、新段階は神奈川県13基、東京都11基、千葉県・長野県各1基で、このほかに野津田上の原遺跡の無文の事例8基分を東京都に加えると、分布の中心が神奈川県から東京都へと移動することがわかる。1遺跡1基の遺跡も少なくないが、一方で十数基の事例を持つ遺跡も認められるようになる。この他、群馬県西部を中心とした一帯をはじめ、周辺地域でも僅かに事例が存在するが西南関東ほどの集中性はみられない。

　加曽利B2式期には17基とやや減少するものの、東京都8基、神奈川県6基、千葉県・群馬県・静岡県各1基と分布は前時期に引き続き関東西南部（特に東京都）に中心がある。その後、加曽利B3式期以降は、事例数は少ないものの、分布範囲はそれまで殆ど認められなかった関東東部にも広がり、晩期へと引き続いていく[83]。

（2）副葬された土器

　副葬された土器について、形式の特徴を検討する。深鉢、浅鉢、注口土器、鉢・椀類、舟形土器、丸底鉢、台付鉢、壺の8種に分類した［第17表］。

称名寺式期～堀之内1式期

　称名寺式期では深鉢（および同系の鉢）のみである。山田大塚遺跡［第55図1］、中高瀬遺跡［同2］の事例は称名寺Ⅰ式、三原田遺跡［同4］では称名寺Ⅰ式と三十稲場式、称名寺Ⅱ式期の中島Ⅰ・Ⅱ遺跡では"茂沢類型"（鈴木德1999）に属する[84]［同3］。このうち、三原田遺跡3-V12-Apitでは、3個体の深鉢が出土しているが、磨消縄文を伴う称名寺Ⅰ式、磨消縄文を伴わないが文様モチーフは同様の深鉢、刺突文で特徴付けられる三十稲場式と、装飾の上で差を有しており、山口逸弘（1999）が中期の事例で指摘した土坑内異系統土器共存事例と現象的に類似する。

　堀之内1式期には注口土器10個、深鉢8個と、注口土器が深鉢をやや上回りつつ、使用される形式が2分される。深鉢では、古段階の東畑遺跡において土器被覆葬と複合する無文の事例があるが、中段階以降には、小丸遺跡、滝沢遺跡などで"堀之内類型"（鈴木德1999）が顕著に認められ［同6・8］、関東西部で多く認められる"下北原類型"や"小仙塚類型群"は用いられない。岡上丸山遺跡J5号竪穴住居址床下土壙［第56図1］では、"小仙塚類型群"の土器被覆とともに、注口土器が副葬されている。この他に、無文の深鉢を用いる例が若干存在する。注口土器の器形はほぼ同一の"蕃神台類型"（鈴木1992）であるが、文様には微隆起線文、磨消縄文帯、無文などの多様性があり、墓坑出土例としての特徴は認められない。なお、小菅法華塚遺跡例［同5］はやや異なった形態である。また、複数土器の共伴例は小丸遺跡96号土壙［第55図6］で深鉢と注口土器の例があるのみである。

堀之内2式古段階～中段階

　前時期に引き続き、主に深鉢（18個）と注口土器（13個）が用いられ、深鉢がやや多い。原出口遺跡60号土壙［第57図1］、神明遺跡172号土壙［第56図7］などで深鉢と注口土器がセットで、篠原大原北遺跡5号土壙で深鉢・浅鉢・注口土器がセットで出土している。この時期の深鉢は殆どが"堀之内類型"の系統下にあり広域に分布する朝顔形の精製深鉢であるが、篠原大原北例は"小仙塚

---

83) 阿部友寿（1998・2003）の検討の通り後期後半期の様相は晩期まで引き続くものと考える。
84) 今回副葬土器とは認定しなかったが、滝沢遺跡の二次葬施設と推定されているJ-3竪穴遺構の配石内部からも"茂沢類型"が出土している。

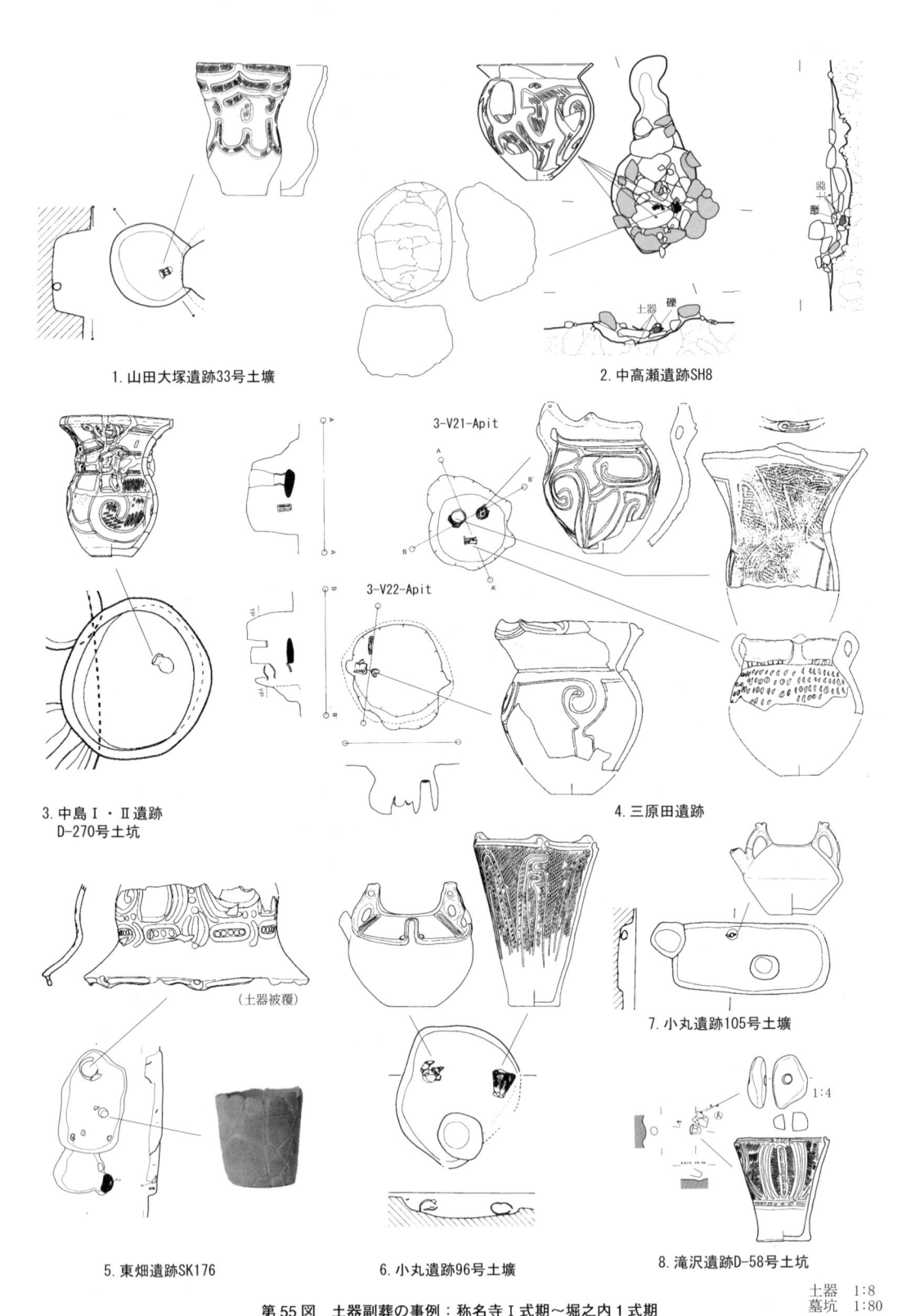

1. 山田大塚遺跡33号土壙
2. 中高瀬遺跡SH8
3. 中島Ⅰ・Ⅱ遺跡 D-270号土坑
4. 三原田遺跡
5. 東畑遺跡SK176
6. 小丸遺跡96号土壙
7. 小丸遺跡105号土壙
8. 滝沢遺跡D-58号土坑

第55図　土器副葬の事例：称名寺Ⅰ式期〜堀之内1式期

土器　1:8
墓坑　1:80

— 170 —

第5章 土器副葬と土器被覆葬

1. 岡上丸山遺跡 J5号竪穴住居址床下土壙
2. 久原小学校内遺跡
3. 高井東遺跡（第3次調査）第77号土坑
4. 喜多町遺跡29号土坑
5. 小菅法華塚Ⅱ遺跡4号土坑
6. 篠原大原北遺跡5号土坑
7. 神明遺跡

第56図　土器副葬の事例：堀之内1式期～2式期

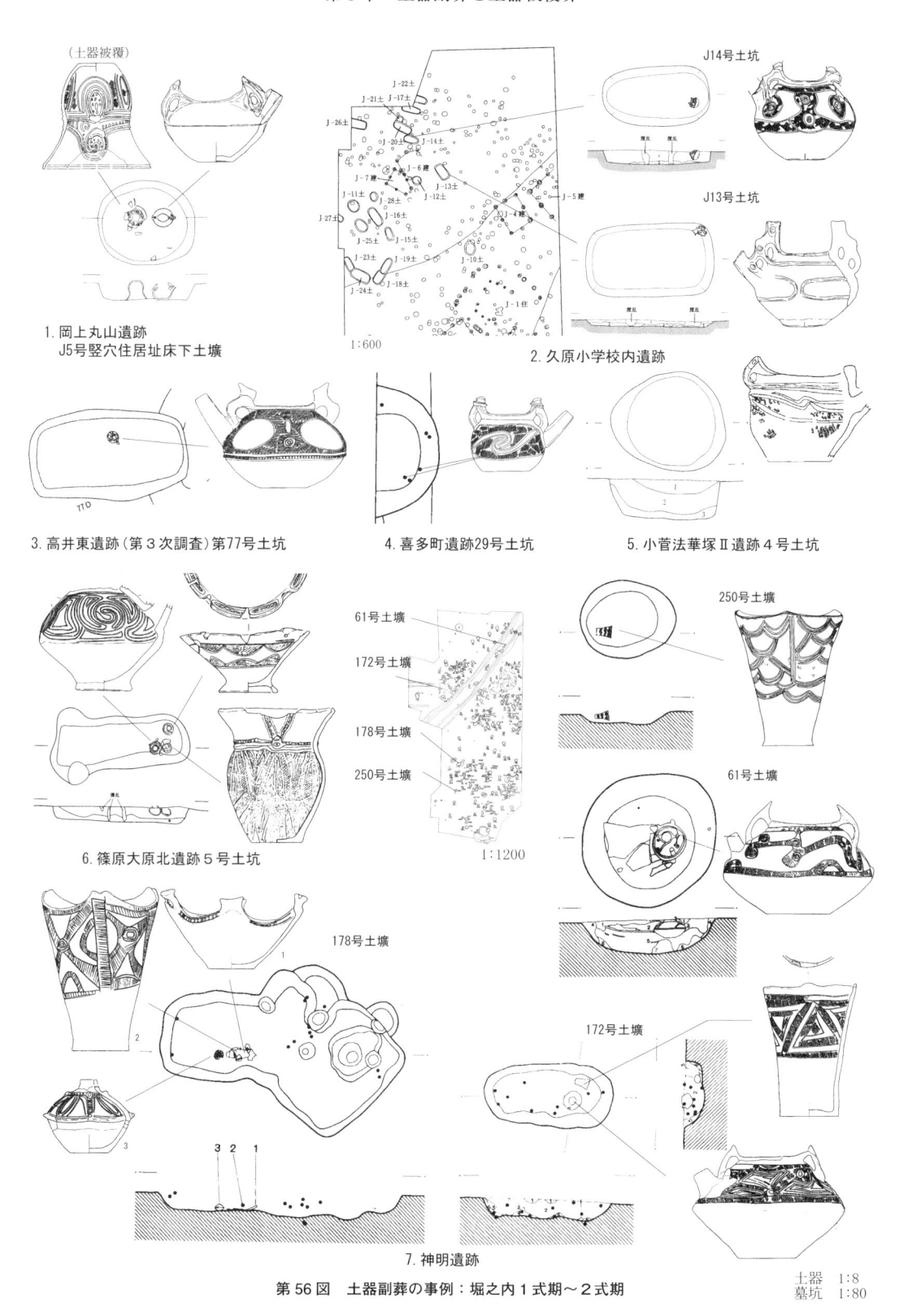

土器　1:8
墓坑　1:80

― 171 ―

1. 原出口遺跡60号土壙
2. 元島名遺跡A号土坑
3. 西ノ谷貝塚
4. 原出口遺跡第42号土壙
5. 圦上遺跡土壙
6. 東山遺跡K地点1号土坑
7. 坂詰遺跡35号土坑
8. 北村遺跡SH1048
9. 三原田遺跡
10. 中島Ⅰ・Ⅱ遺跡
11. 大谷口向原南遺跡第4区第24号土壙

第57図　土器副葬の事例：堀之内2式期

土器　1：8
墓坑　1：80

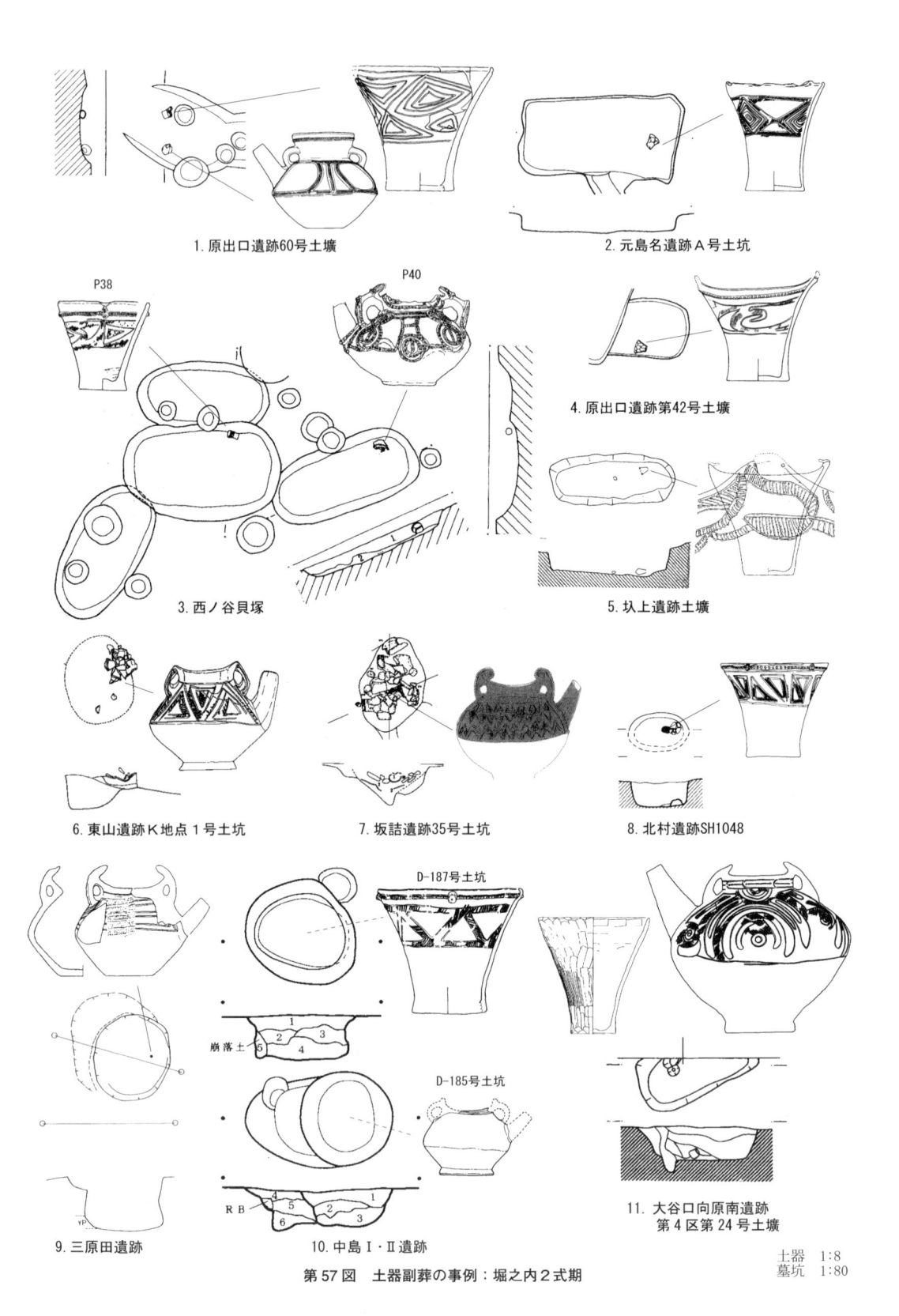

第 5 章　土器副葬と土器被覆葬

類型群"である。該期に発達した粗製土器が認められないことは土器片被覆葬との大きな違いでもある。

　この他、古段階に属する神明遺跡178号土壙で深鉢・浅鉢・壺の3者が出土している［第56図7］。この浅鉢は土器被覆葬に用いられるものと同じ型式であるが、その型式の中では明らかに小形品である。壺は胴部の上下がしっかりと接合しないもので"切断蓋付土器"と報告されており、観察の結果赤彩の痕跡が認められた。

堀之内2式新段階～加曽利B1式期

　形式のバリエーションが増加する。堀之内2式新段階では、注口土器10個、鉢・椀類10個、深鉢7個、浅鉢6個、壺5個、舟形土器2個と、新たな形式である鉢・椀類が約半数を占めるようになる。加曽利B1式期になると鉢・椀類68個、舟形土器26個、深鉢10個、壺・浅鉢各7個、注口土器5個と、注口土器・浅鉢の割合が減り、鉢と舟形土器の割合が増加する。大まかな傾向として、深鉢・浅鉢・注口土器を中心としたものから、壺を伴うようになり（以上、堀之内2式新段階～加曽利B1式中段階）、やがて鉢・椀類や平底の舟形土器を中心とする様相（加曽利B1式中段階～新段階）へと変化している。こうした変化は、複数個体の共伴例の動向に顕著である［第18表］。

　深鉢と注口土器の共伴例は前時期に引き継いで認められており、寺改戸遺跡9号土壙では、深鉢が口縁部を注口土器の注口部に向けて横位で出土しており［第64図4］、両者の密接なセット関係を裏付けるものとなっている。このセット関係は阿左美遺跡6次327号土坑［第64図5］でも知られている。

　注口土器は、堀之内2式新段階では阿左美遺跡の2例と、入波沢西遺跡例［同3］の関東北西部の事例が有頸・算盤玉形の"福田類型"（秋田1999a）に属するもので、関東西南部の4例（池端・金山遺跡［第60図1］、東大竹・山王塚遺跡［同2］、寺改戸遺跡［第64図4］、四谷一丁目遺跡［第47図1］）は無頸・球胴形で、多条沈線やS字状連鎖状文など"石神類型"（秋田1997a）に特有の文様を有する"椎塚類型"である。加曽利B1式期の注口土器は基本的に"椎塚類型"の系譜を引く。

　金子台遺跡［第58図2］や寺改戸遺跡［第64図4］、下石原遺跡［同5］など、堀之内2式新段階から続く遺跡では深鉢・注口土器・浅鉢が多く基本的には前時期の様相が続く。浅鉢が一定数用いられるのは堀之内2式新段階と後述する加曽利B2式の無文のもののみである。この段階のものは土器被覆葬で用いられるものと同様内面に装飾を施すものであるが、やはり小形品である。

　また、金子台遺跡［第58図2］、石神台遺跡［同3］、下谷戸遺跡［第59図］、小丸遺跡［第62図］、下石原遺跡［第64図5］などでは小形の壺が出土している。有頸と無頸の型式があるが、同じく"石神類型"文様を有するものであり、曲線状充填縄文も特徴的である。金子台遺跡や下石原遺跡では堀之内2式新段階の浅鉢と共伴している。これに後続するものとして、上土棚南遺跡例［第60図4］や図示していないが寺山遺跡に類例がある[85]。

　多数の出土例がある鉢・椀類および平底の舟形土器は相対的にこれらより遅れて中段階～新段階に用いられたものだが、堀之内2式新段階には既に鉢が多く用いられている。岡上丸山遺跡第1号土壙墓［第64図1］など無文のものが多い。加曽利B1式期の三の丸遺跡［第61図上］B153号土壙、

---

85) 王子ノ台遺跡西区4号墓坑出土の2個の壺や、丸山A遺跡出土の壺はこれらと異なり、無文の事例である。両者とも正式報告書が未刊のためその検討は今後に委ねる。これらは、東海大学校地内遺跡調査団・三鷹市遺跡調査会・三鷹市教育委員会のご配慮で実見・公表の許可を得た。

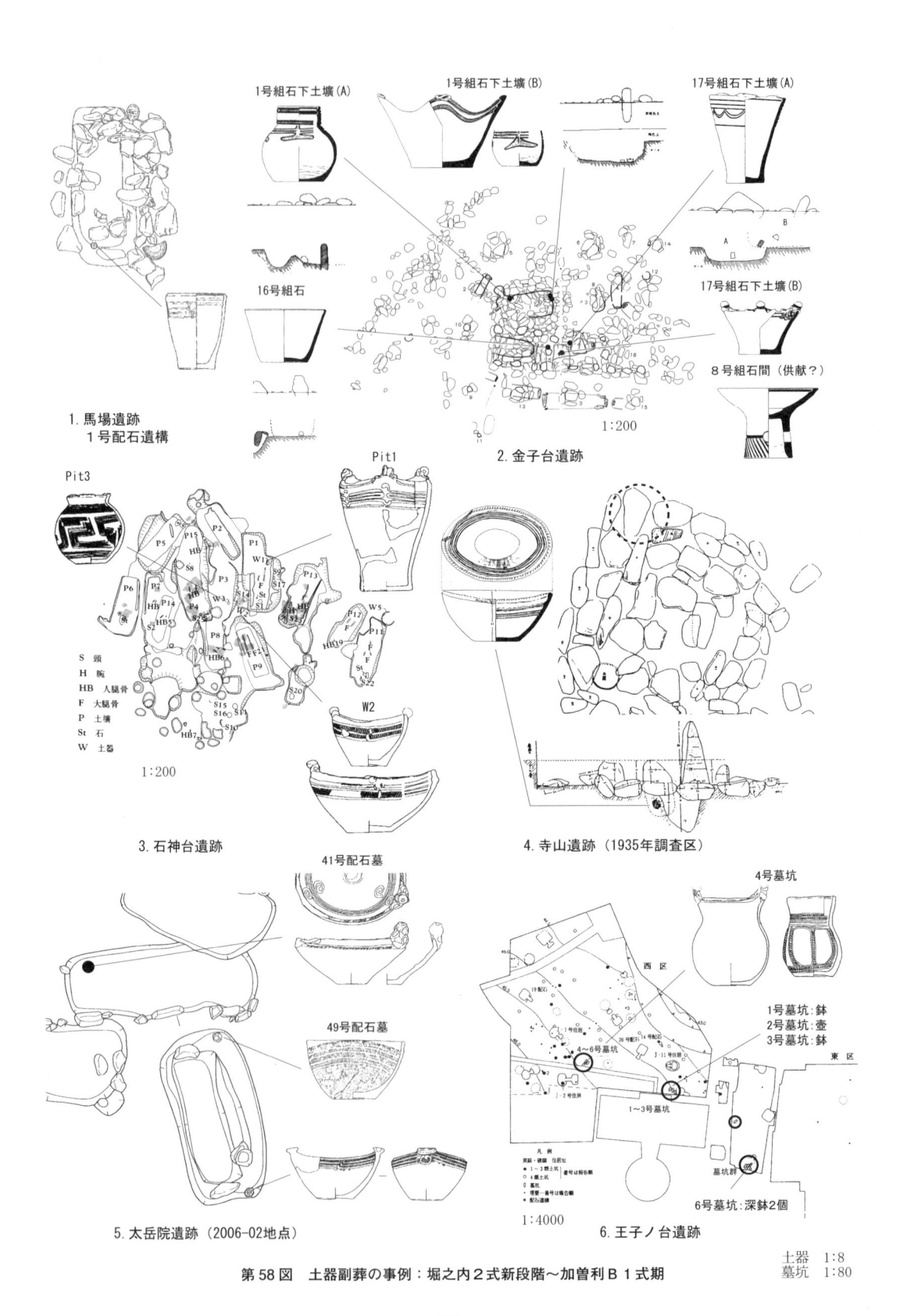

1号組石下土壙(A) 1号組石下土壙(B) 17号組石下土壙(A)

16号組石 17号組石下土壙(B)

8号組石間(供献？)

1. 馬場遺跡
   1号配石遺構

2. 金子台遺跡 1:200

Pit3 Pit1

S 頭
H 腕
HB 大腿骨
F 大腿骨
P 土壙
St 石
W 土器

1:200

3. 石神台遺跡

4. 寺山遺跡（1935年調査区）

41号配石墓

49号配石墓

4号墓坑

1号墓坑：鉢
2号墓坑：壺
3号墓坑：鉢

1～3号墓坑

6号墓坑：深鉢2個

5. 太岳院遺跡（2006-02地点）

1:4000

6. 王子ノ台遺跡

土器 1:8
墓坑 1:80

第58図　土器副葬の事例：堀之内2式新段階～加曽利B1式期

第5章 土器副葬と土器被覆葬

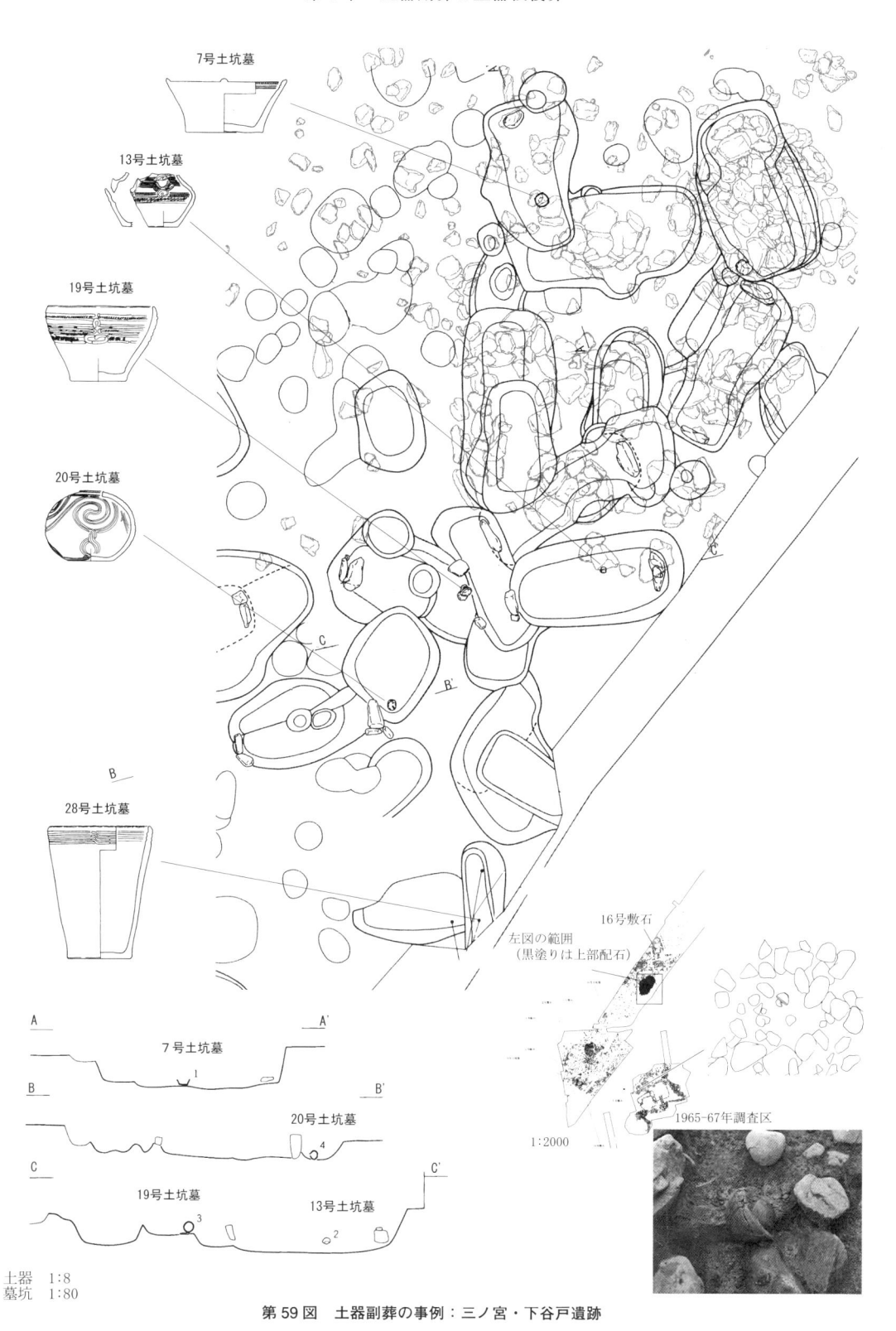

第59図 土器副葬の事例：三ノ宮・下谷戸遺跡

1. 池端・金山遺跡

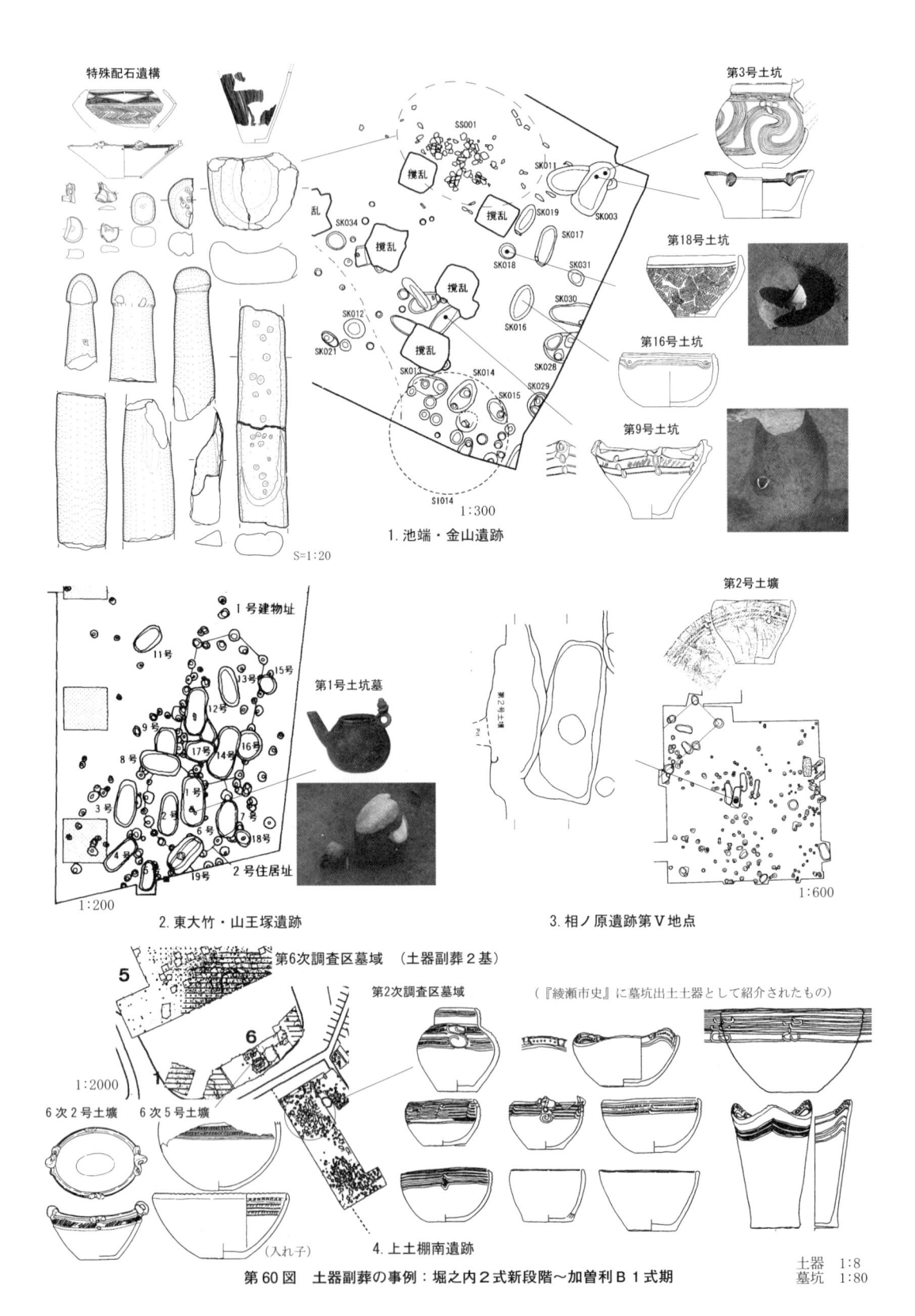

2. 東大竹・山王塚遺跡

3. 相ノ原遺跡第Ⅴ地点

4. 上土棚南遺跡

第60図　土器副葬の事例：堀之内2式新段階〜加曽利B1式期

土器　1:8
墓坑　1:80

第5章　土器副葬と土器被覆葬

遺跡　1:2000
墓坑　1:80
土器　縮尺不同

土器　1:8
墓域　1:600

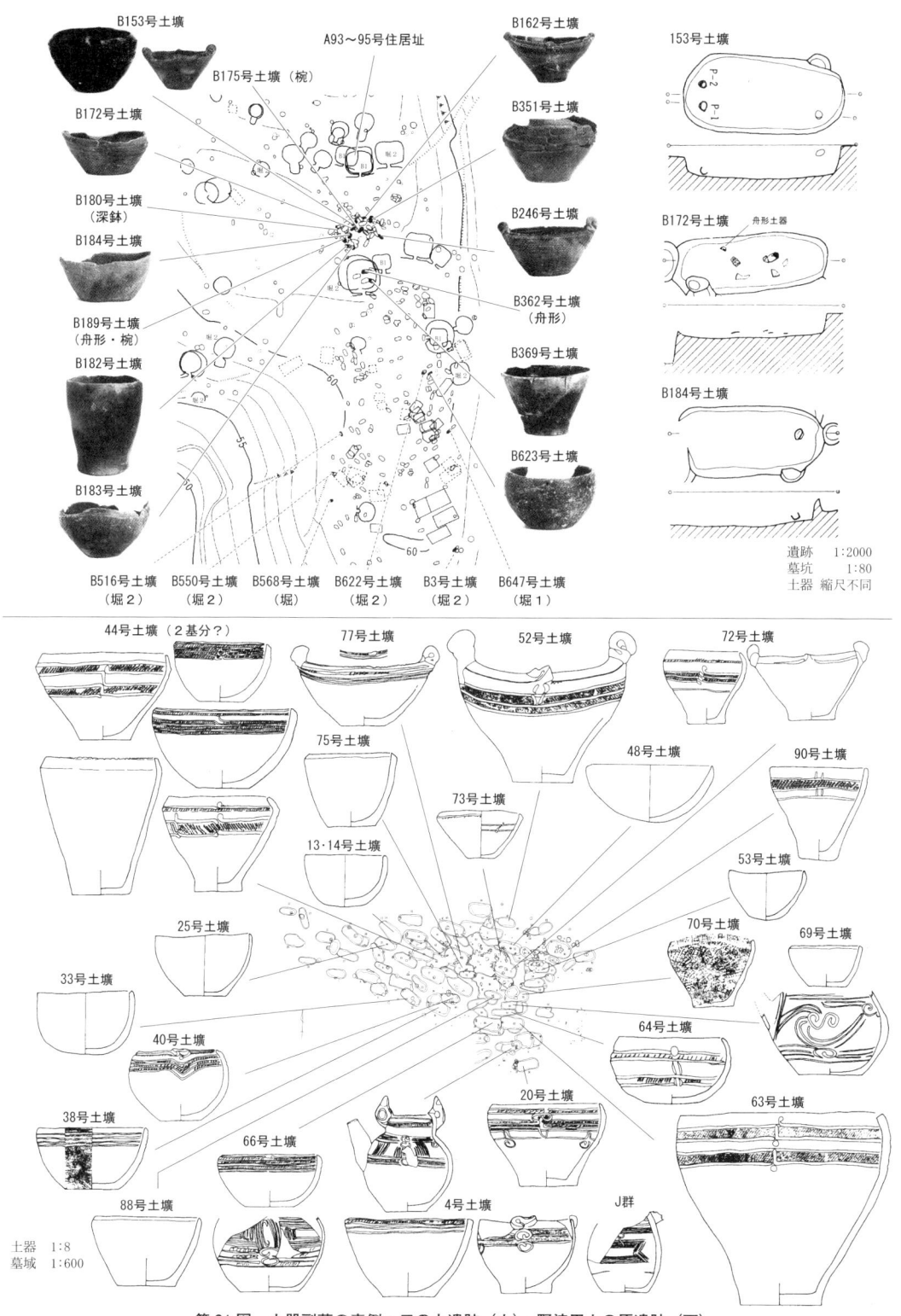

第61図　土器副葬の事例：三の丸遺跡（上）・野津田上の原遺跡（下）

— 177 —

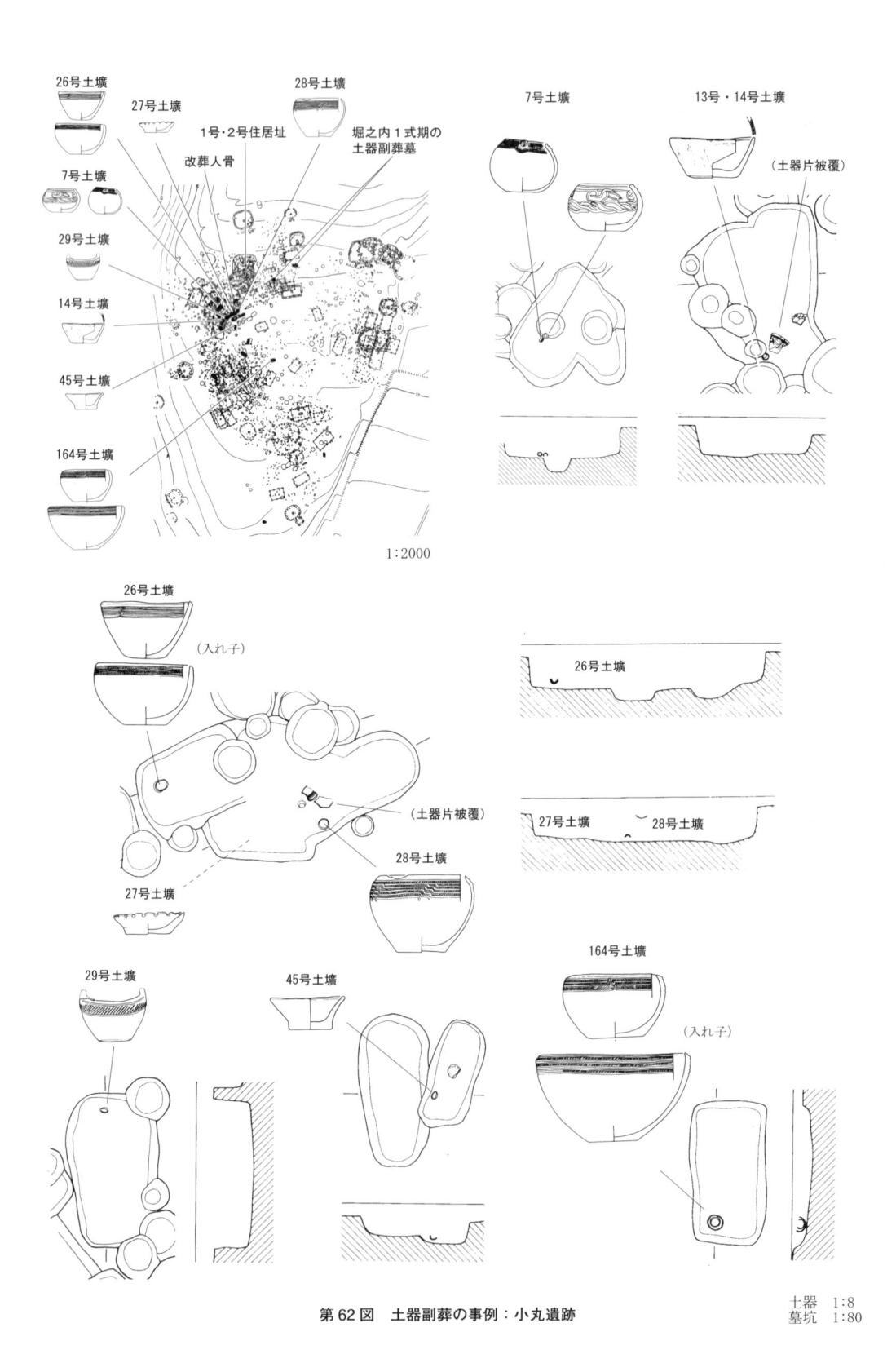

第62図　土器副葬の事例：小丸遺跡

土器　1:8
墓坑　1:80

第5章 土器副葬と土器被覆葬

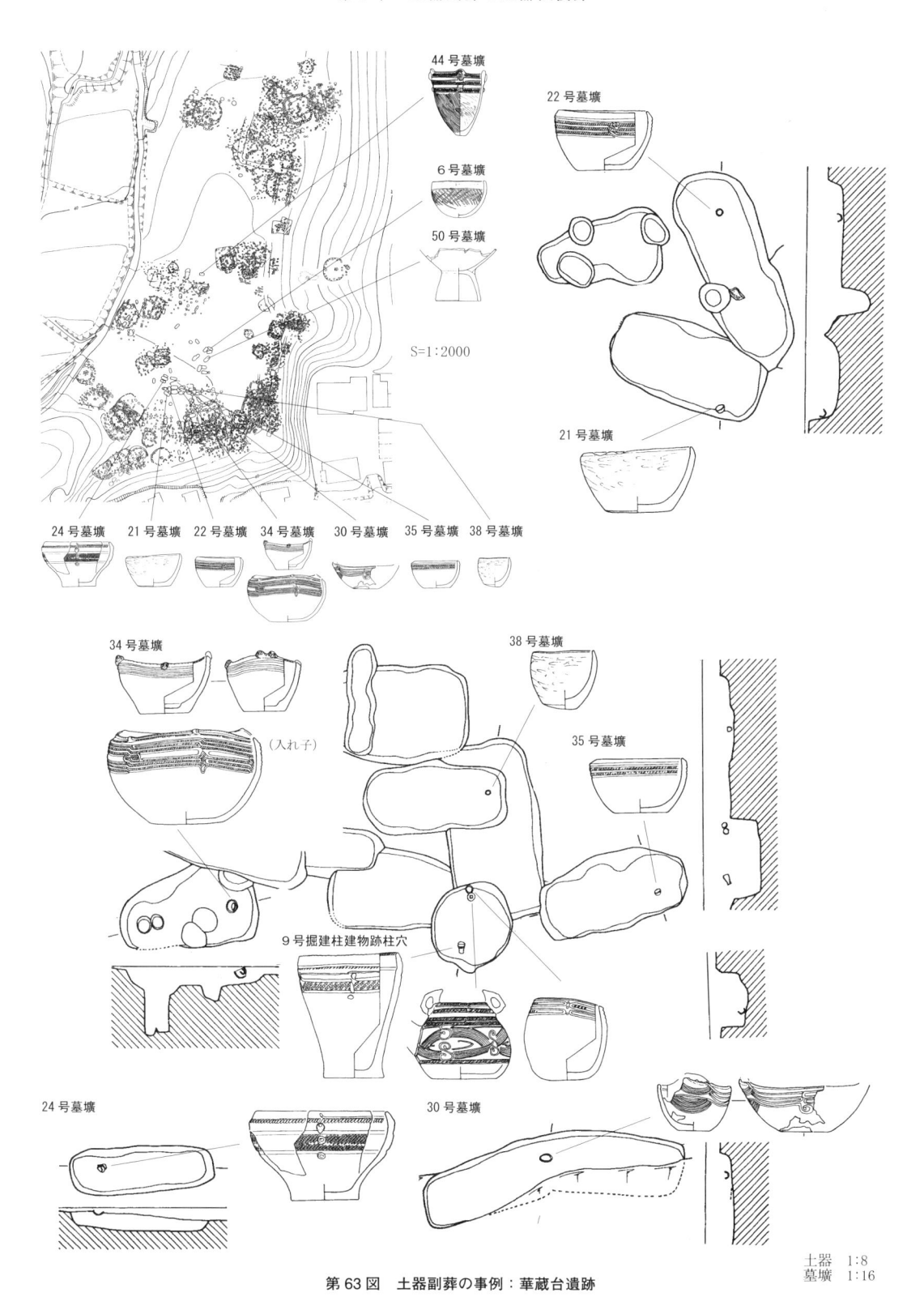

第63図 土器副葬の事例：華蔵台遺跡

土器 1:8
墓壙 1:16

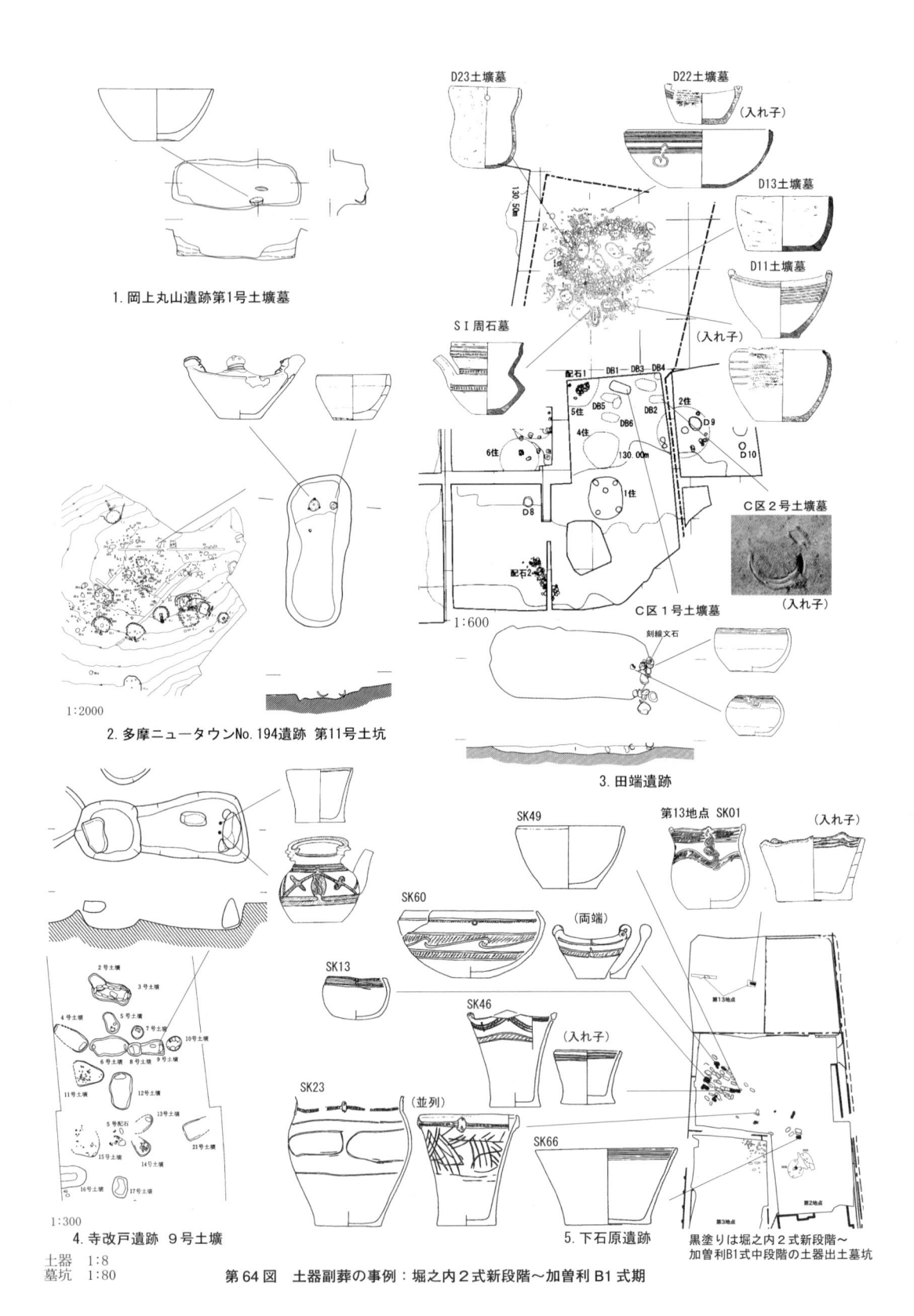

1. 岡上丸山遺跡第1号土壙墓

2. 多摩ニュータウンNo.194遺跡 第11号土坑

3. 田端遺跡

4. 寺改戸遺跡 9号土壙

5. 下石原遺跡

土器 1：8
墓坑 1：80

黒塗りは堀之内2式新段階～
加曽利B1式中段階の土器出土墓坑

第64図 土器副葬の事例：堀之内2式新段階～加曽利B1式期

第5章 土器副葬と土器被覆葬

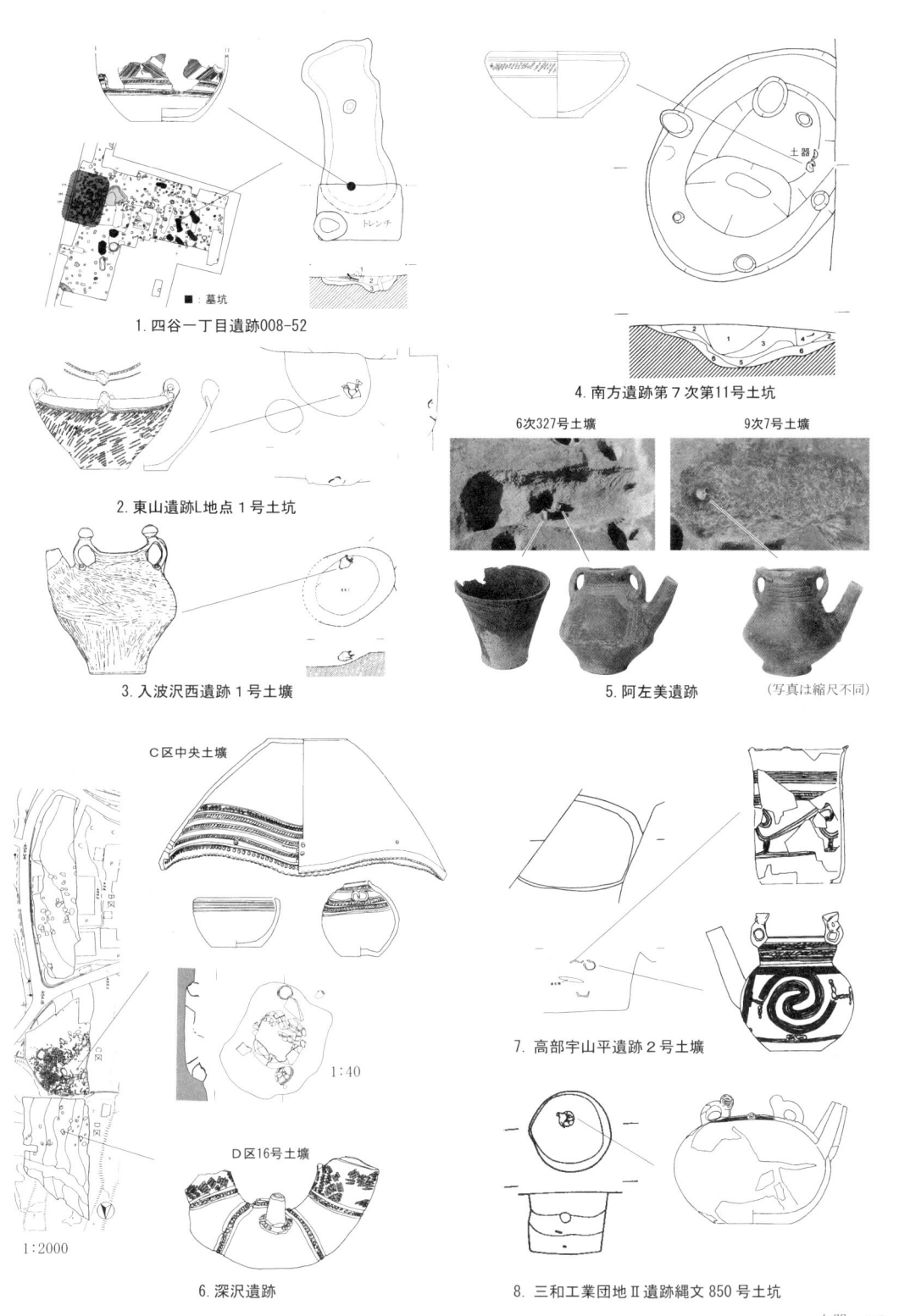

1. 四谷一丁目遺跡008-52
2. 東山遺跡L地点1号土坑
3. 入波沢西遺跡1号土壙
4. 南方遺跡第7次第11号土坑
5. 阿左美遺跡　（写真は縮尺不同）
6. 深沢遺跡
7. 高部宇山平遺跡2号土壙
8. 三和工業団地Ⅱ遺跡縄文850号土坑

第65図　土器副葬の事例：堀之内2式新段階〜加曽利B1式期

土器　1:8
墓坑　1:80

— 181 —

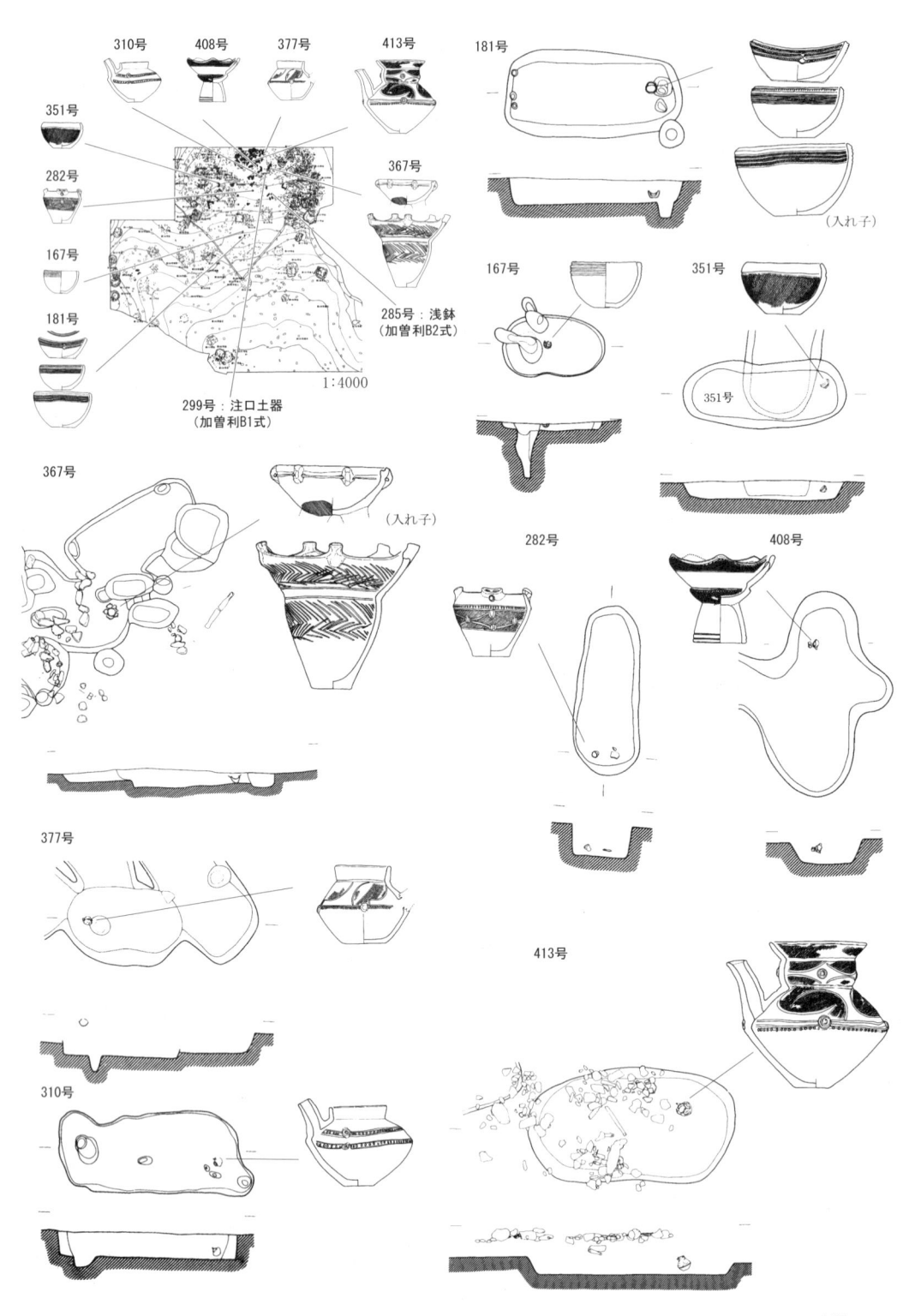

第 66 図　土器副葬の事例：なすな原遺跡

土器　1：8
墓坑　1：80

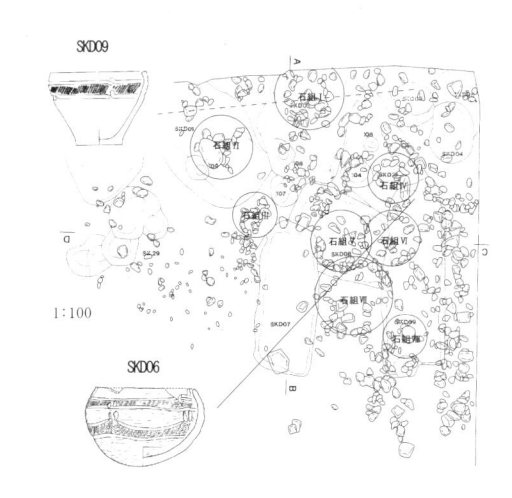

第5章 土器副葬と土器被覆葬

1. 石神台遺跡（1985・87年調査区）
2. 三ノ宮・前畑遺跡第4号配石土坑墓 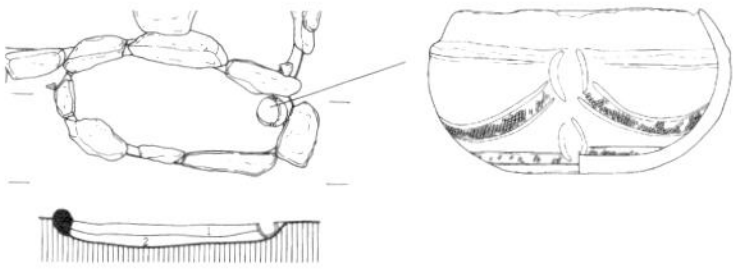
3. 篠原大原北遺跡 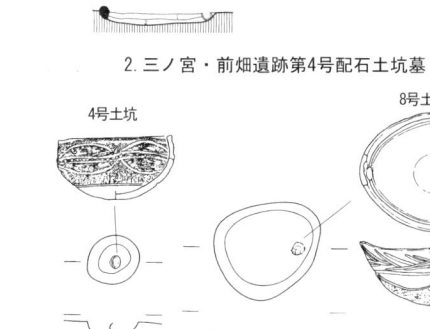 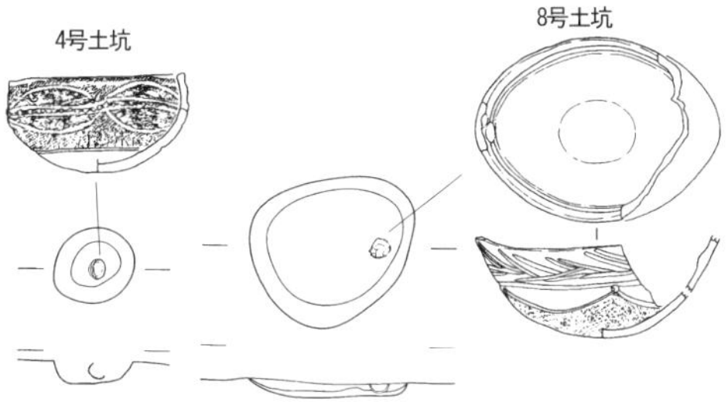
4. 太岳院遺跡（2006-02地点）29号配石墓 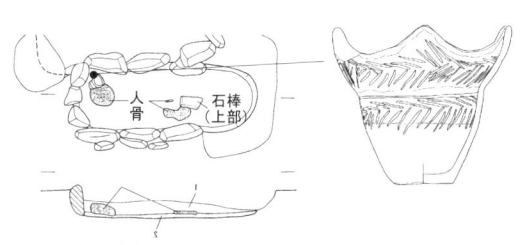
5. 五反畑遺跡第10号石棺墓 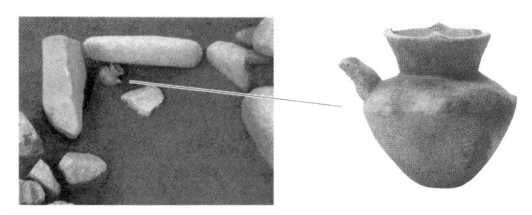
6. 井戸川遺跡J3号集石土壙墓 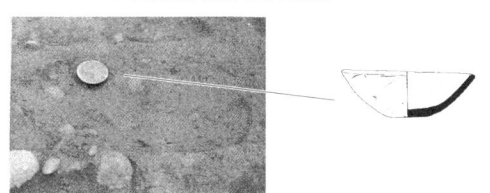
7. 華蔵台遺跡
8. 東山遺跡（J地点）1号土坑 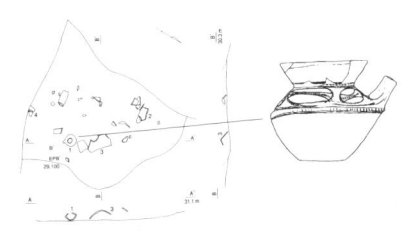
9. 井野長割遺跡（第8次）23号土坑 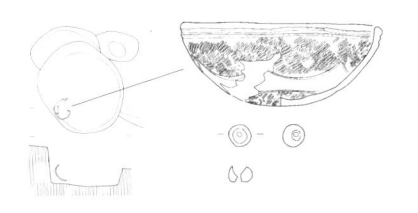

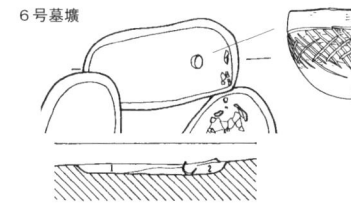

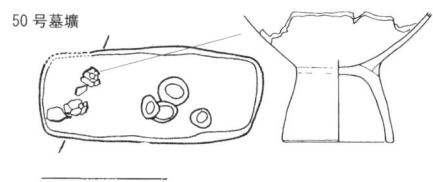

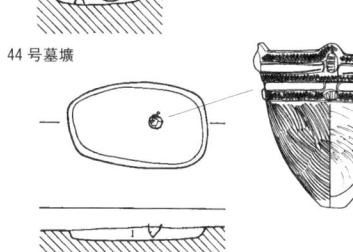

第67図　土器副葬の事例：加曽利B2式期以降

土器　1:8
墓坑　1:80

B189号土壙、野津田上の原遺跡［同下］66号土壙・69号土壙・72号土壙、田端遺跡［第64図3］D11土壙墓・D22土壙墓、なすな原遺跡181号土壙［第66図］などの複数個体副葬事例には鉢・椀類に注口土器や平底の舟形土器などの他の形式が加わる。太岳院遺跡（2006-02地点）49号配石墓では、墓坑両端から鉢・舟形土器の出土例がある［第58図5］。

　平底の舟形土器は堀之内2式新段階以降定着した土器形式であり、加曽利B1式期まではその大多数が西南関東に分布し、その半数が墓域からの出土という極めて特徴的な土器である（中村2005）[86]。単独出土や上記の鉢・椀類との共伴例のほか、下石原遺跡SK60［第64図5］で浅鉢との共伴例がある。

　上記の異形式間の共伴事例のほか、石神台遺跡［第58図3］W2[87]で舟形土器同士、小丸遺跡［第62図］7号土壙で壺同士、小丸遺跡26号土壙、田端遺跡C区［第63図3］で鉢同士、下石原遺跡［同5］で深鉢同士と、同じ形式同士の共伴例も目立つ。これらの間に極端な器形・装飾差は見られない。

　このほか、正確な時期は確定できないが、野津田上の原遺跡［第61図下］では無文の鉢・浅鉢が多数出土しており、加曽利B1式期～2式期と思われる。

加曽利B2式以降

　加曽利B2式期においては、石神台遺跡［第67図1］、三ノ宮・前畑遺跡［同2］、篠原大原北遺跡［同3］などで丸底鉢、田端遺跡で有孔壺や注口土器、なすな原遺跡［第66図］では台付鉢と斜線文の施された深鉢の共伴例や外面に縄文を施した鉢、東山遺跡J地点で注口土器［第66図8］と、使用される形式に特定の傾向は認められない。深沢遺跡D区では注口付双口土器の出土がある［第65図6］。

　加曽利B3式期～曽谷式併行期には、なすな原遺跡で注口土器を用いる例が3基あり、また井野長割遺跡で丸底鉢が蛇紋岩製の丸玉と共伴している［第67図9］。華蔵台遺跡では丸底鉢、台付鉢の事例がある［同7］。華蔵台遺跡では他に安行2式の深鉢［同7］、五反畑遺跡からは後期末～晩期初頭期の無文の注口土器が出土している［同5］。

（3）副葬土器の出土状況

　土器の扱われた方のパターンを把握するため、土器の姿勢・出土位置・複数土器副葬・副葬土器以外の出土品の各項目の検討を行う。

土器の姿勢

　時期と姿勢の判明する147個体について、正位・横位・逆位に分類した。称名寺式期は5個が横位で、正位が1個。堀之内1式期では横位8個、正位5個、逆位1個で横位が目立つ。これは堀之内2式期古段階～中段階でも同様で横位17個、正位10個、逆位1個である。新段階には横位15個、正位10個、逆位6個と正位・逆位の事例が増加し、加曽利B1式期には正位51個、横位19個、逆位3個と正位が多数を占めるようになる。加曽利B2式以降は正位が18個、逆位2例（逆位は加曽利B2式期のみ）と引き続き正位が主体となっている。

　逆位での出土については土器被覆葬用の可能性が考え得るところでもあるが、正位や横位の土器と

86）供献の可能性があるものを含むため「墓坑出土」を「墓域出土」に改めた。前掲註79参照。
87）報告書の記述では11号人骨周辺とされているが、報告書掲載写真を検討すると、遺構図でW2とされているものに該当するものと判断した。

第 5 章　土器副葬と土器被覆葬

並列して出土すること（三の丸遺跡 B516 号土壙［第 61 図上］、小丸遺跡 7 号土壙［第 62 図］、深沢遺跡 C 区中央土坑［第 65 図 6］など）、小形の台付鉢や注口土器で顔面の被覆に適さないと判断されること（東大竹・山王塚遺跡 1 号土坑墓［第 60 図 2］など）からこれらも対象に含めた。

前述した寺改戸遺跡の深鉢と注口土器のように、それぞれ意図を有していた可能性はあるが、基本的な姿勢は堀之内 2 式新段階を境に横位から正位へと変化したと考えられる。

出土位置

垂直位置については墓坑底面、底面よりやや上、覆土、覆土上層を区別した。174 個中、墓坑底面 97 個、底面よりやや上 46 個、覆土 23 個、覆土上層 7 個と、時期を通じて、やや上を含めた底面付近が最も多い。また、平面位置については 154 個を端部・中央・側壁を区別した。称名寺式期は中央 5 個、端部 1 個と中央部の例が多く、堀之内 1 式期は端部 5 基、中央・側壁各 4 個とそれぞれほぼ同数となる他に全形不明ながら壁際出土例 3 個がある。これは土坑の平面形が円形を中心としていることに起因するものであろう。これに対し、堀之内 2 式古段階～中段階には端部 19 個、側壁 7 個、中央 5 個と端部の例が増加し、堀之内 2 式新段階には端部 21 個、中央 10 個、側壁 3 個、加曽利 B 1 式期には端部 66 個、中央 11 個、側壁 5 個と継続する。加曽利 B 2 式以降は端部 13 個、中央 5 個、側壁 4 個と再び側壁・中央の比率が増加している。平面位置については遺体との位置関係が問題となるが、頭部～胸部もしくは脚部に置かれたものとみることができよう。側壁部については短軸方向に落下したものと考えることもできる。また中央部については坑内における遺体の位置が偏っていたか、長軸方向に移動した可能性を考えておきたい。人骨出土例が無いためこれ以上の議論はできないが、これらは遺体の間近に置かれたものと考えることができよう。

複数土器の副葬

墓坑単位でみると、称名寺式期は 1 基につき 1 個が 3 基、3 個が 1 基、堀之内 1 式期には 1 個が 15 基、2 個が 1 基であるが、堀之内 2 式古段階～中段階には 1 個 21 基、2 個 6 基、3 個 2 基と複数事例が 27％に増加し、新段階でも 1 個 21 基、2 個 9 基と継続したあり方を示す。その後も、加曽利 B 1 式期には 1 個 73 基、2 個 19 基、3 個 2 基、5 個 1 基となり、複数個体副葬の占める割合は 23％と変化は少ない。このうち、複雑に切りあった野津田上の原遺跡の 44 号土壙では 5 個の土器が出土しており、事例数は 1 基分として数えたが、出土土器に若干の時期差が認められること、土坑の横幅が他の 2 倍程度あることから本来複数の土坑であった可能性が高い。その後は、加曽利 B 2 式期に 2 個が 1 基あるほかは 16 基全て 1 個の事例であり、後期後葉に引き続く。

これらの出土状況には入れ子状や並列など墓坑内でまとまって出土する場合と離れて出土する場合とがある［第 18 表］。入れ子状での出土例は、14 例があり、なすな原遺跡 181 号土壙、野津田上の原遺跡 4 号土壙では 3 個が入れ子状で出土している。また、2 個が並列して出土した例は、14 例があり、3 個の並列例は神明遺跡 178 号土壙に例がある。一方、小丸遺跡 96 号土壙のように、やや離れて出土するものや、太岳院遺跡、49 号配石墓のように両端から出土するものもある。

土器以外の出土品

副葬土器以外に遺物が出土することは多くない。堀之内 1 式期の滝沢遺跡の垂飾［第 55 図 8］と曽谷式期の井野長割遺跡の丸玉［第 67 図 9］を除くと装身具や第二の道具は見られない。副葬土器に伴って出土した石器の内訳は石皿（6 基）、磨石（5 基）、打製石斧（2 基）、石鏃（1 基）、磨製石

第18表　複数個体出土例の形式組成

時期	遺構名	深鉢	注口	壺	浅鉢	鉢・椀	舟形	出土状況
称Ⅰ	三原田遺跡 3-V21-Apit	◎3						集中
堀1新	小丸遺跡 96号土壙	○	○					離れ
堀2	三の丸遺跡 B516号土壙	○				○		離れ
堀2	下石原遺跡（2次）SK23	◎						並列
堀2古	原出口遺跡 60号土壙	○	○					離れ
堀2古	大谷口向原南遺跡第4区24号土壙	○	○					
堀2古	神明遺跡 172号土壙	○	○					並列
堀2古	神明遺跡 178号土壙	○		○	○			並列
堀2中	篠原大原北遺跡 5号土杭	○		○	○			集中
堀2中	金子台金山1号組石下土壙(B)			○		○		並列
堀2新	池端金山遺跡第9号土坑		○				○	
堀2新	小丸遺跡 7号土壙			◎				並列
堀2新	多摩ニュータウン No.194遺跡 11号土坑				○	○		並列
堀2新	寺改戸遺跡 9号土壙	○	○					並列
堀2新	下石原遺跡（2次）SK46	◎						入れ子
堀2新	下石原遺跡（13次）SK01	○			○			入れ子
堀2新	阿左美遺跡（6次）327号土坑	○	○					並列
堀2新	高部宇山平遺跡 2号土坑	○						並列
加B1	王子ノ台遺跡西区 4号墓坑			◎				並列
加B1	三の丸遺跡 B189号土壙					○	○	
加B1	野津田上の原遺跡 69号土壙		○					
加B1	田端遺跡 C区 2号土壙墓					◎		入れ子
加B1古	小丸遺跡 26号土壙					◎		入れ子
加B1古	田端遺跡 D22土壙墓					◎	○	入れ子
加B1古	田端遺跡 C区 1号土壙墓			○		○		並列
加B1中	深沢遺跡 C区中央土坑			○		○		並列
加B1中	石神台遺跡 W2						◎	入れ子
加B1中	下谷戸遺跡（1965-67年調査区）					◎		
加B1中	上土棚南遺跡（6次）2号土壙				○	◎		入れ子
加B1中	小丸遺跡 164号土壙					◎		入れ子
加B1中	太岳院遺跡（2006-02地点）49号配石墓					◎	○	両端
加B1中	華蔵台遺跡 34号土壙					◎	○	入れ子
加B1中	なすな原遺跡 181号土壙					◎	○	入れ子
加B1中	野津田上の原遺跡 4号土壙		○			◎		入れ子
加B1中	野津田上の原遺跡 66号土壙		○			○		
加B1中	田端遺跡 D11土壙墓					○	○	入れ子
加B1古・新	野津田上の原遺跡 44号土壙	○				◎4		
加B1新	王子ノ台遺跡東区 6号墓坑	◎						
加B1新	三の丸遺跡 B153号土壙					○	○	並列
加B1新	野津田上の原遺跡 72号土壙					◎	○	並列
加B1新	下石原遺跡（2次）SK60				○	○		両端
加B2	なすな原遺跡 367号土壙	○				○		入れ子

斧（1基）、凹石（1基）、石錐（1基）、スクレイパー（1基）となっており、石皿・磨石・凹石など食品加工具と推定されるものが多い。土器被覆葬に伴うものは石鏃や黒曜石剥片が多かったことと対照的ではあるが、こうした石器は遺跡内の他の墓坑でも出土していることから、土器副葬や土器被覆葬との直接的な関係は定かではない。なお、称名寺Ⅰ式期の中高瀬遺跡では土器の容積に匹敵する自然礫が土器に包まれる形で出土している［第55図2］。

　この他、土器片被覆葬用と思われる大形の土器片の共伴例が、神明遺跡61号土壙（堀之内2式中段階）、小丸遺跡13・14号土壙、多摩ニュータウンNo.194遺跡11号土坑、（以上、堀之内2式新段階）、小丸遺跡28号土壙、野津田上の原遺跡48号土壙、52号土壙、64号土壙、72号土壙、75号土壙（以上、加曽利B1式期）にある。土器片被覆葬は時期的にも地域的にも幅広く認められるものであり、遺跡内の他の墓坑からも多く出土していることから、石器と同じく土器副葬とは直接関わらない葬法が複合したものと考えられる。

（4）墓域における土器副葬墓

称名寺式期〜堀之内2式期

　この時期の土器副葬墓は1遺跡で1基のみの事例が多いが、複数基が認められる遺跡も存在する。

第5章　土器副葬と土器被覆葬

　堀之内1式期の小丸遺跡［第62図］、三の丸遺跡［第61図上］、久原小学校内遺跡［第56図7］、堀之内2式期の神明遺跡［同7］、西ノ谷貝塚［第57図3］、原出口遺跡などで、これらはいずれも近接して営まれている。

　また、堀之内1式期の東畑遺跡［第55図5］、岡上丸山遺跡［第56図1］、堀之内2式期の花上寺遺跡［第75図1］では土器被覆葬と複合しているほか、小段遺跡でも土器被覆葬墓に隣接する。堀之内2式期の中部高地では土器被覆葬墓が近接して営まれている中で、一部の墓に対しては土器副葬も複合して行われたようである。この他、墓域の中で1例のみ検出されている場合があるが、遺跡の調査面積の問題もあり、墓域内での位置づけは不明瞭である。

堀之内2式新段階〜加曽利B1式期

　事例が多いため、墓域内での位置関係は、4つのパターンに区分して検討できる。1つめのパターンは、土器副葬墓が密集するエリアと少数のエリアの複数に分かれるものである。しばしば、前者には"核家屋"と想定される建物が近接する。下北原遺跡［第76図3］では"核家屋"と想定される3基の環礫方形配石遺構に近い第1配石墓群に4基、第2配石墓群に1基と前者に偏り、その中でも南西隅に3基が集中する。三の丸遺跡［第61図上］では密集した北群11基、南群3基と前者に偏在し、前者の北側にはA93〜95号住居址が重複して立地する。南群のエリアには堀之内1式期〜2式期の墓坑も存在しているが、北群は当該期の墓坑のみである。谷を隔てて隣接する小丸遺跡［第61図］でも北西部分に7基、やや離れて1基と北西部分へ集中している。この北西部分には土器副葬墓の北側に多重複の1号・2号住居址が位置するほか、土器片被覆葬墓、改葬人骨なども存在する。このほか、下谷戸遺跡［第59図］では環礫方形配石遺構が1965-67年調査区で3基、1992-95年調査区で1基（第16号敷石住居址）確認されている。土器副葬墓は後者の前面に展開する墓坑群から5基が検出されている。一方、前者は正式報告が未刊のため他の遺構の分布状況が不明であるものの、1基の土器副葬墓が環礫方形配石遺構群の北側に位置することが確認できる[88]。上記の諸例から"核家屋"の南面に土器副葬墓が位置することが多いことを考えると、この土器副葬墓の位置づけについては検討を要する。

　パターン1に属すものの、"核家屋"に相当する建物が不明確な遺跡としては、寺山遺跡、上土棚南遺跡、田端遺跡、下石原遺跡がある。寺山遺跡（寺山金目原遺跡）ではこれまで数次にわたる調査のうち、1925年の八幡一郎らの調査で1基1個（八幡・矢島1935）、1989〜90年の調査と1995年の調査でそれぞれ約10個の副葬土器が出土している[89]。上土棚南遺跡［第60図4］も7次にわたる調査が行われおり、このうち2次調査区で約10個以上、6次調査区で2基3個の副葬土器が出土している[90]。田端遺跡［第64図3］では1次調査で環状積石遺構下部から5基7個（加曽利B2式期以降を含む）、詳細分布調査C区で2基3個、下石原遺跡［同5］では、第2地点で5基7個、第13地点で1基2個が検出されている。

　2つめのパターンは、1つの墓域に土器副葬墓が集中するものである。石神台遺跡［第58図3、

---

88) 1965-67年調査区の全体図は鈴木保彦（1976）の論考中に掲載されているが、縮尺の関係で土器と石の区別がつかない。伊勢原市教育委員会が保管する原図の写しを利用した。
89) 詳細未報告。寺山遺跡調査団安藤文一氏、秦野市遺跡調査会大倉潤氏・霜出俊浩氏より教示を得たが、整理途上であり、本稿ではパンフレット類に公表された土器の数のみ示しておく。
90) 2次調査区は報告書未刊。『綾瀬市史』掲載の土器の数を示した。

第67図1］は墓域の全体像が不明であり、1971年調査区と1885・87年調査区との位置関係がはっきりしないものの、両者は同一墓域とされており、あわせて4基の土器副葬墓が知られているほか、加曽利B2式期の事例も存在している。また、今回副葬土器とは扱わなかったが、1971年調査区の墓域から小形の壺・鉢各1点、舟形土器2点が完形で出土している。野津田上の原遺跡［第61図下］では加曽利B2式期の事例を含めて22基（うち1基は2基分重複と考えられる）の土器副葬墓が確認されている。遺跡内では他にこうした墓域は見つかっていないが、この密集した墓坑群（長さ約26 m）で、三の丸遺跡の北群（長さ約20 m）と規模的に類似したものであり、このエリア全体がパターン1での集中する埋葬区と同様の性格を持っていた可能性を考慮しておきたい[91]。

3つめのパターンは土器副葬墓を少数伴う墓群が数箇所に分散している場合である。王子ノ台遺跡［第58図6］は概要のみ公表されているが、全体図では少なくとも4箇所の墓群が確認でき、そのうち3箇所でそれぞれ1～3基の土器副葬が行われている。なすな原遺跡［第66図］では加曽利B1式期の土器副葬墓は3個所に1～2基ずつ位置している。

最後のパターンは、墓域中に土器副葬墓が1基のみの場合である。馬場遺跡［第58図1］、東大竹・山王塚遺跡［第60図2］、相ノ原遺跡第Ⅴ地点［同3］、多摩ニュータウンNo.194遺跡［第63図2］、寺改戸遺跡［同4］、四谷一丁目遺跡［第65図1］、深沢遺跡C区［同6］などがあり、これらについては墓域中央部に位置するものとみなすことができよう。特に深沢遺跡C区中央土坑は浅鉢の被覆を伴うもので、その名の通り石棺墓群の中央部に位置しており、その最古段階に位置づけられている（下条ほか1989）。

これらのパターンの差異が持つ意味については集落全体あるいは遺跡群全体の中で検討を要する。但し、事例数で言えば、パターン1・2の集中個所に全体114基中の79基（70％）が集中していることは注意しておくべき事柄である。

次に、配石との関係をみていきたい。配石は墓坑内部への配石（石棺墓）と上面への配石とに区分される。馬場遺跡、寺山遺跡、太岳院遺跡、下北原遺跡、下谷戸遺跡などでは複数の石棺墓があるが、その中で土器副葬墓は少数である。また、寺山遺跡、下北原遺跡、寺改戸遺跡などでは土器副葬墓とは別に側壁にも配石を持つ、より複雑な墓が存在する。但し、これらが厳密に同時期かは不明である。同一埋葬区内として捉えておくことも必要であろう。上部配石は、基本的に墓域の一定区域を覆うもので、かつて戸田哲也（1971）が田端遺跡の調査を契機に指摘し、近年阿部友寿（2003）が「遺構更新」として概念化したように、墓坑と上部の配石との間に時期差が存在する可能性があることは注意しておきたい[92]。三ノ宮・下谷戸遺跡［第59図］や田端遺跡［第64図3］のように必ずしも全ての土器副葬墓の上面に構築されるとは限らないが、事例の集中部付近に構築されており、長野県茅野市棚畑遺跡で4基中3基の土器被覆葬墓の上面を含むエリアに「集石」が構築されたのと同様（中村2006）、土器副葬墓を含む墓域との間に特別な関係があったことをうかがわせる。田端遺跡ではこの時期の事例は第1次調査区と範囲確認調査区で大差ないものの、加曽利B2式期以降も前者には土器副葬墓が営まれ、環状積石遺構が構築されるに至る。

91）谷口康浩（2005b）は、墓域中の特定の列に土器副葬が顕著に認められることを指摘しており、墓域を1つの単位とするここでの解釈とは異なる。
92）詳細未報告。概要報告および東海大学校地内遺跡調査団秋田かな子氏の教示による。

第5章　土器副葬と土器被覆葬

　このほか、この時期では唯一の中部高地の事例となる石神遺跡［第75図3］では堀之内2式新段階の土器被覆葬も2基存在するが、舟形土器（加曽利B1式新段階）を副葬した墓域とは異なった位置にあり、この間に墓域が変化したか、両墓域で異なった葬法が行われていた可能性がある。

加曽利B2式期以降

　加曽利B2式期の墓域としては明瞭な事例が少ないが、前述したように石神台遺跡や田端遺跡では前時期の土器副葬墓に近接して構築され続ける。野津田上の原遺跡［第61図下］もおそらく1式期から2式の前半期までは継続して使用されていた可能性がある[93]。深沢遺跡では、前時期から継続していたC区石棺墓群とは別のD区16号土坑から注口付双口土器が出土している［第65図6］。なすな原遺跡では加曽利B2式期の事例は僅かであるが、同3式期〜曽谷式期の墓域は窪地に密集して営まれる［第66図］。その中でも中心に近い413号土壙からは注口土器が出土しているが、その上部からは大形石棒・小形石棒、石皿・磨石・凹石、独鈷石、石鏃などが集中して出土している。この配石は隣接する晩期の412号土壙上にも一部かかっているため晩期以降に形成されたもので、「遺構更新」の一例とされる（阿部友2003）。このほか、東山遺跡でもJ地点で後半期の事例が確認されており、これらは、位置の移動はあっても同一遺跡で加曽利B1式期以来、土器副葬が継続した遺跡である。

　これに対し、今のところ継続が確認されていないのが、三ノ宮・前畑遺跡［第67図2］で、後世の古墳造成のため墓域の全体像は不明なものの、坑内に石をめぐらす墓坑が複数検出されており、その中で内湾鉢を1例副葬した事例が存在する。華蔵台遺跡［第63図］では、加曽利B1式期までの墓域の北側に、加曽利B2式期〜安行1式期の土器副葬墓が確認されているが、全域の精査が行われていないため、この時期の墓域の全体像は不明である。この他、五反畑遺跡、井野長割遺跡第8次調査区などで後期後半期の事例が検出されているが、未報告や部分的調査のため墓域の中での位置は不明である。

4．土器副葬の展開過程

　最後に、これまでの各項目の分析を時系列に沿って整理し、これまで言及できなかった部分を含めて各時期における土器副葬をまとめておきたい。これまでの分析を総合すると後期における土器副葬の展開過程は1期〜4期に区分できよう。

1期：顕在化－称名寺式期

　該期の事例は神奈川県、東京都、群馬県で数例の出土があるのみで、特定のパターンを抽出するには至らない。深鉢が横位で出土する点は共通しており、また土器被覆葬で用いられていた浅鉢が土器副葬では用いられていないことに注意しておきたい。中期末葉期からの継続性については今後の課題である。

2期：展　開－堀之内1式期〜堀之内2式中段階

　堀之内1式期の古段階・中段階には長野県で各期1例ずつのみであり、事例が増加するのは新段階になってからである。この点、土器様式上の画期との若干の違いが生じているようである。また、土器被覆葬が使用する土器を変えながらも称名寺式の後半期から継続していくこととやや異なった展開である。分布範囲は関東西部を中心に関東東部や中部高地にもわずかに広がる。現在の資料をみる

---

93) 金子台遺跡の8号組石間出土の台付鉢は、形式や脚部の斜線文から加曽利B2式期のものと考えられる。

と、東京都東部・神奈川県東部に分布の中心があるようである。しかし、この段階の神奈川県では藤沢市遠藤貝塚、横浜市稲荷山貝塚、川和向原遺跡、牛ヶ谷遺跡、華蔵台南遺跡などでも墓坑が確認されているものの、これらの遺跡では土器副葬は認められない。

　この時期の土器副葬で用いられるのは主として深鉢と注口土器であり、どちらか一方、もしくは両者のセットで用いられる。浅鉢は殆ど用いられない。深鉢は、堀之内1式期では"堀之内類型"、2式期にはその系統を引く朝顔形精製深鉢が用いられる。注口土器を含めて、いずれも広範囲に分布を広げる精製品であるところに特徴が認められよう。出土状況では横位や中央部からの出土が目立つ。個体数は1墓坑1個が一般的だが、堀之内2式期になると2個体が副葬される事例も2割を超えるようになる。

　遺跡内での位置関係は不明瞭な部分が多いが、1遺跡で複数の事例が認められる場合、それらは近接することが多く、中部高地では土器被覆葬との複合や、土器被覆葬墓と隣接する事例も散見される。

3期：盛　行－堀之内2式新段階～加曽利B1式期

　西南関東においてはほぼ全ての墓域で土器副葬が認められ、複数の副葬墓をもつ遺跡も一般的になるほどの盛行ぶりをみせる。

　当初は引き続き深鉢や注口土器を中心に、浅鉢、壺、無文鉢を加えた土器形式の中から1個～3個の土器が選択されていたようであり、やや遅れて鉢・椀類や平底の舟形土器が多用されるようになる。形式のバリエーションは多いが、多数を占めるのは鉢や舟形土器に限られる。堀之内2式新段階の過渡的状況を経て、加曽利B1式期には端部からの正位での出土が圧倒的に多くなる。

　この時期の土器副葬墓は石井寛（1989・1994）の指摘どおり、墓域内でも特定の区域に集中することや、その区域が"核家屋"の前面にあたることを追認し、また、土器副葬墓が墓域の中央部に位置している事例の存在も明らかにした。一方、複数個体副葬事例を含めて内部配石や石器副葬など他の属性との優先的な複合は認められない。

　しかし、土器副葬墓以外の墓坑について時期を特定することは困難であるものの、小丸遺跡や下谷戸遺跡において土器片被覆葬用と想定される大形土器片の出土した墓坑が僅かながら事例集中域以外の場所から検出されており、同時期に土器副葬墓と非土器副葬墓が共存した可能性が高い。この点に関しては事例の集中する埋葬区以外からの土器副葬事例として下北原遺跡では第二配石墓群に1例、小丸遺跡では"核家屋"から離れた集落中央部に1例、三の丸遺跡では南群に2例があるほか、寺山遺跡、下谷戸遺跡、上土棚南遺跡、田端遺跡、下石原遺跡などでは複数の調査区から土器副葬事例が検出されていることからも肯定されよう。墓群（埋葬区）を社会集団の反映として認識するならば（林謙1979）、数量的差異を伴うものの複数の集団を通じて行われたものと考えられる。

4期：継　続－加曽利B2式期以降

　遺跡数や事例数は減少するものの、土器副葬は継続して行われる。加曽利B2式期には石神台遺跡、なすな原遺跡、田端遺跡、東山遺跡など前時期から継続する遺跡で、引き続いて行われる様相がみてとれる。配石を持つ石神台遺跡や田端遺跡では前時期とほぼ同じエリアで継続されるのに対し、なすな原遺跡や東山遺跡では別の個所に墓域が移動している。使用土器は丸底鉢、注口土器、深鉢、台付鉢など多様で、無文の鉢・浅鉢の事例も多い。選択肢のバリエーションの豊富さは前時期からの継続であるが、特定の形式への限定的集中は見られない点が異なる。

第5章 土器副葬と土器被覆葬

　その後、後期後半から晩期の土器副葬は、西南関東に限定されるものではなく、阿部友寿（1998・2003）の指摘するように栃木県小山市乙女不動原北浦遺跡、茨城県取手市中妻貝塚、高萩市小場遺跡、千葉県市原市西広貝塚、東京都多摩市新堂遺跡など広く認められるものであり、土偶・石棒・再葬行為・配石行為などと密接に関わるものである。本稿の主題は加曽利B2式期までにあり、残る課題は今後に委ねることとしたい。

5．土器副葬の持つ意義

　本節では、縄文時代後期、特にその前半期に焦点を当てて土器副葬のあり方を整理してきた。堀之内2式新段階〜加曽利B1式期に鉢や平底の舟形土器を用いた事例が西南関東を中心に盛行するという従来の認識を裏付けるとともに、時期・地域・使用する土器の形式・副葬姿勢・位置・土器副葬墓の墓坑内でのあり方に関して一定の規則性の存在を明らかにしえたものと考える。中でも注目される点を以下に再度指摘しておく。

①1期：顕在化－称名寺式期、2期：展開－堀之内1式期〜堀之内2式中段階、3期：盛行－堀之内2式新段階〜加曽利B1式期、4期：継続－加曽利B2式期以降の4期に区分される。

②分布範囲は、1期・2期は関東西部・中部高地の広範囲で認められるのに対し、3期にはほぼ西南関東に限定され、4期に引き継がれるが、再び広域に分布するようになる。

③1期は深鉢のみ、2期は深鉢・注口土器を用いた事例が中心である。3期になると使用される土器のバリエーションが増加するものの鉢や舟形土器が多用され、4期には特定形式への集中はみられなくなる。

④1期・2期は事例数が少なく、事例の認められない遺跡も多いが、一方で複数の事例を持つ遺跡も存在し、それらの墓坑は近接することが多い。3期には西南関東を中心とし、遺跡数・墓坑数共に増加するが、遺跡内での特定区域への偏在（特定埋葬区への量的偏在）が認められる。4期は一部継続するものの、事例数は大幅に減少する。

　土器副葬は縄文時代前期以来、日本列島の各地で散見される。しかし、一定のパターンが定着するのは、前期後半の関東周辺、後期後葉以降の北海道など限定的であり、「土器」を「副葬」するという物質文化の文化的（宗教的・技術的）・社会的意味はそれぞれ異なっていた可能性を考慮すべきである。

　今回扱った事例は、墓坑への埋納プロセスを詳細に分析するためのバリエーションに乏しいため副葬行為の背景にある宗教観念には迫りえないが、地域の文化・社会的変動を知る上では興味深い資料となるものであろう。上記の4つの画期は、土器形式や集落動態の画期とも重なるものであり、これらが連動していた可能性を強く示唆するものである。宗教観念に関わる土器副葬行為が、土器・集落という日常に密接に関わる物質文化と相関することは、当該文化における重要性を物語っている。

　特に、3期における関東西南部での土器副葬の盛行は、この時期に注口土器や舟形土器をはじめとする小形の精製土器諸形式が関東西南部を中心に増加すること、前稿で明らかにした中部高地での土器被覆葬の盛行期と重なることとあいまって、後期中葉の地域文化のあり方を示す重要な現象と捉えることができる。この地域文化が生活全般にわたるのかは、集落や住居その他の道具類の変化も視野に入れて検討する必要があるものの、少なくとも祭祀・儀礼に関わる分野においては、地域性の強い

独自の文化を形成したことを強く示唆するものである。また、そうした地域文化の形成には、今回扱ったような儀礼に関わる精製土器が大きな役割を果したことも想定可能である。土器副葬は、儀礼と土器とが密接な関係にあった後期中葉の関東西南部を象徴する文化現象と評価することができよう。

第5章　土器副葬と土器被覆葬

第3節　土器被覆葬の事例検討

1．後期前半期を対象とした研究の成果と課題
土器論からの問題提起

　土器型式は器形・文様などの製作方法とともに、出土状況、共伴遺物、補修孔・使用痕跡などの使用に関わる属性においても特定のパターンを共有する場合が知られている（小林達1979）。土器被覆葬とそこに用いられる土器の関係もそうした一例であろう。

　1985年、綿田弘実による長野県和中原遺跡出土の"小仙塚類型"（鈴木徳1990）の再報告が行われた。堀之内1式の中でも"茂沢タイプ"（西田1983）に近いことを指摘し、初頭段階に位置づけた。さらに、伏せられた状態で出土し内部に成人頭蓋骨が検出されたことに注目し、同様な事例が宮遺跡でも認められること、堀之内1式・2式の長野県内の土坑墓に土器を伏せた状態で出土する例が4遺跡認められることから、一定の方法で埋葬に二次利用される習慣があったことを指摘した（綿田1985）。綿田は、以後も"小仙塚類型群"が土坑や住居内から伏せられて出土することに注意を喚起している（綿田1988・2001・2002b）。

　鈴木徳雄（1999）は、"小仙塚類型群"の系統と堀之内1式の様式構造に関する論考の補註において、綿田の研究を引きながら、同様な例が南関東にも散見され、両地域の類似した土器の使用法として注目している。さらに、浅鉢形土器の変遷と、形式と行為の関係性の問題を扱った論考において、「伏せ鉢」としての転用の事例を紹介し、共有の儀礼具と想定される浅鉢が個人の墓に納められることの社会性を指摘している（鈴木徳2000）。

　綿田、鈴木の研究は、土器論の中で、その二次使用の定型性を指摘したという点で高く評価されるものである。しかし、事例の集成に基づく数量の提示、分布域の検討などが行われていない。

墓制論からの問題提起

　2003年、長野県中ッ原遺跡の報告書において、茅野市域の後期前半の様相がまとめられた。この中で「鉢被せの行なわれる土坑」の項目が立てられ、大規模で継続期間の長い集落にみられること、遺跡内においても一定範囲に偏在すること、堀之内1式期～加曽利B2式期に存続し、特に堀之内2式中段階～加曽利B1式期を最盛期とすること、堀之内2式新段階においては同類型の土器が選択された可能性があること、希少性・選択性から被葬者の優位性も考えることができること、などを指摘している（守矢2003）。極めて限定された地域とは言え、茅野市域は最も多数の事例が知られており、その様相が明らかになったことは大きな成果であろう。なお、2005年秋には茅野市尖石縄文考古館において、特別展「縄文時代の墓」が開催され、市内出土の被覆に使われた土器25例が展示された。

　同年、加藤元康（2003）は関東・中部の土器出土墓坑の検討を行っている。中村大（2000b）の土器出土状況からの墓坑認定条件の「甕被葬（パターンF）」に、土器大形破片を用いるパターンGを新たに加え、その地域的・時期的な分布を検討し、内陸に分布し地域的特徴を表出するパターンF（堀之内2式期）、広域に分布し普遍的なパターンG（堀之内1式期）という傾向が指摘された。これに対し、堀越正行（2004）、山田康弘（2004）、坂上和弘（2004）らによってパターンFとGの区分の妥当性への疑問、男女比に地域差が存在する可能性、サンプリングエラーの可能性と集団を抽出するこ

とへの疑問などが提示されている。なお、パターンＦとＧを、地域差としたことは妥当と考えるが、時期差としたのは集成事例の少なさによるものであろう。また、同様な理由でパターンＦの中での地域差への注目も無し得なかったものと考えられる。

　高瀬克範（2005）は長野県北村遺跡における埋葬規則の復元を試みる中で、列構成をとる埋葬区の中での埋葬態位の重複は意図的に避けられていたとし、頭部への土器の設置は埋葬態位が同じ場合の差異化の手段であった可能性を指摘した。墓制論において「過程」に注目した分析の稀有な例として高く評価されるべきであろう。だが、分析対象となったのは列を構成する墓坑のみであり、それ以外の墓坑については全く言及が無い。例えば北村遺跡では堀之内１式期の土器被覆葬は破片を用いたものを含めて10例以上存在するが、対象とされたのは５例（破片４例）のみである。他にほぼ完形の土器を用いた例が４例あるが、それらはいかに解釈されるのだろうか。

本書の課題

　以上、６氏の研究を概観し、その成果と問題点を述べてきた。改めて筆者の意図を述べれば、広範囲な事例集成を行い量的な分布や変遷過程を明らかにすること、"小仙塚類型群"・浅鉢形土器などの系列と土器被覆葬の関係を明らかにすること、一遺跡内でのあり方を検討することなる。

２．土器被覆葬の集成

　本書では、完形あるいはほぼ完形の土器を用いた事例を対象とする[94]。但し、埋設土器とされる深鉢、および土器片を用いた事例については検討しない。埋設土器については正位・逆位含めて検討する必要があること、土器片被覆葬については中期以来、関東周辺の各地で事例が認められることから、より普遍的なものと想定されること（中村2008e：本書第２章２）、人骨や副葬品、配石等の他の認定基準が無いと認定困難であることによる。対象地域は、関東地方及び甲信越地方とする。東北南部（福島県）は土器文化の上で密接に関わるが、探索が不十分であり参考程度に留める。

　資料集成の結果、８県で60遺跡、125基129個を確認した［第19表］。

３．被覆に用いられた土器の様相

（１）土器の種類と時空分布

　対象事例で用いられた土器の８割が浅鉢系列と小仙塚系列の２つの系列の土器群に収まる。従って、本稿ではこの２系列を中心に分析を進めていきたい。

浅鉢系列の変遷と分布

　鈴木徳雄（2000）によって文様を中心とした系統的な変化が明らかにされている。本稿では外面口縁部直下に文様帯を持ち、胴部以下が無文の浅鉢について、Ａ１類―平縁で突起を持つもの（称名寺式中段階）、Ａ２類―突起間が波状を呈するもの（同新段階）、Ａ３類―波状口縁で、突起が吸盤状を呈するもの（堀之内１式～２式古段階）と区分する。また、その系統下の内面に文様を持つ浅鉢を、Ａ４類―枠状区画を持つものや大きな渦巻文を持つもの（堀之内２式中段階）、Ａ５類―平行沈線を主体とし外反・直線状の立ち上がりを呈するもの（同新段階）、Ａ６類―内湾もしくは口縁部が屈曲するもの（加曽利Ｂ１式）と区分する。

94）上部が削平されたと思われる底部や胴部の欠損についても、口縁部がある程度残されているものについては対象とした。

第5章 土器副葬と土器被覆葬

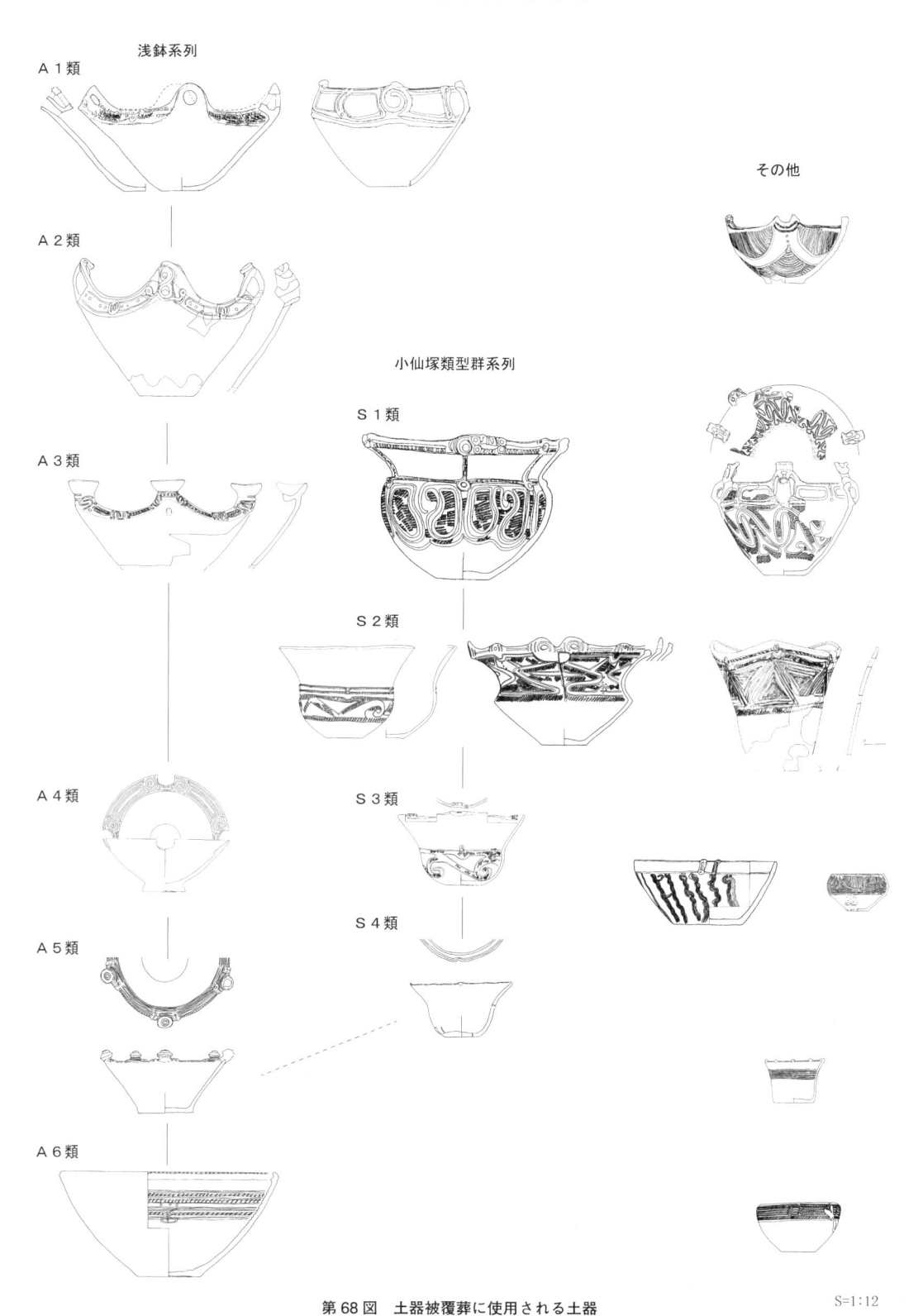

浅鉢系列

A1類

A2類

A3類

A4類

A5類

A6類

小仙塚類型群系列

S1類

S2類

S3類

S4類

その他

第68図　土器被覆葬に使用される土器

S=1:12

第19表　土器被覆葬事例一覧表（1）

	遺跡名	所在地	遺構名	長軸	短軸	時期	土器	最大径	器高	備考（共伴遺物）
1	大磯小学校遺跡	神奈川県大磯町	人骨出土地点	—	—	堀1	S1	35.2	11.8	頭骨
2	遠藤広谷遺跡	神奈川県藤沢市	7号土坑	66	40	堀1	A3	37.6	17.2	
3	稲荷山貝塚	神奈川県横浜市	1号倒置土器	—	—	堀1	S1	25.2	19.3+	内部上層にアカニシ5・シオフキ1・二枚貝1　赤彩
			2号倒置土器	—	—	堀1	S1	28.8	19.8+	内部に灰
4	岡上丸山遺跡	神奈川県川崎市	J5号竪穴住居跡床下土壙	111	95	堀1	S1			注口土器
5	入波沢東遺跡	埼玉県秩父市	第1号配石遺構	(120)	87	堀1	注鉢	27.8	21.5	浅鉢破片　上部に配石
6	合角中組遺跡	埼玉県小鹿野町	F9-3グリッド	—	—	堀2中	A4	24.6	9.9	
7	上高津貝塚　E地点	茨城県土浦市	F10-Zグリッド	—	—	堀1	浅鉢	28.2	12.3	
8	中江田A遺跡	群馬県太田市	A-1号土坑	81	63	堀1	A1	29.0	17.0	
9	喜多町遺跡	群馬県伊勢崎市	90号土坑	—	—	称	A1	22.0	12.8	
10	天ヶ堤遺跡	群馬県伊勢崎市	IV区322号土坑	—	—	堀1	S1	27.2	16.8	
11	深沢遺跡　C区	群馬県みなかみ町	中央土坑	71	56	堀1	A6	18.3	8.9	鉢、無頸壺
12	稲荷通り遺跡	群馬県藤岡市	A区U-1号土器埋設遺構	(120)	80	堀1	A3	44.0	—	
13	内匠上之宿遺跡	群馬県富岡市	254号土坑	42	30	堀1	A1	(33.6)	—	
			7号埋設土器	57	45	称II	A2	38.4	(26.0)	
14	中野谷松原遺跡	群馬県安中市	D-285土坑	120	—	堀2中	S3	23.2	14.0	
15	天神原遺跡　F区	群馬県安中市	D-5土坑	184	104	称II	A2	34.4	18.0	
16	中島I・II遺跡	群馬県安中市	D-20土坑	92	56	堀2古	A2	32.0	18.8	
17	大道南II遺跡	群馬県安中市	D-23土坑	112	90	堀1古	S2	20.4	14.0	
18	国衙遺跡群	群馬県安中市	伏甕部	—	—	称	A1	39.0	21.0	圧痕隆帯文土器破片
19	行田梅木平遺跡	群馬県安中市	478号土坑	117	66	堀2古	A2	33.4	20.4	
20	五料野久保遺跡	群馬県安中市	38号土坑	51	33	称I古?	A6	25.2	9.5	
			18号配石遺構	190	80	称I	A6	32.4	15.0	石棺墓
21	横壁中村遺跡	群馬県長野原町	18区213号土坑	205	100	堀1	S1	21.6	11.6	副葬土器（深鉢）
			20区14号土器埋設遺構	28	28	堀1	S1	31.2	20.4	
22	茂沢南石堂遺跡	長野県軽井沢町	第1地点配石遺構城1号遺構	170	60	堀2新	A5	22.1	12.8	石棺墓
			第2地点2号遺構（住居）上層	—	—	称II	A2	30.9	10.0+	
23	石神遺跡	長野県小諸市	SX02	80	40	堀2新	A5	29.2	12.4	石棺墓　頭骨
			SX07	96	56	堀2新	A5	20.5	8.8	石棺墓　頭骨2
						堀2新	A5	18.4	9.2	
24	古屋敷遺跡A地点	長野県東御市	SK32	51	27	堀1古	S1	26.4	19.2	
			伏甕	—	—	堀1古	S1	28.4	16.4	
25	古屋敷遺跡D地点	長野県東御市	埋甕No.3	45	39	堀1古	S1	41.4	28.8	骨片
26	辻田遺跡	長野県東御市	SX03	140	96	堀2新	S3	24.9	14.1	
			SX08	164	100	堀2新	A5	43.2	15.9	
			伏甕2	46	—	堀2新	A5	23.4	11.7	
27	和中原遺跡	長野県東御市		—	—	堀1	S1	34.0	24.0	頭骨
28	中原遺跡	長野県東御市	SK05	132	62	堀1	S1	23.6	11.2	上部に配石
29	宮遺跡	長野県長野市		—	—	堀1	S1	24.0	17.0	頭骨
30	村東山手遺跡	長野県長野市	SK47	—	—	堀2新	椀	15.8	7.6	
31	明専寺遺跡	長野県飯綱町	北拡張区	—	—	堀1	S1	21.6+	20+	骨片
32	宮中遺跡	長野県飯山市	6号遺構	—	—	堀2新〜加B1	A5-6	—	—	石棺墓　朱塗竹製縦櫛
			11号遺構	—	—	堀2新〜加B1	A5-6	—	—	石棺墓　硬玉製平玉
33	東畑遺跡	長野県筑北村	SK176	126	69	堀1	S1	29.4	—	小形無文深鉢
			SX003	—	—	称II	A2	26.0	—	
34	北村遺跡	長野県安曇野市	SH555	129	125	堀2新	A5	16.6	10.0	男性30〜35歳　傍らに20代の女性　石鏃15　打斧1
			SH659	114	54	堀1	S1	—	—	男性40-60歳　打斧1
			SH818	115	68	堀1	S1	—	—	石鏃2
			SH1215	127	61	堀1	S1	25.8	20.0	男性20歳以上　完形S1と顔面の間に底部破片
			SH1232	118	60	称I	A1	30.8	21.6	
35	御堂垣外遺跡	長野県塩尻市	1号土壙	128	108	堀1古	S2	18.0	20.8	
36	小段遺跡　C-3区	長野県塩尻市	13号小竪穴	24	21	堀2	S2	15.8	8.5	
37	平出丸山遺跡	長野県辰野町	4号石棺墓	—	—	加B2	A6	—	—	石棺墓
			8号石棺墓	—	—	加B2	A6	—	—	石棺墓
38	羽場崎遺跡	長野県辰野町	第3号土坑	68	48	堀1	S1	33.6	48.0	
39	梨久保遺跡	長野県岡谷市	248P	99	48	堀1古	S2	26.8	14.8	小型土器（S3）
			249P	108	66	堀2古	S2	30.8	20.2	
			266AP	81	—	堀2古	S3	20.0	9.4	
			266BP	(100)	60	堀2中	S2	25.2	15.6	
			267P	96	66	堀2古	S2	29.2	15.4	
			395P	—	—	堀2	S2	27.8	—	
			431P	—	—	堀1古	S2	25.2	15.1	
			水道工事I地点	—	—	堀1	S1	29.4	17.6	
40	花上寺遺跡	長野県岡谷市	K314	55	53	堀1古?	S2	28.8	18.0	
			K359	86	43	堀2古?	S2	36.5	(22.5)	小形注口土器
			K378	60	45	堀1古	S2	(28.5)	(13.0)	
41	扇平遺跡	長野県岡谷市	781号小竪穴	—	—	堀1古	S2			
42	十二ノ后遺跡	長野県諏訪市	173号土壙	—	—	堀2中	S3	28.2	17.7	
			174号土壙	—	—	堀2中	S3	29.4	14.4	

第5章 土器副葬と土器被覆葬

第19表 土器被覆葬事例一覧表（2）

	遺跡名	所在地	遺構名	長軸	短軸	時期	土器	最大径	器高	備考（共伴遺物）
43	一ノ瀬・芝ノ木遺跡	長野県茅野市	（7基 詳細未報告）	—	—					
44	駒形遺跡	長野県茅野市	150号土坑	90	46	堀2新	A5	26.4	12.0	黒曜石石鏃1・剥片2
			170号土坑	102	60	加B1	A6	30.4	10.8	黒曜石石錐1・剥片5
			172号土坑	108	54	加B1	A6	32.4	16.8	黒曜石剥片12
45	大桜遺跡	長野県茅野市	第1190号土坑	120	54	堀2新	A5	28.0	9.0	
			第1220号土坑	95+	(85)	堀2古	A6	22.5	10.5	
46	棚畑遺跡	長野県茅野市	第62号土壙	(106)	98	堀1	S1	24.8	9.0+	
			第342号土壙	126	60	堀2新	A5	28.4	14.6	黒曜石両極石器1・剥片5
			第438号土壙	182	80	称1古	A6	35.6	12.4	打製石斧欠損品1 黒曜石剥片2
			第442号土壙	132	88	称1古	A6	34.8	17.2	黒曜石剥片3
			第446号土壙	212	100	堀2新	A5	36.1	15.0	
47	長峯遺跡	長野県茅野市	SK680	96	48	堀2中	S3	36.8	22.0+	
48	中ッ原遺跡	長野県茅野市	第Ⅲ次59号土坑	207	111	堀2新	A5	29.2	12.8	赤色塗料粉
			第Ⅲ次94号土坑	120	66	堀2新	A5	28.0	11.2	赤色塗料粉
			第Ⅲ次150号土坑	180	114	堀2新	A5	24.8	11.6	
			第Ⅲ次163号土坑	198	(90)	堀2新	A5	29.2	12.4	赤色塗料粉
			第Ⅲ次177号土坑	144	60	堀2新	A5	25.6	10.8	
			第Ⅳ次814号土坑 No.1	138	(108)	堀2新	S4	28.4	19.6	
			第Ⅳ次814号土坑 No.2	72	54	堀2新	S4	24.4	12.4	
			第Ⅳ次814号土坑 No.3	—	—	堀2新	S4	20.0	8.4	
			第Ⅳ次827号土坑	162	66	堀2新	S2	24.8	17.9	
			第Ⅳ次829号土坑	126	72	堀2新	A5	16.0	9.0	
49	稗田頭A遺跡	長野県茅野市	（1基 詳細未報告）	—	—					
50	トノ原遺跡	長野県茅野市	第80号土坑	(80)	(45)	堀1	S1	40.3	27.8	
51	勝山遺跡	長野県茅野市	第399号土坑	—	—	加B1	A6	—	—	
			第400号土坑	—	—	加B1	A6	—	—	
			第401号土坑	—	—	加B1	A6	—	—	
			第413号土坑	—	—	堀2新	A5	—	—	
			第414号土坑	—	—	堀2古	S2	22.8	13.8	
			第415号土坑	—	—	堀2古	S2	—	—	
			J-8独立土坑	—	—	堀2新	A5	18.6	10.8	
52	聖石遺跡	長野県茅野市	205号土坑	—	—		A	—	—	
53	石之坪遺跡（西地区）	山梨県韮崎市	22T-SU1	68	48	堀1	S1	22.8	144	
54	池之元遺跡	山梨県富士吉田市	逆位埋設土器	56+	64	堀2古	S2	28.5	27.9	骨片
55	原遺跡	新潟県南魚沼市	007T-P123	148	52	堀2古	S2	25.6	16.8	
			H11-P18	88	36	称Ⅰ古	鉢	16.8	9.4	
			I6-P2	56	36	堀2古	深鉢	32.5+	30.5	
			J13-P8	68	48	堀1	S1	26.0	25.0	
56	柳古新田下原A遺跡	新潟県南魚沼市	7号土壙	100	52	堀	浅鉢	15.9	7.2	
							浅鉢	20.0	9.6+	
57	野首遺跡	新潟県十日町市	第1号土壙	100	60	堀2新	鉢	20.1	12.9	
			第2号土壙	95	73	堀2新	鉢	11.9	8.4	
			第3号土壙	135	90	堀2新	鉢	14.1	8.7	
58	栗ノ木田遺跡	新潟県十日町市	第1号立石配石遺構	—	—	堀2新	A5	—	—	
			第1号立石配石遺構	—	—	称2新	A5	—	—	
			第1号配石墓	—	—	堀2中	S3	—	—	椀 赤色塗彩木製品片 骨片
			第7号配石墓	—	—	堀2古	S2	—	—	
			第22号配石墓	—	—	堀2中	深鉢	—	—	
			第26号配石墓	—	—	堀2	鉢	—	—	
			第31号配石墓	—	—					
59	道尻手遺跡	新潟県津南町	2H-4配石墓	100	—	堀2新	A5	25.6	14.0	
			1H-5配石墓	124	—	堀2新	A5	26.4	16.0	
60	石生前遺跡	福島県柳津町	SK01	92	72	網取	浅鉢	24.4	13.2	

※長軸・短軸：土坑の底面の長さ　（　）：推定　＋：以上　掲：報告書掲載値、計：実測図による計算値

　A1類・A2類を用いた土器被覆葬は群馬県域に6例、長野県域に3例と、群馬県域を中心とした上信地域に分布するが、A3類は群馬県域、神奈川県域に各1例と減少する。

　一方、A4類は埼玉県入波沢東遺跡の1例であるが、A5類・A6類の土器被覆葬は長野県域（31例以上）を中心に群馬県西部3例、新潟県魚沼地域4例と、長野県域を中心とした上信越地域に分布し、数量も増大する。なお、この分布圏は次に述べる小仙塚系列を用いた土器被覆葬の分布圏を引き継いだものである。

小仙塚系列の変遷と分布

　小仙塚系列は頸部に屈曲が認められる土器群であり、"小仙塚類型群"とその系統を引くものである。堀之内1式期のものをS1類、堀之内2式期で、外面に文様を持つものをS2類、外面と内面に文様

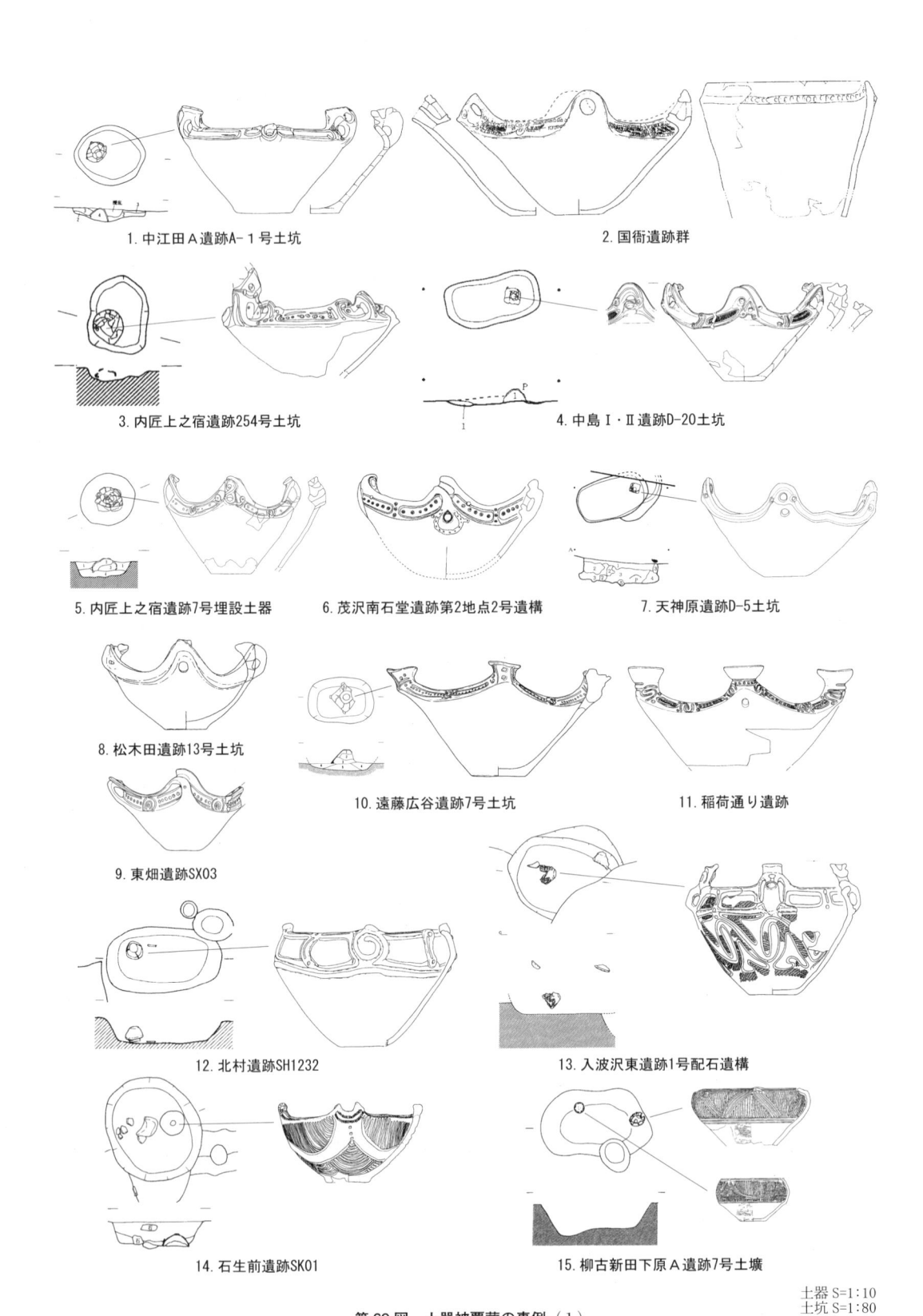

1. 中江田A遺跡A-1号土坑
2. 国衙遺跡群
3. 内匠上之宿遺跡254号土坑
4. 中島Ⅰ・Ⅱ遺跡D-20土坑
5. 内匠上之宿遺跡7号埋設土器
6. 茂沢南石堂遺跡第2地点2号遺構
7. 天神原遺跡D-5土坑
8. 松木田遺跡13号土坑
9. 東畑遺跡SX03
10. 遠藤広谷遺跡7号土坑
11. 稲荷通り遺跡
12. 北村遺跡SH1232
13. 入波沢東遺跡1号配石遺構
14. 石生前遺跡SK01
15. 柳古新田下原A遺跡7号土壙

土器 S=1:10
土坑 S=1:80

第69図　土器被覆葬の事例（1）

第5章 土器副葬と土器被覆葬

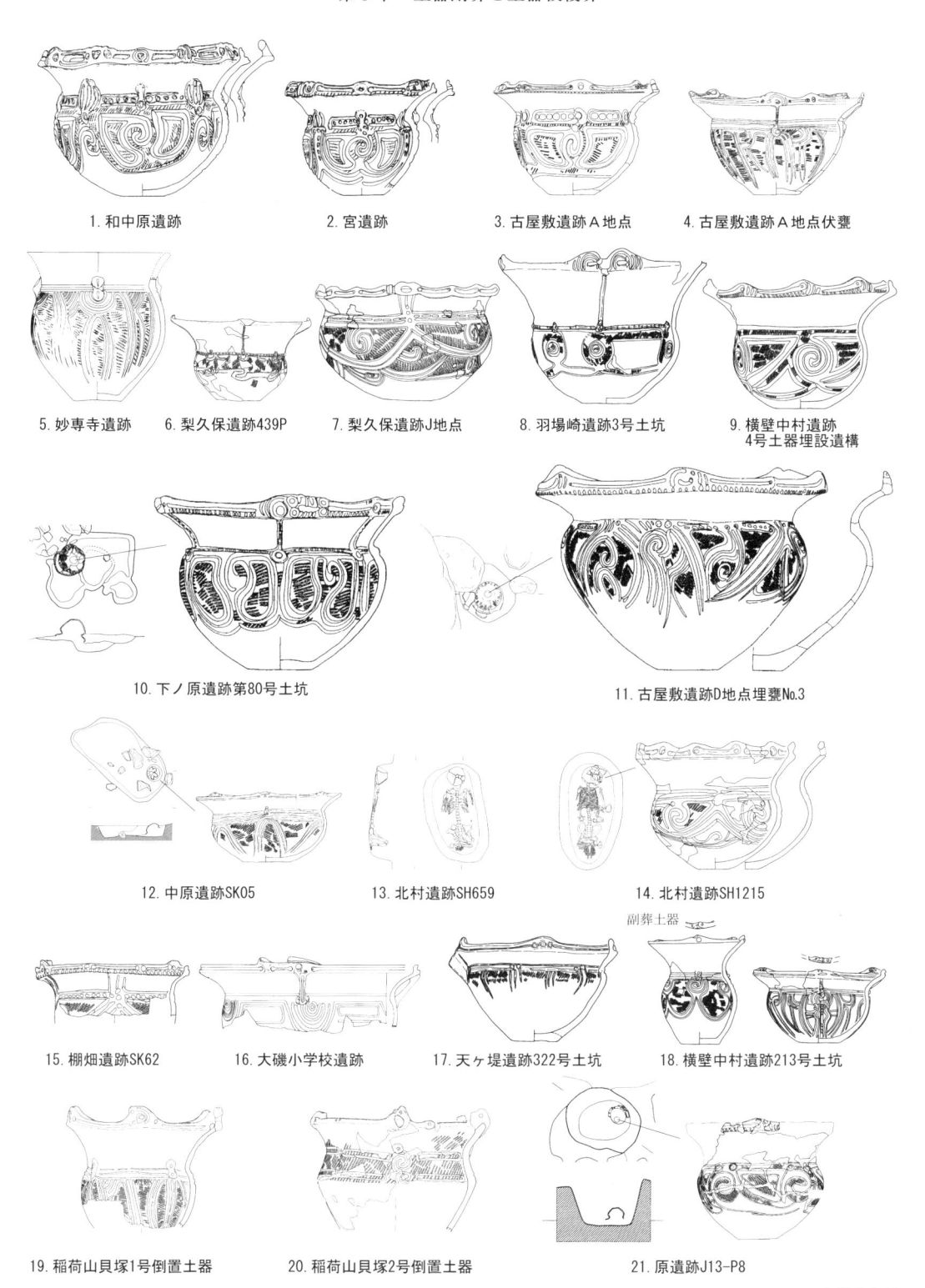

1. 和中原遺跡
2. 宮遺跡
3. 古屋敷遺跡A地点
4. 古屋敷遺跡A地点伏甕
5. 妙専寺遺跡
6. 梨久保遺跡439P
7. 梨久保遺跡J地点
8. 羽場崎遺跡3号土坑
9. 横壁中村遺跡4号土器埋設遺構
10. 下ノ原遺跡第80号土坑
11. 古屋敷遺跡D地点埋甕No.3
12. 中原遺跡SK05
13. 北村遺跡SH659
14. 北村遺跡SH1215
15. 棚畑遺跡SK62
16. 大磯小学校遺跡
17. 天ヶ堤遺跡322号土坑
18. 横壁中村遺跡213号土坑
19. 稲荷山貝塚1号倒置土器
20. 稲荷山貝塚2号倒置土器
21. 原遺跡J13-P8

副葬土器

土器 S=1:10
土坑 S=1:80

第70図 土器被覆葬の事例（2）

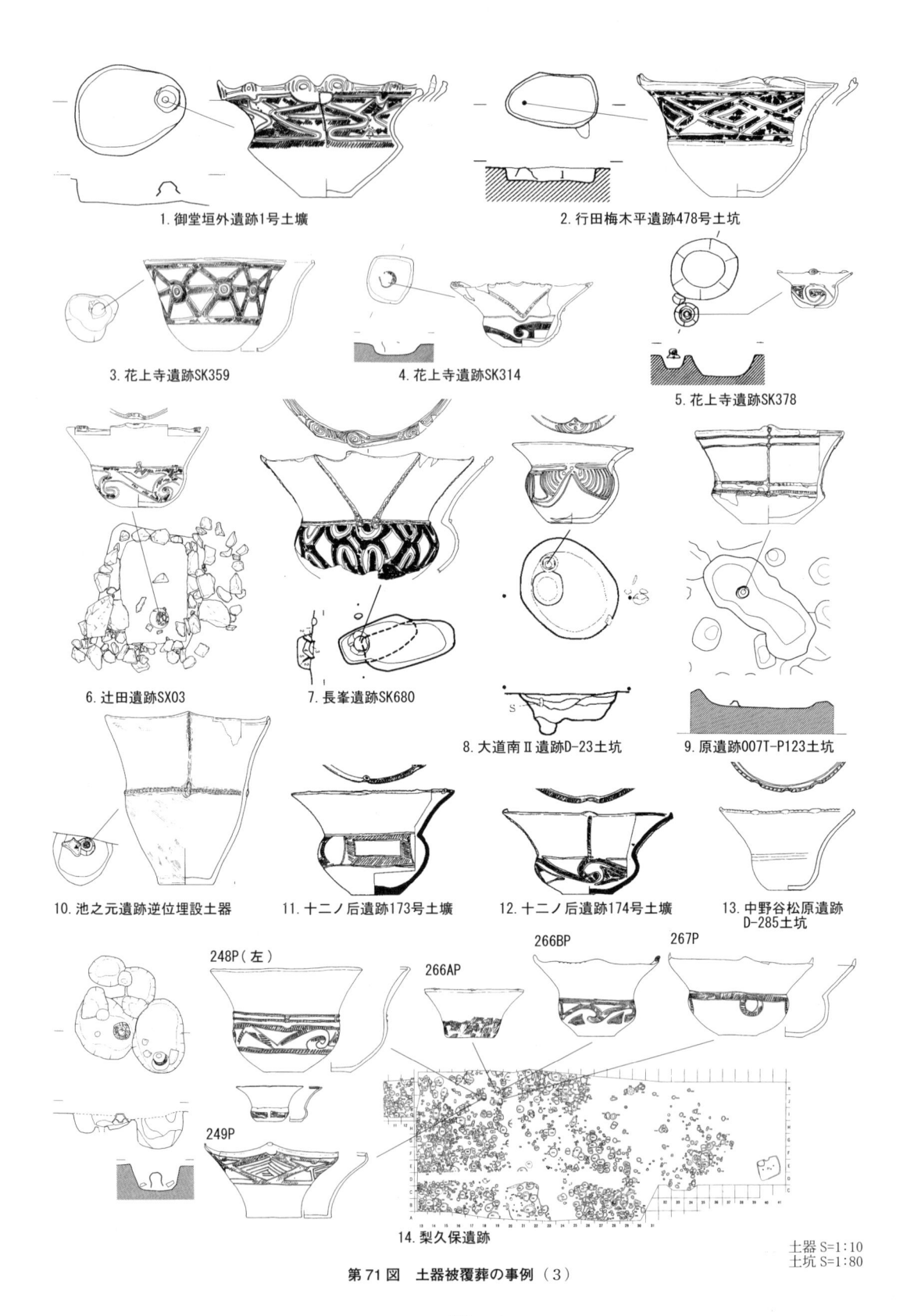

1. 御堂垣外遺跡1号土壙
2. 行田梅木平遺跡478号土坑
3. 花上寺遺跡SK359
4. 花上寺遺跡SK314
5. 花上寺遺跡SK378
6. 辻田遺跡SX03
7. 長峯遺跡SK680
8. 大道南Ⅱ遺跡D-23土坑
9. 原遺跡007T-P123土坑
10. 池之元遺跡逆位埋設土器
11. 十二ノ后遺跡173号土壙
12. 十二ノ后遺跡174号土壙
13. 中野谷松原遺跡D-285土坑
14. 梨久保遺跡

248P(左)　266AP　266BP　267P　249P

土器 S=1:10
土坑 S=1:80

第71図　土器被覆葬の事例（3）

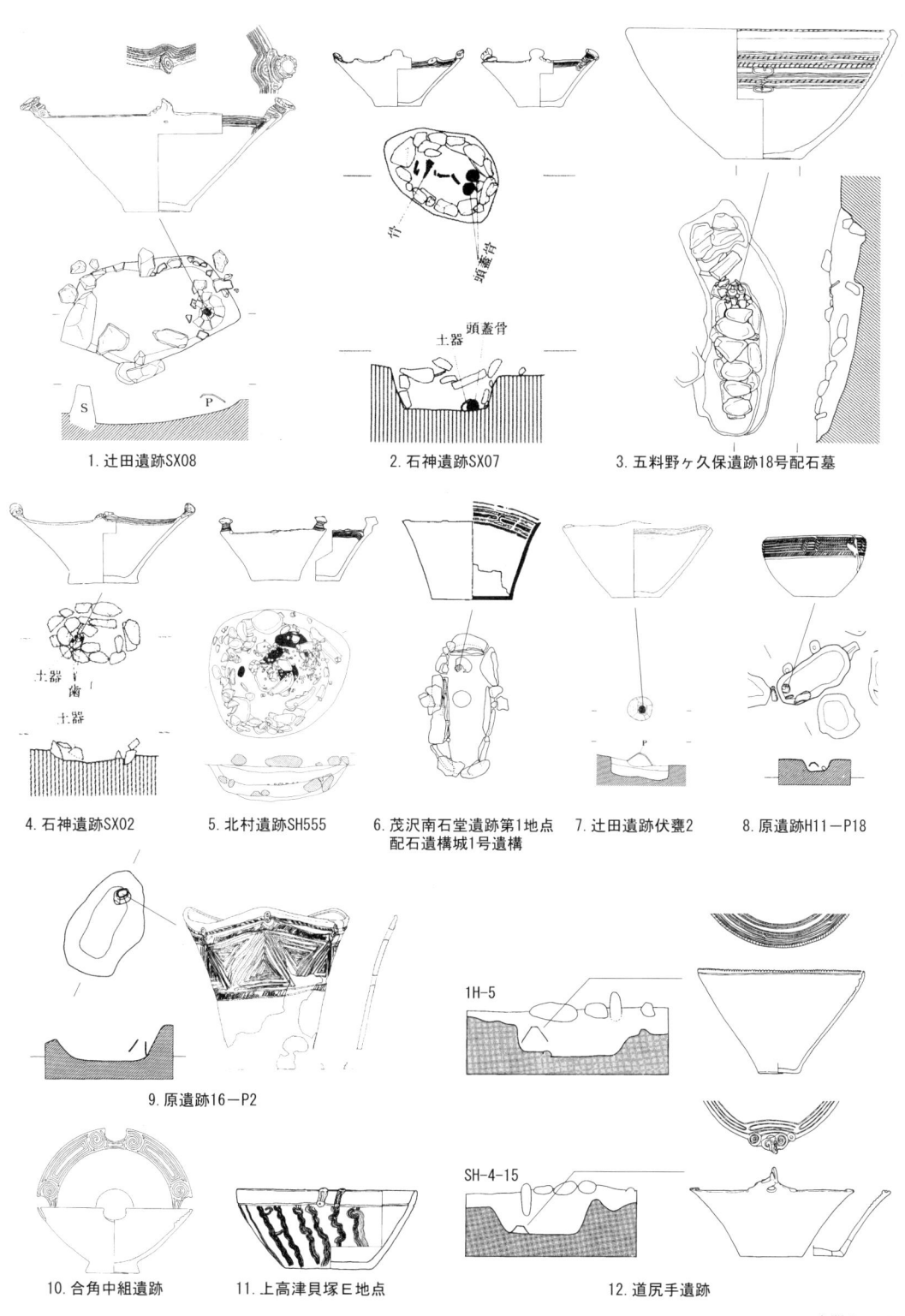

第5章 土器副葬と土器被覆葬

1. 辻田遺跡SX08
2. 石神遺跡SX07
3. 五料野ヶ久保遺跡18号配石墓
4. 石神遺跡SX02
5. 北村遺跡SH555
6. 茂沢南石堂遺跡第1地点配石遺構城1号遺構
7. 辻田遺跡伏甕2
8. 原遺跡H11－P18
9. 原遺跡16－P2
10. 合角中組遺跡
11. 上高津貝塚E地点
12. 道尻手遺跡

土器 S=1:10
土坑 S=1:80

第72図 土器被覆葬の事例（4）

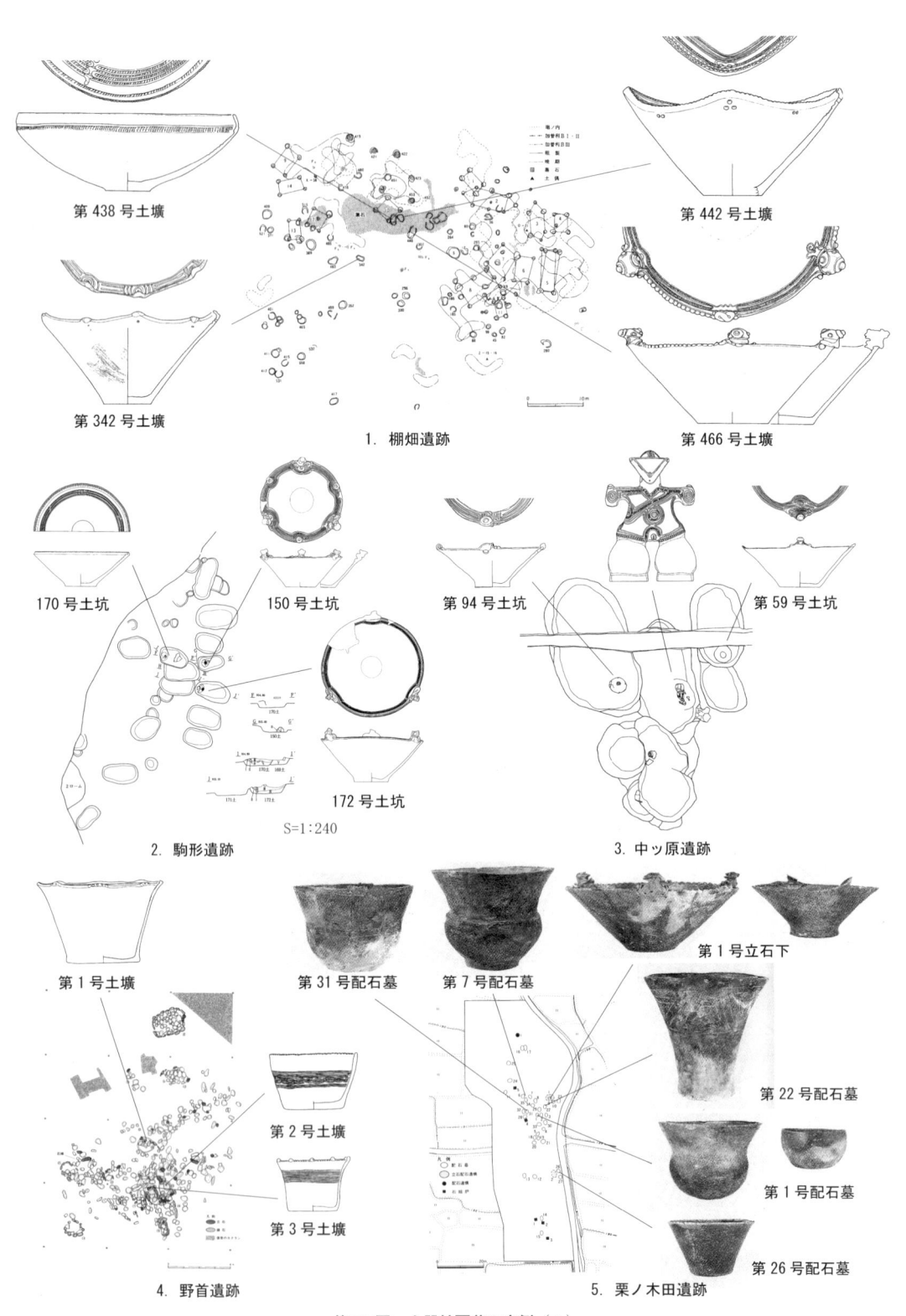

第438号土壙

第442号土壙

第342号土壙

1. 棚畑遺跡

第466号土壙

170号土坑

150号土坑

第94号土坑

第59号土坑

172号土坑

S=1:240

2. 駒形遺跡

3. 中ッ原遺跡

第1号土壙

第31号配石墓

第7号配石墓

第1号立石下

第2号土壙

第22号配石墓

第3号土壙

第1号配石墓

第26号配石墓

4. 野首遺跡

5. 栗ノ木田遺跡

第73図　土器被覆葬の事例（5）

第5章　土器副葬と土器被覆葬

第20表　土器被覆葬の事例集計表（地域別個体数）

	福島県	新潟県	長野県	群馬県	山梨県	埼玉県	神奈川県	茨城県	総計
称名寺		1	3	7					11
堀之内1	1	1	15	4	1		5		28
堀之内2古・中		8	20	3	1	1		1	34
堀之内2新		8	25						33
加曽利B1			8	3					11
加曽利B2			2						2
時期不明			3						3
総計	1	18	76	17	2	2	5	1	122

第21表　土器被覆葬の事例集計表（形式別個体数）

	浅鉢系列	小仙塚系列	深鉢	その他の浅鉢	鉢・椀	不明	総計
称名寺	10				1		11
堀之内1	2	24		2			28
堀之内2古・中	1	27	2	3		1	34
堀之内2新	26	3			4		33
加曽利B1	10						11
加曽利B2	2						2
時期不明	1					2	3
総計	52	54	2	5	6	3	122

※未報告の一ノ瀬・芝ノ木遺跡の7基分を除く。

を持つものをS3類、内面のみに文様を持つものをS4類とする。

　S1類は長野県域12例を中心に、隣接する群馬県西部に3例、新潟県魚沼地域と山梨県西部に各1例が認められるほか、神奈川県域に4例存在する。S2類は山梨県東部に1例認められるほかは、長野県域13例、群馬県西部2例、新潟県魚沼地域3例、S3類も長野県域6例、群馬県西部2例、新潟県魚沼地域1例と長野を中心とした上信越地域に分布する。S4類は中ッ原遺跡や大桜遺跡で僅かに認められるのみである。

その他の土器

　まず、入波沢東遺跡で、胴部全面に充填縄文を伴う入組み状の文様が施されている綱取式の注口部の付いた鉢がある。

　別系統の浅鉢としては、福島県石生前遺跡の多条沈線と弧状の無文帯を持つ事例があり、称名寺式新段階併行とみられる[95]。また、柳古新田下原A遺跡からは、平縁で胴部に多条沈線を施す南三十稲場式新段階事例が2個出土し、上高津貝塚E地点例は直線的に立ち上がり、胴部に櫛状工具による縦位の波状文様が施されている。共に堀之内2式期であろう。

　深鉢・鉢を用いる事例は、堀之内2式～加曽利B1式期の新潟県魚沼地域で見られるもので、原遺跡では堀之内2式古段階の深鉢と加曽利B1式の鉢、栗ノ木田遺跡で堀之内2式古段階の深鉢、野首遺跡では"石神類型"（秋田1997a）の鉢の例があり、地域的な特徴となっている。

（2）残存状況

　上部が削平された可能性もあるが土器の残存部位について確認しておきたい。口縁部から底部まで残存しているものをa類、口縁部から胴部半分までの残存をb類、口縁部周辺のみ残存しているものc類、その他をd類と区分する。a類の比率を挙げると、A1類～A3類が64％、S1類が50％、S2類～S4類が70％、A4類～A6類72％と、堀之内1式期以前と堀之内2式期以降とにおいて完形率に違いが認められるものの、おおむね完形品が多い。普遍性があるとして本稿で対象外とした破片を用いる土器片被覆葬では、胴部破片や底部を利用することが多いが、完形土器と土器破片との中間形態がほとんど認められないことは、両者は異なったものとして認識されていた可能性を示すも

---

[95] 類似した浅鉢は新潟県アチヤ平遺跡上段SK446で称名寺式新段階の深鉢と共伴している。

のと考えられる。

なお、栗ノ木田遺跡第１号配石墓のＳ３類鉢には胴下部に穿孔が認められる。

（３）使用痕跡

被覆以前の土器の履歴についても触れておきたい。この問題については、煤・コゲ・赤化などの煮沸に関わる使用痕跡に注目している。現在は具体的なデータを提示する段階ではないが、見通しを述べておく。鈴木徳雄（2002）が指摘するように、西関東のＡ１～Ａ３類については、これらの痕跡が散見される一方、Ａ５・６類については明瞭な痕跡を持つものは少ない[96]。しかし、信越地域においては小仙塚系列のみならず、Ａ５・６類にもこれらの痕跡を残すものが目立つ[97]。同地域においては、土器被覆葬と同様、煮沸具としての使い方も小仙塚系列からＡ５・６類へと引き継がれたようである。

４．土器被覆葬墓の様相
（１）墓坑の様相
形態・規模

土坑が確認されない事例も少なからず認められるが、いずれも連続的に推移しており、特徴的なまとまりは抽出できない。しかし、形態については概ね、楕円形・長円形に属するものであり、小規模なものほど長短比が小さく、大規模化するほど長軸の割合が大きくなる。

また、規模については、長軸50cm以下の小規模な事例が存在すること、Ａ５・６類を用いたものに長軸２ｍを越す大規模な事例が認められること、Ｓ１類を用いた墓坑は長軸１メートル前後でまとまっていることなどが分かる。

全国的に新生児骨を伴う事例は20cm以上であり、ここで扱っている土器被覆葬例もこの中に収まるが、山田康弘（1997）が墓制の上で大人としての取り扱いをうけると主張した幼児の場合は50cm以上となっている。後述のように、現状では少年以下の事例が無いことをふまえ、山田の説に従う場合、再葬など年齢とは別の要因を考えることが必要になる。

一方、伸展葬の平均値を見ると、北村遺跡では164.5cm（中期を含む）、全国では175cmとなり、堀之内２式新段階以降、平均以上の大形墓坑が営まれたことが、土器被覆葬の事例に限っても明らかになった（平林1993、山田康1999）。

配石の状況

堀之内１式期までの事例には配石を伴うものは認められない。堀之内２式には中段階において、内部に配石を伴う辻田遺跡SX03［第71図６］が登場し、新段階には同SX08［第72図１］、石神遺跡SX02［同４］、SX07［同２］、茂沢南石堂遺跡第１地点１号遺構［同６］などがあるが全体の中では僅かである。加曽利Ｂ１式期には宮中遺跡、平山丸山遺跡、五料野ヶ久保遺跡［同３］などの石棺墓群の一部に土器被覆が行われる状況がしばしば認められる。以上のように、内部配石の有無は土器被

---

96) 安孫子昭二は埼玉県寿能遺跡の加曽利Ｂ１式期の浅鉢や、Ｂ２式の丸底鉢、算盤玉形土器に炭化物の付着が認められることを指摘している（安孫子1990）。
97) 本稿初出後、改めて観察したところ、一部は黒漆をススと見誤った可能性があることが判明した。今後、科学分析を検討中である。

第 5 章　土器副葬と土器被覆葬

覆葬に特徴的な要素ではなく、同時期の墓制全体の傾向に沿ったものと考えられる。

（2）出土状況
人　骨

　Ａ1類を使用した北村遺跡ＳＨ1232では、頭骨の一部が出土しているのみで、詳細は不明である。Ｓ1類使用例では、大磯小学校遺跡で壮年男性の頭骨と頚椎骨、左鎖骨などが残されている。同じく和中原遺跡では熟年男性の頭骨[98]、宮遺跡からも頭骨片が検出されている。これらはいずれも偶然の発見で、出土状況の詳細は不明である。調査例としては、古屋敷遺跡Ｄ地点からは大臼歯三本と骨片が出土し、北村遺跡ではSH659で40〜60代の男性［第70図13］、SH1215で20代男性［同14］の人骨が出土している。Ａ5類については石神遺跡SX02から青年の頭骨のみが出土し［第72図4］、SX07では二体分の頭骨および上肢骨・下肢骨の一部が残り、青年男性と詳細不明（女性的）の合葬とみられる［同2］。また、北村遺跡SH555からは30歳〜35歳の男性人骨が出土しており、この傍らには20代の女性も埋葬されていた［同5］。

　事例数が少なく、規模その他の属性から、他の土器被覆葬へ普遍化することはできない。ここでは、男性の例が多いものの女性の事例も認められること、合葬の事例があること、年齢的には青年から熟年までの例が認められることなどを確認しておくに留める。

出土位置

　出土位置が判明している事例の多くは、長軸の一端からの出土であり、頭部被覆という想定を裏付ける。

　この他、土坑中央部からの出土例として、遠藤広谷遺跡［第69図10］、花上寺遺跡SK314［第71図4］、棚畑遺跡SK342があり、側壁部出土例として石生前遺跡の例［第69図14］がある。

　また、垂直位置については坑底またはやや浮いた位置からの出土が多数を占めるが、特異な例として、五料野ヶ久保遺跡18号配石墓で石棺状組石の蓋石よりやや高いレベルから出土した例がある［第72図3］。

土器の個数

　墓坑内に置かれる被覆用土器は通常1個であるが、複数の土器（片）を組み合わせる例、墓坑内の別の位置に複数の倒立土器を置く例なども見られる。前者には北村遺跡SH1215の完形のＳ1類と顔面の間に土器の底部破片が挟まれていた例、梨久保遺跡248Pの倒立土器の下に小形の土器が正位で出土した例などがある［第71図14］。後者の例としては、人骨の存在から合葬と判明している石神遺跡SX07［第72図2］のほか、柳古新田下原Ａ遺跡［第69図15］でも2個が出土している。

赤色顔料

　中ッ原遺跡では、大形仮面土偶が出土した墓坑の両隣にある第Ⅲ次第59号・第94号土坑や第Ⅳ次第163号などの土器内部から赤色塗料粉の検出が報告されている。稲荷山貝塚第1号倒置土器にも口縁部内面に赤色塗彩が認められた[99]。しかし、他の事例では報告は無く、土器被覆葬とは別の葬法との重複であろう。

98）鈴木誠の報告では図が示されないまま大川出土の中期の事例とされたものである。
99）筆者実見による。

（3）伴出遺物

　墓坑内から倒立土器以外の遺物が出土することは少ない。しかし、国衙遺跡群ではＡ１類に隆帯圧痕文土器が［第69図２］、入波沢東遺跡ではＡ３類浅鉢破片が出土しているがその性格は不明である。

　装身具は宮中遺跡６号遺構から朱塗竹製縦櫛、11号遺構で硬玉製平玉が出土している。

　副葬品と考えられるものとしては、東畑遺跡SK176の小形無文深鉢［第54図５］、花上寺遺跡K359の小形の注口土器［第74図１］、深沢遺跡Ｃ区中央土坑の小形の鉢・無頸壺［第64図６］、北村遺跡SH555の石鏃15点・打製石斧１点、SH659の打製石斧１点、SH782の石鏃１点、SH818の石鏃２点、棚畑遺跡第342号・438号・442号土壙や駒形遺跡150号・170号・172号土坑からの黒曜石製石鏃・石錐・剥片類数点などがある。また、栗ノ木田遺跡第１号配石墓からは椀及び赤色塗彩木製品片が出土している。

　これらはいずれも、一定のパターンを示すものではないため、土器被覆葬の要素とは考えられない。赤色顔料同様、別の葬法と重複したものと思われる。

　この他、原遺跡007T-P123からは炭化物15g、クルミ20gが出土している。炭化物については北村遺跡SH1215、SH1232でも報告されているが、葬送に伴うものかは定かでは無い。

５．墓域における土器被覆葬墓の位置

（１）称名寺式期～堀之内１式期

　称名寺式期においてはいずれも１遺跡１例の単独出土であり、遺跡内での位置関係も不明であるものが多い。

　堀之内１式期も引き続き単独の事例が多い。複数の事例が認められる長野県古屋敷遺跡、北村遺跡をみても、各事例は距離を隔てており、分散する傾向が窺える。

（２）堀之内２式期～加曽利Ｂ式期

　これに対し、堀之内２式～加曽利Ｂ式期の事例は土器被覆葬墓を持つ遺跡が増えるとともに、遺跡内でも特定の区域に集中する遺跡が目立つようになる。また、上部に配石が構築されるのもこの時期の特徴である。

長野県域の様相

　塩尻、辰野を含む諏訪周辺地域に13遺跡50例以上が集中し、他に、東信地域に若干の分布が認められる[100]。

　堀之内２式古段階の花上寺遺跡においては３例が60メートルほど離れて存在しているが、堀之内２式古段階～中段階の梨久保遺跡では５例が隣接して存在するようになる[101]［第71図14］。さらに、新段階～加曽利Ｂ式期の棚畑遺跡では４例が集中して構築されており、後にその区域の上部に配石が構築されている［第73図１］。駒形遺跡では３例が隣接し［同２］、中ッ原遺跡では土器被覆葬例（59号・94号）に挟まれた土坑から大形仮面土偶"仮面の女神"が出土しているほか［同３］、163号・

---

100) この数からは、特殊死に対する葬法という解釈は難しい。逆に全ての墓坑に認められる訳ではないことや、後述する位置関係から、遺跡内での特定少数に対する葬法であると思われる。
101) 他に、集中区域より35m離れて１例、100m離れた別調査区に１例存在する。

第 5 章　土器副葬と土器被覆葬

150号・177号も並列する。位置関係は未報告であるが一ノ瀬遺跡や勝山遺跡でも7基ずつ検出されている。

　東信地域に眼を転じると、辻田遺跡では堀之内2式中段階のSX03と、新段階のSX08は15メートルほど離れているが、両者を含む形で上面に配石が構築されている。一方、石神遺跡では合葬を含む2基が近接しているが、配石はその上ではなく別地点の石棺墓域に構築される。

新潟県魚沼地域の様相

　野首遺跡では3基が近接し、そこを中心に上面に配石が構築されている［第73図4］。また、栗ノ木田遺跡では、第1号立石配石遺構の下部から新段階の浅鉢2個が逆位で出土し、近接する1号・7号・22号・31号配石墓の4基にも2式古段階～新段階の土器被覆が存在する一方、やや離れた第2立石配石遺構に近接するエリアでは第26号配石墓で新段階の一例がのみ認められ、両者に差を認めることができる［同5］。

群馬県域の様相

　行田梅木平遺跡ではS2類、中野谷松原遺跡ではS3類が出土しているが共に1例のみである。五料野ヶ久保遺跡において密集した石棺墓群の東端部に加曽利B1式期の土器被覆葬墓が位置し、近接してB2～B3式期の深鉢の底部を伏せた24号配石墓や、赤彩耳栓を伴う16号配石墓、28号配石墓も存在する。また、これらを含めた上部には堀之内1式期～安行1式期にわたって配石が構築されている。一方、同じく加曽利B1式期の小形土坑（38号土坑）はそこから30メートル離れて単独で存在している。深沢遺跡E区では加曽利B3式期までの石棺墓と配石遺構が検出されているが、中心部に位置する土器被覆葬墓はその最古段階に位置づけられ、小形の鉢、無頸壺（共に正位）を伴う（下条ほか1989）。

　このように、土器被覆葬墓が遺跡内の特定区域に集中し、何らかの形でその中心的存在となっていたことを窺わせる。棚畑遺跡で見られた墓坑の上面に配石を持つ事例については、古く戸田哲也（1971）が指摘し、近年阿部友寿（2003）が「遺構更新」と名づけた事象の一例となる。阿部も「墓壙の全てに上部配石が構築されるのではなく、その一部に形成される」と述べているが、配石が構築される区域とそうでない区域との差については言及されていない。石神遺跡のような例もあり、早急な断定はできないが、土器被覆葬墓を含むエリアが後代まで記憶されていた可能性は想定できよう。

　なお、群馬県域においては信越地域と異なり、1遺跡で複数の事例は認められないことは地域差として注意される。

6．土器被覆葬の展開

1期：顕在化—称名寺式期

　関東地方で最も早く行われたのがA1～A3類を用いた事例であるが、その出現はいかなる背景に求められるのであろうか。A1類浅鉢の発生について、鈴木徳雄（2000）は波状を呈する形態の起源を東北南部の浅鉢と関連させる一方、突起の形態は称名寺式のものであることから関東地方における形態的再編によって生じたものとしているが、A2類は群馬県域、長野県北部、新潟県中越地域などに分布し、それを用いた土器被覆葬も群馬県域・長野県域などに分布する。直接の系統性はなお検討すべきであるが、新潟県下ゾリ遺跡では大木10式の、群馬県三原田遺跡では加曽利E4式の浅鉢を

用いた土器被覆葬があり、福島県石生前遺跡例もこうした動向に関わるものであろう[102]。該期は称名寺Ⅱ式や三十稲場式の成立期という土器文化全体の動向の上でも注目すべき時期であるが、土器被覆葬に浅鉢を用いる慣習の起源については今後の課題としたい。

２期：展開―堀之内１式期～堀之内２式中段階

　Ａ３類の土器自体は西南関東に多数分布するようになる一方、土器被覆葬は群馬県・神奈川県で１例ずつとなり、西関東においては完形土器を用いた土器被覆葬はここで途絶える。

　一方、小仙塚系列の土器被覆葬は堀之内１式期から始まる。小仙塚系列の中心地である長野県域でも浅鉢Ａ２類を用いた土器被覆葬が２例見られたが、"小仙塚類型群"の成立とともに、その土器を用いた土器被覆葬へと切り替えるのである。

　"小仙塚類型群"の起源は称名寺式とは異系統の土器である関沢類型であり、茂沢類型を経てＢ１類の和中原遺跡例へと変化してきた（鈴木徳1999）。いつ頃から長野県域を分布の中心としてきたかは定かではないが、"小仙塚類型群"の頸部屈曲とそれ以下の文様帯という特徴は、北の綱取式、西の縁帯文土器群とも関わり、文様についても、各地で多様な展開をみせる。堀之内１式期の始まりとともに長野県域がそうした多様な土器群の中心として存在したのであれば、その象徴とみなされたことも十分考えられることであろう。被覆に用いる土器の小仙塚系列への切り替えは長野県域を中心に分布する新たな土器群の成立を契機として始まったものと考えられる[103]。

　Ｓ１類～３類は長野県域のほか群馬県西部や新潟県魚沼地域においても若干の分布を持つが、分布の空白域を隔てて、神奈川県域にも３例認められる。同地域の土器組成の中では浅鉢Ａ３類、小仙塚系列共に安定した存在になっているにも関わらず、土器被覆葬の例は少ない。しかし全体的に見た場合西関東・信越地域が一つの分布範囲を構成していたことは注意すべきであろう。この分布圏は続くＡ５・Ａ６類の成立と普及に大きな役割を果たすのである。

　なお、山梨県東部の池之元遺跡からＳ２類の土器被覆葬の出土があるが、同地域は土器被覆葬墓の希薄地域となっていたようである。また、埼玉県秩父地域においては綱取式の注口付浅鉢やＡ４類浅鉢の使用という特異な状況がみられる。

３期：盛行と終焉―堀之内２式新段階～加曽利Ｂ１式期

　浅鉢Ａ５類・Ａ６類は関東のみならず東海・北陸・東北など広範囲に分布するが、その中心は西南関東とみられる。この地域ではさらに、小形土器副葬を盛行させ、新たに舟形土器などの儀礼具を生み出すなどその勢力増大を窺わせる（林・細野1997、中村2005）。

　一方、長野県域を中心とする上信越地域では小仙塚系列に替わって浅鉢Ａ５・Ａ６類が土器被覆葬に使用されるようになる。Ａ５類はＡ４類の系譜を引くものであるが、小仙塚系列のＳ３類もその成立に関わったものと思われる。これは、長野県域における土器被覆葬がＳ３類の系譜を引いたＳ４類ではなく、Ａ５類が採用されたことから[104]も裏付けられるが、前述の土器被覆葬分布圏の中での交流の賜物であろう。

　新たに浅鉢を受容した信越地域であるが、その使用法は西南関東と異なり、引き続き煮沸痕と土器

102）逆位でないため集成対象外としたが、福島県高木遺跡SK278からも石生前遺跡例と同系統の浅鉢が出土しており一連のものと考えられる。
103）Ｓ１類に先行する関沢類型の副葬例として中島Ⅰ・Ⅱ遺跡Ｄ1270土坑、再葬関連施設として、長野県滝沢遺跡J3号竪穴遺構があり、この系列が既に葬送儀礼と関わっていたことを示す。

第 5 章　土器副葬と土器被覆葬

被覆葬が見られることは既に述べた。一方、変化した部分として、数の増加と遺跡内での集中現象が見られるようになったことが挙げられる。土器被覆葬例に限っても比較的大形の墓坑や、赤色顔料の塗布も一部で認められるように、複雑さの点でも従来の葬制とは異なった様相が認められる。

　しかし、その土器被覆葬も加曽利Ｂ２式を最後に終焉を迎える[105]。おそらく東関東における斜線文系土器群、中部高地における羽状沈線文系土器群など独自の土器群が展開することと関わるものであろう。

---

104) Ａ５類の成立については、Ａ３類からＡ４類を経てＡ５類へという鈴木徳雄（2000）の説のほか、Ｓ４類からＡ５類への変化を指摘する阿部芳郎（1999）の説がある。詳細は別に検討したいが、Ａ４類段階においては多様な内面文様を持った浅鉢が製作され、やがてＡ５類へと収斂していくという過程を辿る。多様なバリエーションは、いわば試行錯誤の段階でありＳ３類もその動きの中にあって、浅鉢系列を主体に、Ｓ系列を巻き込んでＡ５類が成立したと考えられる。
105) 西広貝塚第39号人骨や上高津貝塚Ｃ地点などで晩期の浅鉢を用いた例があるが、本稿で扱ったものとの関係は不明である。

第4節　土器副葬と土器被覆葬

1．土器形式の使い分けと社会的機能の共通性

　土器副葬は堀之内式期には深鉢ないし注口土器、加曽利B1式新段階には鉢ないし舟形土器が主体となり、その前後の時期には各種の精製土器が用いられる。但し、これらの土器形式が主体となるとはいえ、同一遺跡内でそれ以外の形式も用いられることがある点も見逃せない。これに対し土器被覆葬は新潟県魚沼地域を除き、浅鉢ないし"小仙塚類型群"と、各時期・地域の範囲内においては、土器被覆葬に用いる土器形式は限定されていた。

　しかし、土器副葬に若干のバラエティがあるにしろ、土器副葬・土器被覆葬ともに、使用される土器がある程度限定されていたことは認められるであろう。これは、両者が複合・近接する花上寺遺跡や小段遺跡［第74図1・2］、岡上丸山遺跡［第55図1］などで、土器副葬は注口土器、土器被覆葬は"小仙塚類型群"系の頸部屈曲土器と、明確に使い分けられていることからも明らかである。また、堀之内2式新段階の土器被覆葬墓2基と加曽利B1式新段階の土器副葬墓1基が墓域を違えて検出された石神遺跡でも、前者は浅鉢、後者は舟形土器が用いられており、ここでも使い分けの意識が認められる［第74図］。さらに、深沢遺跡C区中央土坑でも、加曽利B1式期の浅鉢が伏せられた脇から、正位で鉢と壺の出土があり、被覆と副葬との使い分けを示している［第64図6］。

　これまで見てきたように、土器副葬・土器被覆葬ともに、称名寺式期から堀之内2式中段階までの事例の少なさに対し、堀之内2式新段階～加曽利B1式期には激増し、最盛期を迎えるという共通した展開をたどる。遺跡内でのあり方についても、"核家屋"や配石に近接して集中するなど共通点が多い。両者は社会的にはほぼ同様の機能を果していたものと考えてよいだろう。

2．土器副葬と土器被覆葬の共通性と相違

　これまで、土器副葬と土器被覆葬を対峙させながら、分布・事例数・使用する土器形式・遺跡内での位置関係などについて、時期的展開を整理してきた。改めて共通点・相違点を整理すると以下のようになる。両者は時間的展開を共有するものの、主たる分布範囲と使用土器の点で対照的なあり方を示しているのである。

共通点
①称名寺式期に顕在化し、堀之内1式期以降には安定的に認められる。堀之内2式新段階を境に大幅な増加がみられ、加曽利B2式期には減少する。
②堀之内2式新段階以前は、事例数が少ないものの広範囲に分布が認められるのに対し、以後は分布域を集中させる。
③堀之内2式新段階以前は、分布域にある墓域を伴う遺跡にあっても事例の認められない場合がしばしば存在するが、以後は分布域内ではほぼ全墓域で確認され、かつ墓域内の特定区域への偏在が認められる。

相異点
④土器被覆葬は長野県と、隣接する新潟県魚沼地域・群馬県西部を中心的な分布域とし、土器副葬は

第5章 土器副葬と土器被覆葬

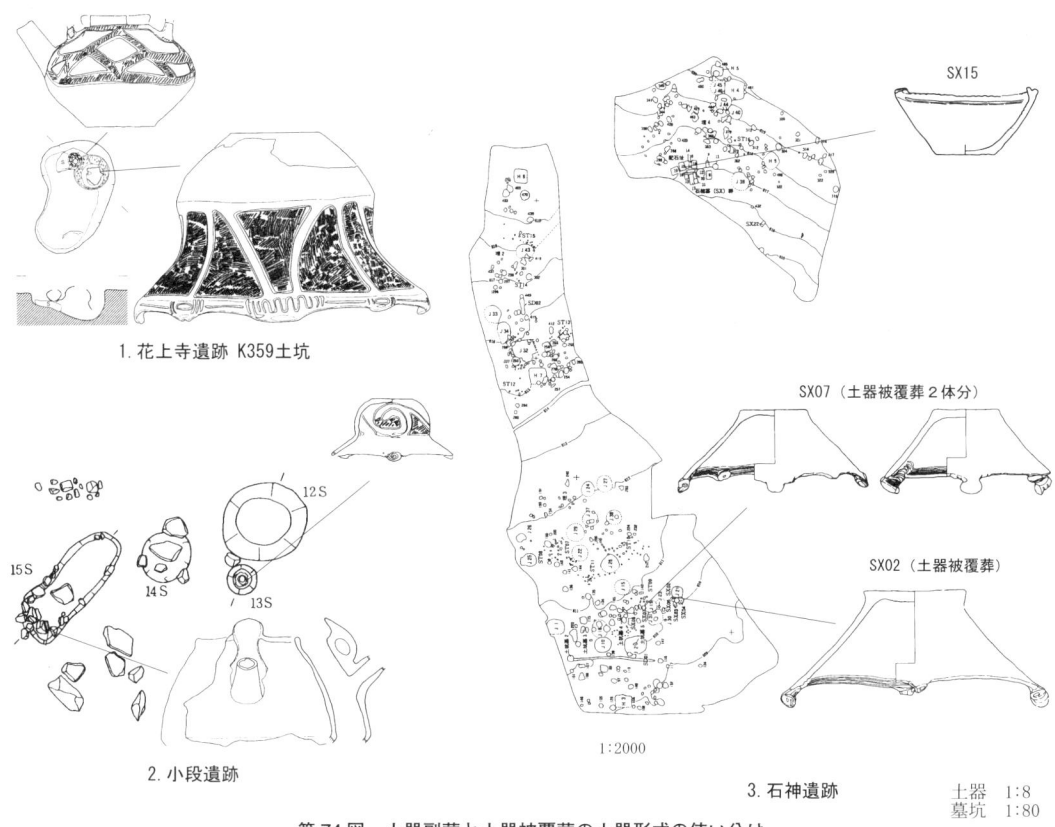

第74図 土器副葬と土器被覆葬の土器形式の使い分け

関東西南部を中心的な分布域とする。
⑤土器被覆葬で用いられる土器は、浅鉢→"小仙塚類型群"とその系統下の土器→浅鉢という変遷をたどり、長野県ではほぼこれらの土器に限定される。土器副葬は、深鉢→深鉢/注口土器→鉢あるいは舟形土器を中心に深鉢・注口土器・浅鉢・壺がしばしば併用される。

3．〈地域－儀礼－土器〉関係の形成

（1）〈地域－儀礼〉関係

葬送儀礼の地域性

これまでに明らかにしてきたように土器副葬は関東西南部、土器被覆葬は長野県を主たる分布範囲としていた。これが顕在化するのは堀之内2式新段階～加曽利B1式期で、この時期は2つの地域ともに、墓域内の特定エリアへの集中も顕著である［第75図］[106]。

堀之内2式以降、土器副葬・土器被覆葬が希薄となった関東西北部地域を中心に、墓坑内部への配石行為を重視する葬墓制（石棺墓）が展開し、墓域の一部で特に精巧な作りを持つものがある（大工原・林1995）。既に、林克彦・細野千穂子（1997）によって、関東西南部における土器副葬と対比し

---

106) 初出論文では漏れていたが、山梨県中央市高部宇山平遺跡で、堀之内2式新段階の副葬例が検出されており、分布の境界域の様相が明らかとなった。

土器副葬

J14号土坑
J13号土坑

1:600
1. 久原小学校内遺跡

172号土壙
178号土壙
61号土壙
250号土壙

1:1200
2. 神明遺跡

土壙G
土壙B
土壙H
土壙H
土壙I

第1配石墓群
第2配石墓群
1号敷
2号敷
3号敷
14号敷

1:2000
3. 下北原遺跡

26号土壙　27号土壙　28号土壙
堀之内1式期の土器副葬墓
改葬人骨
7号土壙
29号土壙
14号土壙
45号土壙
164号土壙

1:2000
4. 小丸遺跡

土器被覆葬

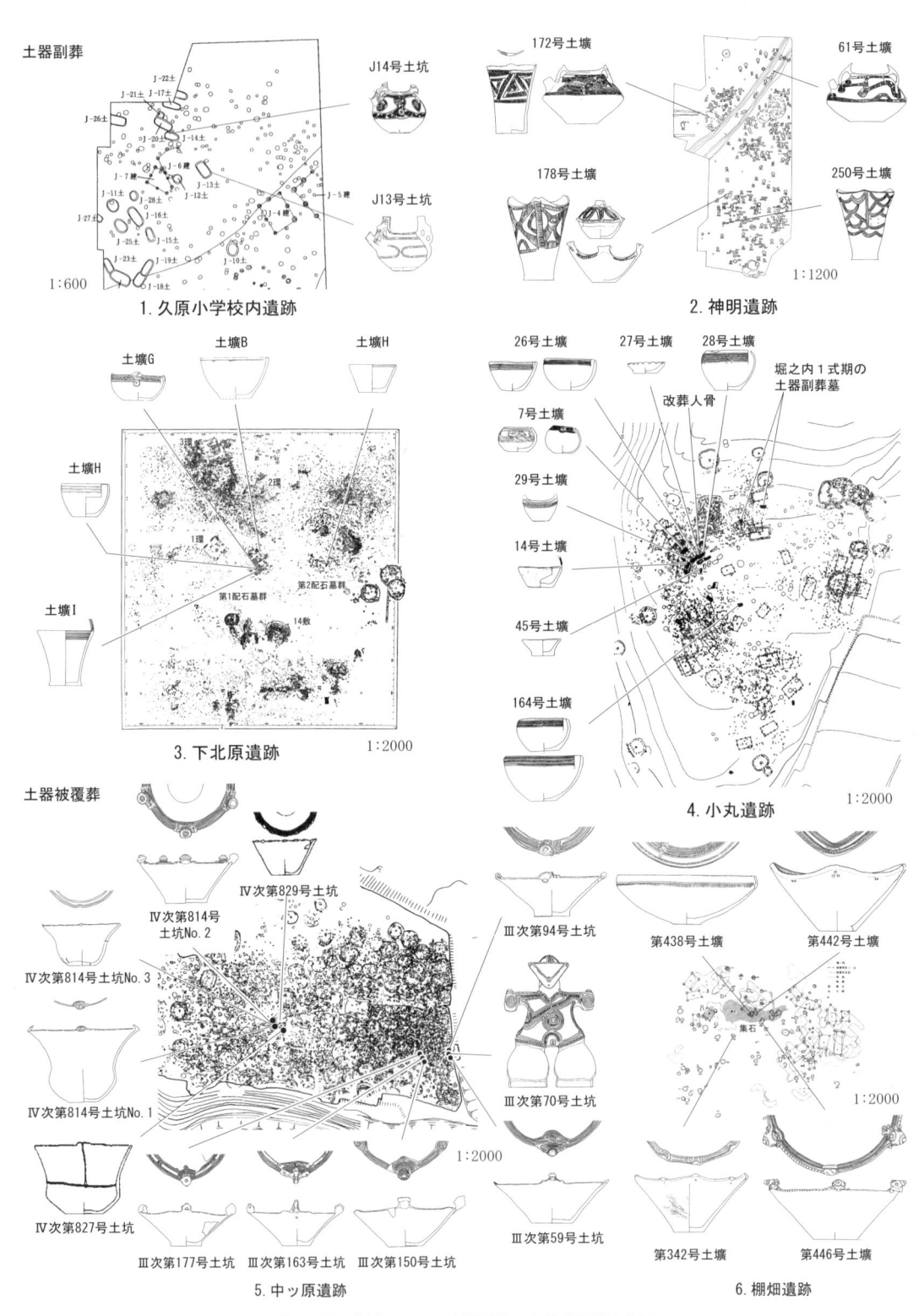

Ⅳ次第829号土坑
Ⅳ次第814号土坑No.2
Ⅳ次第814号土坑No.3
Ⅳ次第814号土坑No.1
Ⅳ次第827号土坑
Ⅲ次第177号土坑　Ⅲ次第163号土坑　Ⅲ次第150号土坑
Ⅲ次第94号土坑
Ⅲ次第70号土坑
Ⅲ次第59号土坑

1:2000
5. 中ッ原遺跡

第438号土壙　第442号土壙
集石
第342号土壙　第446号土壙

1:2000
6. 棚畑遺跡

第75図　墓域における土器副葬・土器被覆葬の位置

土器 1:16

— 212 —

第5章　土器副葬と土器被覆葬

た形での関東北部の石棺墓が、墓制の地域差として指摘されている。時期不明の例も少なくないが、群馬県安中市天神原遺跡、前橋市大道遺跡、榛東村下新井遺跡や北杜市青木遺跡などまとまった墓域は概ね加曽利B1式期以降に認められる。但し、堀之内2式新段階には軽井沢町茂沢南石堂遺跡、小諸市石神遺跡、東御市古屋敷遺跡など、長野県東信地域で石棺墓と土器被覆葬が複合しており、加曽利B1式期にはみなかみ町深沢遺跡、安中市行田梅木平遺跡、飯山市宮中遺跡で土器被覆葬、都留市尾咲原遺跡で土器副葬が複合するなど、最盛期においても両者は排他的な関係ではない。但し、そうした遺跡では土器副葬・被覆葬が1～2基と客体的存在である。他方、最も土器被覆葬の遺跡数が多く、1遺跡あたりの基数も多い茅野市・諏訪市周辺地域では後葉の辰野町平出丸山遺跡を除き石棺墓は認められない。

　目を関東東部に転じると、千葉県の市川市権現原遺跡、船橋市宮本台遺跡、市原市祇園原遺跡、船橋市古作貝塚、茂原市下太田貝塚、茨城県取手市中妻貝塚など、再葬行為を重視した葬墓制（高橋2003、菅谷2007）が顕著に認められる。下太田貝塚や中妻貝塚は堀之内2式期～加曽利B1式期の構築の可能性が高いとされる。

　これらは葬送儀礼の複雑化という共通の現象の、表現方法の違いとの理解があり（菅谷2005）、筆者もこれに同意する。但し、土器副葬、土器被覆葬、石棺墓、再葬はいずれも各地域で少数の事例が確認されており、前述のように東信地域を中心に複合例も少なくないものの、それぞれに中心地域が認められるのは、伝統や地域間関係によって、重視する箇所の異なった葬法を各地域がそれぞれ選択したためと考えられる。ここでは、その背景についてはこれ以上立ち入らず、〈地域－儀礼〉の密接な関わりを確認しておくに留めたい。

分布範囲の伸縮

　前述したように、こうした葬送儀礼の地域性、特に土器副葬と土器被覆葬の地域性は堀之内2式新段階～加曽利B1式期に顕著となる。しかし、一方で、称名寺式期～堀之内2式中段階には、両者の集中度は希薄であり、入り混じって分布する。また、加曽利B2式期以降は、土器副葬が関東東部にも展開していく。これらは土器副葬・被覆葬の画期を認定する際にも重視した点であり、その変化も見逃せない［第76図・第77図］。

　石棺墓や多遺体埋葬は、直接土器を伴うことが少ないため詳細な比較は困難だが、東京都新宿区百人町西3丁目遺跡で称名寺式期の焼人骨合葬事例、長野県安曇野市北村遺跡SH1180で堀之内1式期の5体の合葬事例があり、また山梨県大月市宮谷遺跡では堀之内1式期の大形破片を伴う石棺墓などが認められることから、堀之内2式新段階以前にあっては、それぞれの葬法が幅広く分布していた可能性が高い。

　一方、加曽利B2式期以降では、土器副葬が千葉県にやや広がるものの土器被覆葬は衰退し、多遺体埋葬も見られなくなるが、晩期には石棺墓が関東西部～中部の広い範囲で展開していく。

　このように、土器副葬・土器被覆葬・石棺墓・多遺体合葬の最盛期にはそれぞれの分布範囲が限定される一方、その前後の時期には、地域を超えた墓制の展開が認められる。

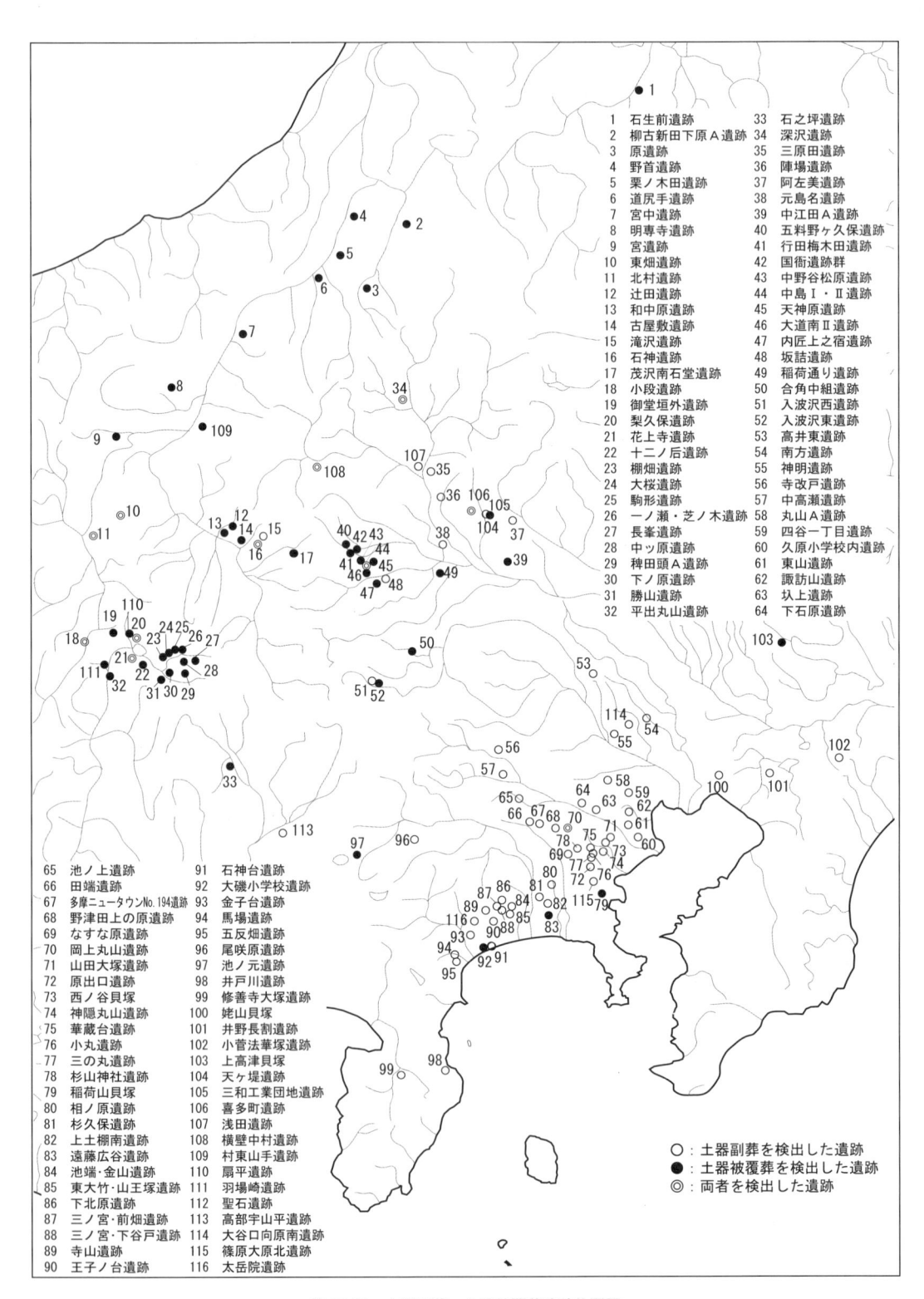

#	遺跡名	#	遺跡名
1	石生前遺跡	33	石之坪遺跡
2	柳古新田下原A遺跡	34	深沢遺跡
3	原遺跡	35	三原田遺跡
4	野首遺跡	36	陣場遺跡
5	栗ノ木田遺跡	37	阿左美遺跡
6	道尻手遺跡	38	元島名遺跡
7	宮中遺跡	39	中江田A遺跡
8	明専寺遺跡	40	五料野ヶ久保遺跡
9	宮遺跡	41	行田梅木田遺跡
10	東畑遺跡	42	国衙遺跡群
11	北村遺跡	43	中野谷松原遺跡
12	辻田遺跡	44	中島Ⅰ・Ⅱ遺跡
13	和中原遺跡	45	天神原遺跡
14	古屋敷遺跡	46	大道南Ⅱ遺跡
15	滝沢遺跡	47	内匠上之宿遺跡
16	石神遺跡	48	坂詰遺跡
17	茂沢南石堂遺跡	49	稲荷通り遺跡
18	小段遺跡	50	合角中組遺跡
19	御堂垣外遺跡	51	入波沢西遺跡
20	梨久保遺跡	52	入波沢東遺跡
21	花上寺遺跡	53	高井東遺跡
22	十二ノ后遺跡	54	南方遺跡
23	棚畑遺跡	55	神明遺跡
24	大桜遺跡	56	寺改戸遺跡
25	駒形遺跡	57	中高瀬遺跡
26	一ノ瀬・芝ノ木遺跡	58	丸山A遺跡
27	長峯遺跡	59	四谷一丁目遺跡
28	中ッ原A遺跡	60	久原小学校内遺跡
29	稗田頭A遺跡	61	東山遺跡
30	下ノ原遺跡	62	諏訪山遺跡
31	勝山遺跡	63	圷上遺跡
32	平出丸山遺跡	64	下石原遺跡
65	池ノ上遺跡	91	石神台遺跡
66	田端遺跡	92	大磯小学校遺跡
67	多摩ニュータウンNo.194遺跡	93	金子台遺跡
68	野津田上の原遺跡	94	馬場遺跡
69	なすな原遺跡	95	五反田遺跡
70	岡上丸山遺跡	96	尾咲原遺跡
71	山田大塚遺跡	97	池ノ元遺跡
72	原出口遺跡	98	井戸川遺跡
73	西ノ谷貝塚	99	修善寺大塚遺跡
74	神隠丸山遺跡	100	姥山貝塚
75	華蔵台遺跡	101	井野長割遺跡
76	小丸遺跡	102	小菅法華塚遺跡
77	三の丸遺跡	103	上高津貝塚
78	杉山神社遺跡	104	天ヶ堤遺跡
79	稲荷山貝塚	105	三和工業団地遺跡
80	相ノ原遺跡	106	喜多町遺跡
81	杉久保遺跡	107	浅田遺跡
82	上土棚南遺跡	108	横壁中村遺跡
83	遠藤広谷遺跡	109	村東山手遺跡
84	池端・金山遺跡	110	扇平遺跡
85	東大竹・山王塚遺跡	111	羽場崎遺跡
86	下北原遺跡	112	聖石遺跡
87	三ノ宮・前畑遺跡	113	高部宇仙平遺跡
88	三ノ宮・下谷戸遺跡	114	大谷口向原南遺跡
89	寺山遺跡	115	篠原大原北遺跡
90	王子ノ台遺跡	116	太岳院遺跡

○：土器副葬を検出した遺跡
●：土器被覆葬を検出した遺跡
◎：両者を検出した遺跡

第76図　土器副葬・土器被覆葬遺跡位置図

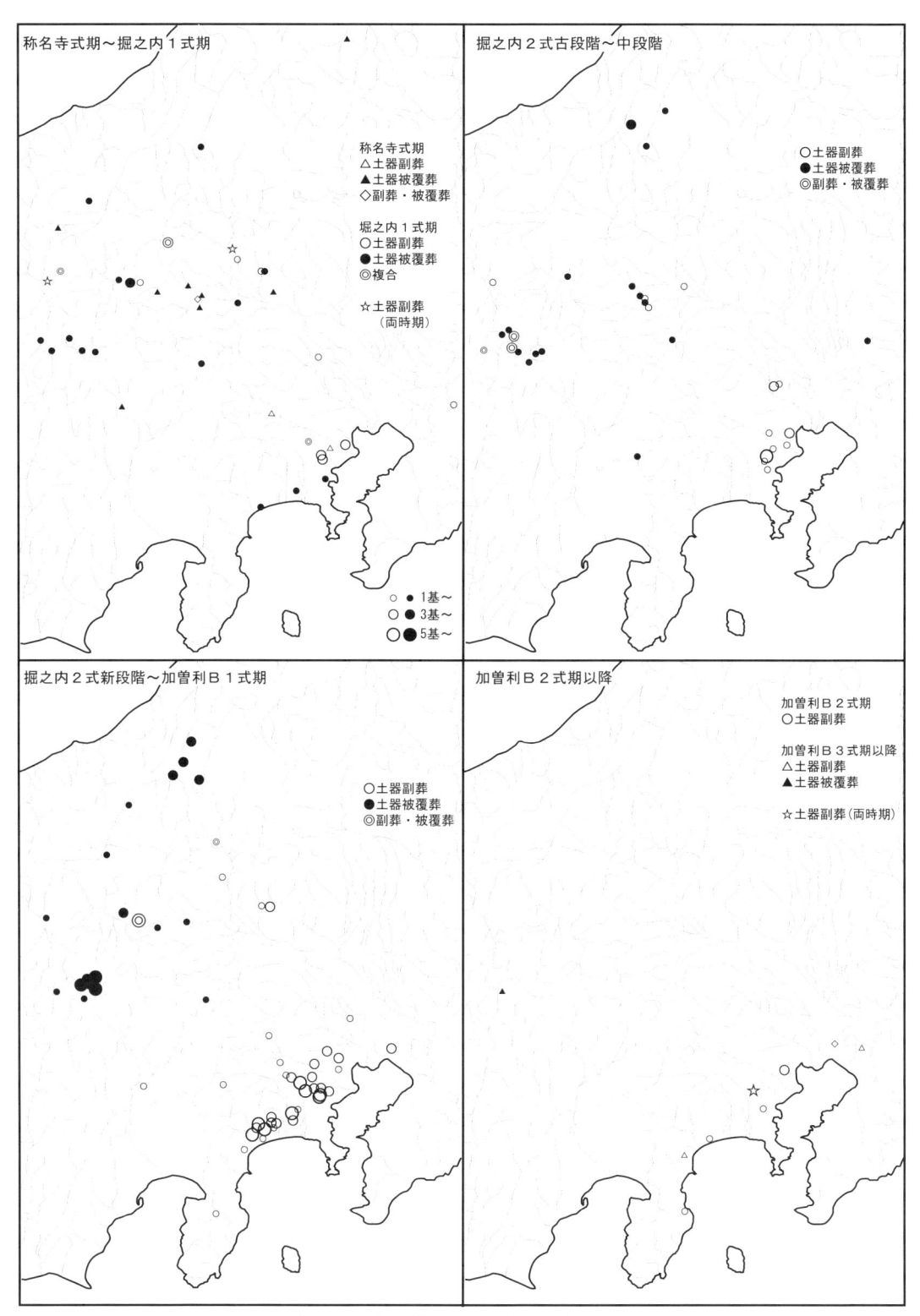

第5章　土器副葬と土器被覆葬

第77図　土器副葬・土器被覆の事例数の変遷

(2) 〈儀礼－土器〉関係
土器組成の画期と土器副葬・土器被覆葬展開の画期
　葬送儀礼と土器の関係について、まず、確認しなければならないのは、土器組成の画期と、土器副葬・土器被覆葬の画期の一致である。先に述べたように、土器副葬・土器被覆葬ともに、称名寺式期に顕在化し、堀之内１式期以降には安定的となり、堀之内２式新段階を境に大幅な増加がみられ、加曽利Ｂ２式期には減少する。こうした画期は、上述のとおり土器全体の画期とも重なるのである。すなわち、堀之内２式新段階と加曽利Ｂ２式期が、大きな転換点として葬送儀礼・土器様相の両者に意味をもっていたのであり、両者の密接な関わりを示している。

　堀之内２式新段階における副葬・被覆葬の増加は、この時期における多形式にわたる"石神類型"文様の共有、注口土器のめまぐるしい変化、鉢や平底舟形土器の定着、小形壺の出現などの動向と無関係ではあるまい。この時期には、堀之内２式の伝統を引く諸型式（深鉢・浅鉢・舟形土器に多い）と、"石神類型"文様を共有する諸型式（"椎塚類型"の注口土器、小形壺に多い）という大きく２つの文様の系統が並立するが、そうした区分と、土器副葬・土器被覆葬という葬法との間には明瞭な関係は認められない。池端・金山遺跡では舟形土器と"椎塚類型"注口土器の共伴例もある。

　同様に加曽利Ｂ２式期における衰退現象も、関東東部での新形式の出現や関東西部の平底舟形土器の終焉と密接な関わりがあるものと思われる。特に平底舟形土器はその半数近くが墓域出土の土器であり、土器製作と土器副葬との間の強い関係が窺われる（中村2005）。従来より、神奈川県における加曽利Ｂ１式期以降の住居数の激減が指摘されており（鈴木保1986、山本暉1989）、土器副葬や、土器形式組成の画期とも関連する[107]。

土器選択の任意性
　次に、土器副葬・土器被覆葬と土器形式との関係について検討していく。土器副葬と深鉢、注口土器、鉢、舟形土器、土器被覆葬と浅鉢や"小仙塚類型群"が、それぞれ対応関係にあり、儀礼行為と土器形式との間に密接な関係があったことを述べてきた。花上寺遺跡、石神遺跡など長野県内の同一遺跡における使い分けの事例はその有力な証拠であり、葬送への利用という点での土器カテゴリの存在とその地域差を示している。特に、こうした関係は土器被覆葬においては顕著であり、一見大きな断絶とみられる堀之内２式新段階における土器被覆葬の浅鉢への切り替えも、そこに"小仙塚類型群"の系統が引き継がれているためと考えると（前述）、逆にその関係性の強さを強調する材料となる。

　土器被覆葬に浅鉢や"小仙塚類型群"が用いられることは、遺体頭部を覆うのに最も適した形態であるから、という合理的理由が想定できる。しかし、中期の関東地方においては、むしろ深鉢が多く、その他にも浅鉢、鉢、両耳壺など多様な形式が用いられている（山本暉2003）。つまり、後期の長野県周辺地域における浅鉢や"小仙塚類型群"の選択は、その地域・時期に特有の理由によるものなのである。

---

107) 山本の集計以後、資料数の増加は見られるものの大勢に変化は無いものと思われる。加曽利Ｂ２式期の住居の調査例も増加しているが、多くは前半期に収まるもので、後半期以降の確実な資料はそれまでの時期や同時期の関東東部と比較すると乏しいと言わざるを得ない。他方、同じデータによれば東京都では加曽利Ｂ２式期に住居数が増加しており、今回明らかにした、土器副葬の中心地の変化と一致する。

第5章　土器副葬と土器被覆葬

（3）〈地域－土器〉関係
葬送儀礼に用いられる土器の選択基準とその動態

　土器副葬や土器被覆葬に利用された土器形式（型式）の選択基準を考えるには、地域と土器との関係を検討することが有効である。利用された土器を見ると、その分布範囲に関する選択、すなわち広域に分布する土器を選択する場合と、局所分布の土器を選択する場合があり、また、土器副葬・土器被覆葬で共通して選択する場合と排他的（対比的）に選択する部分がある。局所分布は必然的に排他的選択と結びつくので、選択基準は以下の3パターンに分けることができる。

　パターンA：広域分布型式の排他的（対比的）選択
　パターンB：広域分布型式の共通選択
　パターンC：局所分布型式の排他的選択

　このうち、パターンAに属するのは、土器副葬では、堀之内1式期の"堀之内類型"、同2式期以降の朝顔形深鉢、注口土器、堀之内2式新段階以降の鉢があり、土器被覆葬では称名寺式期～堀之内1式期の波状口縁浅鉢、堀之内式期の"小仙塚類型群"、加曽利B1式期の浅鉢がある。パターンBは堀之内2式期新段階の浅鉢が該当する。この時期には、土器被覆葬は新潟県を除いて浅鉢に統一される。土器副葬でも深鉢や注口土器などとほぼ同数の浅鉢が用いられる。最後のパターンCには、堀之内2式新段階以降の舟形土器、壺が属し、堀之内2式新段階～加曽利B1式期に限定される。

　土器副葬・土器被覆葬それぞれの主要な土器選択の変化を整理すると、土器副葬はパターンA（称名寺式期～堀之内2式中段階）→パターンB・（C）（堀之内2式新段階）→パターンA・C（加曽利B1式期）、土器被覆葬はパターンA（称名寺式期～堀之内2式中段階）→パターンB（堀之内2式新段階）→パターンA（加曽利B1式期）となる。

広域分布型式の社会的意義

　パターンA：広域分布型式の排他的（対比的）選択は最も一般的なあり方と考えられる。同一型式の広域分布現象については地域間・集団間の紐帯の象徴的存在としての解釈が西日本の精製土器と粗製土器の分布範囲の対照を通じて提示されてきた（田中$_良$1982、千葉1989）。ここで扱った注口土器や浅鉢、"小仙塚類型群"についても、冒頭で紹介したように「地域間交流の媒介手段」としての社会的機能が想定されており、また、小杉康による前期の"木の葉文浅鉢形土器"の交換財・威信財との評価もあった。集団意識の紐帯か交換財としての価値ゆえの広域分布かはここでは触れないにしても、そこに、その社会的・象徴的価値のあったことは想定可能であり、葬送に関わる土器としての一定のカテゴリ認識が形成されていたものと考えられる。

　土器副葬と土器被覆葬が空間的にも使用土器の点でも対照的関係にあることは、当時においても十分意識されていたであろう。とすれば、土器副葬・被覆葬それぞれに広域分布型の中から異なった土器形式を採用したものと思われる。つまり、土器選択においても、対比的な関係が窺えるのである。

土器の主体的分布と葬送への利用

　先に、土器組成の共通性を指摘したが、他方でその分布密度や保有量を考えると、地域と時期によって限定されていたものも少なくない。各形式の保有量についての総合的なデータは持ち合わせていないが、加曽利B1式期の注口土器については秋田かな子（1997b・1999）が報告書中に図示された全形式中の割合として、伊勢原市下北原遺跡17%、さいたま市寿能遺跡2%というデータを示しており、

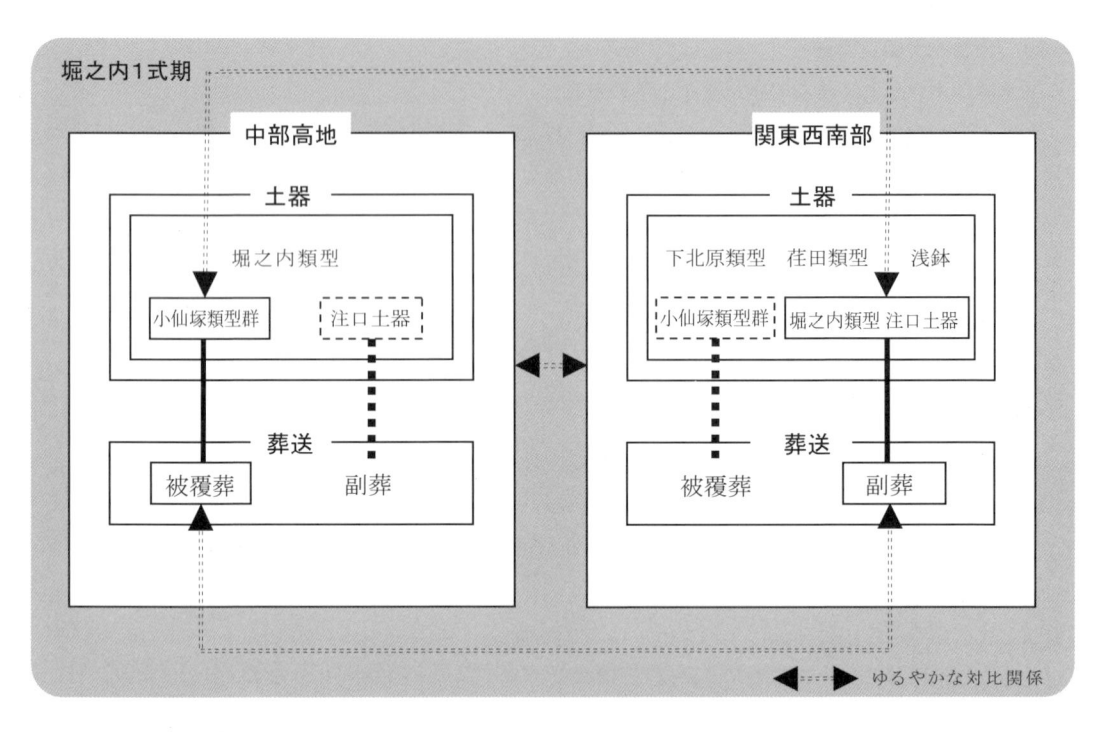

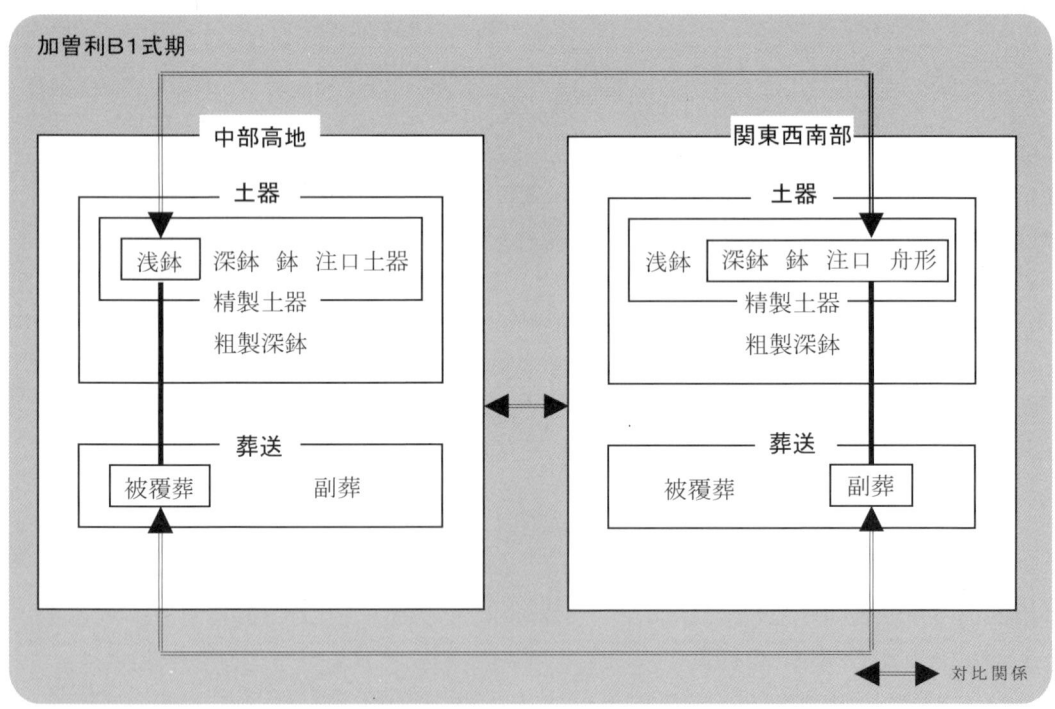

第78図 〈地域−儀礼−土器〉関係によるカテゴリ形成

特徴的な2地域・2時期を抜き出したもの。関東西南部／中部高地、土器副葬／土器被覆葬、深鉢（堀之内類型）・注口土器・鉢・舟形土器／浅鉢・小仙塚類型群がそれぞれ対比関係の中で選択され、葬送儀礼に関わる土器に関するカテゴリを形成する。この〈地域−儀礼−土器〉関係は、堀之内1式期にはゆるやかだが、加曽利B1式期には強化する。

第5章　土器副葬と土器被覆葬

注口土器を媒介とする儀礼・祭祀の浸透に神奈川県域が果たした役割の大きいことを推察している。これに関連して、大塚達朗（2004・2007）は関東地方の紐線文土器（粗製土器）の紐線と縄文の施文順序に東西差を見出し、西部に特有の手法が精製土器と共通する文様と共存していることから、加曽利B1式の精製土器は、関東西部の土器作り集団によって製作されたことを主張している。

　この前段階にあたる堀之内2式新段階において、"石神類型"文様を共有する形式のバリエーションが増加することは既に述べたが、基本的に北陸や中部高地では深鉢や鉢、関東周辺地域では注口土器（"椎塚類型"）に施されるのみであり、少数ながらも有頸・無頸の小形壺、双口土器、舟形土器など多様な形式に展開する関東西南部とは大きな違いがある。こうした土器に対する関心は関東西南部地域の特性であり、深鉢、注口土器などパターンAの土器選択と深く結びついているものと考えられる。また、この時期の土器副葬の特徴であるパターンCの土器選択も、こうした背景の中で、壺や舟形土器が製作され、利用されたと考えることができよう（中村2005）。

　こうした主体的分布域を考慮に入れると、単に広域分布型の採用という以外に、称名寺式期の波状口縁浅鉢の事例の集中する群馬県〜長野県の地域で、また、続く堀之内1式期には、"小仙塚類型群"が主体となる長野県で、これらの土器形式を用いた土器被覆葬が展開することも説明可能となる。

　また、堀之内2式新段階における選択パターンBの存在は、この時期が土器作りの上で大きな変動期であったことによることも指摘できる。

　葬送儀礼における土器選択は、選択パターンAで、その土器の主体的分布範囲と関わることを基本とするものの、〈地域−土器〉の変化に従って、選択パターンも変化するようである。

（4）〈地域−儀礼−土器〉関係

　以上述べてきた、〈地域−儀礼〉関係や〈儀礼−土器〉関係は、〈地域−土器〉関係を含めて、明瞭な地域差を有しており、地域間関係をベースとして〈地域−儀礼−土器〉関係を形成したものと思われる。第78図は、堀之内1式期と加曽利B1式期の関東西南部と中部高地における〈地域−儀礼−土器〉関係を抜き出して模式化したものである。基本的には、関東西南部／中部高地という地域間、土器副葬／土器被覆葬という葬送儀礼、深鉢・注口土器・鉢・舟形土器／浅鉢・"小仙塚類型群"という精製土器群の3者の間に対比関係が認められる。

　ただし、その関係には時期的な違いが認められる。広範囲で多様な墓制が共有されていた堀之内1式期には、"小仙塚類型群"と土器被覆葬、"堀之内類型"・注口土器と土器副葬が、強弱はあるものの両地域においてみられることから、比較的ゆるやかな関係を保っていたと考えられる。他方、堀之内2式新段階という画期を経た加曽利B1式期には、事例数が増加し、葬墓制の地域差が明確化する中で〈地域−儀礼〉の結びつきが強化されるとともに、両者の対比関係も強調されたものと思われる。関東西南部では舟形土器など特徴的な形式が生まれ、土器副葬と結びつく。こうした動向は、両地域の関係が緊密化したことに起因するものであろう。この時期には、土器副葬や土器被覆葬の行われた墓が墓域内でも特殊な位置にあること、使用される土器が広域で価値を持った土器であったことなどの相互作用の中で、両者の社会的位置づけや性格に関する認識はより強固なものへと再生産されていったものと思われる。

4．課題と展望

　これまで見てきたように、縄文時代後期の関東西部〜中部高地においては、精製土器は土器形式ごとに、特定の葬送儀礼と結びつき、さらにそれが特定の地域と結びついていた。こうした土器と葬送などの文化要素間の連結を松本直子（1997）はスキーマ理論を用いて説明している。これに従えば、本稿で取り上げた事例は、土器スキーマと葬送スキーマの連結方法の違いとして説明でき、また、土器の変化と葬送の変化の同調を説明することが可能となる。この連結方法の違いとは、本稿で指摘した土器のカテゴリ化の違い、とも表現可能である。

　本稿で示したように、土器のカテゴリとは単に製作属性のみに基づくものではなく、それを受容した各地域において、儀礼など他の要素との結びつきや、同一型式を保有するあるいは保有しない他地域との関係性に応じて形成された可能性が高い。本稿では、特に同一形式（型式）が組成する範囲の中でも、土器副葬・土器被覆葬の分布範囲を取り上げたため、葬送にかかわる土器のカテゴリ化は、むしろ共通する部分が多かったわけだが、これ以外の同一型式の分布地域（東北南部、関東東部、東海、北陸）を含めて考えた場合、浅鉢や注口土器などを直接墓坑内に埋納しない地域も多く、「墓坑に埋納する土器」というカテゴリ自体の有無によって、より大きな範囲での地域差が認められることになる。

　無論、土器のカテゴリは、今回扱った葬送儀礼に関わるもののみではなく、他の儀礼や日常生活での用途など別の体系が存在していたであろう。注口土器については、いわゆる屋外埋設土器としての出土例のほか、後期前葉期を中心に住居（しばしば焼失住居）床面での出土例が特徴的に認められ、住居廃絶儀礼に伴うものと考えられている（須原 2003）。堀之内2式新段階〜加曽利B1式期の舟形土器は墓域出土例が多いものの、栃木県槻沢遺跡 SI05 の住居床面出土例や、"核家屋"とされる小丸遺跡2号住居址からの出土例もある（中村 2005）。また、土偶とのかかわりなど、土器自身の製作属性・使用属性以外の観点からのカテゴリへのアプローチも可能である[108]。そうした土器に対する複数の観念・カテゴリの種類や内容によって、総体的な土器に関する観念・用法の違いを想定することも研究の射程に入ってくる可能性がある。さらに、東大竹・山王塚遺跡の十腰内系土器（秋田 1995）、田端遺跡の著保内野型中空土偶頭部（安孫子 1992）など、遠隔地との関係を直接的に示す資料の評価も必要となろう。

　今回は、その一端を、土器形式と葬送儀礼との関係という視点で探ってきた。型式レベルまで扱いながら、あえて「形式」にこだわったのは、これまで土器の社会性をめぐる議論の多くが、装飾や技法などの土器の機能・用途とは直接関わらない部分で進んできたためである。これでは、その差は、等質の文化・社会での集団差として解釈するほかない。しかし、鈴木徳雄（2000）が示したように、形式が行為を規定していたとすれば、その保有量や扱い方は、社会的行為の複雑性の差を示すものとして重要な研究対象となるはずである。もとより今回扱った葬送儀礼に関わる土器のカテゴリは、そうした問題のごく一部にすぎないが、こうした視点による分析によって、より複雑な社会の動態を復元できるものと考える。それは同時に、単なる時空間の単位ではなく、社会に作用するモノとしての土器の意義を再認識する契機の1つとなるものであろう。

---

108) 今回の議論に関連する部分では、"石神類型"文様を施文した筒形土偶（群馬県桐生市千網谷戸遺跡出土）や、加曽利B2式前半期の深鉢の突起と共通した突起を頭部に持つ"中高瀬タイプ"土偶（林$_g$ 2007・2009）が注目される。

第5章 土器副葬と土器被覆葬

補論　住居床面出土の注口土器にみるカテゴリ認識の共通性

　第5章では、墓坑出土の土器の様相を検討してきたが、その中で堀之内1式期～加曽利B1式期まで注口土器を副葬に用いる例が目立っていた。しかし、注口土器は葬送専用に製作・使用されたわけではない。他の用途を示唆する例は少ないが、住居床面からの出土例については一定量があり、副葬と並んで1つのパターンとして認識できる。

　この事象については、既に須原拓（2003）による優れた基礎研究がある。須原は関東地方の後期の38例を奥壁出土例（16例）、壁際出土例（11例）、住居中央（11例）に分けて、出土状況を検討し、焼失住居や焼土・炭化物などとの関係の強さ、多摩丘陵や大宮台地を中心とした西南関東の堀之内式期に集中すること、中期の釣手土器や有孔鍔付土器などを用いた住居廃絶儀礼のあり方が継承された可能性などを指摘した。筆者は本書第2章、第4章補論、6章、7章の執筆にあたり、この論文から大きな示唆を受けている。

　今回、改めて範囲を広げて集成したところ、長野県・山梨県を含めて、35遺跡53軒の例を確認した［第22表］。ここでは、本書の関心事であるカテゴリ認識に関わる分布の問題について簡単に紹介しておきたい。まず、注口土器の副葬が広域展開していた堀之内1式期～2式期中段階では、ほぼ同様の範囲に床面出土例も見られ、例えば茨城県や房総半島南部などその範囲外までは広がらない。一方、続く堀之内2式新段階～加曽利B1式期は、副葬例の殆どが東京都・神奈川県に集中するが、床面出土例は激減し、不確実な加曽利貝塚例を除けば、港北ニュータウン地域と伊勢原市域にほぼ限定されてしまう。

　このように、住居床面出土例は副葬例と同様の分布のあり方を示しているが、盛行期は堀之内2式中段階までで、その後は僅かに残存するにすぎない。集成は行っていないが、例えば、町田市なすな原遺跡No.1地区第110号住居址の壁際に鉢、横浜市華蔵台遺跡16号住居址で奥壁に鉢、中央部に壺が置かれている例などがあり、副葬土器同様に、鉢などの他の形式が使われた可能性もある。須原の考察のとおり、これらが住居廃絶儀礼の所産である可能性は高い。後期の注口土器は、量の多寡の問題はあるが、広く関東・中部一帯に分布する。その中で、特定の時期・地域にのみ〈儀礼の場に埋納・供献〉するという共通のカテゴリ認識の存在が窺われるのである。また、その動態は、副葬と床面供献という2つの儀礼行為で一致したあり方を示している。

第22表　住居床面出土注口土器一覧表

	遺跡名	所在地	遺構名	時期	出土位置	床面出土遺物	備考
1	東大竹・下谷戸（八幡台）遺跡	神奈川県伊勢原市	4号住居址	加曽利B1式	中央		
2	沼目・坂戸遺跡第2地点	神奈川県伊勢原市	3号住居址	加曽利B1式	中央	注口2	
3	小丸遺跡	神奈川県横浜市	10号住居址	堀之内2式	奥壁		大形破片
			20号住居址	堀之内2式	奥壁		
			22号住居址	堀之内2式新	中央	奥壁部に浅鉢	
			36号住居址	堀之内2式新	中央		
4	華蔵台遺跡	神奈川県横浜市	43号住居址	堀之内2式新	壁際	深鉢	焼失住居
			48号住居址	堀之内2式	奥壁		焼失住居
5	原出口遺跡	神奈川県横浜市	6号住居址	堀之内2式	奥壁		
			11号住居址	堀之内2式	奥壁	石鏃	
			12号住居址	堀之内2式	奥壁	深鉢、小形土器、ミニチュア石棒、石棒破片、凹石	焼失住居
			14号住居址	堀之内2式	奥壁		
			20号住居址	堀之内2式	壁際	深鉢4、	
			21号住居址	堀之内2式	奥壁	石棒破片（張出部）	
6	西ヶ原貝塚	東京都北区	SI03	堀之内1式	中央		
7			21号住居跡	堀之内1式	不明	注口2、深鉢4、浅鉢1	
8	深沢遺跡	東京都八王子市	SB02	堀之内1式	連結部	石鏃10、磨斧等	焼失住居
9	向遺跡	東京都町田市	2号住居	加曽利B1式	奥壁	深鉢2、鉢	
10	東雲寺上遺跡	東京都町田市	2号住居跡	堀之内1式		注口土器は半乎、小形石棒？、石器類など	焼失住居
11	なすな原遺跡（No.1地区）	東京都町田市	第102号住居址	堀之内2式	奥壁	注口3、石器確認	焼土
			第127号住居址	堀之内2式	壁際	深鉢、鉢、小形壷	焼失住居？
			第149号住居址	堀之内2式	壁際		
12	（No.2地区）		第113号住居址	堀之内2式	奥壁	エゴマ種子槐	焼土
13	多摩ニュータウンNo.245遺跡	東京都町田市	9号住居	堀之内1式	奥壁	鉢（2ヶ所に分割）	焼失住居
			45号住居	堀之内1式	奥壁柱穴上	（？）	焼土・炭化物ブロック
			52号住居跡	堀之内2式	奥壁	注口部＋注口土器下半部、注口土器下半部2、深鉢下半部、石棒	焼失住居
14	加曽利貝塚C地点	千葉県千葉市	―	堀之内2式新	―	人骨	
15	株木B遺跡2地点	千葉県市川市	5号住居跡	堀之内2式	中央		
16	五反目遺跡	千葉県佐倉市	4号住居跡	堀之内1式	中央		逆位
17	神明遺跡	埼玉県さいたま市	第2号住居跡	堀之内2式			
18	西大宮バイパスNo.6遺跡	埼玉県さいたま市	第3号住居跡	堀之内2式新	壁際	垂飾	焼失住居
19	御蔵山中遺跡	埼玉県さいたま市	J14号住居跡	堀之内2式			
20	赤山陣屋跡遺跡	埼玉県川口市	4号住居址	堀之内1式	壁際	深鉢、石皿・磨石類	
			5号住居址	堀之内1式	壁際	注口2	焼土
21	御城田遺跡	栃木県宇都宮市	第70号住居址	堀之内1式	中央	深鉢、石棒	焼失住居
22	矢太神沼遺跡	群馬県大田市	1号住居	堀之内1式	壁際	注口付鉢（小仙塚類型）を含む鉢3点が並んで出土、他に深鉢、小形壷、蓋、石器類、小形石棒、石剣等	焼失住居
23	前中後遺跡	群馬県渋川市	II区J-1号住居跡	堀之内2式	入口		焼失住居
24	三原田遺跡	群馬県渋川市	3-29住居	堀之内2式	中央	打斧	
25	荒砥二之堰遺跡	群馬県前橋市	第34号住居址	堀之内1式	奥壁		焼失住居
26	白倉下原遺跡	群馬県甘楽町	A区96号住居	堀之内2式	奥壁		
27	欅II遺跡	群馬県長野町	1号住居跡	堀之内1式	奥壁	石皿、石棒	
28	横壁中村遺跡	群馬県長野原町	19区21号住居	称名寺II式	奥壁	石器？	
			19区24号住居	称名寺II式	壁際	石器？	
29	原・郷原遺跡	山梨県上野原市	2号住居址	堀之内2式	中央		焼失住居
30	池之元遺跡	山梨県富士吉田市	第1号住居址	堀之内2式	奥壁	注口3、石棒、磨石、黒曜石原石等	焼失住居
31	中久堰遺跡	山梨県山梨市	1号竪穴	堀之内2式	奥壁	土偶、石器類	
32	宮の本遺跡	長野県佐久穂町	敷石住居？	堀之内2式			
33	梨久保遺跡	長野県岡谷市	40号住居址	堀之内2式	奥壁		
34	花上寺遺跡	長野県岡谷市	53号住居址	堀之内2式	―	石棒3・小形石棒1・浅鉢	
35	御堂垣外遺跡	長野県塩尻市	3号住居址	堀之内2式	中央		
36	林山腰遺跡	長野県松本市	4号住居址	堀之内2式	中央	石棒2・石皿	
37	垣内遺跡	岐阜県高山市	34号住居	堀之内2式	―	双口土器	
			61号住居	加曽利B1式	―	浅鉢	

第 5 章　土器副葬と土器被覆葬

1. 横壁中村遺跡 19 区 21 号住居
2. 横壁中村遺跡 19 区 24 号住居
3. 荒砥二之遺跡 34 号住居址
4. 矢太神沼遺跡 1 号住居
5. 榍Ⅱ遺跡 1 号住居跡
6. 多摩ニュータウン No.245 遺跡 9 号住居
7. 多摩ニュータウン No.245 遺跡 45 号住居
8. 深沢遺跡 SB02
9. 東雲寺上遺跡 2 号住居跡
10. 西ヶ原貝塚 SI03
11. 御城田遺跡第 76 号住居跡

土器 S=1:12
住居 S=1:200

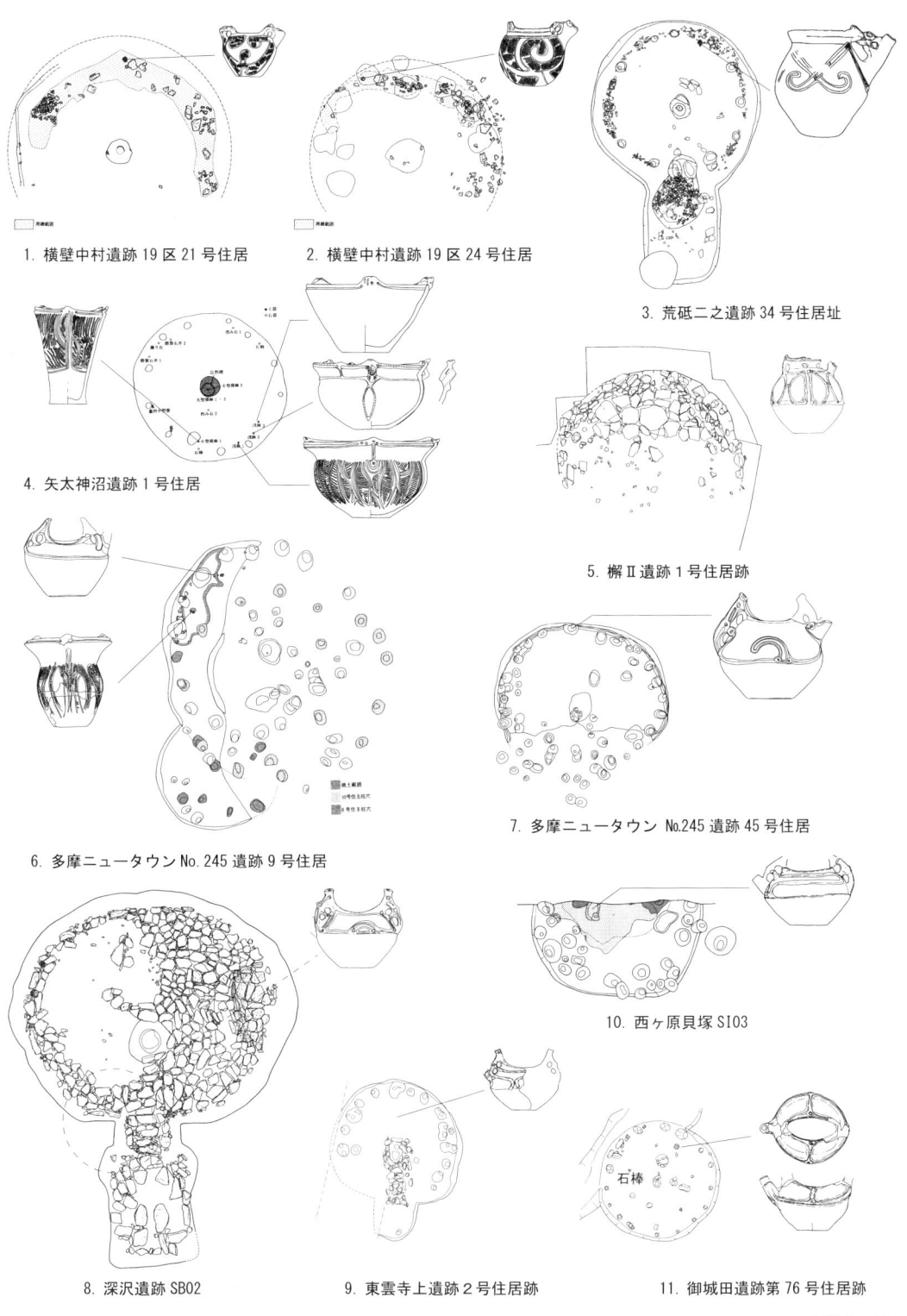

第 79 図　床面出土の注口土器（称名寺式期〜堀之内 1 式期）

1. 原出口遺跡 20 号・21 号住居址

2. 原出口遺跡 12 号住居址

3. 原出口遺跡 11 号住居址

4. 原出口遺跡 14 号住居址

5. 原出口遺跡 6 号住居址

6. 小丸遺跡 20 号住居址

7. 小丸遺跡 10 号住居址

8. 華蔵台遺跡 48 号住居址

第 80 図　床面出土の注口土器（堀之内 2 式期）

土器 S=1:12
住居 S=1:200

第5章　土器副葬と土器被覆葬

1. なすな原遺跡 No.1 地区第 127 号住居址 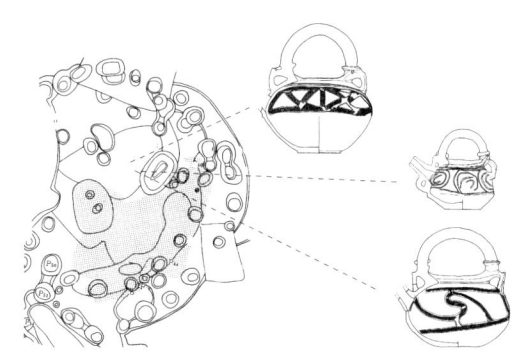
2. なすな原遺跡 No.1 地区第 102 号住居址
3. 西ヶ原貝塚 21 号住居跡 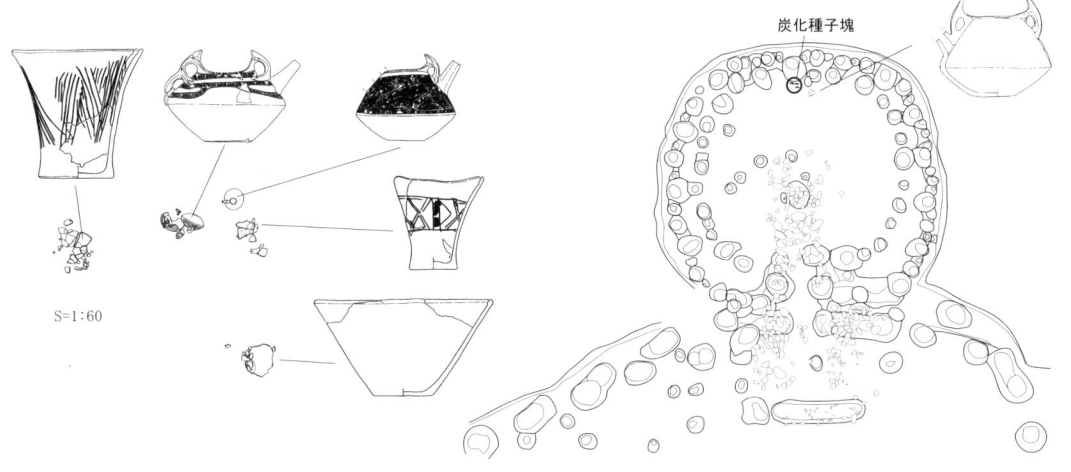
4. なすな原遺跡 No.2 地区第 112 号住居址

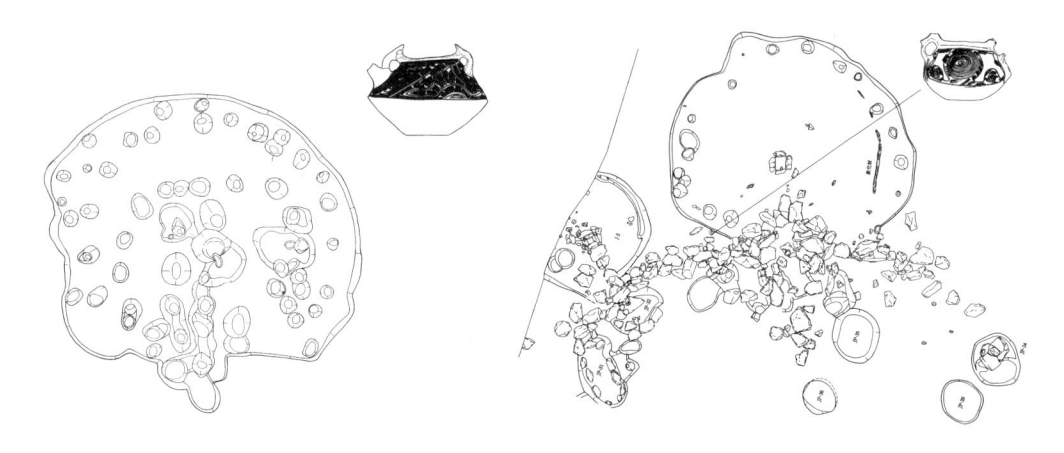

炭化種子塊

5. 神明遺跡第 2 号住居跡
6. 前中後遺跡 Ⅱ区 J-1 号住居跡

第81図　床面出土の注口土器（堀之内2式期）

土器 S=1:12
住居 S=1:200

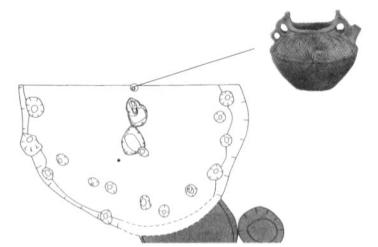

1. 株木B遺跡第2地点5号住居跡
2. 御蔵山中遺跡 J14号住居跡 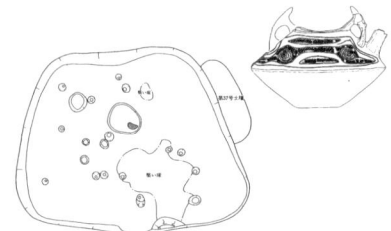
3. 白倉下原遺跡A区96号住居 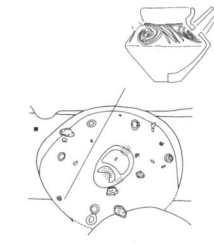
4. 三原田遺跡 3-29 住居 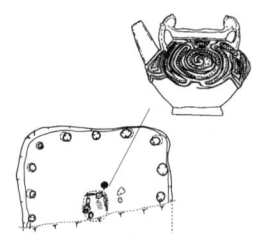
5. 池之元遺跡第1号住居址 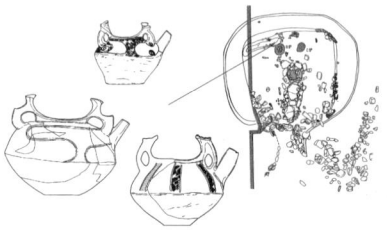
6. 原・郷原遺跡2号住居址 
7. 中久堰遺跡1号竪穴 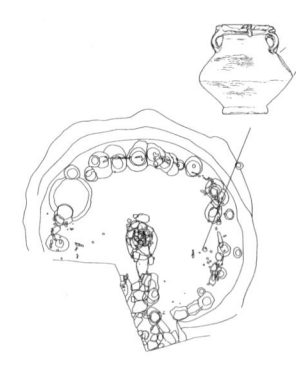
8. 宮の本遺跡敷石住居址 
9. 梨久保遺跡 40 号住居址 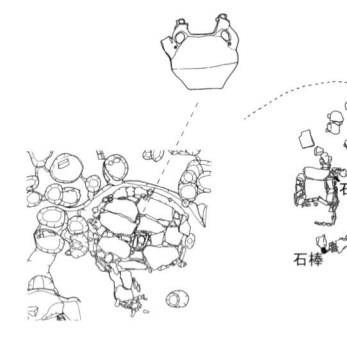
10. 花上寺遺跡 53 号住居址 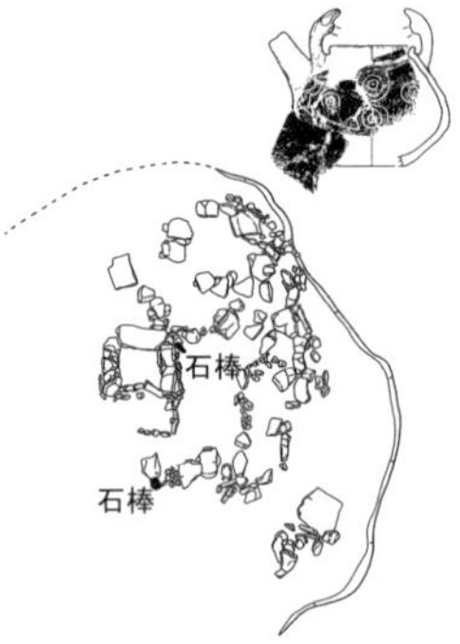
11. 御堂垣外遺跡 3 号住居址 
12. 林山腰遺跡 4 号住居址 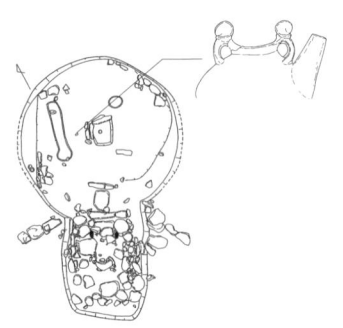
13. 垣内遺跡 34 号住居 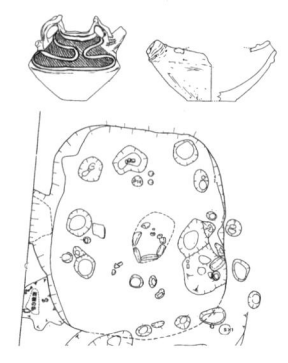

集石からの出土

第82図　床面出土の注口土器（堀之内2式期）

土器 S=1:12
住居 S=1:200

— 226 —

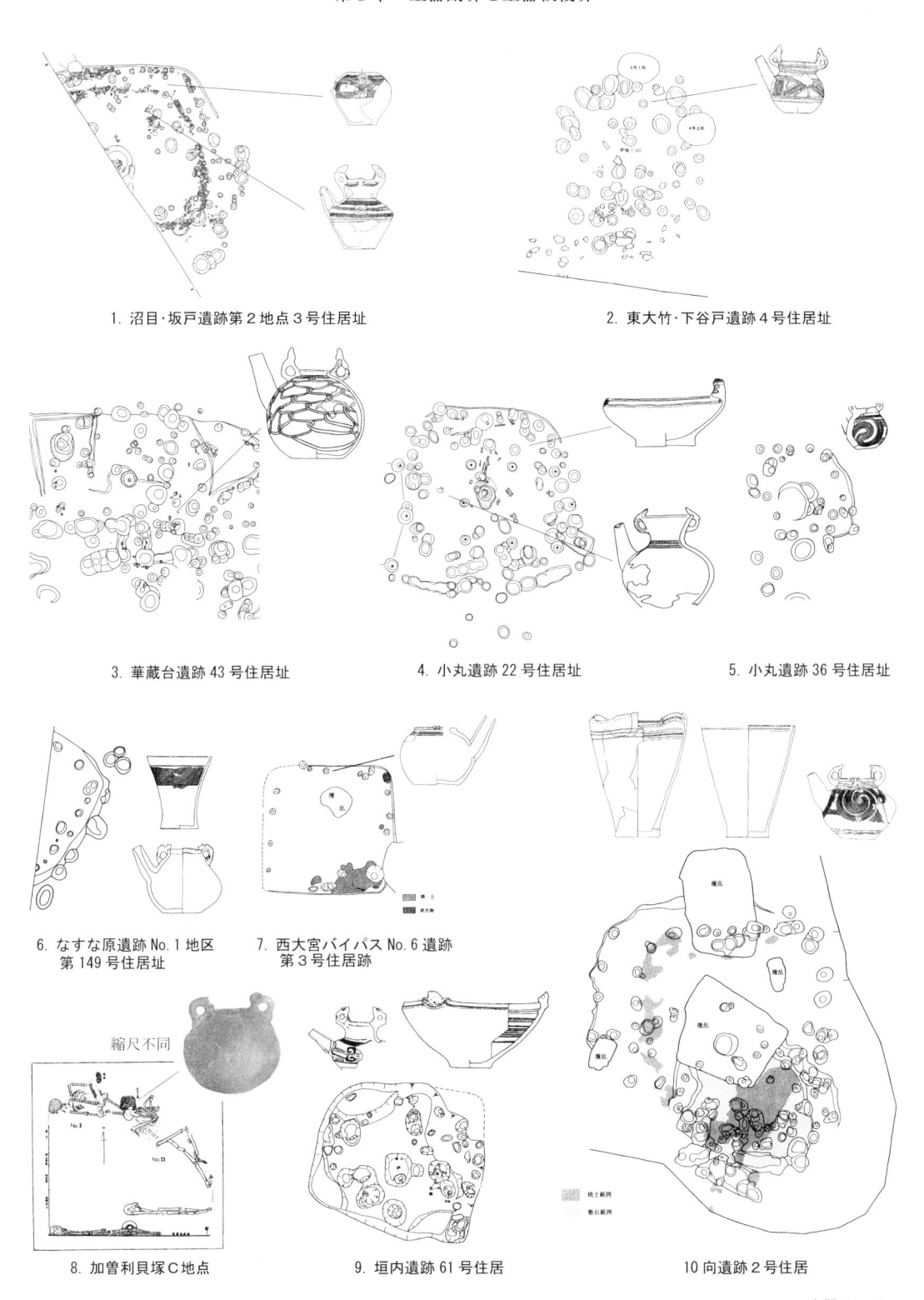

第5章 土器副葬と土器被覆葬

1. 沼目・坂戸遺跡第2地点3号住居址
2. 東大竹・下谷戸遺跡4号住居址
3. 華蔵台遺跡43号住居址
4. 小丸遺跡22号住居址
5. 小丸遺跡36号住居址
6. なすな原遺跡No.1地区第149号住居址
7. 西大宮バイパスNo.6遺跡第3号住居跡
8. 加曽利貝塚C地点
9. 垣内遺跡61号住居
10. 向遺跡2号住居

第83図 床面出土の注口土器（堀之内2式新段階〜加曽利B1式期）

土器 S=1:12
住居 S=1:200

第Ⅲ部

縄文土器をめぐる象徴操作

第6章　縄文土器にみる異質な二者の統合志向

１．本章の目的と対象

　編年研究が主流であった縄文土器研究においても、用途論・技術論などとともに観念についての研究も僅かではあるが、着実に進められてきた。人面装飾・人体装飾・蛇体装飾付の土器から窺える身体性や宗教意識については古くから指摘がある（鳥居1922、谷川1923、野口1965、藤森1968、渡辺誠1989）。一方、より普遍的な観念の存在を指摘したのが小林達雄である。例えば、土器文様の多くがA＋A'と表現しうる非対称な存在であること（安孫子1969、小林達1979）、あるいは住居廃絶儀礼に供された土器がしばしば2個1対で遺棄されていることなどである（小林達1974）。

　本書第Ⅱ部では、葬送儀礼や住居廃絶儀礼に用いられる土器について、時期・地域的にまとまった事例を検討し、特定の土器形式が特定の儀礼行為に用いられるパターンを抽出してきた。これらのパターンは、当時の人々のカテゴリ認識の一端を示しているが、そこには個別の社会の動向に応じたバリエーションとともに、いくつかの共通の志向性を読み取ることができた。

　本章では、こうした観点から、「異質な二者を統合する意図」が縄文土器の製作・使用・遺棄の各段階において認められることを紹介し、縄文土器に込められた象徴観念の一端を明らかにしたい。対象とする資料は、第Ⅱ部で扱った資料をベースとし、それに関連すると思われる深鉢やその他の出土状況を示すものも加えた。

２．土器造形にみられる対比的な二者

男性象徴／女性象徴の対比

　縄文土器の造形で最も明瞭な形で確認できる例は、男性象徴・女性象徴の対比的なあり方である。第Ⅱ部で取り上げた資料の中から、いくつかの事例を紹介したい。

　縄文時代中期の顔面把手の表面は女性象徴と考えられる土偶と同じ表情をした顔面が配されるが、その背面・頂部ないし口縁部を挟んだ反対側にはしばしば蛇体文が配される［第84図1］。蛇は男性象徴であろう。また、初期の釣手土器は、この顔面把手の顔面部を打ち欠いた形態を象っており（鳥居1924、中村2009b：本書第4章）、器体全体が「女神の首」と理解され、やはりその背面ないし頂部には蛇体装飾が配置されるものがある［同2］。

　後期に定着する土器形式である注口土器の注口部は後期中葉以降、しばしば下部に陰嚢が表現され、その表現が無いものも含めて、注口部が男性器のメタファーとして認識されていたことが推測される。後期前葉には「舟形口縁」と呼ばれる口縁部上面観が楕円形を呈した一群があり、渡辺誠（1998）によって女性器を象ったものと解釈されている。こうした注口土器は、男性を象徴した注口部と女性を象徴した舟形口縁の二者が造形されているとみなしえる。また、青森市玉清水遺跡出土の晩期の例は注口部の上部に、女性器と思われる彩画がある（渡辺誠1989）［同3］。

　後・晩期の人体文付土器にもしばしば男女の対置例がある。青森県大湊近川遺跡では顔面の背面に

女神像　　　　　　　　　　　蛇体装飾

　　　神奈川県三ノ宮・宮ノ上遺跡 　　　　　　　　埼玉県西原大塚遺跡 　　　長野県榎垣外遺跡
1. 顔面把手・顔面把手付土器における男性象徴・女性象徴の共存（中期中葉）

顔を打ちかかれた女神頭部　　蛇体装飾　　顔を打ちかかれた女神頭部　　蛇体装飾

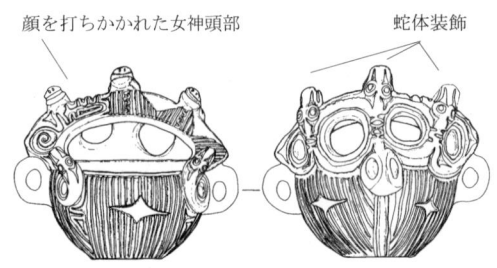

　　　　長野県穴場遺跡 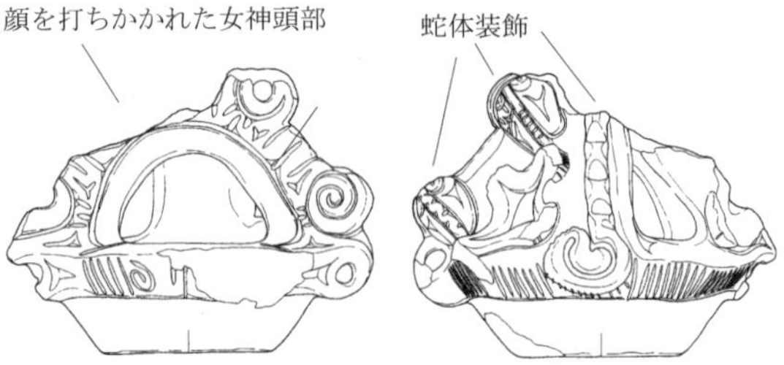　　　　　　　　　　神奈川県久野一本松遺跡
2. 釣手土器における男性象徴・女性象徴の共存（中期中葉）

　　　　　　　　　女性象徴

　　　　　　　　　男性象徴

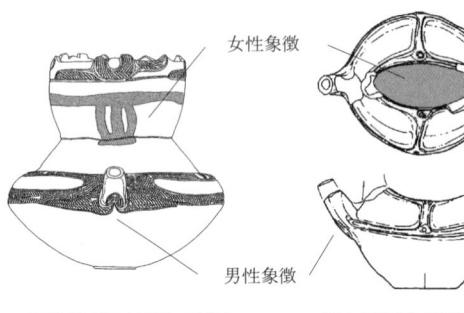

青森県玉清水遺跡（晩期）　栃木県御城田遺跡（後期）　　埼玉県馬場小室山遺跡（晩期）
3. 注口土器における男性象徴・女性象徴の共存　　　4. 異なった形態の人体文の共存

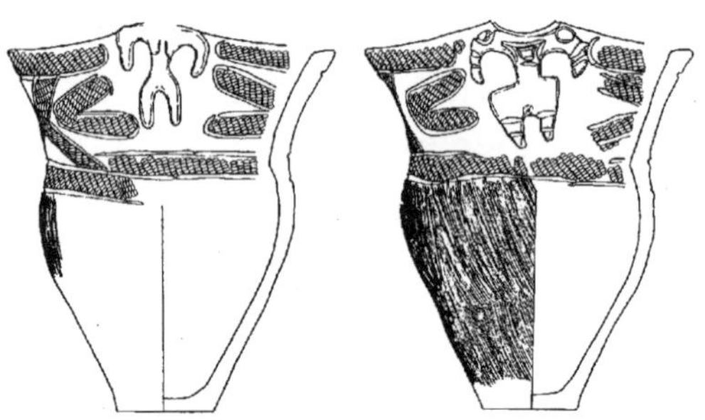

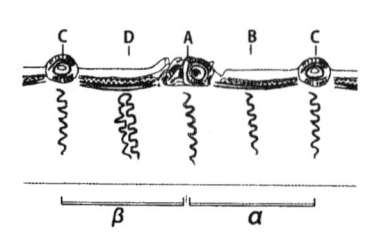

千葉県中野久木矢頭遺跡（中期後葉） 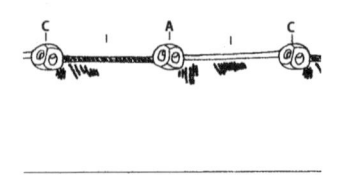　千葉県中野久木矢頭遺跡（中期後葉） 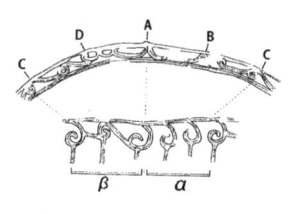　埼玉県加能里遺跡（中期後葉）
5. 縄文土器文様の非対称性（石井 2009）

第 84 図　縄文土器に表現された異質な二者

縮尺不同

— 232 —

第6章 縄文土器にみる異質な二者の統合志向

穿孔

山梨県神地遺跡　　神奈川県鶴巻上の窪遺跡

神奈川県原口遺跡　　東京都二宮遺跡

1. 顔面把手への破壊行為

長野県曽利遺跡　　山梨県金山遺跡

2. 釣手土器への破壊行為

墓坑

埼玉県神明遺跡　　茨城県福田貝塚　　岩手県繋遺跡　　山梨県海道前C遺跡

3. 注口部の破壊行為　　　　　　　　4. 底部の破壊行為

岐阜県糠塚遺跡

東京都駒木野遺跡

群馬県小仁田遺跡　　　　　　　　山梨県天神堂遺跡

5. 2個体の浅鉢の床面供献　　　6. 2個体の多喜窪タイプ

第85図　土器に対する破壊行為と二個体の共伴

縮尺不同

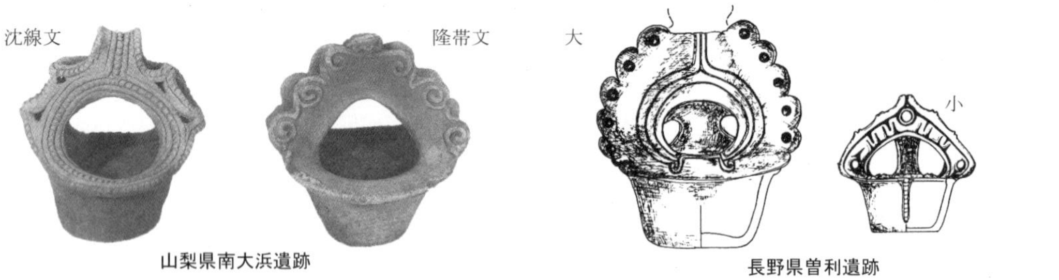

沈線文　隆帯文　大　小

山梨県南大浜遺跡　　　　　　　　　　　長野県曽利遺跡

1. 釣手土器の二個体共伴例にみる差異

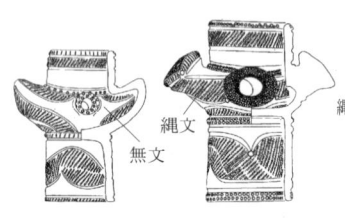

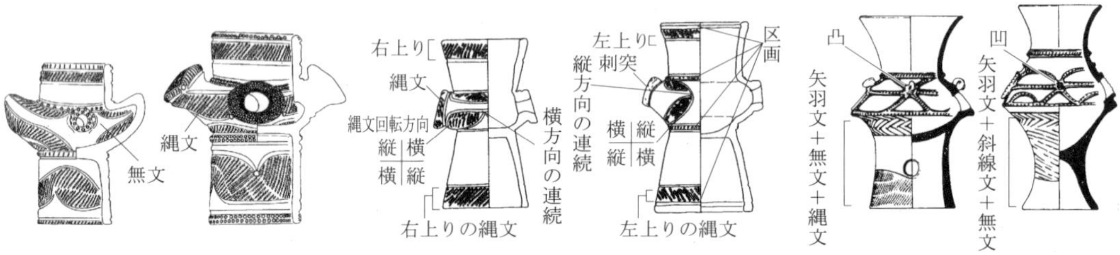

縄文　無文　右上り縄文／縄文回転方向／縦横縦／横縦横／右上りの縄文　左上りに刺突／縦方向の連続／横方向の連続／縦横縦／横縦横／区画／左上りの縄文　凸 矢羽文＋無文＋縄文　凹 矢羽文＋斜線文＋無文

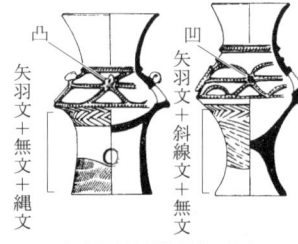

千葉県井野長割遺跡　　　千葉県加曽利貝塚　　　東京都鶴川遺跡群M地点

2. 異形台付土器の二個体共伴例にみる差異

石棒＋釣手土器　柱　石皿　方向を違えた小形深鉢　　石棒（男性格）　舟形口縁（女性格）＋注口部（男性格）

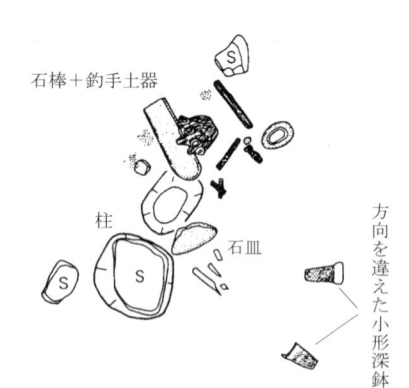

3. 長野県穴場遺跡における中性性表現の複合事例 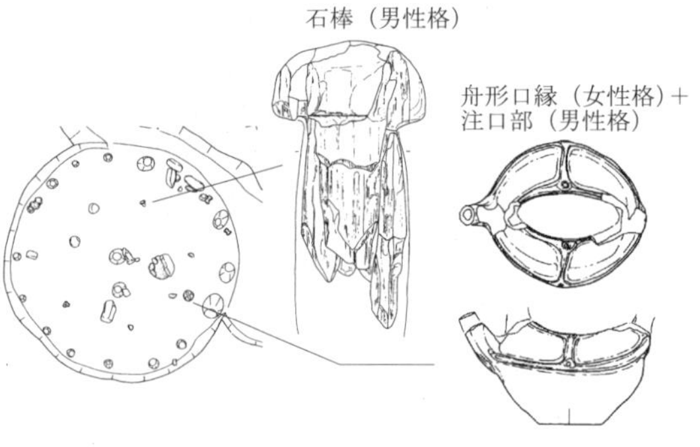　　4. 栃木県御城田遺跡における中性性表現の複合事例

下部単孔土器（女性格）　注口土器（男性格）＋女性器表現　赤色　黒色　　黒色　赤色　注口部は失われ、頂部装飾は離れた住居から出土　住居

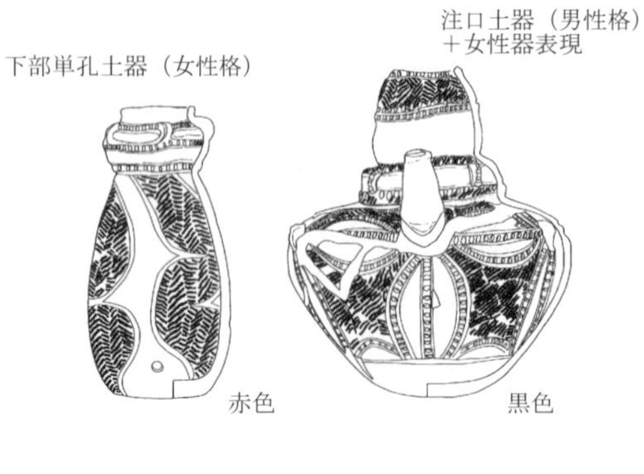

5. 北海道八木B遺跡における中性性表現の複合事例 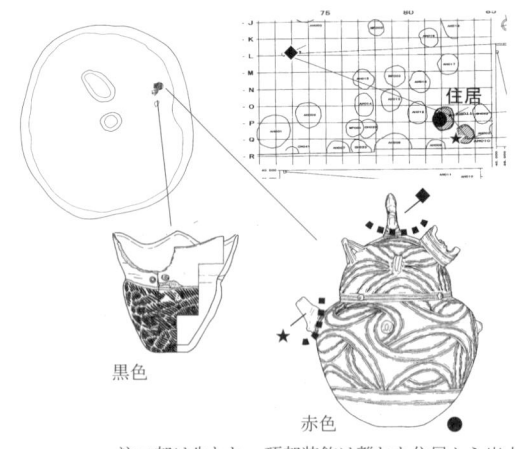　　6. 北海道野田生1遺跡における中性性表現の複合事例

第86図　異質な二者の共伴事例・複合事例

縮尺不同

第 6 章　縄文土器にみる異質な二者の統合志向

沈線で楕円文が描かれており、女性器とみられている（青森県埋蔵文化財調査センター 1992）。さいたま市馬場小室山遺跡では乳房を持った人体文と陰部を突出させた人体文が対照的に配置されている後期末～晩期初頭の深鉢が出土している［同 4］。

異質な二者の対置

　以上は、女性象徴と男性象徴として解釈できる事例であった。しかし、本稿で問題としたいのは男／女関係ではなく、それ以外のものを含めた異質な二者の対置例である。前述の顔面把手や釣手土器の仲間には、猪装飾と蛇体装飾が融合する例（イノヘビ：渡辺誠 1992・小野 1992）、猪装飾と人面装飾・双環把手が向かいあう例がある。和田晋治（2010）は、渡辺や小野が強調する、猪装飾と蛇装飾のみが向かいあって対峙する例は無いことから、その対峙構図を否定した上で、猪と人面の対峙例について、渡辺説に従えば女性格同士の対峙となることを指摘している。次章で指摘する石棒同士の対置例などの存在を考えれば、必ずしも男／女の対比に捉われる必要はないものと考える。このほか、男／女という判断は困難なものの、中期の顔面把手、釣手土器、後期瘤付土器の下部単孔土器、壺［巻頭口絵 6］などに、2 つの顔面をもつものがある。

文様構成の非対称性

　より抽象度の高い対比関係は文様構成の非対称性である。縄文時代中期の勝坂式土器様式などには、比較的具象的な文様が施され、"物語性文様"と呼ばれているが（小林達 1986）、冒頭で紹介したように、いずれも単純なモチーフの繰り返しとはならず、何らかの非対称の構図が看取される（谷井 1977）。これらの区分が何を象徴しているのかは定かではないが、石井匠によって縄文時代を通じてこの原則が認められることが確認されている（石井 2009）［同 5］。

3．対照的な 2 個体のセット関係

住居床面における同形式土器の対照性

　本章冒頭で紹介したように小林達雄が早くから住居床面から特殊な土器形式が 2 個セットで出土することに注目しているが、より詳細に事例を検討すると、単に 2 個というだけでなく、様々な面での対照性が存在することがわかる。これらは異質な二者をセットで配置することによって、両者の結合・補完を意図したものと解される。

　例えば、本書第 2 章でも紹介したように、前期後半の岐阜県高山市糠塚遺跡［巻頭口絵 1］では、炉を挟んで 2 つの浅鉢が出土しているが、大／小・有文／無文・赤彩／黒色・正位／逆位という 4 重の対比関係が認められる。同様の大／小・正／逆関係は群馬県みなかみ町小仁田遺跡、大／小は長野県王滝村野々尻 3 遺跡にも類例がある［第 85 図 5］。

　中期中葉の勝坂式土器様式の最後を飾る、波状口縁と屈曲する胴部が特徴の「多喜窪タイプ」の出土例のうち、東京都青梅市駒木野遺跡の住居から隣接して出土した 2 個体や［巻頭口絵 7］、山梨県甲州市天神堂遺跡の土坑出土の 2 個体は、一方は波状口縁が著しく胴部文様が低調であり、もう一方はその逆という文様構成上の対比関係が認められる［第 84 図］。

　釣手土器は 1 集落数例の希少な土器形式であるが、しばしば 2 個セットで出土する。その場合も大／小あるいは、装飾の違った事例が選ばれている。例えば山梨県上野原市南大浜遺跡出土例の装飾は一方が工具を用いた沈線、片方は粘土紐を貼り付けた隆帯という差異がある［巻頭口絵 3・第 86 図 1］。

小林が注目していた後期後半の異形台付土器も、2個セットで出土する場合は、サイズおよび形態・装飾に差異が認められる［巻頭口絵7・第85図2］。東京都町田市鶴川遺跡M地点で炉を挟んだ2箇所から出土した2個体の異形台付土器は、隆線の結節点に瘤を持つものと、凹みを持つもののという違いがある（四門文化財事業部2012）。千葉市加曽利貝塚南斜面の大形住居からは完形2点と破片1点が出土している。完形例のうち大きい個体は磨消縄文が上下に連続するのに対し、小さい個体は左右に連続する。また、千葉県佐倉市井野長割遺跡では、本体部分の磨消縄文の位置が上下のものと、中央のものという差異が認められる。

異形式土器の対照性
　以上のような、同形式で対照的な二個体の出土例のほか、異形式ながら2個体の属性が対照的な事例も少なくない。
　後期後葉の北海道函館市八木B遺跡HP-4では黒色の注口土器と赤彩痕のある下部単孔土器が対角線上から出土した［巻頭口絵7・第86図5］。下部単孔土器は孔の位置から女性象徴とみられ、男性象徴である注口土器と対比されている（渡辺誠1999）。同時期の北海道八雲町野田生1遺跡では、黒色の小形深鉢と、赤彩された大きめの注口土器がセットで出土している［巻頭口絵7・第86図6］。前期の浅鉢の例を含めた色彩の対比は興味深い現象であり、今後の重要な検討課題となろう（安斎2008）。

4．打ち欠き行為にみられる象徴性の無効化
　以上の諸例は、1個体における対照的な要素を共存させる、あるいは対照的な異個体を対置するという意図のもとに行われたものであり、象徴的な行為と位置づけてよいだろう。しかし、こうした二項対立的様相のほかにも、際立った象徴的部位を除去するという行為がみられる。

顔面部の打ち欠き
　縄文土器にみられる女性象徴の中で、最も顕著に見られるのが顔面表現であり、しばしばその部位は打ち欠かれる。中期の顔面把手は、その大半が器体から離れて出土しており、意図的な打ち欠きの所産と考えられている。中には顔面把手部の破断面が磨り減っている例もあり、顔面把手部のみが独立して扱われていたことが指摘されている（藤森1965b）。また、顔面のみを刳り抜いている事例（これが釣手土器の祖形になる）、眉間に孔を開けられた事例などもあり、さらには製作当初から目鼻口を表現しない例や右目を傷つけている例もある（吉本・渡辺2004）［第85図1］。また、本書第4章で論じたように、当初顔面部のみを表現していた釣手土器も何段階かの変遷をたどると、顔面装飾が復活し、器体全体が人体のメタファーとなるが、やはりその頂部の顔面装飾はしばしば打ち欠かれる。頭部全体が失われた長野県富士見町曽利遺跡の事例、顔面部分のみが刳り抜かれている山梨県笛吹市金山遺跡の事例は典型例である［巻頭口絵2・第85図2］。

口縁部突起の打ち欠き
　縄文土器の造形的特色である口縁部の突起もしばしば単独で出土する。既に第2章で紹介したが、改めて事例を挙げよう。長野県千曲市屋代遺跡群では、大木9式土器の突起が1つ失われた状態で見つかっており、X線観察の結果不自然な切り取りが指摘されている（水沢2003）。筆者が整理に携わった東京都あきる野市中高瀬遺跡は主として中期末から晩期中葉にかけての遺跡である。加曽利B2式

第6章　縄文土器にみる異質な二者の統合志向

期には「中高瀬タイプ」と呼ばれる特徴的な土偶が出土しているが、これと類似した装飾を持った突起が多数単独で出土している（中村 2007）。

　この中高瀬遺跡では、中期後葉以前の土器片が9点確認されている。いずれも小破片であるが、大形の曽利 I 式水煙突起が1点出土しており、搬入品と推定した。時期の異なった突起の集積例としては、阿部友寿（2005）が指摘した2例がある。東京都調布市下布田遺跡の方形配石遺構では、晩期の土器に混じって中期勝坂式と後期堀之内式の突起が出土しており、よく磨かれていたという。また、埼玉県赤城遺跡の「祭祀遺構」は土偶103点や石棒・石剣18点などが多数集積されている遺構だが、46点出土した突起には中期後葉のものが含まれている。

注口部の打ち欠き

　先に紹介したように、注口土器の注口部は男性器に見立てられてきたが、しばしば注口部が欠損した状態で発見される。川添和暁（2011）は、愛知県豊田市今朝平遺跡において、注口土器破片94点中、注口部のみが完存していた例が41%にものぼることに注目し、中世古瀬戸窯の水差しを分析し、注口部と胴部の一部がつながった状態での出土例が75%となることから、縄文時代の注口部の残存状況を意図的な破壊の所産であることを論じた。

　阿部友寿（2005）は、配石遺構における注口部の集積事例として、長野県安曇野市離山遺跡、神奈川県大磯町石神台遺跡を挙げる。一方、埼玉県鴻巣市赤城遺跡の「祭祀遺構」では器形が復元可能な注口土器14点のうち8点が注口部を持たない。茨城県稲敷市福田貝塚出土の人面装飾付注口土器など著名な例であっても、注口部のみが欠損している事例は少なくない［同3］。

底部の打ち欠き

　底部の打ち欠きや穿孔は、数多くの例がある。ここでは、意図的なものと判断しうる例として、住居入口部埋甕、住居址内底部穿孔倒置埋設土器、屋外埋設土器の存在を挙げておくに留めたい。

5．縄文土器に表現された異質な二者の統合志向

　本章では、製作・遺棄および使用の各段階における象徴的要素・部位に関わる行為を概観してきた。製作・遺棄に関わる行為は、対極にある二者を対比させる意図がうかがわれるが、象徴的部位の除去を含めて考えた場合、個別の象徴的「力」を融和・中和するという共通する志向を見出すことが出来よう。

　そもそも、物事を2～3に区分して考えるのは、極めて自然発生的な認識であり、構造人類学（レヴィ＝ストロースなど）、象徴人類学（ニーダム 1993、原著 1979 年など）、認識人類学（松井 1991 など）などの各分野で、二元分類・三元分類の指摘や、その象徴性が検討されている。筆者は、これらのうち、対極にある二者の中間的様相に注目する考え方に注目する。

　ダグラス（1972：原著 1965 年）は、「汚穢」または「禁忌」とされるものが、一般的な分類に当てはまらずその境界に位置するものであること（飛ばない鳥、魚でない水中生物など）や、本来の場所から分離したものであること（分泌物など）、つまり体系の秩序外の存在であることを指摘した上で、それらがしばしば儀礼において重要な位置づけを得ることについて、崩壊と創造の象徴であるためと解説した。象徴人類学のターナー（1976：原著 1969 年）は、アフリカ南部内陸のンデンブ族の双子をめぐる一連の儀礼おける、様々な象徴的対比による儀礼行為から、「一対の対立物を統一すること」

という統一した筋書きを見出し、ヘネップ（1977：原著1909年）が通過儀礼の基本要素として指摘した「分離儀礼→過渡儀礼→再統合儀礼」という状況の移行論をふまえて、第二段階を「境界性：リミナリティ」として概念化し、社会構造の境界・周辺・劣位にある聖性を持った「反構造：コムニタス」の存在を指摘した。また、構造人類学の立場からリーチ（1981：原著1976年）は、連続的な時間・空間を人工的に分断する際の境界は、日常性に対する非日常、明晰に対する非明晰、俗に対する聖の属性を担っているものと説明する。いずれも、体系的秩序の対極にある境界的存在に非日常的な「力」を読み取る視点であり、実際に成人式や即位式、葬式などに際して、儀礼の場に死／生、黒／白、右／左、熱／冷などの対立要素を内包させたり、通常の身分・性差などのあり方を逆転させたりする例が存在する。

　本稿で扱ってきた縄文土器の事例も、境界的存在への移行の意図、すなわち、男女・大小などの両極にある二者の距離を縮め、統合しようとする意図という共通の観念にもとづくものと解釈できる。それらの表現のバリエーションとして、製作段階における異質な二者の「共存」、使用段階における象徴的部位の「除去」、遺棄段階における異質な二者の「結合」の3種に区分し、融和・中性・統合を志向する「象徴操作」とみなしたい。

6．象徴操作の複合

　これらの事例には興味深いことに、共存・除去・結合といった象徴操作が同一個体内あるいは異個体間で複数認められることがある。例えば、穴場遺跡の釣手土器は、それ自体が女神像と蛇体装飾という「共存」の事例であるが、それが石棒と組合い（結合）、さらに柱を挟んで石皿と向き合っている。また、この遺物集中区からやや離れた住居中央付近には小形土器が口縁方向を違えて出土している［第86図3］。御城田遺跡の注口土器は、前述したように注口部にみられる男性格と舟形口縁にみられる女性格の共存とみられるが、さらに男性格の石棒と向かい合って出土している［同4］。八木B遺跡の注口土器は注口部の男性格に加えてその下部に女性器の表現と思われる文様があるが、この土器は下部単孔土器とセットで出土しており、黒：赤の対照性も認められる［同5］。野田生1遺跡の注口土器は男性格と位置づけられるが、肝心の注口部は失われ、頂部装飾も打ちかかれて離れた場所から出土していることから除去の例となる。この土器は小形の鉢とセットで出土しており、ここにも赤：黒の対照がみられる［同6］。最初の3例は男女の性的結合の隠喩表現としても解釈されてきたが（渡辺誠1989・1998・1999、谷口2006など）、野田生1遺跡の例を含めて考えるならば、異質な二者の対比の複合として広く解釈しておくべきと思われる。

第7章　土器と石棒の対置

1．本章の目的

　本書では、これまで土器のみを対象として議論してきた。しかし、第6章で論じた、「縄文土器に共通する観念」は、土器だけでなく、他の器物とも共通する可能性がある。そこで、議論を相対化するため、本章では縄文土器と大形石棒の対置表現を取り上げる。

　石棒の出土状況を分析した戸田哲也（1995・1997）は3大別22細別の分類を提示し、「男性の力」を根元とする多様な場面で用いられる万能の儀礼具との位置づけを行っている。確かに、多様な形態・遺存状況・出土位置を持つ石棒に単一の用途を想定することはきわめて困難である。従って、行為・性格・思考の復元を行っていくには、多様性の中から特定のパターンを抽出・分析して、それぞれのパターンごとに検討する必要がある。谷口康浩（2005・2006）は石皿や磨石とのセット関係を生殖行為の隠喩とみて、それが葬送に関わる場に散見されることから社会組織原理としての系統意識に関わる儀礼行為として位置づけた。これより先、渡辺誠は顔面把手付土器や浅鉢と石棒との関係性に注目したほか（吉本・渡辺1994）、栃木県宇都宮市御城田遺跡70号住居の舟形口縁付注口土器が石棒に対峙する形で出土している事例を男女の交合を示すものと解釈している（渡辺1998）。

　本稿では、こうした先行研究に導かれながら、住居床面における石棒と土器とのセット関係を分析し、背景にある思考・志向に迫るとともに、歴史的脈絡への位置づけを図りたい[109]。

2．住居床面出土における大形石棒と縄文土器

住居床面出土例の意義

　一般に、縄文時代の住居床面から復元可能な土器が出土することは少ない。小林達雄（1987）は、そうした中で浅鉢や異形台付土器などの特殊な土器形式が目立つことから、屋内ではそうした土器のみが用いられていたと想定した。一方、東京都内の床面出土土器を集成した桐生直彦（1989）は、特殊土器形式ばかりではなく深鉢も一定数出土していることを明らかにしているが、他の時代と比べても日常使用のものが置き去りにされたと解釈するには数が少ない。筆者も改めて東日本の事例を概観し、前期から後期まで地域的・時期的な断続性をもって認められること、そこで用いられる土器は前期関東周辺の浅鉢類、中期中部における釣手土器や壺、後期関東における注口土器のように、特徴的な形式が用いられる場合があること、しばしば2個セットで出土することなどを確認した（中村2010d）。

　なお、床面出土品の性格については、埋甕・床面倒置埋設土器・炉など、住居構築時からの施設との関係性があまり認められないことから小林の想定とは異なり、住居廃絶時に置かれたものと解釈し、しばしば焼失していることや、土器被覆葬用と考えられる床面倒置土器（山本暉1976）を伴う例（中

---

[109] 本章における大形石棒の集成は平成20年度〜22年度國學院大學学術資料館による大形石棒プロジェクトの成果の一部である。

1. 穴場遺跡第18号住居

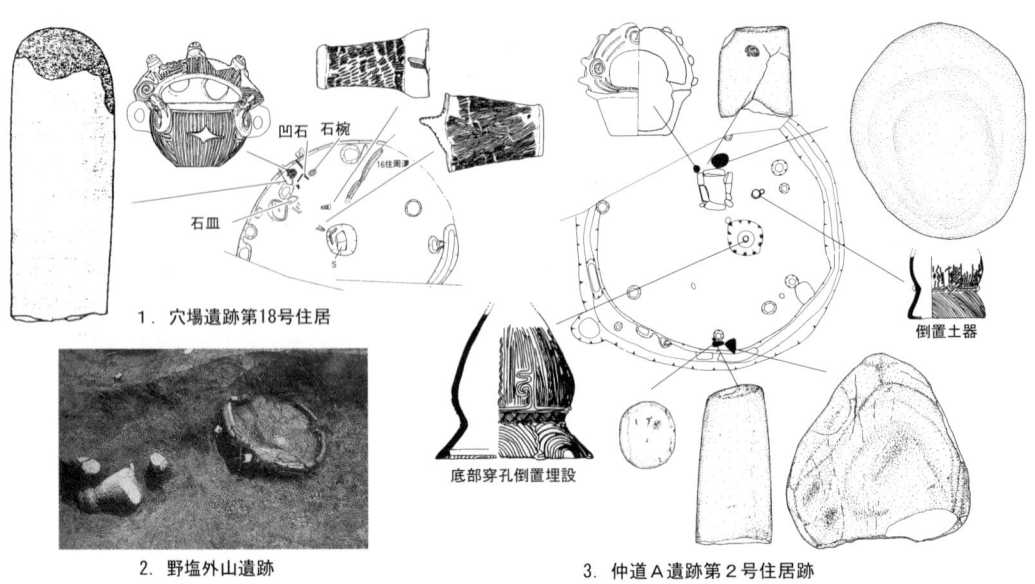

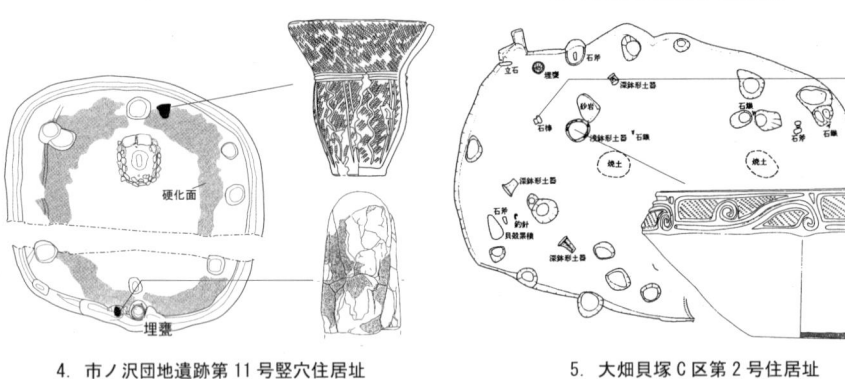

凹石 石椀
石皿
16住周溝

倒置土器

2. 野塩外山遺跡

底部穿孔倒置埋設

3. 仲道A遺跡第2号住居跡

硬化面
埋甕

4. 市ノ沢団地遺跡第11号竪穴住居址

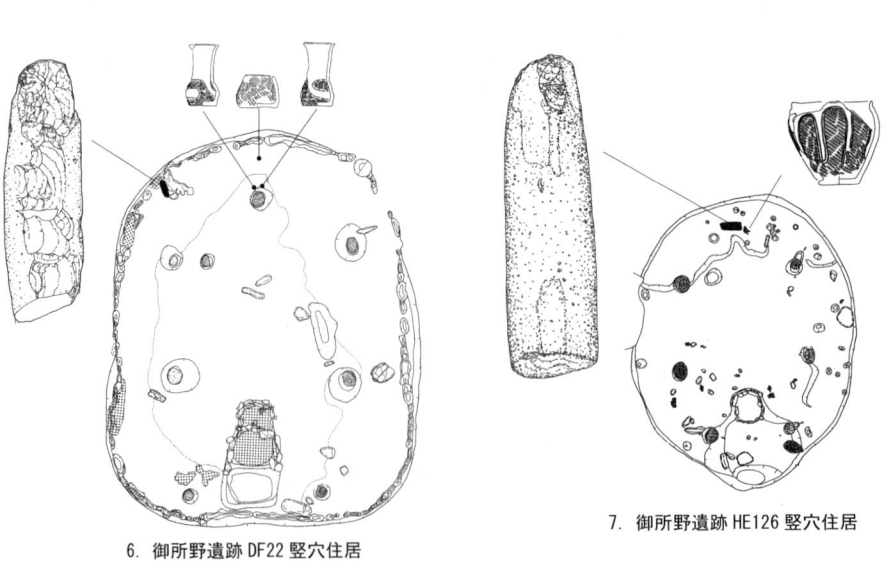

5. 大畑貝塚C区第2号住居址

6. 御所野遺跡DF22竪穴住居

7. 御所野遺跡HE126竪穴住居

第87図 大形石棒と縄文土器の共伴事例（1）

遺物　S=1:12
遺構　S=1:160

第 7 章　土器と石棒の対置

期後葉：山梨県北杜市郷蔵地遺跡 1 号住居、東京都八王子市鍛冶屋敷・池の下遺跡 2 号住居跡、長野県小諸市郷土遺跡 24 号竪穴住居跡、群馬県高崎市白川傘松遺跡Ⅱ区 17 号住居、長野県富士見町曽利遺跡第 28 号址、佐久市吹付遺跡第 9 号住居址、後期前葉：長野県茅野市聖石遺跡 3 区 13 号住居など）の存在から一部については特別な死者の発生に伴う住居廃絶儀礼の供献品と位置づけられる可能性を指摘しておくに留める。なお、これらの倒置土器の中には石棒と近接して出土しているものもあるが、遺体被覆という目的の存在から、以下に列挙する対置例とは区別しておく。

中期中葉

　井戸尻式期の土器と石棒との関係について第一に挙げなければならないのは、長野県諏訪市穴場遺跡第 18 号住居址（焼失住居）の事例である［第 87 図 1］。壁際に立てられた石皿に向って置かれた無頭石棒に接する形で釣手土器が出土しているもので、周囲には石椀・磨石類も出土している。石皿と石棒は直接対峙しているのではなく、間には柱が立っていたとされている（高見 1997）。なお、この住居の中央部には小形の深鉢 2 点が口縁の向きを違えて出土しており、石棒・石皿・釣手土器の一群とは別の対峙関係を見ることができる。また、山梨県北杜市下平遺跡では住居床面から井戸尻式期の釣手土器のほか石棒・土偶脚部破片・磨製石斧が各 1 点出土している。

　東京都清瀬市野塩外山遺跡 3 号住居跡では住居床面から覆土下層にかかる形で大形浅鉢と頭部に彫刻を持った石棒が近接して出土している［同 2］。浅鉢は黒漆の上に赤色塗彩されたものである。

中期後半

　曽利Ⅱ式期の静岡県伊豆の国市仲道Ａ遺跡 2 号住居では炉奥から釣手土器、石棒、石皿が並列して出土しているほか、入口部でも石棒と石皿が並列して出土している［同 3］。神奈川県横浜市市ノ沢団地遺跡第 11 号竪穴住居址では入口部に石棒、奥壁部に曽利Ⅱ式の小形深鉢が位置する［同 4］。また、福島県いわき市大畑貝塚Ｃ区第 2 号住居址では住居入口部で大木 8b 式の浅鉢に隣接して石棒が出土している［同 5］。

中期末葉～後期初頭

　東北北部では、岩手県一戸町御所野遺跡 DF22 竪穴住居で、大木 9 式期の焼失住居の奥壁部から小形の徳利形壺 2 点とその間からの小形鉢の計 3 点がまとまって出土しているが、その左側の壁際から石棒胴部が出土している［同 6］。同じく御所野遺跡の HE126 竪穴住居では、奥壁部のテラス状遺構に深鉢と隣接して出土する例がある［同 7］。盛岡市上八木田Ⅰ遺跡ⅣＤ 8ｂ住居跡では大木 10 式の壺と石棒が近接して出土している［第 88 図 1］。同遺跡では 5 軒の住居が検出されているが、いずれも焼失住居で、4 軒の床面から石棒が出土しているものの、復元可能土器は上記の壺のみであることとは注意したい。東北南部では、福島県楢葉町馬場前遺跡 86 号住居跡で奥壁部左右に壺と石棒の出土例がある［同 2］。

　また、こうした明瞭な関係性ではないが、床面から少量の遺物が出土した住居のうち、青森県階上町野場（5）遺跡第 15 号住居跡では石棒 2 点、大木 9 式の壺 2 点、石皿などが出土している。岩手県一戸町田中遺跡 SI124 床面（焼失住居）から深鉢の大形破片 2 点、小形深鉢 1 点、石皿破片、磨製石斧、「石剣」が出土している。この「石剣」は最大幅 4.5cm の扁平なものだが関連資料として挙げておく。

　関東地方では千葉県成田市長田雄子ヶ原遺跡 100 号住居址で北東壁に瓢箪形注口土器と小形深鉢、

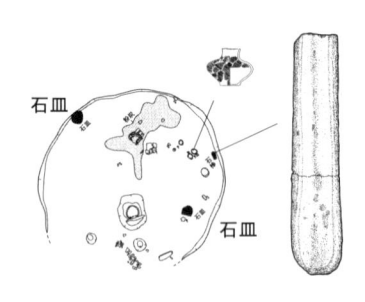

石皿

石皿

1. 上八木田遺跡ⅣD8b住居跡

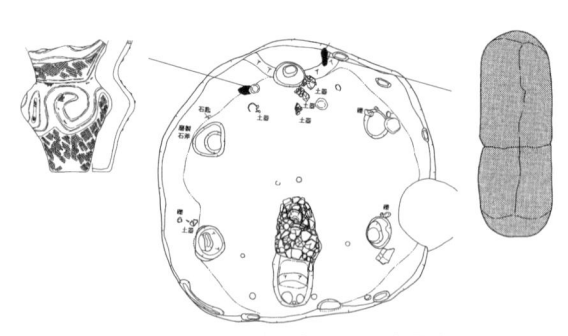

2. 馬場前遺跡86号住居跡

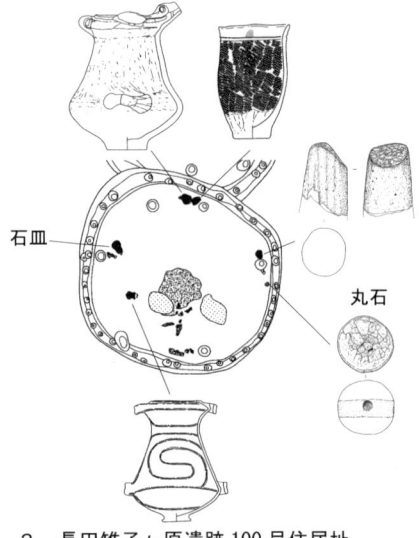

石皿

丸石

3. 長田雉子ヶ原遺跡100号住居址

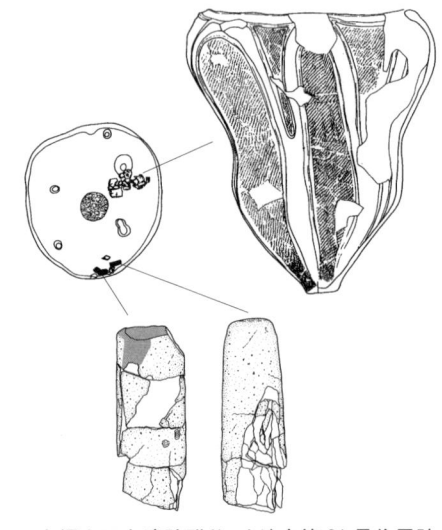

4. 大網山田台遺跡群No.4地点第31号住居跡

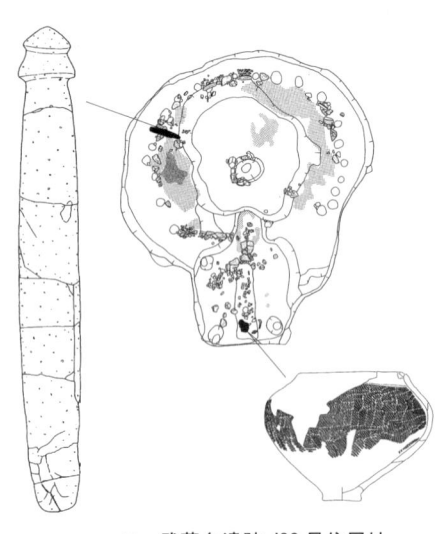

5. 武蔵台遺跡J22号住居址

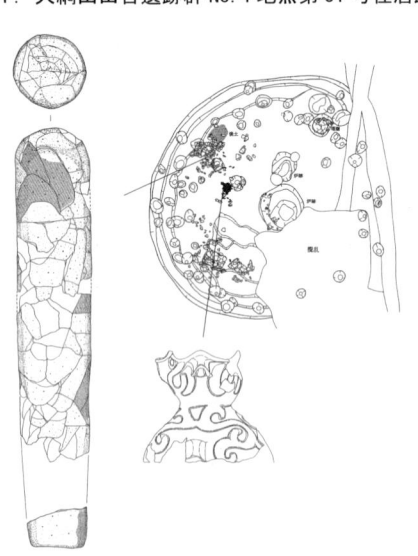

6. 水深西遺跡第7号住居

第88図　大形石棒と縄文土器の共伴事例（2）

遺物　S=1:12
遺構　S=1:160

— 242 —

第7章 土器と石棒の対置

南東壁に石棒と丸石、南西側に注口土器、北西壁で石皿が出土している例が興味深い[同3]。後述するように4つの対比関係が重層的に表現されている。同県大網白里町の大網山田台遺跡群No.4地点第31号住居跡では、住居床面からほとんど遺物が出土していないが、入口部やや右側から破砕された石棒、炉奥右側から破砕された加曽利E4式の深鉢が出土している[同4]。東京都国分寺市武蔵台遺跡J22号住居址[同5]では、柄鏡形住居の柄部から加曽利E4式の広口壺、主体部左側から被熱し、破砕された二段笠形の完形の石棒の出土例がある。同じく被熱・破砕例としてさいたま市水深西遺跡第7号住居が知られるが、ここでは石棒・台石と近接して瓢箪形注口土器が出土している[同6]。

中部高地では、屋内祭祀の事例としてしばしば取り上げられる長野県高森町瑠璃寺前中島遺跡3号住居址（称名寺式期）の事例が著名である[第89図1]。ここでは、奥壁部の埋設土器内から緑泥片岩製の有頭石棒が出土しており、直立していたと想定されている。同様の事例として同県茅野市聖石遺跡SB04では炉奥に石棒が樹立しており、そのさらに背後から曽利Ⅳ式の深鉢が出土している例がある[同2]。但し、これは曽利遺跡28号住居址のように、炉辺の石棒と、奥壁部の倒置土器の組み合わせの類例とも考えられる。

後　期

後期においては完形土器と大形石棒の共伴例は後述する注口土器を用いるものを除き殆ど認められない。東北地方では大形石棒そのものが認められなくなるので、当然の結果であるが、関東・中部地方においても、覆土出土例が増加するなど、床面出土例の減少に伴う現象と思われる。後期の注口土器は墓坑出土例も顕著であるが、床面出土例についても一定数が存在する（須原2003、本書第5章補論）。このうち、石棒との関係性が明瞭な事例として冒頭で紹介した栃木県御城田遺跡70号住居例[同3]や、東京都町田市多摩ニュータウンNo.245遺跡52号住居跡の例がある。後者では径15cm以上の大形石棒の先に逆位の底部破片、および底部破片上に注口部破片を載せた状態で出土している[同4]。群馬県長野原町欅Ⅱ遺跡1号住居跡では、それぞれの位置関係は不詳であるが、壁面から注口土器、多孔石破片、石棒、石皿が出土している。このほかにも神奈川県横浜市原出口遺跡20号住居、山梨県甲州市中久堰遺跡などで注口土器と石棒の共伴例がある。

3.〈異質な二者の対置〉の諸表現

以上、住居廃絶儀礼の所産と考えられる、住居床面における石棒と土器が対置される事例を概観してきた。石棒集成のうち出土状況が明らかである石棒の中ではかなり少ない事例であるものの、両者を対置させるという意図を読み取れる事例が中期中葉から後期前葉にかけて存在してきたことが明らかになった。石棒と土器は、古くから指摘される男性象徴／女性象徴という対比のほか、石／土、中実／空洞という物質属性によっても対比される。では、こうした住居床面における対比関係は他にどのような面に見られるのであろうか。

土器2個体出土例

前章で紹介したように床面に器物を対比的に置く、という事例については既に小林達雄が住居からの土器出土パターンを論じる中で、床面出土遺物が少ない中で前期の浅鉢や後期の異形台付土器などの特殊な土器形式がしばしば一対で出土することを問題とし（小林1965・1974）、後に、縄文世界に

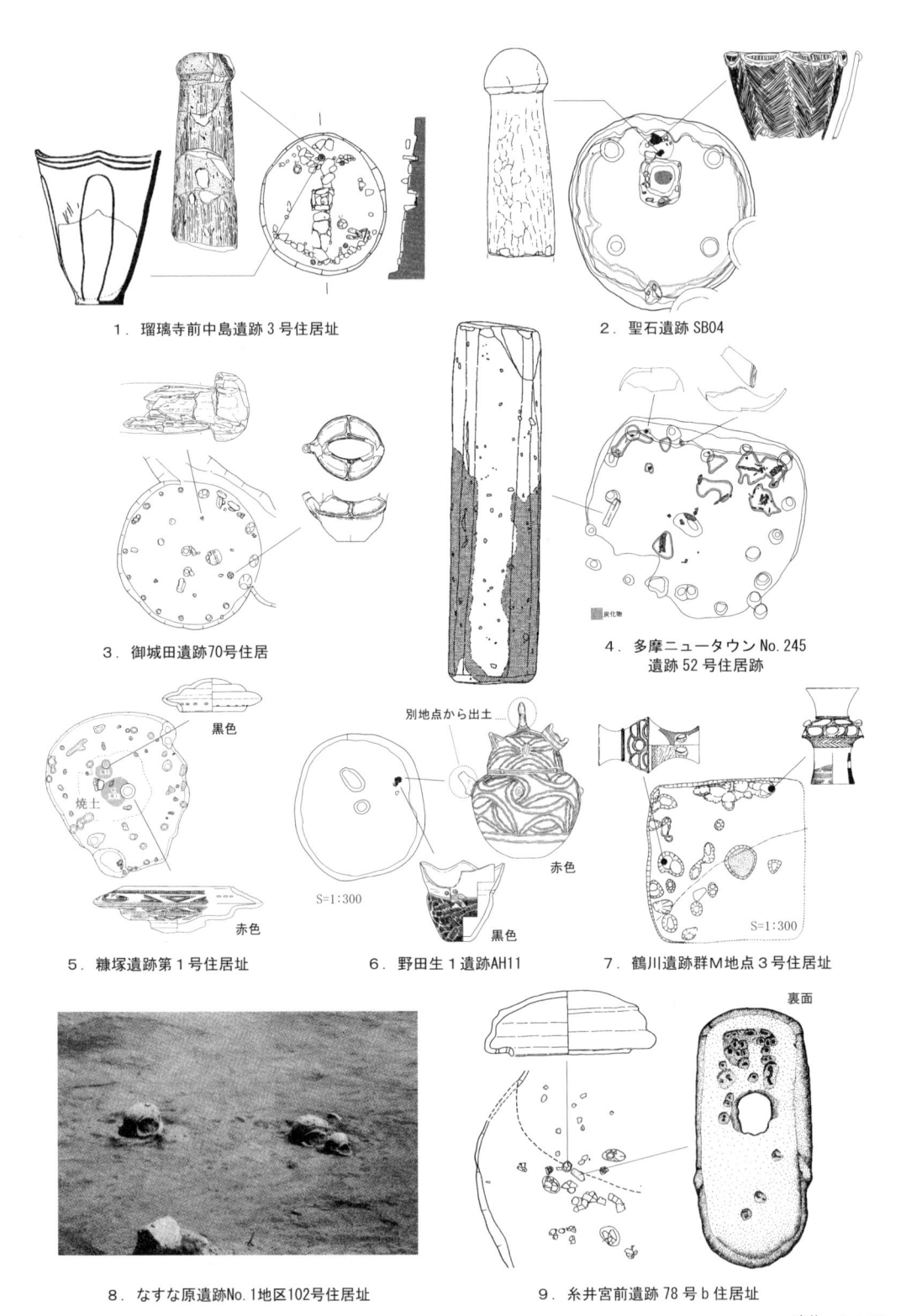

1. 瑠璃寺前中島遺跡 3 号住居址
2. 聖石遺跡 SB04
3. 御城田遺跡 70 号住居
4. 多摩ニュータウン No.245 遺跡 52 号住居跡
5. 糠塚遺跡第 1 号住居址
6. 野田生 1 遺跡 AH11
7. 鶴川遺跡群 M 地点 3 号住居址
8. なすな原遺跡 No.1 地区 102 号住居址
9. 糸井宮前遺跡 78 号 b 住居址

黒色
焼土
赤色
別地点から出土
赤色
黒色
S=1:300
S=1:300
裏面
炭化物

第 89 図　大形石棒と縄文土器の共伴事例（3）・参考事例

遺物　S=1:12
遺構　S=1:160

第7章 土器と石棒の対置

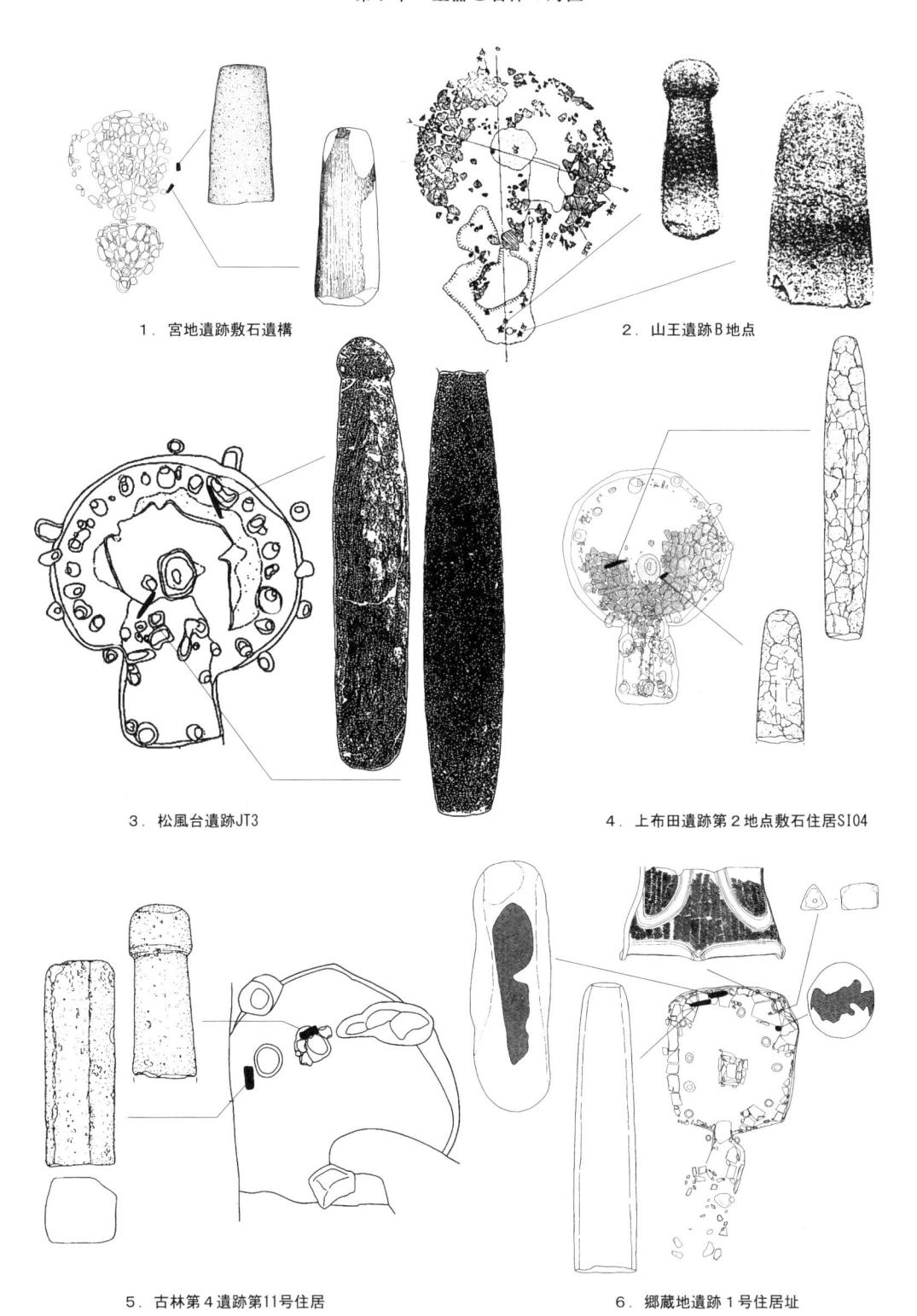

1. 宮地遺跡敷石遺構
2. 山王遺跡B地点
3. 松風台遺跡JT3
4. 上布田遺跡第2地点敷石住居SI04
5. 古林第4遺跡第11号住居
6. 郷蔵地遺跡1号住居址

第90図　大形石棒・石柱の2個体共伴例

遺物　S=1:12
遺構　S=1:160

普遍的に見られる二項対立の一表現として位置づけている（小林1993）。

　こうした例は、前期後半の諸磯式期に遡る。岐阜県高山市糠塚遺跡第1号住居址では大／小、赤／黒、有文／無文、正位／逆位という4点での対比関係をもった浅鉢が出土している［同5］。こうした関係は群馬県みなかみ町小仁田遺跡D区7号住居址でも確認できる。

　中期では、例えば先に取り上げた釣手土器において異なった型式（Type）の共伴例や、東京都八王子市滑坂遺跡SI42での有孔鍔付土器と屈曲鉢の共伴例があり、後期では、八雲町野田生1遺跡AH11で赤色の注口土器と黒色の深鉢の共伴例［同6］、千葉市加曽利貝塚東傾斜面の大形竪穴や東京都町田市鶴川遺跡群M地点M-3号住居址での正位と横位の異形台付土器の出土例がある［同7］。これらは、型式・装飾・サイズ・色彩・姿勢の差や、土器形式の差として二者が対比されている（Nakamura 2009、中村2010）。また、東京都町田市なすな原遺跡No.1地区102号住居址では、住居中央部から注口土器が1点と2点に分かれて出土しており、1個／2個という意図を持った対置例とみられる［同8］。

石棒／石皿の対置・土器／石皿の対置

　こうした土器同士の対比関係のほか、谷口が指摘した石棒／石皿の対比関係は数多い。しかし、石棒や石皿にはこのセット関係以外にも対比関係が認められる。例えば、土器と石皿の対比関係として、諸磯b式期の群馬県昭和村糸井宮前遺跡第78号b住居址では、浅鉢と穴のあいた石皿がそれぞれ逆位で出土している例がある［同9］。

石棒2個体・石棒と自然石棒の対置

　ここで石棒の2個体出土例をみておこう。埼玉県狭山市宮地遺跡［第90図1］や東京都八王子市山王遺跡B地点［同2］の2点（有頭／無頭）は隣接しての出土である。石棒の詳細は不明だが、八王子市北野遺跡でも2本の石棒の並列出土例がある。また、称名寺Ⅰ式期の横浜市松風台遺跡JT3号住居［同3］における完形に近い有頭／無頭の2点や東京都調布市上布田遺跡第2地点敷石住居SI04［同4］のほぼ同工の完形／半存の2点は炉を挟んで対称的な位置から出土している。後期前葉の長野県松本市林山腰遺跡第4号住居址では、柄鏡基部の左右に石棒が立てられていた。

　また、石棒と棒状礫（いわゆる「自然石棒」）が対置される例がある。例えば山梨県北杜市古林第4遺跡第11号住居（中期中葉）では、炉石に有頭で円柱形の石棒、近接する石柱？に無頭で角柱の自然石を用いている［同5］。同じく北杜市の郷蔵地遺跡1号住居址（中期末葉）では、奥壁部左に無頭の石棒と棒状礫が並置している。なお、奥壁部右側からは倒置深鉢・三角柱土製品・丸石が出土している［同6］。

4．異質な二者の中性化志向・象徴操作と大形石棒

中性化志向と象徴操作

　縄文世界における「異なる二者」も上記の異個体の対置例にとどまらない。小林達雄（1993）は、集落内の施設配置、住居内の炉のあり方、抜歯型式、土器の文様構成や出土状況その他に二項対立を指摘している。筆者（本書第6章）はこのうち、縄文土器の分析を通じて、異なる二者の表現として、①製作段階で両者を同一個体内に作りこむもの（「共存」）、②遺棄段階で異個体を対置させるもの（「結合」）を見出し、これに③使用段階に象徴的部位を打ち欠くもの（「除去」）を加えた3パターンに整

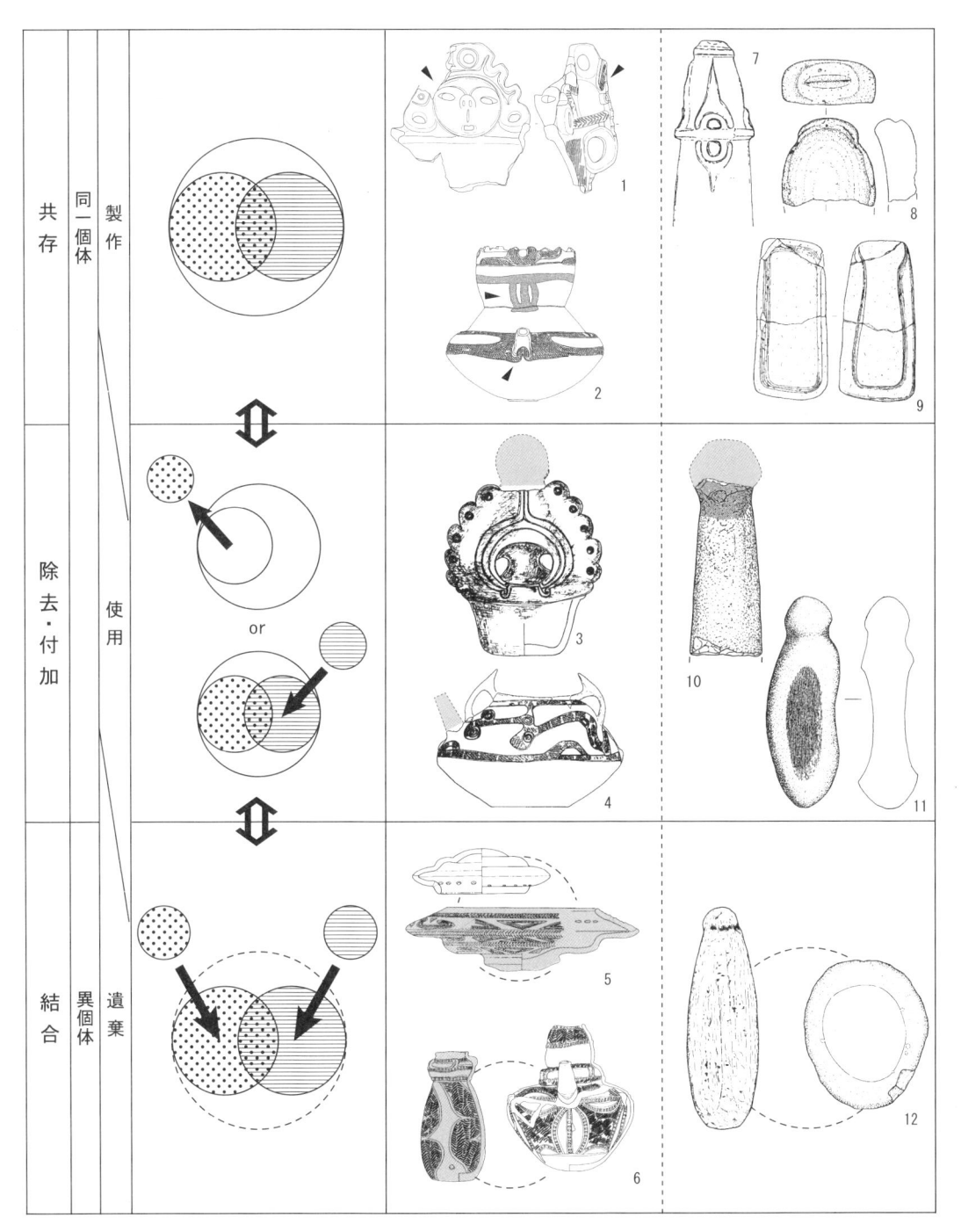

『縄文土器の儀礼利用と象徴操作』247 ページ訂正版

第 91 図　象徴操作の 3 表現

1:顔面把手における女神頭部と背面蛇体装飾(中期:神奈川県三ノ宮宮ノ上)、2:注口土器における口縁部下の女性器描画と注口部の男性器表現(晩期:青森県玉清水)、3:釣手土器の頭部打ち欠き(中期:長野県曽利)、4:注口土器の注口部打ち欠き(後期:埼玉県神明)、5:有文・大・赤・正位と無文・小・黒・逆位の対置(前期:岐阜県糠塚)、6:注口土器・黒と下部単孔土器・赤の対置(後期:北海道八木B)、7:石棒頂部の三叉文(中期:富山県大境)、8:石皿形状の石皿(群馬県瀧澤)、9:石皿背面の石棒表現(長野県山口)、10:石棒頂部打ち欠き(中期:長野県川原田)、11:石棒胴部の摩擦(中期:新潟県馬高)、12:石棒と石皿の対置(晩期:群馬県天神原)

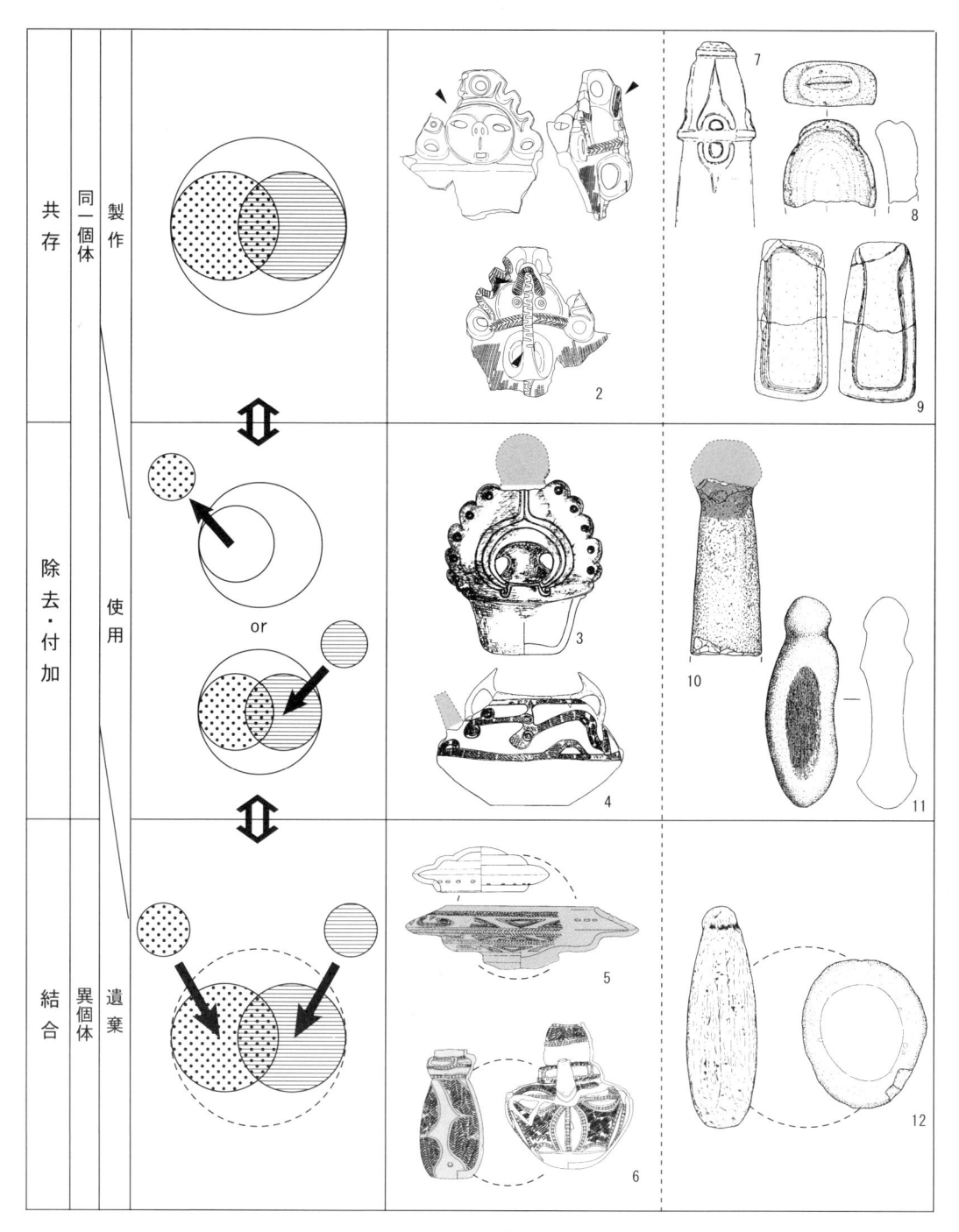

第 7 章　土器と石棒の対置

第 91 図　象徴操作の 3 表現

1:顔面把手における女神頭部と背面蛇体装飾(中期:神奈川県三ノ宮宮ノ上)、2:注口土器における口縁部下の女性器描画と注口部の男性器表現(晩期:青森県玉清水)、3:釣手土器の頭部打ち欠き(中期:長野県曽利)、4:注口土器の注口部打ち欠き(後期:埼玉県神明)、5:有文・大・赤・正位と無文・小・黒・逆位の対置(前期:岐阜県糠塚)、6:注口土器・黒と下部単孔土器・赤の対置(後期:北海道八木B)、7:石棒頂部の三叉文(中期:富山県大境)、8:石棒形状の石皿(群馬県瀧澤)、9:石皿背面の石棒表現(長野県山口)、10:石棒頂部打ち欠き(中期:長野県川原田)、11:石棒胴部の摩擦(中期:新潟県馬高)、12:石棒と石皿の対置(晩期:群馬県天神原)

理した。そして、これらを単に二者の対置とみるだけでなく、対極にある二者を中性化（融和）し、新たな力を引き出すための操作のバリエーションとして読み取る見方を提起した。異なる二者にある曖昧な存在に聖性ないし穢性といった特別な力を認める考え方は、既に象徴人類学（ターナー 1975、リーチ 1981）において「境界性 liminality」として概念化されている。但し、これらの考え方はヘネップの「移行段階」と同様、時間的なプロセスとしての意味合いが強いことから、本書では「中性志向」と呼び変え、先の3パターンのような行為を「象徴操作」と呼称しておく。

「共存」には、土偶同様の「女神の顔」を持った顔面把手の背面や、顔面把手付土器の胴部に蛇体装飾を施すもの［第91図1：中村2009d］、陰嚢表現を持った注口部と女性器表現を持った注口土器［同2：梅原・渡辺1989］、男女と思われる2体の人体装飾を持つ土器などの例があり、「除去」の例としてはそうした顔面［同3］、蛇体装飾、注口部［同4］などの打ち欠きが分かりやすい。「結合」は前述した浅鉢［同5］や釣手土器、異形台付土器の異型式対置例や、北海道函館市八木B遺跡HP-4で黒色の注口土器と赤彩痕のある下部単孔土器などの異形式が対角線上から出土した例などが該当する。下部単孔土器は孔の位置から女性象徴とみられ、男性象徴である注口土器と対比されている（渡辺1999）。

このように見てくると、本稿で取り上げた石棒と土器の対置例もまたこうした象徴操作の1つである「結合」の事例として位置づけられよう。そうした観点からは石棒にも「共存」や「除去」という表現が認められる。石製品の場合、製作段階と使用段階の区分が土器よりも不明瞭だが、中期北陸の三叉文を施す例［同7：小島1986］や、石皿背面に石棒状表現をもつ例［同9：鳥居1924］あるいは石棒形を呈する石皿［同8］などが「共存」の例、頭部の打ち欠き［同10］は「除去」の例となる。但し、石棒への研磨行為［同11］や穿孔行為は象徴的部位の除去というよりは、別の象徴表現の付与とみることができることから、今後は「除去・付加」と呼び変える。

異質な二者の表現の多様性と象徴操作の複合・連鎖

象徴操作の1つである「結合」の表現方法は先に見たように土器型式A／土器型式B、土器形式A／土器形式B、石棒／土器、石棒／石皿・磨石、石棒A／石棒Bのように多様であり、左右の属性は比較的自由に変換され得るものであった可能性が提起できる。

そしてこうした対置関係は時に、さらに複雑な様相を見せる。前述した穴場遺跡18号住居では、(石棒／釣手土器)／石皿・磨石・凹石と、対置関係が重層的に複合するほか、住居中央部では1対の小形深鉢が出土している［第87図1］。また、長田雉子ヶ原遺跡では、(石棒／丸石)／石皿、(注口土器A／小形深鉢)／注口土器Bという2つの重層的対置関係に加えて、前後・左右においても石器＋土器／石器＋土器という複合的な対置関係が窺える［第88図3］。

これらは異個体の対置の事例だが、その各個体に既に象徴操作が施されている場合がある。例えば、御城田遺跡の注口土器は製作段階で舟形口縁で女性象徴を「共存」させているのに加え、男性象徴部位である注口部の先端が欠損しており、「除去」の象徴操作が施された可能性がある［第89図3］。また、北海道野田生1遺跡の赤彩された注口土器の注口部と、頂部のV字状装飾は遺跡内の離れた場所から出土して接合したものである。なお、このV字状装飾は土偶や香炉形土器の頂部とも共通する。小林青樹（2011a）は、先の筆者の考え方をもとに、3表現の連鎖パターンをモデル化し、男女の相克と融和を繰り返す儀礼過程を構想したが、これらの資料は、そうした複合的な儀礼プロセスの存在

第 7 章　土器と石棒の対置

を強く示唆するものである。
異質な二者としての「男・女」の顕現
　中期の土器や、石棒のあり方からは、「異なる二者」を具体的に男／女の隠喩として解釈することができる。一方、前期の浅鉢や後期の異形台付土器の対置、あるいは石棒同士の2個体共伴例は、単純に男／女の象徴表現とみることは困難である。但し、二項対立的な思考は多くの社会で知られており、男／女は左／右などと共にその重要な一要素として位置づけられているほか、各要素が互いに結びついていることも多い（ニーダム 1993）。様々なモノで表現された異質な二者が、様々な概念を経由して男／女の対比とも関わる可能性は強いであろう。しかし、ここでは境界性や両義性の概念を踏まえ、広い意味での異質な二者の中間領域の力を目的とした、具体的表現の一部として男女の性的結合が表現される場合があった、と理解しておくに留めたい。

5．〈石棒と土器の対置〉の歴史性
　最後に石棒と土器の対置に話を戻そう。本章2で扱った諸事例から提起される問題として時間的・空間的な分布の偏りがある。即ち、中期末葉〜後期初頭に多く、それ以外は少ないのである。この点は、前述のような抽象的解釈とは別に、歴史的脈絡の中で説明していかなければならない。
　土器形式の動態をみると、中期末葉は有孔鍔付土器や釣手土器が終焉を迎え、両耳壺をはじめとする各種の壺など形式が多様化し、後期の浅鉢・注口土器などに収斂していく過程にある（阿部昭2006b・2008）。形式としての安定性に欠ける時期であるとみることもできよう。但し、東北地方では比較的スムースな変化が追えるようであり、こうした点が、この地域での壺との共伴例の多さと関わる可能性がある。一方で、変遷過程の不明瞭な関東・中部において石棒と対比されるのは深鉢が多い。
　〈異質な二者の対置〉表現に、従来の土器同士に代わって石棒が多く用いられるのは、こうした土器文化の再編と、新たな儀礼具としての石棒の導入という両側面によるものではあるまいか。関東地方において、再び土器形式が安定する後期前葉以降は、葬送儀礼や住居廃絶儀礼においても再び注口土器や異形台付土器などの土器が主体的な役割を果すようになる。本稿で見てきた〈異質な二者の対置〉の中で、男女の性的結合と解釈可能な資料が特に中期〜後期に目立つという点もこうした歴史的脈絡の中に位置づけられる。
　空間的分布をみると、東北・関東・中部に散見された一方、東海・北陸では事例が認められない。北陸・新潟では遺構出土例自体が少ない。西日本の晩期でも大形石棒の利用が増加するが、ここで見てきたような土器との関係性は認められない（中村豊2007）。地域間で石棒を用いた具体的な儀礼行為に差異があったのである。

終　章

縄文土器の儀礼利用と象徴操作

終　章　縄文土器の儀礼利用と象徴操作

第1節　縄文土器の儀礼利用と象徴操作の総合的検討

　本書では、序章および第1章から第7章にわけて、縄文土器の儀礼利用にみるカテゴリ認識と象徴操作に関するアプローチを試みてきた。本書で取り上げ、明らかにしえたのは、問題のごく一部分にすぎないが、改めてそれらの議論を総括し、今後の研究の展望を行いたい。

１．本書の総括
（１）目的と方法・対象・構成
　序章で示したとおり、本書の主題は「縄文人は縄文土器をどのように認識していたか」である。とはいえ、この問題設定はあまりにも大きすぎるため、これまでの研究史を整理し、分析方法を検討した結果（第1章）、具体的な検討対象をして、①土器形式のバリエーションと葬送儀礼・住居廃絶儀礼に用いる土器との関係性、②時期・地域を越えた実用性を越えた共通観念という2つの問題を設定した。

　形式に注目したのは、バリエーション豊富な深鉢と比べて変異・数量が少なく、分析に適しているためである。また、儀礼行為に伴う土器は意図的に置かれたものであり、特に葬送儀礼・住居廃絶儀礼はその実際的な目的がはっきりとしているものであるため、彼らの認識を問う素材として適している。全国的概観（第2章）をふまえて、具体的な対象として、前期の浅鉢類（第3章）、中期の釣手土器（第4章）、後期の浅鉢・注口土器等（第5章）を選択した。

　しかし、それらはあくまで分析の便宜によるものであり、縄文土器に対する観念は特定の土器形式や特定の儀礼の場にのみ表出するとは限らない。そこで、これらの分析をもとに対象を拡大して共通認識を分析することにした（第6章）。また、土器のみの議論を相対化するため石棒との関係性を分析することにした（第7章）。

（２）土器のカテゴリ認識と儀礼行為をめぐる方法論
　第1章は方法論の検討である。まず、当事者によるモノ認識の研究を「モノと心の考古学」と位置づけ、物質文化論としての考古学の重要性を指摘した。次いで、これまでの形態機能非連関型の祭祀専用品の検討ばかりでなく、近年増加した形態機能連関型の日常道具の儀礼的利用の検討が有効であることを確認した。

　モノにこめられた観念の検討―カテゴリ認識研究は、トーテミズム研究以来、人類学において進められてきた「分類」研究と大きなかかわりがある。一方では構造人類学や象徴人類学、また一方では認識人類学の動向がある。考古学でもこうした動向をうけて研究が進められてきたが、これとは別に日本考古学においては山内清男以来、カテゴリ認識研究と言える研究が断片的に行われてきた。これ

らを整理した結果、対象はより限定された範囲とし、複数の特殊要素の組み合わせとしてカテゴリ認識を把握すべきという方法論的指標を得た。

（3）縄文土器の形式と儀礼での利用

第2章では縄文土器の形式分化、葬送儀礼における土器の利用状況、住居廃絶儀礼における土器の利用状況を列島規模で概観した。

縄文土器の形式分化

縄文土器は時期・地域を通じて深鉢が圧倒的多数を占める。しかし、前期以降浅鉢が東日本の各地で定着し、中期中葉には中部地方を中心に有孔鍔付土器、釣手土器などが、東北地方を中心に注口付浅鉢や壺が生まれ、中期末にはそれらの一部が変化して多様な形式を生み出す。後期前葉にはそれらは浅鉢、注口土器として安定した形式となり、中葉には高杯や小形壺が定着するほか、地域を限定した異形台付土器、釣手土器なども出現する。こうした形式分化の特徴として、複数種類の形式がセットで出現すること、新形式が安定して存在する時期と、形式の分化・変遷過程が複雑な時期があること、土器形式の出現期や変容期は、儀礼行為への利用も増加する傾向があること、などが挙げられる。

葬送儀礼における縄文土器

葬送儀礼における土器の利用は、土器副葬、土器被覆葬、墓上供献、土器棺の4パターンに大別できる。このうち土器棺については既に多くの検討があるため、本書では前三者（特に前二者）を検討対象とする。草創期には既に土器片の撤布がみられるが、一定数のパターンとして認識できるのは前期の関東～関西を嚆矢とする。中期以降は濃淡はあるものの東日本では晩期まで各種の土器形式を用いた副葬・被覆葬・供献が認められ、西日本でも少数ではあるが事例が認められる。

注目されるのは、被覆葬といっても、深鉢、深鉢大形破片、浅鉢など使用される形式や状態は様々で、同一地域・時期においても統一されている場合、されていない場合の両者がある。このことは、土器の選択が顔を覆うのに適した形を持つとはいえ、その具体的な形の選択は、それぞれのカテゴリ認識に基づく恣意的なものであること示す。

一方、墓坑内から出土する土器は、全て飲食具であり、釣手土器や異形台付土器などの非飲食具は用いられていないという共通性がある。

住居廃絶儀礼における縄文土器

住居廃絶儀礼における一要素として、焼失住居を中心とした住居床面出土土器の事例を概観した。前期後半の関東で一定パターンが出現し、中期以降晩期まで東日本の各地で事例が認められる。

こちらは、飲食具のほか非飲食具も用いられること、晩期や西日本などの分布の空白が認められることなどに墓坑埋納例との相違点がある。

（4）儀礼利用にみるカテゴリ認識の形成・展開過程

前期の浅鉢類の出現と儀礼行為

第3章で扱ったのは、"儀礼行為に用いられる特定の土器形式"というカテゴリ認識の形成過程の問題である。はじめて一定数を持つパターンとして出現した、縄文時代前期後半の浅鉢類を素材とし、土器副葬・被覆葬および床面出土例の事例数の変化、深鉢との比率、浅鉢類のバリエーション、地域

終　章　縄文土器の儀礼利用と象徴操作

性といった観点から分析を行った。

　その結果は大きく4期に区分して整理することが可能である。まず、花積下層式期～関山式期の先浅鉢期、既に深鉢の副葬や破片の被覆葬は散見されるものの、浅鉢類の儀礼への利用が顕著に認められない。出現期は黒浜式期～諸磯a式期で、一挙に浅鉢類の墓坑埋納例が増加する。黒浜式期にはバリエーションは少なかったものの、諸磯a式新段階には多様な形態が生まれる。時間幅を考慮すると事例数の上でも最も多い時期である。諸磯a式期には床面出土例も出現する。諸磯b式期は安定期で、分布域が西関東・中部高地に広がり、墓坑埋納例は引き続きバリエーションも豊富である。一方、床面出土例は群馬県を中心とした分布を示し、E類とした内屈型に収斂していく。変容期は諸磯b式新段階以降で、浅鉢類自体は諸磯c式期まで使われるものの、儀礼の場での使用は僅かになる。威信財としての浅鉢類の価値の下落であろうか。

中期の釣手土器の出現と展開

　第4章はカテゴリ認識の継承と展開をテーマとして、中期の釣手土器を分析した。まず、中期中葉における顔面把手と釣手土器の造形の類似を確認し、これを踏まえて、釣手土器が「把手部がもぎ取られ、顔面部を打ちかかれた顔面把手」と融合して成立したという考え方を提示した。その造形・装飾の特徴が両者に共通する部分があるほか、打ち欠きという行為の継承も考慮した仮説である。

　その後、曽利Ⅱ式期以降は、各地で独自の類型が作り出されたが、独自性とともに相互の系統性の強い長野県西部地域と、系統性の弱い山梨地域という大きな地域差が存在することが明らかになった。また、出土状況を含め、徐々に釣手土器の扱い方は変容している。特に、北陸地方の釣手土器は、数量・出土状況の点で大きく変容したあり方を示す。

後期の土器副葬と土器被覆葬

　第5章は後期初頭～中葉の土器副葬と土器被覆葬をもとに、カテゴリの共有と対立の問題を検討した。この時期の関東西部・中部高地はかなり近い土器組成を共有するが、後期中葉においては対照的な葬送儀礼のあり方を示す。この章では土器副葬と被覆葬の展開過程を追って、地域・儀礼・土器の3者の関係性とその変化を示した。

　称名寺式期～堀之内2式中段階までは、土器副葬が関東、土器被覆葬が中部高地という傾向はあるものの両地域で認められ、副葬と深鉢・注口土器、被覆葬と"小仙塚類型群"という関係も両地域で共有されていた。しかし、堀之内2式新段階から加曽利B1式期には、関東西部の注口土器・鉢を用いる土器副葬と中部高地の浅鉢を用いる土器被覆葬が明確な形で対比される。こうした〈地域－儀礼－土器〉の関係性は、儀礼の地域差をもとに、使用する土器をあえて対比させることによって形成された可能性が高い。

（5）縄文土器の象徴操作

土器の表現された中和志向

　第6章では、これまで取り上げてきた事例をもとに、縄文土器に表現された象徴性の一端（異質な二者の対置）と、その中和志向について検討した。

　事例を概観し、整理したところ、具体的な男／女などの異質な要素を同一土器中に対比させる製作属性としての「共存」、顔面や注口部など象徴性の高い部分を打ち欠く使用属性としての「除去」、異

なった二者を象徴する二個体を対置させる「結合」という3種の表現を識別することができた。

これらの根底には、象徴人類学が示してきた対極的な二者の間の境界領域の持つ特殊な力（リミナリティ）への志向が窺え、本書では中性性を志向する「象徴操作」と表現した。時に同一個体・異個体間でいくつかの象徴操作が複合することがある。異質な二者の対置表現自体は集落・抜歯・住居内など様々な部分に認められ、さらには人類の普遍的な思考に基づくものとも言える。しかし、例えば住居廃絶などの場で、土器を用いることが多いという点は縄文世界の独自性を示している。

土器と石棒の対置

第7章ではこれまでの土器中心の分析を相対化するため、大形石棒と土器との対置事例を取り上げ、第6章の議論を補完することとした。土器と石棒が対峙する形で出土する事例は様々なパターンがあるが、最も多いのは住居床面からの出土例である。また、石棒同士の2個出土例を概観すると、やはりサイズや形態の点で差異が認められることから、土器同士、土器と石棒、石棒と石皿、石棒と石棒など、異質な二者を表現する象徴操作にはいくつかの器物が用いられていたことがわかる。石棒と石棒の対置などの例を見る限り、全ての場合において男／女が意識されていたわけではなく、広い意味での異質な二者を表現する段階で、そうした表象を用いる場合があったと理解しておきたい。

一方、そうした中、注目されるのは土器と石棒の対置例が中期中葉から後期前葉まで認められるものの顕著に見られるのが中期末～後期初頭である点である。この時期は土器形式が分化・変化する不安定期であり、こうした時期に新たに出現した石棒が住居廃絶時の床面における二者の対置に用いられることになったのであろう。この点は普遍的な観念とは別の、歴史的脈絡に関わる部分である。

2．カテゴリ認識・象徴認識の共通性と歴史的脈絡

（1）カテゴリ認識の共通性と差異

本書では予め設定した検討課題に沿う形で、全体の概観と個別の事例検討を行ってきた。しかし、象徴表現の問題と同様、カテゴリの形成・変容・共有・対立などの点は、各事例に共通して認められるものであり、その比較からは縄文土器としての共通性と、それぞれの歴史的な脈絡に根ざす部分とが抽出できるはずである。ここでは、普遍性と歴史的脈絡という両側面からこれまでの議論を整理しておきたい。

儀礼に用いる土器としてのカテゴリ形成

この問題は、対象となる土器の形成と、カテゴリ認識の形成の2つにわけられる。前期の浅鉢類の場合、浅鉢自体は関山式期には既に認められており、黒浜式期には造形自体にはあまり大きな変化は認められていない。一方、墓坑に埋納されるのは黒浜式期であり、その数量も大幅に増加している。造形に変化が生じるのは諸磯a式期であり、必ずしも浅鉢だけの変化ではないが、器形や装飾にバリエーションが生じた。東京湾岸において、従来からの土器が突如儀礼具として多量に用いられたものと要約できよう。また、副葬のピークから1段階遅れて諸磯b式期には住居床面供献が内陸部で盛行する。

中期の釣手土器は、先行する顔面把手から造形・行為などを継承する形で出現した。土器の出現とカテゴリ認識が同時という事例である。

後期の事例では、いくつかの土器が登場するが、まず初頭～前葉の浅鉢、注口土器の場合、中期末以降の様々な変化をふまえ、東北地方で成立した注口付浅鉢が両者の起源となる。東北地方では住居

終　章　縄文土器の儀礼利用と象徴操作

床面から出土する例もあるが、墓坑埋納例は知られていない。外来の儀礼用土器が葬送儀礼用に用いられるようになったと考えられる。中葉の土器のうち舟形土器は当初より儀礼具として登場したものである。

　以上の諸例は、前期を除き、先行する土器の性格を継承しつつ、新たに出現した土器が儀礼に用いられるという共通性を持っている。

カテゴリ認識の展開・変容

　前期浅鉢類は、シンプルな形態からスタートし、諸磯a式期には多様なバリエーションを生み出したが、諸磯b式期以降、儀礼具を中心として（特に住居床面供献例）内屈型に収斂していく。事例数に地域的・時期的変異はあるが、行為自体に大きな変化は認められず、諸磯c式期で浅鉢類の儀礼利用は終焉を迎える。

　中期の釣手土器は先行する顔面把手の特徴的な装飾や顔面打ち欠き行為を引き継ぐが、曽利Ⅲ式期までには、形態・装飾・出土状況などの点で地域的・時期的変異が増加する。地域差は曽利式と唐草文、郷土式、連弧文、串田新などの土器様式圏と密接に関わるもので、それぞれ顔面装飾の継続、器形・装飾における系統性の保持、数量増加・住居址以外からの出土などの特徴を持つ。

　後期の諸形式の土器副葬・被覆葬への使用については、大きな変容は認められない。時期的変化は、それぞれの儀礼に用いる土器形式の選択性の変化であり、被覆葬は注口付浅鉢、"小仙塚類型群"、浅鉢と変化し、副葬は深鉢・注口土器に浅鉢・壺が加わり、最終的には鉢・舟形土器が主体を占めるようになる。

カテゴリ認識の共有・対立

　次項で確認するように１つの土器形式は様々な儀礼に用いられるが、異なった地域同士で同じ土器や儀礼を持ちながら、あえて、同じ土器を異なった儀礼に用いる、あるいは同じ儀礼に異なった土器を用いるという意味でのカテゴリ認識の対立は第５章で分析した後期の葬送儀礼を除いては認められない。むしろ、前期の浅鉢類や中期の釣手土器は分布範囲内では広域で共通した使い方が認められた。

儀礼への利用範囲

　前期の浅鉢類は土器副葬・土器被覆葬・住居床面供献の３パターンで使用されている。また、１例のみだが環状集石遺構からの出土がある。

　中期の釣手土器は、出土状況判明事例の大半が住居出土で、そのうち床面出土例は半数近い。一方、墓坑からの出土例は皆無である。

　後期では、注口付浅鉢については土器被覆葬のみだが、注口土器や深鉢、浅鉢、舟形土器、壺については土器副葬・床面供献例の両者が知られる。一方、墓坑内では副葬品として用いられる注口土器は、土器副葬と土器被覆葬の対比が強化する後期中葉においても、床面供献例は葬送儀礼とは別の分布圏をもって存在している。大宮台地は葬送儀礼においては顕著な特色が見られないが、床面供献例は関東や中部高地と同じように認められるのである。

　このように、ある土器形式がどのような儀礼行為に用いられるかは、共通の範囲があるわけではなく、個別の事情で決まるようである。

（2）カテゴリ認識の社会的背景・歴史的脈絡

　第6章で「異なった二者の対置と中性志向」という観点で、また前節で3つのケーススタディを比較して、時期・地域の異なった縄文土器の取り扱いに一定の共通性が認められることを確認してきた。一方で、第7章では、石棒との対置関係が中期末～後期初頭という特定の時期に限られた問題であることも確認した。前節では、いくつかの点で3つのケーススタディに差異が認められることも確認した。カテゴリ認識・象徴性の問題を扱うには、普遍性と歴史性の両者に配視する必要がある。第2章で述べたように、副葬・被覆葬・住居床面供献の盛行と形式分化には相関性が認められるが、他の面ではどうだろうか。

　前期の浅鉢類の儀礼利用が盛行したのは、環状集落の「前期発達期」（谷口2004a）であり、初めて集団墓が造営される時期（鈴木保1988）である。土器文化の面では"方位形態文様"（稲田1972）への変化という大きな画期にも重なる。

　中期の釣手土器が登場したのは勝坂式末期の土器文化の隆盛期であるが、数が増加したのは土器様式が分立する中期後葉である。環状集落の「中期発達期」に該当する。

　後期の土器副葬・被覆葬の盛行期は、「堀之内・加曽利B土器様式」（西田1989）として一括したこともある広域に類似した土器群が展開する時期に該当する（野口・安孫子1981）。環状集落についてもやはり「後期発達期」である。

　他の特徴的な土器を用いた儀礼行為が認められる時期も時代背景を確認しておこう。双耳壺副葬が見られた後期初頭の西日本は、東日本の称名寺式のルーツとなった中津式を擁し、集落規模の拡大・住居数の増加が見られる時期である（大野2001）。後期中葉～後葉の北海道では周堤墓の墓上供献が顕著に認められた。この時期はこれまでの東日本（ないし東北）の影響の強かった北海道に独自の堂林式・御殿山式土器が生まれた時期である（阿部明2008）。複数土器の床面供献が盛行した後期中葉～後葉の東北地方は、加曽利B式と連絡しながらも同時期では最も華やかな土器を生み出した宝ヶ峯式（鈴木克2008）および、亀ヶ岡式に先立ち広域に分布を広げた瘤付土器の文化圏である。

　著保内野の中空土偶"カックウ"、風張の"合掌土偶"、西ノ前の"東北のビーナス"棚畑の"縄文のビーナス"、中ッ原の"仮面の女神"、郷原のハート形土偶、荒内の大形土偶など国宝・重要文化財指定を受けている土偶の多くもこれらの文化の産物である。本書で直接対象とした資料の中にも、重要文化財指定を受けた資料が少なからず含まれている。集落規模増加と連動した土器文化の隆盛が、こうした美的価値の高い土器を生み出し、葬送や住居廃絶の儀礼に用いられることになった大きな背景である。

　谷口康浩（1995・2005a）は環状集落や大形石棒の盛衰を社会関係と結びつけて論じている。人口増加による社会関係の緊迫に際して環状集落が出現し、石棒を用いた祖先祭祀によって出自集団の領域や財・祭祀権を含む社会的・文化的な継承を図ったとみるのである。今回扱った土器をめぐる儀礼行為もまた、そうした時期に見られるものであり、その社会性は、第5章で論じた中部高地と関東西南部の対比関係などに端的にみることができる。

　但し、一方で考えなければならないのは、そうした時期の葬送儀礼や住居廃絶儀礼において土器が用いられた、という点である。後期前葉～中葉においては、土器副葬・被覆葬のほか、再葬や配石墓という葬墓制の表現が地域色を持ちながら存在していた。そうした中で、新たな土器形式を生み出し

終　章　縄文土器の儀礼利用と象徴操作

ていた関東西南部や中部高地が土器を用いた儀礼を採用した背景には、その文化における土器に対する強い意識が窺えるのである。

　宇野隆夫（1997）は、縄文土器の多量出土を生産・象徴の社会的役割という点で欧州巨石文化と比較しうることを指摘している。より広い視野での縄文土器特徴ととらえてよいだろう。近年では、社会の進化にあたり儀礼・饗宴のもつ役割の大きさが注目されており（高橋2007b、谷口2007c）、土器の多様性の意味についてもそうした観点からの解釈が求められる。

補論　縄文土器の儀礼利用・象徴性の普遍性と歴史性

1．縄文土器の普遍性と歴史性

　縄文土器の特色として、既に回転縄文の使用、突起・波状口縁の存在、数量の多さ、器形のバリエーションの豊富さなどが挙げられている（モース1983、山内1964、佐原1982、小林達2008）。こうした特徴に、本書で論じてきた成果を加えることはできるのであろうか。

　そもそも、「縄文時代・縄文文化」の枠組みについては、時間的・空間的範囲やその一系統性の認識などに様々な意見がある（岡本1990、山田昌1990、大塚2008a、谷口2002a、小林達2008、大貫2010など）。総合的な枠組みの検討は措き、ひとまず土器の儀礼利用や象徴操作のあり方について、東アジアの周辺土器群との比較検討を試みる。言うまでもないが筆者の不勉強はもとより、資料数や分析例の多寡という制約は承知しており、今後の検討のための見通しを得られれば幸いである。

　本書では、主に東日本の前期～晩期の土器群を分析し、①土器形式（あるいは型式）に地域・時期によって増減があること、②土器の儀礼利用として副葬をはじめとする葬送儀礼での利用例は草創期から晩期まで比較的普遍性をもつものの、地域・時期によって使用する形式や方式に差異が認められること、③土器副葬・被覆葬や住居床面供献が一定のパターンとして認識できる場合、前期後葉や後期前葉などのように同じ形式が用いられる場合があること、④共存・付与・結合などの象徴操作が一定の時空間を越えて共通して認められる一方、その表現媒体となる道具の選択（顔面表現の採用、男女の性象徴の具象化など）は時期・地域の特性が認められること、⑤以上の時期・地域的な盛衰は住居数の増減に示される人口動向という社会的要因に関係する可能性が強いこと、などに注目した。こうしたあり方は、土器副葬を除き草創期・早期では殆ど認められず（早期の鹿児島を除く）、東海・北陸以西の西日本では後期以降に若干の例が認められるものの顕著な例は見られない。こうしたあり方は、土偶や石棒、埋甕、配石遺構の動向とも類似しており、その意味では「縄文文化」の特質の1つとして捉えることができるかもしれない。

2．東アジアにおける土器の社会性・象徴性

（1）形式組成と儀礼利用

　では、周辺の土器群のあり方はどうであろうか。大陸側の新石器文化ならびに後続する弥生文化・続縄文文化における土器群の形式組成と儀礼利用の状況を簡単に確認しておきたい[110]。

アムール川流域～韓半島北部

　ロシアのアムール川下流域の新石器文化は深鉢・鉢が基本形式であるが、オシポフカ文化やコンドン文化に既に浅鉢や広口壺がある。一方、沿海地方から咸鏡北道にかけての地域ではザイサノフカ文化新段階まで浅鉢や椀はみられない（伊藤2006a・2007・2013、内田2011）。コンドン文化～マルィシェヴォ文化に属する黒龍江省新開流遺跡、ルドナヤ文化新段階のチョルトヴィ＝ヴァロタ洞窟内の堅穴

---

[110] 本補論は、平成23年度國學院大學特別推進研究「土器の象徴性・社会性に関する比較考古学研究―壺・高杯の出現をめぐって―」の一環として、阿部昭典・加藤元康・伊藤慎二・石川岳彦の各氏との共同研究の成果の一部である。特にロシア、遼寧の記述は伊藤・石川両氏の発表内容にもとづく部分が大きい。

終　章　縄文土器の儀礼利用と象徴操作

住居、ザイサノフカ文化新段階の吉林省金谷遺跡の竪穴住居などで人骨に伴って深鉢が出土している（伊藤2009）。咸鏡北道では、龍水洞遺跡で人骨に伴って貝輪・石斧・石鏃・紡錘車とともに土器が出土しているほか、松坪洞遺跡で中国東北地方に関係する彩文土器の頭部付近への副葬例が知られている（李2000）。

韓半島中部・南部

韓半島中部・南部では、新石器時代早期後半（隆起文系：九州縄文早期後半〜前期初頭並行）に既に深鉢・鉢・甕に壺と椀が伴っており、南部では前期（刺突・押引文系：縄文前期前半並行）には「注口土器」（片口土器）、中期（水佳里Ⅰ式：縄文前期後半〜中期初頭並行）には少量の浅鉢、晩期（水佳里Ⅲ式：縄文後期並行）には脚台付椀（高杯）が僅かに伴う（田中聡1999・2003・2009）。

儀礼利用例は、江原道春川校洞洞窟遺跡で土器供献（副葬?）、慶尚南道煙台島貝塚（早期〜前期）で土器片被覆葬、慶尚南道上村里遺跡（中期）で深鉢と土器片蓋を用いた土器棺墓が知られている（李2000）。続く青銅器時代の無文土器も甕・壺・鉢を基本とし、高杯は後期（弥生前期並行）まで定着しない。丹塗磨研技術は前期初頭から壺に対して施されるが、中期以降甕や鉢などにもみられるようになる。このうち小壺については中期の南部嶺南地域を中心に、丸底のものが副葬に多く供され、棺外では破砕されて出土する（後藤1980、中村大介2006）。錦江流域の青銅器副葬墓の分析でも、鏡を持つ厚葬墓の多くに磨研土器が副葬されていることを確認している（中村・野内2005）。また、李相吉（2000）は、環濠からの丹塗磨研甕、炉址上部からの丹塗磨研鉢の出土例、底部や胴部の穿孔や破砕（無作為と部位選別）あるいは転用再加工などの事例を紹介している。

中国東北地方

遼東では新楽下層文化の平底の深鉢（筒形罐）を中心とした組成に、小珠山下層文化において少量の壺、さらに小珠山中層文化で山東地域の三足器、小珠山上層文化では高杯が加わる。副葬品として用いられるのは、高杯や壺が中心である（宮本1985）。

遼西では、興隆窪文化において深鉢と鉢が組成し、深鉢の副葬例がある。農耕を伴う趙宝溝文化では鼓腹罐、鉢などが加わり、鹿・猪・鳥などを描いた尊形器などを持つ。これらは他の器物とともに土坑内から出土している。内蒙古自治区小山遺跡では火災住居から動物文尊が出土しており、住居廃絶儀礼の可能性がある（中国社会科学院考古研究所編2010）。さらに紅山文化では、盆、高杯（豆）、器台（器座）などが出現する。牛河梁遺跡群では積石・墳墓を含む多くの祭祀・儀礼に関わる遺跡が検出されており、鉢・盆・罐や彩陶（筒形器）などが伴っている。小河沿文化では、盆、壺、高杯が定着し、少量の尊、器台、双口壺などが伴う。（中国社会科学院考古研究所編2010）。

中国河北地方

磁山文化では平底の深鉢（罐）や鉢および丸底の丸底の深鉢（釜）や三足器（鼎）の双方を持つ。土坑から鉢（盂）や支脚、三足鉢などの出土例がある。続く仰韶文化は浅鉢（盆）、尖底瓶、高杯など形式は増加する一方、土器に動植物や天体など様々な彩画が施される（甲元1996）。小児用土器棺が増加するのもこの頃で、底部穿孔例もある。副葬土器は罐・鉢・尖底瓶などの日用品が足の周辺に置かれることが多い（中国社会科学院考古研究所編2010）。仰韶文化は広い範囲にわたるが、一部に顔付土器がみられる（甲元・今村1998）。その後、青銅器を伴う二里頭文化にいたり、玉器や青銅製酒器とともに酒器としての土器が威信財として用いられるようになる（西江2005）。

中国山東地方

農耕を行っていた後李文化は釜を主体とし、壺なども伴う。続く北辛文化は鼎が出現する（中国社会科学院考古研究所編 2010）。大汶口文化は三足片口土器（鬹）、三足注口土器（盉）、甗など多数の形式が見られるようになる。彩陶や動物形象土器（ブタを象った鬹が主）もみられる。觚形杯、高柄坏、透かしを持った高杯（孔豆）その他の精巧な土器（酒器）が副葬に供され（宮本 1995、山口県立萩美術館・浦上記念館編 2003）、龍山文化に引き継がれる。

弥生文化

早期〜前期の九州では壺・甕・高杯・蓋がセットで出現するが、九州南部や九州以東においては高杯・蓋は僅かである。壺は当初より各種形態が存在する。中期には高杯が広がるほか（比田井 1985）、北部九州の須玖Ⅱ式で丹塗磨研土器群と呼ばれる赤彩された各種精製土器（馬田 1982、中園 1998）や、壺などが合体した複合土器が出現する。畿内では水差形土器（田中清 1999）、東海では円窓付土器（伊藤淳 2002、永井 2009）、長野周辺では注口付壺（桐原 2009）が一定数を持って広がるが時期的には限られた存在である。絵画土器も中期の近畿を中心に盛行する（橋本 1994）。後期には、九州・山陰で注口土器が特徴的に見られるほかは（間壁 1997・1999）、壺・高杯などの基本器種が分化する。

葬送儀礼への利用は、丹塗磨研土器群のほかは、壺・高杯を中心に甕なども伴い、各地で独自の土器の利用が知られている（田代 1986、大庭 1992、肥後 1994、川上 1995、深澤 1996、福田 1994・2004、中園 1998、立花・秋田 2000、重松 2005、古屋 2007 など）。丹塗磨研土器群は他に、住居廃絶儀礼、水口祭祀、溝への投棄などの例もある（森 1981、馬田 1982）。中期以降、井戸が出現するが、そこでの祭祀で用いられる土器は専ら各種の壺であり、単一形態の壺が集中的に用いられる場合もある（藤田 1988、辰巳 2008 ほか）。弥生時代終末には、山陰の四隅突出墓など各地独自の首長墓が形成されるが、吉備では特殊壺・特殊器台などの土器を用いた儀礼具を発達させる。

続縄文文化

縄文晩期後半の舟形土器は姿を消し、深鉢・甕・壺・鉢と若干の高杯を用いる（大沼 2008）。双口土器は若干の例が知られる。また、古墳時代に並行する江別式には多数の注口土器が存在する。儀礼利用例としては土器副葬があり（重松 1971、加藤 1982、青野 1999、長沼 2000）、深鉢（甕）・壺を主体に、浅鉢や台付鉢などが少量利用される。また動物装飾（特にクマ）を持った深鉢・鉢が出現する。

貝塚文化後期

前期から引き続く深鉢・鉢・細長い壺に加え、皿や高杯が存在する（新里 2008）。仲原式期前後（縄文時代晩期末〜弥生時代前期並行）には沖縄本島の安座間原第一遺跡に土器棺と土器被覆葬、木綿原遺跡で鉢の副葬例や弥生系壺の供献、ガルマンドウ原洞穴で散乱人骨に穿孔土器が副葬された例、奄美の面縄第１貝塚やトチマン遺跡（穿孔土器）の供献など比較的多くの事例が知られている（新里 2010・2011）。

（２）東アジア先史文化における土器の象徴性・社会性

象徴的装飾

まず、象徴的側面のうち、異質な二者の対置といった出土状況から読み取れる事例は他文化で注意

終　章　縄文土器の儀礼利用と象徴操作

されていないためか、比較検討は難しい。穿孔や欠損については、中国仰韶文化、韓国青銅器時代や弥生時代に一定の事例があることから、今後、その詳細なコンテクストの比較が必要となる。

　製作時における象徴部位の付与に関しては、人体装飾が各地で出土している。土器自体を人体と見立てて頭部や顔面その他の部位を造形するものとして、東日本縄文時代には、中期中部の顔面把手付深鉢とその系統化にある釣手土器、中期東北北部の顔面装飾付波状口縁深鉢、東北の脚付き土器、性器表現に関わる造形をもつ後期の注口土器や下部単孔土器など種類が豊富で、それぞれのパターンに属する資料も数多い（本書４章関係文献のほか、渡辺誠の一連の研究、成田1991、林$_克}$2000、鈴木$_正}$2012、今井2013など）。弥生時代中期東関東の顔壺（石川1987、阿部$_友}$2001）や、人体ではないが中国大汶口文化の豚形器など（今村2003）がこれに対比されようが、対象範囲全体をみまわすと種類は少ない。一方、狩猟文土器、人体装飾付深鉢など土器をキャンパスにして人体・人面を表現したものは縄文時代においても一定数があるが（斎野2006）、弥生時代中期の絵画土器ほどの高い割合ではない。ロシアヴォズネセンコエ文化にも人体文土器が複数確認されているものの、その率は不明である。複数の遺跡で祭祀用住居、多様な土製・石製偶像、一括埋納遺物とともに、ヒト・動物・魚・鳥形の装飾表現を持つ祭祀用土器がセットで確認されている（アンドレイ＝タバレフ2006）。土器に付された動物装飾は縄文土器における中期中部のヘビ・イノシシ・カエル、後期東北のクマなど（野口1965、小野1989・2008、新津2003・2007、藤森2006、永瀬2006・2007・2008b、福田2008、加藤$_元}$2009など）、中国仰韶文化における各種動物装飾の例などもある。なお、これらが出現する時期は、それぞれの地域で形式種数が増加する時期にあたっており、共通した文化的背景がうかがえる。

土器の儀礼利用

　儀礼における土器の利用の中でも葬送儀礼に土器を用いる例は各文化で認められる。東日本縄文文化では、日常的に使用する深鉢を用いる場合と特殊器種を用いる場合の両者があるが、韓半島無文土器や弥生時代前期の小壺のような副葬専用品は無い。副葬土器が日常土器と異なる例としてほかに遼寧や山東の新石器文化がある。土器棺は多くの地域で認められるが、通常は日常土器を用いる。専用品は縄文時代後期東北の十腰内Ⅰ式にあり、中期中葉の中部高地でもその候補があるが、弥生時代九州が最も盛行する。住居廃絶儀礼に伴う土器供献は東日本縄文時代、弥生時代九州、韓国青銅器時代、遼寧新石器時代などで知られているが、一定のパターンとして認識できるのは東日本縄文時代に限られる。生業に関わる儀礼での土器利用は、弥生時代水口祭祀における壺供献（森1981）が知られる程度であり、半島・大陸の類例の有無の解明が待たれる。弥生時代には井戸への壺供献もある。

　これら複数の儀礼を通じて用いられる土器形式の選択には以下のパターンが区別できる。

　Ａ：特定形式に限られるもの
　Ｂ：特定の技術的共通性を持つ複数形式を用いるもの
　Ｃ：複数の形式を用いるもの
　Ｃ１：個々の儀礼においては異なる形式を用いるもの
　Ｃ２：各儀礼で複数形式をセットで用いるもの

　例えば、ほぼ壺という一大別形式にほぼ限られる弥生時代の井戸祭祀はパターンＡ、丹塗磨研という共通の技法で製作された複数の形式が用いられる弥生時代中期九州の祭祀土坑はパターンＢである。縄文時代では、前期の住居廃絶儀礼はほぼ浅鉢類に限られるのでパターンＡであるが、それ以外

ではパターンCが多い。弥生時代中期九州では、祭祀土坑のほかにも、住居廃絶儀礼など複数種の儀礼で共通してパターンBであり、それ以外の弥生時代には甕や高杯なども加わるものの、多くの儀礼の場で壺が主体となるパターンAとなる。各種儀礼におけるパターンの選択はそれぞれの時期・地域で共通するものであったと理解できる。

弥生時代は壺や高杯という特定の大別形式が器形分化してバリエーションを持ち（宇野1996）、それらが儀礼に供されているが、縄文時代においてはこれと異なり、日常的に多く用いられる深鉢と異なる複数の形式が儀礼に用いられる場合が多く見られることが特徴として捉えられる。

土器の儀礼利用の社会性

最後に土器を用いた儀礼の相対的な位置づけの問題がある。中国大汶口文化においては酒器土器副葬が上位階層の指標であり（宮本1995）、日本においては弥生時代後期から古墳時代における墳墓上祭祀においても土器は中心的な存在であった（古屋2000）。一方で、土器のみの副葬墓のランクが低く位置づけられる韓国青銅器時代の例もある。但し、その場合でも磨研土器は多鈕鏡などを持つランクの高い墓にともに副葬される点で他の土器との間にカテゴリ認識の差異が存在していたことを窺わせる。

3．今後の課題と展望

本稿では、東アジアの周辺土器群を概観し、日常土器か専用土器か、機能・用途あるいは大別形式が限定されるものか否か、複数の形式に共通した特徴は認められるか、などの視点を提示し、簡単な比較を行った。その結果、形式組成については、周辺文化の伝播などによる変化が見られる一方、社会的要因に関わる増加なども共通する部分が認められた。

また、儀礼利用に関しては、少なくとも土器の副葬または供献が比較的広い地域で認められることを確認した。縄文文化においても広く認められるこの利用方法の普遍性は高いものと評価できよう。しかしながら、一定の普遍性を持つ土器副葬にしても、詳細に見れば盛行する時期・地域は限られており、そこにそれぞれの歴史的特性を探る手掛かりがある。

次いで認められるのは土器棺と穿孔行為であり、ほかに顔面装飾、住居廃絶儀礼、各種生業に関わる儀礼なども各文化で散見されたが、資料数の制約もあって比較検討は難しい。それぞれの詳細な分析の後に、改めて比較検討を行うことが必要である。多くの地域では事例の検討、パターンの抽出からはじめなければならないが、そうした点を踏まえて、縄文土器の相対的位置付けを図ることが今後の大きな課題である。

引用・参考文献

青野友哉	1999	「大洞〜恵山式土器の墓と副葬品−研究成果と今後の課題−」『海峡と北の考古学−文化の接点を探る−資料集Ⅱテーマ2・3』日本考古学協会1999年度釧路大会実行委員会
青森県埋蔵文化財調査センター	1992	『図説ふるさと青森の歴史シリーズ2　青い森の縄文人とその社会』青森県文化財保護協会
青山博樹	2004	「底部穿孔壺の思想」『日本考古学』第18号
赤星直忠	1974	『神奈川県金子台遺跡』横須賀考古学会
秋田かな子	1994	「加曽利B1式注口土器の成立（予察）−王子ノ台遺跡出土の注口土器から−」『東海大学校地内遺跡調査団報告』4
秋田かな子	1995	「八幡台遺跡出土の縄文時代後期土器について」『東海史学』第29号
秋田かな子	1996a	「南関東西部の加曽利B式土器−構造の理解にむけて−」『第9回縄文セミナー　後期中葉の諸様相』縄文セミナーの会
秋田かな子	1996b	「南関東西部の様相」『第9回縄文セミナー　後期中葉の諸様相−記録集−』縄文セミナーの会
秋田かな子	1997a	「"石神類型"覚え書き」『東海大学校地内遺跡調査団報告』7
秋田かな子	1997b	『第8回足もとに眠る歴史展図録　注口土器の美』東海大学校地内遺跡調査団
秋田かな子	1998a	「加曽利B1式土器の構造変化とシステム−南関東西南部における様相をふまえて−」『東海史学』第32号
秋田かな子	1998b	「資料紹介　伊勢原市三ノ宮・下谷戸遺跡出土の注口土器−"石神類型"と注口土器の問題−」『東海大学校地内遺跡調査団報告』8
秋田かな子	1999a	「注口土器の系統変化」『季刊考古学』第69号
秋田かな子	1999b	「関東地方　後期（加曽利B式・曽谷式）」『縄文時代』第10号第1分冊
秋田かな子	2002a	「加曽利B2式鉢形土器の性質−型式内位置に見る諸現象から−」『日々の考古学』東海大学考古学教室開設20周年記念論文集編集委員会
秋田かな子	2002b	「後期中葉注口土器の社会的機能の解明に向けて−注口土器／注口付土器関係から−」『土器から探る縄文社会　2002年度研究集会資料集』山梨県考古学協会
秋田かな子	2006	「関東地方後期前・中葉にみる土器文化の展開−型式の変化と維持をめぐって−」『縄紋社会をめぐるシンポジウムⅣ−土器型式をめぐる諸問題−予稿集』縄紋社会研究会・早稲田大学先史考古学研究所
秋田かな子	2008	「注口土器と注口付土器−器種間の関係性と"器種文様"からみたシステム−」『縄文時代の考古学7　土器を読み取る−縄文土器の情報−』同成社
浅川利一	1974	「田端の環状積石遺構にみる縄文時代後・晩期の葬法推移について」『長野県考古学会誌』第19・20号
浅川利一	1991	「縄文のカミが出現する土器−土器のシルエット効果について−」『多摩考古』第21号
安孫子昭二	1969	「勝坂式土器様式へのアプローチ」『多摩ニュータウン遺跡調査報告Ⅶ』多摩ニュータウン遺跡調査会
安孫子昭二	1971	「平尾No.9遺跡」『平尾遺跡調査報告Ⅰ』南多摩郡平尾遺跡調査会
安孫子昭二	1978	「縄文土器の型式と編年」『日本考古学を学ぶ（1）』有斐閣
安孫子昭二	1981	「関東・中部地方」『縄文土器大成3　後期』講談社
安孫子昭二	1986	「図版解説」『余山貝塚資料図譜』國學院大學考古学資料館
安孫子昭二	1988・1989	「加曽利B様式土器の変遷と年代（上）・（下）」『東京考古』第6号、第7号
安孫子昭二	1990	「縄文土器の付着物−大宮市寿能遺跡の資料から−」『東京考古』第8号
安孫子昭二	1992	「田端東遺跡出土土偶の意味するもの」『加藤稔先生還暦記念　東北文化論のための先史学歴史学論集』今野印刷
安孫子昭二	1997	「関東地方縄文後期の動態」『土偶研究の地平』勉誠社
安孫子昭二	1998	「加曽利B式土器資料」『山内清男考古資料9』奈良国立文化財研究所編第49冊　奈良国立文化財研究所
安孫子昭二	2005	「連弧文土器様式の集団」『東京考古』第23号
安孫子昭二	2008	「注口土器」『総覧縄文土器』アム・プロモーション
阿部昭典	2004	「縄文土器の器種分化（予察）−有孔鍔付土器の地域的変異について−」『東アジアにおける新石器文化と日本Ⅰ：國學院大學21世紀COEプログラム2002・20034年度考古学調査研究報告』21COE考古学シリーズ2　國學院大學
阿部昭典	2006a	「縄文時代中期末葉の注口付浅鉢形土器の顕在化」『東アジアにおける新石器文化と日本Ⅲ：國學院大學21世紀COEプログラム2005年度考古学調査研究報告』21COE考古学シリーズ6　國學院大學
阿部昭典	2006b	「縄文時代中期末葉の器種の多様化−東北地方における壺と注口付浅鉢の顕在化−」『考古学』Ⅳ

阿部昭典	2008a	『縄文時代の社会変動論』未完成考古学叢書6　アム・プロモーション
阿部昭典	2008b	「有孔鍔付土器」『総覧縄文土器』アム・プロモーション
阿部昭典	2009	「縄文時代における徳利形土器の祭祀的側面の検討－中期中葉の東北地方を中心に－」『國學院大學伝統文化リサーチセンター研究紀要』第1号
阿部昭典	2010	「東北地方北部における石刀の顕在化」『國學院大學考古学資料館紀要』第26輯
阿部昭典	2011	「縄文時代中期中葉から後葉の墓制について－主に甕被葬と焼人骨から－」『堂平遺跡』津南町文化財調査報告第57輯　津南町教育委員会
阿部昭典	2012	「縄文土器の器種と用途の多様化」『縄文土器を読む』アム・プロモーション
阿部明義	2008	「堂林式・御殿山式土器」『総覧縄文土器』アム・プロモーション
阿部明義	2009	「周堤墓と集落の祭祀－北海道千歳市キウス4位石器の例－」『季刊考古学』第107号
阿部勝則	1997	「岩手県内における縄文時代中期中葉の底部穿孔埋甕について－住居内出土事例を中心に－」『岩手県文化振興事業団埋蔵文化財センター紀要』ⅩⅧ
阿部友寿	1996	「土器と社会の関係」『神奈川考古』第32号
阿部友寿	1998	「晩期土偶の出土状況における特殊性」『神奈川考古』第34号
阿部友寿	2001	「土偶と死の関係性」『神奈川考古』第37号
阿部友寿	2003	「縄文後晩期における遺構更新と「記憶」－後晩期墓壙と配石の重複関係について－」『神奈川考古』第39号
阿部友寿	2005	「縄文時代後晩期の再利用品と配石遺構の関係性」『神奈川考古』第41号
阿部芳郎	1985	「持ち運ばれた土器－「切断案形土器」の移動と地域間交流－」『季刊考古学』第12号
阿部芳郎	1987	「縄文時代後期前葉型式群の構造と動態」『駿台史学』第71号
阿部芳郎	1988	「堀之内1式土器の構成と変遷」『信濃』第40巻第4号
阿部芳郎	1993	「縄文土器の型式の広がりは何を表すか」『新視点日本の歴史』1　新人物往来社
阿部芳郎	1996	「食物加工技術と縄文土器」『季刊考古学』第55号
阿部芳郎	1998	「縄文土器の器種構造と地域性－食物加工作業の分節化と労働編成から見た関東地方後期の地域構造－」『駿台史学』第102号
阿部芳郎	1999a	「村東山手遺跡出土の堀之内2式土器の型式学的検討」『村東山手遺跡』長野県埋蔵文化財センター発掘調査報告書44　長野県埋蔵文化財センター
阿部芳郎	1999b	「精製土器と粗製土器」『帝京大学山梨文化財研究所研究報告』第9集
阿部芳郎	2003	「南九州における縄文早期円筒形・角底形土器の製作技術とその機能」『利根川』第24・25号
阿部芳郎	2004	「縄文後・晩期における角底形土器の研究」『駿台史学』第212号
阿部芳郎	2008	「土器の使用方法と器種組成」『縄文時代の考古学7　土器を読み取る－縄文土器の情報－』同成社
天野末喜	2000	「大阪国府遺跡における縄紋墓地と集落」『第2回関西縄文文化研究会　関西の縄文墓地－葬り葬られた関西縄文人　発表要旨集』関西縄文文化研究会
天野末喜	2007	「河内国府遺跡の墓群」『縄文時代の考古学9　死と弔い－葬制－』同成社
安斎正人	2001	「長野県神子柴遺跡の象徴性－方法としての景観考古学と象徴考古学－」『先史考古学論集』第1集
安斎正人	2007	「過剰デザインの石槍」『公開シンポジウム　縄文文化の成立－草創期から早期へ　予稿集』科学研究費補助金「日本列島北部の更新世／完新世移行期における居　住形態に関する研究」グループ
安斎正人	2008	「人間学としての考古学①色の考古学」『季刊東北学』第14号
安藤礼二	2004	『神々の闘争　折口信夫論』講談社
アンドレイ＝タバレフ（阿部昭典・加藤元康訳）	2006	「サケの民：ロシア極東の石器時代諸文化における技術・芸術および儀礼」『東アジアにおける日本基層文化の考古学的解明：國學院大學21世紀COEプログラム国際シンポジウム予稿集（附國學院大學21世紀COEプログラム2006年度考古学調査報告）』21COE考古学シリーズ7　國學院大學（原文も同書所収）
飯田市上郷考古博物館編	1998	『祭られた縄文の神　縄文人の心－飯田・下伊那を中心に－』
池上啓介	1937	「千葉県印旛郡臼井町遠部石器時代遺跡の遺物」『史前学雑誌』第9巻第1号
池谷信之	1990	「綱取・堀之内型注口土器」『縄文時代』第1号
石井　匠	2006	「縄文土器の文様構造」『國學院雑誌』第107巻第7号
石井　匠	2007	「縄文人のモノ感覚」『モノ学・感覚価値研究』第1号
石井　匠	2009	『縄文土器の文様構造』未完成考古学叢書7　アム・プロモーション
石井　匠	2011	「モノと心の先史人類学－「初原的同一性」と「エージェンシー」－」『國學院大學伝統文化リサーチセンター研究紀要』第3号
石井　寛	1984	「堀之内2式土器の研究（予察）」『調査研究集録』第5冊

引用・参考文献

石井　寛	1989	「縄文集落と掘建柱建物跡」『調査研究集録』第6冊
石井　寛	1992	「称名寺式土器の分類と変遷」『調査研究集録』第9冊
石井　寛	1993	「堀之内1式期土器群に関する問題」『牛ヶ谷遺跡・華蔵台南遺跡』港北ニュータウン地域内埋蔵文化財発掘調査報告ⅩⅣ　横浜市ふるさと歴史財団埋蔵文化財センター
石井　寛	1994	「縄文後期集落の構成に関する一試論－関東地方西部域を中心に－」『縄文時代』第5号
石井　寛	1995	「原出口遺跡20号住居址出土土器群をめぐって」『川和向原遺跡・原出口遺跡』港北ニュータウン地域内埋蔵文化財調査報告ⅩⅨ　横浜市ふるさと歴史財団
石井　寛	2007	「後期集落における二つの住居系列－柄鏡形住居址系列と掘建柱建物跡系列－」『縄文時代』第18号
石川　健	1999	「九州における縄文後・晩期土器の様式構造変化と地域性」『古文化談叢』第43集
石川　健	2001	「九州縄文後・晩期における埋設土器の性格」『古文化談叢』第46集
石川岳彦	2009	「紀元前10世紀の前後の遼東・遼西」『弥生時代の考古学2　弥生文化誕生』同成社
石川日出志	1987	「土偶形容器と顔面付土器」『弥生文化の研究8　祭と墓と装い』雄山閣出版
石坂茂・大工原豊	2001	「群馬県における縄文時代集落の諸相」『列島における縄文時代集落の諸相』縄文時代文化研究会
石村　智	2008	「威信財交換と儀礼」『弥生時代の考古学7　儀礼と権力』同成社
伊勢原市教育委員会編	2008	「第21回考古資料展　縄文時代の祈り－池端・金山遺跡を考える－」（パンフレット）
伊勢原町勢誌編纂委員会編	1963	『伊勢原町勢誌』伊勢原町
伊丹　徹	1990	「様式論と関東」『神奈川考古』第26号
伊藤淳史	2002	「円窓付土器からみた弥生時代の交流」『川から海へ1』一宮市博物館
伊藤慎二	2006a	「ロシア極東の新石器文化と北海道」『東アジアにおける新石器文化と日本Ⅲ：國學院大學21世紀COEプログラム2005年度考古学調査研究報告』21COE考古学シリーズ6　國學院大學
伊藤慎二	2006b	「縄文文化の南の境界」『東アジアにおける日本基層文化の考古学的解明：國學院大學21世紀COEプログラム国際シンポジウム予稿集（附國學院大學21世紀COEプログラム2006年度考古学調査報告）』21COE考古学シリーズ7　國學院大學
伊藤慎二	2007	「ロシア極東の新石器時代編年」『第8回北アジア調査研究報告会発表要旨』北アジア調査研究報告会実行委員会
伊藤慎二	2009	「ロシア沿海地方とその周辺の新石器時代集落景観」『加藤晋平先生喜寿記念論文集　物質文化史学論聚』北海道出版企画センター
伊藤慎二	2011	「琉球貝塚文化における社会的・宗教的象徴性」『祭祀儀礼と景観の考古学「祭祀遺跡に見るモノと心」プロジェクト最終成果報告書』國學院大學研究開発推進機構伝統文化リサーチセンター
稲田孝司	1972	「縄文式土器文様発達史・素描（上）」『考古学研究』第18巻第4号
稲村晃嗣	1994	「両耳壷の研究ノート－慶応義塾蔵資料の紹介をかねて－」『民族考古』第2号
稲畑航平	2008	「玦状耳飾の受容と変質」『史葉』第2号
稲畑航平	2010	「関西の前期浅鉢土器の様相」『第23回縄文セミナー　縄文前期浅鉢土器の諸様相』縄文セミナーの会
今井哲哉	2013	「國學院大學学術資料館所蔵「顔面付双口注口土器」の検討－注口土器と顔面表現の関係性を中心として－」『國學院大學学術資料館考古学資料館紀要』第29輯
今福利恵	1998	「中部高地の中期前半における土偶の基礎的把握」『土偶研究の地平2』勉誠社
今福利恵・閏間俊明	2004	「山梨県における縄文時代中期の時期設定」『シンポジウム　縄文集落研究の新地平3－勝坂から曽利へ－発表要旨』縄文集落研究グループ・セツルメント研究会
今福利恵	2011	『縄文土器の文様生成構造の研究』未完成考古学叢書8　アム・プロモーション
今村啓爾	1977	「称名寺式土器の研究（上・下）」『考古学雑誌』第63巻第1号、第63巻第2号
今村啓爾	2003	「縄文土器とは何か－美術史のためのアウトライン－」『國華』第108編第12冊
今村啓爾編	2011	『異系統土器の出会い』同成社
今村佳子	2003	「中国新石器時代における「動物形容器」の概要」『原始土器の美　大汶口遺跡出土文物』山口県立萩美術館・浦上記念館
岩田崇・大石崇史	2003	「飛騨の縄文住居」『関西縄文時代の集落・墓地と生業』関西縄文論集1　六一書房
植田　真	1986	「組成論　勝坂式土器」『季刊考古学』第17号
上野佳也	1980	「情報の流れとしての縄文土器型式の伝播」『民族学研究』第44巻第4号
上野佳也	1983	『縄文人のこころ』日本書籍
上野真由美	2002	「瓢箪形注口土器の成立と展開」『埼玉県埋蔵文化財事業団研究紀要』19
内川隆志・加藤里美・深澤太郎・阿部ས典・加藤元康・石井匠・新原佑典	2010	「祭祀遺跡に見るモノと心」『日本考古学協会第77回総会研究発表要旨』日本考古学協会

内田和典	2011	「アムール下流域の新石器時代土器編年」『東北アジアにおける定着的食料採集社会の形成および変容過程の研究』平成19年-22年度科学研究費補助金（基盤研究（B））研究成果報告書（東京大学常呂実習施設研究報告第9集）東京大学大学院人文社会系研究科附属北海文化研究常呂実習施設
内田儀久	1978・1984	「異形台付土器論（Ⅰ）（Ⅱ）」『奈和』16、特別号
内田儀久	1985・1986	「異形台付土器用途考（上）（下）」『奈和』23、24
内田儀久	1986	「異形台付土器と台付吊手土器の相異－異形台付土器の機能を理解するために－」『印旛郡市文化財センター研究紀要』1
宇野隆夫	1994	「小林先生に教えられたこと」『小林行雄先生追悼録』天山舎
宇野隆夫	1996	「木製食器と土製食器－弥生変革と中世変革－」『第39回埋蔵文化財研究集会　古代の木製食器－弥生から平安期にかけての木製食器－』埋蔵文化財研究会第39回研究集会実行委員会
宇野隆夫	1997	「世界の中の日本の土器文化」『月刊文化財』第409号
梅沢太久夫	1971	「縄文時代の葬制について（1）－土壙の性格と意義についての試論－」『台地研究』19
梅原猛・渡辺誠	1989	『人間の美術1　縄文の神秘』学研
馬田弘稔	1982	「弥生時代の土器祭祀について－祭祀行為の基礎概念化－」『森貞次郎博士古稀記念古文化論集』森貞次郎博士古稀記念論文集刊行会
関間俊明	1997	「縄文時代の焼失住居跡に関する一考察（東京都内の縄文時代中期の事例から）」『青山考古』14号
関間俊明	2008	「屋内炉の関わる廃棄行為について」『月刊考古学ジャーナル』第578号
江坂輝彌	1960	「顔面付土器・獣面把手・顔面把手」『土偶』校倉書房
江坂輝彌	1970	「顔面把手新例紹介」『月刊考古学ジャーナル』第44号
江坂輝彌	1977	「縄文の栽培食粒と利用植物」『季刊どるめん』第13号
江原　英	2001	「縄紋後期初期から前半における壺形土器覚書－栃木県内の資料から見た壺形土器の存在形態－」『とちぎ生涯学習文化財団埋蔵文化財センター研究紀要』第9号
江見水陰	1909	「珍品集」『探検実記　地中の秘密』博文館
エルツ・R（吉田禎吾他訳）	1980	『右手の優越』垣内出版
大江　上	2000	「下呂町峰一合遺跡出土の加工食品炭化物について（1）～（3）」『月刊考古学ジャーナル』第456号～第458号
大串菊太郎	1920	「津雲貝塚及國府石器時代遺跡に對する二三の私見」『民族と歴史』第3巻4号
大倉　潤	1994	「縄紋後期の有脚土器－秦野市太岳院遺跡採集資料の周辺－」『東海大学校地内遺跡調査団報告』4
大島直行	1994	「縄文時代の火災住居－北海道を中心として－」『考古学雑誌』第80巻第1号
大竹憲治	1983	「縄文時代における動物祭祀遺構に関する二つの様相－東北地方南部の資料を中心として－」『道平遺跡の研究　福島県道平における縄文時代後・晩期埋設土器群の調査』大熊町文化財調査報告　大熊町教育委員会
大竹憲治	2008	「縄文後・晩期における三足土器・四足土器研究序説－東北地方の事例を中心に－」『史峰』第36号
大塚和義	1968	「縄文時代の埋葬」『歴史教育』第16巻第4号
大塚達朗	1983	「縄文時代後期加曽利B式土器の研究（1）」『東京大学文学部考古学研究室紀要』2
大塚達朗	1984	「寿能泥炭層遺跡出土加曽利B式土器の様相」『寿能泥炭層遺跡発掘調査報告』人工遺物・総括編
大塚達朗	1986	「型式学的方法　加曽利B式土器」『季刊考古学』第17号
大塚達朗	1989	「加曽利B式三細別における齟齬の解消」『先史考古学研究』第2号
大塚達朗	2000	「異系統土器論としてのキメラ土器論　－滋賀里遺跡出土土器の再吟味－」『異貌』第18号
大塚達朗	2004	「「の」の字単位紋考－加曽利B1式の理解として－」『縄文時代』第15号
大塚達朗	2007	「型式学の射程－縄紋土器型式を例に－」『現代の考古学1　現代社会の考古学』朝倉書店
大塚達朗	2008a	「縄文土器研究解題－山内清男－」『総覧縄文土器』アム・プロモーション
大塚達朗	2008b	「精製土器と粗製土器」『縄文時代の考古学7　土器を読み取る－縄文土器の情報－』同成社
大塚達朗	2010	「亀ヶ岡式精製土器移入・模倣論の再考」『人類学博物館紀要』28
大貫静夫	1998	『世界の考古学9　東北アジアの考古学』同成社
大貫静夫	2010	「縄文文化と東北アジア」『縄文時代の考古学1　縄文文化の輪郭』同成社
大庭重信	1992	「弥生時代の葬送儀礼と土器」『待兼山論叢』史学編26
大平理恵	1998	「縄文時代前期の浅鉢形土器について」『七社神前遺跡Ⅱ』北区埋蔵文化財調査報告第24集
大野　薫	2001	「近畿・中国・四国地方における集落変遷の画期と研究の現状」『縄文時代集落研究の現段階』縄文時代文化研究会
大野延太郎	1900	「安房国安房郡東長田村遺跡ニ付テ」『東京人類学会雑誌』第15巻第167号
大場磐雄	1930	「原始神道の考古学的考察」『神道講座』第9冊・第10冊・第12冊　神道攷究会

引用・参考文献

大場磐雄	1935a	「神道考古学の提唱と其の組織」『神社協会雑誌』第34年第1巻
大場磐雄	1935b	「赤城山神蹟考」『考古学雑誌』第22巻第11号・第12号
大場磐雄	1955	「主要縄文式竪穴の考察」『平出』朝日新聞社
大場磐雄	1964	「神道考古学の体系」『国体論纂』下　國學院大學
大場磐雄	1970	「祭祀遺蹟の研究」『祭祀遺蹟－神道考古学の基礎的研究－』角川書店
大場磐雄	1976	『大場磐雄著作集』第7巻　雄山閣出版
大場孝夫	2000	「北部九州における縄文晩期～弥生前期の墓制」『第48回埋蔵文化財研究集会　弥生の墓制（1）－墓制からみた弥生文化の成立－』
岡村道雄	1993	「埋葬に関わる遺物の出土状態からみた縄文時代の墓葬礼」『論苑考古学』天山舎
岡村道雄	2009	『日本の美術』第515号（縄文人の祈りの道具）
岡本　勇	1956	「埋葬」『日本考古学講座』第3巻　河出書房
岡本　勇	1959	「土器型式の現象と本質」『考古学手帖』6
岡本　勇	1975	「原始社会の生産と呪術」『岩波講座日本歴史1　原始および古代1』岩波書店
岡本孝之	1978	「住居内出土の石皿についての覚え書」『神奈川考古』第3号
岡本孝之	1981	「用途・機能論」『縄文文化の研究5　縄文土器Ⅲ』雄山閣出版
岡本孝之	1990	「縄文土器の範囲」『古代文化』第42巻第5号
小口英一郎	1998	「「唐草文系土器」の再検討－「熊久保式」の提唱と成立段階の検討を中心に－」『信濃』第50巻第7号
奥野麦生	1996	「関山式における片口土器の基礎的研究」『埼葛地域文化の研究』下津弘君・塚越哲也君追悼論文集刊行委員会
小倉和重	2008	「異形台付土器」『総覧縄文土器』アム・プロモーション
長田友也	2002	「縄文時代精神文化研究の素描」『往還する考古学』近江貝塚研究会
長田友也	2008	「元屋敷遺跡出土の巻貝形土器について」『三面川流域の考古学』第6号
小澤清男	1983	「房総半島における縄文時代遺跡出土の植物種子をめぐって－特に堅果類の採集から廃棄までのプロセスを中心に－」『貝塚博物館紀要』第9号
小野正文	1989	「土器文様解読の一研究方法」『甲斐の成立と地方的展開』角川書店
小野正文	1992	1992「イノヘビ」『月刊考古学ジャーナル』第346号
小野正文	2008	「物語性文様－勝坂式土器様式を中心として－」『総覧縄文土器』アム・プロモーション
小野正文・釈迦堂遺跡博物館	2009	「釈迦堂遺跡博物館特別展「炎を抱く土器」講演会　釣手土器のなぞ」（発表資料）
折口信夫	1930	「追ひ書き」『古代研究』民俗学編2　大岡山書店
賀川光夫	1974	「縄文時代のカメ棺の出現と弥生文化前段の問題－西日本における縄文終末期の葬制－」『考古学論叢』第2号
葛西　勵	2002	『再葬土器棺墓の研究』「再葬土器棺墓の研究」刊行会
笠原安夫・松谷暁子	1981	「縄文遺跡出土タール状小種子塊を炭化エゴマと同定するまでの経緯と各地出土のアワ、ヒエ、キビ粒の灰像および走査電子顕微鏡について」『古文化財に関する保存科学と人文・自然科学　昭和55年度年次報告書』
笠原安夫・松谷暁子	1982	「穀粒状出土物の鑑定例」『シンポジウム　縄文農耕の実証性』文部省科学研究費特定研究「古文化財」総括班
加藤里美	2004	「食品加工具にみる精神文化の変容」『國學院大學紀要』42
加藤雅士	2006	「石棺墓の展開とその意義－縄文時代後期の関東甲信越－」『考古学雑誌』第90巻第1号
加藤元康	2003	「縄文時代墓制研究への視点－土器の出土状況から－」『史紋』第1号
加藤元康	2009	「縄文時代後期のクマ表現」『國學院大學伝統文化リサーチセンター研究紀要』第1号
金井正三	1979	「縄文前期の特殊浅鉢形土器について」『信濃』第31巻第4号
金井安子	1983	「縄文時代における廃屋の一様相」『長野県考古学会誌』第47号
金井安子	1997	「縄文人と住まい-炉の処理をめぐって－」『青山考古』第14号
神奈川県企画調査部県史編集室編	1979	『神奈川県史』資料編20　考古
神奈川県立埋蔵文化財センター編	1997	「寄贈資料紹介　赤星ノート」『神奈川県立埋蔵文化財センター年報』16
金山喜昭	1993	「縄文時代前期における黒曜石交易の出現」『法政考古学』第20号
金子昭彦	1997	「十腰内Ⅰ式と「大湯式」における壺形土器の変遷」『岩手考古学』第9号
金子昭彦	2004	「東北北部縄文晩期における副葬品の意味（予察）－階層化社会を読みとることはできるか－」『縄文時代』第15号
金子昭彦	2005	「東北地方北部縄文時代晩期における墓と副葬品」『岩手県文化振興事業団埋蔵文化財センター紀要』ⅩⅩⅣ
金子裕之	1986	「組成論　安行式土器」『季刊考古学』第17号

加納　実	2000	「集合的居住の崩壊と再編成－縄文中・後期集落への接近方法－」『先史考古学論集』第9集
加納　実	2002	「南関東における堀之内式土器の様相」『第15回縄文セミナー　後期前半の再検討－記録集－』縄文セミナーの会
神村　透	1977	「ワラビ粉にも注意を」『季刊どるめん』第13号
神村　透	1995	「炉縁石棒樹立住居について」『王朝の考古学』雄山閣出版
神村　透	1998	「縄文中期後半の火災住居址－伊那・松本・木曽の事例から－」『信濃』第50巻第10号
亀田　博	1977	「後期古墳に埋納された土器」『考古学研究』第23巻第4号
狩野　睦	2008	「串田新式・大杉谷式土器」『総覧縄文土器』アム・プロモーション
上川名昭	1973	「顔面装飾についての一考察」『論叢　玉川学園女子短期大学紀要』第3号
上川名昭	1983	『中期縄文化論』奈良明新社
川上洋一	1995	「弥生時代の墓地における土器出土状況の分析－北部九州と吉備を中心にして－」『考古学研究』第42巻第2号
川崎　保	1995	「縄文土器の機能・用途と口縁部文様帯の装飾・形態」『信濃』第47巻第9号
川添和暁	2011	「縄文時代後期注口土器の残存状況に基づく分析－豊田市今朝平遺跡出土資料より－」『愛知県埋蔵文化財センター研究紀要』第12号
関西縄文文化研究会編	2000	『関西の縄文墓地－葬り葬られた関西縄文人』関西縄文文化研究会
神林淳雄	1943	「帝室博物館発行土偶土版絵葉書集に就いて」『考古学雑誌』第33巻第2号
神林淳雄	1959	『土の文化』國學院大學考古学資料室
神林淳雄資料研究委員会	2005	「資料紹介　神林淳雄資料」『上代文化』第39輯
川名広文	1985	「柄鏡形住居址の埋甕にみる象徴性」『土曜考古』第10号
ギデンズ.A（友枝敏雄ほか訳）	1988	『社会理論の最前線』ハーベスト社（原著1979年）
君島論樹	2006	「縄文時代後期中葉における土器型式の構造と変化－西関東と中部を分析の対象として－」『考古学集刊』第2号
君島論樹	2007a	「縄文時代後期中葉における土器型式にみた西関東と中部の地域間関係」『信濃』第59巻第9号
君島論樹	2007b	「「八窪式」と「石神式」の提唱－縄文時代後期中葉における中部の独自型式」『信濃』第59巻第12号
九州縄文研究会編	2002	『第12回九州縄文研究会長崎大会　九州の縄文墓制』九州縄文研究会
木村　収	1992	「群馬県域における縄文時代前期後半の居住形態－諸磯b新～c式期を中心として－」『群馬県埋蔵文化財調査事業団研究紀要』10
桐原　健	1965	「パン状炭化物についての二、三の実験」『井戸尻』中央公論美術出版
桐原　健	1969	「縄文中期にみられる室内祭祀の一姿相」『古代文化』第21巻第3・4号
桐原　健	1973	「仮器の系譜－底部穿孔土器の性格－」『古代文化』第25巻第2号
桐原　健	1974	「鍋を被せる葬風」『信濃』26巻8号
桐原　健	1976	「土器が廃棄された廃屋の性格」『月刊考古学ジャーナル』第127号
桐原　健	1979	「神饌を盛る土器・家神を祀る土器」『信濃』第31巻第1号
桐原　健	2009	「弥生の注口土器」『博古研究』第37号
桐生直彦	1989	「床面出土遺物の検討（Ⅰ）－東京都における縄文時代住居址の事例分析を通じて－」『物質文化』52
桐生直彦	1991	「住居床面に遺棄された土器の認識について－小林達雄「縄文時代の居住空間」批判－」『東国史論』第6号
桐生直彦	1993	「床面出土遺物の検討（Ⅱ）－東京都における弥生時代～古墳時代中期住居址の事例分析を通じて－」『物質文化』56
桐生直彦	1996	「遺物出土状態からみた竪穴住居の廃絶」『すまいの考古学－住居の廃絶をめぐって』山梨県考古学協会
久々忠義	2006	「桜町遺跡の中期末・後期初頭の土器について」『桜町遺跡縄文土器検討会資料集』小矢部市教育委員会
櫛原功一	2000	「「土偶装飾付土器」について」『土偶研究の地平4』勉誠社
櫛原功一	2001	「山梨県における縄文時代集落の諸様相」『列島における縄文時代集落の諸様相』縄文時代文化研究会
櫛原功一	2008	「曽利式土器」『総覧縄文土器』アム・プロモーション
櫛原功一	2004	「台形土器の研究」『帝京大学山梨文化財研究所研究報告』第12集
櫛原功一	2009	「縄文時代中期の竪穴住居における空間区分」『帝京大学山梨文化財研究所研究報告』第13集
朽木　量	2004	『墓標の民族学・考古学』慶應義塾大学出版会
工藤雄一郎・佐々木由香	2010	「東京都下宅部遺跡から出土した縄文土器付着植物遺体の分析」『国立歴史民俗博物館研究報告』第158集
國木田大	2011	「縄文時代におけるクッキー状炭化物の研究」『高梨学術奨励基金年報　平成22年度研究成果概要報告』
國木田大	2012a	「縄文時代におけるクッキー状炭化物の炭素・窒素同位体分析」『東北地方における環境・生業・技術に関する歴史動態的総合研究』東北芸術工科大学東北文化研究センター

引用・参考文献

國木田大　　　2012b　「縄文時代におけるクッキー状炭化物の研究Ⅱ」『高梨学術奨励基金年報　平成23年度研究成果概要報告』
國木田大・吉田邦夫・辻誠一郎　2008　「東北北部におけるトチノキ利用の変遷」『環境文化史研究』1
國木田大・吉田邦夫・辻誠一郎・福田正宏　2010　「押出遺跡のクッキー状炭化物と大木式土器の年代」『東北芸術工科大学東北文化研究センター研究紀要』9
功刀　司　　　2008　「住居跡出土の軽石製・土製儀器」『月刊考古学ジャーナル』第578号
久保田健太郎　2012　「異形石器研究の一視点」『季刊考古学』第119号
黒尾和久・小林謙一・中山真治　1995　「多摩丘陵・武蔵野台地を中心とした縄文時代中期の時期設定」『シンポジウム　縄文中期集落研究の新地平　発表要旨・資料』縄文中期集落研究グループ
黒尾和久　　　1995　「縄文中期集落遺跡の基礎的検討（Ⅰ）－時間軸の設定とその考え方について－」『論集宇津木台』第1集
黒尾和久　　　2004　「多摩丘陵・武蔵野台地を中心とした縄文時代中期の時期設定（補）Ⅳ　加曽利E式期」『シンポジウム　縄文集落研究の新地平3－勝坂から曽利へ－発表要旨』縄文集落研究グループ・セツルメント研究会
黒木梨絵　　　2005　「土器のカテゴリー変化に関する認知考古学的研究－板付系と突帯文系の検討から－」『考古学研究』第52巻第3号
小出義治　　　1959　「土師雑考」『國學院雑誌』第60巻第11号
纐纈　茂・髙橋健太郎　2008　「中富式・神明式土器」『総覧縄文土器』アム・プロモーション
甲野　勇　　　1953　『縄文土器のはなし』世界社
甲元眞之　　　1996　「魚と再生－先史時代の葬送観念－」『国立歴史民俗博物館研究報告』第68集
甲元眞之・今村佳子　1998　「東アジア出土先史時代土偶・石偶集成」『環東中国海沿岸地域の先史文化』考古学資料集4
小金井良精　　1923　「日本石器時代人の埋葬状態」『人類学雑誌』第38巻第1号
國學院大學日本文化研究所学術フロンティア推進事業「劣化画像の再生活用と資料化に関する基礎的研究」プロジェクト編　2005　『大場磐雄博士写真資料目録Ⅰ』國學院大學日本文化研究所
小暮伸之　　　2004　「縄文中期集落における火災住居の性格－馬場前遺跡・上ノ台A遺跡の事例分析から－」『福島県文化財センター白河館研究紀要』2003
小島俊彰　　　1986　「鍔をもつ縄文中期の大型石棒」『大境』10
小島俊彰　　　2007　「桜町遺跡の縄文時代中期後葉から後期初頭土器の位置づけ」『桜町遺跡発掘調査報告書　縄文時代総括編』小矢部市教育委員会
小杉　康　　　1984　「物質的事象としての搬出・搬入，模倣製作」『駿台史学』第60号
小杉　康　　　1985a　「木の葉文浅鉢形土器の行方－土器の交換形態の一様相－」『季刊考古学』第12号
小杉　康　　　1985b　「鳥浜貝塚における搬入土器、模倣土器の研究（1）－分析細目とカタログ作成－」『鳥浜貝塚5』福井県教育委員会
小杉　康　　　1988a　「搬入土器に関する問題－模倣木の葉文浅鉢形土器の搬入－」『七社神社前遺跡Ⅰ』北区埋蔵文化財調査報告第3集　北区教育委員会
小杉　康　　　1988b　「縄文時代の時期区分と縄文文化のダイナミックス」『駿台史学』第73号
小杉　康　　　1991　「縄文時代に階級社会は存在したのか」『考古学研究』第37巻第4号
小杉　康　　　1995a　「文化制度としての模倣製作－課題としての飛騨：岐阜県白川村島中通遺跡から－」『飛騨と考古学』飛騨考古学会
小杉　康　　　1995b　「土器型式と土器様式」『駿台史学』第94号
小杉　康　　　1997　「縄文時代の再生観念」『日本考古学協会第63回総会研究発表要旨』日本考古学協会
小杉　康　　　1998　「七社神社前遺跡出土の搬入北白川下層Ⅱ式土器について」『七社神社前遺跡Ⅱ』北区埋蔵文化財調査報告第24集　北区教育委員会
小杉　康　　　2001　「縄文時代の集団と社会組織」『現代の考古学6　村落と社会の考古学』朝倉書店
小杉　康　　　2003　『先史日本を復元する3　縄文のマツリと暮らし』岩波書店
小杉　康　　　2006　「土器造形の発達とカテゴリー操作」『心と形の考古学』同成社
小杉　康　　　2008　「物語性文様－縄文中期の人獣土器論－」『縄文時代の考古学11　心と信仰－宗教的観念と社会秩序－』同成社
後藤　明　　　2004　「物質文化」『現代考古学事典』同成社
後藤和民　　　1986　「縄文人の知恵と生活」『日本の古代4　縄文・弥生の生活』中央公論社
後藤　直　　　1980　「朝鮮南部の丹塗磨研土器」『鏡山猛先生古稀記念古文化論攷』鏡山猛先生古稀記念論文集刊行会
小林公明　　　1991　「火の神」『富士見町史』上巻　富士見町
小林公明　　　2011　「32号住居址の性格」『藤内　先史哲学の中心』富士見町教育委員会
小林圭一　　　2006　「亀ヶ岡文化成立期の地域相について－北上川下流域の大洞BC式の検討を通して－」『縄紋社会をめぐるシ

		ンポジウムⅣ－土器型式をめぐる諸問題－予稿集」縄紋社会研究会・早稲田大学先史考古学研究所
小林謙一	2004	「AMS^{14}C年代測定と暦年較正を利用した縄紋中期の土器型式変化の時間」『三田の考古学』六一書房
小林謙一	2006	「関東地方縄紋時代後期の実年代」『考古学と自然科学』第54号
小林謙一	2007a	「縄紋時代前半期の実年代」『国立歴史民俗博物館研究報告』第137集
小林謙一	2007b	「AMS^{14}C年代測定試料の検討と縄紋住居居住期間の推定」『考古学研究』第54巻第2号
小林謙一	2008	「縄文土器の年代－東日本－」『総覧縄文土器』アム・プロモーション
小林青樹	1992	「「甕壷」・「壷甕」考」『史学研究集録』第17号
小林青樹	2000	「東日本系土器から見た縄文・弥生広域交流序論」『突帯文と遠賀川』土器持寄会論文集刊行会
小林青樹	2007	「弥生絵画の象徴考古学－身体・ジェンダー・戦争－」『上代文化』第40輯
小林青樹	2006	「縄文から弥生へ－いにしえびとの信仰と生活－」『縄文のムラ・弥生の村』茨城県立歴史館
小林青樹	2009a	「杵で臼をつく人」『栃木史学』第23号
小林青樹	2009b	「弥生集落の祭祀機能と景観形成」『国立歴史民俗博物館研究報告』第149集
小林青樹	2011a	「東日本の縄文祭祀」『第22回中四国縄文研究会岡山大会　中四国地方縄文時代の精神文化』
小林青樹	2011b	「縄文時代の葬送祭祀と象徴性－弥生時代との比較を念頭に－」『日本考古学協会2011年度栃木大会資料集』日本考古学協会2011年度栃木大会実行委員会
小林青樹・設楽博己	2007	「板付Ⅰ式土器成立における亀ヶ岡系土器の関与」『新弥生時代のはじまり2　縄文時代から弥生時代へ』雄山閣
小林達雄	1965	「遺物埋没状態及びそれに派生する問題（土器廃絶処分の問題）」『米島貝塚』庄和町教育委員会
小林達雄	1966	「縄文早期前半に関する問題」『多摩ニュータウン遺跡調査報告Ⅱ』多摩ニュータウン遺跡調査会
小林達雄	1967	「縄文晩期における〈土版・岩版〉研究の前提」『物質文化』10
小林達雄	1974	「縄文世界における土器の廃棄について」『国史学』93号
小林達雄	1977a	「型式、様式、形式」『日本原始美術大系1　縄文土器』講談社
小林達雄	1977b	「祈りの形象　土偶」『日本陶磁全集3　土偶・埴輪』中央公論社
小林達雄	1979	「遺跡のなかの土器」『日本の原始美術1　縄文土器Ⅰ』講談社
小林達雄	1981a	「縄文土器の用途と形」『縄文土器大成2　中期』講談社
小林達雄	1981b	「総論」『縄文文化の研究4　縄文土器Ⅱ』雄山閣出版
小林達雄	1982	「総論」『縄文文化の研究3　縄文土器Ⅰ』雄山閣出版
小林達雄	1983	「縄文時代領域論」『坂本太郎博士頌寿記念日本史学論集』上巻　吉川弘文館
小林達雄	1986	「土器文様が語る縄文人の世界観」『日本古代史3　宇宙への祈り』集英社
小林達雄	1987	「縄文時代の居住空間」『國學院大學大学院紀要　文学研究科』第19輯
小林達雄	1988a	「数の概念」「二項対立の世界観」『古代史復元3　縄文人の道具』講談社
小林達雄	1988b	「縄文土器の文様」『縄文土器大観2　中期Ⅰ』小学館
小林達雄	1989	「縄文土器の様式と型式・形式」『縄文土器大観4　後期・晩期・続縄文』小学館
小林達雄	1993	「縄文集団における二者の対立と合一性」『論苑考古学』天山舎
小林達雄	1994a	「土器と集団」『季刊考古学』第48号
小林達雄	1994b	「縄文文化における資源の認知と利用」『講座地球に生きる3　資源への文化適応』雄山閣出版
小林達雄	1997	「第1の道具と第2の道具」『縄文と弥生』クバプロ
小林達雄	2003	「縄文革命の人類史的意義」『東アジアにおける新石器文化の成立と展開　國學院大學21COEプログラム国際シンポジウム予稿集』21COE考古学シリーズ1　國學院大學
小林達雄	2005	「勝坂式土器様式圏と火炎土器様式圏の対立」『日本の考古学』上巻　学生社
小林達雄	2008a	『縄文人の思考』筑摩書房
小林達雄	2008b	「縄文土器の個性と主体性」『総覧縄文土器』アム・プロモーション
小林達雄	2009	「縄文時代中期の時代観－土偶の履歴書－」『火焔土器の国　新潟』新潟日報事業社
小林達雄編	2008	『総覧縄文土器』アム・プロモーション
小林広和	1987	「縄文時代の土壙について」『山梨県立考古博物館・山梨県埋蔵文化財センター研究紀要』4号
小林正史	1989	「先史時代土器の器種分類について」『北越考古学』第2号
小林正史	1992	「器種組成からみた縄文土器から弥生土器への変化」『北越考古学』第5号
小林正史	1998	「土器の文様はなぜ変わるか－東北地方の縄文晩期前半の単位文様を例として－」『長野県小諸市氷遺跡発掘調査資料図譜　第三冊－縄文時代晩期終末期の土器群の様相－』
小林正史	2006	「土器文様はなぜ変わるか」『心と形の考古学　認知考古学の冒険』青木書店
小林行雄	1935	「弥生式土器の様式構造」『考古学評論』

引用・参考文献

小林行雄	1939	「様式」『弥生式土器聚成図録　正編解説』東京考古学会学報1　桑名文星堂
小林行雄	1949	「黄泉戸喫」『考古学集刊』第1巻第2号
小林行雄	1959a	「副葬品」『図解考古学辞典』創元社
小林行雄	1959b	「形式・型式」『図解日本考古学辞典』創元社
駒形敏朗	2007	「長岡のトチの実遺構とクッキー状炭化物」『列島の考古学Ⅱ』渡辺誠先生古稀記念論文集刊行会
小松　学	2008	「顔面把手」『総覧縄文土器』アム・プロモーション
五味一郎	1980	「アワ状炭化物の正体」『山麓考古』12
小南一郎	1989	「壺型の宇宙」『東方学報』61
埼玉考古学会編	1990	『シンポジウム大木、有尾、そして黒浜』埼玉考古別冊3
斎野裕彦	2006	「狩猟文土器と人体文」『原始絵画の研究　論考編』六一書房
坂上和弘	2004	「「縄文時代墓制研究への視角－土器の出土状況から－」に対するコメント」『史紋』第2号
榊原政職	1922	「古代日本住民の恐魔思想に就いて」『民族と歴史』第8巻第1号
坂詰秀一	1961	「日本石器時代墳墓の類型的研究」『日本考古学研究』
桜井準也	1991	「縄文人の眼、考古学者の目－認知考古学の可能性－」『東邦考古』第15号
桜井準也	1996	「近世鍋被り葬について」第9回江戸遺跡研究会大会発表要旨　江戸時代の墓と葬制』江戸遺跡研究会
桜井秀雄	2002	「井戸尻Ⅲ式期の土器を埋設する土坑について－小諸市郷土遺跡の事例から－」『長野県埋蔵文化財センター紀要』9
佐々木藤雄	1981	「縄文時代の通婚圏」『信濃』第33巻第9号
佐々木藤雄	2003	「柄鏡形敷石住居址と環状列石」『異貌』第21号
佐々木由香	2007	「種実と土木用材からみた縄文時代中期後半～晩期の森林資源利用－関東地方を中心として－」『縄紋時代の社会考古学』同成社
佐々木由香	2012	「縄文時代における森林資源利用と栽培」『東北地方における環境・生業・技術に関する歴史動態的総合研究』東北技術工科大学東北文化研究センター
笹生　衛	2010	「古墳時代における祭具の再検討－千束台遺跡祭祀遺構の分析と鉄製品の評価を中心に－」『國學院大學伝統文化リサーチセンター研究紀要』第2号
笹生　衛	2011	「古代の祭りと幣帛・神饌・神庫－古墳時代の祭祀遺跡・遺物から復元する祭具と祭式－」『延喜式研究』27
佐藤雅一	2001	「信濃川中流域の浅鉢形土器について－縄文時代中期浅鉢形土器の基礎的研究－」『新潟考古』12
佐野　隆	2008	「縄文時代の住居廃絶に関わる呪術・祭祀行為」『月刊考古学ジャーナル』第578号
佐野大和	1959	「壷に憑りつくもの」『國學院雑誌』第60巻第11号
佐原　眞	1979a	『日本の原始美術2　縄文土器Ⅱ』講談社
佐原　眞	1979b	「土器の用途と製作」『日本考古学を学ぶ（2）』有斐閣
佐原　眞	1982	「世界のなかの縄文土器」『縄文土器大成5　続縄文』講談社
佐原　眞	1983	「食器における共用器・銘々器・属人器」『文化財論叢』同朋舎出版
サントリー美術館編	1969	『春の特別展　土偶と土面』
重松辰治	2005	「弥生時代後半期における墓域出土土器の性格」『待兼山考古学論集』
設楽博己	2004	「再葬の背景－縄文・弥生時代における環境変動との対応関係－」『国立歴史民俗博物館研究報告』第112集
設楽博己	2007	『日本の美術』第499号（縄文土器　晩期）
設楽博己	2008	『弥生再葬墓と社会』塙書房
設楽博己・小林青樹	2007	「板付Ⅰ式土器成立における亀ヶ岡系土器の関与」『新弥生年代のはじまり』第2巻　雄山閣
七田忠志	1936	「神の憑代としての土器－神道考古学の一つの企ての仮説として－」『考古学』第7巻第7号
品川欣也	2003	「器種と文様、そして機能の相関関係にみる大洞A式土器の変遷過程」『駿台史学』第119号
品田髙志	2002	「新潟県における縄文後期前葉期の土器群－柏崎市十三本塚北遺跡を中心として－」『第15回縄文セミナー　後期前半の再検討』縄文セミナーの会
篠原　武	2010	「磨製石斧の埋納と儀礼・消費－山梨県上中丸遺跡－」『移動と流通の縄文社会史』雄山閣
柴田常恵	1915	「イハイベに就て」『神社協会雑誌』第14年第2巻
澁谷昌彦	2003a	「縄文時代中期の釣手土器における女神信仰の様相について」『新世紀の考古学』纂修堂
澁谷昌彦	2003b	「釣手土器・石棒・石柱などの出土状況」『史峰』30号
嶋崎弘之	1979	「勝坂式土器＝3＝2＋1－ハケ遺跡の土器の理解のために」『ハケ遺跡C地区』上福岡市ハケ遺跡調査会
嶋崎弘之	2007	「勝坂式期の火災住居址」『奈和』第45号
嶋崎弘之	2008	「縄文人の性行動」『埼玉考古』43
下条正・女屋和志雄・谷藤保彦・中束耕志	1989	「縄紋時代後期における配石墓の構造－深沢遺跡の形成過程を中心として－」『群

		馬県埋蔵文化財事業団研究紀要』6
四門文化財事業部	2012	「町田市の遺跡から出土した珍しい縄文土器たち」『町田市立博物館収蔵考古資料目録－市内遺跡出土資料編』町田市立博物館
新谷和孝	1993	「縄文時代中期後半から後期に見られる釣手付深鉢について」『長野県考古学会誌』第68号
縄文セミナーの会	1990	『第4回縄文セミナー　縄文後期の諸問題』縄文セミナーの会
縄文セミナーの会	1996	『第9回縄文セミナー　後期中葉の諸様相』縄文セミナーの会
縄文セミナーの会	2002	『第15回縄文セミナー　後期前半の再検討』縄文セミナーの会
縄文セミナーの会	2007	『第20回縄文セミナー　中期終末から後期初頭の再検討』縄文セミナーの会
縄文セミナーの会	2010	『第23回縄文セミナー　縄文前期浅鉢土器の諸様相』縄文セミナーの会
新里貴之	2010a	「南西諸島における先史時代の墓制（Ⅱ）トカラ列島・奄美諸島」『地域政策科学研究』Vol.7
新里貴之	2010b	「南西諸島の縄文集落の葬墓制」『シリーズ縄文集落の多様性Ⅱ　葬墓制』雄山閣
新里貴之	2011	「南西諸島における先史時代の墓制（Ⅲ）沖縄諸島」『地域政策科学研究』Vol.8
新東晃一	2003	「縄文時代早期の壺形土器出現の意義」『研究紀要　縄文の森から』創刊号
新原佑典	2012	「少量の祭祀遺物と多量の土器」『祭祀儀礼と景観の考古学　「祭祀遺跡に見るモノと心」プロジェクト最終成果報告書』國學院大學研究開発推進機構伝統文化リサーチセンター
末木　健	1983	「土器廃棄と信仰」『歴史公論』第9巻第9号
末木　健	1979	「縄文時代中期浅鉢形土器研究序説」『奈和』第17号
末木　健	1999	「縄文時代大形浅鉢について」『山梨考古学論集Ⅳ』山梨県考古学協会
杉原荘介	1943	『原史学序論』葦芽書房
椙山林繼	1965	「古代祭祀遺跡の分布私考」『上代文化』第35輯
椙山林繼	1972	「祭と葬の分化－石製模造遺物を中心として－」『國學院大學日本文化研究所紀要』第29輯
椙山林繼	1994	「巻頭言」『情報祭祀考古』創刊号
杉山寿栄男	1928a	『日本原始工芸』工芸美術研究会（1976年北海道出版企画センター復刊）
杉山寿栄男	1928b	『日本原始工芸概説』工芸美術研究会（1981年北海道出版企画センター復刊）
杉山博久	1990	「後期と吹上・寺山遺跡」『秦野市史　通史1』秦野市
須賀博子	2005	「加曽利B式算盤玉形土器の変遷と地域性」『地域と文化の考古学Ⅰ』六一書房
菅谷通保	1996	「南関東部後期中葉土器群の様相」『第9回縄文セミナー　後期中葉の諸様相』縄文セミナーの会
菅谷通保	2005	「南関東縄紋中期・後期の墓制－千葉県下太田貝塚を中心に－」『縄紋社会をめぐるシンポジウムⅢ　縄紋中期・後期の物質文化－その社会的意味－予稿集』縄紋社会研究会・早稲田大学先史考古学研究所
菅谷通保	2007	「多遺体埋葬」『縄文時代の考古学9　死と弔い－葬制－』同成社
鈴木克彦	1995	「亀ヶ岡形土器の器形・器形組成から見た地域性」『北海道考古学』第31輯
鈴木克彦	1998	「有孔筒形土器の研究」『時の絆』石附喜三男先生を偲ぶ本刊行委員会
鈴木克彦	1999	「注口土器の用途」『日本考古学協会第65回総会研究発表要旨』日本考古学協会
鈴木克彦	2006	「注口土器・終焉の様相」『縄文時代』第17号
鈴木克彦	2007	『注口土器の集成研究』雄山閣
鈴木克彦	2008a	「宝ヶ峯式・手稲式土器」『総覧縄文土器』アム・プロモーション
鈴木克彦	2008b	「壷」『総覧縄文土器』アム・プロモーション
鈴木公雄	1964	「土器型式認定方法としてのセットの意義」『考古学手帖』21
鈴木公雄	1984	「日本の新石器時代」『講座日本歴史1　原始・古代1』東京大学出版会
鈴木公雄	1979	「縄文時代論」『日本考古学を学ぶ（3）』有斐閣
鈴木徳雄	1990	「称名寺・堀之内1式の諸問題－南関東地域の資料を中心として－」『第4回縄文セミナー　縄文後期の諸問題』縄文セミナーの会
鈴木徳雄	1991	「称名寺式の変化と文様帯の系統－「文様帯系統論」と文様帯連続説の再検討－」『土曜考古』第16号
鈴木徳雄	1992	「縄紋後期注口土器の成立－形態変化と文様帯の問題－」『縄文時代』第3号
鈴木徳雄	1999	「称名寺式関沢類型の後裔－堀之内1式期における小仙塚類型群の形成－」『縄文土器論集』六一書房
鈴木徳雄	2000	「縄紋後期浅鉢形土器の意義－器種と土器行為の変化－」『縄文時代』第11号
鈴木徳雄	2002	「北関東における堀之内式の様相－地域的様相と"類型"の構成－」『第15回縄文セミナー　後期前半の再検討－記録集－』縄文セミナーの会
鈴木徳雄	2007	「称名寺式土器研究の諸問題」『第20回縄文セミナー　中期終末から後期初頭の再検討』縄文セミナーの会
鈴木徳雄	2008	「浅鉢」『総覧縄文土器』アム・プロモーション
鈴木正博	1980	『大田区史　資料編考古Ⅱ』大田区

引用・参考文献

鈴木正博	1981	『取手と先史文化（下）』取手市教育委員会
鈴木正博	2000	「「土器型式」の眼差しと「細別」の手触り－大洞Ａ１式「縁辺文化」の成立と西部弥生式における位相－」『埼玉考古』第35号
鈴木正博	2009	「縄紋式前期の漆工技術と「生態技術学」」『日本考古学協会2009年度山形大会研究発表資料集』日本考古学協会2009年度山形大会実行委員会
鈴木正博	2012	「大宮台地を中心とした「人面文土器」－馬場小室山遺蹟の「人面文土器」から洞察する地域社会の波動－」『先史文化研究の新視点Ⅲ　土偶と縄文社会』雄山閣
鈴木保彦	1976	「環礫方形配石遺構の研究」『考古学雑誌』第62巻第1号
鈴木保彦	1980	「関東・中部地方を中心とする配石墓の研究」『神奈川考古』第9号
鈴木保彦	1981	「信仰儀礼の遺構」『神道考古学講座1　前神道期』雄山閣出版
鈴木保彦	1985	「縄文集落の衰退と配石遺構の出現」『八幡一郎先生頌寿記念考古学論集　日本史の黎明』六興出版
鈴木保彦	1986	「続・配石墓の研究」『神奈川考古』第22号
鈴木保彦	1988	「定形的集落の成立と墓域の確立」『長野県考古学会誌』第57号
鈴木康之	2002	「中世土器の象徴性－「かりそめ」の器としてのかわらけ－」『日本考古学』第14号
須藤　隆	1973	「土器組成論－東北地方における初期稲作農耕社会成立過程究明のための基礎的研究」『考古学研究』第19巻第4号
須原　拓	2003	「住居址内出土の注口土器－出土状態からみた注口土器の機能・用途について－」『史叢』第68号
諏訪市博物館編	1999	『縄文土器のふしぎな世界第二章－中部高地の釣手土器展－展示図録』
関根愼二	2004	「諸磯b式土器に付けられたイノシシ顔－装飾の意味を考える－」『群馬県埋蔵文化財調査事業団研究紀要』22
関根愼二	2008	「諸磯式土器」『総覧縄文土器』アム・プロモーション
関根愼二	2010a	「関東西北部前期後半浅鉢形土器の様相」『第23回縄文セミナー　縄文前期浅鉢土器の諸様相』縄文セミナーの会
関根愼二	2010b	「諸磯様式の浅鉢について－群馬県域の事例から－」『群馬県埋蔵文化財調査事業団研究紀要』28
関根愼二	2011	「諸磯様式における深鉢形土器の形式分化－深鉢形土器の形式分化と時期差・地域差について－」『群馬県埋蔵文化財調査事業団研究紀要』29
関根達人	2003	「鍋被り葬考－その系譜と葬法上の意味合い－」『人文社会論叢』人文科学篇第9号　弘前大学人文学部
ターナー．V.W.（冨倉光雄訳）	1976	『儀礼の過程』思索社（原著1969年）
大工原豊	1998	『中野谷松原遺跡－本文編－』安中市教育委員会
大工原豊	2002	「黒曜石の流通をめぐる社会－前期の関東・中部地域－」『縄文社会論（上）』同成社
大工原豊	2008	「獣面把手」『総覧縄文土器』アム・プロモーション
大工原豊・林克彦	1995	「配石墓と環状列石－群馬県天神原遺跡の事例を中心として－」『信濃』第47巻第4号
高木暢亮	2003	「考古遺物におけるカテゴリーの問題－北部九州の突帯文土器を対象として－」『認知考古学とは何か』青木書店
高瀬克範	2005	「縄文期埋葬行為論（Ⅰ）」『論集忍路子』Ⅰ　忍路子研究会
鷹野光行	1983	「舟形土器について」『お茶の水女子大学人文科学紀要』36
高橋龍三郎	1991	「縄文時代の葬制」『原始・古代日本の墓制』同成社
高橋龍三郎	2002	「縄文後・晩期社会の複合化と階層化過程をどう捉えるか－居住構造と墓制よりみた千葉県遺跡例の分析」『早稲田大学大学院文学研究科紀要』47
高橋龍三郎	2003	「縄文後期社会の特質」『縄文社会を探る』学生社
高橋龍三郎	2005	「民族誌からみた縄文土器型式の意味」『縄紋社会をめぐるシンポジウムⅢ　縄紋中期・後期の物質文化－その社会的意味－』縄紋社会研究会・早稲田大学先史考古学研究所
高橋龍三郎	2007a	「関東地方中期の廃屋墓」『縄文時代の考古学9　死と弔い－葬制－』同成社
高橋龍三郎	2007b	「考古学では社会をどう見るか」『季刊考古学』第98号
髙橋健太郎	2009	「東海西部からの視点」『東海縄文研究会第8回大会　飛騨地方における縄文時代中期中葉から後葉の諸様相　資料集』東海縄文研究会
高畠孝宗	2003	「オホーツク文化の墓」『日本考古学協会1999年度釧路大会　シンポジウム海峡と北の考古学　資料集Ⅱ』日本考古学協会1999年度釧路大会実行委員会
高見俊樹	2007	「再検証・穴場遺跡第18号住居跡に遺された「モノ」と「コト」」『山麓考古』第20号
滝沢規朗	2008	「多孔底土器」『総覧縄文土器』アム・プロモーション
ダグラス.M（塚本利明訳）	1972	『汚穢と禁忌』思潮社（原著1966年）
高山　純	1975	「配石遺構についての若干の考察」『大磯・石神台配石遺構発掘調査報告書』大磯町教育委員会

田崎博之	2000	「壺形土器の伝播と受容－突帯文土器段階を中心として－」『突帯文と遠賀川』土器持寄会論文集刊行会
田代克己	1986	「いわゆる方形周溝墓の供献土器について」『村構造と他界観』雄山閣出版
立花実・秋田かな子	2000	「方形周溝墓の分析」『王子ノ台遺跡第Ⅲ巻　弥生・古墳時代編』東海大学出版会
建石　徹	2007	『日本の美術』第496号（縄文土器　前期）
蓼沼香未由	2003	「縄文時代後期加曽利B式土器における入組文の分析」『茨城県考古学協会誌』15
蓼沼香未由	2003	「東関東における縄文時代後期中葉加曽利B式の対弧文の分析」『常総の歴史』30
辰巳和弘	2008	「水と井戸のまつり」『弥生時代の考古学7　儀礼と権力』同成社
田中英司	1992	「縄文草創期の墓－器物の配置と撤布－」『考古学研究』第39巻1号
田中英司	2001	『日本先史時代におけるデポの研究』千葉大学考古学研究室
田中和之	2008	「羽状縄文土器」『総覧縄文土器』アム・プロモーション
田中清美	1999	「水差土器一考」『大阪市文化財協会研究紀要』第2号
田中聡一	1999	「韓国中西部地方の新石器時代土器について」『先史学・考古学論究Ⅲ』龍田考古会
田中聡一	2003	「日韓新石器時代土器編年の併行関係」『先史学・考古学論究Ⅳ』龍田考古会
田中聡一	2009	「櫛目文土器との関係」『弥生時代の考古学1　弥生文化の輪郭』同成社
田中大輔	2009	「土器集積に関する覚書」『國學院大學伝統文化リサーチセンター研究紀要』第1号
田中　基	1982	「メデューサ型ランプと世界変換－曽利29号の家に集まった人びとの世界像について－」『山麓考古』第15号
田中英世	2009	「千葉市花輪貝塚出土の埋設土器の系譜（1）－関東における土坑出土の注口土器集成から－」『貝塚博物館紀要』第36号
田中良之	1982	「磨消縄文土器伝播のプロセス－中九州を中心として－」『森貞次郎博士古稀記念　古文化論集（上）』森貞次郎博士古稀記念論文集刊行会
田中良之	1986	「縄紋土器と弥生土器　西日本」『弥生文化の研究3　弥生土器1』雄山閣出版
谷井　彪	1977	「勝坂式土器の文様構造について」『埼玉考古』第16号
谷川磐雄	1923	「石器時代宗教思想の一端（2）」『考古学雑誌』第13巻第5号
谷川磐雄	1927	「南豆に於ける特殊遺跡の研究」『中央史壇』第13巻第6号～第8号
谷口康浩	1983	「形式に関する一般理論」『國學院雑誌』第84巻第6号
谷口康浩	1986a	「縄文時代「集石遺構」に関する試論－関東・中部地方における早・前・中期の焼礫集積遺構を中心として－」『東京考古』4
谷口康浩	1986b	「縄文時代の親族組織と集団表象としての土器型式」『考古学雑誌』第72巻第2号
谷口康浩	1988	「縄文土器の特質」『古代史復元3　縄文人の道具』講談社
谷口康浩	1989	「諸磯式土器様式」『縄文土器大観1　草創期・早期・前期』小学館
谷口康浩	1994	「勝坂式土器の地域性－土器型式の広域型・漸移型・局地型－」『季刊考古学』第48号
谷口康浩	1998	「土偶型式の系統と土器様式－勝坂系土偶伝統と中期土器様式との関係－」『土偶研究の地平2』勉誠社
谷口康浩	2002a	「縄文早期の始まる頃」『異貌』第20号
谷口康浩	2002b	「環状集落と部族社会－前・中期の列島中央部－」『縄文社会論（上）』同成社
谷口康浩	2002c	「縄文土器型式情報の伝達と変形－関東地方に分布する曽利式土器を例に－」『土器から探る縄文社会』山梨県考古学協会
谷口康浩	2004a	「環状集落の比較生態論」『文化の多様性と比較考古学』考古学研究会
谷口康浩	2004b	「環状集落の成立過程－縄文時代前期における集団墓造営と拠点形成の意味－」『帝京大学山梨文化財研究所研究報告』第12集
谷口康浩	2005a	「石棒の象徴的意味－縄文時代の親族社会と祖先祭祀－」『國學院大學考古学資料館紀要』第21輯
谷口康浩	2005b	「分節構造と出自集団」『環状集落と縄文社会構造』学生社
谷口康浩	2006	「石棒と石皿－象徴的生殖行為のコンテクスト－」『考古学』Ⅳ
谷口康浩	2007a	「階層化原理としての「出自」」『國學院大學考古学資料館紀要』第23輯
谷口康浩	2007b	「祖先祭祀」『縄文時代の考古学11　心と信仰－宗教的観念と社会秩序－』同成社
谷口康浩	2007c	「縄文時代の社会－分節的部族社会から階層化社会へ－」『季刊考古学』第98号
谷口康浩	2008	「総論：コードとしての祭祀・儀礼－行為の再現性と反復性－」『月刊考古学ジャーナル』第578号
谷口康浩	2009	「縄文時代の生活空間－「集落論」から「景観の考古学」へ」『縄文時代の考古学8　生活空間－集落と遺跡群－』同成社
谷口康浩	2010	「縄文時代竪穴家屋にみる空間分節とシンボリズム」『國學院大學伝統文化リサーチセンター研究紀要』第2号
谷口康浩	2011	「縄文土器の造形から読む縄文人の心」『縄文土器名宝展－縄文芸術の到達点－』山梨県立考古博物館
谷口康浩	2012	「祭祀考古学は成り立つか－方法論研究の必要性－」『祭祀儀礼と景観の考古学　「祭祀遺跡に見るモノと心」

引用・参考文献

プロジェクト最終成果報告書』國學院大學研究開発推進機構伝統文化リサーチセンター
谷藤保彦　2010　「前期中葉以前の浅鉢土器」『第23回縄文セミナー　縄文前期浅鉢土器の諸様相』縄文セミナーの会
玉田芳英　2007　『日本の美術』第498号（縄文土器　後期）
丹野雅人　1985　「注口土器小考－縄文時代中期終末期における様相－」『東京都埋蔵文化財センター研究論集』Ⅲ
千葉　豊　1989　「縁帯文系土器群の成立と展開－西日本縄文後期前半期の地域相－」『史林』第72巻第6号
辻誠一郎・辻圭子・大松しのぶ　2006　「御所野遺跡から出土した炭化植物遺物の調査」『御所野遺跡Ⅲ』一戸町教育委員会
辻　秀子　1983　「可食植物の概観」『縄文文化の研究2　生業』雄山閣出版
都出比呂志　1974　「古墳出現前夜の集団関係－淀川水系を中心に－」『考古学研究』第20巻第4号
都出比呂志　1989　『日本農耕社会の成立過程』岩波書店
角田真也　2004　「縄文中期の液体貯蔵具－高崎情報団地Ⅱ遺跡出土の彩色ある浅鉢形土器について－」『高崎市史研究』19
坪井清足　1962　「縄文文化論」『岩波講座日本歴史1　原始および古代1』岩波書店
坪田（舘）弘子　2004　「縄文時代前期の墓域と土壙墓－関東・中部地方の事例から－」『縄文時代』第15号
帝室博物館編　1930『石器時代土偶土版絵葉書集』
デュルケーム .E（小関藤一郎訳）　1980　『分類の未開形態』法政大学出版局（原著1903年）
寺崎祐助　2005　「新潟県の串田新式土器・古串田新式土器」『新潟考古学談話会会報』第29号
寺崎祐助　2010　「新潟県を中心とした前期浅鉢形土器の様相」『第23回縄文セミナー　縄文前期浅鉢土器の諸様相』縄文セミナーの会
土肥　孝　2007　『日本の美術』第497号（縄文土器　中期）
土肥　孝・中束耕志・山口逸弘　1996　「文様が剥がされた土器－縄紋時代中期の土器廃絶例について－」『群馬県埋蔵文化財調査事業団研究紀要』13
時津裕子　1999　「近世墓にみる階層性－筑前秋月城下の事例から－」『日本考古学』第9号
戸沢充則　1979　「縄文農耕論」『日本考古学を学ぶ（2）』有斐閣
戸沢充則　1982　「縄文中期農耕論の現状と問題点」『シンポジウム　縄文農耕の実証性』文部省科学研究費特定研究「古文化財」総括班
戸田哲也　1971　「縄文時代における宗教意識について－田端環状積石遺構を中心として－」『下総考古学』4
戸田哲也　1995　「石棒出土の具体例」『飛騨みやがわシンポジウム　石棒の謎をさぐる』宮川村
戸田哲也　1996　「石棒研究の基礎的課題」『堅田直先生古希記念論文集』真陽社
戸田哲也　2006　「縄文土器型式の分布圏」『縄紋社会をめぐるシンポジウムⅣ－土器型式をめぐる諸問題－予稿集』縄紋社会研究会・早稲田大学先史考古学研究所
鳥居龍蔵　1917　「畿内の石器時代に就いて」『人類学雑誌』第32巻第9号
鳥居龍蔵　1922　「日本石器時代民衆の女神信仰」『人類学雑誌』第37巻第11号
鳥居龍蔵　1924　『諏訪史第1巻』信濃教育会諏訪部会
永井宏幸　2009　「円窓付土器」『朝日遺跡8　総集編』愛知県埋蔵文化財センター調査報告書第154集
長崎元広　1973　「八ヶ岳西南麓の縄文中期集落における共同祭式のあり方とその意義（上・下）」『信濃』第25巻4号、5号
長沢宏昌　1989　「縄文時代におけるエゴマの利用について」『山梨考古学論集Ⅱ』山梨県考古学協会
長沢宏昌　1993　「有孔土器の変遷」『考古論集－潮見浩先生退官記念論文集』潮見浩先生退官記念事業会
長沢宏昌　1994　「甲府盆地周辺に見られる縄文時代中期の土坑墓と土器棺再葬墓－井戸尻Ⅲ式～曽利Ⅰ式期の場合－」『山梨県立考古博物館・山梨県埋蔵文化財センター研究紀要』10
長沢宏昌　1998　「縄文時代遺跡出土の球根類とそのオコゲ」『列島の考古学』渡辺誠先生還暦記念論集刊行会
長沢宏昌　1999a　「食料生産」『山梨県史　資料編2　原始・古代2考古（遺構・遺物）』山梨県
長沢宏昌　1999b　「エゴマのクッキー」『山梨考古学論集Ⅳ』山梨県考古学協会
長島信弘　1974　「住居の象徴性」『アフリカの文化と言語』月刊言語別冊1
永瀬史人　2006　「山梨県上野原遺跡出土の人面付土器と蛇体装飾－青山学院大学所蔵の縄紋時代未報告資料－」『青山考古』第23号
永瀬史人　2007　「勝坂式土器終末期の蛇体表現」『青山史学』第25号
永瀬史人　2008a　「連弧文土器」『総覧縄文土器』アム・プロモーション
永瀬史人　2008b　「動物装飾とS字文」『総覧縄文土器』アム・プロモーション
永瀬史人・中村耕作・高野和弘・中島将太　2012　「東京都井草八幡宮所蔵釣手土器の再検討」『日本考古学協会第78回総会研究発表要旨』日本考古学協会
永瀬史人・中村耕作　2012　「杉並区井草八幡宮所蔵釣手土器の再検討」『新西郊文化』2号
中沢道彦　2008　「縄文土器付着炭化球根類の検討」『極東先史古代の穀物3』日本学術振興会平成16～19年度科学研究費

		補助金（基盤B-2）「雑穀資料からみた極東地域における農耕受容と拡散過程の実証的研究」研究成果報告書　熊本大学
中沢道彦	2012	「長野県における縄文時代中期の植物質食料利用について」『縄文時代中期の植物利用を探る』長野県考古学会縄文中期部会
中園　聡	1994	「弥生時代開始期の壺形土器－土器作りのモーターハビットと認知構造」『日本考古学』第1号
中園　聡	1998	「丹塗精製器種群盛行の背景とその性格－東アジアの中の須玖Ⅱ式土器－」『人類史研究』10
中園　聡	2004	『九州弥生文化の特質』九州大学出版会
中園　聡	2010	「弥生時代の考古学再考　モノ・個人・認知」『季刊東北学』第22号
中島将太	2008	「石皿に関わる儀礼行為」『月刊考古学ジャーナル』第578号
中野益男	1989	「残留脂肪酸による古代復元」『新しい研究法は考古学に何をもたらしたか』クバプロ
中野幸大	2008	「大木7a～8b式土器」『総覧縄文土器』アム・プロモーション
永峯光一	1981	「大別としての中期」『縄文土器大成2　中期』講談社
中村　大	1998	「亀ヶ岡文化における葬制の基礎的研究（1）－東北北部の土壙墓について－」『國學院大學考古学資料館紀要』第14輯
中村　大	2000a	「採集狩猟民の副葬行為　縄文文化」『季刊考古学』第70号
中村　大	2000b	「土器の出土状態からみた土壙墓の認定について－縄文時代の北日本を中心として－」『國學院大學考古学資料館紀要』第16輯
中村　大	2001	「亀ヶ岡文化の墓と墓域」『日本考古学協会2001年度盛岡大会研究発表資料集　亀ヶ岡文化－集落とその実態－　晩期遺構集成Ⅰ（研究発表要旨・青森県・岩手県）』日本考古学協会2001年度盛岡大会実行委員会
中村　大	2009	「祭祀考古学研究と解釈：コンテクストとスケール」『環状列石をめぐるマツリと景観　発表資料集』國學院大學伝統文化リサーチセンター
中村賢太郎	2012	「峰一合遺跡出土「パン状炭化物」と炭化した食物の分析例」『縄文・峰一合遺跡の時代の再検討』下呂市教育委員会
中村耕作	2001～	「縄文時代の加工食品炭化物」http://www.jomongaku.net/note/kakoshokuhin.html
中村耕作	2004	「縄文時代の加工食品炭化物－研究史および事例の集成－」『若木考古』第97号
中村耕作	2005	「縄文時代後期の舟形土器」『上代文化』第39輯
中村耕作	2006	「縄文時代後期前半期の土器被覆葬」『史学研究集録』第31号
中村耕作	2007a	「中高瀬遺跡の縄文土器」『中高瀬遺跡』東京都埋蔵文化財センター調査報告第201集
中村耕作	2007b	「クッキー状・パン状食品」『縄文時代の考古学5　なりわい－食料生産の技術－』同成社
中村耕作	2008a	「大場磐雄の縄文時代精神文化研究－「石器時代宗教思想」研究から「縄文人の信仰」研究へ－」『祭祀考古学』第7号
中村耕作	2008b	「葬送儀礼における土器形式の選択と社会的カテゴリ－縄文時代後期関東・中部地方の土器副葬と土器被覆葬－」『物質文化』85
中村耕作	2008c	「縄文時代後期の土器副葬－関東・中部地方における葬送儀礼の一類型－」『神奈川考古』第44号
中村耕作	2008d	「釣手土器」『総覧縄文土器』アム・プロモーション
中村耕作	2008e	「墓壙への埋納」『総覧縄文土器』アム・プロモーション
中村耕作	2008f	「神道考古学の形成と伊豆の祭祀遺跡－大場磐雄の伊豆調査－」『伊豆の神仏と國學院の考古学　発表資料集』國學院大學伝統文化リサーチセンター
中村耕作	2009a	「大場磐雄「神道考古学」提唱前夜の祭祀遺跡研究」『國學院大學伝統文化リサーチセンター研究紀要』第1号
中村耕作	2009b	「顔面把手と釣手土器－伊勢原市三之宮比々多神社所蔵の蛇体装飾付顔面把手を基点として－」『考古論叢神奈河』第17集
中村耕作	2009c	「古道陰地遺跡の釣手土器」『美濃の考古学』第10号
中村耕作	2009d	「顔面把手と釣手土器－釣手土器の出現過程とカテゴリ認識－」かながわ考古トピックス2008発表資料　神奈川県考古学会
中村耕作	2009e	「家送りの供え・葬送の供え」『まつりのそなえ　御食たてまつるもの』國學院大學研究開発推進機構伝統文化リサーチセンター
中村耕作	2010a	「土器のカテゴリ認識と儀礼行為－「モノと心」研究の一視点とその方法論－」『國學院大學伝統文化リサーチセンター研究紀要』第2号
中村耕作	2010b	「古代学としての考古学・神道史としての考古学」『國學院大學研究開発推進機構紀要』第2号
中村耕作	2010c	「釣手土器の展開過程－造形の継承と変容－」『史葉』第3号

引用・参考文献

中村耕作	2010d	「住居廃絶儀礼における縄文土器」『日本基層文化論叢』雄山閣
中村耕作	2010e	「大形石棒と縄文土器」『縄文人の石神　シンポジウム資料集』國學院大學学術資料館
中村耕作	2010f	「縄文時代における住居廃絶儀礼に関わる土器の様相」『高梨学術奨励基金年報　平成21年度研究成果概要報告』
中村耕作	2011a	「岩手県における縄文時代中期後半の床面出土器」『平成22年度一戸町文化財年報』
中村耕作	2011b	「神職講習会講義案にみる大場磐雄「神道考古学」の構想」『日本考古学史研究』第1号
中村耕作	2011c	「土器カテゴリの継承・変容－釣手土器の成立と展開における地域差－」『考古学研究』第58巻第2号
中村耕作	2011d	「出土状況分析と同位体比・元素分析による縄文時代釣手土器・香炉形土器・異形台付土器の用途推定」『高梨学術奨励基金年報　平成22年度研究成果概要報告』
中村耕作	2012a	「大場磐雄「神道考古学」の構想と「祭祀遺跡」概念」『國學院大學伝統文化リサーチセンター研究紀要』第4号
中村耕作	2012b	「大場磐雄「神道考古学」の形成過程と今日的意義」『祭祀儀礼と景観の考古学　「祭祀遺跡に見るモノと心」プロジェクト最終成果報告書』國學院大學研究開発推進機構伝統文化リサーチセンター
中村耕作	2012c	「大形石棒と縄文土器－異質な二者の対置と象徴操作－」『縄文人の石神』六一書房
中村耕作	2012d	「住居廃絶に供献されたパン状炭化物」『縄文の世界像―八ヶ岳山麓の恵み―』大阪府立弥生文化博物館
中村耕作	2012e	「縄文土器の儀礼利用と象徴操作」『縄文土器を読む』アム・プロモーション
中村耕作	2012f	「縄文時代特殊器種の用途推定のための考古学的観察・理科学分析」『高梨学術奨励基金年報　平成23年度研究成果概要報告』高梨学術奨励基金
中村耕作・國木田大	2012	「クッキー状・パン状炭化物の炭素・窒素同位体分析とその出土状況」『縄文時代中期の植物利用を探る』長野県考古学会縄文中部部会
中村耕作・野内智一郎	2005	「錦江流域における多鈕鏡副葬墓」『東アジアにおける新石器文化と日本Ⅱ：國學院大學21世紀COEプログラム2004年度考古学調査研究報告』21COE考古学シリーズ4　國學院大學
中村耕作・吉田邦夫	2011	「縄文時代中期釣手土器の付着炭化物」『日本考古学協会第77回総会研究発表要旨』日本考古学協会
中村大介	2006	「弥生時代開始期における副葬習慣の受容」『日本考古学』第21号
中村日出男	1973	「顔面把手（一）～（六）」『郵政考古』第1号～第4号、第6号、第7号
中村　豊	2007	「縄文－弥生移行期の大型石棒祭祀」『縄文時代の考古学11　心と信仰－宗教的観念と社会秩序－』同成社
中谷治宇二郎	1927	『注口土器ノ分類ト其ノ地理的分布』東京帝國大學理學部人類學教室研究報告第4編　岡書院
中谷治宇二郎	1929	「形態的研究法」『日本石器時代提要』岡書院
中山英司	1962	「甕被葬」『日本考古学事典』東京堂
中山真治	1994	「多摩川流域における縄文時代後期前葉集落－多摩川地域を中心とした堀之内期の集落について－」『東京考古』12
中山真治	2000	「顔面把手付土器小考－勝坂式後半の顔面装飾の付く土器について－」『東京考古』18
中山真治	2005	「縄文時代中期の彩色された浅鉢形土器についての覚書－関東地方西南部の中期集落資料を中心に－」『東京考古』23
奈良泰史・保坂康夫	1993	「黒曜石原石格納の土器と黒曜石について」『山梨県考古学協会誌』6
成田滋彦	1986	「切断蓋付土器考－東北地方の資料を中心に－」『弘前大学考古学研究』第3号
成田滋彦	1991	「青森県の顔面付き土器－縄文時代中期を中心に－」『青森県考古学』第6号
成田滋彦	1996	「縄文時代の片口・注口土器－青森県の事例を中心に－」『青森県考古学』第9号
成田滋彦	1999	「異形土器　切断蓋付土器－出土状態と器形を考える－」『青森県埋蔵文化財調査センター研究紀要』第4号
成田滋彦	2005	「青森県内の鳥形土器について」『動物考古学』第22号
成田美葵子・中村耕作	2011	「大形石棒の出土状況」『縄文時代の大形石棒－東日本地域の資料集成と基礎研究－國學院大學研究開発推進機構学術資料館「考古学資料館収蔵資料の再整理・修復および基礎研究・公開」研究報告』國學院大學研究開発推進機構学術資料館
難波紘二・岡安光彦・角張淳一	2001	「考古学的脂肪酸分析の問題点」『日本考古学協会第67回総会研究発表要旨』日本考古学協会
ニーダム.R（吉田禎吾・白川琢磨訳）	1993	『象徴的分類』みすず書房（原著1979年）
新津　健	1999	「縄文中期釣手土器考－山梨県内出土例からみた分類と使用痕－」『山梨県史研究』7号
新津　健	2002	「縄文中期釣手土器考②」『山梨県立考古博物館・山梨県埋蔵文化財センター研究紀要』16
新津　健	2003	「上の平遺跡出土の動物形装飾付土器とその周辺」『山梨県立考古博物館・山梨県埋蔵文化財センター研究紀要』19

新津　健	2007	「土器を飾る猪－山梨を中心とした猪造形の展開－」『山梨県立考古博物館・山梨県埋蔵文化財センター研究紀要』27
新津　健	2008a	「山梨の石棒－出土状態の整理と課題」『山梨県立考古博物館・山梨県埋蔵文化財センター研究紀要』24
新津　健	2008b	「山梨の石棒（2）－特色と変遷－」『山梨県考古学協会誌』第18号
贄田　明	2010	「長野県における浅鉢形土器の様相」『第23回縄文セミナー　縄文前期浅鉢土器の諸様相』縄文セミナーの会
西江清髙	2005	「地域間関係からみた中原王朝の成り立ち」『国家形成の比較研究』学生社
西口陽一	1983	「耳飾からみた性別」『季刊考古学』第5号
西澤　明	1992	「甕被葬の意義」『東京都埋蔵文化財センター年報』12
西澤　明	1999	「葬墓制研究　墓域」『縄文時代』第10号第3分冊
西澤　明	2002	「縄文時代中期における墓制の再検討」『東京都埋蔵文化財センター研究論集』19
西田長男	1976	「神社の起源の古さ　式内比比多神社を一例に」『式内のしおり』第2号
西田泰民	1983	「土器及び土製品」『軽井沢町茂沢南石堂遺跡　総集編』軽井沢町教育委員会
西田泰民	1989	「堀之内・加曾利B式土器様式」『縄文土器大観4　後期・晩期・続縄文』小学館
西田泰民	1992	「縄文土瓶」『古代学研究所紀要』第2輯
西田泰民	1996	「死と縄文土器」『歴史発掘2　縄文土器出現』講談社
西田泰民	2000a	「土器用途論基礎考」『新潟県立歴史博物館研究紀要』1
西田泰民	2000b	「注ぎ口のある土器をめぐって」『展観の栞26　縄文美術』辰馬考古資料館
西田泰民	2002	「土器の器形分類と用途に関する考察」『日本考古学』第14号
西村正衛	1965	「埋葬」『日本の考古学Ⅱ　縄文時代』河出書房新社
西本豊弘	1983	「縄文時代の動物と儀礼」『歴史公論』第94号
西本豊弘	2005	「餅ノ沢遺跡の鳥形土器について」『動物考古学』第22号
西山太郎	1995	「双口土器について」『竹箆』7
西山太郎	2001	「縄文前期の土壙群－特に千葉県域を中心として－」『印旛郡市文化財センター研究紀要』2
西脇対名夫	2009	「中谷治宇二郎の反型式学」『考古学の源流』木村剛朗さん追悼論集刊行会
日本考古学協会茨城大会実行委員会編　1995　『日本考古学協会1995年度茨城大会シンポジウム1　縄文人と貝塚』		
日本考古学協会2001年度盛岡大会実行委員会　2001　『日本考古学協会2001年度盛岡大会研究発表資料集　亀ヶ岡文化－集落とその実態－晩期遺構集成Ⅰ・Ⅱ』		
野口義麿	1965	「縄文文化の蛇身装飾」『古代文化』第15巻第5号
野口義麿・安孫子昭二　1981　「磨消縄文の世界」『縄文土器大成3　後期』講談社		
橋本　正	1976	「竪穴住居の分類と系譜」『考古学研究』第23巻第3号
橋本裕行	1994	「弥生絵画に内在する象徴性について」『日本美術全集1　原始の造形』小学館
蜂屋孝之	2004	「縄文時代後期の釣手土器」『先史考古学研究』第9号
蜂屋孝之	2005	「千葉県における縄文後期の釣手土器について」『千葉県文化財センター研究紀要』24
蜂屋孝之	2006	「関東地方における縄文中期の釣手土器について」『長野県考古学会誌』第118号
蜂屋孝之	2008a	「釣手土器の誕生」『平出博物館ノート』22
蜂屋孝之	2008b	「異形台付土器の終焉」『千葉縄文研究』2
濱田耕作	1918	「河内国府石器時代遺跡発掘報告」『京都帝国大学文科大学考古学研究報告』第2冊　京都帝国大学
濱田耕作	1922	『通論考古学』大鐙閣
浜本　満	1997	「妻を引き抜く方法－規約的必然としての「呪術」的因果関係」『民族学研究』第62巻第3号
林　謙作	1976	「亀ヶ岡文化論」『東北考古学の諸問題』東出版寧楽社
林　謙作	1977	「縄文期の葬制（2）」『考古学雑誌』第63巻第3号
林　謙作	1979	「縄文期の村落をどうとらえるか」『考古学研究』第26巻第3号
林　謙作	1990	「連載講座縄文時代史7　縄文土器の型式（2）」『季刊考古学』第33号
林　謙作	1993	「石狩低地帯南部の環状周堤墓」『考古論集　潮見浩先生退官記念論文集』
林　克彦	2000	「顔と器－縄文時代晩期の「顔付き土器」について－」『青山史学』第18号
林　克彦	2007	「中高瀬遺跡の土偶について」『中高瀬遺跡』東京都埋蔵文化財センター調査報告第201集
林　克彦	2009	「中高瀬遺跡の土偶－関東地方西部・加曽利B式期土偶の一類型「中高瀬タイプ」の提唱」『扶桑』青山考古学会
林克彦・細野千穂子　1997　「墓制から見た地域性－縄文時代後晩期・関東地方西部の墓制の検討から－」『史友』第29号		
林原利明	2002・2003	「三ノ宮・宮ノ上遺跡（第1次）～（第3次）」『神奈川県埋蔵文化財調査報告』44、45
原田昌幸	2007	『日本の美術』第495号（縄文土器　草創期・早期）

引用・参考文献

春成秀爾　　　1974　「抜歯の意義」『考古学研究』第20巻第2号、第3号
春成秀爾　　　1990　『弥生文化の始まり』東京大学出版会
春成秀爾　　　1979　「縄文時代の終焉」『歴史公論』第5巻第2号
春成秀爾　　　1996　「性象徴の考古学」『国立歴史民俗博物館研究報告』第66集
春成秀爾　　　2002　『縄文社会論究』塙書房
肥後弘幸　　　1994　「墓壙内破砕土器供献（上・下）－近畿北部弥生墳墓土器供献の一様相－」『みずほ』12号、13号
比田井克仁　　1985　「弥生時代高杯考—南関東地方を理解するために－」『古代探叢Ⅱ』早稲田大学出版部
平原信孝　　　2011　「縄文時代後期の東北地方における香炉形土器について」『遡航』第29号
平林　彰　　　1993　「墓坑」『北村遺跡』長野県埋蔵文化財センター発掘調査報告書14　長野県埋蔵文化財センター
平林　彰　　　1994　「甕被葬」『縄文時代研究事典』東京堂出版
平林　彰　　　1999　「中部高地の火災住居」『月刊考古学ジャーナル』第447号
福島道広・中野寛子・中岡利泰・中野益男・根岸孝　1988　「残存脂肪酸分析法による原始古代の生活環境復原－とくに東北地方の縄文時代前期遺跡から出土したクッキー状炭化物の栄養化学的同定（要旨）」『日農芸化学会誌』62
深澤太郎　　　2010　「メタ「神道考古学」序論－『日本書紀』と神不滅論から紐解く道慈の「神道」観－」『日本基層文化論叢』雄山閣
深澤太郎　　　2012　「「神社」起源論覚書－神社境内遺跡から'祭祀遺跡'を再考する－」『土墭』第12号
深澤芳樹　　　1996　「墓に土器を供えるという行為について（上・下）」『京都府埋蔵文化財情報』第61号、第62号
深澤芳樹・庄田慎矢　2009　「先松菊里式・松菊里式土器と夜臼式・板付式土器」『弥生時代の考古学1　弥生文化の輪郭』同成社
福田　聖　　　1994・2004　「方形周溝墓と土器Ⅰ・Ⅱ」『埼玉県埋蔵文化財調査事業団研究紀要』11、19
福田友之　　　2008　「動物装飾付き土器と動物形土製品」『総覧縄文土器』アム・プロモーション
藤田三郎　　　1988　「弥生時代の井戸－奈良・大阪の井戸を中心に－」『同志社大学考古学シリーズⅣ　考古学と技術』同志社大学考古学シリーズ刊行会
藤根久・山形秀樹　2011　「土器内面付着黒色炭化物の安定同位体分析」『寺部遺跡』豊田市教育委員会
藤村東男　　　1983　「縄文土器組成論」『縄文文化の研究5　縄文土器Ⅲ』雄山閣出版
藤本　強　　　1966　「オホーツク文化の葬制について」『物質文化』6
藤本　強　　　1985　「縄文文化の精神的側面の手がかりを求めて」『信濃』第37巻第4号
藤本　強　　　2007　「東アジアにおける日本列島の自然と基層文化」『神道と日本文化の国学的研究発信の拠点形成研究報告Ⅰ』國學院大學
藤本英夫　　　1961　「御殿山ケルーン群墳墓遺跡について」『民族学研究』第26巻第1号
藤森栄一　　　1961　「縄文中期農耕存否に関する新資料」『日本考古学協会第27回総会研究発表要旨』日本考古学協会
藤森栄一　　　1965a　「中期縄文農耕論－新しい中期縄文農耕論の可能性について」『井戸尻』中央公論美術出版
藤森栄一　　　1965b　「釣手土器論」『月刊文化財』第19号
藤森栄一　　　1966　「縄文人と土器」『日本美術工芸』第334号
藤森栄一　　　1968　「顔面把手付土器論」『月刊文化財』第61号
藤森栄一　　　1970a　『縄文農耕』学生社
藤森栄一　　　1970b　『考古学とともに　涙と笑いの奮戦記』講談社
藤森栄一編　　1965　『井戸尻－長野県富士見町における中期縄文遺跡群の研究－』中央公論美術出版
藤森栄一・武藤雄六　1963　「中期縄文土器の貯蔵形態について－鍔付有孔土器の意義－」『考古学手帖』第20号
藤森英二　　　2006　「縄文時代中期後半における、ある土器の系譜」『長野県考古学会誌』第118号
古内　茂　　　1986　「浅鉢形土器出現の背景－飯山満東遺跡を中心として－」『千葉県文化財センター研究紀要』10
ブルデュ・P（今村仁司ほか訳）　1988・1990　『実践感覚Ⅰ・Ⅱ』みすず書房（原著1980年）
古屋紀之　　　2007　『古墳の成立と葬送祭祀』雄山閣
保坂康夫・能代幸和・長沢宏昌・中山誠二　2008　「山梨県酒呑場遺跡の縄文時代中期の栽培大豆 Glycine max」『山梨県立考古博物館・山梨県埋蔵文化財センター研究紀要』24
穂積裕昌　　　1992　「縄文時代後期の壺形土器－中津・福田K2式土器に伴う双耳壺を中心に－」『考古学と生活文化』同志社大学考古学シリーズⅤ
穂積裕昌　　　2001　「双耳壺再論－その成立と用途に関する一考察－」『古代学研究』第152号
堀越正行　　　1971　「加曽利E期の世界観Ⅱ」『貝塚博物館紀要』第4号
堀越正行　　　1997　「異形台付土器と土偶の背景」『土偶研究の地平』勉誠社
堀越正行　　　2004　「加藤論文に対するコメント」『史紋』第2号

前迫亮一	1996	「台付皿形土器の研究に関する覚書」『大河』第6号
間壁葭子	1997	「出雲世界の中の注口土器」『東アジアの古代文化』第93号
間壁葭子	1999	「弥生時代の九州的注口土器」『神女大史学』16
松井　健	1991	『認識人類学論攷』昭和堂
松田光太郎	1994	「縄文時代前期後半諸磯b～c式土器（第Ⅲ群土器）の考察」『愛宕山遺跡・初室古墳・愛宕遺跡・日向遺跡』富士見村教育委員会
松田光太郎	1998	「東日本における縄文前期後半の浅鉢形土器に関する考察」『神奈川考古』第34号
松田光太郎	2007	「獣面把手の変遷とその地域性－縄文時代前期の関東地方西部の諸磯b式を事例として－」『縄文時代』第18号
松田光太郎	2010	「関東地方南部における前期浅鉢形土器の様相」『第23回縄文セミナー　縄文前期浅鉢土器の諸様相』縄文セミナーの会
松谷暁子	1983a	「遺跡出土植物遺残の灰像と炭化像による同定」『古文化財に関する保存科学と人文・自然科学　昭和57年度年次報告書』
松谷暁子	1983b	「エゴマ・シソ」『縄文文化の研究2　生業』雄山閣出版
松谷暁子	1988	「長野県の縄文中期諸遺跡から出土したエゴマ・シソ」『長野県史　考古資料編Ⅳ』長野県史刊行会
松谷暁子・笠原安夫	1982	「長野県曽利遺跡出土「パン状炭化物」の走査電顕による観察」『古文化財に関する保存科学と人文・自然科学　昭和56年度年次報告書』
松本　豪	1975	「諏訪市荒神山遺跡出土の植物炭化物」『長野県中央道埋蔵文化財包蔵地発掘調査報告書－諏訪市その3－』
松本　豪	1981	「長野県諏訪郡原村大石遺跡で発見された炭化種子について」『長野県中央道埋蔵文化財包蔵地発掘調査報告書－茅野市・原村その1　富士見町その2－』
松本建速	1998	「大洞A'式土器を作った人々と砂沢式土器を作った人々」『北方の考古学』野村崇先生還暦記念論集刊行会
松本直子	1996	「認知考古学的視点からみた土器様式の空間的変異－縄文時代後・晩期黒色磨研土器様式を素材として－」『考古学研究』第42巻第4号
松本直子	1997	「認知考古学の理論的基盤」『HOMINIDS』第1号
松本直子	2000	『認知考古学の理論と実践－縄文から弥生への社会・文化変化のプロセス－』九州大学出版会
松本直子	2006	「縄文イデオロギーと物質文化」『心と形の考古学』同成社
松本直子・中園聡・時津裕子編	2003	『認知考古学とは何か』青木書店
三上徹也	1986	「中部・西関東地方における縄文時代中期中葉土器の変遷と後葉土器への移行」『長野県考古学会誌』第51号
三上徹也	2002	「所謂「唐草文土器」の構造・変遷と型式名に関する考察」『長野県考古学会誌』第98号
三上徹也	2007	「縄文時代屋内祭祀研究に関する覚書－石皿と石棒・立石祭祀の考古学的所見－」『山麓考古』第20号
水沢教子	2003	「縄文土器の突起周辺のX線透過観察－長野県更埴市屋代遺跡群の研究その3－」『長野県立歴史館研究紀要』第9号
水沢教子	2007	「大木式土器情報の移動と模倣－把手付突起の広域比較から－」『考古学談叢』六一書房
水野正好	1969	「縄文時代集落研究への基礎的操作」『古代文化』第21巻第3・4号
水野正好	1978	「埋甕祭式の復元」『信濃』第30巻第4号
溝口孝司	1993	「「記憶」と「時間」：その葬送儀礼と社会構造の再生産において果たす役割り－ポスト＝プロセス考古学的墓制研究の1つの試みとして－」『九州文化史研究所紀要』第38号
溝口孝司	1995	「福岡県筑紫野市永岡遺跡の研究いわゆる二列埋葬墓地の一例の社会考古学的再検討－」『古文化談叢』第34集
溝口孝司	1998	「墓前のまつり」『日本の信仰遺跡』雄山閣
溝口孝司	2000a	「墓地と埋葬行為の変遷－古墳時代の開始の社会的背景の理解のために－」『古墳時代像を見なおす－成立過程と社会変革－』青木書店
溝口孝司	2000b	「象徴」『用語解説　現代考古学の方法と理論Ⅲ』同成社
南久和・上田亮子	1981	「金沢市笠舞遺跡出土の異形土器」『石川考古学研究会々誌』第24号
南北海道考古学情報交換会編	1999	『北日本における縄文時代の墓制　資料集』
宮尾　亨	1997	「縄文人のしぐさ」『國學院大學考古学資料館紀要』第13輯
宮尾　亨	1998	「縄文人のしぐさ（承前）」『國學院大學考古学資料館紀要』第14輯
三宅宗悦	1940	「日本石器時代の埋葬」『人類学・先史学講座』第15巻　雄山閣
宮城孝之	1982	「縄文時代中期の釣手土器」『中部高地の考古学Ⅱ』長野県考古学会
宮坂光昭	1965	「縄文中期における宗教的遺物の推移－八ヶ岳山麓の住居址内を中心として－」『信濃』第17巻第5号
宮地直一（谷川磐雄代筆）	1926-28	「神社と考古学」『考古学講座』第1～3・5～8・10・12・15・17・20・24号（1929合冊

引用・参考文献

		して再版） 雄山閣
宮本一夫	1985	「中国東北地方における先史土器の編年と地域性」『史林』第69巻第2号
宮本一夫	1995	「華北新石器時代の墓制上にみられる集団構造（一）」『史淵』第132号
宮本一夫	2005	「第9章 犠牲と宗教祭祀」『中国の歴史01 神話から歴史へ』講談社
マードック.G.P（内藤莞爾訳）	1978	『社会構造』新泉社
向坂鋼二	1958	「土器型式の分布圏」『考古学手帖』2
武藤雄六	1976	「幻の炭化物」『山麓考古』第4号
武藤雄六	1980	「カリントウ状炭化食品発見の意義」『季刊どるめん』第27号
村田文夫	1975	「柄鏡形住居址考」『古代文化』第27巻第11号
村田文夫	1992	「長野県棚畑遺跡縄文ムラの語り−中期集落理解に向けての断想−」『縄文時代』第3号
村田文夫	1993	「川崎市域出土の装飾把手付き縄文土器」『川崎市市民ミュージアム紀要』第5集
村田文夫	1996	「縄文前期浅鉢形土器出現期の様相−古東京湾地域における若干の資料から−」『考古学の諸相』坂詰秀一先生還暦記念会
室伏 徹	2008	「台形土器」『総覧縄文土器』アム・プロモーション
目黒吉明	2004	「上原遺跡の炭化物について」『福島考古』第45集
モース.E.S（近藤義郎・佐原編訳）	1983	『大森貝塚』岩波書店（原著1879年）
森貞次郎	1977	「新：天手抉考」『國學院雑誌』第78巻第9号
森貞次郎	1981	「弥生時代の遺物にあらわれた信仰の形態」『神道考古学講座1 前神道期』雄山閣出版
森本六爾	1934	「弥生式土器に於ける二者−様式要素単位決定の問題−」『考古学』第5巻第1号
森谷 幸	2008	「『押出遺跡出土の縄文クッキーの文様』について」『うきたむ考古』第13号
守矢昌文	2003	「縄文時代後期前半の中ッ原遺跡の様相」『中ッ原遺跡』茅野市教育委員会
八木勝枝	2003	「新潟県の多孔底土器について」『三面川流域の考古学』第2号
八木勝枝	2006	「縄文後晩期の土器に施される焼成後の穿孔について」『岩手県文化振興事業団埋蔵文化財センター紀要』ⅩⅤ
八木澤一郎	2003	「上野原遺跡第10地点検出の「環状遺棄遺構」について」『研究紀要 縄文の森から』創刊号
山形真理子	1996・1997	「曽利式土器の研究−内的展開と外的交渉の歴史−（上・下）」『東京大学考古学研究室紀要』14、15
山口県立萩美術館・浦上記念館編	2003	『原始土器の美 大汶口遺跡出土文物』
山口卓也	2008	「関西大学博物館所蔵の重要文化財「縄文鉢形土器」の穿孔について」『関西大学博物館紀要』14
山口卓也	2012	「国府遺跡大串第18号人骨と縄文鉢形土器の穿孔」『阡陵』No.65
山口逸弘	1999	「土壙出土土器の選択性−中期土壙の2個体の共伴例から−」『縄文土器論集』六一書房
山口昌美	2002	「考古学の残存脂肪酸分析と食の問題（前編・後編）」『食の科学』295、296
山崎純男	1989	「九州の突帯文系土器様式」『縄文土器大観4 後期・晩期・続縄文』小学館
山科 哲	2009	「縄文時代の黒曜石一括埋納例および土器格納例の集成と課題」信州黒曜石フォーラム2009 当日資料
山田昌久	1990	「『縄紋文化』の構図−東アジア始原文化の動向と"縄文文化"の位相−（上・下）」『古代文化』第42巻第9号、第12号
山田康弘	1994	「縄文時代の妊産婦の埋葬」『物質文化』57
山田康弘	1997	「縄文時代の子供の埋葬」『日本考古学』第4号
山田康弘	1999	「縄文人骨の埋葬属性と土壙長」『筑波大学先史学・考古学研究』第10号
山田康弘	2001a	「縄文人骨の装身具・副葬品の保有状況と土坑長」『物質文化』70
山田康弘	2001b	「縄文時代における人骨頭部の取り扱い方」『情報祭祀考古』第20号
山田康弘	2002	『人骨出土例の検討による縄文時代墓制の基礎的研究』 平成12・13年度科学研究費補助金〔奨励研究（A）〕研究成果報告書
山田康弘	2004	「コメント」『史紋』第2号
山田康弘	2006	「人骨出土例からみた縄文時代墓制の概要」『縄文時代』第17号
山田康弘	2007	「土器を埋める祭祀−屋外土器埋設遺構を中心として−」『原始・古代の祭祀』同成社
山梨県立考古博物館編	2004	『縄文の女神−人面装飾付土器の世界−』
山内清男	1930	「所謂亀ヶ岡式土器の分布と縄紋式土器の終末」『考古学』第1巻第3号
山内清男	1940	「堀之内式」『日本先史土器図譜』第Ⅵ輯 先史考古学会
山内清男	1964	「縄紋式土器・総論」『日本原始美術1 縄文土器』講談社
山内清男	1969	「縄文文化の社会−縄文時代研究の現段階−」『日本と世界の歴史1』学習研究社
山本暉久	1976	「住居跡内に倒置された深鉢形土器について」『神奈川考古』1

山本暉久	1977	「縄文時代中期末・後期初頭期の屋外埋甕について（1）・（2）」『信濃』第29巻第11号、第12号
山本暉久	1978	「縄文中期における住居跡内一括遺存土器群の性格」『神奈川考古』第3号
山本暉久	1985	「いわゆる「環礫方形配石遺構」の性格をめぐって」『神奈川考古』第20号
山本暉久	1989	「縄文時代終末期の集落」『神奈川考古』第25号
山本暉久	1993	「縄文時代における竪穴住居の廃絶と出土遺物の評価」『二一世紀への考古学』雄山閣出版
山本暉久	1997	「関東地方の縄文時代墓地」『月刊考古学ジャーナル』第422号
山本暉久	1998	「柄鏡形（敷石）住居と廃屋儀礼－環礫方形配石と周堤礫－」『列島の考古学』渡辺誠先生還暦記念論集刊行会
山本暉久	2003	「墓壙内に倒置された土器」『神奈川考古』第39号
山本暉久	2004	「柄鏡形（敷石）住居址をめぐる最近の研究動向について」『縄文時代』第15号
山本暉久	2007a	「屋内祭祀の性格」『縄文時代の考古学11　心と信仰－宗教的観念と社会秩序－』同成社
山本暉久	2007b	「住居址内底部穿孔倒置埋設土器の一様相－神奈川の事例を中心として－」『列島の考古学Ⅱ』渡辺誠先生古稀記念論文集刊行会
山本暉久	2008	「倒置深鉢」『総覧縄文土器』アム・プロモーション
山本暉久	2012	「住居跡出土の大形石棒について－とくに廃屋儀礼とのかかわりにおいて－」『縄文人の石神』六一書房
山本典幸	1991	「縄文土器の類似性とコミュニケーションシステム」『國學院大學考古学資料館紀要』第7輯
山本典幸	2005	「縄文時代後期中葉における葬送行為の一例－石川県北中条遺跡A区の北側土器集中区と土坑群－」『異貌』第23号
山本典幸	2008	「型式とコミュニケーションシステム」『縄文時代の考古学7　土器を読み取る－縄文土器の情報－』同成社
八幡一郎	1937	「釣手土器の形式」『人類学雑誌』第52巻第3号
八幡一郎・矢島栄一	1935	「相模国中郡寺山の敷石遺跡」『人類学雑誌』第50巻第12号
雄山閣編集部編	2010	『シリーズ縄文集落の多様性Ⅱ　葬墓制』雄山閣
吉川金利	2003	「下伊那縄文中期後葉に於ける土器様相と編年」『長野県考古学会誌』第102号
吉川金利	2008	「唐草文系土器」『総覧縄文土器』アム・プロモーション
吉川純子	2002	「三内丸山（6）遺跡より産出した大形植物化石」『三内丸山（6）遺跡Ⅳ』第2分冊　青森県埋蔵文化財調査報告書第327集
吉川純子	2011	「縄文時代におけるクリ果実の大きさの変化」『植生史研究』第18巻第2号
吉田敦彦	1986	「火を宿す女神」『週刊朝日百科　日本の歴史』第36号
吉田邦夫	2006	「煮炊きして出来た炭化物の同位体分析」『新潟県立歴史博物館研究紀要』7
吉田邦夫・西田泰民	2009	「考古科学が探る火炎土器」『火焔土器の国　新潟』新潟日報事業社
吉田恵二	2007	「人の器、神の器」『國學院大學考古学資料館紀要』第23輯
吉田恵二	2008	「列島における儀礼・祭祀の誕生と展開－モノから心へ－」『伊豆の神仏と國學院の考古学　発表資料集』國學院大學伝統文化リサーチセンター
吉田恵二	2009	「神の器、人の器」『まつりのそなえ　御食たてまつるもの』國學院大學研究開発推進機構伝統文化リサーチセンター
吉田恵二・内川隆志・深澤太郎・中村耕作・石井匠・田中大輔	2012	「伊豆半島・諸島における祭祀考古学」『モノと心に学ぶ伝統の知恵と実践』國學院大學伝統文化リサーチセンター
吉本洋子	2003	「顔を壊された女神」『史峰』第30号
吉本洋子・渡辺誠	1994	「人面・土偶装飾付土器の基礎的研究」『日本考古学』第1号
吉本洋子・渡辺誠	1999・2005	「人面・土偶装飾付深鉢形土器の基礎的研究（追補・追補2）」『日本考古学』第8号、第19号
吉本洋子・渡辺誠	2004	「目鼻口を欠く人面装飾付深鉢形土器」『山梨考古学論集Ⅴ』山梨県考古学協会
米田明訓	1980	「南信天竜川流域における縄文時代中期後半の土器編年－所謂「唐草文土器」を中心として－」『甲斐考古』17の1
リーチ.E.（青木保・宮坂敬造訳）	1981	『文化とコミュニケーション』紀伊国屋書店（原著1976年）
レヴィ＝ストロース.C（仲沢紀雄訳）	1970	『今日のトーテミズム』みすず書房（原著1962年）
レヴィ＝ストロースC（田島節夫訳）	1972	「神話の構造」『構造人類学』みすず書房（原著1958年）
レヴィ＝ストロース.C（大橋保夫訳）	1976	『野生の思考』みすず書房（原著1962年）
レヴィ＝ストロース.C（渡辺公三訳）	1990	『やきもち焼きの土器つくり』みすず書房（原著1985年）
和田　哲	1991	「釣手土器考－山根坂上遺跡の釣手土器をめぐって－」『羽村町郷土博物館紀要』6号
和田晋治	2010	『縄文土器と動物装飾』富士見市立水子貝塚資料館
綿田弘実	1985	「小県郡東部町和中原遺跡出土の後期縄文土器」『上小考古』No.18

引用・参考文献

綿田弘実	1988	「後期の土器　後期前葉期」『長野県史　考古資料編Ⅳ』長野県史刊行会
綿田弘実	1997	「長野県伊那市手良出土の靴形土器」『長野県立歴史館研究紀要』第3号
綿田弘実	1999	「長野県富士見町札沢遺跡出土の釣手土器」『長野県立歴史館研究紀要』5号
綿田弘実	2001	「後期の土器組成」『湯倉洞窟』高山村教育委員会
綿田弘実	2002a	「縄文中期の釣手土器-長野県の事例-」『土器から探る縄文社会　2002年度研究集会資料集』山梨県考古学協会
綿田弘実	2002b	「東信の縄文文化」『三内丸山遺跡と信濃の縄文文化-青森県と長野県の縄文時代-』上田市立信濃国分寺資料館
綿田弘実	2002c	「長野県の縄文後期前葉土器群Ⅱ」『第15回縄文セミナー　後期前半の再検討-記録集-』縄文セミナーの会
綿田弘実	2005	「縄文時代中期の釣手土器」（北橘村縄文学講座第5回発表要旨）
綿田弘実	2008	「郷土式・圧痕隆帯文・大木系土器」『総覧縄文土器』アム・プロモーション
綿田弘実	2011	「論文紹介　中村耕作「釣手土器の展開過程」」『長野県考古学会誌』第135・136号
綿田弘実	2012	「縄文中期の釣手土器-長野県を舞台に-」『異形の縄文土器』十日町市博物館
渡辺　仁	1972	「アイヌ文化の成立-民族・歴史・考古諸学の合流点-」『考古学雑誌』第58巻第3号
渡辺　仁	1990	「縄文式階層化社会と土器の社会的機能」『縄文式階層化社会』六興出版
渡辺　誠	1965	「勝坂式土器と亀ヶ岡式土器の様式構造」『信濃』第17巻第2号
渡辺　誠	1973	「食生活の変遷」『古代史発掘2　縄文土器と貝塚』講談社
渡辺　誠	1975	『縄文時代の植物食』雄山閣出版
渡辺　誠	1983	「炭化食品」『縄文時代の知識』東京美術
渡辺　誠	1989	「神々の交合」『人間の美術1』学習研究社
渡辺　誠	1992	「人面把手付き土器の廃棄」『史峰』第18号
渡辺　誠	1993a	「縄文時代の片口付き土器」『名古屋大学文学部研究論集』116
渡辺　誠	1993b	「縄文中期の注口土器」『よねしろ考古』第8号
渡辺　誠	1995a	「底を抜かれた人面装飾付土器」『梅原猛古稀記念論文集　人類の創造へ-梅原猛との交点から-』中央公論社
渡辺　誠	1995b	「人面装飾付の釣手土器」『比較神話学の展望』青土社
渡辺　誠	1997	「足を広げた縄文土器」『堅田直先生古希記念論文集』
渡辺　誠	1998a	「舟形口縁付注口土器の研究」『名古屋大学古川総合資料館報告』No.14
渡辺　誠	1998b	「人面装飾付注口土器と関連する土器群について」『七社宮』浪江町埋蔵文化財調査報告第12冊
渡辺　誠	1998c	「人面・足形装飾付の香炉形土器」『名古屋大学文学部研究論集』131
渡辺　誠	1999	「下部単孔土器の研究」『名古屋大学文学部研究論集』134
渡辺　誠	2000	「人面・土偶装飾付土器の体系」『季刊考古学』第73号
渡辺　誠	2002	「足形装飾付土器について」『連郷遺跡』第3分冊　いわき市埋蔵文化財調査報告第88冊
渡辺　誠	2003	「動物形内蔵土器・狩猟文土器の再検討」『史峰』第30号
渡辺　誠	2004	「人面・土偶装飾付有孔鍔付土器の研究」『山梨県立考古博物館・山梨県埋蔵文化財センター研究紀要』20
渡辺　誠	2005	「人面装飾付釣手土器の再検討」『山梨県立考古博物館・山梨県埋蔵文化財センター研究紀要』21
渡辺　誠	2006	「下部単孔土器と注口土器」『月刊考古学ジャーナル』No.550
渡辺　誠	2008a	「人面装飾付浅鉢形土器類について」『橿原考古学研究所論集』第15
渡辺　誠	2008b	「人面・土偶装飾付壷形土器類について」『史峰』第36号
Hodder, I	1982	*Symbols in Action : Ethnoarchaeological studies of material culture.* Cambridge University Press.
Kempton W	1982	*The Folk Classification of Ceramics: A study of Cognitive Prototypes.* Academic Press, New York
Miller, D	1982	Artifacts as products of human categorization processes. in I. Hodder(ed.) *Symbolic and Structural Archaeology.* Cambridge University Press, Cambridge
Miller, D	1985	*Artefacts as categories: A study of ceramic variability in Central India.* Cambridge University Press, Cambridge
Nakamura, K	2009	Jomon pottery as liminality. In Taniguchi（Ed.）*The archaeology of Jomon ritual and religion.* Kokugakuin University, Tokyo
Renfrew, C and C. Scarre (eds.)	1999	*Cognition and Material Culture: the Archaeology of Symbolic Storage.* McDonald Institute for Archaeological Research University of Cambridge, Cambridge
中国社会科学院考古研究所編	2010	『中国考古学　新石器時代巻』中国社会科学出版社
李　相均	2000	「韓半島新石器人・墓制・死後世界観」『古文化』第56号（田中聡一訳2002「韓半島新石器人の墓制と死後

世界観」『第12回九州縄文研究会　九州の縄文墓制』)
李　相吉　　2000　『青銅器時代儀礼に関する考古学的研究』大邱暁星カトリック大学博士学位請求論文

■巻頭口絵写真提供・出典
標記の調査者・所蔵者より提供（以下を除く）
・糠塚遺跡浅鉢、三ノ宮宮ノ上遺跡顔面把手、金山遺跡釣手土器：中村撮影
・井草八幡宮所蔵釣手土器：永瀬史人撮影
・御伊勢森遺跡釣手土器：國學院大學學術資料館編 2013「身体としての土器」リーフレットより転載
・御城田遺跡住居・遺物：栃木県立なす風土記の丘資料館編 2012『那須の縄文社会が変わるころ』より転載
・忠生遺跡焼失住居：忠生遺跡調査団 2011『忠生遺跡A地区（Ⅲ）』より転載

■第2章図版出典
【第7図】
1：野尻湖人類考古グループ編 1987『野尻湖遺跡群の旧石器文化1』
2：苫小牧市教育委員会編 1998『柏原27・ニナルカ・静川5・6遺跡』
3：秋田県埋蔵文化財センター編編 1997『池内遺跡　遺構編』秋田県文化財調査報告書第268集
4：安中市教育委員会編 1996～1998『中野谷松原遺跡』
5：末永雅雄編 1933『本山考古室図録』岡書院
6：八雲町教育委員会編 1992『コタン温泉遺跡』
7：いわき市教育委員会編 1975『大畑貝塚調査報告』
8：栩田遺跡調査会編 1982『神谷原Ⅱ』
9：群馬県埋蔵文化財調査事業団編 1986『三後沢遺跡・十二原Ⅱ遺跡』
10：立川市向郷遺跡調査会編 1992『東京都立川市向郷遺跡』
11：山形村教育委員会編 2002『三夜塚遺跡Ⅲ』山形村遺跡発掘調査報告書第12集
【第8図】
1：大場利夫・重松和男 1977「北海道後志支庁余市町西崎山遺跡4区調査報告」『北海道考古学』第13輯
2：恵庭市教育委員会 1981『柏木B遺跡』
3：仙台市教育委員会編 1996『下ノ内浦・山口遺跡』仙台市文化財調査報告書第207集
4：横浜市ふるさと歴史財団埋蔵文化財センター編 1999『小丸遺跡』港北ニュータウン地域内埋蔵文化財調査報告25
5：棚畑遺跡調査団 1990『棚畑遺跡』茅野市教育委員会
6：金津町教育委員会編 1996『高塚向山遺跡』金津町埋蔵文化財調査報告書第1集
7：五和町教育委員会編 1984『熊本県沖ノ原遺跡』
8：熊本県教育委員会編 1999『太郎迫遺跡・妙見遺跡』熊本県文化財調査報告第186集
9：本部町教育委員会編 1986『具志堅貝塚』本部町文化財調査報告書第3集
10：札幌医科大学解剖学第二講座 1987『高砂貝塚』噴火椀沿岸貝塚遺跡調査報告2
11：岩手県文化振興事業団埋蔵文化財センター編 1986『水神遺跡発掘調査報告書』岩手県文化振興事業団埋蔵文化財調査報告書第96集
12：なすな原遺跡調査団編 1984『なすな原遺跡　№1地区調査』
【第9図】
1：高山市教育委員会編 1982『糠塚遺跡発掘調査報告書』
2：横浜市ふるさと歴史財団埋蔵文化財センター編 2003『西ノ谷貝塚』港北ニュータウン地域内埋蔵文化財調査報告33
3：江差町教育委員会 1989『茂尻C遺跡』
4：盛岡市教育委員会 1997『大館遺跡群　平成6・7年度発掘調査概報』
5：一戸町教育委員会編 2004『御所野遺跡Ⅱ』一戸町文化財調査報告書第48集
6：福島県文化センター編 1981『法正尻遺跡』福島県文化財調査報告書第243集
7：八王子市南部地区遺跡調査会編 1988『滑坂遺跡』南八王子地区遺跡調査報告4
8：滝口宏編 1982『扇山遺跡』東京医科大学
9：喬木村教育委員会 2001『伊久間原遺跡』
10：三郷村教育委員会編 2005『東小倉遺跡Ⅳ』三郷村の埋蔵文化財第6集
11：飛騨市教育委員会編 2012『島遺跡2・塩屋金清神社遺跡3』飛騨市文化財調査報告書第4集
【第10図】

引用・参考文献

1：北海道埋蔵文化財センター編 2003『野田生1遺跡』北海道埋蔵文化財センター調査報告書第 183 集
2：八戸市教育委員会編 1991『八戸市内遺跡発掘調査報告書2　風張（1）遺跡』八戸市埋蔵文化財調査報告書第 40 集
3：岩手県文化振興事業団埋蔵文化財センター編 1995『大日向Ⅱ遺跡発掘調査報告書　第2次～第5次調査』岩手県文化振興事業団埋蔵文化財調査報告書第 225 集
4：なすな原遺跡調査団編 1984『なすな原遺跡　No.1 地区調査』
5：大場磐雄編 1972『鶴川遺跡群』町田市埋蔵文化財調査報告第 3 冊
6：後藤和民・庄司克・飯塚博和 1982「昭和 48 年度加曽利貝塚東傾斜面第5次発掘調査概報」『貝塚博物館紀要』8
【第 11 図】
1：北杜市教育委員会編 2009『梅之木遺跡Ⅳ・Ⅶ』北杜市埋蔵文化財調査報告第 2 集・第 26 集
2：岡谷市教育委員会編 1996『花上寺遺跡』郷土の文化財 19
3：辻沢南遺跡発掘調査団編 1988『辻沢南遺跡』発掘調査報告第 26 集　駒ヶ根市教育委員会
4：桜木遺跡調査会編 2008『桜木遺跡Ⅰ』世田谷区教育委員会
5：国立市遺跡調査団編 1985『南養寺遺跡Ⅱ』国立市文化財調査報告第 19 集
6：中和田郷土誌編集委員会 1973『中和田郷土誌』
7：渡辺一雄・大竹憲治編 1983『道平遺跡の研究』大熊町文化財調査報告 3　大熊町教育委員会
8：北海道埋蔵文化財センター 2003『キウス 4 遺跡（9）』北海道埋蔵文化財センター調査報告書第 180 集
【第 12 図】
鹿児島県立埋蔵文化財センター 2000・2001『上野原遺跡第 10 地点』鹿児島県立埋蔵文化財センター発掘調査報告書 27・28

■第3章：前期土器土坑埋納土器関係発掘調査報告書（第3表・第14図～第18図）
1：印旛郡市文化財センター編 1994『木戸先遺跡』印旛郡市文化財センター発掘調査報告書第 79 集
2：千葉県都市公社編 1975『飯山満東遺跡』
3：千葉県文化財センター編 1983『千葉東南部ニュータウン 14』（バクチ穴遺跡）
4：印旛郡市文化財センター編 1997『南羽鳥遺跡群Ⅱ』印旛郡市文化財センター発掘調査報告書第 133 集
5：成田市郷部北遺跡調査会編 1984『成田市郷部北遺跡群調査概要：加宮地・殿台遺跡』
6：山武郡市文化財センター編 1991『大台遺跡群』山武郡市文化財センター発掘調査報告書第 8 集（寺ノ内遺跡）
7：浦和市文化財調査委員会編 1968『大谷場貝塚・一ツ木遺跡』南浦和地区埋蔵文化財発掘調査報告書第 2 集
8：さいたま市遺跡調査会編 2007『大戸本村3号遺跡・大戸本村5号遺跡』さいたま市遺跡調査報告書第 61 集
9：埼玉県埋蔵文化財調査事業団編 1983『塚屋・北塚屋』埼玉県埋蔵文化財調査事業報告書第 25 集
10：上福岡市教育委員会編 1987『鷺森遺跡の調査』郷土史料第 33 集
11：入間市金堀沢遺跡調査会編 1977『金堀沢遺跡発掘調査報告書』
12：埼玉県教育委員会編 1980『伊勢塚・東光寺裏』埼玉県遺跡発掘調査報告書第 26 集
13：埼玉県教育委員会編 1969『平松台遺跡』
14：北区教育委員会編 1998『七社神社前遺跡Ⅱ』北区埋蔵文化財調査報告第 24 集
15：玉川文化財研究所編 2002『雪ヶ谷貝塚発掘調査報告書』
16：国際航業編 2001『上池上遺跡』
17：八王子市宇津木台地区遺跡調査会編 1983『宇津木台遺跡群Ⅱ』
18：東京都埋蔵文化財センター編 1999『多摩ニュータウン遺跡－No.753 遺跡－』東京都埋蔵文化財センター調査報告第 75 集
19：横浜市ふるさと歴史財団埋蔵文化財センター編 1995『桜並遺跡』港北ニュータウン地域内埋蔵文化財調査報告 18
20：横浜市埋蔵文化財センター編 1990『新羽4・5遺跡』『全遺跡調査概要』港北ニュータウン地域内埋蔵文化財調査報告 10
21：横浜市ふるさと歴史財団埋蔵文化財センター編 2007『北川貝塚』港北ニュータウン地域内埋蔵文化財調査報告 39
22：鎌倉遺跡調査会編 2004『神奈川県藤沢市北窪遺跡（No.103）発掘調査報告書』
23：塩沢町教育委員会編 1990『吉峰遺跡』塩沢町埋蔵文化財報告書 12 輯
24：群馬県埋蔵文化財調査事業団編 1987『糸井宮前遺跡Ⅱ』関越自動車道（新潟線）地域埋蔵文化財発掘調査報告書第 14 集
25：昭和村教育委員会編 1985『中棚遺跡・長井坂城跡』
26：赤城村教育委員会編 2004『三原田仲井遺跡』赤城村埋蔵文化財発掘調査報告書第 24 集
27：群馬県埋蔵文化財調査事業団編 1987『三原田城遺跡・八崎城址・八崎塚・上青梨子古墳』関越自動車道（新潟線）地域埋蔵文化財発掘調査報告書第 13 集
28：群馬県埋蔵文化財調査事業団編 1988『勝保沢中ノ山遺跡Ⅰ』関越自動車道（新潟線）地域埋蔵文化財発掘調査報告書第 22 集
29：群馬県埋蔵文化財調査事業団編 2008『白井十二遺跡』群馬県埋蔵文化財調査事業団調査報告書第 427 集
30：藤田荻久保遺跡調査会編 1994『藤田荻久保遺跡』山武考古学研究所

31・32：群馬県埋蔵文化財調査事業団編 2005『今井三騎堂遺跡・今井見切塚遺跡　縄文時代編』群馬県埋蔵文化財調査事業団調査報告書第 350 集
33：川白田遺跡調査会編 1998『川白田遺跡』山武考古学研究所
34：前橋市埋蔵文化財発掘調査団 1991『横俵遺跡群Ⅱ』
35：富士見村教育委員会編 1994『愛宕山遺跡・初室古墳・愛宕遺跡・日向遺跡』
36：群馬県埋蔵文化財調査事業団編 1985『清水山遺跡』
37：富岡市教育委員会 1992『鞘戸原Ⅰ・鞘戸原Ⅱ・西平原』富岡市埋蔵文化財発掘調査報告書第 14 集
38：群馬県埋蔵文化財調査事業団編 1995『内匠日向周地遺跡・下高瀬寺山遺跡・下高瀬前田遺跡』群馬県埋蔵文化財調査事業団調査報告書第 188 集
39：山武考古学研究所編 1997『八城二本杉東遺跡・行田大道北遺跡』関越自動車道（上越線）地域埋蔵文化財発掘調査報告書
40：安中市教育委員会 1996 ～ 1998『中野谷松原遺跡』
41：安中市教育委員会 1993『大下原遺跡・吉田原遺跡』
42：牟礼村教育委員会 1979『牟礼村丸山遺跡発掘調査報告書』
43：長野県考古学会編 1970『有明山社』長野県考古学会研究報告書 9
44：大桑村教育委員会編 2001『林遺跡・振田遺跡・下組遺跡・万場遺跡・川向遺跡・清水遺跡・東野沢遺跡・下条Ⅰ遺跡・下条Ⅱ遺跡・大平遺跡・田光遺跡・田光松原遺跡・大野遺跡　平成 8-12 年度中山間総合整備事業地内埋蔵文化財発掘調査報告書』
45：長野県教育委員会編 1982『長野県中央道埋蔵文化財包蔵地発掘調査報告書　原村その 5　阿久遺跡』
46：小海町教育委員会編 2010『中原遺跡』
47：山梨県埋蔵文化財センター編 1994『天神遺跡』山梨県埋蔵文化財センター調査報告書第 97 集
48：山梨県埋蔵文化財センター編 1997・1998・2003・2005『酒呑場遺跡』山梨県埋蔵文化財センター調査報告書第 135 集・第 136 集・第 169 集・209 集・第 216 集
49：山梨県埋蔵文化財センター編 1991『獅子之前遺跡発掘調査報告書』山梨県埋蔵文化財センター調査報告第 61 集
50：山梨県埋蔵文化財センター編 1989『花鳥山遺跡・水呑場北遺跡』山梨県埋蔵文化財センター調査報告第 49 集
51：岐阜市教育委員会編 1995『御望遺跡』岐阜市文化財報告 1994

■第 3 章：前期土器床面出土土器関係発掘調査報告書（第 6 表・第 19 図）
1：水上町遺跡調査会編 1985『北貝戸遺跡・川上遺跡・小仁田遺跡』関越自動車道（新潟線）水上町埋蔵文化財発掘調査報告書
2：群馬県編 1988「道木原遺跡」『群馬県史』資料編 1
3：月夜野町教育委員会編 1986『善上遺跡』関越自動車道（新潟線）地域埋蔵文化財発掘調査報告書（KC-Ⅷ）
4：群馬県埋蔵文化財調査事業団編 1987『糸井宮前遺跡Ⅱ』関越自動車道（新潟線）地域埋蔵文化財発掘調査報告書第 14 集
5：赤城村教育委員会編 2004『三原田仲井遺跡』赤城村埋蔵文化財発掘調査報告書第 24 集
6：渋川市教育委員会編 2008『下遠原遺跡A・C区』渋川市埋蔵文化財発掘調査報告書第 8 集
7：群馬県埋蔵文化財調査事業団編 2005『今井三騎堂遺跡・今井見切塚遺跡　縄文時代編』群馬県埋蔵文化財調査事業団調査報告書 350 集
8：川白田遺跡調査会編 1998『川白田遺跡』山武考古学研究所
9：群馬県埋蔵文化財調査事業団編 1985『清水山遺跡』
10：群馬県埋蔵文化財調査事業団編 2005『舞台遺跡Ⅲ』群馬県埋蔵文化財調査事業団調査報告書第 345 集
11：富岡市教育委員会 1992『鞘戸原Ⅰ・鞘戸原Ⅱ・西平原』富岡市埋蔵文化財発掘調査報告書第 14 集
12：安中市教育委員会 1996 ～ 1998『中野谷松原遺跡』
13：長野県教育委員会編 1970「野々尻 3 遺跡」『中央本線原野・木曽福島間複線化事業地内埋蔵文化財緊急調査報告書　昭和 44 年度』
14：箕輪町教育委員会編 2001『荒城遺跡』
15：高山市教育委員会編 1982『糠塚遺跡発掘調査報告書』
16：山梨県埋蔵文化財センター編 1994『天神遺跡』山梨県埋蔵文化財センター調査報告書第 97 集
17：横浜市ふるさと歴史財団埋蔵文化財センター編 2003『西ノ谷貝塚』港北ニュータウン地域内埋蔵文化財調査報告 33
18：かながわ考古学財団編 2000『坪ノ内・宮ノ前遺跡（No.16・17）』かながわ考古学財団調査報告 77
19：かながわ考古学財団編 1997　『宮畑遺跡（No.34）矢頭遺跡（No.35）大久保遺跡（No.36）』かながわ考古学財団調査報告 25
20：北区教育委員会編 1998『七社神社前遺跡Ⅱ』北区埋蔵文化財調査報告第 24 集
21：埼玉県教育委員会編 1980『上越新幹線埋蔵文化財調査報告 4（伊勢塚・東光寺裏）』埼玉県遺跡発掘調査報告書第 26 集

引用・参考文献

■第3章第20図出典
・豊野町編 2000『豊野町誌2』

■第4章：釣手土器関係発掘調査報告書（第10表・第28図・第29図・第32図〜第49図）
1：大町市史編纂委員会編 1985『大町市史』第2巻資料編／宮城 1982
2：藤沢宗平 1968『南安曇郡誌』第2巻上／『愛知県陶磁資料館所蔵品図録 1988』
3：明科町教育委員会編 1991『ほうろく屋敷遺跡』
4：三郷村教育委員会編 1995『東小倉遺跡』三郷村の埋蔵文化財2
5：坂北村教育委員会編 2005『東畑遺跡』
6：松本市教育委員会編 1979『松本市大村遺跡群分布確認調査報告書』
7：松本市教育委員会編 1993『山影遺跡』松本市文化財調査報告 No.100
8：松本市教育委員会編 1992『大村塚田遺跡』松本市文化財調査報告 No.96
9：松本市教育委員会編 1997『小池遺跡Ⅱ・一ツ家遺跡』松本市文化財調査報告 No.126
10：松本市教育委員会編 1981『内田雨堀遺跡』松本市文化財調査報告 NO.20
11：松本市教育委員会編 1991『弥生前遺跡』松本市文化財調査報告 No.88
12：松本市教育委員会編 1983「周辺遺跡出土遺物について」『松本市寿小赤遺跡』松本市文化財調査報告 No.27
13：日本民俗資料館編 1972『信濃の縄文文化展』
14：波田村教育委員会編 1973『長野県東筑摩郡波田村麻神遺跡第2次緊急発掘調査報告書』
15：東筑摩郡松本市・塩尻市郷土資料編纂会編 1974『東筑摩郡松本市・塩尻市誌』第2巻
16：山形村教育委員会編 2002『三夜塚遺跡Ⅲ』山形村遺跡発掘調査報告書 12
17：山形村教育委員会編 2009『下原遺跡・三夜塚遺跡Ⅳ』山形村遺跡発掘調査報告書 15
18：宮城 1982
19：山形村教育委員会編 1987『殿村遺跡』
20：（山形村ふるさと伝承館展示）
21：綿田 1999
22：（朝日村歴史民俗資料館展示）
23：朝日村教育委員会編 2003『熊久保遺跡第10次発掘調査報告書』朝日村文化財調査報告書第1集
24：塩尻市教育委員会編 1986『岨原遺跡』
25：塩尻市教育委員会編 1969『長野県塩尻市小丸山遺跡緊急発掘調査概報』／宮城 1982
26：長野県埋蔵文化財センター編 1988『中央自動車道長野線埋蔵文化財発掘調査報告書2』
27：信濃史料刊行会編 1956『信濃史料』第1巻下／『松本市・塩尻市・東筑摩郡誌』／宮城 1982
28：塩尻市教育委員会編 1980『中島遺跡』／宮城 1982
29：塩尻市教育委員会編 1984『塩尻東地区県営捕縄整備事業発掘調査報告書－昭和58年度－』
30：宮城 1982
31：塩尻市教育委員会編 1987『史跡平出遺跡　昭和61年度県営畑地帯総合土地改良事業桔梗ヶ原地区埋蔵文化財発掘調査報告書』
32：綿田 2002
33：塩尻市教育委員会編 2001『剣ノ宮・峯畑北遺跡』
34：日義村教育委員会編 1998『長野県木曽郡お玉の森遺跡（第9次調査）』日義村の文化財 12
35：日義村教育委員会編 1995『マツバリ遺跡』
36：大場磐雄他 1957「長野県西筑摩郡三岳村若宮遺跡調査概報」『信濃』第9巻第3号／三岳村誌編さん委員会編 1987『三岳村誌』上
37：上松町教育委員会編 1993『最中上遺跡』
38：上松町教育委員会編 2001『吉野遺跡群』上松町教育委員会
39：大桑村教育委員会編 2001『中山間総合整備事業地内埋蔵文化財発掘調査報告書　平成8－12年度』
40：大桑村教育委員会編 2000『薬師遺跡　シシゴ沢A遺跡・シシゴ沢B遺跡』
41：藤森栄一編 1965『井戸尻』中央公論美術出版
42：藤森栄一編 1965『井戸尻』中央公論美術出版／宮城 1982
43：富士見町教育委員会編 1978『曽利』
44：藤森栄一編 1965『井戸尻』中央公論美術出版／富士見町教育委員会編 2011『藤内』
45：富士見町教育委員会編 2011『藤内』
46：藤森栄一編 1965『井戸尻』中央公論美術出版

47：綿田 1999
48：(井戸尻考古館展示)
49～51：富士見町教育委員会編 1988『唐渡宮』
52：長野県教育委員会編 1976『長野県中央道埋蔵文化財包蔵地発掘調査報告書　原村その4』
53：平出一治 1980「原村前尾根遺跡出土の顔面付釣手土器」『長野県考古学会誌』36号／原村編 1985『原村誌』上
54：原村教育委員会 1997『清水遺跡』原村の埋蔵文化財 43
55：八幡一郎 1922「信濃諏訪郡豊平村広見発見の土偶」『人類学雑誌』第 37 巻第 8 号／鳥居 1924
56：宮坂英弌 1934「長野県尖石遺跡発掘手記」『ドルメン』第 3 巻第 1 号 (出土位置については宮坂 1942「尖石遺跡調査概報」『人類学雑誌』57-2)／宮城 1982
57：茅野町教育委員会編 1957『尖石』／茅野市編 1986『茅野市史』上／茅野市教育委員会編 2005『尖石遺跡整備報告書 (1) －与助尾根地区環境整備事業報告書－』
58：茅野市教育委員会編 1993『中ッ原遺跡』
59：茅野市教育委員会編 1993『稗田頭A遺跡』
60：茅野市編 1986『茅野市史』上／宮城 1982
61：茅野市教育委員会編 1973『一本椹遺跡』
62：茅野市教育委員会編 1990『棚畑』
63・64：長野県文化振興事業団長野県埋蔵文化財センター編 2005『聖石遺跡・長峯遺跡 (別田沢遺跡)』長野県埋蔵文化財センター発掘調査報告書 69
65：茅野市教育委員会編 2003『梨ノ木遺跡』
66：茅野市教育委員会編 1995『上の平遺跡』
67：大阪府立弥生文化博物館編 2012『縄文の世界像』
68：中村日出男 1972「顔面把手 (二)」『郵政考古』第 2 号
69：(東京国立博物館寄託・展示)
70：諏訪市教育委員会編 1983『穴場Ⅰ』
71：長野県教育委員会編 1975『長野県中央道埋蔵文化財包蔵地発掘調査報告書　諏訪市その3』／綿田 2002
72：岡谷市教育委員会編 1997『花上寺遺跡』
73：岡谷市教育委員会編 1967『岡谷市海戸遺跡第2次緊急調査報告』／宮城 1982
74：鳥居 1924／長野県考古学会編 1967『海戸・安源寺』／宮城 1982
75：岡谷市史
76：鳥居 1924／今井真樹「平野村小尾口海戸遺跡」『史蹟名勝天然紀念物調査報告』第 2 輯 (長野県)／山田武文 2010「発見された岡谷市海戸遺跡の土器2点」『長野県考古学会誌』131・132
77：鳥居 1924
78：岡谷市編 1973『岡谷市史』／宮城 1982
79：岡谷市教育委員会編 2005『目切・清水田遺跡』郷土の文化財 26
80：岡谷市教育委員会編 2010『志平遺跡』郷土の文化財 30
81・82：箕輪町教育委員会編 1982『上の林遺跡』
83～85：宮城 1982
86：長野県教育委員会編 1973『長野県中央道埋蔵文化財包蔵地発掘調査報告書　南上伊那郡南箕輪村その1・その2』
87：南箕輪村教育委員会 1997『久保上ノ平遺跡』
88・89：鳥居龍蔵 1926『先史及び原始時代の上伊那』
90：伊那市史編纂委員会 1984『伊那市史』
91：伊那市教育委員会編 1967「伊那市御殿場遺跡緊急発掘調査概報」『伊那路』第 11 巻第 1 号／綿田 1999／小池孝 2008「伊那市御殿場遺跡出土顔面付釣手形土器」『長野県考古学会誌』126 号
92：綿田 2002
93：高遠町誌編纂委員会 1983『高遠町誌』上
94：高遠町教育委員会編 1999『原遺跡』
95：長谷村教育委員会編 2000『石仏遺跡』
96：長谷村教育委員会編 2000『泉原遺跡』
97：宮田村教育委員会編 1990『中越遺跡』
98：宮田村教育委員会編 1976『松戸』
99：山田遺跡第2次発掘調査団編 1993『山田遺跡』発掘調査報告第 32 集　駒ヶ根市教育委員会

引用・参考文献

100：宮城 1982
101・102：駒ヶ根市教育委員会編 1995『的場・門前』発掘調査報告第 35 集
102：駒ヶ根市教育委員会編 1995『的場・門前』発掘調査報告第 35 集
103：高見原遺跡発掘調査団編 1987『高見原遺跡』発掘調査報告第 23 集　駒ヶ根市教育委員会
104：県営ほ場整備事業大田切地区埋蔵文化財調査会編 1974『大城林・北方Ⅰ・Ⅱ・湯原・射殿場・南原・横前新田・塩木・北原・富士山−緊急発掘調査報告−』発掘調査報告第 4 集　駒ヶ根市教育委員会
105：辻沢南遺跡発掘調査団編 1988『辻沢南遺跡』発掘調査報告第 26 集　駒ヶ根市教育委員会
106：宮城 1982
107：鳥居龍蔵 1926『先史及び原始時代の上伊那』
108：長野県教育委員会編 1972『長野県中央道埋蔵文化財包蔵地発掘調査報告書　上伊那郡飯島町その 1』
109：中川西公民館編 1966『片桐村誌』
110：中川村教育委員会編 1983『上ノ原遺跡』
111：松川町教育委員会編 1972『家の前・北の城遺跡』
112・113：松川町編 2010『松川町史』第 3 巻
114：（松川町資料館展示）
115：（下伊那教育会教育参考館展示）
116：長野県教育委員会編 1972『長野県中央道埋蔵文化財包蔵地発掘調査報告書　下伊那郡高森町地内その 2』
117：飯田市上郷考古博物館編 1988
118：長野県教育委員会編 1972『長野県中央道埋蔵文化財包蔵地発掘調査報告書　下伊那郡高森町地内その 1』
119：高森町教育委員会編 2006『山吹新田原遺跡・追分遺跡・千早原遺跡・牛牧新田原遺跡・鐘鋳原Ａ遺跡・中平遺跡』高森町埋蔵文化財発掘調査報告書第 22 集
120：豊丘考古学研究所編 1981『考古学資料集　原始・古代の豊丘』／宮城 1982
121：飯田市上郷考古博物館編 1988
122：未報告（120 に存在のみ表示）
123：喬木村教育委員会編 1978『伊久間原』
124：喬木村教育委員会編 2001『伊久間原遺跡』
125：喬木村教育委員会編 1977『帰牛原城本屋』
126：飯田市教育委員会編 1999『大門原遺跡』
127：綿田 2002
128：飯田市上郷考古博物館編 1988
129：飯田市教育委員会編 1989『下原遺跡』
130：飯田市教育委員会編 1975『前の原・塚原』
131：飯田市教育委員会編 1988『北田遺跡』／上久堅村誌編纂委員会編 1992『上久堅村誌』上久堅村誌刊行委員会
132：佐藤甦信 1991「箱川原遺跡」『下伊那史』1
133：飯田市教育委員会編 1999『三尋石遺跡Ⅲ』
134：飯田市教育委員会編 2001『妙前遺跡』
135：上郷町教育委員会編 1989『ツルサシ・ミカド・増田・垣外』
136：阿南町教育委員会編 1995『根吹遺跡』
137：整理中。綿田弘実氏教示
138：長野市教育委員会編 2005『浅川扇状地遺跡群檀田遺跡 2』長野市の埋蔵文化財第 105 集
139：綿田 1999（記述のみ）
140：上田市教育委員会編 1991『林之郷・八千原』上田市文化財調査報告書第 37 集
141：丸子町教育委員会編 1994『渕ノ上遺跡Ⅱ』
142：東部町誌編纂委員会編 1990『東部町誌』歴史編上
143：八幡一郎「縄文式土器の人物意匠について」『考古学雑誌』第 41 巻第 4 号
144：和田村教育委員会編 1984『町東側遺跡』
145：長門町中道遺跡発掘調査団編 1984『長門町中道』長門町教育委員会
146：長野県埋蔵文化財センター　編 2000『上信越自動車道埋蔵文化財発掘調査報告書 19』長野県埋蔵文化財センター発掘調査報告書 52
147：御代田町教育委員会編 2005『町内遺跡 '04』御代田町発掘調査報告書 35
148・149：佐久市教育委員会編 1995『寄山遺跡群』

150：望月町教育委員会編 1989『平石遺跡』
151：川上村教育委員会編 1976『大深山遺跡』／長野県南佐久郡誌編纂委員会編 1998『南佐久郡誌　考古編』
152：大泉村教育委員会編 1987『姥神遺跡』大泉埋蔵文化財調査報告第5集
153：大泉村教育委員会編 2002『古林第4遺跡Ⅱ』大泉村埋蔵文化財調査報告書16集
154：山梨県埋蔵文化財センター編 2005『原町農業高校前（下原）遺跡　第2次』山梨県埋蔵文化財センター調査報告書第221集
155：山梨県埋蔵文化財センター編 2005『酒呑場遺跡　第1-3次遺物編』山梨県埋蔵文化財センター調査報告書 第216集
156：須玉町史編さん委員会編 1998『須玉町史　考古・古代・中世』須玉町
157：山梨県考古学協会編 2012「野沢昌康先生考古資料コレクションについて」『山梨県考古学会誌』第21号
158：山梨県埋蔵文化財センター編 1986『柳坪遺跡』山梨県埋蔵文化財センター調査報告第13集
159：山梨県教育委員会編 1975『山梨県中央道埋蔵文化財包蔵地発掘調査報告書』
160：柳坪北遺跡発掘調査団編 2002『柳坪北遺跡』
161：船窪久 1932「甲斐発見の釣手形土器」『信濃考古学会誌』第3巻第1号／仁科義男 1935『甲斐の先史並原史時代の調査』
162：小野・釈迦堂遺跡博物館 2009
163：白州町教育委員会編 1985『根古屋遺跡』
164：北杜市教育委員会 2006『鳥原平遺跡群3』北杜市埋蔵文化財調査報告第11集
165：山本寿々雄 1959「甲斐中期縄文の資料から」『県立富士国立公園博物館研究報告』第2号
166：北杜市教育委員会編 2008・2009『梅之木遺跡Ⅳ・Ⅶ』北杜市埋蔵文化財調査報告第2集・第26集
167・169〜171・173・174：小野・釈迦堂遺跡博物館 2009
168：山梨日日新聞 2011年10月22日版（写真は北杜市教育委員会提供）
172：坂口広太 2004「武川村真原A遺跡住居跡の配石遺構について」『八ヶ岳考古　平成15年度年報』
175：石之坪遺跡発掘調査会編 2001『石之坪遺跡（西地区）』韮崎市教育委員会
176：石之坪遺跡発掘調査会編 2000『石之坪遺跡（東地区）』韮崎市教育委員会
177：山梨県埋蔵文化財センター編 1983『宿尻遺跡』山梨県埋蔵文化財センター調査報告書第81集
178：志村瀧蔵 1965『坂井』／韮崎市誌編纂委員会 1978『韮崎市誌』上
179：鳥居 1924（船窪 1932の指示）／新津 1999／韮崎市教育委員会編 2002『飯米場遺跡』
180：船窪久 1932「甲斐発見の釣手形土器」『信濃考古学会誌』3-1
181：竹下次作・井出佐重 1941「山梨県穂坂村飯米場遺跡調査報告」『史前学雑誌』第13巻第6号
182：山本寿々雄 1959「甲斐中期縄文の資料から」『県立富士国立公園博物館研究報告』第2号
183：中道町教育委員会編 2000『供養寺遺跡・後呂遺跡』中道町埋蔵文化財発掘調査報告書4
184：山梨県埋蔵文化財センター編 1989『一の沢遺跡調査報告書』山梨県埋蔵文化財センター調査報告第42集
185：野崎進 2008「金山遺跡出土の釣手土器について」『山梨県考古学協会誌』第18号
186：山梨県埋蔵文化財センター編 1986『釈迦堂Ⅰ』山梨県埋蔵文化財センター調査報告第17集
187：山梨県埋蔵文化財センター編 1987『釈迦堂Ⅱ』山梨県埋蔵文化財センター調査報告第21集
188：山梨県埋蔵文化財センター編 1987『釈迦堂Ⅲ』山梨県埋蔵文化財センター調査報告第22集
189：鳥居 1924（船窪 1932の指示）
190：牧丘町誌編纂委員会編 1980『牧丘町誌』
191：上川名昭 1971『甲斐北原・柳田遺跡の研究』
192：富士吉田市史編さん室編 1997『池之元遺跡発掘調査研究報告書』富士吉田市史資料叢書14
193：西桂町教育委員会編 1993『宮の前遺跡』
194：都留市教育委員会編 1976『都留市の先史遺跡（上）』
195：山本寿々雄 1959「甲斐中期縄文の資料から」『県立富士国立公園博物館研究報告』第2号
196：山梨県埋蔵文化財センター編 1997『大月遺跡』山梨県埋蔵文化財センター調査報告書第139集
197：山梨県埋蔵文化財センター編 2000『塩瀬下原遺跡』山梨県埋蔵文化財センター調査報告書第185集／吉岡弘樹 2001「塩瀬下原遺跡出土の釣手土器について」『山梨県立考古博物館・山梨県埋蔵文化財センター研究紀要』17
198：仁科義男 1935『甲斐の先史並原史時代の調査』／山本寿々雄 1959「甲斐中期縄文の資料から」『県立富士国立公園博物館研究報告』第2号
199：仁科義男 1935『甲斐の先史並原史時代の調査』
200：宮沢公男 1998「大椚遺跡群－南大浜遺跡－」『山梨考古』70／諏訪市博物館 1999
201：山梨県埋蔵文化財センター編 1998『関山遺跡Ⅰ』山梨県埋蔵文化財センター調査報告書第36集
202：上野原市教育委員会教示（上野原市教育委員会 2006『上野原市の歴史を知ろう第2回展示　狐原遺跡　縄文時代篇』）
203：田中悟道 2005『山梨県神野中段遺跡（補遺編）』

引用・参考文献

204：山内清男 1940『日本先史土器図譜』第Ⅷ輯／永瀬・中村 2012
205：松井新一・藤間恭助 1965「恋ヶ窪遺跡発掘調査概報」『多摩考古』第7号／恋ヶ窪遺跡調査団編 1980『恋ヶ窪遺跡調査報告Ⅱ』国分寺市教育委員会
206：都営川越道住宅遺跡調査団編 1999『武蔵台東遺跡』
207：渡辺忠胤 1960「八王子市小比企町向原複合住居址発掘調査報」『多摩考古』2／宮城 1982
208：八王子市南部地区遺跡調査会編 1998『南八王子地区遺跡調査報告 12』
209：東京都埋蔵文化財センター編 1998・1999・2004・2005・2009『多摩ニュータウン遺跡 No.72・765・796遺跡』(2・3・4・7・14・15・16・18)
210：木曽森野地区南遺跡発掘調査団編 1997『木曽森野南遺跡発掘調査報告書』
211：羽村町羽ケ田上・山根坂上遺跡調査団編 1981『羽ケ田上・山根坂上遺跡Ⅲ』
212：羽村町羽ケ田上・山根坂上遺跡調査団編 1981『羽ケ田上・山根坂上遺跡Ⅳ』
213：羽村市山根坂上遺跡（第5次）調査団編 1993『山根坂上遺跡』羽村市山根坂上遺跡（第5次）調査会
214：大場磐雄・吉田格・塩野半十郎 1969「秋川流域の考古学的調査」『西多摩文化財総合調査報告 第3分冊－秋川流域の文化財－』東京都教育委員会
215：奥多摩町誌編纂委員会編 1985『奥多摩町誌歴史編』奥多摩町
216：石野瑛 1930「武蔵国都筑郡二俣川村今井見立谷戸出土の釣手土器」『考古学雑誌』20-9
217：市ノ沢団地遺跡調査団編 1997『市ノ沢団地遺跡』
218：横浜市ふるさと歴史財団埋蔵文化財センター編 1997『市ノ沢団地遺跡（市立市沢小学校地区）発掘調査報告』
219：横浜市ふるさと歴史財団埋蔵文化財センター編 2009『大熊仲町遺跡』港北ニュータウン地域内埋蔵文化財調査報告 26
220：横浜市埋蔵文化財調査委員会編 1984『上白根おもて遺跡発掘調査報告』
221：細山向原遺跡発掘調査団編 2003『細山向原遺跡ⅰ地点』玉川文化財研究所
222：寺田兼方・上田薫 1974「西部二二一地点遺跡調査概報」『藤沢市文化調査報告書』第9集
223：県営岡田団地内遺跡発掘調査団編 1993『岡田遺跡発掘調査報告書』
224：寒川町岡田遺跡発掘調査団・鎌倉遺跡調査会編 1999『高座郡・寒川町岡田遺跡発掘調査報告書』
225：橋本遺跡調査団編 1986『橋本遺跡7』相模原市橋本遺跡調査会
226：縄文文化研究会編 1988『勝坂遺跡 勝坂式土器資料図勝坂遺跡を中心とした考古遺物』
227：相模原市No.51遺跡発掘調査団・鎌倉遺跡調査会 2004『淵野辺嶽之内上遺跡』
228：かながわ考古学財団編 2002『川尻中村遺跡』かながわ考古学財団調査報告 133
229：かながわ考古学財団編 2000『原東遺跡』かながわ考古学財団調査報告 79
230：寺原遺跡発掘調査団編 1997『寺原遺跡発掘調査報告書』津久井町教育委員会
231：津久井町史編纂委員会編 2007『津久井町史』資料編考古・古代・中世 相模原市
232：赤星直忠『神奈川県史』資料編 20／藤野編 1994『藤野町史』資料編上
233：藤野町文化財保護委員会編 1978『藤野町の埋蔵文化財』藤野町教育委員会
234：日本窯業史研究所『日本窯業史研究所年報』Ⅲ／北川吉明 1985「神奈川県内の釣手土器」『下依知大久根遺跡』厚木市下依知大久根遺跡調査団
235：厚木市下依知大久根遺跡調査団編 1985『下依知大久根遺跡』
236・237：厚木市文化財協会編 1987『厚木の考古資料1』厚木市文化財調査報告書第30集 厚木市教育委員会
238：御伊勢森中世遺跡発掘調査委員会編 1973『神奈川県伊勢原市御伊勢森遺跡（傳上杉定正館址）の調査』産業能率大学
239：日野一郎 1987「万田貝塚発掘調査略報」『平塚市文化財調査報告書』第22集／安藤文一 1999「万田貝殻坂貝塚（万田遺跡）」『平塚市史』11 上
240：玉川文化財研究所編 2002『久野諏訪ノ原遺跡群Ⅰ』小田原市文化財調査報告書第101集 小田原市教育委員会
241：埼玉県埋蔵文化財調査事業団編 1997『原／谷畑』埼玉県埋蔵文化財調査事業団報告第179集
242：岡部町教育委員会編 1977『水窪遺跡の調査 第2次』
243：埼玉県埋蔵文化財調査事業団編 2008『神ノ木2遺跡』埼玉県埋蔵文化財調査事業団報告書第349集
244：所沢市教育委員会編 2007『西上遺跡－遺物編』
245：永峯光一編 1981『縄文土器大成2』講談社
246・247：北橘村教育委員会編 2006『小室高田遺跡Ⅰ-1・Ⅱ』北橘村埋蔵文化財発掘調査報告書第42集
248：綿田 2005
249：群馬県教育委員会・群馬県埋蔵文化財調査事業団編 1989『大平台遺跡』群馬県埋蔵文化財調査事業団調査報告第82集
250：群馬県立博物館編 1973『東吹上遺跡』群馬県立博物館研究報告第8集
251：群馬県埋蔵文化財調査事業団編 1998『白川傘松遺跡』群馬県埋蔵文化財調査事業団調査報告書第204集

252：山武考古学研究所編 1997『下鎌田遺跡』関越自動車道（上越線）地域埋蔵文化財発掘調査報告書　下仁田町遺跡調査会
253：群馬県埋蔵文化財調査事業団編 1996『南蛇井増光寺遺跡Ⅳ』群馬県埋蔵文化財調査事業団調査報告 196 集
254：山武考古学研究所編 1999『八木連西久保遺跡・行沢大竹遺跡・行沢竹松遺跡・諸戸スサキ遺跡』群馬県営ほ場整備事業（妙義中部地区）に伴う埋蔵文化財発掘調査報告書　妙義町教育委員会
255：山武考古学研究所編 1997『新堀東源ケ原遺跡』関越自動車道（上越線）地域埋蔵文化財発掘調査報告書
256：群馬県埋蔵文化財調査事業団編 2006『横壁中村遺跡（3）』群馬県埋蔵文化財調査事業団調査報告書第 368 集
257：群馬県埋蔵文化財調査事業団編 2005『横壁中村遺跡（2）』群馬県埋蔵文化財調査事業団調査報告書第 355 集
258：群馬県埋蔵文化財調査事業団編 2008『横壁中村遺跡（6）』群馬県埋蔵文化財調査事業団調査報告書第 436 集
259：群馬県埋蔵文化財調査事業団編 2009『遺跡は今』17 号
260：杉山宏生 2005「伊東市宇佐美遺跡から見た縄文中期の集落」『静岡県考古学研究』39
261：大仁町教育委員会編 1986『仲道A遺跡』大仁町埋蔵文化財調査報告第 9 集／静岡県編 1992『静岡県史』資料編考古 3
262：裾野市史編さん専門委員会編 1992『裾野市史　第 1 巻資料編考古』裾野市
263：静岡県埋蔵文化財調査研究所編 2008『裾野市富沢・桃園の遺跡群』静岡県埋蔵文化財調査研究所調査報告第 193 集
264：沼津市文化財センター編 1991『広合遺跡（e区）・二ツ洞遺跡（a区）発掘調査報告書』沼津市文化財調査報告第 52 集
265：三島市教育委員会編 1994『五輪・観音洞・元山中・陰洞遺跡』
266：静岡県埋蔵文化財調査研究所編 1999・2000『押出シ遺跡』遺構編・遺物編　静岡県埋蔵文化財調査研究所調査報告第 111 集・第 119 集
267：静岡県埋蔵文化財調査研究所編 2010『富士山・愛鷹山麓の古墳群』静岡県埋蔵文化財調査研究所調査報告第 231 集
268：静岡県埋蔵文化財調査研究所編 2001『富士川ＳＡ関連遺跡』静岡県埋蔵文化財調査研究所調査報告第 123 集
269：島田市教育委員会編 2011「竹林寺遺跡」『市内遺跡発掘調査報告書』島田市埋蔵文化財報告第 44 集
270：荒川喜一編 1971『大八賀村史』大八賀財産区
271：「飛騨民族考古館」パンフレット
272：岐阜県教育文化財団文化財保護センター編 2007『赤保木遺跡』岐阜県教育文化財団文化財保護センター調査報告書第 105 集
273：高山市教育委員会編 1991『垣内遺跡発掘調査報告書』高山市埋蔵文化財調査報告第 19 号
274：高山市教育委員会編 1995『江馬修蒐集品図録』
275・276：丹生川村史編集委員会編 1997『丹生川村史』資料編 1
277：岐阜県文化財保護センター編 2000『岩垣内遺跡』岐阜県文化財保護センター調査報告書第 63 集
278：久々野町教育委員会編 1997『堂之上遺跡』
279：宮城 1982 論文に名前のみ
280：清見村教育委員会編 1983『門端縄文遺跡発掘調査報告書』
281：岐阜県教育文化財団文化財保護センター編 2005『上岩野遺跡』岐阜県教育文化財団文化財保護センター調査報告書第 90 集
282：大江コウ・下形武 1958『上宝村の先史時代』／上宝村史刊行委員会編 2005『上宝村史』上・下
283：犬塚行蔵 1981『新訂犬塚行蔵飛騨考古学遺稿』
284：岐阜県編 1972『岐阜県史』通史編原始／国府町史刊行委員会編 2007『国府町史』考古・指定文化財編
285：国府町教育委員会編 1999『森ノ木遺跡』
286：岐阜県編 1972『岐阜県史』通史編原始
287：中野山越遺跡発掘調査団編 1993『中野山越遺跡発掘調査報告書』古川町埋蔵文化財調査報告第 3 集　古川町教育委員会
288：宮川村埋蔵文化財調査室編 1996『堂ノ前遺跡発掘調査報告書』宮川村教育委員会
289：飛騨市教育委員会編 2012『島遺跡 2・塩屋金精神社遺跡 3』
290：河合村教育委員会編 1987『下田遺跡』
291：大江コウ 1965『飛騨の考古学』Ⅰ
292：岐阜県編 1972『岐阜県史』通史編原始
293：岐阜県教育文化財団文化財保護センター編 2006『上岩野遺跡』岐阜県教育文化財団文化財保護センター調査報告書第 96 集
294：可児市教育委員会編 1994『川合遺跡群』
295：各務原市教育委員会編 1973『炉畑遺跡発掘報告書』／各務原市埋蔵文化財調査センター編 2006『炉畑遺跡B地区発掘調査報告書』各務原市文化財調査報告書 44
296：付知町編 1974『付知町史』
297：大和村編 1984『大和村史　通史編上』／中村 2009
298：岐阜県教育文化財団文化財保護センター編 2007『塚奥山遺跡』岐阜県教育文化財団文化財保護センター調査報告書第 103 集
299：岐阜県教育文化財団文化財保護センター編 2007『櫨原村平遺跡』岐阜県教育文化財団文化財保護センター調査報告書第 106 集

引用・参考文献

300：富山県教育委員会編 1977『富山県朝日町下山新遺跡第1次発掘調査概報』
301：富山県埋蔵文化財センター編 1991『北陸自動車道遺跡調査報告　朝日町編6（境A遺跡土器編）』富山県教育委員会
302：富山県教育委員会編 1977『富山県宇奈月町浦山寺蔵遺跡緊急発掘調査概要』
303：富山県教育委員会編 1978『富山県立山町二ツ塚遺跡緊急発掘調査概要』
304：富山市教育委員会埋蔵文化財センター編 2004『富山市開ヶ丘狐谷Ⅲ遺跡発掘調査報告書』富山市埋蔵文化財調査報告 136　富山市教育委員会
305：大沢野町教育委員会編 1977『富山県大沢野町布尻遺跡緊急発掘調査概要』
306：富山県埋蔵文化財センター編 1988『花切遺跡発掘調査概要』大山町教育委員会
307：富山県埋蔵文化財センター編 1990『東黒牧上野遺跡A地区発掘調査概要』大山町教育委員会
308：富山県埋蔵文化財センター編 1995『東黒牧上野遺跡A地区』大山町教育委員会
309：富山県教育委員会編 1977『富山県福光町・城端町立野ケ原遺跡群第5次緊急発掘調査概要』
310：小矢部市教育委員会編 1995『臼谷岡村遺跡』小矢部市埋蔵文化財調査報告書第 40・42 冊
311：小矢部市教育委員会編 2006『桜町遺跡発掘調査報告書　縄文遺物編1』
312：（未報告　実測図は小矢部市教育委員会提供）
313：内田亜紀子 2005「上久津呂中屋遺跡出土の縄文時代遺物」『富山考古学研究』8　富山県埋蔵文化財調査事務所
314：原田正彦 1978「柳田村潜岩遺跡のランプ形土器」『石川考古学研究会々誌』第 21 号
315：能都町教育委員会編 1986『真脇遺跡』
316：穴水町教育委員会編 1980『曽福遺跡』
317：七尾市教育委員会編 1977『赤浦遺跡』
318：石川県教育委員会編 2002『田鶴浜町大津くろだの森遺跡』
319：金沢市教育委員会編 1981『金沢市笠舞遺跡』金沢市文化財紀要 29 ／南久和・上田亮子 1981「金沢市笠舞遺跡出土の異形土器」『石川考古学研究会々誌』第 24 号
320：金沢埋蔵文化財センター編 1998『金沢市北塚遺跡（第 14 次）』金沢市文化財紀要 139
321：大野市教育委員会編 1985『右近次郎遺跡Ⅱ』大野市文化財調査報告書第 3 冊
322：永平寺町編 1984『永平寺町史　通史編』
323：斎藤基生 2002「大砂遺跡」『愛知県史』資料編 1

■第4章補論：加工食品炭化物関係出典（第 13 表・第 50 図・第 53 図）
1：北海道埋蔵文化財センター編 1989『小樽市忍路土場遺跡・忍路5遺跡』北海道埋蔵文化財センター調査報告書 53
2：青森県教育委員会編 1995『熊ヶ平遺跡』青森県埋蔵文化財調査報告書 180
3：秋田県埋蔵文化財センター編 1989『東北横断自動車道秋田線発掘調査報告書Ⅱ』秋田県文化財調査報告書第 166 集
4：山形県教育委員会編 1990『押出遺跡』山形県埋蔵文化財調査報告書第 150 集／森谷 2008
5：一戸町教育委員会編 1983『一戸バイパス関係埋蔵文化財調査報告書Ⅲ』一戸町文化財調査報告書第 4 集
6：一戸町教育委員会編 1993『御所野遺跡』一戸町文化財調査報告書第 32 集
7：北上市教育委員会 1977「だんご状炭化物」『季刊どるめん』13 ／同 1983「坊主峠遺跡発掘調査報告」『北上市立博物館研究報告』第 4 号
8：山武考古学研究所編 1997『八城二本杉東遺跡（八城遺跡）行田大道北遺跡（行田Ⅰ遺跡）』松井田町遺跡調査会
9：茨城県教育財団 1981『常磐自動車道関係埋蔵文化財発掘調査報告書Ⅱ』茨城県教育財団文化財調査報告Ⅹ
10：青梅市遺跡調査会編 1998『東京都青梅市駒木野遺跡発掘調査報告書』
11：佐々木由香・工藤雄一郎・百原新 2007「東京都下宅部遺跡の大型植物遺体からみた縄文時代後半期の植物資源利用」『植生史研究』第 15 巻第 1 号
12：なすな原遺跡調査会編 1996『なすな原遺跡　№ 2 地区調査』
13：長岡市教育委員会編 1981『埋蔵文化財発掘調査報告書　岩野原遺跡』
14：津南町教育委員会編 1977『沖ノ原遺跡発掘調査報告書』
15：「6000 年前にもクッキー」中日新聞 1999 年 8 月 11 日版（詳細未報告）
16：中沢 2012（詳細未報告）
17：長野県教育委員会編 1975『長野県中央道埋蔵文化財包蔵地発掘調査報告書　諏訪市その3』
18：茅野市教育委員会編 1986『高風呂遺跡』
19：茅野市教育委員会編 1992『水尻遺跡』
20：長野県教育委員会編 1976『長野県中央道埋蔵文化財包蔵地発掘調査報告書　茅野市・原村その1・富士見町その2』
21：平出一冶 1978「長野県上前尾根遺跡の調査－アワの炭化種子を中心に－」『月刊考古学ジャーナル』147 ／同 1985「前尾根遺

跡」『原村誌』上／五味 1980
22：藤森栄一・武藤雄六 1964「信濃境曾利遺跡調査報告　昭和 35・36 年発掘地区」『長野県考古学会誌』創刊号／藤森栄一 1995「池袋・曽利遺跡」『井戸尻』中央公論美術出版
23：宮坂英弌・武藤雄六・小平辰夫 1965「烏帽子・藤内遺跡」『井戸尻』中央公論美術出版／富士見町教育委員会編 2011『藤内』
24：伊那市教育委員会編 1969『月見松遺跡緊急発掘調査報告書』
25：酒井幸則 1977「パン状炭化物」『季刊どるめん』13 ／豊丘村教育委員会編 1977『伴野原遺跡』／豊丘考古学研究室編 1981『考古学資料集　原史・古代の豊丘　第 1 冊縄文時代』
26：杉本充 2003「ＴＨ八四区一号住居址出土「パン状」炭化物 http://www.asahi-net.or.jp/~rj5m-sgmt/san/tan01.htm（詳細未報告）
27：伊藤公明 1996「寺所第 2 遺跡」『山梨考古』第 62 号／長沢宏昌 1999b（詳細未報告）
28：杉本正文 1998「原平遺跡」『山梨県史　資料編 1　原始・古代 1 考古（遺跡）』
29：山梨県埋蔵文化財センター編 1989『花鳥山遺跡・水吞場北遺跡』山梨県埋蔵文化財センター調査報告書第 45 集
30：釈迦堂遺跡博物館編 2007『第 19 回特別展　いただきますの考古学　縄文時代のたべもの展』（詳細未報告）
31：室伏徹 1990「宮之上遺跡（第 3 次）」『山梨考古』31 ／釈迦堂遺跡博物館編 2007『第 19 回特別展　いただきますの考古学　縄文時代のたべもの展』（詳細未報告）
32：高山市教育委員会編 1978『ツルネ遺跡発掘調査報告書』
33：藤田富士夫 1986「富山県小竹貝塚」『季刊考古学』第 15 号（詳細未報告）

■第 4 章：その他図版出典（釣手土器・加工食品炭化物は除く）
【第 23 図】
上：国土地理院 1/5000 地形図（1997 年修正測量）
下：伊勢原市教育委員会提供
【第 25 図】
1：筆者撮影
2：國學院大學学術資料館提供
3：神奈川県立埋蔵文化財センター提供
4：渡辺忠胤 1963「八王子市中原遺跡調査報告」『多摩考古』第 5 号
【第 26 図】
1：かながわ考古学財団編 2002『原口遺跡Ⅲ』かながわ考古学財団調査報告第 134 集
2：厚木市文化財協会編 1987『厚木の考古資料Ⅰ』厚木市文化財調査報告書第 30 集　厚木市教育委員会
3：日本窯業史研究所編 1992『杉久保遺跡Ⅰ』
4：横浜市埋蔵文化財調査委員会編 1984『上白根おもて遺跡発掘調査報告』
5・6：上川名昭 1973「顔面装飾についての一考察」『論叢　玉川学園女子短期大学紀要』第 3 号
7：山梨県教育委員会編 1987『釈迦堂Ⅲ』山梨県埋蔵文化財センター調査報告第 22 集
8：須玉町編 1998『須玉町史　史料編 1』
9：富士見町教育委員会編 2011『藤内』
10：長野県考古学会編 1967『海戸・安源寺』長野県考古学会研究報告書 2
11：山梨県埋蔵文化財調査センター編 2005『原町農業高校前遺跡（第 2 次）』山梨県埋蔵文化財調査センター調査報告第 221 集
【第 29 図】
1：長野県教育委員会 1975『長野県中央道埋蔵文化財包蔵地発掘調査報告書　諏訪市その 3』
2：恩名沖原遺跡発掘調査団編 2000『恩名沖原遺跡』
5：山梨県教育委員会編 1987『釈迦堂Ⅲ』山梨県埋蔵文化財センター調査報告第 22 集
8：藤森栄一編 1965『井戸尻』中央公論美術出版
【第 30 図】
かながわ考古学財団編 1998『不弓引遺跡（No.21・22）鶴巻大椿遺跡（No.23）鶴巻上ノ窪遺跡（No.25 上）北矢名南蛇久保遺跡（No.25 下）北矢名矢際遺跡（No.26）』かながわ考古学財団調査報告 32、写真：筆者撮影
【第 53 図】
8：長岡市教育委員会編 1998『中道遺跡』
9：一戸町教育委員会編 2004『御所野遺跡Ⅱ』一戸町文化財調査報告書第 48 集
10：棚畑遺跡調査団編 1990『棚畑遺跡』茅野市教育委員会

引用・参考文献

■第5章：後期前半土器様相出典（第54図）
a：横浜市ふるさと歴史財団埋蔵文化財センター編 1995『川和向原遺跡・原出口遺跡』港北ニュータウン地域内埋蔵文化財調査報告ⅩⅨ
b：長野県埋蔵文化財センター編 1994『栗林遺跡・七瀬遺跡』長野県埋蔵文化財センター発掘調査報告書 19、岡谷市教育委員会編 1986『梨久保遺跡』郷土の文化財 15
c：横浜市ふるさと歴史財団埋蔵文化財センター編 1999『小丸遺跡』港北ニュータウン地域内埋蔵文化財調査報告 25、神奈川県立埋蔵文化財センター編 1987『宮久保遺跡Ⅰ』神奈川県立埋蔵文化財センター調査報告 15
d：長野県埋蔵文化財センター編 1999『村東山手遺跡』長野県埋蔵文化財センター発掘調査報告書 44
e：小諸市教育委員会編 1994『石神遺跡群　石神』
f：神奈川県教育委員会編 1977『下北原遺跡』神奈川県埋蔵文化財調査報告 14、埋蔵文化財発掘調査支援協同組合編 2007『池端・金山遺跡』
g：鶴川第二地区遺跡調査会編 1991『真光寺・広袴遺跡群Ⅴ』
h：長野県埋蔵文化財センター編 1993『北村遺跡』長野県埋蔵文化財センター発掘調査報告書 14

■第5章：土器副葬出典（第14表・第55図〜第67図・第74図・第75図）
1：加藤学園考古学研究所編 1982『修善寺大塚遺跡』修善寺町教育委員会
2：伊東市教育委員会編 1983『伊豆井戸川遺跡　第2次発掘調査概報』
3：奈良泰史 1986「尾咲原遺跡」『都留市史』資料編　地史・考古
4：豊富村教育委員会編 1995『高部宇山平遺跡2・浅利氏館跡・三枝氏館跡』豊富村埋蔵文化財調査報告書第2集
5：杉山博久・神沢勇一 1969『馬場遺跡の縄文時代配石遺構』富士フィルム／杉山博久 1989「馬場遺跡」『南足柄市史』1
6：安藤文一 1998「南足柄市五反畑遺跡」『第22回神奈川県遺跡調査・研究発表会発表要旨』／南足柄市郷土資料館編 1999『南足柄の縄文時代−塚田遺跡を中心に−』
7：神沢勇一 1966『金子台遺跡の縄文時代墓地』第一生命相互会社／横須賀考古学会 1974『神奈川県金子台遺跡』横須賀考古学会研究調査報告 3
8：八幡一郎・矢島栄一 1935「相模国中郡寺山の敷石遺跡」『人類学雑誌』第50巻第12号
9：安藤文一・及川一茂 1990「秦野市寺山遺跡の調査」『第14回神奈川県遺跡調査・研究発表会発表要旨』／秦野市立桜土手古墳展示館編 1995「秦野の古代遺跡Ⅱ　寺山遺跡」（展示パンフレット）
10：秦野市教育委員会編 1997「寺山遺跡（No.05-019）95048地点発掘調査」『秦野の文化財』33／秦野市立桜土手古墳展示館・東海大学校地内遺跡調査団編 2003『丹沢を仰ぐ縄文遺跡−後・晩期の隆盛』
11：玉川文化財研究所編 2011『神奈川県秦野市太岳院遺跡 2006-02地点発掘調査報告書』秦野市教育委員会
12：東海大学石神台遺跡発掘調査団編 1975『大磯・石神台配石遺構発掘報告書』大磯町教育委員会／山本暉久 2004「石神台遺跡と縄文時代の配石墓」『大磯町史研究』11
13：大磯町教育委員会編 1992『石神台』大磯町文化財調査報告書 35
14：秋田かな子 1991「王子ノ台遺跡西区−1990年度の調査概要−」『東海大学校地内遺跡調査団報告』2／秋田かな子 1996「南関東西部の様相」『第9回縄文セミナー　後期中葉の諸様相』
15：神奈川県教育委員会編 1977『下北原遺跡』神奈川県埋蔵文化財調査報告 14
16：小出義治 1967「縄文後期の石造遺跡群−神奈川県伊勢原町三の宮下谷戸遺跡−」『月刊考古学ジャーナル』10／伊勢原市教育委員会提供
17：かながわ考古学財団編 2000『三ノ宮・下谷戸遺跡（No.14）Ⅱ』かながわ考古学財団調査報告 76
18：伊勢原市教育委員会編 2002『三ノ宮・前畑遺跡発掘調査報告書』
19：埋蔵文化財発掘調査支援協同組合編 2007『池端・金山遺跡』
20：諏訪間伸 1992「東大竹・山王塚（八幡台）遺跡」『文化財ノート』2　伊勢原市教育委員会
21：河野一也ほか 1984「杉久保遺跡」『日本窯業史研究所年報』Ⅲ
22：阿部芳郎 1996「上土棚南遺跡」『綾瀬市史』9　別編考古
23：綾瀬市教育委員会編 2008『上土棚南遺跡　第5次〜第7次調査の記録』綾瀬市埋蔵文化財調査報告 6
24：大和市教育委員会編 1990『月見野遺跡群相ノ原遺跡　第Ⅰ地点・第Ⅱ地点・第Ⅲ地点・第Ⅳ地点・第Ⅴ地点』大和市文化財調査報告書 38
25：大川清ほか 1985「上恩田遺跡群杉山神社遺跡の調査」『第9回神奈川県遺跡調査・研究発表会発表要旨』
26：横浜市埋蔵文化財調査委員会編 1983『三の丸遺跡発掘調査報告書』文化財シリーズ 57-1／港北ニュータウン埋蔵文化財調査団編 1985『三の丸遺跡調査概報』港北ニュータウン地域内埋蔵文化財調査報告Ⅵ
27：横浜市ふるさと歴史財団埋蔵文化財センター編 1999『小丸遺跡』港北ニュータウン地域内埋蔵文化財調査報告 25

28：横浜市ふるさと歴史財団埋蔵文化財センター編 2008『華蔵台遺跡』港北ニュータウン地域内埋蔵文化財調査報告 41
29：伊southern郭・坂本彰 1980「横浜市神隠丸山遺跡（ル1・2）の調査」『第4回神奈川県遺跡調査・研究発表会発表要旨』
30：横浜市ふるさと歴史財団埋蔵文化財センター編 2003『西ノ谷貝塚』港北ニュータウン地域内埋蔵文化財調査報告 33
31：横浜市ふるさと歴史財団埋蔵文化財センター編 1995『川和向原遺跡・原出口遺跡』港北ニュータウン地域内埋蔵文化財調査報告ⅩⅨ
32：横浜市埋蔵文化財センター編 1990『山田大塚遺跡』港北ニュータウン地域内埋蔵文化財調査報告ⅩⅠ
33：吾妻考古学研究所編 2007『篠原大原北遺跡』
34：川崎市教育委員会編 1990『岡上丸山遺跡発掘調査報告書』
35：なすな原遺跡調査団編 1984『なすな原遺跡 No.1地区』
36：野津田上の原遺跡調査会編 1997『野津田上の原遺跡』
37：東京都埋蔵文化財センター編 1996『多摩ニュータウン遺跡』東京都埋蔵文化財センター調査報告 25
38：町田市教育委員会編 1969『田端遺跡調査概報』
39：町田市教育委員会編 2003『田端遺跡　田端環状積石遺構周辺域における詳細分布調査報告書』
40：椚国男・佐々木蔵之助 1979「八王子市池の上遺跡の発掘調査」『月刊考古学ジャーナル』163
41：東京都埋蔵文化財センター編 2007『中高瀬遺跡』東京都埋蔵文化財センター調査報告第201集
42：青梅市遺跡調査会編 1986『寺改戸遺跡』
43：調布市遺跡調査会編 2008『下石原遺跡第2地点』調布市埋蔵文化財報告集刊4
44：調布市郷土博物館編 1996「下石原遺跡第13地点調査小報」『埋蔵文化財年報』平成6年度（1994）
45：吉田格・下原裕司編 2003「三鷹市丸山A遺跡」『東京都遺跡調査・研究発表会発表要旨』28
46：東京都教育委員会編 1973『狛江市圦上遺跡』東京都埋蔵文化財調査報告1
47：玉川文化財研究所編 2001『久原小学校内遺跡』大田区の埋蔵文化財 15
48：目黒区東山遺跡調査団編 1995『東京都目黒区東山遺跡（J地点）発掘調査報告書』目黒区埋蔵文化財発掘調査報告書7
49・50：目黒区東山遺跡調査団編 1998『東京都目黒区東山遺跡（K・L・Q地点）』目黒区埋蔵文化財発掘調査報告書12
51：玉口時雄・品川裕昭 1989「世田谷区諏訪山遺跡」『東京都遺跡調査・研究発表会14発表要旨』
52：諏訪山遺跡第20次調査会編 2007『諏訪山遺跡Ⅴ』世田谷区教育委員会
53：新宿区新司法書士会館遺跡調査団編 1998『四谷一丁目遺跡Ⅱ』
54：埼玉県埋蔵文化財調査事業団編 1987『神明・矢垂』埼玉県埋蔵文化財調査事業団報告 65
55：さいたま市遺跡調査会編 2003『椚谷遺跡（第11次）・南方遺跡（第7次）・行谷遺跡（第4次）』さいたま市遺跡調査会報告書18
56：浦和市遺跡調査会編 2001『大谷口向原南遺跡発掘調査報告書（第1・2次）』浦和市遺跡調査会報告書第294集
57：高井東遺跡発掘調査会編 2002『高井東遺跡』
58：埼玉県埋蔵文化財調査事業団編 2000『浜平岩陰／入波沢西／入波沢東』埼玉県埋蔵文化財調査事業団報告 243
59：杉原荘介・戸沢充則 1971「姥山貝塚」『市川市史』1　吉川弘文館／千葉県史料研究財団編 2005「縄文土器収集資料」『千葉県の歴史』資料編考古4
60：鶴岡英一 2001「潤井戸鎌之助遺跡（第2次）」『市原市文化財センター年報』平成10年度／鶴岡英一「潤井戸鎌之助遺跡の埋納された注口土器」http://www.city.ichihara.lg.jp/~maibun/isekimore26.htm
61：印旛郡市文化財センター編 2004『井野長割遺跡（第8次）』印旛郡市文化財センター発掘調査報告書 219
62：印旛郡市文化財センター編 1995『成田市小菅法華塚Ⅰ・Ⅱ遺跡』印旛郡市文化財センター発掘調査報告書 92
63：高崎市教育委員会編 1979『元島名遺跡』高崎市文化財調査報告書 6
64：群馬県企業局編 1992『三原田遺跡』Ⅲ
65：安中市ふるさと歴史館編 2006『ストーンサークル出現－縄文人の心、環の思想－』
66・69・70：笠懸野岩宿文化資料館編 1999『群馬の注口土器』
67：群馬県企業局・伊勢崎市教育委員会編 2004『三和工業団地Ⅱ遺跡』伊勢崎市文化財調査報告第53集
68：伊勢崎市教育委員会編 2008『喜多町遺跡』伊勢崎市文化財調査報告第86集
69：富岡市教育委員会編 1990『新井・坂詰遺跡』富岡市埋蔵文化財発掘調査報告書 8
72：安中市教育委員会編 2004『中野谷地区遺跡群2』
73：群馬県埋蔵文化財調査事業団編 2008『横壁中村遺跡（6）』群馬県埋蔵文化財調査事業団調査報告第436集
74：群馬県埋蔵文化財調査事業団編 1988『深沢遺跡・前田原遺跡』上越新幹線関係埋蔵文化財発掘調査報告 10
75：御代田町教育委員会編 1997『滝沢遺跡』御代田町埋蔵文化財発掘調査報告書 23
76：小諸市教育委員会編 1994『石神遺跡群　石神』小諸市埋蔵文化財発掘調査報告書 19
77：坂北村教育委員会編 2005『東畑遺跡』

引用・参考文献

78：塩尻市教育委員会編1993『小段遺跡発掘調査概報』
79：岡谷市教育委員会編1986『梨久保遺跡』郷土の文化財15
80：岡谷市教育委員会編1996『花上寺遺跡』郷土の文化財19
81：長野県埋蔵文化財センター編1993『北村遺跡』長野県埋蔵文化財センター発掘調査報告書14

■第5章：土器被覆葬出典（第19表・第68図～第75図）
1：大磯町教育委員会編1976『大磯小学校遺跡』大磯町埋蔵文化財発掘調査報告書1
2：玉川文化財研究所編2003『遠藤山崎・遠藤広谷遺跡発掘調査報告書』
3：かながわ考古学財団編2002『稲荷山貝塚』かながわ考古学財団調査報告131
4：川崎市教育委員会編1990『岡上丸山遺跡発掘調査報告書』
5：合角ダム水没地域総合調査会編1995『秩父合角ダム水没地域埋蔵文化財調査報告書』
6：埼玉県埋蔵文化財調査事業団編2000『浜平岩陰／入波沢西／入波沢東』埼玉県埋蔵文化財調査事業団報告書第243集
7：土浦市遺跡調査会編2000『国指定史跡上高津貝塚E地点』土浦市教育委員会
8：新田町教育委員会編1997『中江田遺跡群』新田町文化財調査報告書第16集
9：伊勢崎市教育委員会編2008『喜多町遺跡』伊勢崎市文化財調査報告書第86集
10：群馬県埋蔵文化財調査事業団編2008『天ケ堤遺跡（2）』群馬県埋蔵文化財調査事業団調査報告第430集
11：群馬県埋蔵文化財調査事業団編1988『深沢遺跡・前田原遺跡』群馬県埋
12：藤岡市教育委員会編1992『稲荷通り遺跡』藤岡市教育委員会
13：群馬県埋蔵文化財調査事業団編1993『内匠上之宿遺跡』群馬県埋蔵文化財調査事業団調査報告143
14：安中市教育委員会編1996-98『中野谷松原遺跡』安中市教育委員会
15：安中市教育委員会編1994『中野谷地区遺跡群』安中市教育委員会
16：安中市教育委員会編2004『中野谷地区遺跡群Ⅱ』安中市教育委員会
17：安中市教育委員会編2004『天神林遺跡・砂押Ⅲ遺跡・大道南遺跡・向原Ⅱ遺跡』安中市教育委員会
18：松井田町教育委員会編1992『国衙遺跡群Ⅱ』松井田町文化財調査報告書第6集
19：山武考古学研究所編1997『行田梅木平遺跡』松井田町遺跡調査会
20：山武考古学研究所編1997『五料平遺跡・五料野ケ久保遺跡・五料稲荷谷戸遺跡』松井田町遺跡調査会
21：群馬県埋蔵文化財調査事業団編2008『横壁中村遺跡（6）・（7）』群馬県埋蔵文化財調査事業団調査報告第436集・第439集
22：三上次男・上野佳也編1968『軽井沢町茂沢南石堂遺跡』軽井沢町教育委員会／上野佳也編1983『軽井沢町茂沢南石堂遺跡総集編』軽井沢町教育委員会
23：小諸市教育委員会編1994『石神遺跡群　石神』小諸市埋蔵文化財調査報告書19
24：東部町遺跡発掘調査団編1986『不動坂遺跡Ⅱ・古屋敷遺跡群Ⅱ』
25：東部町教育委員会編1992『久保在家遺跡』
26：東部町遺跡発掘調査団編1995『辻田遺跡』
27：鈴木誠1957「長野県大川発見の甕被葬の一例」『人類学雑誌』第66巻第2号／綿田1985
28：東部町遺跡発掘調査団編1992『大川遺跡・中原遺跡群』東部町教育委員会
29：綿田1985
30：長野県埋蔵文化財センター編1999『村東山手遺跡』長野県埋蔵文化財センター発掘調査報告書44
31：明専寺・茶臼山遺跡調査団編1980『明専寺・茶臼山遺跡』牟礼村教育委員会
32：高橋桂1980「宮中遺跡発掘調査－石棺状遺構を中心に－」『高井』第53号／高橋桂1982「宮中遺跡」『長野県史　考古資料編2』
33：坂北村教育委員会編2005『東畑遺跡』
34：長野県埋蔵文化財センター編1993『北村遺跡』長野県埋蔵文化財センター発掘調査報告書14
35：長野県埋蔵文化財センター編1988『中央自動車道長野線埋蔵文化財発掘調査報告書2』長野県埋蔵文化財センター発掘調査報告書
36：塩尻市教育委員会編1993『小段遺跡発掘調査概報』
37：辰野町教育委員会編1994『平出丸山遺跡　遺物編』
38：辰野町教育委員会編2005『羽場崎遺跡発掘調査報告書』
39：岡谷市教育委員会編1986『梨久保遺跡』郷土の文化財15
40：岡谷市教育委員会編2008『扇平遺跡発掘調査報告書（概報）』
41：岡谷市教育委員会編1996『花上寺遺跡』郷土の文化財19
42：長野県教育委員会編1976『長野県中央道埋蔵文化財包蔵地発掘調査報告書　諏訪市その4』

43：茅野市教育委員会編 2001『一ノ瀬・芝ノ木遺跡』茅野市教育委員会／守矢 2003
44：茅野市教育委員会編 2002『大六殿遺跡・駒形遺跡』
45：茅野市教育委員会編 2001『大桜遺跡』
46：棚畑遺跡調査団編 1990『棚畑遺跡』茅野市教育委員会
47：長野県埋蔵文化財センター編 2005『聖石遺跡・長峯遺跡（別田沢遺跡)』長野県埋蔵文化財センター発掘調査報告書 69
48：茅野市教育委員会編 2003『中ッ原遺跡』
49：守矢昌文 2003「縄文時代後期前半の中ッ原遺跡の様相」『中ッ原遺跡』茅野市教育委員会
50：茅野市教育委員会編 1980『下ノ原遺跡第 2 次・第 3 次調査概報』／宮坂虎次 1986「下ノ原遺跡」『茅野市史』上巻
51：茅野市教育委員会編 1994『勝山遺跡』
52：茅野市教育委員会編 2004『聖石遺跡』
53：韮崎市教育委員会編 2002『石之坪遺跡（西地区)』
54：富士吉田市史編さん委員会編 1997『池之元遺跡発掘調査研究報告書』富士吉田市史資料叢書 14
55：塩沢町教育委員会編 1998『原遺跡』塩沢町埋蔵文化財報告書 18
56：池田享・荒木勇次編 1987『柳古新田下原A遺跡』大和町文化財調査報告 2
57：十日町市教育委員会 1997『野首遺跡発掘調査概要報告書』十日町市埋蔵文化財調査報告書 9
58：阿部恭平・石原正敏・菅沼亘 1996「栗ノ木田遺跡」『十日町市史』資料編二　考古
59：阿部昭典 2000「道尻手遺跡」『津南町遺跡発掘調査概要報告書』津南町教育委員会／津南町教育委員会編 2005『道尻手遺跡』津南町文化財調査報告書第 47 輯
60：柳津町教育委員会編 1991『石生前遺跡発掘調査報告書』柳津町文化財報告書第一集　柳津町教育委員会

■第 5 章補論：床面出土注口土器出典（第 22 表・第 78 図〜第 83 図）
1：玉川文化財研究所編 2008『神奈川県伊勢原市東大竹・下谷戸（八幡台）遺跡発掘調査報告書』
2：沼目・坂戸（Ⅱ）遺跡発掘調査団編 1999『神奈川県伊勢原市沼目・坂戸遺跡第Ⅱ地点発掘調査報告書』
3：横浜市ふるさと歴史財団埋蔵文化財センター編 1999『小丸遺跡』港北ニュータウン地域内埋蔵文化財調査報告 25
4：横浜市ふるさと歴史財団埋蔵文化財センター編 2008『華蔵台遺跡』港北ニュータウン地域内埋蔵文化財調査報告 41
5：横浜市ふるさと歴史財団埋蔵文化財センター編 1995『川和向原遺跡・原出口遺跡』港北ニュータウン地域内埋蔵文化財調査報告ⅩⅨ
6：北区教育委員会編 1994『西ヶ原貝塚Ⅱ・東谷戸遺跡』北区埋蔵文化財調査報告第 12 集
7：東京都スポーツ文化事業団東京都埋蔵文化財センター編 2011『北区西ヶ原貝塚』東京都埋蔵文化財センター調査報告第 262 集
8：八王子深沢遺跡および小田野城跡調査会編 1981『深沢遺跡・小田野城跡』
9：鶴川第二地区遺跡調査会編 1991『真光寺・広袴遺跡群Ⅴ』
10：町田市教育委員会・武蔵文化財研究所編 2010『東雲寺上遺跡Ⅱ』
11：なすな原遺跡調査団編 1984『なすな原遺跡　No.1 地区調査』
12：なすな原遺跡調査団編 1996『なすな原遺跡　No.2 地区調査』
13：東京都埋蔵文化財センター編 1998『多摩ニュータウン遺跡』東京都埋蔵文化財センター調査報告第 57 集
14：川口市遺跡調査会編 1987・1989『赤山』川口市遺跡調査会報告第 10 〜 12 集
15：大山史前学研究所 1937「千葉県千葉郡都村加曽利貝塚調査報告」『史前学雑誌』第 9 巻第 1 号
16：埼玉県埋蔵文化財調査事業団編 1987『神明・矢垂』埼玉県埋蔵文化財調査事業団報告書第 65 集
17：大宮市遺跡調査会編 1995『西大宮バイパス No.6 遺跡』大宮市遺跡調査会報告第 48 集
18：大宮市遺跡調査会編 1989『御蔵山中遺跡 1』大宮市遺跡調査会報告第 26 集
19：市川市教育委員会編 1983『市川東部遺跡群発掘調査報告　昭和 57 年度』
20：印旛郡市文化財センター編 1991『神楽場遺跡・五反目遺跡』
21：栃木県文化振興事業団 1986『御城田遺跡』栃木県埋蔵文化財調査報告書第 68 集
22：中里吉伸編 1985『図録矢太神沼遺跡』東京電力／群馬編 1988「矢太神沼遺跡」『群馬県史』資料編 1
23：渋川市教育委員会編 2010『前中後遺跡 1・Ⅱ・Ⅲ・Ⅳ区』渋川市埋蔵文化財発掘調査報告書第 21 集
24：群馬県企業局編 1980・1992『三原田遺跡』1・3
25：群馬県埋蔵文化財調査事業団編 1985『荒砥二之堰遺跡』
26：群馬県埋蔵文化財調査事業団編 1994『白倉下原・天引向原遺跡Ⅱ』群馬県埋蔵文化財調査事業団調査報告第 172 集
27：長野原町教育委員会編 1990『欅Ⅱ遺跡』長野原町埋蔵文化財報告書第 2 集
28：群馬県埋蔵文化財調査事業団編 2009『横壁中村遺跡（9）』群馬県埋蔵文化財調査事業団調査報告第 466 集
29：上野原町教育委員会編 2000『原・郷原遺跡』上野原町埋蔵文化財調査報告書第 9 集

引用・参考文献

30：富士吉田市史編さん委員会編 1997『池之元遺跡発掘調査研究報告書』富士吉田市史資料叢書 14
31：山梨文化財研究所編 2008『中久保遺跡』山梨市文化財調査報告書第 11 集
32：宮の本遺跡調査団 1979『宮の本』佐久町教育委員会
33：岡谷市教育委員会編 1986『梨久保遺跡』郷土の文化財 15
34：岡谷市教育委員会編 1996『花上寺遺跡』郷土の文化財 19
35：長野県埋蔵文化財センター編 1988『中央自動車道長野線埋蔵文化財発掘調査報告書 2』長野県埋蔵文化財センター発掘調査報告書 2
36：松本市教育委員会編 1988『松本市林山腰遺跡』松本市文化財調査報告 No.61
37：高山市教育委員会編 1991『垣内遺跡発掘調査報告書』高山市埋蔵文化財調査報告書第 19 号

■第6章図版出典
【第 84 図】
中村 2009（三ノ宮宮ノ上）
山梨県立考古博物館編 2004『縄文の女神－人面装飾付土器の世界－』（西原大塚）
岡谷市教育委員会編 1991『榎垣外・広畑・新井南遺跡発掘調査報告書（概報）』
穴場遺跡調査団編 1983『穴場Ⅰ』諏訪市文化財報告 1982
玉川文化財研究所編 2002『久野諏訪ノ原遺跡群Ⅰ』小田原市文化財調査報告書第 101 集　小田原市教育委員会（久野一本松）
鈴木克彦 2002「風韻堂コレクションの縄文土器（1）」『青森県立郷土館調査研究年報』26（玉清水）
栃木県文化振興事業団編 1987『御城田』栃木県埋蔵文化財発掘調査報告第 68 集
浦和市教育委員会 1982『馬場 (小室山) 遺跡』浦和市東部遺跡群発掘調査報告書第 1 集
【第 85 図】
山梨県立考古博物館編 2004『縄文の女神－人面装飾付土器の世界－』（神地）
かながわ考古学財団編 1998『不弓引遺跡（No.21・22）鶴巻大椿遺跡（No.23）鶴巻上ノ窪遺跡（No.25 上）北矢名南蛇久保遺跡（No.25 下）北矢名矢際遺跡（No.26）』かながわ考古学財団調査報告 32
かながわ考古学財団編 2002『原口遺跡Ⅲ』かながわ考古学財団調査報告第 134 集
上川名昭 1973「顔面装飾についての一考察」『論叢　玉川学園女子短期大学紀要』第 3 号（二宮）
富士見町教育委員会編 1978『曽利』
野崎進 2008「金山遺跡出土の釣手土器について」『山梨県考古学協会誌』第 18 号
埼玉県埋蔵文化財調査事業団 1987『神明・矢垂』埼玉県埋蔵文化財調査事業団報告書 65
東京国立博物館 2009『国宝土偶展』（福田貝塚）
盛岡市教育委員会編 1995『繋遺跡　平成 5・6 年度発掘調査概報』
山梨県埋蔵文化財センター編 2000『古堰遺跡・大林上遺跡・宮の前遺跡・海道前Ｃ遺跡・大林遺跡』山梨県埋蔵文化財センター調査報告書第 165 集
水上町遺跡調査会編 1985『北貝戸遺跡・川上遺跡・小仁田遺跡』関越自動車道（新潟線）水上町埋蔵文化財発掘調査報告書
高山市教育委員会編 1982『糠塚遺跡発掘調査報告書』
青梅市遺跡調査会編 1998『駒木野遺跡発掘調査報告書』
山梨文化財研究所編 2008『天神堂遺跡』甲州市文化財調査報告書第 2 集　甲州市教育委員会
【第 86 図】
諏訪市博物館編 1999『縄文土器のふしぎな世界第二章－中部高地の釣手土器展－展示図録』（南大浜）
富士見町教育委員会編 1978『曽利』
佐倉市教育委員会編 1974『井野長割遺跡調査概報』佐倉市文化財調査報告 1
後藤和民・庄司克・飯塚博和 1982「昭和 48 年度加曽利貝塚東傾斜面第 5 次発掘調査概報」『貝塚博物館紀要』8
大場磐雄編 1972『鶴川遺跡群』町田市埋蔵文化財調査報告第 3 冊
穴場遺跡調査団編 1983『穴場Ⅰ』諏訪市文化財報告 1982
栃木県文化振興事業団編 1987『御城田』栃木県埋蔵文化財発掘調査報告第 68 集
南茅部町埋蔵文化財調査団編 1982『八木Ｂ遺跡』南茅部町埋蔵文化財調査団報告第 3 号
北海道埋蔵文化財センター編 2003『野田生 1 遺跡』北海道埋蔵文化財センター調査報告書第 183 集

■第7章図版出典
【第 87 図】
1：穴場遺跡調査団編 1983『穴場Ⅰ』諏訪市文化財報告 1982

2：清瀬市内遺跡発掘調査会編 1995『野塩外山遺跡』
3：大仁町教育委員会編 1986『仲道A遺跡』大仁町埋蔵文化財調査報告第9集
4：市ノ沢団地遺跡調査団編 1997『市ノ沢団地遺跡』
5：いわき市教育委員会編 1975『大畑貝塚調査報告』
6・7：一戸町教育委員会編 2004『御所野遺跡Ⅱ』一戸町文化財調査報告書第48集

【第88図】
1：岩手県文化振興事業団埋蔵文化財センター 編 1992『上八木田Ⅲ・Ⅳ・Ⅴ遺跡発掘調査報告書』岩手県埋蔵文化財センター文化財調査報告第177集
2：福島県文化振興事業団編 2003『馬場前遺跡2・3次調査』福島県文化財調査報告書第398集
3：印旛郡市文化財センター編 1989『長田雉子ケ原遺跡・長田香花田遺跡』印旛郡市文化財センター発掘調査報告書第31集
4：山武郡市文化財センター編 1994『大網山田台遺跡群Ⅰ』山武郡市文化財センター発掘調査報告書第16集
5：都立府中病院内遺跡調査会編 1994 武蔵国分寺跡西方地区　武蔵台遺跡Ⅱ－資料編2－』
6：さいたま市遺跡調査会編 2002『水深北遺跡（第6次調査）・水深西遺跡（第3次調査）・水深遺跡（第6・7次調査）』さいたま市遺跡調査会報告第3集

【第89図】
1：長野県教育委員会編 1972『長野県中央道埋蔵文化財包蔵地発掘調査報告書　下伊那郡高森町地内その1』
2：長野県埋蔵文化財センター編 2005『聖石遺跡・長峯遺跡（別田沢遺跡）』長野県埋蔵文化財センター発掘調査報告書69
3：栃木県文化振興事業団編 1987『御城田』栃木県埋蔵文化財発掘調査報告第68集
4：東京都埋蔵文化財センター編 1998『多摩ニュータウン遺跡』東京都埋蔵文化財センター調査報告第57集
5：高山市教育委員会編 1983『糠塚遺跡発掘調査報告書』高山市埋蔵文化財調査報告書第5号
6：北海道埋蔵文化財センター編 2003『野田生1遺跡』北海道埋蔵文化財センター調査報告第183集
7：大場磐雄編 1972『鶴川遺跡群』町田市埋蔵文化財調査報告第3冊
8：なすな原遺跡調査団編 1984『なすな原遺跡　№1地区調査』
9：群馬県埋蔵文化財調査事業団編 1987『糸井宮前遺跡Ⅱ』関越自動車道（新潟線）地域埋蔵文化財発掘調査報告書第14集

【第90図】
1：狭山市教育委員会編 1972『宮地遺跡』狭山市文化財調査報告1
2：中村威 1960「八王子市小比企町山王台敷石式住居址発掘報告」『多摩考古』1
3：日本窯業史研究所編 1990『松風台遺跡』日本窯業史研究所報告第38冊
4：調布市遺跡調査会編 1992『調布市上布田遺跡－第2地点の調査－』調布市埋蔵文化財報告23
5：大泉村教育委員会編 1999・2002『古林第4遺跡Ⅰ・Ⅱ』大泉村文化財調査報告書第12集・第16集
6：山梨県埋蔵文化財センター編 1987『郷蔵地遺跡』山梨県埋蔵文化財センター調査報告第31集

【第91図】
1：中村 2007
2：鈴木克彦 2002「風韻堂コレクションの縄文土器（1）」『青森県立郷土館調査研究年報』26
3：富士見町教育委員会編 1978『曽利』
4：埼玉県埋蔵文化財調査事業団編 1987『神明・矢垂』埼玉県埋蔵文化財調査事業団報告書第65集
5：高山市教育委員会編 1983『糠塚遺跡発掘調査報告書』高山市埋蔵文化財調査報告書第5号
6：南茅部町埋蔵文化財調査団編 1992『八木B遺跡』南茅部町埋蔵文化財調査団報告第3号
7：小島 1986
8：渋川市教育委員会 2008『史跡瀧沢石器時代遺跡Ⅱ』
9：春成 1996（原図：鳥居 1924）
10：御代田町教育委員会編 1997『川原田遺跡』御代田町埋蔵文化財発掘調査報告第23集
11：中村孝三郎 1978『越後の石器』学生社
12：安中市教育委員会編 1994『中野谷地区遺跡群』

謝　辞

　私の生まれ故郷は神奈川県伊勢原市。この「伊勢原」という名前が、実は近世初期に伊勢の商人が移住したことに由来するという話を知ったのは小学校3年3学期の頃である。現在では異説もあるが、当時、家でこの話をすると、中学の社会科教員をしている父がさっそく『史跡と文化財のこのまちを語る』を渡してくれた。市内の文化財をいくつかのコースに分けて紹介した好著で、そこで、源頼朝や北條政子による日向薬師参詣を舞台とした「洗手」「駒止橋」などの地名由来伝説が紹介されていた。身近な場所にいくつもそうした伝承をもった史跡が存在するということへの驚きは、その後の私の方向性を一挙に決め付けることとなり、両親や親族もこれを受け入れてくれた。

　市立図書館に通い、関係する本は片端から読んだが、今にして思えばそれらはみな古い知識であった。市内でも多くの発掘が行われ、また市史編纂に伴って新しい知見が増えていたのである。近世の大山道標などいくつか関心があったが、日向薬師・大山不動尊などの奈良時代創建の山寺、そして阿夫利神社・比々多神社・高部屋神社という式内社3社を擁する伊勢原を中心とした古代相模の様相は私の興味をそそらせた。県内各地の図書館を探検し、文献を集めた。しかし、そうして分かったことは、昭和初年に歴史地理学的方法で論じられた相模国府比々多説は、既に平塚四之宮の発掘調査の成果によって否定されていたことである。考古学の威力を思い知った。

　社寺への関心は、当然その起源に向かう。大山山頂では経塚や縄文土器が、比々多神社周辺には古墳や縄文の配石が見つかっている。中学の頃、大場磐雄の『祭祀遺跡』を知り、関係図書を読み込むとともに、三輪山や天白磐座遺跡などを訪ねた。しかし、より古い祭祀の姿を知りたい。折しも三内丸山遺跡や寺野東遺跡が話題となっており、そこで初めて小林達雄を知った。同時に市内の配石遺構の情報を求めて市の教育委員会に顔を出すようになり、土器・石器の実物に触れることができた。

　高校時代は生徒会活動に重点をおいたが、夏休みには受験勉強用に開放している東海大学図書館で、書庫から考古学の論集や雑誌を引っ張り出して苦い顔をされたこともある。生徒会引退後は個人ホームページ「縄文学研究室」に力を入れたが、これが契機となって國學院大學入学と同時に大場磐雄博士資料の整理に加えていただいた。その整理はその後10年間続くことになる。大場先生のような記録魔にはなれなかったが、集成を特異としたスタイルは少しは真似できているのではないかと思う。

　夏休みにははじめて地元伊勢原で三ノ宮宮ノ上遺跡の発掘調査と整理作業に加えていただいた。同時に、奥多摩での洞窟調査も忘れられない。同じく奥多摩町の下野原遺跡の整理作業は数年かけて続けられ実測の手ほどきを受けた。所属した國學院大學考古学会には様々な仲間が集っていた。各地への見学旅行はメンバーが少しずつ変わってもいまだに続けている。葬送儀礼をテーマとすることを決めてくれたのも考古学会での議論である。学部時代には民俗学研究会にも所属し、民俗学の方法論と実践を学んだ。大学院の夏は、新潟県山下遺跡の発掘調査で汗を流すとともに、様々なことを学んだ。

　大学院に入ると学外の研究者の方々に接する機会が増えた。卒業論文をもとにした土曜考古学研究会、修士論文をもとにした大学合同考古学研究会での発表、そして、東京都中高瀬遺跡での後期を中心とした土器の整理では、多くの専門家や他大学の先生・先輩方から助言をいただいた。本書第5章はその成果である。

後期課程在学中、小林達雄先生の古稀記念企画として『総覧縄文土器』が編まれることとなり、「墓壙への埋納」と「釣手土器」の2項目を執筆した。前者は修士論文の課題を縄文時代全体で位置づける作業として、後者は墓坑出土土器とは異なった様相を示す土器形式として選ばせていただいたものである。編集最終段階では目次から索引までを含めた全頁の校正に参画させていただいた。その頃、美濃郡上の未紹介資料の実測に誘って頂き、釣手土器のほぼ西端となる古道陰地遺跡の資料化と、東海・北陸の集成を行った。これで中期釣手土器の全容が明らかになり、加藤建設株式会社の奨学資金を得て、各地の教育委員会・資料館を訪ねてそれらを見て回った。また、地元三之宮比々多神社蔵の顔面把手と近接する御伊勢森遺跡の釣手土器の装飾の類似をもとに、釣手土器の出現プロセスを検討した。釣手土器の東端である井草八幡宮所蔵例の実測も果たすことができた。これらが第4章の基盤となっている。

　総覧縄文土器に続いて杉山林繼先生の古稀記念論集では、住居廃絶儀礼に伴うものと想定される床面出土例の検討を行った。高梨学術奨励基金や一戸町御所野縄文博物館嘱託研究員制度によって全国の事例の集成を図ったが、事例の多い東北については未だまとめきれていない。また、この時注目した後期の2個セットの事例については、大学のオープンリサーチセンター事業の一環として行われたロンドンでのワークショップでまとめる機会があり、また学術資料館における大形石棒の集成研究でも解釈のヒントとなった。本書第Ⅲ部の原形である。大学内では、先生・先輩・同期・後輩の諸氏と、「モノと心」研究の方法から縄文土器の解釈にいたるまで様々な議論の中で多くの知見を得た。

　突然の助手指名は大学院満期退学を控えた神奈川県埋蔵文化財センターでの調査の帰路であった。元来、國學院大學の考古学の助手は、年間2回の考古学実習の運営のほか、大学の考古学関係の各種イベント・雑務を一手に引き受けてきた非常に過酷な仕事であった。しかし、幸いなことに、この頃國學院大學でも研究分野の体制拡充により、助教・研究員のポストが若干ながら置かれるようになり、新米助手もそうした諸氏と分担しながら仕事を進めることができるようになったのである。これは、単に博士論文をまとめるための時間的な問題だけでなく、研究内容について日常的に議論できる環境が得られたという点で誠に幸運であった、実習先の担当者の諸氏は、調査運営に不慣れな私を叱咤激励するだけでなく、その学術調査の意義を認め全般的にサポートして頂いた。

　本書第3章のもととなった前期浅鉢については、既に編年・性格付け・墓坑出土例の集成が行われており、独自の検討成果を出すのは困難な対象と思えたが、形式の特色、副葬と床面出土例、2個体のセットなど、本書のキーワードが網羅された研究対象でもあり、先行研究の成果を最大限に利用させて頂き、深鉢との対照性、分布の動向、盛衰の住居数との対応などの視点を提示した。

　本書のもととなった博士論文は、以上の成果を整理したものである。日頃より主査の小林達雄先生からは、個々の論文の段階でのコメントに加えて、総合的にまとめるようアドバイスを受けた。副査の谷口康浩先生からは、1つ1つの用語・用字の使い方からはじまる研究者としての心構えを示された。同じく副査の高橋龍三郎先生には個別の解釈に留まらず、その妥当性を歴史叙述の形で示すことの有効性を指摘された。いずれも十分に反映しえているとはいい難いが、ひとまず一緒にまとめることとした。助手就任と同時に始まった安曇野の考古学実習では、吉田恵二先生から毎夜のように「縄文屋は縄文しか見ない」と苦言をいただき国際的視野の必要性を叩き込まれたが、本書終章補論はこれに対するささやかな展望をまとめたものである。大学院在学中には、先ごろ急逝された藤本強先生

からも博士論文をまとめること、その後国際的視野でそれを位置づけることを指示されていた。研究環境の面では内川隆志・加藤里美・深澤太郎の各先生から配慮をいただき、具体的な研究対象と内容・発想は阿部昭典・石井匠の両先輩から、また永瀬史人・長田友也・國木田大の諸氏には本稿の重要な基礎となった資料調査を共にし、多くを学んだ。本書の出版にあたっては、出版元であるアム・プロモーションの山下治子氏、早勢加菜氏ならびに印刷を担当するシーアイエーの各氏に尽力いただいた。短期間での編集が可能となったのは大学院生の久保田健太郎・日野正祥・堤英明・松政里奈の各氏の多大なる協力の賜物である。このほか、現地調査や研究会、事例教示、初出論文へのコメントその他において下記の諸氏・諸機関より助言・配慮を得た。

　なお、本書掲載図面の大半は報告書等からの引用・転載である。1つ1つの図面の作成には多くの労力がかかっていることは承知の上で、なるべく多くの図面を紹介したいという思いから、縮小し、加除筆の上掲載させていただいたものが多い。ご寛容を乞う。

鮎沢諭志、会田　進、青木　豊、秋田かな子、安孫子昭二、阿部常樹、阿部芳郎、明石　新、秋山圭子、朝倉一貫、麻生順司、足立　聡、雨宮加代子、安斎正人、安道文一、五十嵐睦、生野周治、石井　寛、石川悦子、石川岳彦、石川日出志、石橋夏樹、石橋美和子、石原正敏、井出智之、井出浩正、伊藤慎二、伊藤博司、板橋ゆみ子、稲田美里、稲野裕介、稲畑航平、今井恵昭、今井哲哉、今福利恵、井上慎也、岩崎厚志、岩田　崇、岩瀬　譲、上原留津子、上田　薫、植田　真、鵜飼幸雄、閏間俊明、江川真澄、江戸邦之、江戸華子、榎本剛治、江原　英、及川　穣、大石崇史、大久保聡、大久保学、大倉　潤、大綱信良、大野淳也、大堀皓平、小川岳人、小川直之、岡野秀典、岡本伊佐男、小薬一夫、小熊博史、小倉和重、小倉淳一、押木弘己、大日方一郎、小淵忠司、及川良彦、笠井洋祐、鹿島昌也、加藤大二郎、加藤元康、加藤理香、加藤　渉、壁　伸明、可児通宏、上條信彦、神村　透、狩野　睦、川口正幸、川崎　保、菅野紀子、貴志高陽、櫛原功一、倉石広太、倉石忠彦、國見　徹、功刀　司、小泉玲子、纐纈　茂、小久保拓也、小滝　勉、小西直樹、小林圭一、小林謙一、小林信一、小林青樹、小林　德、小林深志、小林正史、小林康男、小松隆史、小松　学、斉藤圭子、斉藤秀樹、サイモンケイナー、笹生　衛、佐藤健二、佐藤静雄、佐藤信之、佐藤直紀、佐藤雅一、佐野　隆、沢柳秀利、塩原康視、品川欣也、篠原祐一、島田哲男、渋谷賢太郎、澁谷昌彦、霜出俊浩、下平博行、新藤　健、菅沼　亘、菅谷通保、杉本　充、杉本悠樹、鈴木敏中、諏訪間伸、関根愼二、瀬田正明、善端　直、大工原豊、平　自由、大楽和正、高田和徳、高田秀樹、高野和弘、高橋　岳、髙橋健太郎、高橋　毅、高橋智也、高松慎一、武田浩司、竹中玲磨、立田佳美、立花　実、蓼沼香未由、田中　総、谷口陽一、千葉　毅、塚本浩司、土屋和章、土屋健作、堤　隆、寺崎裕助、戸井晴夫、冨樫泰時、徳留彰紀、戸田哲也、利根川章彦、友松瑞豊、永井治子、長崎　治、中川二美、中川真人、長沢宏昌、中沢道彦、中島将太、中嶋　登、中島　誠、永瀬治義、仲田大人、中野幸大、中野拓大、中村　大、贄田　明、仁科義民、西田泰民、西村勝広、西本豊弘、沼上省一、畠山　豊、蜂屋孝之、花岡　弘、羽生俊郎、林　克彦、林　直樹、早川広人、原田昌幸、樋口誠司、平出一治、平原信崇、平山尚言、広瀬公明、古谷　毅、古谷　渉、藤森英二、藤山龍造、堀田雄二、増川礼子、正木季洋、町田賢一、松島高根、松田光太郎、松本直子、宮尾　亨、宮内信雄、宮川博司、宮坂昌代、宮崎昌文、宮原俊一、水野正義、宮田圭祐、三好清超、宮澤公雄、宮下数史、三輪晃三、村松佳幸、村松洋介、村田六郎太、森　隆広、森本　剛、

森谷　幸、森屋雅章、谷口宗治、野内智一郎、柳田康雄、山内利秋、山口逸弘、山科　哲、山下誠一、山田一恵、山田昌久、山田康弘、山本典幸、山本暉久、山本正敏、横田真吾、横山昭一、吉田邦夫、吉田賢治、領塚正浩、綿田弘実、和田和哉、渡辺　外、渡辺　誠

朝日村教育委員会、浅間縄文ミュージアム、安曇野市教育委員会、厚木市教育委員会、穴水町歴史民俗資料館、綾瀬市教育委員会、安中市教育委員会、飯島町歴史民俗資料館、飯田市教育委員会、飯綱町教育委員会、井草八幡宮、伊豆市教育委員会、一戸町御所野縄文博物館、伊勢原市教育委員会、市川考古博物館、井戸尻考古館、伊那市教育委員会、上田市立信濃国分寺資料館、上野原市教育委員会、王滝村教育委員会、青梅市郷土博物館、大磯町郷土資料館、大阪府立弥生文化博物館、大月市教育委員会、大町市教育委員会、岡谷市美術考古館、小矢部市教育委員会、各務原市教育委員、神奈川県埋蔵文化財センター、かながわ考古学財団、金沢市教育委員会、可児市教育委員会、軽井沢町教育委員会、川上村教育委員会、木曽町教育委員会、北上市埋蔵文化財センター、北上市立博物館、北上市立埋蔵文化財センター、岐阜県文化財保護センター、郡上市教育委員会、群馬県埋蔵文化財調査事業団、國學院大學研究開発推進機構、國學院大學栃木短期大學考古学研究室、駒ヶ根市博物館、小諸市教育委員会、埼玉県埋蔵文化財調査事業団、佐久市教育委員会、寒川町教育委員会、産業能率大学、三之宮比々多神社、塩尻市立平出博物館、下伊那教育会教育参考館、釈迦堂遺跡博物館、昭和女子大学考古学研究室、杉並区教育委員会、諏訪市博物館、喬木村教育委員会、高森町教育委員会、高山市教育委員会、千葉市立加曽利貝塚博物館、茅野市尖石縄文考古館、調布市郷土博物館、津南町教育委員会、東海大学校地内遺跡調査団、十日町市博物館、東京大学総合研究博物館、東御市教育委員会、豊丘村教育委員会、豊田市教育委員会、東京都埋蔵文化財センター、富山県文化振興財団埋蔵文化財調査事務所、富山市教育委員会、富山県埋蔵文化財センター、都留市博物館、長岡市立科学博物館、長野県立歴史館、中川村教育委員会、七尾市教育委員会、新潟県立歴史博物館、韮崎市教育委員会、能都町教育委員会、函館市教育委員会、秦野市教育委員会、八王子市郷土資料館、羽村市郷土博物館、原村教育委員会、東村山市教育委員会、飛騨市教育委員会、平塚市博物館、笛吹市教育委員会、藤岡歴史館、藤沢市教育委員会、北杜市教育委員会、北海道埋蔵文化財センター、町田市教育委員会、町田市博物館、松川町教育委員会、松本市考古博物館、三島市教育委員会、三鷹市遺跡調査会、南アルプス市教育委員会、南魚沼市教育委員会、南箕輪村教育委員会、箕輪町郷土資料館、宮田村教育委員会、目黒区教育委員会、山形県埋蔵文化財センター、山形県立うきたむ風土記の丘考古資料館、山形村教育委員会、山梨県立考古博物館、山梨文化財研究所、横浜市ふるさと歴史財団

初出一覧

序　章　本書の主題と構成
　　新　稿

第1章　土器のカテゴリ認識と儀礼行為をめぐる方法論
　　「土器のカテゴリ認識と儀礼行為」『國學院大學伝統文化リサーチセンター研究紀要』第2号（2010年）

第2章　縄文土器の形式と儀礼での利用
　　第1節：「縄文時代における住居廃絶儀礼に関わる土器の様相」『平成21年度高梨学術奨励基金年報』（2010年）
　　第2節：「縄文時代後期の土器副葬」『神奈川考古』第44号（2008年）の研究史部分
　　　　　　「縄文時代後期前半期の土器被覆葬」『史学研究集録』第31号（2006年）の研究史部分
　　　　　　「墓坑への埋納」『小林達雄先生古稀記念企画　総覧縄文土器』（2008年）
　　第3節：「住居廃絶儀礼における縄文土器」『日本基層文化論叢　椙山林継先生古稀記念論集』（2010年）
　　補論：新　稿

第3章　浅鉢の出現と儀礼行為
　　「土器カテゴリ認識の形成・定着－縄文時代前期後半における浅鉢の展開と儀礼行為－」『古代文化』第64巻第2号（2012年）

第4章　釣手土器の出現と展開
　　第1節：「釣手土器」『総覧縄文土器』（2008年）をもとに大幅に加筆
　　第2節：「顔面把手と釣手土器」『考古論叢神奈河』第17集（2009年）
　　第3節・第5節：「土器カテゴリの継承と変容－釣手土器の成立と展開における地域差－」『考古学研究』第58巻第2号（2011年）
　　第4節：「釣手土器の展開過程」『史葉』第3号（2010年）
　　　　　　「土器カテゴリの継承と変容－釣手土器の成立と展開における地域差－」『考古学研究』第58巻第2号（2011年）
　　補論：「住居床面に供献されたパン状炭化物」『縄文の世界像－八ヶ岳山麓の恵み－』大阪府立弥生文化博物館（2012年）

第5章　土器副葬と土器被覆葬
　　第1節・第4節：「葬送儀礼における土器形式の選択と社会的カテゴリ」『物質文化』第85号（2008年）
　　第2節：「縄文時代後期の土器副葬」『神奈川考古』第44号（2008年）
　　第3節：「縄文時代後期前半期の土器被覆葬」『史学研究集録』第31号（2006年）

第6章　縄文土器にみる異質な二者の統合志向
　　Jomon pottery as liminality. The archaeology of Jomon ritual and religion.（2009年）をもとに大幅に加筆

第7章　土器と石棒の対置
　　「大形石棒と縄文土器」『縄文人の石神－大形石棒にみる祭儀行為－』（2012年）

終　章　縄文土器の儀礼利用と象徴操作
　　新　稿
　　補論：「特別推進研究「土器の象徴性・社会性に関する比較考古学研究―壺・高杯の出現をめぐって―」の成果と課題」『上代文化』第43輯（2013年）の一部をもとに加筆

解　題

小　林　達　雄

　本書は、「縄文人は縄文土器をどのように認識していたか」について検討する意欲あふれる研究である。

　序章で、研究の目的を明示し、従来の研究の主流からはずされがちであった土器の象徴性の問題が、縄文土器の多様な意味ひいては世界の土器の中における独自性ならびに文化的・社会的な主体性理解に極めて重要であることを指摘する。ここに研究の妥当性ならびに優れた独自性が良く示されている。

　土器は容器という実用性が第一義的機能である。それ故考古学はその容器としての形態の分析に集中して来たのである。しかしながら、それだけでは、土器が保有する文化的社会的意味の全体を理解することはできない。むしろ道具としての機能・用途に加えて、土器のみにとどまらず、共に存在する多様な事物との関係性の中に土器の存在と主体性の意義が認められるのである。その本質に接近する方法として、縄文土器に対するカテゴリ認識に真正面から取り組み、従来の研究にはみられない模範的な成績を示している。

　まず、研究の前提として、これまでの研究の歴史を丁寧に検討し、とくにカテゴリ認識の視点に的を絞って評価することによって、単なる過去の成果を溯上するにとどまることなく、具体的な問題点を浮き彫りにして、さらなる地平を見据えた展望となっており、論考の核心を自ら明らかにしている。具体例として、「第一の道具、第二の道具」、「土器情報の伝播と心の問題」、「土器製作における認知活動」、「伝統の尊重・清浄性の強化・形状の形式化」、「男／女、人間界／自然界などの象徴観念、二項対立」、「文様の螺旋構造」、「祭祀儀礼にかかわる土器形式」などの研究を正当に位置付け、さらにデュルケイムとモース、エルツ、レヴィ＝ストロース、リーチ、ターナーなど構造人類学、象徴人類学についても視野に入れ、研究の幅を広げ、狭い意味での考古学的方法の枠を越えようとするたしかな姿勢が認められる。

　それらの中からとくに本論の主要なテーマの一つとして土器の儀礼的要素に焦点を当てる。生活のあらゆる場面に存在しているカテゴリ認識について、異なる次元の複数の属性との間に認められる結びつきのパターンの抽出、つまり技術・技法や装飾、使用痕や破壊行為、住居や墓坑など出土状況にかかわる諸属性間の結びつきからカテゴリ認識の復元に接近する方法を導き出す。土器が扱われる場における儀礼自体の定式化とその反復の性質が重要であると主張するのは妥当である。そのことが、本論における土器の象徴性とカテゴリ認識議論の道筋につながることを約束しているのである。実際の検討は、製作時に付与される要素、使用〜廃棄の過程に土器自体に付与される要素としての底部穿孔・加撃・部分の剥ぎ取り・打ち欠き、出土状況などから付与される要素を対象としてカテゴリ認識にかかわる諸属性の結びつきを分析することによって、カテゴリ認識の内容が解き明かされてゆく、その方法と論法はみごとである。

　かくして、縄文土器のカテゴリ認識の形成・定着過程を葬送儀礼および廃棄儀礼において具体的に

解　題

　明らかにするのである。その研究の前提に、縄文土器の形式・型式・様式概念を整理し、とくにカテゴリ認識が形式（器形・器種）にかかわるものであることを示す。形式の機能・用途が日常的な使用を超えて文化的・社会的な意味象徴性を有する理屈を導き出すのである。そして特定の土器形式が儀礼の場面における問題について、中期において形式のバラエティが増えるのは、儀礼への利用の活発あるいは増加と関係するとする主張には説得力がある。また葬送儀礼における墓坑から出土する副葬・被覆葬土器にみられるそれぞれ異なる二者に選択され、用いられる土器形式は、全て飲食具である特性を見出しているのは重要である。

　一方、住居廃絶儀礼においては釣手土器や異形台付土器などの非飲食具を含むことと際立った対照性を示す。まさに両者の儀礼行為の独立性と主体性がよく現われている。第Ⅱ部では、その実際を、儀礼行為に用いられる特定の土器形式即ち土器のカテゴリ認識の典型例としての前期浅鉢および中期の釣手土器を検討するのである。浅鉢は縄文文化の画期に新たに現われる歴史的現象であり、墓坑と住居廃絶の儀礼行為に関係して出現することを明らかにする。また、釣手土器は先行する顔面把手の特徴的な装飾と顔面打ち欠き行為を引き継いで登場するものであり、分布域が極めて狭いにも関わらず時期を追うに従って地域性の差異をみとめる。さらに、後期においては、中部－被覆葬－浅鉢、関東西南部－副葬－注口土器・鉢という3重の対比関係を、両地域の集団の意図的な所産とみるのである。こうした儀礼行為における土器の扱いの共通性と差異の具体的な指摘こそ、本論文の最も重要な核心である。

　論者はさらにそうした地域差・時期差を超えた縄文土器の象徴性を「中性志向」という視点で議論する。つまり、「異質な二者を統合する意図」が縄文土器の製作・使用・遺棄の各段階に認められることの提示は絶えて見ることのない全く新しい問題提起であり、重要かつ高く評価されるべきものである。しかしながら、この「中性志向」という縄文人の観念を認めるには依然として検討が必要であり、今後に期待される部分が残る。

　そして本論が主として土器を限定的に対象としながら、土器のカテゴリ認識を敷衍する大きな構想の中で土器以外の器物—この場合、石棒—とのかかわりを議論する。石棒自体も、単独に存在するわけでは勿論なく、埋甕、底面倒立土器、住居址内倒置埋設土器、炉、土坑、屋外埋設土器などさまざまな要素と不即不離の関係を有するが、とくに住居床面における土器が石棒と対置する事例に、女性象徴／男性象徴という対比のほか、土／石、空洞／中実などという物質属性における対比を注目する。たしかに土器カテゴリ認識が他の器物とかかわりながらさらに"二項対立"の観念の次元においても重要な意味をもつ可能性にまで論及する点は新鮮であり、今後の展開を予想させるが、やはり依然として十分とは言い難い、さらに検討が必要とされる。つまり、異なる属性を厳然と保有する器物同志の関係性の考究は優れて高次の認識にかかわるが故に容易には解明できないのである。

　そうした問題点も含め、終章では本論を総括し、ヤキモノとしての縄文土器の主体性を明らかにしようとする意欲が的確に表現されている。そして土器を用いた儀礼行為の諸例は、その盛行する時期が、いずれも住居数の増加や土器文化の隆盛に重なっていることに注目し、そうした社会的時代相として認められることを指摘する。このことこそが、土器が単なる日常性の容器や煮炊具を超えた社会的、文化的意味を有するモノであることをよく示していることを確認し、今後の研究の地平が確かに拓かれていることを主張するのであり、まさに今後のさらなる展開が十分に期待されるところである。

【未完成考古学叢書】刊行について

　考古学は歴史スル学問である。

　ヒトは生まれて育ち死を迎えるまでのさまざまな場面において、必要性が意識された機能をそれぞれに相応しい素材、例えば石や土や木や骨や角や牙や貝などに重ねてカタチをイメージして、それなりの技法で具体的なものを実現してきたのである。そうしたモノを用意しながら、自然資源を活用するための戦略を編み出して、独自のスペースデザインを展開してきた。

　しかし、モノおよびあるいはカタチは寡黙にして多くを語ろうとしない。その壁を打破して核心に接近することが考古学の研究である。

　けれども完全な成功に到達することは困難であるが故に、ややもすれば研究成果の公表を手控えがちとなり、これを慎重さ、謙譲の美名で正当化してきたのであった。

　もともと完全や完成は、永遠に続く未完成の仮の姿なのである。まさに、未完成の不断の集積こそ肝要と心得なければならない。

　本叢書刊行の趣意は、ここにある。

監修者　小林　達雄
（國學院大學名誉教授）

著者略歴

中村耕作（なかむら　こうさく）
1981年　神奈川県伊勢原市生まれ。國學院大學大學院博士課程後期修了。博士（歴史学）。
2009年より國學院大學文学部助手。
主要著作として、本書収録論文のほか、『考古学がよくわかる事典』（共著・ＰＨＰ研究所）、『縄文土器を読む』（共著・アム・プロモーション）、「クッキー状・パン状食品」（『縄文時代の考古学５』同成社）など。個人サイト「縄文学研究室」http://www.jomongaku.net。

小林達雄監修　未完成考古学叢書⑩　　　平成25（2013）年　2月28日初版

縄文土器の儀礼利用と象徴操作

監修者／小林達雄
著者／中村耕作
発行者／横山光衛
発行／株式会社アム・プロモーション
〒108-0074　東京都港区高輪2-1-13-205
TEL03-5449-7033　FAX03-5449-2023
E-mail　um@cia.co.jp
カバーデザイン原案／中村耕作
デザイン・オペレーター／栗原真理　八巻裕美（シーアイエー）
印刷・製本／シーアイエー株式会社

定価はカバーに表示してあります。
本書の内容の一部あるいは全部を無断で複写（コピー）することは、著作権法上認められている場合をのぞき、禁じられています。
落丁・乱丁の場合は、おとりかえします。小社までご連絡をお願いします。

ISBN978-4-944163-46-5
Printed in Japan 2013
© KOUSAKU　NAKAMURA

小林達雄監修【未完成考古学叢書】

① 縄文時代の地域生活史
山本典幸 著

五領ヶ台式土器様式の編年と系統、土器様式の類似性とコミュニケーションシステム、縄文土器の空間変異のあり方など、従来にない視点、緻密な論理の展開である。現代考古学研究の到達すべき一つの水準を示す。

本体 2,500 円　B5 判　259 p　ISBN4-944163-15-0

② 琉球縄文文化の基礎的研究
伊藤慎二 著

琉球縄文文化、沖縄編年の諸問題など待望された琉球縄文研究の新境地。沖縄の縄文時代の歴史が、その後の琉球文化の言語学、民族学上の主体性確立へとつながるのかをも示唆する。

本体 2,500 円　B5 判　183 p　ISBN4-944163-18-5

③ 縄文時代の生業と集落
小川岳人 著

社会学、文化人類学、民俗学、民俗考古学などの成果から、縄文時代の生業・社会の解明に有効な方法論や具体的接近法を探る。縄文文化にかかわる主題が先史文化の汎人類的な問題として国際的な場でも充分議論に堪え得る縄文研究の新天地。

本体 2,500 円　B5 判　167 p　ISBN4-944163-19-3

④ 石槍の研究　～旧石器時代から縄文時代初頭期にかけて～
白石浩之 著

旧石器時代から縄文時代草創期の石槍について、日本列島内から出土した多くの石槍の事例を現時点での可能な限りの網羅的集成を行い、これに基づいて、石槍の出現時期の特定、編年、そして石槍の流通ネットワーク、加えて石槍を保有する社会の解明にまで踏み込んだ興味ある仮説を提示する。今後の石槍研究に新しい方向性を示す。

本体 4,500 円　B5 判　431 p　ISBN4-944163-21-5

⑤ 縄文時代貯蔵穴の研究
坂口 隆 著

1980 年代以降の縄文時代貯蔵穴に焦点をあて、その変遷、植生史と貯蔵穴、貯蔵空間からみた集落構成の地域性、貯蔵穴の容量、住居構造と貯蔵構造の検討を通して縄文時代狩猟採集民を論じる。平等主義とは異なる社会システムの発生、形成のメカニズムを解明していく次なる可能性を示す。

本体 3,000 円　B5 判　207 p　ISBN978-4-944163-26-7

⑥ 縄文時代の社会変動論
阿部昭典 著

土器器種の多様化、住居形態、復式炉の出現・発展・消滅、遺跡数の増減、環状列石などの分析を通し、東日本全域を広く対象として縄文時代中期末葉から後期前葉の文化的変化の本質に迫る注目すべき数々の問題点を論及。縄文文化の中で画期を明らかにしようとする意欲的な内容。

本体 3,400 円　B5 判　298 p　ISBN978-4-944163-39-7

⑦ 縄文土器の文様構造　～縄文人の神話的思考の解明に向けて～
石井 匠 著

岡本太郎の縄文土器論を検証すべく、縄文土器文様を三次元レベルから分析した、未踏の分野を開拓した画期的な論文。可視範囲面、正面性の発見、螺旋構造への洞察など縄文土器文様の本質の解明に迫る。

本体 3,000 円　B5 判　216 p　ISBN978-4-944163-40-3

⑧ 縄文土器の文様生成構造の研究
今福利恵 著

土器文様生成構造の情報抽出の方法論を明確に用意し、主に勝坂式土器、火炎土器、曽利式土器文様を中心に分析し、具体的な遺跡間関係を明らかにした。まさに現時点での研究の一頂点を極めている論文。

本体 3,500 円　B5 判　317 p　ISBN978-4-944163-41-0

⑨ 縄文中期集落の景観
安孫子昭二 著

縄文人の生活の拠点となった集落の構造と展開、共同体への帰属意識の表象としての土器型式、精神的な拠りどころであった祭祀遺物としての土偶を三位一体とし、多摩丘陵北部の縄文人の生活に迫った。

本体 3,500 円　B5 判　311 p　ISBN978-4-944163-42-7